Series in Accounting of Beijing Technology & Business University

北京工商大学会计系列教材

U0656502

审计学

第4版

Auditing
Principles

赵保卿 主编

经济科学出版社
Economic Science Press

图书在版编目（CIP）数据

审计学/赵保卿主编 . —4 版 . —北京：经济科学
出版社，2014. 8
北京工商大学会计系列教材
ISBN 978 - 7 - 5141 - 4695 - 0

Ⅰ. ①审… Ⅱ. ①赵… Ⅲ. ①审计学 - 高等学校 - 教
材 Ⅳ. ①F230. 9

中国版本图书馆 CIP 数据核字（2014）第 114978 号

责任编辑：张　频
责任校对：杨　海
责任印制：李　鹏

审 计 学

（第 4 版）

赵保卿　主编

经济科学出版社出版、发行　新华书店经销
社址：北京市海淀区阜成路甲 28 号　邮编：100142
总编部电话：88191217　发行部电话：88191540
经济理论编辑中心：88191435　88191450
网址：www. esp. com. cn
电子邮件：jjll1435@126. com
天猫网店：经济科学出版社旗舰店
网址：http://jjkxcbs. tmall. com
北京季蜂印刷有限公司印装
787 × 1092　16 开　31. 75 印张　780000 字
2014 年 12 月第 1 版　2014 年 12 月第 1 次印刷
ISBN 978 - 7 - 5141 - 4695 - 0　定价：52. 00 元（含习题集 12. 00 元）

总　序

　　北京工商大学会计系列教材（以下简称"系列教材"）于1998年推出第1版。结合2001年我国《企业会计制度》的实施，我们于2002年推出了第2版。随着2006年新会计、审计准则体系的颁布，我们于2006年推出了第3版。自2006年修订以来，我国在会计准则、审计准则和内部控制规范建设等方面发生了很多重大变化，高等教育改革对人才培养质量也提出了新的要求，这些法规制度的变化，以及提高人才培养质量的内在要求，都需要我们对系列教材进行相应的修订。

　　首先，自2007年1月1日企业会计准则和审计准则在上市公司全面实施以来，会计准则、审计准则和内部控制规范建设方面不断取得新进展。在会计准则方面，截至2012年底，财政部共发布了5个企业会计准则解释公告，对企业合并、长期股权投资、金融工具、财务报表列报、分部报告等处理作了较大修改。国际财务报告准则很多项目也作了修改，而根据财政部2010年发布的《中国企业会计准则与国际财务报告准则持续趋同路线图》，中国企业会计准则将保持与国际财务报告准则的持续趋同，持续趋同的时间安排与国际会计准则理事会（IASB）的进度保持同步。在审计准则方面，为了保持与国际审计准则的持续全面趋同，针对国际审计准则的新变化以及我国审计实务需要解决的新问题，中国注册会计师协会启动了对审计准则的全面修订。在内部控制方面，2008年和2010年，财政部等五部委联合发布了《企业内部控制基本规范》及其配套指引，为揭示和防范风险，提供了有力指导。随着2010年《中央企业负责人经营业绩考核暂行办法》的正式实施，经济增加值（EVA）的应用首次有章可循。会计准则、审计准则、内部控制等相关法规制度的变化，是本次系列教材修订的外在驱动因素。

　　其次，2011年11月，北京工商大学召开本科教学综合改革会议，明确提出，通过深化本科教学综合改革，构建与新世纪高素质创新人才培养相适应的本科教学模式，培养富有创新精神、独立思维与应用能力的专业人才。2012年教育部发布《关于全面提高高等教育质量的若干意见》，要求高校探索拔尖创新人才培养模式，改革教学管理，探索在教师指导下，学生自主选择专业、自主选择课程等自主学习模式。创新教育教学方法，倡导启发式、探究式、讨论式、参与式教学；提出全面实施素质教育，把促进人的全面发展和适应社会需要作为衡量人才培养水平的根本标准。2012 年 3 月，北京工商大学会计学专业被列为学校本科教学综合改革首批试点专业，着手改革课程体系、教学方法和实践环节，以培养能够动态满足社会需求的创新人才。在这一改革中，教材修订是非常重要的基础环节。配合本科教学综合改革，提高人才培养质量，是本次系列教材修订的内在驱动因素。

为了满足上述需求，在保持第 3 版特色的基础上，本次教材修订的特点主要体现在以下三个方面：

一是紧跟时代步伐，反映最新理论和实践成果。通过紧密结合会计准则、审计准则、内部控制规范的变化，吸收会计领域中新理论、新法规、新方法，更新"国际视野"部分的相关内容以反映会计国际发展趋势，使系列教材既密切联系中国实际，又反映国际发展变化；既立足于当前，又着眼于未来。

二是重视素质教育，注重学生创新和应用能力培养。在阐述现行法律、法规及实务做法的基础上，注意从理论上进行解释，通过完善"综合案例讨论和分析"和"小组讨论"部分，引导学生从根本上认识和理解问题，使系列教材既便于学生对知识和技能的掌握，又重视学生基本素质和能力的培养。

三是坚持需求导向，开发立体式教辅资源。通过配套更加完善的教辅资源，如教学大纲、PPT 课件、学习指导书、习题库、辅助阅读资料等，为教师教学和学生学习提供全方位服务，使系列教材既便于教师讲授，又有利于学生独立学习；既有利于学生能力的培养，也兼顾学生参加注册会计师考试的客观需要。

北京工商大学会计系列教材是北京工商大学商学院会计系和财务系教师共同打造的。近 5 年来，会计系和财务系教师在教学方面取得了丰硕的成果，如 2008 年和 2009 年，会计学和财务管理专业分别被评为国家级特色专业建设点；获北京市教育教学成果一等奖 2 项、二等奖 1 项；获批国家级精品课程、教材 6 项，获批北京市精品课程、教材 7 项。本次修订，我们希望系列教材能充分反映北京工商大学会计系和财务系教师在教学和科研方面取得的成果，以更好地满足广大教师和学生的需求。尽管如此，教材还会存在许多不足，恳请大家提出批评和改进意见，以使该套系列教材进一步完善。

北京工商大学会计系列教材编委会
2013 年 1 月

第 4 版前言

本书是北京工商大学会计系列教材之一，1998 年第 1 版，2002 年第 2 版，2007 年第 3 版，现在是第 4 版。第 4 版做了如下修订：（1）根据新修订或颁布的《中国注册会计师执业准则》《企业会计准则》《国家审计准则》《审计前沿理论与实务》对原有内容进行了修订。（2）调整了第 3 版的章节内容，主要是：将审计标准从第 5 章移至第 2 章；将计划审计工作更改为审计计划；将第 11 章特殊项目与目的审计改为特殊项目的考虑与审计，具体节与内容包括审计沟通、利用他人的工作、期初余额审计和其他特殊项目的审计；将第 12 章改为完成审计取证工作和出具审计报告；将原第 13 章其他审计与报表审阅和第 14 章其他鉴证业务与相关服务整合为新的第 13 章其他鉴证业务与相关服务，具体内容包括验资、财务报表审阅、预测性财务信息的审核、对财务信息执行商定程序和代编财务信息。（3）修订和补充"相关链接"、"相关案例"、"国际视野"、"思考题"、"小组讨论"、"案例分析与沟通能力的培养"等要素的相关内容，每章的关键词汇都补充了英文。

本版教材仍保留并突出了以下特色。第一，以审计产生与发展的客观基础为审计理论结构的逻辑起点，由此进一步形成逻辑主线，这一逻辑主线就是审计人员对审计理论的理解和对审计实务的演示，要以审计产生发展于所有权监督的需要为指导，在整个过程中提高审计工作效率，保证审计工作质量，控制与防范审计风险，最终实现审计目标，并承担相应的审计责任。这一逻辑起点和主线为审计理论构成面和体的结构奠定了基础。第二，适应我国建立社会主义市场经济体制、推行现代企业制度的需要，在研究审计理论、介绍审计实务时，侧重注册会计师审计，兼顾国家审计和内部审计。注册会计师审计、国家审计和内部审计在审计理论和审计实务上，有很多共同点，但也有其不同点。从发展的角度讲，在我国，民间审计将逐渐得到强化，并将成为审计监督体系中的重要组成部分。所以，在研究审计理论、介绍审计实务时，除涉及三种审计主体的共性外，在各自的特性上，更多地侧重于民间审计。第三，坚持"与国际惯例趋同"的原则。我国的社会主义审计监督形式，经过三十多年的研究和探索，已形成较为完善的体系。这一体系，立足点是具有我国特色，适应我国审计工作的实际情况，但同时我国的审计理论体系与实务操作必须符合国际惯例。本书正是按照这一原则，构建了审计的理论体系，介绍和分析审计的实际工作过程等。第四，以经济业务循环构建审计实务的主要内容，并适当涉及特殊项目与特殊目的审计内容。

本书由赵保卿教授主持修订，具体分工如下：第 1 章：谢志华、赵保卿；第 2、第 3、第 7、第 11、第 12 章：赵保卿；第 4、第 13 章：王欣冬；第 5、第 8、第 9 章：冯义秀；第 6、第 10 章：刘晓嫱。

热诚希望广大读者提出宝贵意见。

作 者
2014 年 12 月

C目 录
CONTENTS

审计的基本性质

学习提要与目标

审计作为一种独立的经济监督形式或活动，是有其特定的基本性质与理论体系的，并随着社会进步、经济发展逐步发展与完善起来。本章分析与探讨审计产生与发展的客观基础、审计的概念体系、审计组织、审计对象、审计职能及审计在经济监督系统中的地位等审计的基本理论问题。分析审计基本理论有利于更好地指导审计实践活动，完善审计监督体系；便于读者一开始总括了解本书的内容。本章第六节专门阐明了本书的结构体系与写作思路。

通过本章的学习，应能够：

- 了解审计产生与发展的客观基础；
- 理解审计职能及在经济监督系统中的地位；
- 掌握审计组织与对象的特征，尤其是审计机构的设置要求。

第一节　审计产生与发展的客观基础

审计产生与发展的客观基础是审计的一个基本理论问题，同时也是分析和研究审计性质的一个切入点。这里，我们从分析两权分离与经济监督的内涵及其内在关系开始，引出所有权监督和经管权监督的概念，在此基础上，阐述所有权监督构成审计产生与发展客观基础的基本道理，以此作为我们构建本书体系的主线内容之一。

一、两权分离与经济监督

两权分离以后，产生了经济监督的需要，而审计是一种独立性更强的经济监督形式，所以，审计监督与两权分离有着不可分割的密切联系。

（一）两权分离及其内容

1. 两权分离的内涵

两权分离有广义和狭义两种含义，通常所说的两权分离是指企业财产所有权与经管权的分离，这是狭义的理解。广义地说，只要所有者拥有的财产不是自己保存和运用，而是委托他人经管，那么，就产生了财产所有者拥有的所有权与财产经管者拥有的经管权的分离。财产的经管权具有两个方面的含义：一是对所有者的财产在非生产领域（抑或消费性领域）的保存和运用的权利，其运用通常是消费性的；二是对所有者的财产在生产领域（抑或再生产领域）的保存和运用的权利，其运用是生产性的，并要求带来效益。有人称前一种权利为管理权，后一种权利为经营权，为叙述方便，我们把两者统一起来称为经管权。实际上经管权是相对所有权而言的，如果站在经营者管理企业的角度，经管权本质上就是管理企业一切事务的权利，它表现为一种管理。我们所说的两权分离是从广义而言的。

2. 两权分离的内容

伴随两权分离过程，两权分离的内容也不断扩展和延伸。从整体上看，两权分离包括四个层次：

（1）终极所有权与投资权抑或资本经管权的分离。这里终极所有权是指国家或自然人对企业财产的所有权，当社会大众都加入出资者行列时，如何寻找投资机会，进行投资运作就成为投资大众迫切需要解决的问题，相应投资专家或投资公司等应运而生，他们执行终极所有者的投资功能。

（2）终极所有权与通常所说的经管权抑或资产经管权的分离。这里资产经营是指利用出资人投入的资本所形成的资产从事购进、生产、销售，抑或服务的活动。它与资本经营不同，资本经营是站在出资人角度投出资本、监管资本的运用，并对存量资本结构进行调整的活动。

（3）终极所有权与法人所有权的分离。独资和合伙企业都是自然人企业，自然人自身的财产，也就是企业财产，自然人对企业承担无限责任，以自己的行为代表企业的行为；但是，公司制企业的出资人对公司承担有限责任，自然人自身的财产并不就是公司的财产，自然人只是将其部分财产投入公司，其余财产则为自用。加之，两权分离，自然人自身的行为并不是公司行为，这样，就产生了自然人与公司行为分离的情况，为此，就必须把公司设定为一个独立的行为主体即法人主体，它能像自然人一样对外行使权利，承担责任。此外，各出资人投入公司的财产要能真正为经营者所经营，必须使公司实际的拥有这些财产的占有、使用、处置、分配的权利，这当然属于所有权的范畴，只是这种权利归为法人所有（或公司所有），从而形成终极所有权与法人所有权的分离，使得资本经营者和资产经营者不仅拥有了经管权，而且拥有了法人所有权。

（4）法人所有权与部分资产的经管权的分离。伴随企业规模的扩大，在企业内部纷纷设立分公司、分厂和分店，并委派经理经营管理，结果，企业的部分财产被交托分公司、分厂和分店的经理经管，相应产生了公司法人对其部分财产的所有权与经管权的分离，我们称为法人所有权与部分资产经管权的分离。

综上所述，两权分离的结果是终极出资人将财产交托给资本经营者（或投资公司），资本经营者又将其交托给资产经营者，资产经营者作为法定代表人再将其交托给作为部分资产经营管理者的分公司、分店和分厂的责任者。这里形成了一个资产的委托受托经营关系链。

（二）所有权监督与经管权监督

在任何经济体系中，为了保证经济的有效和协调运转，防止错弊行为的发生，都必须进行经济监督。经济监督总是凭借一定的权利进行的，在所有权与经营管理权（以下简称经管权）没有分离的场合，由于分工分层进行经济活动，上一层管理者必然对下一层执行者进行监督，我们称这种管理者对执行者的监督为经管权监督；在所有权与经管权分离后，所有者为了维护其权益，必然要对经管者进行监督，我们称这种监督为所有权监督。而经管者管理企业后，仍然需要对企业内部的下层执行者进行监督。总括起来，在两权分离后，经济领域中存在两种基本权利即所有权与经管权，凭借这两种权利就分别形成所有权监督和经管权监督。所有权监督和经管权监督有着不同的产生的客观基础。

所有权监督是以两权分离为前提。如果所有权与经管权合二为一，财产的保存和运用是由所有者自己进行的，因此，所有权监督就没有存在的必要。在社会经济发展到一定水平时，两权发生分离，所有者为了对经管者保存和运用财产的状况进行控制，便需要一种相应的监督形式——所有权监督为之服务，这就出现了所有权监督。与此不同，经管权监督是以管理职能和执行职能的分离为基础的。当管理职能与执行职能合二为一时，由于管理活动是从事经济活动者自身的职能，因此当事人对自己是否执行管理要求的监督就没有必要。当管理职能化，管理职能与执行职能分离时，管理者对其所制定的目标是否被执行者（相对高层管理者而言，下层管理者也归属于执行者的范畴）实施，必须实行监督。反映这种经管权的要求，便需要一种相应的监督形式——经管权监督为之服务，这就出现了经管权监督。

二、审计产生和发展于所有权监督的需要

关于审计产生与发展的客观基础，20世纪80年代流行着监督会计的需要或经济监督的需要的观点。后来，很多学者从委托受托责任关系的角度进行论证，认为审计产生于维系或解除委托受托责任关系的需要。我们认为，两权分离后便形成了委托受托责任关系，出现了所有权监督和经管权监督，在维系或解除委托受托责任关系时，审计更多的是从维护所有者利益的角度出发，或者直接说，审计产生和发展于所有权监督的需要。这种观点是有着理论和历史依据的。

（一）审计监督具有所有权监督的特点

审计监督具有所有权监督的特征，而与经管权监督的特征不一致，表现在：

（1）经管权监督是整个管理控制的有机环节。离开了管理活动，经管权监督也就不复存在，而没有经管权监督，管理活动就难以彻底进行，决策目标难以最终贯彻。与此不同，审计监督是一种独立的经济监督活动，它存在的基本条件就是不能参与任何经营管理活动，这就决定了审计监督不可能是经管权监督，而只能属于所有权监督的范畴。

（2）经管权监督形成于管理职能与执行职能的分离。这种分离包括两种含义：一是在分层管理的条件下，高层管理者制定管理决策与下一层执行管理决策的职能相分离；二是管理职能与生产经营的分离。这种分离使得上一层管理机构（人）必须监督下一层管理机构（人），基层管理机构（人）要监督生产经营的执行机构（人），从而形成一个经管权监督链。这里监督者也成为了被监督者（下层管理机构或人相对上层管理机构或人）。但是，作为所有权监督的审计没有分层进行的特征。

（3）经管权监督是一种从上至下的监督。这样，在管理阶层体系的最高层——企事业单位是经营者（厂长、经理等）、政府职能部门是最高负责人，经管权监督不能涉及。但是，由于审计产生于两权分离所引起的经济监督需要，它接受财产所有者的委托，正是要对经营者或最高负责人进行监督。这种审计监督被称为高层次监督，这是经管权监督所不能具有的。

（4）经管权监督是直接服务于管理者自身的。审计监督从来都不是为自身服务，它服务于委托（委派）者——财产所有人。当然，不可否认，在审计发展的历史进程中，审计结论不仅仅为财产所有者—委派（委托）审计方所使用，而且还广泛地被银行、税务等职能管理部门所使用，这并不否认审计的目的是为作为委派（委托）审计方的财产所有者提供审计结论。

（二）从历史上看，各种审计形式的产生和发展都是建立在所有权监督需要的基础上的

1. 国家审计的产生过程及其基础

我国国家审计与西方国家审计经历了不同的发展历程。我国国家审计大体可分为六个阶段：西周初期初步形成阶段，秦汉时期最终确立阶段，隋唐至宋日臻健全阶

段，元明清停滞不前阶段，中华民国不断演进阶段，新中国振兴阶段。

我国国家审计的起源基于西周的宰夫。《周礼》云："宰夫岁终，则令群吏正岁会。月终，则令正月要。旬终，则令正日成。而考其治，治以不时奉者，以告而诛之。"这时，宰夫是独立于财计部门之外的职官，标志着我国国家审计的产生。秦汉时期是我国审计的确立阶段。秦朝，中央设"三公"、"九卿"辅佐政务。御史大夫为"三公"之一，执掌弹劾、纠察之权，专司监察全国民政、财政以及财物审计事项。汉承秦制，仍由御史大夫领掌监督审计大权。隋唐至宋，审计日臻健全。隋开创一代新制，设立比部，隶属于都官或刑部，掌管国家财计监督，行使审计职权。唐改设三省六部，比部隶属于六部之一的刑部。宋代审计，一度并无发展。元丰改制后，恢复唐财计官制，审计之权又由刑部之下的比部执掌。此外，还专门设置"审计司"，隶属于太府寺。北宋时曾将该机构改称"审计院"。由此，我国"审计"正式成为一个专用名词。元朝取消比部，独立的审计机构被取消。明初设比部，不久也取消。清承明制，设都察院，职掌是"对君主进行规谏，对政务进行评价，对大小官吏进行纠弹"。中华民国成立后，1912 年在国务院下设审计处，1914 年北洋政府改为审计院。国民党政府根据孙中山先生五权分立的理论，设立司法、立法、行政、考试、监察五院。在监察院下设审计部。

新中国成立后，由于强调学习苏联，使得审计监督一度中断，其职能由财政、税务、银行等业务监督部门代行。党的十一届三中全会以后，我国实行了改革开放政策，建立审计制度，实行审计监督，就具备了必要性和重要性。并于 1983 年 9 月成立国家审计的最高机关——审计署，在县以上各级人民政府设置各级审计机关，其主要职责是对国家各级行政机关的财政收支、国有企事业单位的财务收支的合法性、真实性、合理性和效益性进行审查评价。

在西方国家，随着生产力的发展和经济关系的变革，国家审计也经历了一个漫长的发展过程，它早于民间审计和内部审计而产生。据考证，在古罗马、古埃及和古希腊时代，就有了官厅审计机构。审计人员通过听证方式，对掌管国家财物和赋税的官吏进行审查和考核，成为具有审计性质的经济监督活动。在历代封建王朝中，也设有审计机构和人员，对国家的财政收支进行监督。

综观中西方国家审计的产生过程，我们可以看到以下结论：

（1）早期国家审计的产生，是由于作为国家象征的皇帝或国王，将自己的财产或国家财产交由专人或专门的部门管理和运用。这样，皇帝或国王对财产的所有权与对财产的实际占有、使用、分配、处置权相分离。于是，皇帝或国王便委派专门的监督机构或人员对保存和运用其财产的专人或专门部门进行监督，国家审计从而产生。

（2）在进入现代意义的国家后，国家经由预算收入等渠道取得财产，并通过预算支出交由政府各部门管理和运用。这样，就使得国家对预算收入等渠道所形成的财产所有权，与这些财产被政府各部门的实际占有、使用、分配、处置权相分离。于是，国家便委派专门的监督机构或人员对保存和运用其财产的部门进行监督，国家审计得到进一步强化。

（3）国家作为企业的财产所有者拥有所有权，而国有企业的经营者则拥有财产的经管权。这种形成于国家与企业之间的两权分离，也需要国家委派专门的监督机构或人员对经营者保存和运用财产的状况进行监督。这就使国家审计的监督职能得到了进一步扩展。

（4）国家审计一旦产生，就以专门的机构或人员而存在，并采取了直接隶属国家机构的形式，受国家之委派行使监督权。

2. 民间审计的产生过程及其基础

由职业会计师进行的民间审计，是伴随着资本主义商品经济的兴起而蓬勃发展的。15～16世纪，地中海沿岸的商业城市已经初具规模，沿岸国家的商品贸易得到发展，由此，私人财产所有权与经管权发生分离，对受托经营贸易的经营管理者进行监督成为必要。于是私人所有者便聘请具有良好会计知识、技能，专门承担独立检查、监督使命的专业人员，对受托经营管理者进行监督。这就是早期处于萌芽状态的民间审计。

现代意义的民间审计是伴随18世纪初期至19世纪中叶产业革命的完成而开始的。在英国，产业革命使资本主义生产力得到了迅猛发展，企业的所有权与经管权进一步分离，企业所有者开始雇用职业经理人员管理日常经营活动，自身逐渐脱离生产经营过程。为此，企业所有者要借助外部的专业人员来检查和监督他们所雇用的经理人员，防止可能出现的错弊行为。相应，在英国出现了第一批以查账为职业的独立会计师，他们接受所有者的委托审查企业会计账目，防止错弊发生，其审查结果也只向业主报告。1844年英国政府为了保护广大股票持有者的利益，颁布了《公司法》，规定股份公司必须设监察人，负责审查公司账目。因监察人一般由股东担任，大多并不熟悉会计业务和审查的专门方法，不能做到有效监督。1845年英国修订了《公司法》，规定股份公司可以聘请执业会计师协助此业务。1853年在苏格兰的爱丁堡成立了"爱丁堡会计师协会"，这是世界上第一个职业会计师的专业团体，它得到了英国政府的特许执照。该协会的成立，标志着独立审计职业的诞生。

20世纪初，美国的短期信用发达，为了证明企业偿债能力保护债权人利益，主要进行资产负债表审计，即信用审计。20世纪20年代以后，随着资本市场的发育成熟，证券交易的业务量和发展迅速。为了满足现实投资人和潜在投资人以至社会各方面的要求，资产负债表审计已无法满足需要，美国开始了会计报表的审计。从20世纪中叶至今，民间审计进入现代审计阶段，民间审计机构在发展中开始呈现集中化的趋势。

我国民间审计起步较晚，1918年北洋政府农商部颁布了我国第一部民间审计法规《会计师暂行章程》。谢霖被获准成为我国的第一名注册会计师，他创办的正则会计师事务所是我国的第一家民间审计机构。我国民间审计的产生与发展是适应民族资本主义工商业的发展之所需的。1929年公司法的公布以及后来有关税法和破产法的施行，对民间审计的发展起了推动作用。

80年代初，随着经济体制改革的推行，多种经济成分并存的局面产生，外资也纷纷进入，如何维护非国有经济的投资人利益就成为一个现实问题。1980年底，财政部颁发了《关于成立会计顾问处的暂行规定》。此后，各地会计师事务所陆续恢复或建立。1988年，国务院颁布了《中华人民共和国注册会计师条例》，这是新中国第一部注册会计师的法规。次年，中国注册会计师协会正式成立。1993年10月《中华人民共和国注册会计师法》颁布并于 1994 年起实施。1995 年后，颁布实施了若干批中国注册会计师独立审计准则，2006 年在独立审计准则的基础上，重新颁布了中国注册会计师执业准则，2010 年对其又进行了修订。

综观中西方民间审计的产生过程，我们可以得出以下结论：

（1）民间审计是适应私人对企业财产的所有权与企业经管权的分离而产生的。这种分离使得私人财产所有者不再直接参与企业经营管理活动，而是委托经营者对其财产进行保存和运用，为了监督经营者保存和运用财产的状况，私人财产所有者便委托专门的监督机构和人员对经营者实施监督。于是，民间审计产生了。可见，民间审计产生于私人财产所有权与私人财产经管权的分离，是凭借私人所有权进行监督的形式。

（2）民间审计的重要性伴随着私人财产所有权与私人财产经管权的分离程度而不断提高。从两权分离的程度而论，企业经历了早期合伙企业的分离、有限责任公司的分离、股份公司的分离，以致当今上市公司的分离，其两权分离程度越来越高，民间审计所代表的委托人数量也不断增加，相应民间审计的重要性不断加强。

（3）民间审计受托于私人所有者。由于私人所有者都具有各自的财产利益，这意味着民间审计不像国家审计只能代表国家一个所有者的利益，而是能代表各种不同所有者的利益。

（4）尽管早期也出现过由所有者直接监督经营者的情况，但很快这种监督就为专门或职业的会计师所代替。之所以这样，根本原因在于：审计是一种专业化的职业，企业的所有者大多缺乏这种专业训练和技能；同时，一个企业特别是上市公司有众多的所有者，他们不可能都亲自进行审计，而是委托一个处在第三者立场，能代表他们共同利益的职业机构和人员进行审计。

3. 内部审计的产生过程及其基础

内部审计的历史非常悠久，可以追溯到奴隶社会。奴隶主拥有大量田产，往往将自己的私有财产委托给精明的代理人去管理和经营，奴隶主往往不定期地委派自己的亲信去审查代理人履行职责的状况。这可以说是内部审计的萌芽。进入中世纪以后，内部审计有了进一步发展。主要是寺院审计、城市审计、行会审计、银行审计、庄园审计等形式。第二次世界大战后，资本主义经济得到空前的发展，股份公司纷纷出现，企业规模不断扩大，市场环境日趋变化。一方面，股份公司的出现，要求强化其内部治理结构，以保护股东权益。为此，在企业内部要求建立监事会，加强对董事会或经营者的监督；另一方面，企业规模的扩大，市场环境的多变和竞争的加剧，要求企业内部实行分层管理，以适应多变的环境。由此，企业内部分公司、分厂或分店纷纷设立。伴随这种分权型管理，企业最高管理当局必然要求加强内部控制，既确保各分公司、分厂或分店所使用的企业财产安全完整，又确保其工作协同统一进行和具有效率。这样，在企业董事会下或最高管理当局下就设立了审计机构。

我国的监事审计的形成与股份公司的出现紧密联系在一起。20 世纪 80 年代中期以后，一些根据国际惯例组建而成的股份公司开始实行监事审计制度，但很不健全。1993 年 12 月我国颁布的《中华人民共和国公司法》为监事审计制度的实行提供了法律依据。

我国单位内部属于最高行政管理当局的内部审计，是为适应单位加强内部监督和控制，提高管理水平，而在政府的直接支持和推动下建立起来的。1983年，我国国家审计恢复后，内部审计也迅速得到发展，审计署颁布实施了有关内部审计工作的规定等。尽管我国内部审计的发展归因于政府的推动和国家审计的指导，但从本质上看，我国内部审计的产生也并非只有外部推动一个因素，许多企业内部审计机构的建立也是基于分层分权管理后，加强内部控制的客观需要。

综观中西方内部审计的产生过程，我们可以得出以下结论：

（1）监事审计和早期的内部审计一样，都是两权分离的产物。它代表股东或股东大会，行使对企业的经营者的监督权，监事审计是一种凭借私人所有者集团或不同所有制的所有者集团的所有权进行的监督。它与民间审计的区别是，民间审计可以不确定地代表众多私人所有者及其集团或者不同所有制的所有者及其集团进行监督，而监事审计只能唯一地代表某一企业的所有者集团进行监督。

（2）在我国隶属于最高管理当局的内部审计分为单位内部审计和部门内部审计。单位内部审计就是隶属于企事业单位内部最高管理当局的审计。这种审计因其直接隶属于企事业单位的最高管理当局，而不是直接代表股东或财产所有者行使监督权，这就从形式上易于把它当着一种经管权监督。但是，至少我们可以首先明确这种审计不属于经管权监督，因为经管权监督是与管理活动密切联系在一起的，或者更直接地说经管权监督是为管理活动服务的，没有管理活动就没有经管权监督。这样，问题就归结为这种审计是否是所有权监督。审计监督属于所有权监督，当然这种审计也不例外。按照马克思关于所有权的基本理论，所有权包括对财产的占有、使用、支配、处置和分配权。在两权分离后，经营者不仅获得了经管权，而且也获得了使经管权得以发挥作用的对财产的使用、支配、处置和部分分配权，这种权利通常称为经济意义上的所有权，也称法人所有权。而财产的实际所有人，只是握有对财产的终极所有权以及凭借财产参与利益分配的权利，这种权利是以法律契约的形式规定的，通常称为法律意义上的所有权，也称终极所有权。结果，经营者握有法人所有权和经管权。在企业内部执行分层管理的条件下，经营者的部分经管权必须被下放，因而，在企事业单位内部就出现了经营者的法人所有权与其相应的部分经管权相分离的现象，经营者为了使其拥有、使用、支配、处置和分配权的财产，在交付下层管理者运用后不致遭受损失，提高运用效率，就必然需要在内部委派专门的人员或机构对下属各分权层次或人员进行监督，这样，隶属于最高管理当局的企事业单位内部审计就得以产生。由于企事业单位内部审计只是服务于各企事业单位的最高管理当局，因而，它采取了直接隶属于最高管理当局的形式，并受其委派进行审计监督。

（3）内部审计的另一种形式是部门内部审计。它实际上也有两种形式：一是国家各行政部门所设立的内部审计，二是集团公司、母公司或投资公司所设立的内部审计。前一种部门内部审计实质是国家审计的延伸，它代表国家所有者，凭借国家所有权对所属使用国有财产的部门、单位进行监督。从这个意义讲，这种部门内部审计机构实质是国家审计机关的一个组成部分。所以，在我国也把各个部门的内部审计机构称为国家审计机关驻某部门审计机构，显然属于派驻的性质。后一种部门内部审计实质是设立于具有投资功能或者更确切地说具有资本经营功能的企业内部，由于这种企业是代表终极所有者行使投出资本、监管资本运用和调整存量资本的功能，所以对终极所有权而言，它行使的是资本经管权，而对接受其投资企业而言，它行使的又是所有权，这种所有权是终极所有权的一种延伸，它意味着由集团公司、母公司或投资公司代表终极所有者行使所有权。可见，终极所有权与资产经管权的分离，在存在集团公司、母公司或投资公司的场合，是通过这些资本经营主体与资产经营主体的权利分离得以体现的。所以，集团公司、母公司或投资公司等资本经营主体所设立的内部审计，实质上是产生于某一所有者集团的终极所有权与资产经营权相分离的需要，它是凭借所有权进行的监督，我们可以称为亚终极所有权监督，是附属于终极所有权监督的。

第二节　审计概念

在明确了审计的基本性质以后，我们有必要从审计概念结构形式入手，分析审计的含义，并对主要类型的审计的概念予以说明。

一、审计概念结构形式

审计可以按不同的标志进行分类，而形成审计的概念体系。通常，我们称之为审计的分类。实质上审计的分类就是确定不同审计类型的基本特征的过程。审计的概念体系可用图 1 - 1 表示如下：

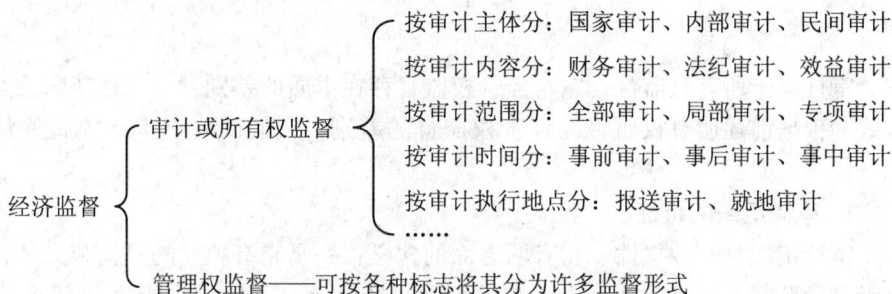

经济监督
- 审计或所有权监督
  - 按审计主体分：国家审计、内部审计、民间审计
  - 按审计内容分：财务审计、法纪审计、效益审计
  - 按审计范围分：全部审计、局部审计、专项审计
  - 按审计时间分：事前审计、事后审计、事中审计
  - 按审计执行地点分：报送审计、就地审计
  - ……
- 管理权监督——可按各种标志将其分为许多监督形式

图 1 - 1　审计概念体系

从图 1 - 1 可以看出，在审计这一基本概念的基础上，可以根据不同的标志，把审计分成许多类型而形成许多子概念集。这个分类过程随着审计实践的不断发展而不会中止。同时，我们还看到，从经济监督概念出发，演绎出审计和经管权监督的概念，从审计的概念出发，又演绎出许多子概念。不难得出结论，审计概念体系是一个以审计为基础概念的概念演绎体系，它反映了人们对审计本质的认识不断深入和渐进的过程。

根据形式逻辑的原理，给任何一个审计概念下定义，其结构形式是：被定义的审计概念 = 属差 + 最邻近的种概念。属差实质是同一种类的审计概念中各子概念的不同点、差异、特征或内涵，它旨在揭示各子概念不同于其他子概念的本质特点。最邻近的种概念是揭示某一种类事物共同特征、本质、内涵的概念。种概念之下通常有若干平行的子概念归属其下。在上述的审计概念体系中，经济监督是审计和经管权监督两个子概念（也称属概念）的种概念。无论审计还是经管权监督都是经济监督的形式，具有经济监督的一般特征，但两者又存在根本的不同，以致区分为两种不同的经济监督形式。审计概念又是按各种标志分类后所形成的子概念集的种概念，这些子概念集中的任何一种审计形式都只是审计监督的形式之一，具有审计监督的一般特征。但它们之间又存在根本的不同，以致区分为各种不同的审计监督形式。

一个概念属差的描述，就是要揭示其特征。就审计来说，因审计是一种经济监督活动，凡活动必然涉及活动的主体、客体、目的、主体对客体的作用方式等要素。因而，描述各种审计形式的属差就可以从这些要素中寻找其本质特征。

二、审计的含义

根据前述概念的定义方式，我们给出审计的定义。

（一）审计概念的最邻近的种概念

审计是所有权监督，与经管权监督共同构成经济监督体系。所以，审计最邻近的种概念就是经济监督，即审计是经济监督的形式之一，是一种经济监督活动，这就从本质上规定审计监督的是经济活动，而不是其他非经济活动，如行政活动、党务活动、民间活动、刑事行为等。离开经济活动，审计就没有存在必要。

（二）审计概念的属差

审计属于所有权监督，它与经管权监督存在本质的差别，是一种特殊的经济监督形式。根据前述所有权监督与经管权监督的差别，我们简要把审计的属差特征说明如下：

1. 审计组织的特征

审计组织具有独立性，它有两方面的含义：一是它有独立的机构和人员，而非所有者自身监督；二是与被审主体在组织上、经济上、工作过程中（或精神上）保持独立。经管权监督中，上下层次之间通常有连带经济责任。

2. 审计对象的特征

审计对象包括审计谁，审计什么内容。审计谁是指经营管理者，而经营管理者总是处于一定部门和单位的，审计谁又可以是部门和单位；审计什么内容是指财产的保存和运用状况，部门和单位财产的保存和运用状况在价值上表现为财政财务收支活动（或是价值保全与运动），在借助会计资料对这些活动进行反映后，就进一步表现为会计资料及其所反映的财政财务活动。与此不同，经管权监督根本上是监督下属层次执行决策的情况或决策目标的履行情况。

在对会计资料及其反映的经济活动进行审计时，着重审查评价其真实性、合法性和效益性，而经管权监督着重查明下属层次的行为与决策目标的一致性。

3. 审计组织对审计对象作用方式的特征

它涉及两个方面：一是审计组织对审计对象能产生什么功能作用，表现为审计的职能；二是审计组织对审计对象发生功能作用的实现方式是什么，表现为审计的方法。正如我们前已叙及的，审计的职能是监督，具体有监察、鉴证和评价。与此不同，经管权监督的职能主要是控制或督促，以使执行者按决策目标行事；审计的基本方法是会计检查和财产清查，而经管权监督的方法并不固定，因监督内容而定，主要是比较法。

4. 审计目的特征

审计的目的与审计的客体有着内在联系，审计的内容是财产的保存和运用状况，相应审计的目的就是保护财产安全，提高财产的运用效率和效益。财产的运用效率和效益也可以说是经济效益。两者综合起来，就是实现所有者资本保值和增值的目标。经管权监督的目的是保证决策目标的全面和有效执行。

综上所述，审计的定义是：审计是由独立的机构和人员，运用会计检查、财产清查等特定方法，对有关部门和单位的会计资料及其所反映的财政财务活动的真实性、合法性和效益性进行监察、鉴证和评价，以保护其财产安全，提高其经济效益的一种经济监督活动（或形式）。

三、审计的主要分类

在审计的概念体系中，我们提出了对审计的多种分类方法，但其中按主体和内容分类是最基本的分类，由此而形成的审计概念也是最基本和常用的概念。以下，我们对这两种分类方式下的审计概念进行简单说明。

（一）审计按主体分类为国家审计、民间审计和内部审计

1. 国家审计

国家审计是指由独立的国家审计机关和人员对国家各级各类行政部门、国有企事业单位以及其他拥有国有资产的单位的会计资料及其所反映的财政财务收支活动的真实性、合法性和效益性进行监察或审查、查处的一种审计形式。可以看出国家审计的特征主要是在审计主体、审计内容和被审计单位上，体现了国家所有权的特征。

2. 民间审计

民间审计也称注册会计师审计，是指由独立的注册会计师，通过接受委托，对被审计单位的会计资料及其所反映的经济活动的真实性、合法性和效益性进行查证、鉴证和评价的一种审计形式。由于民间审计可以接受不同所有者委托的特征，不仅民间审计主体采取法人的形式，而且，其审计活动也是通过委托受托进行的，其被审主体依委托审计的主体的所有权性质不同而各异。此外，民间审计的地位也决定了其主要职能是鉴证，而要鉴证必须先查证，在鉴证的基础上也必然要延伸至评价。

3. 内部审计

内部审计是指由特定组织或部门和单位内部独立的审计机构和人员，对特定财产经管者或本部门、本单位及其下属单位的会计资料及其所反映的经济活动（或财政

财务收支活动）的真实性、合法性和效益性进行审查、评价的一种审计形式。由于内部审计只是代表某一特定的所有者或集团，所以内部审计机构或人员就都直接设立于特定组织或部门、单位内部，其审计的对象也只限于特定财产经管者本部门和本单位内部的会计资料及其所反映的经济活动。

（二）审计按内容分类为财务审计、法纪审计和效益审计

1. 财务审计

财务审计是指由独立的审计机构和人员对部门和单位的会计资料及其所反映的经济活动的真实性、正确性进行鉴证的一种审计形式。由于财务审计侧重于真实性、正确性审计，因而主要通过鉴证职能来完成。在西方这种审计主要是由民间审计进行。

2. 法纪审计

法纪审计是指由独立的审计机构和人员对部门和单位的会计资料及其所反映的经济活动的合法性进行监察（或审查、查处）的一种审计形式。由于法纪审计侧重于合法性审计，因而主要通过监察职能来完成。这种审计主要体现在国家审计之中。

3. 效益审计

效益审计全称为经济效益审计，是指由独立的审计机构和人员对部门和单位的会计资料及其所反映的经济活动的效益性进行评价的一种审计形式。由于效益审计侧重于效益性审计，因而主要通过评价职能来完成。这种审计主要体现在内部审计之中。

值得说明的是，我们所讨论的"审计"是一个约定俗成的概念，所界定的内涵是广义的，与注册会计师所执行的审计业务中的"审计"概念是不同的。《中国注册会计师执业准则》规定，注册会计师业务包括鉴证业务和相关服务，而鉴证业务又包括审计业务、审阅业务和其他鉴证业务。

第三节 审计组织

审计组织是审计活动的主要执行者。一般情况下，我们把审计组织分为审计机构和审计人员两部分。审计机构和审计人员是互为一体的，但也有其区别。审计机构是开展审计工作、行使审计职权的特定机构，开展审计工作、行使审计职权的人员则是审计人员，审计人员应隶属于审计机构，未设审计机构的部门或单位，审计人员应是独立的专职人员。

一、审计机构

审计机构包括国家审计机关、内部审计机构和民间审计组织，民间审计组织也称社会审计组织或独立审计组织。关于审计机构，需要明确设立依据，即不同形式、不同区域的审计机构的具体设立情况，以及审计组织体系的形成机理。

（一）审计结构设立的依据

一般来讲，设立审计机构是发挥审计职能作用的前提条件，而设立审计机构必须

遵循一定的依据。

1. 所有权监督理论是审计组织设立的理论依据

所有权监督理论作为审计产生和发展的客观基础，自然也是审计组织设立的理论依据。根据所有权监督理论，审计代表财产所有者进行经济监督，在监督的内容、方式及目标上，都应考虑财产所有者的需要或要求，这样，在设立审计机构时，就应以满足财产所有者的这种需要或要求为出发点，并以此作为审计机构设立的依据。首先，设立审计机构应在其隶属关系上考虑所有权关系的要求。我们已经知道，财产的所有权与经管权分离是审计产生的基础，不同的所有权应由不同的审计形式来代表。就内部审计而言，监事审计机构直接代表具体企业的股东集团（出资者所有权）的利益，直接隶属于股东大会；企业内部审计机构直接代表法人所有权进行经济监督，直接隶属于企业的法人代表。部门内部审计，有的代表出资者所有权进行经济监督，有的代表法人所有权进行经济监督，所以，隶属关系视所有权关系而定。

其次，设立审计机构应在其作用的侧重方面考虑财产所有者的要求。审计作为一种独立的经济监督形式，可以在财务审计、法纪审计和经济效益审计等方面发挥其具体作用。设立的审计机构，发挥的作用是侧重于财务审计，还是法纪审计，抑或是经济效益审计，应考虑财产所有者的要求。

在审计界，有人认为，审计机构设立的理论依据是独立性和权威性。实际上，独立性和权威性是审计机构按所有权监督理论设立后所表现出的一种必然结果，而不是前提条件或理论依据。独立性是指审计机构和人员依照法定程序对被审计单位实施审计监督，不受其他单位和个人的干涉或阻挠，机构独立是其具体表现之一。权威性是指审计在独立性的基础上所表现出的监督活动的高层次性和审计结论及决定在一定程度上的可信赖性。审计代表财产所有者进行经济监督，在两权分离的前提下，就使得审计在经济上完全脱离于被审计单位，不从事任何的经济业务，在机构上与被审计单位没有隶属关系，它只隶属于财产的所有者。正是由于审计这种相对于财产经管者的超脱性，决定了其必然具有独立性。所有权与经管权相比较，所有权为经管权提供物质要素，并对其经营管理活动进行约束，所有者可以对企业所获利润进行分配。所有权是一种终级权利，它高于经管权，由此决定了审计所代表的所有权监督具有天然的权威性。正由于审计机构的设置必然具有独立性和权威性，所以，实际设置审计机构时不能违反这一规律。

2. 有关法律法规的规定构成审计机构设立的法制依据

设立审计机构应符合所有权监督理论，在此基础上，还应具体遵循国家的有关法律法规的规定。应该说，制定有关审计方面的法律法规也应依据所有权监督理论，这样看，设立审计机构似乎只要遵循了所有权监督理论就够了，但是，所有权监督理论作为设立审计组织的理论依据只是一种宏观要求，不能给予具体指导；而且，制定审计方面的法律法规除了遵循所有权监督理论以外，还考虑和兼顾了其他诸多情况和因素，例如，一个国家的社会经济背景和当时的审计环境等。所以，设立审计机构遵循法制依据与遵循所有权监督理论依据并无重叠，更不矛盾。就我国而言，遵循法制依据设立审计机构体现在很多方面：按照《中华人民共和国宪法》及《中华人民共和国审计法》规定，国务院设立审计署，县级以上人民政府设立了审计局或审计厅，确立了国家审计在隶属关系上的行政模式。根据《中华人民共和国审计法》制定的《审计署关于内部审计的规定》规定：国家机关、金融机构、企业事业组织、社会团体以及其他单位，应当按照国家有关规定建立健全内部审计制度；法律、行政法规规定设立内部审计机构的单位，必须设立独立的内部审计机构；法律、行政法规没有明确规定设立内部审计机构的单位，可以根据需要设立内部审计机构，配备内部审计人员；有内部审计工作需要且不具有设立独立的内部审计机构条件和人员编制的国家机关，可以授权本单位内设机构履行内部审计职责；设立内部审计机构的单位，可以根据需要设立审计委员会，配备总审计师。按照《中华人民共和国公司法》及其他有关法规的规定，公司制企业设立企业内部审计或监事审计机构，隶属于出资所有权或法人所有权；按照《中华人民共和国注册会计师法》规定，注册会计师可以经国务院财政部门或省级人民政府的财政部门批准合伙设立会计师事务所，作为民间审计组织开展注册会计师业务。

（二）国家审计机关的设立

国家审计机关是国家的财政经济综合监督部门，它代表国家在其授权范围内行使审计职权，履行审计义务。由于世界各国的政治制度和经济制度存在诸多差别。所以，国家审计机关的设置方式及在审计监督体系中的地位也存在不同。

1. 国家审计机关的设置形式和内部关系

在世界范围内，有四种国家审计机关的设置形式，并形成了相应的内部关系。

（1）立法式。这种模式的基本特征是国家审计机关隶属于立法机构，在立法机构的领导下开展工作，并向立法机构报告工作。在世界上，有相当多的国家都采用这种模式。但最早采用的是英国。1861年英国议会下设立了决算审查委员会，实施审查国库收支的审计工作，并向议会提出报告。1866年，英国议会通过了《国库和审计部法案》，并以此法案在次年成立了国库审计部。这标志着世界上第一个立法式审计制度的诞生。美国是立法、司法和行政三权分立的国家。这三方面的权力分别由国会、法院和政府来行使。审计总署受国会领导并向其报告工作、反映情况，独立于行政之外。美国的这种体制的形成受英国的影响，使"立法模式"进一步完善，它与英国一起被称为"立法模式"的代表，因此，有人把这一模式叫做"英美模式"。在这种模式下，国家审计的中央组织和地方组织没有领导和被领导的关系，它们之间是相对独立的。

（2）司法式。这种模式的基本特征是国家审计机关建立在司法系统中，具有司法权。首先采用这种模式的是法国。1807年法国正式通过法令，决定新建具有司法性质的国家审计法院。审计法院是介于立法机关和行政机关之间的司法机构，它不归属司法部门，但拥有司法审计权。这种体制的总体目标是把国家审计管理法制化以此来强化国家审计管理的职能。欧洲、南美和非洲一些原为法国殖民地的国家，如希腊、塞内加尔、阿尔及利亚等，由于受法国的影响，先后按司法模式建立起国家审计制度。除上述国家外，另一个较有影响的选择司法模式的国家是德国。在世界审计史上，法德两国的国家审计合称"大陆派"。这种模式下的中央审计组织和地方审计组织是没有领导和被领导关系的。

（3）独立式。这种模式的基本特征是国家审计机关既不隶属于立法机关，也不隶属于行政系统和司法系统，具有超然独立性。日本采用这种模式。1889 年 5 月，日本根据本国宪法制定了《会计检查院法》。该法规定，会计检查院直属于天皇。第二次世界大战以后的 1947 年，日本修订了《会计检查院法》，这意味着独立模式的国家审计制度最终形成。修订的《会计检查院法》规定，会计检查院不再隶属于天皇并独立于国会、内阁和司法部门。独立模式下中央审计组织和地方审计组织没有领导和被领导的关系。

（4）行政式。这种模式的基本特征是国家审计机关隶属于政府行政系统，是国家行政机构的组成部分，对政府及所属各部门、各单位实施审计监督。这种模式的国家审计，其独立性和权威性要差于立法模式的国家审计。世界上一些社会主义国家大都采用这种模式。这些国家采用非"三权分立"的政治体制，行政模式是与其相适应的。苏联是较早采用这种模式的国家。第二次世界大战以后，东欧各国在苏联的影响下也建立了苏式的行政模式国家审计制度。但后来有的东欧国家依照本国国情放弃或改变了这种模式，如南斯拉夫后来采用了立法模式。目前，某些北欧国家如瑞士和瑞典，其国家审计也设在行政系列中，具有行政模式的某些特征，但其审计工作又要向议会报告，在某种程度上成为议会执行检查职能的附属机关。我国国家审计也采用了行政模式。在这种模式下，国家审计的中央组织和地方组织一般是有领导和被领导关系的。

综合而言，上述四种模式中的前三种属于独立型，后一种属于半独立型。独立型的国家审计机关较为符合审计的三者关系，即委托者、审计者和被审计者的三者关系，在这些模式下，审计的所有权监督理论可以得到最为直接的体现，即国家审计机构接受公有财产所有者代表的委托，或直接代表财产所有者对公有财产的管理者和使用者进行审计监督，其结果是审计监督的独立性和权威性都较强，尤其是独立模式，其独立性和权威性最强。行政模式之所以叫做半独立型，因为在这种模式下，委托者和被审计者有时是合二为一的，审计的三者关系不尽明确，其独立性和权威性是不如独立型的。尽管这样，国家审计机构的审计行为也是代表财产所有者并以其需要为出发点的，只不过它或多或少地还受到财产经管者的制约。应该说，某些国家之所以采用行政模式，是与其当时政治和经济体制及其他诸多客观情况相吻合的；如果舍此而求彼，反而适得其反。所以，无论是独立型，还是半独立型的国家审计机构，其设置都体现了所有权监督的需要。

2. 我国国家审计机关的设置

新中国成立之后至 1983 年，我国没有设立专门的审计机构。机关、企业、事业单位的经济活动，由财政、银行、税务部门和上级主管部门等按照各自的管理范围进行管理和监督，这种管理部门的监督具有分散性，不具有经常性、综合性、超然独立性，故有很大的局限性。党的十一届三中全会以来，我国的经济建设逐步走上了健康发展的轨道。在社会经济生活中，不仅需要众多的管理系统，还必须建立一个独立的、间接的、综合的审计监督系统。这对于加强财政、财务收支的经济监督，保护社会主义财产的安全与完整，维护党和国家制定的财经纪律，促进经济体制改革，提高经济效益，促进社会主义经济的发展具有重大的作用。

1982 年 12 月公布的《中华人民共和国宪法》明确规定了国家设立审计机关，根据这一规定，六届人大一次会议做出了国务院成立中华人民共和国审计署的决定。1983 年 9 月，中华人民共和国审计署在北京正式成立。在此之后，地方县以上各级审计机关也相继建立。这样，在我国，从中央到地方，逐步形成了一个自上而下的独立的、有权威的国家审计组织系统。

审计署隶属于国务院，是国务院的组成机构，是国家的最高审计机关。它向国务院负责并报告工作。审计署根据工作需要，可以设置若干司（局）职能机构，具体分管某一方面的审计事务。县级以上地方各级人民政府设置审计局（厅）。地方各级审计机关根据工作需要，设置若干职能机构（处、科、室、股），分管审计事宜。地方各级审计机关对本级人民政府和上一级审计机关负责并报告工作，审计业务以上级审计机关领导为主。另外，审计署和地方各级审计机关根据工作需要，可以在其审计管辖范围内派出审计特派员。

3. 我国国家审计机关的职责和权限

为了使国家审计机关有目的地进行审计监督，充分发挥审计监督作用，必须明确规定审计机关的职责和权限。根据现行《中华人民共和国审计法》规定，审计机关职责包括：

（1）审计机关对本级政府各部门（含直属单位）和下级政府预算的执行情况和决算以及其他财政收支情况，进行审计监督。

（2）对国有金融机构的资产、负债、损益，进行审计监督。

（3）对国家的事业组织和使用财政资金的其他事业组织的财务收支，进行审计监督。

（4）对国有企业的资产、负债、对政府投资和以政府投资为主的建设项目的预算执行情况和决算，进行审计监督。

（5）对政府部门管理的和其他单位受政府委托管理的社会保障基金、社会捐赠资金以及其他有关基金、资金的财务收支，进行审计监督。

（6）对国际组织和外国政府援助、贷款项目的财务收支，进行审计监督。

（7）对国家机关和依法属于审计机关审计监督对象的其他单位的主要负责人，在任职期间对本地区、本部门或者本单位的财政收支、财务收支以及有关经济活动应负经济责任的履行情况，进行审计监督。

（8）指导和监督属于审计机关审计监督对象单位的内部审计工作。

审计机关权限包括：

（1）审计机关有权要求被审计单位按照审计机关的规定提供预算或者财务收支计划、预算执行情况、决算、财务会计报告，运用电子计算机储存、处理的财政收支、财务收支电子数据和必要的电子计算机技术文档，在金融机构开立账户的情况，社会审计机构出具的审计报告，以及其他与财政收支或者财务收支有关的资料，被审计单位不得拒绝、拖延、谎报；审计机关进行审计时，有权检查被审计单位的会计凭证、会计账簿、财务会计报告和运用电子计算机管理财政收支、财务收支电子数据系统，以及其他与财政收支、财务收支有关的资料和资产。

（2）审计机关进行审计时，有权就审计事项的有关问题向有关单位和个人进行调查，并取得有关证明材料。有关单位和个人应当支持、协助审计机关工作，如实向审计机关反映情况，提供有关证明材料。

（3）审计机关经县级以上人民政府审计机关负责人批准，有权查询被审计单位在金融机构的账户。

（4）审计机关有证据证明被审计单位以个人名义存储公款的，经县级以上人民政府审计机关主要负责人批准，有权查询被审计单位以个人名义在金融机构的存款。

（5）审计机关对被审计单位违反前款规定的行为，有权予以制止；必要时，经县级以上人民政府审计机关负责人批准，有权封存有关资料和违反国家规定取得的资产；对其中在金融机构的有关存款需要予以冻结的，应当向人民法院提出申请。

（6）审计机关对被审计单位正在进行的违反国家规定的财政收支、财务收支行为，有权予以制止；制止无效的，经县级以上人民政府审计机关负责人批准，通知财政部门和有关主管部门暂停拨付与违反国家规定的财政收支、财务收支行为直接有关的款项，已经拨付的，暂停使用。

（7）审计机关认为被审计单位所执行的上级主管部门有关财政收支、财务收支的规定与法律、行政法规相抵触的，应当建议有关主管部门纠正；有关主管部门不予纠正的，审计机关应当提请有权处理的机关依法处理；审计机关可以向政府有关部门通报或者向社会公布审计结果。

（三）内部审计机构的设置

内部审计机构是国家各级主管部门和有关企事业单位内部建立的审计组织。内部审计在我国经济活动中发挥着巨大作用，是我国审计组织体系的重要组成部分。

1. 内部审计机构设置的组织形式

在第一节中，为了阐述审计与所有权监督的关系，已涉及内部审计结构的设置形式。这里，我们系统归纳如下：

（1）监事审计机构。这种形式的内部审计机构即监事会或其下设的专门履行审计职责的机构。前已述及，第二次世界大战以后，资本主义经济得到空前的发展。股份公司的出现，要求强化其内部治理结构，以保护股东权益。为此，在企业内部要求建立监事会，即设置监事内部审计机构，加强对董事会或经营者的监督。在我国，80年代中期以后，虽然一些根据国际惯例组建而成的股份公司开始实行监事审计制度，但很不健全。1993年12月我国颁布的《中华人民共和国公司法》为设置这种形式的内部审计机构提供了法律依据。它规定经营规模较大的有限责任公司和股份公司应设立监事会，代表股东行使检查公司财务、监督董事和经理执行公司职务、制止董事和经理损害公司利益的行为。

监事审计机构代表出资者所有权，站在保护股东权益的立场上，对董事会和企业经理人员所负的财产经管责任的履行情况进行监督和评价，就内部审计而言，具有很强的独立性和权威性。

（2）部门或单位内部审计机构。这种形式的内部审计机构即在企业董事会下或最高管理当局下设立的审计机构。随着企业规模的扩大，市场环境的多变和竞争的加剧，企业内部必须实行分层管理，以适应多变的环境。由此，企业内部分公司、分厂或分店纷纷设立。伴随这种分权型管理，企业最高管理当局必然要求加强内部控制，既确保各分公司、分厂或分店所使用的企业财产安全完整，又确保其工作协同统一进行和具有效率。这样，部门或单位内部审计机构便应运而生。这种形式的内部审计机构显然包括部门内部审计机构和单位内部审计机构两种。

① 部门内部审计机构。在我国，部门内部审计有两种形式：一是国家各行政部门所设立的内部审计。它代表国家所有者，凭借国家所有权对所属使用国有财产的部门、单位进行监督，所以，也把它称为国家审计机关驻某部门审计机构。从这个意义讲这种部门内部审计机构实质是国家审计机关的一个组成部分。这种形式的内部审计机构直接隶属于部门最高领导者。二是集团公司、母公司或投资公司所设立的内部审计。这种形式的内部审计机构是产生于某一所有者集团的终极所有权与资产经营权相分离的需要，它也是凭借所有权进行的一种经济监督。

② 单位内部审计机构。这种形式的内部审计机构是在基层企业事业单位内部设置的审计机构。部门内部审计机构中的第二种形式和单位内部审计机构，在隶属关系上既可以隶属于董事会，也可以隶属于单位最高管理当局，还可以在董事会和管理当局设置两种形式的单位内部审计机构。在董事会下设置的内部审计机构，一般是审计委员会；在管理当局中设置的内部审计机构，一般是审计部。这两种形式的内部审计机构，都是代表法人所有权进行的监督。但是，如果二者都存在的话，它们存在一个层次问题。如果说，监事内部审计机构属于第一层次的话，那么，审计委员会属于第二层次，审计部属于第三层次。在这种情况下，监事内部审计机构负责监督和评价董事会经管责任的履行情况，审计委员会负责监督和评价总经理人员经管责任的履行情况，审计部负责监督和评价基层经理人员经管责任的履行情况。

2. 内部审计机构的职责和权限

总的来讲，内部审计机构应履行的职责是对所辖范围内部门或单位的财政财务收支、经营管理活动及其经济效益状况进行审核和评价，查明其真实性、恰当性、合规性和效益性，向财产所有者或其代表者报告审计结果，以健全部门或单位的内部控制制度，改善其经营管理，提高经济效益。

内部审计机构可以通过行使其相应的权限以履行上述职责。这些权限主要有：根据内部审计工作的需要，要求被审计部门按时报送计划、预算、决算、报表和有关文件、资料等；审核凭证、账表、决算，检查资产和财产，检测财务会计软件，查阅有关文件和资料；参加有关会议；对审计涉及的有关事项进行调查，并索取有关文件、资料等证明材料；对正在进行的严重违反财经法规、严重损失浪费的行为，经董事会或总经理同意，可以做出临时制止决定；对阻挠、妨碍审计工作以及拒绝提供有关资料的，经董事会或总经理批准，可以采取必要的临时措施，并提出追究有关人员责任的建议；提出改进管理、提高效益的建议和纠正、处理违反财经法规行为的意见；对严重违反财经法规和造成严重损失浪费的直接责任人员，提出处理建议，并按有关规定，向有关方面反映。

国际视野

美国国会2002年7月出台的《萨班斯—奥克斯利法案》

　　安然公司与世通公司舞弊欺诈案件暴露后，美国国会于2002年7月出台了《萨班斯—奥克斯利法案》。该法案第301节对审计委员会做出了规定，把审计委员会提升到上市公司法定审计监管机构的地位，它要求上市公司必须建立审计委员会。法案要求美国证监会在法案自2002年7月30日生效之后的270天内制定新的法规，要求所有在美上市的公司设立一个完全由独立董事所组成并至少包括一名"财务专家"的审计委员会，对达不到该项要求的上市公司禁止其上市。审计委员会必须全部由"独立董事"组成，上市公司审计委员会应直接负责聘用和监督上市公司的独立审计师，并决定其报酬数额，独立审计师直接向审计委员会负责。为了保持组成审计委员会独立董事之独立性，规定其除担任独立董事职位可以获得薪酬外，不得从上市公司或公司关联人或下属企业获得任何形式的其他报酬。审计委员会必须制订一定程序以完成与会计处理、内部会计控制、内部审计、员工匿名举报可疑的会计问题及审计处理等相关申诉事项的受理、执行和保留记录等任务。审计委员会在执行任务时，有权聘请独立咨询顾问和其他顾问。审计委员会还应建立与内部审计部门畅通的沟通渠道，使得公司管理层面的问题必要时能越级上报。上市公司必须负责向审计委员会提供合适的资金，资金数额由审计委员会确定。这些资金主要用来支付审计委员会认为必要时聘请独立财务顾问费和注册会计师出具审计报告的费用，即委员会有权支配足够的资金以聘用外部咨询顾问。只有财务资金上的独立权限，才能实现决策上真正的独立，才能保障各项功能的履行。

　　不管内部审计机构采取何种组织形式，其设置的主要依据都是所有权监督的需要。监事审计由于直接隶属于企业股东大会，其设置的具体形式和步骤以及审计工作的实际开展，无疑要体现或考虑出资所有者的根本利益和实际需要；部门和单位内部审计机构尽管隶属于董事会或企业事业管理当局，但他们表现为法人所有权，它与出资者所有权在一定程度上具有相同的性质。在这种情况下，部门和单位内部审计机构的设置及其运作也就考虑和体现了所有权监督的需要。

（四）民间审计组织的建立

　　民间审计组织是指经国家主管部门批准和注册的会计师事务所和审计事务所。在我国，民间审计组织是审计组织体系的重要组成部分。

1. 民间审计组织的性质

　　民间审计组织不像国家审计机关和内部审计机构那样，直接隶属于某个机构或部门，而是以法人形式出现，在组织上具有经济主体和监督主体的特征，不直接隶属于哪个部门或机构，与委托者以契约形式表现其相互关系。

　　所有权监督理论告诉我们，民间审计是代表私人所有权进行的经济监督。私人所有权的特征是，所有权分散于各个所有者手中，这就使得私人所有权具有无限众多性，而国家审计的所有权主体只国家一家。因此，私人所有权的各个主体就会表现出各自的所有权利益。如果将民间审计组织直接隶属于某一个私人所有者，它就只能代表这个所有者的利益，而不能代表其他所有者的利益，这样，就要求每个私人所有者都有其审计组织为其服务，这从审计效益角度分析，显然是低效的，而且私人所有者作为一个自然人，不是一个组织实体，不便于设立一个审计组织。另一方面，无论什么样的所有者，他们对于同一企业的审计结论具有相同的要求，即客观公正地证明企业财产的保存和运用状况。正是这种共同点，使得民间审计组织的设立不能采取隶属于某一具体所有者的形式，但又必须使其代表各个所有者来行使审计职权，为了解决这一问题，民间审计采取了法人形式。在实际审计业务中，民间审计组织通过与委托者订立审计契约的形式，具体地代表某一个所有者行使审计监督权，我们把这种隶属关系可以称为"契约隶属关系"。这种契约隶属的组织形式，解决了民间审计组织不能隶属于各个自然人所有者之下，又必须代表各个自然人所有者的矛盾，也解决了民间审计组织既要代表全体私人所有者的利益，在实际开展审计业务时又只能代表某一个具体的私人所有者的矛盾，另外，这种形式也有利于提高审计效率。

民间审计组织的具体表现形式是会计师事务所。在我国，会计师事务所是经国家有关部门批准、注册登记，依法承办有关社会审计业务的单位。根据《中华人民共和国注册会计师法》规定，设立会计师事务所，应经国务院财政部门或省、自治区、直辖市人民政府财政部门批准。省、自治区、直辖市人民政府财政部门批准的会计师事务所，应当报国务院财政部门备案。会计师事务所设立分支机构，须经分支机构所在地的省、自治区、直辖市人民政府财政部门批准。会计师事务所不是国家机关的职能部门，经济上也不依赖于国家或其他任何单位，而是实行自收自支、独立核算、依法纳税，具有法人资格。

20 世纪 90 年代及以前，民间审计组织还有一种表现形式是审计事务所。它与会计师事务所的区别在于，它是由国务院审计署或省、自治区、直辖市人民政府审计机关批准成立的，并在其管理和指导下开展业务。1995 年 5 月，我国民间审计的两大组织开始实行合并，已经具备注册审计师资格，经省级以上审计机关批准审计署认定的人员，送财政部备案后可取得注册会计师资格。注册会计师协会和注册审计师协会开始联合，联合后的职业团体仍称为注册会计师协会。审计事务所在联合后可以继续沿用这一名称，也可改为会计师事务所。联合后的审计事务所原挂靠单位不变、人事关系不变、财务渠道不变。两大民间审计组织的联合，对于促进我国的民间审计的进一步发展，规范民间审计组织的管理具有积极意义。

2. 民间审计的组织模式

民间审计组织模式是会计师事务所作为一种按企业化运作的经济实体在经营和管理体制上所设计和实施的综合形式。民间审计组织模式选择的合理与否直接影响其最终产品——审计服务的质量的高低。综观世界各国在企业组织形式方面的实践以及各国法律制度对企业组织形式的规定，企业的组织形式主要有独资型、公司制和合伙制三种，其中，合伙制又包括普通合伙制、有限合伙制和有限责任合伙制三种。

在普通合伙制会计师事务所中，不管是经营管理工作造成的负债，还是作为合伙人和不作为合伙人的注册会计师职业性违规造成的负债，所有合伙人都要承担无限连带责任。这虽然最大限度地保护了客户的利益，使每一位作为合伙人的注册会计师严于律己，注重合伙人之间的相互监督，但会使合伙人承担着较大的风险，对作为合伙人的注册会计师不利。因此，在普通合伙制下，一方面对合伙人的入伙要求比较严格，不利于会计师事务所规模的扩大；另一方面，一些有一定声望和一定个人财产的注册会计师由于风险太大而不愿加入普通合伙制事务所，在一定程度上制约了事务所的发展。

选择有限合伙制组织形式的会计师事务所一般不多。因为这种形式的会计师事务所中部分有限合伙人不能参与经营管理，而不具备注册会计师执业资格的人士不太愿意投资此行业，有执业资格的人士一般又不愿放弃参与经营管理的权利；同时，承担无限责任的合伙人不愿让只承担有限责任的合伙人坐享其成；另外，会计师事务所主要依靠向社会提供劳务收取费用，一般不需要很多资金投入，所以，这种组织形式的会计师事务所在实际运作中存在较多的利害冲突。

比较而言，有限责任合伙制会计师事务所克服了普通合伙制的某些缺陷，即无过错合伙人无须对其他合伙人的职业性违规行为所形成的负债承担无限连带责任，而有过错合伙人需承担无限连带责任，较大程度地保护了无过错合伙人的利益，有利于吸纳新的合伙人入伙，增强其承担风险的能力。

3. 民间审计的业务范围

一般来讲，我国民间审计组织的业务范围包括，验证企业资本，出具审计报告；审查会计账目、会计报表和其他财务资料，出具查账报告书；参加办理企业解散、破产的清算事项；参加调解经济纠纷，协助鉴别经济案件证据；其他会计查账验证事项；设计财务会计制度，担任会计顾问，提供会计、财务、税务和经营管理咨询；代理纳税申请；代办申请注册登记，协助拟定合同、章程和其他经济文件；培训财务会计人员；其他咨询业务；其他需要委托社会审计组织承办的业务。随着我国经济体制改革与民间审计组织的不断健全与完善，民间审计组织的业务范围也在不断扩展与变化。民间审计组织要完成上述各项业务，须具备相应的职权。民间社会审计组织接受国家机关委托办理业务，根据业务需要，有权查阅有关财务会计资料和文件，查看业务现场和设施，向有关单位和个人进行调查与核实。其他委托人委托民间审计组织办理业务，需要查阅资料、文件和进行调查的，按照依法签订的委托书的约定办理。

二、审计人员

审计人员是审计业务的具体执行者，其应隶属于审计组织，未设置审计机构的，审计人员应是专职人员。审计人员在提高审计工作效率、保证审计工作质量中起决定性的作用。

与审计组织分为国家审计机关、内部审计机构和民间审计组织一样，审计人员也分为国家审计人员、内部审计人员和民间审计人员，他们共同构成了审计人员队伍。

国家审计人员是各级审计机关中从事审计工作的领导和专业人员。在我国，国家审计人员是政府机关的工作人员，其任免是有法定程序的。中华人民共和国审计署的主要行政负责人审计长是国务院的组成人员之一，其由国务院总理提名，全国人民代表大会表决通过，国家主席任免。审计署副审计长由国务院任免。地方各级审计机关的审计厅局长是本级人民政府的组成人员，其由本级人民代表大会任免，副局长由本级人民政府任免。国家审计专业人员是由熟悉审计操作业务的人员构成的，由于审计操作业务涉及的内容很广，所以，专业人员又可由多方面人员构成，如外勤审计业务人员、工程技术人员、经济管理人员、文秘人员、法律人员、计算机人员等，另外，还有为满足审计业务特殊需要的兼职人员。

在职业技术上，国家审计人员有其特定的职称，它是国家审计人员通过考试考核取得的标明其工作能力的技术称号。技术职称从低到高依次是审计员、助理审计师、审计师和高级审计师。审计员和助理审计师为初级职称，审计师为中级职称，高级审计师为高级职称。目前，助理审计师和审计师要通过参加审计署组织的有关考试合格后取得；高级审计师要经过国家有关部门的考核（有些内容要考试）合格后取得；审计员一般是工作一定时间经过考查后自然转入。

内部审计人员是在各级政府职能部门、业务主管部门和有关企业事业单位内部设置的内部审计机构中从事内部审计工作的人员。内部审计人员根据内部审计机构的隶属关系而决定其任免过程。如隶属于股东大会或其审计委员会内部审计机构的内部审计人员，其任免应通过股东大会或其审计委员会进行；隶属于部门或单位内部审计机构的内部审计人员，其任免应通过部门或单位内部领导层进行。在我国，部门或单位内部审计人员尤其是内部审计主管人员的任免与调动，应征得上级主管部门内部审计机构的同意。内部审计人员的构成也包括了熟悉会计、财务、税务、经济管理、工程技术、法律、计算机等知识和业务技能的专业人员。内部审计人员由于熟悉本部门或本单位的内部控制与管理制度、生产与经营特点、工艺流程及有关业务情况等，所以，可以在经济效益审计乃至于舞弊审计中发挥其特有作用。

◎ 相关案例

美国世通会计造假案是由内部审计机构发现的

世通会计造假不是证券监管部门发现的，也不是安达信发现的，更不是公司董事会成员发现的，而是被世通高管人员称作"不自量力、多管闲事"的三个内部审计人员通过财务审计发现的，他们是：辛西亚·库珀（世通内部审计部副总经理）、哲恩·摩斯（擅长电脑技术的内部审计师）和格林·史密斯（内审部高级经理，辛西的助理）。

本来，根据世通的职责分工，只有27名工作人员的内部审计部只负责经营绩效审计，从事业绩评估和预算控制，财务审计不在其工作职责范围之内，而是外包给安达信。但是由于这三位内部审计人员忠于职守，通过内部财务审计发现了本该由外部审计发现的黑幕。

2002年5月21日，辛西亚的副手史密斯收到了马克·阿柏特的一封电子邮件。阿柏特是世通在德州一位分管固定资产财务处理的会计人员，在其电子邮件里，阿柏特附上了当地报纸刊登的一篇文章，披露了世通德州分公司的一位雇员因为对一些资本支出财务处理的恰当性提出质疑而遭解雇。

阿柏特认为，从内部审计的角度看，这一事件值得深究。史密斯立即将这份电子邮件转发给辛西亚。这份电子邮件引起了辛西亚的极大兴趣，自辛西亚决定插手内部财务审计后，摩斯已带人对世通疑点重重的资本支出项目做了两个多月的调查。收到这封电子邮件前，摩斯等人已经发现了众多无法解释的巨额资本性支出。

2001年前三个季度，世通对外披露的资本支出中，有20亿美元既未纳入2001年度的资本支出预算，也未获得任何授权。这一严重违反内部控制的做法，使辛西亚和摩斯怀疑世通可能将经营费用转作资本支出，以此增加利润。

这封神秘的电子邮件促使辛西亚决定将调查的重点放在资本支出项目。结果种种迹象表明，世通的高层通过将经营费用转作资本支出进行了大规模的利润造假。

6 月 11 日，辛西亚在介绍了内部审计部的人事问题之后，史密斯扼要向世通的首席财务官苏利文通报了内部审计的资本支出问题，但并没透露已经掌握的证据。随后，辛西亚和史密斯担心苏利文可能采取行动掩盖舞弊行为，决定就内部审计的一些重大问题与世通审计委员会主席波比特面谈，并根据其建议，与负责世通审计事宜的主审合伙人法勒·马龙取得了联系，简要通报了世通的会计问题。毕马威的主审合伙人马龙在审阅了辛西亚等人提供的证据后，建议他们立即向世通的审计委员会正式报告。6 月 25 日，世通董事会召开了紧急会议，认为世通将所谓的"预付容量"等经营费用转入资本支出科目，不仅缺乏依据，而且严重违反公认会计准则的规定。在听取了审计委员会的报告后，董事会立即做出了四项决议：

（1）重新编制 2001 年度和 2002 年第一季度的财务报表，要求毕马威对这些财务报表重新进行审计；

（2）向 SEC 通报世通发现的重大会计问题以及董事会关于重新编报表的决定；

（3）开除苏利文，取消其遣散费；

（4）与 SEC 会谈后，立即公开董事会的决定。董事会结束后，世通请求 SEC 的紧急约见。2002 年 6 月 25 日下午 3 时 30 分，SEC 约见了世通的代表。6 月 25 日傍晚，世通的首席执行官西择摩尔向新闻记者披露了世通在 5 个季度里捏造了 38.52 亿美元利润的特大丑闻。（注：2002 年 7 月和 9 月，世界通信自查自纠的延伸审计又分别发现了 34.5 亿和 20 亿美元的虚假利润，至此，虚假利润总额已达 93 亿美元。调查还在进行之中，预计虚假利润有可能超过 100 亿美元）。

从这个案例可以看出，财务审计作为一种传统的内部审计方式，仍然是现代企业经营管理当中不可或缺的重要组成部分，它的经济监督职能作为基本职能，能够揭露侵犯企业合法权益的行为，保障企业资产的安全，是内部审计其他形式最坚实的基础。

自从 1941 年美国成立审计师协会起，美国便把有资格获得独立工作能力的审计工作人员称为注册审计师。但是，多数国家还是将其称为审计师，以免与民间审计人员——注册会计师相混淆。其中，有些国家将审计师再细分为初级审计师、中级审计师和高级审计师。审计人员要取得相应的职称，需参加资格审查及相关考试。在美国，审计师协会对审计师资格的认定是较为严格的。1973 年以后，所有从事审计工作的人员，要想得到国际审计师协会承认的注册审计师的职称，必须具备一定的资历，并参加其组织的严格的资格考试。首先，申请获得注册审计师职称的人员必须受过高等教育。其次，申请者还要有两年以上的审计工作经历，即须具备一定的工作经验。最后，申请者还要提交有关他本人的品行证明，以证明其在以往的审计工作中，拥有并执行了注册审计师的道德规则，没有违反规则的行为。我国的企业审计人员在职称上有其特殊性。有些原是会计人员，具有会计系列的职称；还有些原在税务、财政、银行等部门工作，具有原行业所评聘的职称；直接从事审计工作的人员，可以与国家审计人员一样，参加审计署组织的审计人员资格考试，通过后，可以获得审计师或助理审计师的职称。高级审计师是通过资格考核取得的。原为会计或其他系列职称的，可以

转靠为助理审计师或审计师或高级审计师。

民间审计人员是在会计师事务所和审计事务所中从事审计业务的人员。在民间审计的实际业务中，只有取得注册会计师资格并加入会计师事务所或审计事务所的人员才能独立执行审计业务，签署审计报告。会计师事务所或审计事务所中未取得注册会计师资格的人员，只能在注册会计师的督导下开展工作，不能独立执行业务。可见，民间审计人员本身不存在技术职称问题，注册会计师只是其一种任职资格；当然，注册会计师在其具有此资格之前可能取得了国家审计人员或内部审计人员的技术职称，也可以在具有此资格之后再通过法定程序取得国家审计人员或内部审计人员的技术职称。

无论在哪一种审计机构中，所配备的审计人员都存在一个保持合理结构问题。从总体上看，合理的审计人员结构主要表现在以下几个方面：一是应据审计机构的业务规模配备数量适当的审计人员，以满足正常的审计业务需要；二是尽量优化审计人员的整体知识结构，即在审计机构中，根据审计工作的需要，应具有各有关知识与技能的人员，并使他们在各自的数量上达到合适的程度；三是尽量优化审计人员的整体业务水平结构，即在审计机构中，各种业务水平的审计人员应保持合理数量，一般来讲，具有高水平或较高水平的审计人员应占半数或以上，一般水平和低水平的审计人员应占少数，至多占半数。审计人员的整体业务水平结构，可以通过其技术职称结构进行评价和考核。

第四节　审计对象

审计对象亦称审计客体，是指审计作为一种经济监督形式所应监督的内容和范围，简单地说，就是指审计监督什么单位的什么内容。显然，它包含两个方面：一是审计的范围，指审计监督对象的外延，即被审计单位，包括部门和企业、事业单位；二是审计的实际内容，指审计监督对象的内涵，它着重揭示被审内容的共同本质。可见，审计对象涉及内涵和外延两个方面。研究审计对象有助于明确审计监督与其他经济监督形式的根本区别，也有助于明确审计的本质特征及其由此决定的审计的其他属性。

一、不同审计主体下审计对象的特点

审计按主体分为国家审计、民间审计和内部审计。审计是所有权监督，则不同审计主体代表不同的所有权，它是不同审计主体下审计对象特点的形成基础。

（一）国家审计对象的特点

国家审计代表国家所有者，国家所有者是一种单一主体所有者，国家所有者可以凭借国家权利行使所有者功能，具有权威性和强制性。国家审计代表这样一种所有权进行监督，其审计对象必然具有以下特点：

1. 国家审计与审计内容的外延

国家审计唯一代表国家所有者，因而，它能审计的被审主体只能是国家拥有所有权的主体。它包括：

（1）使用国家预算的各级政府、部门和事业单位。国家通过预算收入形成国家拥有的财产或资金来源，通过预算支出拨付给各级政府部门和事业单位使用，形成国家拥有的财产或资金的使用。由于这种使用的无偿性，国家要求国家审计监督其使用的合法性和有效性。

（2）国有独资企业。国家通过对国有企业投入资本，形成国家所有权与国有企业经管权相分离的关系。国家审计代表国家对国有企业的财产保存和运用情况进行监督，确保财产的安全完整和使用效益。

（3）国家拥有股份的企业。分为控股企业和参股企业。整体上讲，由于股份企业的所有权主体多元化，凡需要对全体股东提供审计监督时，国家审计因其只代表国家股东而不适合提供这种审计监督。当国家审计只是为国家进行审计监督时，国家拥有股份的企业可以成为其被审对象。对于控股企业，国家作为大股东具有决策决定权，当然能委派国家审计对控股企业进行监督。但是，对于参股企业，国家作为小股东不具有决策决定权，通常难以直接委派国家审计对参股企业进行监督。而其他大股东也不会委派（委托）不直接代表其的国家审计进行监督。

（4）集体企业。集体企业由谁审计取决于其资本来源。我国集体企业的资本来源有两种：一是直接间接来源于国家或国有企业；二是直接来源于集体中的个人。前者的国家包括各级政府。国有企业包括各级政府出资形成的国家企业。显然，凡是国家或国有企业出资形成的集体企业由国家审计进行监督，其他集体企业不应由国家审计监督。

（5）国家预算支出项目。包括两类：一是国家投入再生产领域的建设项目；二是国家投入非生产领域或消费领域的消费性项目。因投入资金来自国家，这两类项目都应由国家审计进行监督。

（6）国家机关和依法属于审计机关审计监督对象的其他单位的主要负责人。

2. 国家审计与审计内容的内涵

国家审计代表国家所有权，国家所有权是单一主体的所有权，并且能凭借国家权利行使所有者权利。国家权利的集中体现就是法制，这意味着国家可以运用法律方式行使所有者权利，所有者权利的行使法制化是国家所有权的特征。这一特征为国家审计依法审计提供了充分前提。这就决定了国家审计更多侧重于对被审主体的会计资料及其所反映的财政财务收支活动的真实性、合法性与效益性进行审计监督。

（二）民间审计对象的特点

民间审计形成时是代表自然人所有权，这种所有权是一种多主体。自然人众多的所有者，它只能凭借国家法律保护和自然人能力行使所有者功能。民间审计代表这样一种所有权进行监督，其审计对象必然具有以下特点：

1. 民间审计与审计内容的外延

民间审计代表自然人所有者，自然人所有者的多主体性和相互利益的独立性抑或对立性，相应也决定民间审计不仅可以代表众多的自然人所有者，也可以代表由各种不同所有制性质的主体组成的集团。这与国家审计只是代表国家所有者单一主体有着根本的差别。这种特征，使民间审计的被审主体包括以下方面：

（1）自然人独资企业。民间审计代表自然人所有者，既可以是单一自然人所有者，也可以是集团自然人所有者。当独资的自然人所有者委托专门经理人经营其资本时，两权分离产生，其便委托民间审计进行监督。

（2）自然人合伙企业。这种企业的所有者是一个自然人集团，尽管他们有着相同的利益，但是，他们各自作为独立的私人所有者，彼此之间的利益又是对立的。因而，当他们需要委托审计时，只能委托处于第三者立场的民间审计进行监督。

（3）自然人股份企业。它是一种典型的两权分离形式，其股东的数量可以无限增加。各股东都是独立的所有权主体，有着自身的利益。所以，其审计监督只能委托处于第三者立场的民间审计予以进行。

（4）多种所有制主体联合而形成的企业。包括合作企业、有限责任公司、股份公司等。这些企业若要对外提供会计报表，因存在潜在的所有者和相关利益关系与现实的所有者的利益对立，只能由民间审计进行监督。当这些企业只是对内提供审计监督时，它既可以通过专设的内部审计组织审计，也可以通过效率比较，委托民间审计进行审计。当只是这些企业的控股股东要求审计时，如果控股的股东是国家所有者则可以由其委派国家审计进行监督，如果控股的股东是自然人所有者则可以由其委托民间审计进行监督。

由于民间审计可以代表多个利益独立的所有权主体的特征，使其不仅可以代表所有权性质不同的多个所有者主体，而且也可以接受任何主体的委托从事审计监督。

2. 民间审计与审计内容的内涵

民间审计可以代表多个所有者，也可以代表所有权性质不同的多个所有者，这必然要求其审计代表全体所有者的共同利益，其立场应不偏不倚、客观公正。而且，民间审计代表众多所有者，只能以各个所有者公认的标准、原则作为审计的依据。这就决定民间审计主要进行公证审计，向委托审计方对会计报表的客观公允性抑或真实性提供审计公证。这就决定了民间审计更多侧重于对被审主体的会计资料及其所反映的财政财务收支活动的真实性进行审计鉴证。

（三）内部审计对象的特点

内部审计可进一步按主体分成监事审计、部门内部审计和单位内部审计，它们分别代表不同的所有权，其审计对象必然各有特点如下：

1. 内部审计与审计内容的外延

内部审计存在三种形式，每种形式都有自身审计内容的外延：

（1）监事审计与审计内容的外延。监事审计只是代表某一特定企业的股东大会（或集团），因而，监事审计只能对某一特定企业（或其经营者）进行审计。所谓特定企业是指监事审计所代表的股东大会所出资本的企业。监事审计设于该企业之内，也只能对该企业进行审计。基于监事审计只是代表现实的股东，因而其审计结论对潜在的股东不存在效力。

（2）部门内部审计与审计内容的外延。部门内审也有两种形式：一是国家各行政部门设立的内容审计，二是集团公司、母公司或投资公司所设立的内部审计。国家行政部门设立的内部审计是国家审计在某一行政部门的延伸，它代表国家所有权，对本部门所属使用国有资产的部门、企事业单位进行审计。集团公司、母公司或投资公司等资本经营公司设立的内部审计，因资本经营公司是代表终极所有者行使投出资本、监管资本运用和进行存量资本交易的功能，所以，这种审计是代表资本经营权抑或称亚所有权（或亚终极所有权），对其投入资本的企业进行监督。部门内部审计设于某一组织机构之内，只是代表某一特定的部门或公司的最高行政管理当局，其审计结论对外也不存在效力。

（3）单位内部审计与审计内容的外延。单位内部审计形成于法人所有权与部分资产经管权的分离，它代表法定代表人或经营者对分公司、分厂或分店进行审计监督，这类分公司、分厂、分店通常在会计上独立核算，有一定的经营自主权。单位内部审计只对企业内的分支机构进行审计，其审计结论对外和对出资人不存在效力。

2. 内部审计与审计内容的内涵

三种不同的内部审计代表的所有权性质不同，审计组织所设立的形式不同，其审计内容的内涵也不同：

（1）监事审计与审计内容的内涵。监事审计唯一代表股东大会，按照《中华人民共和国公司法》和《公司章程》的规定依法审计经营者履行所有者所赋予的经济责任，由此，监事审计更多侧重于合法性审计。同时，监事审计设于企业内部，一定程度上熟悉企业的经营管理状况，也可以进行效益审计。这就决定了监事审计侧重于对被审主体的会计资料及其所反映的财政财务收支活动的合法性和效益性进行监督。

（2）部门内部审计与审计内容的内涵。国家行政部门的内部审计是国家审计的延伸，所以，它侧重于对被审主体的会计资料及其所反映的财政财务收支活动的合法性进行监察，而资本经营公司的内部审计代表终极所有权抑或资本经管权（亚所有权）对投入资本的企业进行审计。资本经营公司担负着为终极出资人保全资本、增值资本的职责，也必然要依据《中华人民共和国公司法》、《公司章程》的规定进行合法性监督，在此基础上，要力求各企业资本增值，也要进行效益审计。由此，该审计侧重于对被审主体会计资料及其所反映的财政财务收支活动的合法性和效益性进行监督。

（3）单位内部审计与审计内容的内涵。单位内部审计代表法人所有权，法人所有权与经管权都归经营者所有，法人所有权为经管权的作用提供基础。企业经营者更关注企业的经济效益，则代表法人所有权的单位内部审计也关注企业的经济效益。同时，单位内部审计设于企业内部，是企业内部控制的一环。所以，它非常熟悉企业的经营管理状况，为单位内部审计进行效益性评价提供了可能性。最后，单位内部审计对企业的各分支机构资产的安全和完整也要进行审计。则单位内部审计侧重于对被审主体的会计资料及其所反映的财政财务收支活动的效益性进行评价。

二、审计在不同发展时期的内容界定

从审计发展的历史看，经历了由弊端审计向财务审计，又由财务审计向效益审计的历史变迁。在这一变迁过程中，一方面传统的审计仍然保留并不断完善和发展；另一方面新的审计形式越来越受到注目，其重要性越来越被加强，并成为主流的审计形式。从审计发展的历史看审计形式的演进，主要体现为被审内容的变化，与审计按被审内容分类有着同构性。

（一）弊端审计及其审计内容

弊端审计也称依法审计、合法性审计。从奴隶社会审计萌芽一直到资本主义社会的初叶即19世纪中叶审计的发展，基本上处于弊端审计阶段，伴之所用的审计方法也是详细审计法或称详查法。因为，奴隶社会、封建社会和资本主义社会初叶，法律体系很不完备，朝令夕改、执法不严、官吏贪赃枉法屡屡发生，人们的法制观念极其淡薄，人治盛行。所以，受权经管财产的官吏或经营者也常常营私舞弊，导致受权经管财产的机构或组织错弊时有发生。在这种情况下，授权经管财产的财产所有者，为保证其财产的安全和完整，必然要求审计对受权经管财产的经管者是否存在财产管理和会计记录的错弊进行查处，相应形成错弊审计或依法审计，这时，主要是查处财产保存和运用中的违法行为。而审计为了保证审计结论的正确也不得不采取详细审计。

（二）财务审计及其审计内容

财务审计也称会计报表审计或公证审计，它始于民间审计，主要是对会计报表的真实性进行鉴证，以便为广大的投资者提供真实可靠的会计信息，相应做出投资决策。现代意义的财务审计是伴随着19世纪中叶股份公司的形成而真正出现的。股份公司实行两权分离，一方面是股东远离企业经营管理现场；另一方面对经管者的约束也采取了间接约束形式，这样，现实的股东为了了解经营者履行其受托经济责任的情况，决定是否继续持有股票，必然需要经管提供的财务报告。而潜在的股东为了决定是否购买股票而进行投资，也需要通过财务报告分析企业的潜在收益能力。由此，经管者向股东提供财务报告成为了最基本的需要，相应，社会公证机构或国家机构代表全体股东制定的公认规则就表现为会计准则。通过该准则，要求经管者依此提供真实的、可靠的财务报告，并通过民间审计的鉴证约束经管者提供财务报告的行为。结果，财务报告审计也即财务审计就成为了股份公司出现后的一种主要审计形式。

（三）经济效益审计及其审计内容

20世纪40年代，企业内部逐渐开展内部审计工作，其审计突破了由外部审计人员进行事后查账的传统模式，适应加强经济预测和事先控制的需要开展了事前审计，其审计范围和内容也从会计资料及其所反映的财政财务收支的真实性，扩展到其效益性，注重对企业经营业绩的分析评价。随着西方民主政治的发展，民众和国家最高权力机构除了要求各政府部门将取之于民的公共财富和资源合理合法地用之于民，还要求政府部门将其有效地用之于民。于是国家审计领域也相应扩展到对会计资料及其所反映的财政收支活动的效益性的评价上。民间审计伴随财务审计的过程，逐步从事管理咨询业务。管理咨询实质上是评价企业会计资料及其所反映的财务收支活动的效益性。

伴随效益审计的出现与加强，西方也出现了许多与此有关的概念，如"三E"

审计即经济、效率和效果三个方面的审计，因这三个英文单词的开头字母都是"E"，也就称为"三 E"审计，即经营审计、管理审计和绩效审计。

第五节　审计的职能与地位

审计的职能是指审计本身所固有的内在功能，它回答审计能做和应做什么。审计具有什么职能，不是由人们的主观意愿决定的，而是由审计形成的客观基础所决定，它反映了社会经济对审计的客观需要。审计的地位是指审计在经济监督系统中所处的位置或环节，它表明审计与其他各构成要素之间的相互关系。审计的职能与地位密不可分，审计的职能决定着审计的地位，审计的地位又影响着审计的职能。

一、审计的职能

对于审计职能的具体内容，理论界和实务界有多种不同的看法。归结起来是：第一种观点认为，审计的职能就是监督，我们称其为一职能论。第二种观点，认为审计除监督职能，还有评价和鉴证职能，我们称其为三职能论。这种观点又有三种不同的认识：一种认识是平衡论，就是国家审计、内部审计和民间审计都有三职能，而且，它们是并列关系；第二种认识是主次论，即认为审计的三个职能中以监督职能为主，评价和鉴证职能是次要或辅助职能；第三种认识是侧重论，即承认三种审计都具有三种职能，但具体到国家审计则以监督为主，内部审计以监督和评价为主，民间审计以鉴证为主。

事实上，从整体上讲审计的职能是监督，而由于不同审计形式代表的所有权不同以及审计内容的着重点的差异，其审计职能也有所差异。

（一）审计的基本职能

监督是审计的基本职能。监督可以分为经济监督和非经济监督，经济监督又进一步分成所有权监督和经管权监督。审计是所有权监督，审计的监督职能就是代表所有者行使的经济监督职能。不仅如此，审计的监督职能是一种共有职能，它反映了各种审计形式的共同性质。首先，审计产生于两权分离后所有者对经管者的监督需要，离开了监督，审计就没有存在的必要，监督是审计最根本的特性，当然监督职能就是其一般职能。其次，尽管各种审计形式代表不同的所有权，但无论代表哪种所有权，它们都必须受所有者的委托（委派）对经管者进行监督，这是任何审计形式都改变不了的特性。

经济监督是审计的共有职能或基本职能，而这一职能又通过监察、鉴证和评价三个具体职能得以体现和实现。

（二）不同审计主体所侧重的职能

三种审计主体都具有经济监督的基本职能，在此基础上，各有侧重不同的职能。

1. 国家审计侧重于监察职能

监察职能是指审计主体对被审主体在保存和运用财产过程中的违法行为所进行的查证和处理。通过监察职能的作用，揭发贪污舞弊、弄虚作假、严重损失浪费等行为，依法追究责任、执行经济裁决或提请给予行政处分或刑事处罚，以保证国家的法律法规和方针政策的贯彻实行、维护财经法纪和各项规章制度。最终达到保护财产安全完整，提高财产运用效率的目的。

监察职能通常是为了监督被审主体履行法律责任的情况，通俗地说就是审查被审计单位财政财务收支及其相关的经济活动的合法性。它包括两个方面：一是以各种法律法规为标准，揭露错弊或违法行为；二是在审查取证、揭示各种违法行为的基础上，通过对过失人或犯罪人的查处，或予以经济制裁，或予以行政处罚，或提交司法予以刑事处理。不难看出，国家审计更侧重于监察职能。

2. 民间审计侧重于鉴证职能

鉴证职能是指鉴定和证明。审计的鉴证职能是指审计主体对被审主体的会计资料和相关经济资料及其所反映的财务收支和相关经济活动的真实、正确以至合法性所作的审查核实。以此，确定其可信赖程度，做出书面证明，以取得审计委托（委派）人的信任。

鉴证职能通常是为了监督被审主体履行财产和会计责任的情况。通过鉴证财产责任以核实财产，保证财产安全与完整；通过鉴证会计责任以保证会计核算资料真实、正确。在此基础上，进一步鉴证账实是否一致。通俗地说就是对被审主体的财政财务收支及其相关的经济活动或者说会计资料及其相关资料的真实正确性进行公证。不难看出鉴证职能是民间审计的主要职能。

3. 内部审计侧重于评价职能

评价职能就是通过审查分析，确定被审主体的计划、预算、决策方案的先进性和可行性、经济活动的效益性，内部控制系统的健全、有效性等，以便有针对性地提出意见和建议，促使其改善经营管理，提高经济效益。可见，评价职能不是一种预防和制约性功能，而是一种建设性功能。

评价职能通常是为监督被审主体履行经营责任的情况。通俗地说就是审查分析被审主体财政财务收支及其相关的经济活动的效益性（或有效性），并提出相应的改进建议。评价职能的作用表现为一个过程。首先，审核检查被审主体的财政财务收支活动及其相应的会计资料和其他有关资料的真实、正确性，是评价职能得以实现的前提；其次，分析被审主体的财政财务收支活动及其相关经济活动的效益优劣，肯定其成绩，找出问题特别是内部控制的缺陷；最后，根据存在的问题提出改进经营管理的建议。从理论和实践看，评价职能与内部审计的关系更为密切。

整体上讲，审计的职能是监督，国家审计侧重于监督的监察方面，民间审计侧重于监督的鉴证方面，内部审计侧重于监督的评价。三种审计形式又都具备这三种职能。国家审计可以向国家所有者提供审计报告，鉴证国家所有的项目中企业提供的会计报表和保存的财产的真实性和合理性，评价其项目和企业的经营活动的绩效性。民间审计也可以受托依法查处被审主体的违法行为，评价被审主体的经济活动的效益性。内部审计可以代表最高管理当局查处被审主体的违法行为，并就所属被审主体提供的会计报表的真实性进行鉴证。

关于国家审计，近年来，有一种代表性观点是"审计是国家社会经济运行的免疫系统"。对国家审计职能的理解无疑发生了新的变化，即国家审计具有预防、揭示与抵御的职能。尽管"免疫系统论"是针对国家审计的，但对内部审计和民间审计也是适用的，即也具有预防、揭示与抵御的职能。

二、审计的地位

上已叙及，审计的地位是审计在经济监督系统中所处的位置或环节。在两权分离后，经济监督体系由所有权监督与经管权监督两部分组成。前者包括国家审计、民间审计、内部审计三种形式，后者是由众多的经济管理部门的监督组成，如会计、财政、银行、税务、证券、保险等，其特点是这些管理部门既是经济管理的主体，也是行使经管权监督的主体。

所有权监督抑或审计监督与其他各职能管理部门的经管权监督之间有着密切关系：

（1）审计监督与经管权监督都具有经济监督的职能，属于经济监督的范畴。它们覆盖着经济监督的全部领域，因而共同构成经济监督系统，也即它们是经济监督系统不可或缺的两个基本要素。

（2）审计监督与经管权监督在作用上相互促进、相互影响。经管权监督可以为审计监督奠定基础、创造条件和环境，从而有利其更好地发挥高层次监督作用；审计监督可以通过自身的功能促进经管权监督更好地健全职能，发挥其在经济监督系统中的基础作用。

（3）审计监督与经管权监督是一种分工协同关系。由于两权分离，导致所有者要监督经营管理者；也由于分层管理导致上层管理者要监督下层管理者。这样层层监督，形成了一个监督链。在这个监督链中，审计监督处在最高层次，而经管权监督则处在基础层次。

基于审计监督与经管权监督的上述关系，决定了审计监督在经济监督系统中的地位是：

（1）就经济监督的领域分工而言，审计监督与经管权监督的各种形式处在一种分工协作的并行地位。审计监督代表所有者进行监督，经管权监督代表经营管理者进行监督。两权分离后，相应代表这两种权利的经济监督形式也彼此分工，相对独立，处于不可或缺、同等重要的并行地位，不可厚此薄彼。只有审计监督和经管权监督的各种形式协调运转，才能使整个经济监督系统运转有效。

（2）就两种监督的分工层次而言，审计监督相对于经管权监督处在再监督的地位。理由有二：一是两权分离后，所有权高于经管权，因而代表所有权的审计监督的权威性和层次性，这就为审计监督对经管权监督进行再监督提供了可能性；二是两权分离，使所有者不再直接参与企业的经营管理，与经营管理者不存在连带经济责任关系。这相应决定了代表所有权的审计监督也就独立于被审主体之外，不会与被审主体的行为产生连带经济责任关系。与此不同，经管权监督是由经营管理部门自身进行的监督，经营管理部门与被监督的下层管理部门之间往往存在连带经济责任关系，使其监督的独立性较差。而且，经管权监督部门本身从事经营管理，也可能发生错弊，这是不能由它本身予以监督的。为此，就产生了对经管权进行再监督的必要性。

正由于审计监督的独立性强、权威性高，理论界一直公认审计监督具有地位上的高层次性，可以对其他经管权监督部门进行再监督。

上述提及的"审计是国家社会经济运行的免疫系统"论，后来得到进一步发展，其主要表述是"审计实质上是国家依法用权力监督制约权力的行为，其本质是国家治理这个大系统中一个内生的具有预防、揭示和抵御功能的'免疫系统'，是国家治理的重要组成部分"。这里论及国家审计的地位，界定了国家审计在国家治理层面的地位。其实，内部审计、民间审计与国家审计是一体的，共同构成了国家治理的重要组成部分。

相关链接

关于国家审计的性质与地位

国家审计是现代国家政治制度的组成部分，是民主法治的产物，也是推进民主法治的工具。为什么会形成这个共识？这是从马克思主义的国家学说的角度，提出的这个问题。它不是政党学说，是从国家学说这个角度提出的这个问题。而这个理论经过中外实践证明和检验是正确的，所以大家形成这么一个共识。那么，为什么它是民主法治的产物，也是推进民主法治的工具？从马克思主义国家学说的更深层次来研究，它的本质在哪里？它的本质就是因为它是一个国家经济社会运行的免疫系统，所以它才是这个国家政治制度的组成部分，所以，它才是民主法治的产物，所以，它也才是推进民主法治的工具。

资料来源：刘家义审计长在中国审计学会五届三次理事会暨第二次理事论坛上的讲话。

第六节　本书内容结构与写作思路

为了便于读者在熟悉以上内容的基础上，对本书有一个总括了解，从系统角度学习和掌握以后的内容，以及在读完全书后再总结、归纳有关问题，提高学习的有效性，我们在本节阐明本书的内容结构与写作思路。

一、本书的内容结构

内容结构反映全书的总体章节内容及其内在联系，以及每一章节在具体内容和问题安排与处理上的方式方法。

（一）全书总体内容体系

全书共 13 章。从总体上讲，全书分为两部分，第一部分是第 1 章至第 6 章，属于审计的基本知识、基本理论和基本方法；第二部分是第 7 章至第 13 章，属于实务内容。

在第一部分中，首先概述了审计的基本性质，包括审计产生与发展的客观基础、审计概念体系、审计组织与对象的内容与特性以及审计的重要监控地位。这一章是审计基本理论与方法部分以至全书的通览性内容。接下来，介绍了审计目标、审计计划和重要性，其目的是让读者明确审计基于所有权监督的需要产生以后，其业务活动要实现的分层次目标以及为此而制定的计划和判断、确定的重要性水平。而这一制定、判断和确定活动确立了审计主体要承担的责任，以及需要通过内部控制测试与评价、审计证据搜集与分析、审计工作底稿编制与审核、审计抽样设计和运用等程序来得以实现，并且在这一综合活动中存在着特定的审计风险，对审计风险需要控制与防范。可见，这一部分是在明确审计的基本性质后，阐述了审计目标及其实现以及所产生的相关问题。

在第二部分中，首先以被审计单位的经营业务循环过程构建了会计报表审计的内容，即购货与付款、销售与收款、生产与费用和筹资与投资四个循环的审计以及特殊项目与目的审计。四个循环各自是相对独立的，是一个小循环，并又共同构成一个整体的业务循环过程。按照业务循环安排会计报表审计的内容结构，便于使整个审计内容构成一个有机整体，使读者能相互联系地学习和掌握会计报表审计的各部分内容。在对四个业务循环和特殊项目与目的进行审计测试、搜集审计证据并形成审计工作底稿以后，需要在此基础上，完成审计工作并出具审计报告。其次，介绍了其他鉴证业务与相关服务的相关知识与实务内容。

全书两部分内容构成一个整体。第一部分为第二部分做铺垫，第二部分在第一部分的基础上，是通过具体审计与相关业务活动说明审计程序与方法的实际运用过程，验证审计的基本理论和性质。

（二）章节的具体内容安排

本书在具体章节内容的安排和处理上，除第一部分体现理论描述、第二部分反映实务演示所表现出的叙述语言各具特点外，更多的是包含诸多共同点。这些共同点主要有：

（1）每章都有学习提要与目标，概述本章或本节要阐述或研究的问题及其要实现的目标，以及与其他章或节之间的关系，在全书或本章中的地位等。

（2）每章都有小结，综述本章的内容，重点阐述本章内容如何体现由审计产生发展于所有权监督需要的客观基础，以及由审计效率、质量和风险理论体系所构成的主思路。

（3）每章都安排有相关案例或国际视野、小组讨论、案例分析与沟通能力培养以及与本章内容相关的推荐阅读资料，使理论与实务相结合。

（4）注意有关问题之间的连贯和过渡，如节下的每个大问题一开始也都有概述，大问题以及问题内各部分之间有相关的过渡语句等。

（5）四个业务循环的审计，每章都介绍和研究了控制测试和实质性测试两个问题。对于第一个问题，首先，说明该业务循环的内部控制目标，然后分析其关键控制点，最后研究其测试的程序和方法；对于第二个问题，是在控制测试及审计理论指导下，选择该业务循环中主要会计账户或报表项目介绍其具体审查程序与方法，并在关键问题上附以例题说明。

在对全书总体内容进行宏观安排的基础上，再对具体章节进行微观设计，体现了系统性和层次性，构成了本书的内容结构。

二、本书的写作思路

在介绍了本书的内容结构以后，我们在此基础上，需要进一步分析本书在写作思路上主要考虑的问题和进行的安排。应该说，写作思路包括很多内容，但这里主要说明审计理论研究的切入点、贯穿于本书的逻辑主线和本书由点线所形成的面与体。

（一）审计理论研究的切入点及审计过程中的关键点

审计理论研究的切入点，也叫逻辑起点，它需要回答研究审计理论从何处着手或切入更合理、恰当与有效，更能得出科学的结论。关于审计研究的逻辑起点有环境论、假设论、属性论、方法论等多种观点，我们认为审计理论研究应以审计产生与发展的客观基础为逻辑起点。因为从发展的角度看，审计在不同历史时期有着不同的特性，其具体的审计内容和方式方法以及其完善程度也有很大不同，首先研究审计产生与发展的根本原因，便于解开这些不同问题于不同时期所表现出差异的谜团，也只有明确了审计在何种条件和环境下产生与发展的，才能从根源上了解审计目标层次、审计方法系统、审计准则体系、审计内容结构等是怎样形成与完善的，也才能够从点到面地构建整个审计理论框架和体系。

基于上述考虑，我们在第1章审计基本性质中首先探讨了审计产生与发展的客观基础，以作为研究审计理论的切入点。对这一问题的研究，上已述及，是从分析两权分离与经济监督的内涵及其内在关系开始，引出所有权监督和经管权监督的概念，在此基础上，通过不同审计主体形式于不同历史时期所表现出的具体审计内容和方式方法的不同，归纳得出所有权监督构成审计产生与发展客观基础的结论。

审计过程是审计工作从开始至结束的整个程序，在这一程序中存在着诸多直接和间接影响审计工作及结果的关键点，如审计效率、审计质量、审计风险、审计目标等。下面将结合这些关键点说明其如何构成一个链条的。

（二）贯穿本书的逻辑主线

审计理论研究的逻辑起点只是研究问题的一个关键点，还必须以此为起始，分析逻辑主线的形成及其重要作用。逻辑主线是将诸多相关联的问题串于一起的中心思路。贯穿于本书的逻辑主线我们可以描述如下：审计人员对审计理论的理解和对审计实务的演示，要以审计产生发展于所有权监督的需要为指导，在整个过程中提高审计工作效率，保证审计工作质量，控制与防范审计风险，最终实现审计目标，并承担相应的审计责任。对此，我们做如下分析和说明：审计基于所有权监督的需要产生以后，需要实现其代表所有者对经管者受托经济责任履行情况及结果（主要是财务会计信息公允与合法情况）实施监督与鉴证的目标。这一目标的实现，有赖于审计人员通过科学程序与方法的设计和运用来提高审计工作效率、保证审计工作质量，并将这一过程中所必然生成的审计风险控制在可以接受的水平，防范特定意义上的审计风险的发生。审计目标能否实现以及实现的程度，便直接或间接地反映出审计人员审计责任的确立、履行和解除情况。可见，这一逻辑主线是由逻辑起点及其他诸多关键点所串联形成的一个链条。它的存在，使得本书在内容结构上有了中心思路。

（三）　由点线到面与体的形成

上述阐明了如何由点形成线，这里还要说明怎样由线形成面进而由面构成体。面是由线组成的。贯穿于本书的上述逻辑主线从内容或实质上讲只有一条，但并不是只存在于某一个象限，而是无限量地存在于各个象限中。如上述逻辑主线并不只存在于被审对象的时间象限中，还存在于被审对象的内容、方位、方式等象限中。这样，由此便形成了面；与线并不只存在于一个象限中的道理一样，体现着审计逻辑主线的面也并不只存在一个纵横角度，而是存在着无限量的纵横角度，如上述由时间、内容、方位与方式等所形成的体现着审计逻辑主线的面不仅在某一种被审计单位适用或存在，而是在各种被审计单位都适用或存在。也并不只针对某一特定审计主体而言，而是对于各种审计主体来说都如此。这样，由此就生成了体。

由点到线，再由线到面，最后由面到体，反映了本书写作思路上所考虑问题的多层次与多视角，以及所进行的由表及里、由浅入深的综合安排与处理。

本书内容结构与写作思路从不同角度但又相互联系地反映和描述了本书的特色。任何一种尝试与探索，都可能存在诸多问题或缺陷。我们希望通过读者的指正来克服本书特色设计上所存在的问题或缺陷。

本章小结

综合本章所述，可以明确以下几点。

首先，审计是基于所有权监督的需要产生与发展的，不论是国家审计、独立审计，还是内部审计，也无论是在过去的哪个历史阶段，概莫能外。审计在其内涵和外延上，从其主体和客体中，都有着特定的内容，综合在一起形成一种具有监督、监察、鉴证和评价职能的独立的经济监督形式，在整个经济监督系统中居于关键地位。

其次，审计基本性质作为审计的核心理论内容，对审计实务的操作以及其他审计理论问题的构成有着重要的指导作用，尤其是审计产生与发展的客观基础是研究审计理论、指导审计实务的逻辑起点或切入点，它与审计效率、审计质量、审计风险、审计目标等共同构成贯穿整个审计理论与实务的逻辑主线，并进而由其形成审计这种形式或活动的面与体。这些作为写作思路与内容结构共同表现为本书的特色反映在第六节。

最后，本章内容尤其是贯穿于本书的逻辑主线，我们会将其真正地体现在以后的各章节内容中，具体安排是：在每章节开始或问题的关键表述处将这一主线点到为止，而在每章的小结中要作较为完整的分析，分析逻辑起点及主线在该章内容中的具体体现及所发挥的指导作用。

■ 关键词汇

两权分离（separation of the two rights）　　经济监督（economic supervision）
所有权监督（ownership of supervision）　　经管权监督（management right of supervision）
法人所有权（corporate property right）　　终极所有权（ultimate ownership）
审计（audit）　　独立性（independence）
国家审计（government audit）　　内部审计（internal audit）
民间审计（folk audit）　　财务审计（financial audit）
法纪审计（audit on disciplines）　　效益审计（performance audit）
全部审计（complete audit）　　局部审计（limited audit）
专项审计（special audit）　　事前审计（pre-audit）
事后审计（post-audit）　　事中审计（concurrent audit）
报送审计（documentary audit）　　就地审计（field audit）
审计主体（audit subject）　　审计对象（audit object）
合伙制（partnership system）　　公司制（corporate system）
独资式（sole proprietorship）　　监督（supervision）
监察（inspection）　　签证（attestation）
评价（evaluation）　　审计效率（auditing efficiency）
审计质量（audit quality）　　审计风险（audit risk）
审计目标（auditing objective）

小组讨论

在世界范围内，国家审计组织模式包括"立法式"、"司法式"、"行政式"和"独立式"，我国现在实行行政式。请围绕下列辩题进行辩论：
我国国家审计应改现在的"行政式"为"立法式"。
辩论分正反方进行，学号为单数者为正方，双数者为反方，各方确定种子辩手5人。

本章推荐阅读资料

1. 中国注册会计师协会：《审计》，经济科学出版社最新版。
2. 王爱国、史维：《论审计的独立性》，载《审计研究》2004年第4期。
3. 刘家义："国家审计是国家治理的重要组成部分"，中国审计学会第三次理事论坛讲话，2011年。
4. 章轲：《基于国家产权理念的国家审计本质研究》，载《审计研究》2012年第6期。

第2章

审计责任

学习提要与目标

从广义上讲，审计责任是审计者、审计委托者、被审计者及有联系的各方在审计活动中所形成的相互责任关系。这里，我们从狭义上研究审计责任，它是审计作为一种独立的经济监督形式，其行为主体对审计委托者及其他各方应承担的责任。审计人员应遵守审计规范，依照审计标准，遵循审计职业道德，保持应有的职业谨慎，减少以至杜绝审计活动中的失误与舞弊，以强化审计工作质量，提高审计工作效率，规范普遍意义上的审计责任，规避、防范与解除所不应承担的特定意义上的审计责任。对于某一特定的审计活动及其结果，在未发现与证实其中审计人员存在工作失误和舞弊之前，任何人不能断定其没有失误与舞弊。所以，审计活动只要发生，审计结果只要形成，审计人员就天然地成为了普遍意义上的审计责任的承担者；但是，就某一特定的审计责任，审计人员应否承担，那要考虑其是否在审计活动中确实存在失误或舞弊行为，并且有足够的证据予以证实，否则，审计人员不应也不会承担这一所谓的审计责任，这就是特定意义上的审计责任。可见，审计责任的界定需要以审计规范、审计标准、审计职业道德、审计人员应有的职业谨慎为基础。所以，我们先介绍与分析审计规范、审计标准、审计职业道德和审计人员应有的职业谨慎的体现与内容，再分析审计法律责任问题。

通过本章的学习，应能够：

- 了解审计人员职业谨慎及其内容；
- 明确审计标准、审计职业道德及其内容；
- 理解与掌握审计规范体系；
- 掌握并思考审计法律责任的诸多问题。

第一节 审计规范

审计规范是指指导和规范审计人员科学、合理执行审计业务的标准，是衡量和制约审计工作效率和质量的依据。

一、审计规范的内涵

"规范"一词有两层含义：一是对人们某种行为的规定；二是要求人们所应遵从的典范。《辞海》给"规范"一词做出了两种解释：一是标准、法式，如道德规范、技术规范、语言规范；二是模范、典范。《现代汉语词典》也给"规范"一词做出了大意相同的两种解释：约定俗成或明文规定的标准；合乎规范。审计规范是指审计主体在审计工作中应遵循的业务标准和行为准则，包括审计主体在审计工作中必须遵守的基本准则，如审计法、审计准则等，审计主体在审计工作中应当做到的标准，如道德准则等。审计规范是对审计行为的规范，它是审计行为的一种约束和引导机制。

二、审计规范的内容

1. 法律层面

法律层面的审计规范是由国家制定或认可的、由国家强制力保证实施的调整各种审计监督关系的行为规则。审计法律规范同其他法律规范一样，一般由"行为模式"和"法律后果"两部分组成。"行为模式"是在一定条件下，可以做什么、必须做什么和不能做什么的规定。"法律后果"包括人们的行为符合行为模式规定应得到肯定性的法律后果，以及人们的行为违反行为模式规定应得到的否定性法律后果。

审计法律规范的内容分为四个部分：一是审计组织法，主要规范审计机构的设置、人员任免、组成，机构之间的相互关系等；二是审计实体法，主要规范审计机关的职责、权限等；三是审计程序法，主要规范审计机关和审计人员的工作程序以及复议、诉讼程序等；四是审计责任及审计机关违法失职应当承担的法律责任。

1982 年 12 月公布的《中华人民共和国宪法》明确规定了国家应设立审计机关，根据这一规定，六届人大一次会议做出了国务院成立中华人民共和国审计署的决定。宪法对审计所做出的规定是做出其他有关审计规范的依据。我国 1994 年 8 月颁布的《中华人民共和国审计法》，是针对审计的一部专门法律。它是依据《宪法》制定的，体现了《宪法》的有关规定。2006 年 2 月 28 日第十届全国人民代表大会常务委员会第二十次会议《关于修改〈中华人民共和国审计法〉的决定》对 1994 年 8 月颁布的《中华人民共和国审计法》进行了修正。1993 年 10 月我国颁布了新中国第一部注册会计师的专门法律——《中华人民共和国注册会计师法》。2012 年 3 月，国务院法制办公室发布了《中华人民共和国注册会计师法（修正案）》，现对其正向全社会征求意见。

2. 规章层面

审计规章通常是对审计机构的设置和职权、审计范围、审计行为、审计责任等做出的行政性规定。审计规章一般表现形式是条例、决议、规定、暂行规定、办法、通知和决定等，它依据审计法律制定，并与之保持一致。由政府及其所属部门颁布的审计规章，属于审计行政规章。由《中华人民共和国审计法》和《中华人民共和国注册会计师法》替代的、由国务院发布的《中华人民共和国审计条例》、《中华人民共和国注册会计师条例》以及《关于审计工作的暂行规定》等内容属于这个层次；由审计署发布各审计办法，也属这一类别。审计规章是借助行政手段对审计工作进行的规范，通常具有一定的刚性。

3. 准则层面

审计准则主要规范审计人员在具体审计工作中应遵守的操作规范，为审计人员如何进行审计提供指导。与审计规章的区别在于它是业务活动的规范，后者是行政管理活动的规范。国家审计的行政模式决定了与之有关的国家审计准则也具有了行政规章的某些形式，但审计准则偏重于审计工作的技术问题。我国国家审计准则由审计署颁布实施，其规范层次比审计规章要低。国务院发布的审计行政规章，比审计准则具有更大的权威性。审计署根据《中华人民共和国审计法》于1996年12月6日发布了《国家审计基本准则》，并于1997年1月1日正式施行。在此基础上，2000年1月审计署重新颁布实施了《中华人民共和国审计基本准则》，并据其陆续颁布实施了相关具体准则，形成了国家审计准则体系。该体系由中华人民共和国国家审计基本准则、通用审计准则和专业审计准则、审计指南三个层次组成。在国家审计准则体系中，基本准则起着重要的指导与基础作用。基本准则主要包括总则、一般准则、作业准则、报告准则、审计报告处理准则和附则等六个部分的内容。2010年9月，审计署在之前审计准则的基础上，修订颁布了《中华人民共和国国家审计准则》。此次准则修订参照美国等国审计机关的做法，制定单一的国家审计准则，修订后的审计准则共七章，200条，包括总则、审计机关和审计人员、审计计划、审计实施、审计报告、审计业务质量控制与责任和附则。

我国内部审计准则是中国内部审计工作规范体系的重要组成部分，由内部审计基本准则、内部审计具体准则、内部审计实务指南三个层次组成。内部审计基本准则是内部审计准则的总纲，是内部审计机构和人员进行内部审计时应当遵循的基本规范，是制定内部审计具体准则、内部审计实务指南的基本依据。2003年6月1日，中国内部审计协会颁布实施了《内部审计基本准则》，其内容包括：总则、一般准则、作业准则、报告准则、内部管理准则和附则。内部审计具体准则是依据内部审计基本准则制定的，是内部审计机构和人员在进行内部审计时应当遵循的具体规范，如《内部审计具体准则第1号——审计计划》、《内部审计具体准则第2号——审计通知书》、《内部审计具体准则第3号——审计证据》等。内部审计实务指南是依据内部审计基本准则、内部审计具体准则制定的，为内部审计机构和人员进行内部审计提供了具有可操作性的指导意见。如《内部审计实务指南第1号——建设项目审计》和《内部审计实务指南第2号——物资采购审计》等。

1995年12月，由中国注册会计师协会起草制定，财政部、审计署批准颁布了第一批中国注册会计师审计准则（当时称为独立审计准则），之后又陆续颁布了两批审计准则并对原来的审计准则进行了修订。2006年2月15日，我国基于审计国际趋同的要求以及规范注册会计师执业的需要，在对原审计准则修订、补充与完善的基础上，颁布了《中国注册会计师执业准则》，2010年11月，对其进行了修订。我国注册会计师执业准则体系包括鉴证业务准则、相关服务准则和质量控制准则三大部分。质量控制准则是注册会计师执业各类业务均应当执行的，而鉴证业务准则和相关服务则是按照注册会计师所从事业务是否具有鉴证职能、是否需要提出鉴证结论加以区分的。其中，鉴证业务准则又分为审计准则、审阅准则和其他鉴证业务准则三类。

（1）鉴证业务准则。《中国注册会计师执业准则》中的《中国注册会计师鉴证业务基本准则》对鉴证业务做了基本规定。鉴证业务是指注册会计师对鉴证对象信息提出结论，以增强除责任方之外的预期使用者对鉴证对象信息信任程度的业务。鉴证对象信息是按照标准对鉴证对象进行评价和计量的结果。如责任方按照会计准则和相关会计制度（标准）对其财务状况、经营成果和现金流量（鉴证对象）进行确认、计量和列报（包括披露）而形成的财务报表（鉴证对象信息）。

鉴证对象信息应当恰当反映既定标准运用于鉴证对象的情况。如果没有按照既定标准恰当反映鉴证对象的情况，鉴证对象信息可能存在错报，而且可能存在重大错报。

鉴证业务分为基于责任方认定的业务和直接报告业务。在基于责任方认定的业务中，责任方对鉴证对象进行评价或计量，鉴证对象信息以责任方认定的形式为预期使用者获取。如在财务报表审计中，被审计单位管理层（责任方）对财务状况、经营成果和现金流量（鉴证对象）进行确认、计量和列报（评价或计量）而形成的财务报表（鉴证对象信息）即为责任方的认定，该财务报表可为预期报表使用者获取，注册会计师针对财务报表出具审计报告。这种业务属于基于责任方认定的业务。

在直接报告业务中，注册会计师直接对鉴证对象进行评价或计量，或者从责任方获取对鉴证对象评价或计量的认定，而该认定无法为预期使用者获取，预期使用者只能通过阅读鉴证报告获取鉴证对象信息。如在内部控制鉴证业务中，注册会计师可能无法从管理层（责任方）获取其对内部控制有效性的评价报告（责任方认定），或虽然注册会计师能够获取该报告，但预期使用者无法获取该报告，注册会计师直接对内部控制的有效性（鉴证对象）进行评价并出具鉴证报告，预期使用者只能通过阅读该鉴证报告获得内部控制有效性的信息（鉴证对象信息）。这种业务属于直接报告业务。

鉴证业务的保证程度分为合理保证和有限保证。合理保证的鉴证业务的目标是注册会计师将鉴证业务风险降至该业务环境下可接受的低水平，以此作为以积极方式提出结论的基础。如在历史财务信息审计中，要求注册会计师将审计风险降至可接受的低水平，对审计后的历史财务信息提供高水平保证（合理保证），在审计报告中对历史财务信息采用积极方式提出结论。这种业务属于合理保证的鉴证业务。

有限保证的鉴证业务的目标是注册会计师将鉴证业务风险降至该业务环境下可接受的水平，以此作为以消极方式提出结论的基础。如在历史财务信息审阅中，要求注册会计师将审阅风险降至该业务环境下可接受的水平（高于历史财务信息审计中可接受的低水平），对审阅后的历史财务信息提供低于高水平的保证（有限保证），在审阅报告中对历史财务信息采用消极方式提出结论。这种业务属于有限保证的鉴证业务。

　　鉴证业务涉及的三方关系人包括注册会计师、责任方和预期使用者。责任方与预期使用者可能是同一方，也可能不是同一方。如果鉴证业务涉及的特殊知识和技能超出了注册会计师的能力，注册会计师可以利用专家协助执行鉴证业务。在这种情况下，注册会计师应当确信包括专家在内的项目组整体已具备执行该项鉴证业务所需的知识和技能，并充分参与了该项鉴证业务和了解专家所承担的工作。

　　责任方是指下列组织或人员：在直接报告业务中，对鉴证对象负责的组织或人员；在基于责任方认定的业务中，对鉴证对象信息负责并可能同时对鉴证对象负责的组织或人员。责任方可能是鉴证业务的委托人，也可能不是委托人。

　　注册会计师通常提请责任方提供书面声明，表明责任方已按照既定标准对鉴证对象进行评价或计量，无论该声明是否能为预期使用者获取。在直接报告业务中，当委托人与责任方不是同一方时，注册会计师可能无法获取此类书面声明。预期使用者是指预期使用鉴证报告的组织或人员。责任方可能是预期使用者，但不是唯一的预期使用者。注册会计师可能无法识别使用鉴证报告的所有组织和人员，尤其在各种可能的预期使用者对鉴证对象存在不同的利益需求时。注册会计师应当根据法律法规的规定或与委托人签订的协议识别预期使用者。在可行的情况下，鉴证报告的收件人应当明确为所有的预期使用者。

　　在可行的情况下，注册会计师应当提请预期使用者或其代表，与注册会计师和责任方（如果委托人与责任方不是同一方，还包括委托人）共同确定鉴证业务约定条款。无论其他人员是否参与，注册会计师都应当负责确定鉴证业务程序的性质、时间和范围，并对鉴证业务中发现的、可能导致对鉴证对象信息做出重大修改的问题进行跟踪。

　　当鉴证业务服务于特定的使用者，或具有特定目的时，注册会计师应当考虑在鉴证报告中注明该报告的特定使用者或特定目的，对报告的用途加以限定。

　　鉴证对象与鉴证对象信息具有多种形式，主要包括：当鉴证对象为财务业绩或状况时（如历史或预测的财务状况、经营成果和现金流量），鉴证对象信息是财务报表；当鉴证对象为非财务业绩或状况时（如企业的运营情况），鉴证对象信息可能是反映效率或效果的关键指标；当鉴证对象为物理特征时（如设备的生产能力），鉴证对象信息可能是有关鉴证对象物理特征的说明文件；当鉴证对象为某种系统和过程时（如企业的内部控制或信息技术系统），鉴证对象信息可能是关于其有效性的认定；当鉴证对象为一种行为时（如遵守法律法规的情况），鉴证对象信息可能是对法律法规遵守情况或执行效果的声明。

　　鉴证对象具有不同特征，可能表现为定性或定量、客观或主观、历史或预测、时点或期间。这些特征将对按照标准对鉴证对象进行评价或计量的准确性和证据的说服力产生影响。鉴证报告应当说明与预期使用者特别相关的鉴证对象特征。

　　适当的鉴证对象应当同时具备下列条件：鉴证对象可以识别；不同的组织或人员对鉴证对象按照既定标准进行评价或计量的结果合理一致；注册会计师能够收集与鉴证对象有关的信息，获取充分、适当的证据，以支持其提出适当的鉴证结论。

　　（2）相关服务准则。注册会计师业务除鉴证业务外，还包括相关服务，如对财务信息执行商定程序、代编财务信息等。《中国注册会计师执业准则》包括《中国注册会计师相关服务准则第 4101 号——对财务信息执行商定程序》和《中国注册会计师相关服务准则第 4111 号——代编财务信息》。

对财务信息执行商定程序的目标，是注册会计师对特定财务数据、单一财务报表或整套财务报表等财务信息执行与特定主体商定的具有审计性质的程序，并就执行的商定程序及其结果出具报告，但仅报告执行的商定程序及其结果，并不提出鉴证结论。报告使用者自行对注册会计师执行的商定程序及其结果做出评价，并根据注册会计师的工作得出自己的结论。商定程序业务报告仅限于参与协商确定程序的特定主体使用，以避免不了解商定程序的人对报告产生误解。

代编业务的目标是注册会计师运用会计而非审计的专业知识和技能，代客户编制一套完整或非完整的财务报表，或代为收集、分类和汇总其他财务信息。注册会计师执行代编业务使用的程序并不旨在、也不能对财务信息提出任何鉴证结论。在任何情况下，如果注册会计师的姓名与代编的财务信息相联系，注册会计师应当出具代编业务报告。

准则层面上的审计规范还包括具有相对独立内容的审计质量控制。审计质量是指审计工作及其结果的优劣程度，审计质量控制，是指由审计的业务管理机构或部门对审计的各种业务活动或行为进行有计划的监督、综合和协调的一种活动或行为。国际会计师联合会和美国注册会计师协会都专门制定了审计质量控制准则。中国注册会计师协会于 1996 年 12 月颁布了《中国注册会计师质量控制基本准则》，2012 年施行了《中国注册会计师审计准则第 1121 号——对财务报表审计实施的质量控制》和《质量控制准则第 5101 号——会计师事务所对执行财务报表审计和审阅、其他鉴证和相关服务业务实施的质量控制》。审计署于 2004 年 4 月 1 日实行了《审计机关审计项目质量控制办法（试行）》。内部审计协会也颁布实施了相关内部审计质量控制准则。

国际视野

美国注册会计师同业复核制度

美国注册会计师同业复核制度是美国独立审计质量控制的重要措施之一。从历史发展的角度来看，以同业复核为核心的美国注册会计师行业自律监管体制的确立、发展都与资本市场息息相关。同业复核制度的核心内容由美国注册会计师协会同业复核委员会所制订的《同业复核实施与报告准则》规定。根据准则，同业复核制度被定位于帮助教育。根据复核对象和规模不同，同业复核被分为系统复核、业务复核和报告复核三种类型。系统复核主要针对被复核事务所质量控制系统的设计及运作情况发表意见，主要采取事务所互查和联合检查的方式进行。复核人员需要通过实施各种必要的复核程序，包括控制测试等，对发现的各种错漏问题的性质进行职业判断，最终形成标准无保留、保留意见和否定意见类型的复核报告，如有必要，复核人员还要提供有关的管理建议书。业务复核主要针对鉴证等特定业务是否符合相应准则。复核过程与系统复核类似，也需要提交不同意见类型的复核报告以及必要的管理建议书。报告复核主要针对报表编制业务，最终报告只需要列举所有的复核意见和建议。如果被复核事务所拒绝与复核人员合作，或者拒绝某些业务被复核，则有可能导致丧失参与同业复核的注册资格。同业复核工作由美国注册会计师协会的同业复核委员会负责，在美国注册会计师协会的证交会业务部（SECPS）注册的事务所必须在三年内参加一次同业复核。

安然事件引发的系列财务欺诈案导致了整个会计师行业监管体制的重大变化，同业复核受到质疑。美国注册会计师协会着手对同业复核制度进行修订，增加了关于事务所责任方面的规定，以增强同业复核的权威性和威慑力。

4. 指南层面

规则层面的审计规范是指在上述审计规范的指导下，由相关执业组织或机关颁布实施指导审计工作具体操作的相关技术规范。如审计署将在《中华人民共和国国家审计审计准则》之下颁布若干审计指南或者审计手册；内部审计协会颁布的"内部审计实务指南"（具体如《内部审计实务指南第 1 号——建设项目审计》和《内部审计实务指南第 2 号——物资采购审计》等）；财政部、审计署等于 2006 年 11 月 1 日颁布的《中国注册会计师执业准则指南》等。

三、审计规范的特征

我国审计规范从整体上分析，具有以下两个方面的特征：

1. 层次性与系统性

根据上述分析，我国审计规范包括法律层面、规章层面、准则层面和指南层面四个层次的审计规范，可见，层次分明呈"金字塔"式结构，上层属于统驭层，下层属于被统驭层，因为这些规范是由不同的权威机构制定的，它们的权利范围以及订立规范的目的决定了不同级次审计规范具有不同属性。另外，由于审计规范基于多种不同目的产生，并由不同的权威机构制定，这些以不同形式出现的审计规范，具有内在的一致性和结构上的完整性。每一种审计规范，既要保持与其他规范的有机衔接，避免发生相互矛盾，又要保持该规范本身的严密性和全面性，以防止人为地留下漏洞，所以，形成了审计规范系统。这种层次性与系统性从不同监督体现了审计规范的内在特征。

2. 强制性与指导性

审计规范与其他许多社会规范一样，有些是靠外界强制力保证实施的。《宪法》中有关审计规范、《审计法》与《注册会计师法》所规定的内容是依靠法律保护予以推行的，审计行政规章、审计准则以及相关审计规则（如审计执业道德规范等）主要靠行政强权予以推行；而审计实务操作指南则是为审计人员提供实务操作指导意见，不具有强制性，仅提供参考性意见。审计规范既包括需要审计机构和审计人员强制实行的行为准则，也包括给审计机关和审计人员提供参考意见的指导性规范。这种特征体现了审计规范广泛的作用空间。

第二节　审计职业道德

会计信息的质量高低直接影响着国家宏观经济决策的正确性和社会资源配置的有效性，审计行业是保证会计信息质量的重要环节，诚信是审计行业的立身之本，如果审计行业没有诚信，就失去了存在的基础，审计人员诚信的重要体现就是遵守职业道德规范。

审计职业道德规范是审计人员在审计工作中形成的，具有审计职业特征的道德准则和行为规范，是所有审计人员坚持依法独立审计、保证审计职业水平的重要因素，是审计职业规范体系的重要组成部分。审计职业道德规范的核心内容就是与独立性、客观公正以及与此密切相关的认真负责、清正廉洁的工作作风和诚实谨慎的职业态度。保持应有的职业谨慎，严格遵守职业道德规范，是审计人员树立良好形象、保持良好信誉的重要措施，也是充分发挥审计职能的必要条件。

一、审计职业道德的概念

职业道德是某一职业组织以公约、守则等形式公布的，其会员自愿接受的职业行为标准。审计职业道德是审计人员在审计工作中应遵守的，具有审计职业特征的道德准则和行为规范。

在我国，审计职业道德是指审计人员的职业品德、职业纪律、执业能力及职业责任等内容的总称。其中，职业品德是指审计人员应具备的职业品格和道德行为，它是职业道德体系的核心部分，其基本要求是独立、客观和公正；职业纪律是指约束审计人员职业行为的法纪，一般指审计人员应当遵循的职业准则及国家其他相关法规；执业能力是指审计人员应当具备胜任其专业审计职责的能力；职业责任是指审计人员对客户、同行及社会公众应履行的责任。

注册会计师的职业性质决定了其所承担的是对社会公众的责任。注册会计师服务的对象从本质上讲是广大的社会公众，这就决定了注册会计师从诞生的那一天起就应当承担起对社会公众的责任。为确保注册会计师能为社会公众提供高质量的、可信赖的专业服务，在社会公众中树立良好的职业形象和职业信誉，就必须大力加强对注册会计师的职业道德教育、强化道德意识、提高道德水准，注册会计师的道德水平如何是关系到整个行业能否生存和发展的大事。

二、审计职业道德的内容

无论是国家审计人员、内部审计人员，还是民间审计人员，都应遵循其职业道德。审计人员的职业道德是其在承办审计业务、从事会计咨询和会计服务业务过程中所应遵守的行为准则和道德规范。在现代社会中，任何一种职业的存在和发展，都离不开社会对其的理解和支持，特别是当这种职业的特殊性使外界无法对其实施过程予以评价时，通过制定和实施自身约束机制来取得外界对该职业的理解和支持，就显得尤为重要。审计作为一种所有权监督形式，其审查过程和结果应能满足财产所有者或审计委托者的要求，它是一种特殊性较强的职业，因为审计行为不像医生对病人那样形成一对一的职业关系，而是直接或间接地影响着多方面使用审计报告的团体和个人；另外，由于审计对象的复杂性和审计方法的局限性，会容许审计结果存在一定的失误风险。这样，如何分清审计人员是在保持了应有的职业谨慎情况下出现的可容许误差，还是其故意舞弊，一般人是无法判断的；还有，审计人员的日常行为和工作态度也会给审计过程和结果带来问题。因此，促使审计职业界制定和执行职业道德标准，借以约束审计人员的职业行为，提高审计工作质量，以最大限度地满足财产所有者或审计委托者对审计结果的要求就显得相当重要与必要。1996 年 12 月中国注册会计师协会印发了《中国注册会计师职业道德基本准则》，2002 年 6 月 25 日制定并颁布了《中国注册会计师职业道德规范指导意见》。2011 年修订的《中国注册会计师审计准则第 1121 号——对财务报表审计实施的质量控制》和《质量控制准则第 5101 号——会计师事务所对执行财务报表审计和审阅、其他鉴证和相关服务业务实施的质量控制》都规定了注册会计师的职业道德规范。审计署颁布实施了《审计机关审计人员职业道德准则》。内部审计协会颁布实施了《内部审计人员职业道德规范》。下面主要对我国注册会计师《中国注册会计师职业道德基本准则》和《中国注册会计师职业道德指导意见》的基本内容加以介绍。

（一）《中国注册会计师职业道德基本准则》

《中国注册会计师职业道德基本准则》共分七章三十二条，包括总则、一般原则、专业胜任能力与技术规范、对客户的责任、对同行的责任、其他责任和附则。总则部分明确了制定职业道德准则的目的和依据，界定了注册会计师职业道德的含义，规定了准则的实施范围。附则规定了准则的解释权在中国注册会计师协会，其他五章是基本准则的主体内容。

1. 一般原则

注册会计师应当恪守独立、客观、公正的原则，这是注册会计师职业道德中的三个重要概念，也是对注册会计师职业道德的最基本要求，职业道德规范的其他规定大多由此引申而来。

（1）独立。独立原则是指注册会计师在执行审计或其他鉴证业务时，应当在实质上和形式上独立于委托单位、被审计单位和其他机构。

注册会计师接受委托单位的委托执行业务，而且要向委托单位收取费用，是有偿服务，但注册会计师所承担的却是对整个社会公众的责任，由此决定了注册会计师必须与委托单位和其他机构之间保持一种超然独立的关系，这种关系即为独立性。独立性是注册会计师执行鉴证业务的灵魂，注册会计师只有具备独立性，才可能保持客观、公正，独立原则是客观、公正原则的基础。

独立原则包含两层含义：即实质上的独立和形式上的独立。实质上的独立又称精神上的独立，是指注册会计师在审计或其他鉴证业务过程中应当不受任何个人和外界因素的约束、影响和干扰，保持独立的精神态度和意志。形式上的独立，又称表面上的独立，是指注册会计师必须在第三方面前呈现出一种独立于客户的身份，注册会计师和客户之间不应存在直接或重大的间接财务利益关系，也即在其他局外人看来注册会计师是独立的。形式上的独立是实质上独立的前提，如果在外界人士看来，注册会计师连形式上的独立都未保持，即使真正保证了实质上的独立也无法让人相信。注册会计师只有保持了实质上的独立，才能够做到以客观、公正的心态发表审计意见。注册会计师对其出具的鉴证报告负法律责任，因此不论是业务的承接、执行，还是报告的形成和提交，注册会计师均应依法执业，独立自主，不依附于其他机构和组织，不受其干扰和影响。

《中国注册会计师职业道德基本准则》对独立性的具体要求包括：①会计师事务所如与客户存在可能损害独立性的利害关系，不得承接其委托的审计或其他鉴证业务；②执行审计或其他鉴证业务的注册会计师如与客户存在可能损害独立性的利害关系，应当向所在会计师事务所声明，并实行回避；③注册会计师不得兼营或兼任与其执行的审计或其他鉴证业务不相容的其他业务或职务。

◎ **相关案例**

形式独立不可偏废

美国山登公司舞弊案的一个显著特点是，主要造假责任人与安永有着千丝万缕的关系。已认罪的三位主要财务负责人中有两人在加盟 CUC 公司之前都是安永的注册会计师，参与造假的其他两位财务主管也都来自安永。山登公司董事会特别调查小组提交的报告表明，CUC 公司的关键财务岗位有六个，其中首席财务官、主计长、财务报告主任、合并报表经理均由来自安永的注册会计师把持，也正是这四位前安永注册会计师占据了 CUC 公司关键的财务岗位，直接策划和组织实施了财务舞弊。这四名造假者熟悉安永的审计套路，了解安永对 CUC 公司的审计重点和审计策略，更具隐蔽性和欺骗性。山登舞弊案表明，注册会计师不仅应保持实质上的独立性，还应当重视形式上的独立性。形式独立的缺失，甚至会导致审计失败，山登舞弊案及安永的审计失败就是最好的例证。

（2）客观。客观原则是指注册会计师执行业务时，应当实事求是，不为他人所左右，也不得因个人好恶影响分析、判断的客观性。客观原则要求注册会计师对有关事项的调查、判断和意见的表述，应当基于客观的立场，以客观事实为依据，实事求是，不掺杂个人的主观意愿，也不受外部因素所影响和控制，不为他人的意见所左右。在分析问题、处理问题时，不能以个人的感情、推测或偏见行事。注册会计师应当力求公正，不因成见或偏见、利益冲突和他人影响而损害其客观性。注册会计师在许多领域提供专业服务，在不同情况下均应表现出其客观性。

（3）公正。公正原则是指注册会计师执行业务时，应当正直、诚实，不偏不倚地对待有关利益各方，不以牺牲一方利益为条件而使另一方受益。注册会计师提供专业服务时，应当坦率、诚实，保证公正。公正不仅仅指诚实，还有公平交易和真实的含义。无论提供何种服务，担任何种职务，注册会计师都应维护其专业服务的公正性，并在判断中保持客观性。

独立、客观、公正原则三者是相辅相成、密不可分的，超然独立的立场是保持客观公正心态的前提条件，客观公正的心态又是独立性的本质要求。

2. 专业胜任能力

注册会计师要向社会公众提供高质量的专业服务，除必须具备良好的职业品德外，还必须保持和提高专业胜任能力，遵守审计准则等执业规范，合理运用会计准则及国家其他相关技术规范。因此，专业胜任能力是注册会计师职业道德的一项重要内容。

注册会计师应当具有专业知识、技能或经验，能够胜任承接的工作。专业胜任能力既要求注册会计师具有专业知识、技能或经验，又要求其经济、有效地完成客户委托的业务。把专业胜任能力提高到职业道德的层次是因为注册会计师如果不能保持和提高专业胜任能力，就难以完成客户委托的业务。尽管注册会计师依法取得了执业证书，表明在该领域具备了一定的知识，但一个合格的注册会计师不仅应充分认识自己的能力，还必须清醒地认识到自己在专业胜任能力方面的不足，不承接自己不能胜任的业务。如果注册会计师不能认识到这一点，承接了难以胜任的业务，就可能给客户乃至社会公众带来危害。

（1）不得承办不能胜任的业务。职业道德准则要求会计师事务所和注册会计师不得承办不能胜任的业务。尽管社会公众很难对注册会计师的业务质量高低做出评价，但却认为注册会计师是能够合格胜任的。注册会计师接受了委托业务，就意味着他具有足够的业务能力完成受托的业务。注册会计师对有关业务形成结论或提出建议时，应当以充分、适当的证据为依据，不得以其职业身份对未审计或其他未鉴证事项发表意见，也不得对未来事项的可实现程度做出保证。

（2）保持应有的职业谨慎。职业谨慎要求注册会计师履行专业职责时应具备一丝不苟的责任感并保持应有的慎重态度。注册会计师应以高度的责任感去理解经济业务的性质和内容，完成审计任务。

（3）对业务助理人员和其他人员的责任。注册会计师从事的大部分业务都需要业务助理人员的参与，一些特殊领域还需要其他专业人士，如工程师、律师、精算师等的协助完成，而审计报告则由注册会计师签章，注册会计师要对发表的意见负责，也即要求注册会计师对助理人员的工作结果负责，对专家的专业服务负最终责任，因此，注册会计师在执行业务时，应当妥善规划，对业务助理人员的工作进行指导、监督和复核，采取措施确保专家了解相应的道德要求，进行适当的指导和监督。

（4）接受后续教育。在中国申请注册会计师执业资格，必须具备两个基本条件，一是参加注册会计师全国统一考试成绩合格；二是在会计师事务所从事两年以上的审计工作，申请获得批准注册即表明注册会计师已经具有较高的业务能力。但注册会计师在具体工作中，会遇到各种新问题，业务领域会不断拓展，新制度、新法规会不断涌现，这些都要求注册会计师不能满足于已掌握的知识和经验，为保持和提高其专业胜任能力与执业水平，就要接受后续教育，更新和提高专业知识，熟悉现行的各种规定。

《中国注册会计师职业后续教育准则》规定，执业会员接受职业后续教育的时间3年累计不得少于180学时，其中每年接受职业后续教育的时间不得少于40学时；接受脱产教育的时间3年累计不得少于120学时，其中每年接受脱产职业后续教育的时间不得少于20学时。

3. 对客户的责任

注册会计师应当遵守职业道德准则，履行相应的社会责任，维护社会公众利益。但注册会计师对社会公众履行责任的同时，也对客户承担着特殊的责任，主要包括：

（1）注册会计师应当在维护社会公众利益的前提下，竭诚为客户服务。

（2）注册会计师应当按照业务约定履行对客户的责任。

（3）注册会计师应当对执行业务过程中知悉的商业秘密保密，并不得利用其为自己或他人谋取利益。

（4）除有关法规允许的情形外，会计师事务所不得以或有收费形式为客户提供鉴证服务。

山登舞弊案说明：密切的客户关系既可提高审计效率，亦可导致审计失败，密切的客户关系可能是一把双刃剑。辩证地看，与客户保持一种长期稳定的密切关系，有助于对客户所处行业和经营业务的了解，有利于注册会计师判断客户的高管人员和内部控制是否值得信赖，进而提高审计效率。但是，密切的客户关系可能淡化注册会计师应有的职业怀疑态度，可能使会计师偏离超然独立的立场，比如 CUC 公司存在着数百笔没有任何原始凭证支持的会计分录，安永的注册会计师竟然一笔也没有发现；又如，安永的主审合伙人居然为 CUC 公司将合并准备转作利润的做法进行辩护。职业道德准则要求会计师事务所与客户的股东和高管人员保持一定的距离，否则，独立审计就失去了意义。

4. 对同行的责任

对同行的责任是指会计师事务所、注册会计师在处理与其他会计师事务所、注册会计师相互关系中所应遵循的道德标准，包括：

（1）注册会计师应当与同行保持良好的工作关系，配合同行工作。

（2）注册会计师不得诋毁同行，不得损害同行利益。

（3）会计师事务所不得雇用正在其他会计师事务所执业的注册会计师，注册会计师不得以个人名义同时在两家或两家以上的会计师事务所执业。

（4）会计师事务所不得以不正当手段与同行争揽业务。

5. 其他责任

能否争取到业务、拥有较多的客户，关系到一家会计师事务所的生存和发展。因而在业务承接环节也最易发生败坏职业声誉的行为。因此，注册会计师应当维护职业形象，不得有损害职业形象的行为，包括：

（1）注册会计师应当维护职业形象，不得有可能损害职业形象的行为。

（2）注册会计师及其所在会计师事务所不得采用强迫、欺诈、利诱等方式招揽业务。

（3）注册会计师及其所在会计师事务所不得对其能力进行广告宣传以招揽业务。

（4）注册会计师及其所在会计师事务所不得以向他人支付佣金等不正当方式招揽业务，也不得向客户或通过客户获取服务费之外的任何利益。

（5）会计师事务所、注册会计师不得允许他人以本所或本人的名义承办业务。

（二）《中国注册会计师职业道德规范指导意见》

为了加强注册会计师行业的诚信建设，规范注册会计师职业道德行为，提高注册会计师职业道德水准，保护社会公众利益，中国注册会计师协会于 2002 年 6 月 25 日制定并颁布了《中国注册会计师职业道德规范指导意见》。该指导意见分为九章五十一条，包括总则、独立性、专业胜任能力、保密性、收费与佣金，与执行鉴证业务不相容的工作，接任前任注册会计师的审计业务，广告、业务招揽和宣传，附则。《指导意见》以基本准则为基础，对注册会计师执业活动中如何遵循职业道德的要求加以具体指导，对一些重点内容做了具体规定，执业注册会计师应遵照指导意见的规定，加强自律，规范自身的执业行为。

1. 独立性

前已述及，注册会计师在执行鉴证业务时，应保持实质上和形式上的独立，不得因任何利害关系影响其客观、公正的立场。可能损害独立性的因素包括经济利益、自我评价、关联关系和外界压力等。会计师事务所和注册会计师应当采取必要的措施以消除损害独立性因素的影响，当所采取的措施不足以消除影响或将其降至可接受水平时，会计师事务所应当拒绝承接业务或解除业务约定。

2. 专业胜任能力

注册会计师如果不能保持和提高专业胜任能力，就难以完成客户委托的业务，也就从根本上无法满足社会公众对注册会计师行业的需求。专业胜任能力可分为两个独立的阶段，一是专业胜任能力的获取；二是专业胜任能力的保持。

（1）注册会计师应当通过教育、培训和执业实践保持和提高专业胜任能力。

（2）注册会计师不得宣称自己具有本不具备的专业知识、技能或经验。

（3）注册会计师不得提供不能胜任的专业服务。

（4）在提供专业服务时，注册会计师可以在特定领域利用专家协助其工作。

（5）在利用专家工作时，注册会计师应当对专家遵守职业道德的情况进行监督和指导。

3. 保密

注册会计师能否与客户维持正常的关系，有赖于双方能否自愿而又充分进行沟通和交流，不掩盖任何重要的事实和情况。只有这样，注册会计师才能有效地完成工作。如果注册会计师受到客户的严重限制，不能充分了解情况，就无法发表审计意见。另外，注册会计师与客户的沟通，必须建立在为客户保密的基础上。因此，注册会计师在签订业务约定书时，应当书面承诺对在执行业务过程中获知的客户信息保密。这里所说的客户信息，通常是指商业秘密，一旦商业秘密被泄露或被利用，往往给客户造成损失。因此，许多国家规定，在公众领域执业的注册会计师，不能在没有取得客户同意的情况下，泄露任何客户的秘密信息。

（1）注册会计师应当对在执业过程中获知的客户信息保密，这一保密责任不因业务约定的终止而终止。

（2）注册会计师应当采取措施，确保业务助理人员和专家遵守保密原则。

（3）注册会计师不得利用在执业过程中获知的客户信息为自己或他人谋取不正当的利益。

注册会计师对于所掌握的委托单位的资料和情况，应当严格保守秘密，当然，保密责任不能成为注册会计师拒绝按专业标准要求揭示有关信息的借口，也不能成为拒绝出庭作证或拒绝主管机关对其进行检查的借口。注册会计师在以下情况下可以披露客户的有关信息：取得客户的授权；根据法规要求，为法律诉讼准备文件或提供证据，以及向监管机构报告发现的违反法规行为；接受同业复核以及注册会计师协会和监管机构依法进行的质量检查。

4. 收费与佣金

收费问题，不仅直接影响注册会计师的业务竞争，而且往往会影响注册会计师的执业质量。在注册会计师行业，低价争揽业务会使注册会计师不得不缩减必要的审计程序，甚至缩小审计范围，减少必要审查，降低审计质量。

因此，《指导意见》规定会计师事务所在确定收费时，应当考虑以下因素，以客观反映为客户提供专业服务的价值：

（1）专业服务所需的知识和技能；

（2）所需专业人员的水平和经验；

（3）每一专业人员提供服务所需的时间；

（4）提供专业服务所需承担的责任。

在专业服务得到良好的计划、监督及管理的前提下，收费通常以每一专业人员适当的小时费用率或日费用率为基础计算。收费依据、收费标准及收费结算方式与时间应在业务约定书中予以明确。除法规允许外，会计师事务所不得以或有收费方式提供鉴证服务，收费与否或多少不得以鉴证工作结果或实现特定目的为条件。会计师事务所和注册会计师不得为招揽客户而向推荐方支付佣金，也不得因向第三方推荐客户而收取佣金。会计师事务所和注册会计师不得因宣传他人的产品或服务而收取佣金。

5. 与执行鉴证业务不相容的工作

注册会计师应当就其向鉴证客户提供的非鉴证服务与鉴证服务是否相容做出评价。如果注册会计师正在或将要提供的服务与其提供的鉴证服务所需要的独立性发生冲突，就产生了不相容的工作。注册会计师不得从事有损于或可能有损于其独立性、客观性、公正性或职业声誉的业务、职业或活动。比如：

（1）会计师事务所不得为上市公司同时提供编制会计报表和审计服务。

（2）会计师事务所的高级管理人员或员工不得担任鉴证客户的董事（包括独立董事）、经理或其他关键管理职务。

（3）会计师事务所为同一家上市公司提供资产评估和审计服务。

（4）会计师事务所为上市公司代编财务报表，或会计师事务所的高级管理人员或员工曾为鉴证客户的高级管理人员。

6. 接任前任注册会计师的审计业务

委托单位频繁变更会计师事务所往往出于不正当的原因，比如，会计师事务所之间为争揽业务造成不合理竞争，前任注册会计师可能与客户在重大会计、审计问题上存在分歧，注册会计师拒绝出具客户希望得到的意见。因此，《指导意见》要求：

（1）后任注册会计师在接任前任注册会计师的审计业务时不得蓄意侵害前任注册会计师的合法权益。

（2）在接受审计业务委托前，后任注册会计师应当向前任注册会计师询问审计客户变更会计师事务所的原因，并关注前任注册会计师与审计客户之间在重大会计、审计等问题上可能存在的意见分歧。

（3）如果后任注册会计师发现前任注册会计师所审计的会计报表存在重大错报，应当提请审计客户告知前任注册会计师，并要求审计客户安排三方会谈，以便采取措施进行妥善处理。

7. 广告、业务招揽和宣传

我国《注册会计师法》规定，会计师事务所和注册会计师不得对其能力进行广告宣传以招揽业务，在《指导意见》中有如下具体规定：

（1）注册会计师应当维护职业形象，在向社会公众传递信息时，应当客观、真实、得体。

（2）会计师事务所不得利用新闻媒体对其能力进行广告宣传，但刊登设立、合并、分立、解散、迁址、名称变更、招聘员工等信息以及注册会计师协会为会员所做的统一宣传不在此限。

（3）会计师事务所和注册会计师不得采用强迫、欺诈、利诱或骚扰等方式招揽业务。

会计师事务所和注册会计师在招揽业务时不得有以下行为：暗示有能力影响法院、监管机构或类似机构及其官员；做出自我标榜的陈述，且陈述无法予以证实；与其他注册会计师进行比较；不恰当地声明自己是某一特定领域的专家；做出其他欺骗性的或可能导致误解的声明。

第三节　审计标准

审计标准是鉴证业务中不可或缺的一项要素。运用职业判断对鉴证对象做出评价或计量离不开适当的标准。如果没有适当的标准提供指引，任何个人的解释甚至误解都可能对结论产生影响，这样一来，结论必然缺乏可信性。也就是说，标准是对所要发表意见的鉴证对象进行"度量"的一把"尺子"，责任方和注册会计师可以根据这把"尺子"对鉴证对象进行"度量"。

一、审计标准的含义和分类

为了正确地使用审计标准，首先明确审计标准的含义、内容及类别。

（一）审计标准的含义

审计标准是指用于评价或计量鉴证对象的基准，当涉及列报时，还包括列报的基准。标准可能是由法律法规规定的，或由政府主管部门或国家认可的专业团体依照公开、适当的程序发布的，也可能是专门制定的。采用标准的类型不同，注册会计师为评价该标准对于具体鉴证业务的适用性所需执行的工作也不同。

标准应当能够为预期使用者获取，以使预期使用者了解鉴证对象的评价或计量过程。标准可以通过下列方式供预期使用者获取：公开发布；在陈述鉴证对象信息时以明确的方式表述；在鉴证报告中以明确的方式表述；常识理解，如计量时间的标准是小时或分钟。

如果确定的标准仅能为特定的预期使用者获取，或仅与特定目的相关，鉴证报告的使用也应限于这些特定的预期使用者或特定目的。

（二）审计标准的内容及分类

经济业务的复杂性决定了审计标准的多样性。在不同的审计目标下，审计标准也不一样。审计标准包括国家法律、法规、政策、规章制度、预算、计划、经济合同、业务规范、技术经济标准、会计制度和会计准则等。

审计标准有不同的分类方法，按照审计标准的来源可以分为正式的审计标准和非正式的审计标准，按照审计标准衡量的对象可以分为财务审计标准和经济效益审计标准。

1. 正式审计标准和非正式审计标准

审计标准可以是正式的规定，如编制财务报表所使用的会计准则和相关会计制度；也可以是某些非正式的规定，如单位内部制定的行为准则或确定的绩效水平。

正式的规定通常是一些"既定的"标准，是由法律法规规定的，或是由政府主管部门或国家认可的社会团体依照公开、适当的程序发布的。对于公开发布的标准，注册会计师通常不需要对标准的"适当性"进行评价，而只需评价该标准对具体业务的"适用性"。例如，在我国，会计准则由国家统一制定并强制执行。注册会计师无须评价会计准则是否适当，只需要判断责任方采用的准则是否适用于被鉴定单位即可。

非正式的规定通常是一些"专门制定的"标准，是针对具体的业务项目"量身定做"的，包括企业内部制定的行为准则、确定的绩效水平或内部管理的行为要求等。对于专门制定的标准，注册会计师首先要对这些标准本身的"适当性"加以评价，否则，注册会计师连自己用的"尺子"是否适当都无法判断，又如何用这把"尺子"去"度量"要发表意见的审计对象呢？

2. 财务审计标准和经济效益审计标准

财务审计是注册会计师对鉴证对象信息提出结论，以增强除责任方之外的预期使用者对鉴证对象信息信任程度的业务。财务审计标准主要是国家相关的法律法规、会计准则和制度等。

经济效益审计标准是衡量、考核、评价审计对象绩效高低、优劣的尺度。经济效益审计的目标是评价被审计对象经济活动的有效性，在内容上主要包括历史数据、预算、技术指标、同行业先进水平等。

二、审计标准的特性

注册会计师在运用职业判断对鉴证对象做出合理一致的评价或计量时，需要有适当的标准。适当的标准应当具备下列所有特征：

1. 相关性

是指审计标准要同审计结论相关联，审计人员可以利用审计标准提出审计意见和建议，并做出审计结论。审计标准的相关性是由审计工作的本质特性所决定的，因为审计工作的目的，是对被审计单位所承担的受托经济责任做出的评价，确定或解除被审计单位的受托经济责任。如果审计标准不利于审计人员评价受托经济责任，与审计结论无关，审计标准就失去了意义。因此，审计人员选用审计标准一定要与做出的审计结论和提出的审计意见和建议密切相关。

2. 完整性

审计标准的完整性是指对被审计单位的评价标准要根据审计目标的要求考虑周全，不能仅突出某一方面，这样才能保证评价结论的正确。同时完整的审计标准不应忽略业务环境中可能影响得出结论的相关因素，当涉及列报时，还包括列报的基准。

3. 可靠性

审计标准的可靠性是指其具有权威、公认的特征，这些标准可以是国家已经公布的法律、法规、行业认可的标准等。可靠的标准能够使能力相近的注册会计师在相似的业务环境中，对鉴证对象做出合理一致的评价或计量。

4. 中立性

审计标准的中立性是指标准本身不带有倾向性，只有中立的标准才能保证审计结论的客观、公正。

5. 可理解性

可理解的标准有助于得出清晰、易于理解、不会产生重大歧义的结论。

注册会计师基于自身的预期、判断和个人经验对鉴证对象进行的评价和计量，不构成适当的标准。

第四节 审计人员应有的职业谨慎

为了提高审计工作质量，最大限度地满足财产所有者或审计委托者对审计结果的要求，规范与规避审计责任，审计人员应遵循审计的职业道德，同时，还应具备另一个要求——应有的职业谨慎。怎样界定"应有的职业谨慎"，其概念是怎样形成的，在审计业务中有何体现，任何强化和保护这一职业要求，这里，我们以注册会计师为审计的行为主体，来说明这些问题。

一、"应有的职业谨慎"的概念形成及含义界定

财务报表审计作为注册会计师审计业务的一个主要类型，其目标是验证财务报表的真实性和公允性，但对于没有发现被审计人的重大舞弊行为，注册会计师是否负有法律责任？这在职业界和法律界一直存有不同看法。对此负有完全的法律责任和不负有任何责任，是历史上两种极端的看法和做法。这两种看法和做法对这一职业造成了不利影响。为了克服这两种偏向，职业界和司法界逐渐形成了应有的职业谨慎概念。

根据以往的案件可以看到，注册会计师应否对未能发现被审计人已存在的重大舞弊行为负法律责任，要根据其在审计工作中是否保持了应有的职业谨慎来判断。在1895年伦敦大众案中，法官首次运用了应有的职业谨慎概念，认为注册会计师不是被审计人财务报表的保险人，如果没有能引起注册会计师值得怀疑的情况或线索，注

册会计师简单询问，就可视为保持了应有的职业谨慎；否则，注册会计师只有进行详细、认真的审查，才被视为保持了应有的职业谨慎。在1900年的爱尔兰毛纺公司案中，法官认为，注册会计师没有保持应有的职业谨慎，理由是如果注册会计师运用了相应的审计技术，本可以发现这桩舞弊事件，然而，结果是没有发现并给原告造成了经济损失。在这里我们需要强调的是，审计技术必须是"相应的"，因为就某一项审计技术而言，在早期不被认为是必须运用的（如对往来账项进行函证），由此未发现被审计人的重大舞弊行为也就不被视为未保持应有的职业谨慎；而在后来，则被要求必须运用，否则，一旦由此未能发现被审计人的重大舞弊行为，便认定注册会计师未保持应有的职业谨慎。

应有的职业谨慎概念在20世纪初的美国也出现了，至中叶，已将其体现在审计标准中。美国注册会计师协会（AICPA）通过审计程序委员会分别于1947年和1957年发表了《审计标准说明草案——其公认的意义和范围》和《公认审计标准——其意义和范围》，在这两个"审计标准"中有一条很重要的条款，那就是执业会计师"在实施审计和编制审计报告时，应尽到应有的职业关注"。随着各国独立审计准则的相继问世，"无论美国还是日本、澳大利亚、加拿大等国的一般审计标准都要求审计人员在执行审计业务、编写审计报告中具有应有的职业谨慎"。"关注"与"谨慎"，表述虽有差异，但其基本含义应是一致的。

相 关 链 接

经典著作对相关概念的解释

美国的罗伯特·K·莫次和侯赛因·A·夏拉夫在《审计理论结构》中谈道："我们主张形成一个职业关注概念（a concept of professional care），它以特定的术语表明了审计人员在实施检查时予以考虑的事项。如果审计人员的检查按这个概念所要求的关注进行，那么，他将能发现若干类应被发现的舞弊和差错。这样，审计人员就既不会被免去发现全部舞弊和差错的责任，也不会为追索全部舞弊和差错而大范围地进行检查。应有的审计关注概念的形成可以分成两个部分：第一，要求确立慎重的实务家的概念；第二，要求指明审计人员在不同情况下，进行审计工作时持有哪些应有的关注。"台湾安侯协和会计师事务所和毕马威华振会计师事务所编译的《审计手册》写道：注册会计师"尽专业上应有的注意"。为了尽专业上应有的注意，是指派具有充分知识、技能及经验的适任人员从事查核工作，并于过程中给予适当督导。

我国注册会计师审计准则提出了"职业怀疑"的概念。《中国注册会计师审计准则第1101号——注册会计师的总体目标和审计工作的基本要求》规定：职业怀疑，是指注册会计师执行审计业务的一种态度，包括采取质疑的思维方式，对可能表明由于错误或舞弊导致错报的迹象保持警觉，以及对审计证据进行审慎评价。

对于应有的职业谨慎，我们可以得到以下几点认识：一是在不同的历史时期，应有的职业谨慎具体内容是有所不同的。二是应有的职业谨慎基于审计准则，但又高于审计准则，是注册会计师在审计执业时必须体现的敬业精神，是保证审计质量、降低审计风险、避免或解除注册会计师的法律责任的前提条件。三是职业谨慎应适度，"应有的"便表明了这一特性。因为"过度谨慎"将会提高审计成本，降低审计效益；而"谨慎不足"则不能保证审计质量，会使注册会计师承担过大的审计风险。四是应有的职业谨慎需体现在整个审计过程中，而且必须由具有公认学识水平和业务能力的注册会计师或由其督导的业务助手为行为主体。

二、应有的职业谨慎在审计业务中的体现

注册会计师应有的职业谨慎体现在审计执业的整个过程中，并有诸多表现形式。

（1）应有的职业谨慎与保持高度的责任感和风险意识。注册会计师在整个审计过程中应时刻想到，工作稍有不慎或不公正，就可能发生审计过失，就可能被推向被告席并承担特定形式的法律责任。为此，必须保持高度的责任感和风险意识，培养职业谨慎者所应具备的品质，严格遵循专业标准和职业道德，谨慎、认真而又警惕地处理审计过程中的每一步骤及其具体业务，以保持应有的职业谨慎。

（2）应有的职业谨慎与制订并实施周密的审计工作方案。在进驻被审计单位前，审计人员应根据审计项目，制订审计计划；进驻后，应根据审计计划制订详细的审计工作方案，并在审计的实施阶段针对具体情况对其进行适当修正，以保证审计工作的有序性与有效性，体现应有的职业谨慎的精神。

（3）应有的职业谨慎与制度基础审计。制度基础审计是现代审计的重要标志之一，它可以在一定程度上使注册会计师确定审查的范围和重点，即确定注册会计师对审计对象在多大范围及哪些重点内容上予以职业谨慎。注册会计师"应对内部控制进行适当的研究和评价，以作为信赖内部控制的基础，并据以确定测试范围和由此而用的审计程序"，"审计对内部控制进行检查是为了提供确定检查范围和提出改善该系统的建设性建议的依据"。"这些目的均可被认为是应有审计关注概念的应用"。

（4）应有的职业谨慎与对期后事项的关注。期后事项是被审计单位资产负债表日至审计外勤工作结束日期间所发生的影响被审计单位审计期间的财务状况、经营成果和资金变动情况的有关事项。期后事项很可能会改变注册会计师对被审计单位财务报表公允性的意见，而这类事项往往会被注册会计师所疏忽，所以，注册会计师注重对期后事项的审查是应有的职业谨慎的要求。

（5）应有的职业谨慎与提出审计报告。审计报告是审计工作的结果。应有的职业谨慎要求审计报告中的审计意见类型是恰当的、审计范围界定是清楚的、会计责任和审计责任是明确的、文字表达是准确的。

另外，我们在上述就注册会计师避免法律责任诉讼的途径中提到了审慎地选择审计客户，签订合理、有效的审计协议书和强化审计质量控制。应该说，这些也是注册会计师应有职业谨慎的具体体现。

第五节 审计法律责任

上已述及，本章我们从狭义上研究审计责任，它是审计作为一种独立的经济监督形式，其行为主体对审计委托者及其他各方应承担的责任。这里，我们从注册会计师审计的角度，研究其法律责任产生的背景、特性、确立注册会计师承担法律责任的内在逻辑和规避与解除注册会计师法律责任的主要措施。

一、审计法律责任产生的背景

随着企业规模的扩大和企业经营管理过程的复杂化，所有者及其他利益相关主体对企业的监控更多地采取间接监控手段，会计信息也越发成为这些信息使用者对企业经营者受托经营情况进行监督以及做决策的主要依据。而注册会计师则要受托对企业会计信息进行鉴证，向信息使用者提供会计信息可信度的信息。

从信息使用者的角度看，注册会计师似乎成为了他们花钱雇来的"经济警察"，他们当然希望能用钱换来他们据以决策的会计信息的可靠性。随着信息使用者对被审计单位控制权的弱化及因此而引起的风险增加，他们开始把注册会计师当成风险分摊者，从而将自己的风险转嫁于注册会计师。西方学者把这种理解形象地称为"深口袋"理论。具体讲，信息使用者期望注册会计师通过预防、查证和纠正公司财务和会计中的舞弊问题，并保证财务报告的准确性，只要发现自己因受不准确的会计信息误导而利益受损时，他们就往往要把注册会计师推上被告席。在被告席上，法官的判决于注册会计师往往不利。

事实上，复杂的企业经营管理过程使经济事项不可避免地存在不确定性，这种不确定性使得注册会计师不可能绝对保证经审计的会计信息准确无误；同时，注册会计师作为一种职业，要面对众多的客户，成本和效益原则使得他们不可能奢求对每一个被审计事项都做到事无巨细。由此，注册会计师难以在结果上向信息需求者提供会计信息准确无误的保证，而只能期望做到过程上的公正和谨慎。由此，审计业界认为，注册会计师承担的只是"合理地保证责任"，并不承诺经过审计的会计信息没有任何错误；对于遵循了职业准则，却未能揭示出的舞弊，他们不应承担责任。由此，信息使用者和注册会计师之间就形成了对审计作用期望上的差距。所谓审计期望差距（expectation gap），是指会计信息的使用者，或社会公众对民间审计应起的作用的理解与审计人员行为结果及注册会计师职业界自身对审计绩效的看法之间的差异。根据国际会计师组织联合会1995年对其36个国家47个成员组织（代表全球90%的注册会计师）的调查，注册会计师和会计信息使用者之间的期望差距是造成诉讼泛滥的重要原因，而许多国家不利于注册会计师的相关法律规定，或者未对注册会计师审计的法律责任进行明确的界定，也助长了诉讼风潮。从我国的情况看，自实行注册会计师审计制度以来，注册会计师行业发生了震惊全社会的深圳原野、长城机电、海南新华、琼民源等重大审计事件，从近年的发展看，对审计责任的界定有扩大的倾向，致使注册会计师在许多诉讼案例中处于很不利的地位。

在诉讼中，信息需求者往往以民商法的有关规定，强调注册会计师必须对审计结果负责，即只要他们据以做出决策的已审会计信息存在偏差，就要求追究注册会计师的责任。注册会计师则以审计准则为依据对抗信息使用者，认为只要自己在过程上严格遵循了审计准则，就不应承担责任。但是，法官往往不具备会计专业知识，而且，审计准则的权威性和使用范围的固有局限使注册会计师往往难以以之对抗信息使用者。其结果是注册会计师往往在应诉时处于被动地位。

当然，由于审计组织不断膨胀的经济压力、内部控制审计和抽样审计的内在局限性、某些注册会计师职业素质低下等原因使得注册会计师审计风险不断增加，审计结果偏离了客观事实，这种情况下，注册会计师理应承担其应有的法律责任。

◎ 相关案例

"银广夏"案件中的审计责任

1994 年 6 月 17 日，广夏（银川）实业股份有限公司以"银广夏 A"的名字在深圳交易所上市。开始时公司的主要业务为软磁盘生产，然后便逐渐进入了全面多元化投资的阶段。"天津广夏"是银广夏集团于 1994 年在天津成立的控股子公司。天津广夏公司于 1996 年以后通过德国西·伊利斯公司进口了一套由德国伍德公司生产的 500 立升×3 二氧化碳超临界萃取设备。

1998 年，天津广夏接到了来自德国诚信贸易公司的关于购买萃取产品的第一张订单。这张订单给天津广夏带来了 7 000 多万元的收入。1999 年，银广夏利润总额 1.58 亿元，其中 76% 来自于天津广夏。在银广夏 1999 年年报中公布的每股盈利为 0.51 元，并实行了历史上首次 10 转赠 10 的分红方案。2001 年 3 月，银广夏公布了 2000 年年报，在股本扩大 1 倍的情况下，每股收益增长超过 60%，达到每股 0.827 元，盈利能力之强，令人瞠目结舌。

银广夏集团的利润绝大部分来自天津广夏：银广夏全年主营业务收入 9.1 亿元，净利润 4.18 亿元。银广夏 2000 年 1 月 19 日公告称，当年天津广夏向德国诚信公司出口 2.1 亿马克的姜油精萃取产品，实际执行了 1.8 亿马克。按 1999 年年报提供的萃取产品利润率 66% 推算，天津广夏 2000 年创造的利润为 4.7 亿元。

天津广夏萃取产品如此之高的产量、如此之高的价格，经过多方面的证实是不可能的。《财经》杂志的记者对此事进行了多方面的调查，最后查明：与天津广夏签订订单的德国诚信贸易公司仅是一个注册资金为 10 万元的小公司，它根本就没有能力与天津广夏签订如此大额的订单；另从天津海关取得的证据表明，天津广夏提供的报关单根本就不存在。至此已经真相大白了：广夏（银川）实业股份有限公司通过伪造购销合同、伪造出口报关单、虚开增值税专用发票、伪造免税文件和伪造金融票据等手段，虚构主营业务收入，虚构巨额利润。

事实真相是由《财经》杂志的记者揭露的。期间，也有很多小股民或其他普通人士对银广夏的"传奇业绩"深表怀疑。但是，对此集团进行年度报表审计的深圳中天勤会计师事务所却对银广夏集团提供的财务数据深信不疑，在年度利润和每股收益高的不合常理的情况下，却为该集团 1999 年与 2000 年的年报签署了无保留意见的审计报告。

在事情真相大白之后，银广夏集团崩溃，进入了"PT"公司的行列。中天勤会计师事务所也由于此案件的影响，信誉全失，签字注册会计师刘加荣、徐林文被吊销注册会计师资格；事务所的执业资格被吊销，其证券、期货相关业务许可证也被吊销，同时，中天勤会计师事务所的负责人也被追究责任。经过此事件之后，深圳中天勤这个全国最大的会计师事务所实际上已经解体了。证监会已依法将李有强等七人移送公安机关追究其刑事责任。

二、审计法律责任规范

注册会计师审计的法律责任是指注册会计师在承办业务过程中由于未能履行合同条款，或者未能保持应有的职业谨慎，或者故意不作充分披露、出具不实的报告，致使审计报告的使用者遭受损失所应承担的责任。注册会计师审计的法律责任主要包括行政责任、民事责任和刑事责任三种。行政责任是指注册会计师违反法律法规，发生过失或舞弊行为并给有关方面造成经济等损害后，由政府部门或自律组织（如注册会计师协会）对其所追究的具有行政性质的责任，包括给予警告、暂停执业和吊销证书等；民事责任是由法院判决的、令注册会计师承担的具有民事性质的责任，主要包括注册会计师停止侵害委托人或其他利害关系人的经济利益并赔偿所造成的经济损失；刑事责任也是由法院判决的、令注册会计师承担的具有刑事性质的责任，主要包括管制、拘役、判刑、剥夺政治权利和没收财产等。法律责任根据其轻重等情形不同，区分为违约责任、过失责任和欺诈责任，其中过失责任又有普通过失责任、重大过失责任之分。

我国颁布的法律、法规中，对会计师事务所和注册会计师的法律责任做出专门规定的，主要有：《中华人民共和国注册会计师法》、《中华人民共和国公司法》、《中华人民共和国证券法》及《中华人民共和国刑法》等。

1. 民事责任

（1）《注册会计师法》的规定。1993 年 10 月 31 日颁布，1994 年 1 月 1 日起实施的《注册会计师法》在第六章"法律责任"中规定了注册会计师行政、刑事和民事责任。其中关于民事责任的条款是第四十二条，"会计师事务所违反本法规定，给委托人、其他利害关系人造成损失的，应当依法承担赔偿责任。"

（2）《证券法》的规定。2005 年 12 月 29 日新修订的《证券法》第一百七十三条规定，"证券服务机构为证券的发行、上市、交易等证券业务活动制作、出具审计报告、资产评估报告、财务顾问报告、资信评级报告或者法律意见书等文件，应当勤勉尽责，对所依据的文件资料内容的真实性、准确性、完整性进行核查和验证。其制作、出具的文件有虚假记载、误导性陈述或者重大遗漏，给他人造成损失的，应当与发行人、上市公司承担连带赔偿责任，但是能够证明自己没有过错的除外。"

（3）《公司法》的规定。2005 年 12 月 29 日新修订的《公司法》第二百零八条第三款规定，"承担资产评估、验资或者验证的机构因其出具的评估结果、验资或者验证证明不实，给公司债权人造成损失的，除能够证明自己没有过错外，在其评估或者证明不实的金额范围内承担赔偿责任。"

2. 行政责任和刑事责任

（1）《注册会计师法》的规定。《注册会计师法》第三十九条规定，"会计师事务所违反本法第二十条、第二十一条规定的，由省级以上人民政府财政部门给予警告，没收违法所得，可以并处违法所得一倍以上五倍以下的罚款；情节严重的，并可以由省级以上人民政府财政部门暂停其经营业务或者予以撤销。

注册会计师违反本法第二十条、第二十一条规定的，由省级以上人民政府财政部门给予警告；情节严重的，可以由省级以上人民政府财政部门暂停其执行业务或者吊销注册会计师证书。

会计师事务所、注册会计师违反本法第二十条、第二十一条的规定，故意出具虚假的审计报告、验资报告，构成犯罪的，依法追究刑事责任。"

（2）《证券法》的规定。《证券法》第二百零一条规定，"为股票的发行、上市、交易出具审计报告、资产评估报告或者法律意见书等文件的证券服务机构和人员，违反本法第四十五条的规定买卖股票的，责令依法处理非法持有的股票，没收违法所得，并处以买卖股票等值以下的罚款。"

《证券法》第二百零七条规定，"违反本法第七十八条第二款的规定，在证券交易活动中做出虚假陈述或者信息误导的，责令改正，处以三万元以上二十万元以下的罚款；属于国家工作人员的，还应当依法给予行政处分。"

《证券法》第二百二十三条规定，"证券服务机构未勤勉尽责，所制作、出具的文件有虚假记载、误导性陈述或者重大遗漏的，责令改正，没收业务收入，暂停或者撤销证券服务业务许可，并处以业务收入一倍以上五倍以下的罚款。对直接负责的主管人员和其他直接责任人员给予警告，撤销证券从业资格，并处以三万元以上十万元以下的罚款。"

《证券法》第二百二十五条规定，"上市公司、证券公司、证券交易所、证券登记结算机构、证券服务机构，未按照有关规定保存有关文件和资料的，责令改正，给予警告，并处以三万元以上三十万元以下的罚款；隐匿、伪造、篡改或者毁损有关文件和资料的，给予警告，并处以三十万元以上六十万元以下的罚款。"

《证券法》第二百三十一条规定，"违反本法规定，构成犯罪的，依法追究刑事责任。"

（3）《公司法》的规定。《公司法》第二百零八条规定，"承担资产评估、验资或者验证的机构提供虚假材料的，由公司登记机关没收违法所得，处以违法所得一倍以上五倍以下的罚款，并可以由有关主管部门依法责令该机构停业、吊销直接责任人员的资格证书，吊销营业执照。

承担资产评估、验资或者验证的机构因过失提供有重大遗漏的报告的，由公司登记机关责令改正，情节较重的，处以所得收入一倍以上五倍以下的罚款，并可以由有关主管部门依法责令该机构停业、吊销直接责任人员的资格证书，吊销营业执照。"

《公司法》第二百一十六条规定，"违反本法规定，构成犯罪的，依法追究刑事责任。"

（4）《刑法》的规定。《刑法》第二百二十九条规定，"承担资产评估、验资、验证、会计、审计、法律服务等职责的中介组织的人员故意提供虚假证明文件，情节严重的，处五年以下有期徒刑或者拘役，并处罚金。"

三、审计人员法律责任的特性

从法律的角度界定注册会计师审计法律责任的意义在于协调双方的期望差异。在公众期望和业界期望中，公众期望是需求性的，是注册会计师为之奋斗的最终目标，随着公众对注册会计师行业了解的深入，公众期望会有缓慢下调的趋势；业界期望是约束性的，随着审计技术的不断发展，以及注册会计师行业抗风险能力的提高，这一期望有上升的趋势。这两种趋势使得审计期望差异有自发弥合的趋势。但是，这种趋势是一个缓慢的趋势，由于信息不对称问题总存在于被审计单位、注册会计师和委托者之间，审计期望差异不可能完全弥合。界定注册会计师审计的法律责任，应关注以下几个要点：

1. 法律对注册会计师审计法律责任的规定应以公众期望为上限、以业界期望为下限的区间内寻求最佳风险分担点

对法律责任这种折中性的界定，实际上体现了注册会计师和信息使用者对风险的分摊：注册会计师执行审计业务时必须承担检查风险，而因被审计单位企业经营不善、内部控制不利而产生的风险则主要应由信息使用者承担。

2. 注册会计师所应承担的法律责任呈不断增强之势

这主要基于两方面原因：其一，满足公众期望是注册会计师为之努力的方向，对注册会计师法律责任起着指导性作用，而公众期望的下调趋势是十分缓慢的，在现实中是相对稳定的；业界期望由于上述原因是不断上升的。因此，审计责任总体上呈不断上升之势。其二，界定注册会计师法律责任的不断上升也是技术性的策略。注册会计师行业的发展和抗风险能力的提高是一个渐进的过程，在注册会计师行业发展的初期，考虑到维护行业发展的需要，在界定法律责任时应主要考虑业界期望的约束。随着行业的发展和注册会计师抗风险能力的提高，对法律责任的界定应不断向公众期望倾斜。

3. 民事责任应逐渐成为主要的法律责任形式

随着审计市场的不断完善，注册会计师与信息使用者之间的民事关系将不断明确，因此更多地用民事责任来规范民事关系将成为必然的趋势。审计责任的渐进增强主要源于民事责任的增加，而行政责任和刑事责任具有相对稳定性。

四、审计法律责任的归责原则

注册会计师法律责任的归责原则是指对注册会计师在审计过程中所应承担法律责任的认定与归结的指导思想。在理论界，根据对审计者、被审计者和委托者在审计过程中所形成审计责任关系的不同理解，存在着注册会计师法律责任的过错责任归责原则和无过错责任归责原则的分歧。

（一）过错责任归责原则与无过错责任归责原则

过错责任归责原则是指以存在主观过错为必要条件、以"无过错，即无责任"为基本出发点的认定和归结法律责任的原则。过错归责原则应用于注册会计师法律责任中具有以下基本特征：一是注册会计师必须对自己的过错行为负责。注册会计师在执业过程中实施某一行为时，必须明白或预知该行为可能产生的后果，并应当对该后果负责。二是注册会计师的过错大小同应负的责任成正比关系，即过错大则责任大，过错小则责任小。这里的过错大小概念不仅指注册会计师主观过错程度，还包括过错行为所造成的危害程度。在衡量其大小时必须将二者有机地结合起来。

无过错责任归责原则是指不以主观过错的存在为必要条件而认定和归结法律责任的原则。在现代社会，无过错的合法行为，同样可以产生损害。如审计人员在审计过程中即使严格按照遵循了审计程序和审计原则，却仍然出现审计结果不实，这便是因无过错行为需承担的一种无过错责任。一般来说，无过错责任不适用于刑法。无过错责任归责原则一般不考虑受害人的过错，要求法律对适用对象和范围予以特别规定，将其与过错责任归责原则的适用范围分开。

注册会计师法律责任的过错归责原则和无过错归责原则所体现的思路和着眼点是完全不同的。在认定和归结注册会计师法律责任时，审计界与法律界存在截然不同的两种观点。

（二）审计界与法律界的分歧

注册会计师严格遵循了独立审计准则执业，但仍会出具与客观事实不符的审计报告。在这种过程合规结果有误的情况下，注册会计师要不要负法律责任？审计职业界的回答是否定的。他们认为，注册会计师对审计后的财务报表只起合法保证责任，不是绝对保证经审计的财务报表真实公允。注册会计师关注的是审计过程是否合乎执业规范，审计结果是在审计过程的基础上导出的，过程无问题便结果无问题。认定和归结注册会计师法律责任基本考虑的是注册会计师于主观是否严格遵循独立审计准则与有关执业规范。可见，审计职业界认定和归结注册会计师法律责任的依据是过错责任归责原则。尽管经修订的有关独立审计准则已淡化或删除了注册会计师对审计报告负责的具体内容，但并没有减弱其作为注册会计师执业所应遵循的作用效力，也就没有否定注册会计师法律责任的过错归责原则。

法律界有着完全不同的观点和主张。他们认为审计准则对"程序"规定的再详细，也不可能解决在特定单位审计过程中出现的问题，同时，现有审计准则由于其与社会发展、特定条件、公众意识的不适应性也不能作为判定注册会计师是否承担民事责任的依据。退一步讲，即使将独立审计准则和有关执业规范作为判断注册会计师应否承担法律责任的依据，那么，注册会计师遵循了独立审计准则及有关规范也不等于必定会导出无问题的审计报告或其他相关审计结果。我国《民法通则》尽管并没有明确规定审计业务的无过错责任，但从最高人民法院有关的司法解释及法院的相关判例看，只要注册会计师为被审计单位出具的审计报告与被审计单位的实际情况不相符，因此遭受损失的利害关系人即可就不实部分追诉该注册会计师，从而使注册会计师对第三者的民事责任归责原则为无过错责任归责原则。

（三）我国宜用过错推定归责原则

研究证明，独立审计制度从产生至今，其他各国从未运用过无过错责任归责原则也未采用过单纯的过错责任归责原则。从各个国家和地区立法来看，美国、日本和我国台湾地区"证券交易法"均采用过错推定的归责原则。

所谓过错推定归责原则，是实行举证责任倒置，不要求原告（第三者）去寻求行为人在主观上存在主观过错的证明，不必举证，而是从损害事实的客观要件以及它与违法行为之间的因果关系中，推定行为人主观上有过错；如果行为人认为自己在主观上没有过错，则需自己举证，证明自己没有过错；证明成立者，推翻过错推定，否认行为人的侵权责任；证明不足或不能证明者，则推定过错成立，行为人应当承担侵权民事责任。

面对审计界与法律界的分歧，从民法的基本原理出发，充分考虑审计界的生存空间，借鉴国际通行做法，我们认为，注册会计师审计法的法律责任的认定与归结宜采用过错推定归责原则。注册会计师的责任从本质上说是一种信息公开担保责任，是对一种可能出现的具有侵权行为性质的信息公开违法行为承担法律责任的担保。因此，在为特定信息公开行为担保时，要有一个对担保行为的性质进行认定的问题。如果事先发现信息公开文件有虚假内容，注册会计师可以在纠正与退出信息公开活动、维持与放任信息违法行为之间做出选择。实行过错推定归责原则有利于注册会计师做出合理选择，发挥对注册会计师违法行为的预防作用。另外，实行这一原则，有利于保护信息活动中弱势群体利益。运用过错责任归责原则，举证责任是"谁主张，谁举证"，即提出赔偿主张的受害人，就加害人的过错举证，否则不能获得赔偿。但注册会计师与第三者（受害人）在诉讼举证中，由于注册会计师在信息公开活动中处于主导或优势地位，投资者只是被动地了解公开信息，第三者因专业知识限制对注册会计师是否有过错难以举证。因此，为了保护信息弱势群体的利益，在认定和归结注册会计师法律责任时，适宜运用过错推定归责原则。

五、确立注册会计师承担法律责任的内在逻辑

判断注册会计师应否承担法律责任以及承担的具体形式，应从两个层面的结合点上考虑问题，一个层面是审计的结果，另一个是审计的过程。每一个层面又由具有递进关系的不同具体情形所构成。

（一）以审计结果为基础的层面

这一层面上的含义是说，根据注册会计师已审计的会计信息及所提供的审计报告是否存在偏差，以及信息使用者是否因此而遭受损失来判断和确定注册会计师是否承担法律责任以及承担法律责任的具体形式。这一层面又由下列具有递进关系的不同情况所构成：

（1）审计结果无较大偏差，且信息使用者未受损失。

（2）审计结果无较大偏差，但信息使用者因不当使用会计信息而造成损失。如注册会计师已在审计报告中指明了会计信息中存在的错弊或难以确认的事项，但信息使用者仍以完全信任会计信息为基础做出决策而造成损失。

（3）审计结果存在较大偏差，信息使用者也存在受损的客观事实，但损失不是直接源于审计结果的偏差。如已审会计信息中含有未被注册会计师指明或纠正的会计错弊或难以确认的事项，信息使用者也因失误决策造成了损失，但损失与会计信息失真无直接关系。

（4）信息使用者存在损失，且直接源于审计结果的偏差。如已审会计信息中含有未被注册会计师指明或纠正的会计错弊或难以确认的事项，信息使用者因使用这些会计信息而造成了损失。

（二）以审计过程为基础的层面

这一层面上的含义是说，根据注册会计师在审计过程中是否保持了应有的客观、独立、公正的态度，以及是否依照独立审计准则的要求，执行了有关审计程序来判断和确定其应否承担法律责任以及承担法律责任的具体形式。这一层面又由下列具有递进关系的不同情况所构成：

（1）注册会计师主观上具备了独立、公正的态度，并严格依照独立审计准则的要求执行了有关审计程序。

（2）注册会计师保持了独立、公正的态度，但没有严格依照独立审计准则的要求执行有关审计程序。如注册会计师因自身职业判断能力不足或未保持应有的职业谨慎而没有对被审计单位的应收账款进行恰当的函证。

（3）注册会计师在形式上较为严格地依照独立审计准则的要求执行了有关审计程序，但是，在主观上不具备独立、公正的态度。如注册会计师虽然较为严格地执行了独立审计准则所要求的审计程序，但因与被审计单位存在着某种直接的经济利害关系，而在审计报告中未做恰当的信息披露。

（4）注册会计师未保持独立、公正的主观态度，并且也没有严格依照独立审计准则的要求执行有关审计程序。如注册会计师因与被审计单位之间存在直接经济利害关系，因此而有意省略了一些应有的审计程序。

由上述两个层面相互结合，构成了综合判断和确定注册会计师应否承担法律责任以及承担的具体形式的基础和模式（见表2－1）：

表2－1 注册会计师审计法律责任判定矩阵图示

过程 结果	A	B	C	D
（1）	不承担责任	行政责任	行政责任	行政责任
（2）	不承担责任	行政责任	行政责任	行政责任
（3）	民事责任	民事责任、行政责任	民事责任、行政责任	民事责任、行政责任
（4）	民事责任	民事责任、行政责任	民事责任、行政责任（刑事责任）	民事责任、行政责任（刑事责任）

综合以上两个层面的分析，我们做以下总结：

（1）民事责任追究与否与以结果为依据的判断直接相关。首先，注册会计师应对其审计结果负责。只要审计结果存在较大偏差，就应承担民事责任；其次，如果审计结果存在的较大偏差给信息使用者造成了损失，注册会计师应就这一损失承担民事赔偿责任。此时，应强调会计责任和审计责任的分割：对于会计信息失真给信息使用者造成的损失，会计信息提供者应首先承担会计责任，注册会计师作为会计信息的鉴证者应承担补充责任。再次，应强调注册会计师的民事责任具有相对独立性，审计过程的无缺陷（主观上保持独立、公正的态度或形式上执行了较为严格的审计程序）不能对抗注册会计师因审计结果不当所应承担的民事责任。

（2）行政责任追究与否与以过程为依据的判断直接相关。首先，注册会计师应对其审计过程负责，如果注册会计师在审计过程中存在形式上或主观上的缺陷，就应承担行政责任。其次，应强调实质重于形式原则，重点考察注册会计师在审计过程中的主观状态，划分过失责任与舞弊责任，不能以形式上的合规性对抗主观上的缺陷。再次，应强调审计的行政责任具有相对独立性，结果的无缺陷（无较大偏差或偏差未给信息使用者带来损失）不能对抗因注册会计师审计过程的不当所应承担的行政责任。

（3）刑事责任追究与否有赖于结果和过程的双重判断。一般而言，只有当审计结果的偏差给信息使用者带来了较大损失，并且审计过程存在较为严重的缺陷的时候，注册会计师才承担刑事责任。追究刑事责任的意义在于其警示作用，目的是给注册会计师未来的执业带来"可信的威胁"。

◉ 相关案例

安然事件中的法律责任

安然公司成立于1930年，于1985年以24亿美元收购了另外一家公司，并改名为安然公司。安然公司1996年的收入是133亿美元，到2000年时总收入是1 008亿美元。它的收入在美国几乎是最多的一个公司；2000年《财富》500强中安然排名第16位；连续4年获《财富》杂志"美国最具创新精神的公司"称号。但好景不长，2001年10月16日，安然公司宣布第三财季亏损达63 800万美元。公司还称，部分由财务长安德鲁·法斯托运营的合伙企业，公司股东持有的公司市值缩减了12亿美元。

在安然公司宣布巨额亏损后，证管会开始对此事进行正式调查。如前所述，安然公司的收入在美国几乎是最多的一个公司。但它的利润增长幅度远远没有收入增长的这么快，1996年它的总利润是5.84亿美元，1998年是7.03亿美元，2000年时是9.79亿美元。可见其利润并没有太多的增长。通过分析可以看到，安然公司的利润率每年都下降很多。年初的利润率只有1.2%左右。这个事情在2000年10月、11月之前就引起了很多人的争议，很多的投资管理公司对安然提出了很多的质疑。

上市公司上市容易，但上市后面临的压力也很大。到2000年年底，安然公司的股价一直是直线上涨的。2000年底，美国加州出现了能源危机，2001年年初能源价格跌了很多，使得安然公司利润很快就下降了，偏离了市场对其的预期。2001 年 11 月 8 日，安然被迫公布虚报了盈利，其股价跌到 10 美元以下，安然已经意识到自己的危险，想把公司转卖掉。2001 年 11 月 28 日，安然有 6 亿美元的债务到期，但当时安然已经没有钱还了。就在同时，美国的标准——普尔公司宣布给安然降级，此时的安然已无力回天。安然的股价已经跌到 60 美分，只好宣布破产。

在安然公司宣布破产之后，众多投资者怨声载道，因为至申请破产时，安然公司的账面总资产不过 498 亿美元，等到破产清算时，其价值肯定还要大打折扣。这点钱够谁分的？投资者的损失可想而知。同时，对安然公司进行审计的安达信会计师事务所也是被指责最多的一个。虽说事务所与被审计单位是两个独立的个体，但实际上他们是一荣俱荣、一损俱损的关系。安然公司的破产直接造成了安达信的名誉扫地——而这恰恰是事务所最重要的东西。安达信被起诉，要求被赔偿损失。

在该事件中，安然公司存在着多种财务造价手段。首先，利用"特别目的实体"高估利润、低估负债。安然公司不恰当的利用"特别目的实体"（按照美国现行会计惯例，如果非关联方在一个"特别目的实体"权益性资本的投资中超过 3%，即使该"特别目的实体"的风险主要由上市公司承担，上市公司也不可将该"特别目的实体"纳入合并报表的编制范围）。符合特定条件可以不纳入合并报表的会计惯例，将本应纳入合并报表的三个"特别目的实体"排除在合并报表编制范围之外，导致 1997~2000 年期间高估了 4.99 亿美元的利润、低估了数亿美元的负债。此外，以不符合"重要性"原则为由，未采纳安达信的审计调整建议，导致 1997~2000 年期间高估净利润 0.92 亿美元。其次，通过空挂应收票据，高估资产和股东权益。安然公司于 2000 年设立了 4 家"特别目的实体"，为安然公司投资的市场风险进行套期保值。为了解决这 4 家公司的资本金问题，安然公司于 2000 年第一季度向他们发行了价值为 1.72 亿美元的普通股。在没有收到认股款的情况下，安然公司仍将其记录为股本的增加，同时增加了应收票据，这一操作使安然公司同时虚增资产和所有者权益 1.72 亿美元。如果按照公认会计准则，这笔交易应视为股东欠款，作为股东权益的减项。此外，2001 年第一季度，安然公司与这 4 家公司签订了若干份远期合同，根据这些合同的要求，安然公司在未来应向他们发行 8.28 亿美元的普通股，以此交换这 4 家公司出具的应付票据。安然公司按上述方式将这些远期合同记录为股本和应收票据的增加，又虚增资产和股东权益 8.28 亿美元。上述两项合计，安然公司共虚增资产和股东权益 10 亿美元。最后，通过设立众多的有限合伙企业，通过自我交易等手段，操纵利润。安然公司通过在世界各地设立由其控制的有限合伙企业进行筹资、避税或避险。它设立了约 3 000 家合伙企业和子公司，其中 900 家设在海外的避税地区。为了某些特定目的，安然公司与这些公司进行了不少关联交易，尽管交易价格严重偏离公允价值，但并未将其列入合并报表进行抵销。这些交易使安然公司虚增了很多资产和利润。

在该事件中，安达信会计师事务所在审计过程中存在着严重问题。安然公司存在这么明显的财务欺骗，但作为资深审计机构的安达信会计师事务所却仍然为其出具了带说明段的无保留的审计意见，从而造成了众多投资者的投资失误，安达信作为安然的财务审计公司自然难辞其咎。虽然目前的资料尚不能确定安达信是否与安然公司串通舞弊，但根据目前已披露的资料，安达信在安然事件中，至少存在以下严重问题：首先，安达信出具了严重失实的审计报告和内部控制评价报告。安然公司自 1985 年成立以来，其财务报表一直由安达信审计。2000 年度，安达信为安然公司出具了两份报告，一份是无保留意见加解释性说明段（对会计政策变更的说明）的审计报告；另一份是对安然公司管理当局声称其内部控制能够合理保证其财务报告可靠性予以认可的评价报告。但实际上，安然公司经安达信审计的财务报表并不能公允的反映其经营业绩财务状况和现金流量，得到安达信认可的内部控制也不能确保安然公司财务报表的可靠性，安达信的报告所描述的财务状况和内部控制的有效性，严重偏离了安然公司的实际情况。其次，安达信对安然公司的审计缺乏独立性。安达信在审计安然公司时，是否保持独立性，受到美国各界的广泛质疑。从美国国会等部门初步调查所披露的资料和新闻媒体的报道看，安达信对安然公司的审计至少缺乏形式上的独立性，主要表现为：第一，安达信不仅为安然公司提供审计鉴证服务，而且提供收入不菲的咨询业务，甚至于帮助安然公司代理记账；第二，安然公司的许多高层管理人员为安达信的前雇员，他们之间的密切关系至少有损安达信形式上的独立性。第三，安达信在已察觉安然公司会计问题的情况下，未采取必要的纠正措施。在安达信内部的一封电子邮件中，安达信的资深合伙人早在 2001 年 2 月就已经在讨论是否解除与安然公司的业务关系，理由是安然公司的会计政策过于激进。而这个时间是在安达信为安然公司出具 2000 年度的审计报告（2001 年 2 月 23 日）之前。故可以证明：安达信在出具审计报告时就已经觉察到安然公司存在的会计问题，否则，合伙人是不可能在 2 月讨论是否辞聘的问题。第四，销毁审计工作底稿，妨碍司法调查。2000 年 10 月，安达信主审计师大卫·邓肯销毁了数以千计的关于安然公司的重要审计资料，这是对会计职业道德的公然挑衅。事发后，安达信迅速开除了大卫·邓肯，但这并不能说明任何问题。而邓肯在接受司法部、联邦调查局的问讯时，拒不承认是擅自作主张销毁审计工作底稿，而坚称此举只是遵从了安达信内部律师的指示。此事尚未定论，但如果邓肯说法属实，那安达信的麻烦就大了。这等于把事件的矛头从个别会计师的审计失败移至整个安达信公司的职业操守，事件的性质也从普通的民事领域跃升为刑事案件。

六、审计人员审计法律责任的防范

随着社会主义市场经济的发展，审计人员在经济生活中发挥的作用愈发重要，因此，强化审计人员的责任意识、严格审计人员的法律责任，以保证其职业道德和执业质量，其意义就显得愈加重大。近年来我国颁布的不少重要的法律、法规中，都有专门规定审计人员及审计机构法律责任的条款，比如《中华人民共和国审计法》专设"法律责任"一章，对政府审计人员的法律责任做出的具体规定集中体现在第五十二条中，"审计人员滥用职权、徇私舞弊、玩忽职守或者泄露所知悉的国家秘密、商业秘密的，依法给予处分；构成犯罪的，依法追究刑事责任。"《审计署关于内部审计工作的规定》第十九条对内部审计人员的法律责任作了规定："对滥用职权、徇私舞弊、玩忽职守、泄露秘密的内部审计人员，由所在单位依照有关规定予以处理；构成犯罪的，移交司法机关追究刑事责任。"以下主要介绍会计师事务所和注册会计师法律责任的规范及防范措施的内容。

要避免和减轻注册会计师承担的法律责任，必须通过政府、法律界、审计行业、企业界以及社会公众的共同努力，建立一个健全、良好的审计环境。而审计职业界应该采取积极的态度，勇于承担责任，寻求有效的措施，减轻自己所面临的法律责任风险，尽量避免法律诉讼的发生。注册会计师要避免法律诉讼，就必须在执行审计业务时尽量减少过失行为，防止欺诈行为。从注册会计师自身而言，防范法律诉讼的具体措施，可以概括为以下几点：

1. 严格遵循职业道德和专业标准的要求

注册会计师是否应当对财务报表中的错报事项承担法律责任，关键在于其是否有过失或欺诈行为。而判断是否具有过失的关键在于注册会计师是否遵照专业标准的要求执行。因此，保持良好的职业道德，严格遵循专业标准的要求执业、出具报告，对于避免法律诉讼或在提起的诉讼中保护注册会计师具有重要的意义。

2. 建立、健全会计师事务所质量控制制度

质量管理是会计师事务所各项管理工作的核心，如果一个会计师事务所质量管理不严，很有可能因为一个人或一个部门的原因导致整个会计师事务所遭受灭顶之灾。因此，会计师事务所必须建立、健全一套严密、科学的内部质量控制制度，并把这套制度推行到每一个人、每一个部门和每一项业务，确保注册会计师按照专业标准的要求执业，保证会计师事务所的工作质量。

3. 与委托人签订业务约定书

注册会计师承办业务，会计师事务所应与委托人签订业务约定书。业务约定书具有法律效力，它是确定注册会计师和委托人的责任的一个重要文件。会计师事务所无论承办何种业务，都要按照业务约定书准则的要求与委托人签订约定书，以尽量减少在发生法律诉讼时双方的口舌之争。

4. 谨慎选择被审计单位

很多审计失败的案例说明，注册会计师如欲避免法律诉讼，必须谨慎选择被审计单位。一是选择正直的被审计单位。会计师事务所接受委托之前，一定要对被审计单位的情况进行了解，评价被审计单位的品格，弄清委托的真正目的。如果被审计单位对顾客、政府部门或其他方面没有正直的品格，也必然会蒙骗注册会计师。二是对陷入财务和法律困境的被审计单位要特别注意。中外历史上绝大部分涉及注册会计师的诉讼案，都集中在宣告破产的被审计单位。

5. 深入了解被审计单位的业务

很多时候，注册会计师之所以未能发现错误，一个重要的原因就是他们不了解被审计单位所处行业的情况及被审计单位的业务。会计是经济活动的综合反映，不熟悉被审计单位的经济业务和生产经营实务，仅局限于对有关会计资料的审查，就可能发现不了某些错误。

6. 投保充分的职业责任保险

在西方国家，投保充分的责任保险是会计师事务所的一项重要保护措施，尽管保险不能避免可能遭受到的法律诉讼，但能防止或减少诉讼失败时会计师事务所发生的财务损失。我国《注册会计师法》也规定了会计师事务所应当建立职业风险基金，办理职业保险。

本章小结

综合本章所述，可以明确以下几点。

首先，审计人员接受委托者的委托，对其指定的被审计单位进行审计，享有一定的审计权利，同时要履行双方所约定的义务，尤其要承担相应的审计责任。审计责任的内容与确立既体现着审计委托者对审计机构和人员的要求和制约，因为委托者要借此要求和制约审计人员实现审计目标；同时也反映着审计人员进行自我约束的内在需要，因为审计人员也可以借此明确自己的责任范围。审计委托者与受托者处在不同的利益角度考虑同样一个责任问题，其根本出发点是一致的。审计责任的内容及其确立，是以审计规范、审计标准、审计职业道德为前提的，同时与审计人员的职业谨慎也是密切相联的。可见，这一存在内在联系的审计责任体系体现了审计产生发展于所有权监督需要的基本理论。

其次，审计机构和人员无论从完成委托者交托的审计任务角度讲，还是从自身经济与业务发展的角度分析，都需要尽量提高审计效率，保证审计质量，降低、控制和防范审计风险，而这些与审计责任有着密切的关系。因为审计责任的内容及其确立，从其根本点上，便体现和反映了提高审计效率、保证审计质量、控制和防范审计风险对审计机构和人员的责任要求，没有审计责任的内容，就没有提高审计效率和质量、控制和防范审计风险的内在需要和动力。

最后，审计产生与发展于所有权监督的需要理论以及由此在审计监督活动中所产生并需规范的审计责任关系、审计效率与审计风险要素及其理论模式等，构成了贯穿于本书的一条主线。本章内容本身就是审计责任问题，它直接构成了这一主线的部分内容，并又与构成这一主线的其他内容形成统一整体。

■关键词汇

审计规范（audit norm）　　　　　　审计准则（auditing standards）

审计标准（audit standard）　　　　　审计质量（audit quality）

审计职业道德（auditing professional ethics）　　审计应有的职业谨慎（the professional prudence of audit）

审计责任（auditing responsibility）　　过错责任归责（fault liability）

无过错责任归责（no-fault liability）

过错推定归责原则（the presumption of fault liability principle）

小组讨论

我们已经明确了，判定判断注册会计师应否承担律责任以及承担的具体形式，应从审计结果和审计过程两个层面上考虑，对两个层面同样对待。但是，在实际操作时很难将其一视同仁，有时或有的利益群体更注重审计过程，有时或有的利益群体则相反。

请从客观公正的角度，讨论两者哪个更应被重视。

本章推荐阅读资料

1. 中国注册会计师协会：《审计》，经济科学出版社最新版。
2. 审计署：《中华人民共和国国家审计准则》，2010 年。
3. 赵保卿、谢志华：《注册会计师审计法律责任》，人民出版社 2006 年版。
4. 谢志华：《审计职业判断、审计风险与审计责任》，载《审计研究》2000 年第 6 期。

第3章

审计目标、审计计划与重要性

学习提要与目标

审计目标是人们通过审计实践活动所期望达到的目的或期望取得的结果。从审计过程角度讲，要实现审计目标，首先需制定科学、合理的审计计划，并使其得到恰当的执行。在制定和执行审计计划过程中，注册会计师需要判断审计重要性水平。审计重要性是指被审计单位财务报表中错报的严重程度，这一程度在特定环境下可能影响财务报表使用者的判断或决策。可见，审计目标、审计计划和审计重要性三者之间存在着密切的关系。本章在分别介绍各自内容的基础上，分析和归纳它们之间的内在联系。

通过本章的学习，应能够：
- 了解审计目标、审计计划与重要性的概念与特点；
- 理解审计目标、审计计划与重要性之间的关系；
- 掌握审计重要性水平的确定与判断程序与方法。

第一节　审计目标

研究审计目标，有助于注册会计师有序地、有针对性计划审计工作，控制审计过程，提高审计效率，并最终提高审计工作质量。审计目标包括总目标和具体目标。

一、审计总目标

审计总目标是将审计作为一项系统工作或活动所期望实现的目标。我们在第 1 章已叙及，从发展的历史看，审计经历了由弊端审计向财务审计，又由财务审计向效益审计的历史变迁。所以，审计总目标也经历了不断演变的过程。在弊端审计阶段，审计总目标就是查错防弊。1905 年在美国由 R. H. 蒙哥马利出版的《迪克西审计学》将审计总目标总结为：检查舞弊、检查技术错误和检查原理错误。在财务审计阶段，审计总目标主要是对财务报表的真实性进行鉴证，以便为广大的投资者提供真实可靠的会计信息，相应做出投资决策。在经济效益审计阶段，审计总目标从财务审计的会计资料及其所反映的财政财务收支的真实性，扩展到其效益性，注重对企业经营业绩的分析评价。

尽管审计形式经历了由弊端审计向财务审计，又由财务审计向效益审计的转变，但其审计对象都离不开反映财务状况、经营成果和现金流量情况的财务报表，那么，其审计总目标也总是围绕财务报表审计而界定的。尤其是注册会计师审计，始终将财务报表审计作为其主要职责，财务报表审计是审计业务的基础。

对于审计总目标，世界各国有不同的表述。美国注册会计师协会颁布的《审计准则公告第 1 号》指出："独立注册会计师对财务报表的例行审计目标，是对财务报表是否遵循公认会计原则，在所有重大方面，公允地表达其财务状况、经营成果以及现金流量表示意见。"英国《1985 年公司法》规定，审计目标是在审计报告中对被审计单位的财务报表是否给出了真实与公允观念和遵循了公司法表示意见。国际审计实务委员会 1988 年 2 月发布的《关于国际审计和相关服务准则的框架》公告中指出："审计的目标是使注册会计师对财务信息是否符合指定的会计基础给予一个真实和公允的观点（或是否公允表达）表达一项审计意见。"

《中国注册会计师审计准则第 1101 号——注册会计师的总体目标和审计工作的基本要求》规定，在执行财务报表审计工作时，注册会计师的总体目标包括两点：一是对财务报表整体是否不存在由于舞弊或错误导致的重大错报获取合理保证，使得注册会计师能够对财务报表是否在所有重大方面按照适用的财务报告编制基础编制发表审计意见；二是按照审计准则的规定，根据审计结果对财务报表出具审计报告，并与管理层和治理层沟通。在任何情况下，如果不能获取合理保证，并且在审计报告中发表保留意见也不足以实现向财务报表预期使用者报告的目的，注册会计师应当按照审计准则的规定出具无法表示意见的审计报告，或者在法律法规允许的情况下终止审计业务或解除业务约定。

我国注册会计师在发表审计意见时是围绕被审计单位会计信息的合法性和公允性

展开的。

二、审计具体目标

审计具体目标是在审计总目标的基础上，对具体的审计项目所期望达到的目的或期望取得的最终结果，它是对审计总目标的具体化。审计具体目标是根据被审计单位管理当局的认定和审计总目标来确定的。

（一）被审计单位管理当局对财务报表的认定

这里的认定是指被审计单位管理当局对财务报表中的各种业务和相关账户所作的陈述或声明。《国际审计准则第 8 号——审计证据》规定，为了取得有关内部控制的证据，注册会计师必须考虑存在、有效和持续性的认定，为了取得有关实质性测试程序的证据，注册会计师必须考虑存在、权利与义务、发生、完整性、估价或分摊、表达与披露的认定。我国注册会计师审计准则也规定了相应认定内容。一般地，被审计单位管理当局对财务报表的认定有五类：

（1）存在或发生。存在的认定是指包含在资产负债表内的资产、负债和所有者权益在资产负债表日确实存在；发生的认定是指在利润表中记录的各项收入和费用在会计期间内实际发生。"存在或发生"的认定主要与财务报表要素的高估有关。

（2）完整性。完整性的认定是指应在财务报表中表达的所有业务或事项均已包括在内。完整性认定与存在或发生认定处理的是相反的事项。它主要与财务报表要素的低估有关。

（3）权利与义务。权利与业务的认定是指在某一特定日期，各项资产确属被审计单位的权利，各项负债确属被审计单位的义务。权利与义务认定只与资产负债表的构成要素有关。

（4）估价或分摊。估价或分摊的认定是指各项资产、负债、所有者权益、收入和费用要素均以恰当的金额列示于财务报表中。

（5）表达与披露。表达与披露的认定是指财务报表上特定项目被适当地加以分类、说明和披露。

（二）具体目标

根据审计的总目标和被审计单位管理当局的上述五项认定，就可得出审计具体目标。审计具体目标包括一般审计目标和项目审计目标。一般审计目标是进行所有项目审计均须达到的目标，项目审计目标则是按每个项目分别确定的目标。具体审计目标的确定，有助于注册会计师按照独立审计准则的要求收集充分、适当的审计证据，并根据项目的实际情况确定应收集证据。而通常情况下，只有了解了一般审计目标，方能据以确定项目审计目标。在审计实务中，一般审计目标包括以下几个方面：

（1）总体合理性。总体合理性是指注册会计师根据其所掌握的有关被审计单位的全部信息，评价账户余额合理性。总体合理性测试的目的，在于帮助注册会计师评价账户余额中是否有重要错报。

（2）真实性。验证所记录的业务或所列余额是否真实。如在未发生销售业务的情况下，却在销售账户中记录销售业务，则为不真实。这一目标与被审计单位管理当局存在或发生的认定是相对应的。

（3）完整性。验证所发生业务或金额是否均已记录。这一目标与被审计单位的管理当局完整性的认定是相对应的。

（4）所有权。验证所列金额是否确属被审计单位所有。此目标与被审计单位管理当局的权利与义务认定是相对应的。

（5）估价。验证所列金额是否均经正确估价和计量。估价是估价或分摊认定的一部分。

（6）截止。验证接近资产负债表日的交易是否已记入适当的期间。截止也是估价或分摊认定的一部分。

（7）准确性。验证所发生的业务以正确的数额予以记录。这一目标所关心的是会计信息计算的正确性，它也是估价或分摊认定的一部分。

（8）披露。验证账户余额和相应的披露要求是否恰当地在财务报表中得到反映。此目标是被审计单位管理当局表达与披露认定的一部分。

（9）分类。验证财务报表中所列金额是否进行恰当的分类。例如，负债必须分为流动负债和长期负债，应收款和应付款必须依应收或应付的不同内容或性质进行分类。被审计单位的会计科目表是注册会计师确定被审计单位的账户分类是否正确的基本依据。分类目标也是表达与披露认定的一部分。

上已叙及，项目审计目标是按每个项目分别确定的目标，它需根据一般审计目标来进行确定。如对于应收账款，可以在上述 9 个方面确定其具体的项目目标。

三、实现审计目标的基本要求

在实施财务报表审计时，注册会计师应当遵守与财务报表审计相关的职业道德要求，保持职业怀疑，认识到可能存在导致财务报表发生重大错报的情形，进行恰当的职业判断。为了获取合理保证，注册会计师应当获取充分、适当的审计证据，以将审计风险降至可接受的低水平，使其能够得出合理的结论，作为形成审计意见的基础。

注册会计师应当遵守与审计工作相关的所有审计准则，掌握每项审计准则及应用指南的全部内容，以理解每项审计准则的目标并恰当地遵守其要求。除非注册会计师已经遵守审计准则以及与审计工作相关的其他所有审计规范，否则，注册会计师不得在审计报告中声称遵守了审计准则。为了实现注册会计师的总体目标，在计划和实施审计工作时，注册会计师应当运用相关审计准则规定的目标。在运用规定的目标时，注册会计师应当认真考虑各项审计准则之间的相互关系。

在极其特殊的情况下，注册会计师可能认为有必要偏离某项审计准则的相关要求。在这种情况下，注册会计师应当实施替代审计程序以实现相关要求的目的。只有当相关要求的内容是实施某项特定审计程序，而该程序无法在具体审计环境下有效地实现要求的目的时，注册会计师才能偏离该项要求。

如果不能实现相关审计准则规定的目标，注册会计师应当评价这是否使其不能实现总体目标。如果不能实现总体目标，注册会计师应当按照审计准则的规定出具非无保留意见的审计报告，或者在法律法规允许的情况下解除业务约定。

　　审计目标不是一成不变的，它是特定社会政治经济环境的产物。

相关链接

影响审计目标确定的因素

　　审计目标的确定主要受两方面的影响：一是社会的需求；二是审计自身的能力。社会需求是确定审计目标的根本因素。需求是生产之母，也是服务之母。当社会主义的生产（包括服务）目的是为了满足人们日益增多的文化和物质的需求时，西方国家则提出了顾客就是上帝的生产（服务）口号。可见无论在什么制度下，生产和服务的目的总是围绕着社会需求这一根本中心而确定的，并随着社会需求的变化而变化。审计作为一种服务职业，其目标自然受社会需求的重要影响。

　　审计能力是确定审计目标的决定因素。社会环境对审计需求的不断扩大和对审计作用的过高期望，常常使人们卷入不愉快的责任诉讼纠纷之中。这是因为审计能力是相对有限的，当审计所能完成任务的能力不能达到社会的全部期望时，或者说当社会与审计职业界对审计的内容和要求认识不一致时，就出现了"期望差"（expectation gap），这是双方在目标一致性上所存在的差距。这种期望差不消除，无论对审计职业界还是财务报表使用者都是无益的。因此所有与审计事项有利害关系的人对此都应有清晰的认识。从而恰当地进行目标调整，实际上，自审计产生至今，审计能力始终处于一种被动状态，始终在为满足社会需求而努力，但也始终无法达到完全满足社会需求的程度。这是因为，当旧的审计需求满足了，新的审计需求又产生了，而要满足不断出现的新的审计需求，在审计能力上需要不断提高，但这又需要过程、时间，甚至技术上、理论上的突破。因此，审计能满足社会需求是相对的，而不是绝对的。

　　审计能力的有限性限制了审计满足社会要求的程度，因此，它在审计目标的确定中是一种起平衡作用的决定因素。也即只有当审计具备了满足社会需求的能力时，这种社会需求才能成为审计目标。

资料来源：徐政旦等主编：《审计研究前沿》，上海财经大学出版社2002年版。

第二节　审计计划

　　凡事预则立，不预则废，特别是在现代复杂的审计环境中，计划好审计的内容、程序与步骤对实现审计目标是十分重要和必要的。合理的审计计划有助于注册会计师关注重点审计领域、及时发现和解决潜在问题及恰当地组织和管理审计工作，以使审计工作更加有效。同时充分的审计计划还可以帮助注册会计师对项目组成员进行恰当的分工与监督，并复核其工作。计划审计工作包括针对审计业务制定总体审计策略和具体审计计划，以将审计风险降至可接受的低水平。项目负责人和项目组其他关键成员应当参与计划审计工作，利用其经验和见解，以提高计划过程的效率和效果。

一、审计的基本业务活动

对于注册会计师而言，其客户包括两类：一类是连续审计的客户；另一类是首次接受委托的客户。针对两种不同客户，其审计有相同的工作，也有不同的内容。但这些都是审计的基本业务活动。开展审计的基本业务活动有助于确保注册会计师具备执行业务所需要的独立性和专业胜任能力、不存在因管理层诚信问题而影响注册会计师保持该项业务意愿的情况、与被审计单位不存在对业务约定条款的误解。

（一）针对保持客户关系和具体审计业务实施相应的质量控制程序

针对保持客户关系和具体审计业务实施相应的质量控制程序并根据实施相应程序的结果做出适当决策是注册会计师控制审计风险的重要途径和措施。对于连续审计的客户，注册会计师应执行针对保持客户关系和具体审计业务的质量控制程序；而对于首次接受委托的客户，注册会计师需要执行针对建立有关客户关系和承接具体审计业务的质量控制程序。无论是连续审计，还是首次接受委托，注册会计师都应充分考虑相关事项，以确保保持客户关系和具体审计业务结论的恰当与正确。应充分考虑的相关事项包括：

（1）被审计单位的主要股东、关键管理人员和治理层是否诚信；

（2）项目组是否具备执行审计业务的专业胜任能力及必要的时间和资源；

（3）会计师事务所和项目组能否遵守职业道德规范。

在连续审计情况下，注册会计师可以根据以往审计经历和经验，考虑本期或前期审计中发现的重大事项以及对保持该客户关系的影响，决定是否保持与某一客户的关系。会计师事务所应区别连续审计还是首次接受委托情况制定不同的质量控制程序，以最大限度地提高审计工作的效率和效果。

（二）评价遵守职业道德规范的情况

《质量控制准则第 5101 号——会计师事务所对执行财务报表审计和审阅、其他鉴证和相关服务业务实施的质量控制》规定，会计师事务所应当制定政策和程序，以合理保证会计师事务所及其人员和其他受独立性要求约束的人员（包括网络事务所的人员），保持相关职业道德要求规定的独立性。审计工作伊始，会计师事务所应评价项目组成员是否遵守与符合职业道德规范的要求，并实施具体措施，如会计师事务所应每年至少一次向所有受独立性要求约束的人员获取其遵守独立性政策和程序的书面确认函。

针对保持客户关系和具体审计业务实施相应的质量控制程序与评价遵守职业道德规范的情况是一项连续性的工作，应将其贯穿于整个审计工作中。

（三）及时签订或修改审计业务约定书

1. 审计业务约定书及其签订

审计业务约定书，是指会计师事务所与被审计单位签订的，用以记录和确认审计业务的委托与受托关系、审计目标和范围、双方的责任以及报告的格式等事项的书面协议。注册会计师应当在审计业务开始前，与被审计单位就审计业务约定条款达成一致意见，并签订审计业务约定书，以避免双方对审计业务的理解产生分歧。如果被审计单位不是委托人，在签订审计业务约定书前，注册会计师应当与委托人、被审计单位就审计业务约定相关条款进行充分沟通，并达成一致意见。

在审计活动中，审计业务约定书有利于增强双方的相互了解，可作为签约双方检查审计工作完成情况的依据，一旦涉及法律诉讼，审计业务约定书是确定双方应负责任的主要依据。

2. 审计业务约定书的内容

审计业务约定书的具体内容可能因被审计单位的不同而存在差异，但应当包括下列主要方面：

（1）财务报表审计的目标；

（2）管理层对财务报表的责任；

（3）管理层编制财务报表采用的会计准则和相关会计制度；

（4）审计范围，包括指明在执行财务报表审计业务时遵守的中国注册会计师审计准则（以下简称审计准则）；

（5）执行审计工作的安排，包括出具审计报告的时间要求；

（6）审计报告格式和对审计结果的其他沟通形式；

（7）由于测试的性质和审计的其他固有限制，以及内部控制的固有局限性，不可避免地存在着某些重大错报可能仍然未被发现的风险；

（8）管理层为注册会计师提供必要的工作条件和协助；

（9）注册会计师不受限制地接触任何与审计有关的记录、文件和所需要的其他信息；

（10）管理层对其做出的与审计有关的声明予以书面确认；

（11）注册会计师对执业过程中获知的信息保密；

（12）审计收费，包括收费的计算基础和收费安排；

（13）违约责任；

（14）解决争议的方法；

（15）签约双方法定代表人或其授权代表的签字盖章，以及签约双方加盖的公章。

如果情况需要，注册会计师应当考虑在审计业务约定书中列明下列内容：

（1）在某些方面对利用其他注册会计师和专家工作的安排；

（2）与审计涉及的内部注册会计师和被审计单位其他员工工作的协调；

（3）预期向被审计单位提交的其他函件或报告；

（4）与治理层整体直接沟通；

（5）在首次接受审计委托时，对与前任注册会计师沟通的安排；

（6）注册会计师与被审计单位之间需要达成进一步协议的事项。

如果负责集团财务报表审计的注册会计师同时负责组成部分财务报表的审计，注册会计师应当考虑下列因素，决定是否与各个组成部分单独签订审计业务约定书：

（1）组成部分注册会计师的委托人；

（2）是否对组成部分单独出具审计报告；

（3）法律法规的规定；

（4）母公司、总公司或总部占组成部分的所有权份额；

（5）组成部分管理层的独立程度。

下面是审计业务约定书参考格式（合同式）。

审计业务约定书

甲方： ABC 股份有限公司

乙方： ×××会计师事务所有限公司

兹由甲方委托乙方对 20×1 年度财务报表进行审计，经双方协商，达成以下约定：

一、业务范围与审计目标

1. 乙方接受甲方委托，对甲方按照企业会计准则和《××会计制度》编制的 20×1 年 12 月 31 日的资产负债表，20×1 年度的利润表、股东权益变动表和现金流量表以及财务报表附注（以下统称财务报表）进行审计。

2. 乙方通过执行审计工作，对财务报表的下列方面发表审计意见：

（1）财务报表是否按照企业会计准则和《××会计制度》的规定编制；

（2）财务报表是否在所有重大方面公允反映甲方的财务状况、经营成果和现金流量。

二、甲方的责任与义务

（一）甲方的责任

1. 根据《中华人民共和国会计法》及《企业财务会计报告条例》，甲方及甲方负责人有责任保证会计资料的真实性和完整性。因此，甲方管理层有责任妥善保存和提供会计记录（包括但不限于会计凭证、会计账簿及其他会计资料），这些记录必须真实、完整地反映甲方的财务状况、经营成果和现金流量。

2. 按照企业会计准则和《××会计制度》的规定编制财务报表是甲方管理层的责任，这种责任包括：

（1）设计、实施和维护与财务报表编制相关的内部控制，以使财务报表不存在由于舞弊或错误而导致的重大错报；

（2）选择和运用恰当的会计政策；

（3）做出合理的会计估计。

（二）甲方的义务

1. 及时为乙方的审计工作提供其所要求的全部会计资料和其他有关资料（在 20×2 年×月×日之前提供审计所需的全部资料），并保证所提供资料的真实性和完整性。

2. 确保乙方不受限制地接触任何与审计有关的记录、文件和所需的其他信息。

[下段适用于集团财务报表审计业务，使用时需按每位客户/约定项目的特殊情况而修改，如果加入此段，应相应修改下面其他条款编号。]

[3. 为满足乙方对甲方合并财务报表发表审计意见的需要，甲方须确保：

乙方和为组成部分执行审计的其他会计师事务所的注册会计师（以下简称其他注册会计师）之间的沟通不受任何限制。

组成部分是指甲方的子公司、分部、分公司、合营企业、联营企业等。

如果甲方管理层、负责编制组成部分财务信息的管理层（以下简称组成部分管理层）对其他注册会计师的审计范围施加了限制，或客观环境使其他注册会计师的审计范围受到限制，甲方管理层和组成部分管理层应当及时告知乙方。

乙方及时获悉其他注册会计师与组成部分治理层管理层之间的重要沟通（包括就内部控制重

大缺陷进行的沟通）。

乙方及时获悉组成部分治理层和管理层与监督机构就财务信息事项进行的重要沟通。

在乙方认为必要时，允许乙方接触组成部分信息、组成部分管理层或其他注册会计师（包括其他注册会计师的审计工作底稿），并允许乙方对组成部分的财务信息实施审计程序。]

3. 甲方管理层对其做出的与审计有关的声明予以书面确认。

4. 为乙方派出的有关工作人员提供必要的工作条件和协助，主要事项将由乙方于外勤工作开始前提供清单。

5. 按本约定书的约定及时足额支付审计费用以及乙方人员在审计期间的交通、食宿和其他相关费用。

三、乙方的责任和义务

（一）乙方的责任

1. 乙方的责任是在实施审计工作的基础上对甲方财务报表发表审计意见。乙方按照中国注册会计师审计准则（以下简称审计准则）的规定进行审计。审计准则要求注册会计师遵守职业道德规范，计划和实施审计工作，以对财务报表是否不存在重大错报获取合理保证。

[下段适用于集团财务报表审计业务，使用时需按每位客户/约定项目的特殊情况而修改，如果加入此段，应相应修改下面其他条款编号。]

[2. 乙方不对非由乙方审计的组成部分的财务信息单独出具审计报告；有关的责任由对该组成部分执行审计的其他注册会计师及其所在会计师事务所承担。]

2. 审计工作涉及实施审计程序，以获取有关财务报表金额和披露的审计证据。选择的审计程序取决于乙方的判断，包括对由于舞弊或错误导致的财务报表重大错报风险的评估。在进行风险评估时，乙方考虑与财务报表编制相关的内部控制，以设计恰当的审计程序，但目的并非对内部控制的有效性发表意见。审计工作还包括评价管理层选用会计政策的恰当性和做出会计估计的合理性，以及评价财务报表的总体列报。

3. 乙方需要合理计划和实施审计工作，以使乙方能够获取充分、适当的审计证据，为甲方财务报表是否不存在重大错报获取合理保证。

4. 乙方有责任在审计报告中指明所发现的甲方在重大方面没有遵循企业会计准则和《××会计制度》编制财务报表且未按乙方的建议进行调整的事项。

5. 由于测试的性质和审计的其他固有限制，以及内部控制的固有局限性，不可避免地存在着某些重大错报在审计后可能仍然未被乙方发现的风险。

6. 在审计过程中，乙方若发现甲方内部控制存在乙方认为的重要缺陷，应向甲方提交管理建议书。但乙方在管理建议书中提出的各种事项，并不代表已全面说明所有可能存在的缺陷或已提出所有可行的改善建议。甲方在实施乙方提出的改善建议前应全面评估其影响。未经乙方书面许可，甲方不得向任何第三方提供乙方出具的管理建议书。

7. 乙方的审计不能减轻甲方及甲方管理层的责任。

（二）乙方的义务

1. 按照约定时间完成审计工作，出具审计报告。乙方应于20×2年×月×日前出具审计报告。

2. 除下列情况外，乙方应当对执行业务过程中知悉的甲方信息予以保密：（1）取得甲方的授权；（2）根据法律法规的规定，为法律诉讼准备文件或提供证据，以及向监管机构报告发现的违反法规行为；（3）接受行业协会和监管机构依法进行的质量检查；（4）监管机构对乙方进行行政处罚（包括监管机构处罚前的调查、听证）以及乙方对此提起行政复议。

四、审计收费

1. 本次审计服务的收费是以乙方各级别工作人员在本次工作中所耗费的时间为基础计算的。乙方预计本次审计服务的费用总额为人民币××万元。

2. 甲方应于本约定书签署之日起××日内支付×%的审计费用,其余款项于[审计报告草稿完成日]结清。

3. 如果由于无法预见的原因,致使乙方从事本约定书所涉及的审计服务实际时间较本约定书签订时预计的时间有明显的增加或减少时,甲乙双方应通过协商,相应调整本约定书第四条第1项下所述的审计费用。

4. 如果由于无法预见的原因,致使乙方人员抵达甲方的工作现场后,本约定书所涉及的审计服务不再进行,甲方不得要求退还预付的审计费用;如上述情况发生于乙方人员完成现场审计工作,并离开甲方的工作现场之后,甲方应另行向乙方支付人民币××元的补偿费,该补偿费应于甲方收到乙方的收款通知之日起××日内支付。

5. 与本次审计有关的其他费用(包括交通费、食宿费等)由甲方承担。

五、审计报告和审计报告的使用

1. 乙方按照《中国注册会计师审计准则第 1501 号——审计报告》和《中国注册会计师审计准则第 1502 号——非标准审计报告》规定的格式和类型出具审计报告。

2. 乙方向甲方出具审计报告一式××份。

3. 甲方在提交或对外公布审计报告时,不得修改乙方出具的审计报告及其后附的已审计财务报表。但甲方认为有必要修改会计数据、报表附注和所做的说明时,应当事先通知乙方,乙方将考虑有关的修改对审计报告的影响,必要时,将重新出具报告。

六、本约定书的有效期间

本约定书自签署之日起生效,并在双方履行完毕本约定书约定的所有义务后终止。但其中第三(二)2、四、五、八、九、十项并不因本约定书终止而失效。

七、约定事项的变更

如果出现不可预见的情况,影响审计工作如期完成,或需要提前出具审计报告,甲、乙双方均可要求变更约定事项,但应及时通知对方,并由双方协商解决。

八、终止条款

1. 如果根据乙方的职业道德及其他有关专业职责、适用的法律、法规或其他任何法定的要求,乙方认为已不适宜继续为甲方提供本约定书约定的审计服务时,乙方可以采取向甲方提出合理通知的方式终止履行本约定书。

2. 在终止业务约定的情况下,乙方有权就其于本约定书终止之日前对约定的审计服务项目所做的工作收取合理的审计费用。

九、违约责任

甲、乙双方按照《中华人民共和国合同法》的规定承担违约责任。

十、适用法律和争议解决

本约定书的所有方面均应适用中华人民共和国法律进行解释并受其约束。本约定书履行地为乙方出具审计报告所在地,因本约定书所引起的或与本约定书有关的任何纠纷或争议(包括关于本约定书条款的存在、效力或终止,或无效之后果),双方选择以下第____种解决方式:

(1)向有管辖权的人民法院提起诉讼;

(2)提交××仲裁委员会仲裁。

十一、双方对其他有关事项的约定

本约定书一式两份,甲、乙方各执一份,具有同等法律效力。

甲方:ABC 股份有限公司(盖章)　　　乙方:××会计师事务所(盖章)
　　授权代表:(签名并签章)　　　　　　授权代表:(签名并签章)
　　二〇×二年×月×日　　　　　　　　二〇×二年×月×日

国际视野

《国际审计准则》关于审计约定函内容的规定

审计人员致当事人的约定函，是记录和确认任务的接受，审计的目的和范围，对当事人应负责任的限度，以及各种报告形式的文件。审计人员致送约定函给当事人，对双方都有利，最好是在任务开始以前致送，以免对任务有所误解。

审计约定函，可因每一当事人而异，但一般应包括下列各项：

（1）财务信息审计的目的。

（2）经理人员对财务信息的责任。

（3）审计的范围，包括适用的法令、条例和职业团体的通告，这些都是审计人员所必须遵照执行的。

（4）任务结束后的各种报告书或其他函件的形式。

（5）由于审计工作的测试性质和其他固有的局限性，以及任何一种内部控制制度的固有的局限性，甚至有些重要的反映失实，可能未曾发现，所以风险总是免不了的。

（6）请求阅看任何与审计有关的记录、文件和其他信息。

审计人员也可能要在函中包括如下各项：

（1）审计计划的安排。

（2）期望收到当事人的书面文件，以证实有关审计的代表权。

（3）请当事人给出约定函的回单，据以证实约定的条款已被接受。

（4）审计人员预期将来要提交当事人任何其他函件或报告的说明。

（5）计算服务费的根据和开列账单的安排。

下列各点如认为恰当，也可列入函内：

（1）在审计的某些方面，安排与其他审计人员或专家的联系。

（2）安排与内部审计人员和当事人其他职员的联系。

（3）如属初次审计，而且另有前任审计人员的，要安排与前任审计人员的联系。

（4）对审计人员的责任如有限制的可能性存在时，应加以说明。

（5）列出审计人员和当事人之间的任何进一步的协议。

在常年审计中，审计人员可决定不每年致送一次新的约定函。但如有下列情况存在，可以决定致送新的函件：

（1）有任何迹象表明当事人对审计目的和范围有所误解。

（2）约定事项中有修改条款或特殊条款。

（3）经理人员最近有人事变化。

（4）当事人业务的性质和范围有重大变化。

（5）法律上的规定。

如母公司的审计人员兼任分支机构、附属机构、分部的审计人员的，应考虑下列各项因素，以决定是否需要对分部另行致送约定函：

（1）分部的审计人员由谁聘任。

（2）对分部是否要单独致送审计报告书。

（3）法律上的规定。

（4）其他审计人员所执行的任何工作范围。

（5）母公司所有权所占比例。

3. 审计业务约定书的修改与变更

对于连续审计，注册会计师应当考虑是否需要根据具体情况修改业务约定的条款，以及是否需要提醒被审计单位注意现有的业务约定条款。注册会计师可以与被审计单位签订长期审计业务约定书，但如果出现特殊情况，应当考虑重新签订审计业务约定书。特殊情况包括：有迹象表明被审计单位误解审计目标和范围；需要修改约定条款或增加特别条款；高级管理人员、董事会或所有权结构近期发生变动；被审计单位业务的性质或规模发生重大变化；法律法规的规定；管理层编制财务报表采用的会计准则和相关会计制度发生变化。

在完成审计业务前，如果被审计单位要求注册会计师将审计业务变更为保证程度较低的鉴证业务或相关服务，注册会计师应当考虑变更业务的适当性。导致被审计单位要求变更业务的情况包括：情况变化对审计服务的需求产生影响；对原来要求的审计业务的性质存在误解；审计范围存在限制。

在同意将审计业务变更为其他服务前，注册会计师还应当考虑变更业务对法律责任或业务约定条款的影响。如果变更业务引起业务约定条款的变更，注册会计师应当与被审计单位就新条款达成一致意见。

如果认为变更业务具有合理的理由，并且按照审计准则的规定已实施的审计工作也适用于变更后的业务，注册会计师可以根据修改后的业务约定条款出具报告。

如果没有合理的理由，注册会计师不应当同意变更业务。如果不同意变更业务，被审计单位又不允许继续执行原审计业务，注册会计师应当解除业务约定，并考虑是否有义务向被审计单位董事会或股东会等方面说明解除业务约定的理由。

（四）首次接受审计委托的补充考虑

在首次接受审计委托时，如果被审计单位变更了会计师事务所，注册会计师应按照职业道德规范和审计准则的规定，与前任注册会计师沟通，并在制定总体审计策略和具体审计计划时，考虑下列具体事项：就与前任注册会计师沟通做出安排，包括查阅前任注册会计师的工作底稿等；与管理层讨论的有关首次接受审计委托的重大问题，就这些重大问题与治理层沟通的情况，以及这些重大问题是如何影响总体审计策略和具体审计计划的；针对期初余额获取充分、适当的审计证据而计划实施的审计程序；针对预见到的特别风险，分派具有相应素质和专业胜任能力的人员；根据会计师事务所关于首次接受审计委托的质量控制制度实施的其他程序。

二、总体审计策略

注册会计师应当为审计工作制定总体审计策略。总体审计策略用以确定审计范围、时间和方向，并指导制订具体审计计划。

（一）制定总体审计策略应考虑的事项

注册会计师制定总体审计策略时，应考虑审计范围、审计目标和审计方向。

1. 审计范围

注册会计师应根据审计业务的特征确定审计范围。在确定审计范围时，注册会计师应考虑的事项包括：编制财务报表适用的会计准则和相关会计制度；特定行业的报告要求，如某些行业的监管部门要求提交的报告；预期的审计工作涵盖范围，包括需审计的集团内组成部分的数量及所在地点；母公司和集团内其他组成部分之间存在的控制关系的性质以确定如何编制合并财务报表；其他注册会计师参与组成部分审计的范围；需审计的业务分部性质；外币业务的核算方法及外币财务报表折算和合并方法；除对合并财务报表审计之外是否需要对组成部分的财务报表单独进行审计的情况；内部审计工作的可利用性及对内部审计工作的拟信赖程度；被审计单位使用服务机构的情况及注册会计师如何取得有关服务内部控制设计、执行和运行有效性的证据；拟利用在以前期间审计工作中获取的审计证据的程度；信息技术对审计程序的影响，包括数据的可获得性和预期使用计算机辅助审计技术的情况；根据中期财务信息审阅及在审阅中所获信息对审计的影响，相应调整审计涵盖范围和时间安排；与被审计单位提供其他服务的会计师事务所人员讨论可能影响审计的事项；被审计单位的人员和相关数据的可利用性。

2. 报告目标

明确审计业务的报告目标，以计划审计的时间安排和所需沟通的性质，包括提交审计报告的时间要求、预期与管理层和治理层沟通的重要日期等。

为计划报告目标、时间安排和所需沟通，注册会计师需要考虑事项包括：被审计单位的财务报表时间表；与管理层和治理层讨论审计工作的性质、范围和时间、所举行的会议的组织工作；与管理层和治理层讨论预期签发报告和其他沟通文件的类型及提交时间；就组成部分的报告及其他沟通文件的类型及提交时间与负责组成部分审计的注册会计师沟通；项目组成员之间预期沟通的性质和时间安排；是否需要跟第三方沟通的情况，包括与审计相关的法律法规规定和业务约定书约定的报告责任；与管理层讨论预期在整个审计过程中通报审计工作进展及审计结果的方式。

3. 审计方向

考虑影响审计业务的重要因素，以确定项目组工作方向，包括确定适当的重要性水平，初步识别可能存在较高的重大错报风险的领域，初步识别重要的组成部分和账户余额，评价是否需要针对内部控制的有效性获取审计证据，识别被审计单位、所处行业、财务报告要求及其他相关方面最近发生的重大变化等。

在确定审计方向时，注册会计师需要考虑的事项包括：审计重要性水平，具体涉及制订审计计划时确定的审计计划水平、为组成部分确定重要性水平及与组成部分的注册会计师沟通、审计过程中重新考虑重要性水平、识别重要的组成部分和账户余额；重大错报风险较高的审计领域；评估的财务报表层次的重大错报风险对指导、监督复核的影响；项目组成员的选择和工作分工；项目预算，包括考虑为重大错报风险可能较高的审计领域安排适当的工作时间；向项目组成员强调在收集和评价审计证据中保持职业谨慎的必要性的方式；以往审计中对内部控制运行有效性评价的结果；管理层重视设计和实施健全内部控制的相关证据；业务交易量，以基于审计效率的考虑确定是否信赖内部控制；管理层对内部控制重要性的重视程度；影响被审计单位经营的重大发展变化；重大行业发展情况。

（二）总体审计策略的内容

总体审计策略的内容包括：向具体审计领域调配的资源，包括向高风险领域分派有适当经验的项目组成员，就复杂的问题利用专家工作等；向具体审计领域分配资源的数量，包括安排到重要存货存放地观察存货盘点的项目组成员的数量，对其他注册会计师工作的复核范围，对高风险领域安排的审计时间预算等；何时调配这些资源，包括是在期中审计阶段还是在关键的截止日期调配资源等；如何管理、指导、监督这些资源的利用，包括预期何时召开项目组预备会和总结会，预期项目负责人和经理如何进行复核，是否需要实施项目质量控制复核等。

总体审计策略一经制定，注册会计师应当针对总体审计策略中所识别的不同事项，制定具体审计计划，并考虑通过有效利用审计资源以实现审计目标。

总体审计策略的详略程度应当随被审计单位的规模及该项审计业务的复杂程度的不同而变化。在对小型单位实施的审计中，全部审计工作可能由一个很小的审计项目组执行，项目组成员间容易沟通和协调，总体审计策略可以相对简单。

三、具体审计计划

具体审计计划比总体审计策略更加详细，其内容包括为获取充分、适当的审计证据以将审计风险降至可接受的低水平，项目组成员拟实施的审计程序的性质、时间和范围。

（一）风险评估程序

按照《中国注册会计师审计准则第 1211 号——通过了解被审计单位及其环境识别和评估重大错报风险》的规定，为了足够识别和评估财务报表重大错报风险，注册会计师应计划实施风险评估程序的性质、时间和范围。在审计计划阶段，注册会计师还需要实施其他准则规定的、针对特定项目应执行的程序。

（二）计划实施的进一步审计程序

按照《中国注册会计师审计准则第 1231 号——针对评估的重大错报风险采取的应对措施》的规定，针对评估的认定层次的重大错报风险，注册会计师应计划实施进一步审计程序的性质、时间和范围。

注册会计师计划的进一步审计程序分为进一步审计程序的总体方案和拟实施的具体审计程序两个层次。第一个层次主要是指注册会计师针对各类交易、账户余额和列报决定采用的总体方案，后一个层次是对进一步审计程序的总体方案的延伸和细化，它包括控制测试和实质性程序的性质、时间和范围。

完整、详细的进一步审计程序的计划包括对各类交易、账户余额和列报实施的具体审计程序的性质、时间和范围，如抽取样本量。在审计实务工作中，注册会计师应统筹安排进一步审计程序的先后顺序，如果对某类交易、账户余额或列报已经做出计划，则可以先行开展工作，与此同时制定其他交易、账户余额和列报的进一步审计程序。

（三）计划实施的其他审计程序

根据中国注册会计师审计准则的规定，注册会计师针对审计业务需要实施其他审计程序。其他程序包括上述进一步程序的计划没有涵盖的、根据其他审计准则要求注册会计师应当执行的既定程序，如阅读含有已审计财务报表的文件中的其他信息，与被审计单位直接沟通等。

四、审计计划的其他处理

1. 审计计划的更改

计划审计工作并非审计业务的一个孤立阶段，而是一个持续的、不断修正的过程，贯穿于整个审计业务的始终。由于未预期事项、条件的变化或在实施审计程序中获取的审计证据等原因，注册会计师应当在审计过程中对总体审计策略和具体审计计划做出必要的更新和修改。

审计过程可以包括不同阶段，前一个阶段的工作结果对下一步阶段的工作计划会产生一定影响；而后一个阶段的工作过程又可能发现需要对已制定的相关计划进行相应的更新和修改。这些更新和修改往往涉及比较重要的事项，如对重要性水平的修改，对某类交易、账户余额和列报的重大错报发现的评估和进一步审计程序的更新和修改等。计划被更新和修改，审计工作自然应当进行相应修正。如在制订审计计划时，注册会计师基于对材料采购交易的相关控制的设计和执行获取的审计证据，认为相关控制设计合理并得到执行，因此未将其评价为高风险领域，未计划实施相应控制测试。但在实施测试时获取的审计证据与审计计划阶段获取的审计证据相矛盾，注册会计师认为该类交易的控制没有得到有效执行，此时，注册会计师可能需要修正对该类交易的风险评估，并基于修正的风险评估结果修改计划的审计方案等。

2. 审计计划的指导、监督与复核

注册会计师应当就对项目组成员工作的指导、监督与复核的性质、时间和范围制订计划。影响注册会计师对项目组成员工作的指导、监督与复核的性质、时间和范围的因素包括：被审计单位的规模和复杂程度；审计领域；重大错报风险；执行审计工作的项目组成员的素质和专业胜任能力。

3. 就审计计划与治理层和管理层沟通

注册会计师应就计划审计工作的基本情况与被审计单位治理层和管理层进行沟通。当就总体审计策略和具体审计计划中的内容与治理层、管理层进行沟通时，注册会计师应当保持职业谨慎，以防止由于具体审计程序易于被管理层或治理层所预见而损害审计工作的有效性。

4. 对计划审计工作的记录

注册会计师应当记录总体审计策略和具体审计计划，包括在审计工作过程中做出的任何重大更改。注册会计师对总体审计策略的记录，应当包括为恰当计划审计工作和向项目组传达重大事项而做出的关键决策，应当能够反映计划实施的风险评估程序

的性质、时间和范围，以及针对评估的重大错报风险计划实施的进一步审计程序的性质、时间和范围。

注册会计师可以使用标准的审计程序表或审计工作完成核对表，但应当根据具体审计业务的情况做出适当修改。

注册会计师应当记录对总体审计策略和具体审计计划做出的重大更改及其理由，以及对导致此类更改的事项、条件或审计程序结果采取的应对措施。

注册会计师对计划审计工作记录的形式和范围，取决于被审计单位的规模和复杂程度、重要性、具体审计业务的情况以及对其他审计工作记录的范围等事项。

第三节　审计重要性

审计重要性是一个较为抽象的概念，但是，其内在含义又普遍体现在整个审计工作过程中。注册会计师必须准确理解其内在含义和特征，否则，就不能保证其工作质量，起码要承担较大的审计责任和职业风险。所以，我们有必要首先研究审计重要性的特性，然后再说明其运用程序和方法。

一、审计重要性的特性

《中国注册会计师审计准则第 1221 号——计划和执行审计工作时的重要性》规定：重要性是指注册会计师确定的低于财务报表整体重要性的一个或多个金额，旨在将未更正和未发现错报的汇总数超过财务报表整体重要性的可能性降至适当的低水平。如果适用，实际执行的重要性还指注册会计师确定的低于特定类别的交易、账户余额或披露的重要性水平的一个或多个金额。

该准则进一步规定：财务报告编制基础可能以不同的术语解释重要性，但通常而言，重要性概念可从下列方面进行理解：

（1）如果合理预期错报（包括漏报）单独或汇总起来可能影响财务报表使用者依据财务报表做出的经济决策，则通常认为错报是重大的。

（2）对重要性的判断是根据具体环境做出的，并受错报的金额或性质的影响，或受两者共同作用的影响。

（3）判断某事项对财务报表使用者是否重大，是在考虑财务报表使用者整体共同的财务信息需求的基础上做出的。由于不同财务报表使用者对财务信息的需求可能差异很大，因此不考虑错报对个别财务报表使用者可能产生的影响。

在世界上，关于审计重要性定义的具体表述虽有所不同，但其内在含义是一致的。国际会计准则委员会（IASC）对重要性的定义是："如果信息的错报会影响使用者根据财务报表采取的经济决策，信息就具有重要性。"美国财务会计准则委员会（FASB）对重要性的定义是："一项会计信息的错报是重要的，指在特定环境下，一个理性的人依赖该信息所做的决策可能因为这一错报得以变化或修正。"英国会计准则委员会（ASB）对重要性的定义是："错报可能影响到财务报表使用者的决策即为重要性。重要性可能在整个财务报表范围内、单个财务报表或财务报表的单个项目中加以考虑。"可见，各国对重要性表述体现了一个共同点，即信息的错报可能影响到财务报表使用者的决策就是重要性。

根据西方有关会计、审计职业团体和我国注册会计师审计准则对重要性的定义，我们对审计重要性可以明确以下几点：

（1）重要性包括数量和性质两个方面的考虑。数量是指错报金额的大小，性质是指错报的本质。通常情况下，金额大的错报比金额小的错报更重要；某些金额的错报从数量上分析不重要，但从性质上考虑则可能是重要的。对于某些财务报表披露的错报，从金额上难以判断其是否重要，应从性质上进行考虑。

（2）重要性概念从总体上是针对财务报表而言的，是以是否影响财务报表使用者的判断和决策为出发点的。判断一项错报重要与否，应视其在财务报表中的错报对财务报表使用者所做决策的影响程度而定，财务报表使用者需要利用财务报表提供的信息做出各种经济判断和决策，重要性正是基于财务报表使用者的需要而定义的。若一项错报体现在财务报表中足以改变或影响财务报表使者的判断，则该项错报就是重要的，否则是不重要的。但是，注册会计师在实际工作中，对重要性应从报表层次和账户与交易层次进行考虑和判断。

在通用目的的财务报表审计中，注册会计师对重要性的判断是基于将财务报表使用者作为具有一定理解能力并能理性地做出相关决策的一个集体来考虑的。注册会计师难以考虑错报对具体的单个使用者可能产生的影响，因为具体需求存在很大差异。

（3）影响重要性水平判断和确定的因素是多种多样的。不同的量对重要性水平的判断和确定无疑有着重要影响；但不同性质的因素对其也同样有着特殊的影响，如出现在会计处理中舞弊和错误，财务报表中各个不同性质的项目等对重要性的判断和确定都有着特殊影响。注册会计师应当根据被审计单位面临的环境，并综合考虑其他因素，运用职业判断，合理评估与确定重要性水平。

（4）重要性水平在理论上是一个确定性的概念，但实际工作中只能接近。在理论上，重要性水平是一个确定性概念，否则，就不能根据其确定具体的审计意见类型。但实际工作中，注册会计师的判断和确定只能尽量接近准确。其原因就是影响重要性水平判断和确定的因素复杂多样，除了上述所说的审计内容方面的内在因素以外，还有注册会计师的经验多少、被审计单位的环境条件不同等外在因素。所以，不同的注册会计师在确定同一被审计单位的重要性时，得出的结果可能不同。

◎ 相关案例

美国的巴克雷斯建筑公司案中重要性水平的运用

美国的巴克雷斯建筑公司在20世纪60年代因承建保龄球道而经营业绩直线上升，但1960年却因偿还不起刚发行半年的15年期的长期债券的利息而宣告破产。因此，债券持有人集体将该公司及为该公司进行审计的毕马威会计师事务所告上法庭。

在该诉讼案中，主审法官集中讨论了三个问题：一是巴克雷斯公司在申请发行长期债券时所递交的财务状况资料中是否存在错报；二是如果存在错报，是否属于"重大"；三是在核实资料中有无重大错报时，作为被告之一的注册会计师是否履行了应有谨慎责任。

主审法官麦克林最后判定：

(1) 巴克雷斯公司在申请发行长期债券时所递交的财务状况资料中存在错报。其中销售收入高估653 900美元，占正确金额的7.7%；营业净收益高估246 605美元，占正确金额的16.5%；每股收益高估0.10美元，占正确金额的15.3%；流动资产高估609 689美元，占正确金额的15.6%；流动比率高估0.6，占正确数额的18.8%；或有负债低估375 795美元，占正确金额的7.4%。

(2) 上述错报属于"重大"。根据1933年证券法规定，被告是否负民事责任的先决条件是看其是否存在重大的错误披露。证券交易委员会对"重大性"的界定是，当"重大性"用于任何信息披露时，披露的内容使一般谨慎的投资者在购买上市登记证券时能得到合理的信息，否则就属"重大"。该法官认为，巴克雷斯公司的上述高估的销售收入、营业净收益、每股收益的错报不足以打消谨慎投资者投资债券的念头。但流动资产和由此计算的流动比率的高估则属于重大性，其理由是，与公司股东相比，债券持有人或未来投资者对公司流动资金状况高估的关心更甚于对公司收益的高估。

(3) 注册会计师没有令人满意地依照公认审计准则完成审计程序。该法官判定，该案件中的注册会计师只用了两天多的时间来复核巴克雷斯公司在申请发行长期债券时所递交的财务状况的资料，不能证明已尽了应有的谨慎责任，在出具的无保留意见的审计报告中使用了"财务报表真实地反映其财务状况"的表述，这是不恰当的，注册会计师应对其承诺负责。

该案例说明，注册会计师要运用"重要性"的概念计划和实施审计工作，法官也要依其调节和处理由此所造成的审计纠纷。

二、重要性水平的确定

注册会计师在计划审计工作时，应对重要性进行评估和确定，这时的重要性称为"计划的重要性"。由于环境可能发生变化，并且在审计过程中可能会获得有关客户的额外信息，因此，计划的重要性最终可能不同于审计终结阶段审计发现结果时所用的重要性。

(一) 确定计划的重要性时应考虑的因素

注册会计师在确定计划的重要性时水平时，应当考虑各种影响要素。

(1) 被审计单位及其环境。被审计单位及其环境影响注册会计师对计划重要性的确定，被审计单位及其环境的具体包括：被审计单位的行业状况、法律环境与监管环境，被审计单位的业务性质，对会计政策的选择和运用，被审计单位的目标、战略及相关经营风险，被审计单位的内部控制状况等。

(2) 审计的目标。审计目标是根据信息使用者的要求确定的，而信息使用者的要求影响注册会计师对重要性的确定。

（3）财务报表各项目的性质及其相互关系。财务报表使用者对不同的报表项目的关注程度有所不同。一般说来，如果认为流动性较高的项目，较小金额的错报就会影响报表使用者的决策，那么，注册会计师就应当从严确定重要性水平。由于报表各项目之间是相互关联的，注册会计师在确定重要性时应考虑这种相互关系。

（4）财务报表项目的金额及其波动幅度。财务报表项目的金额及其波动幅度可能促使财务报表使用者做出不同的反应，注册会计师在确定重要性时应考虑这些项目的金额及其波动幅度。

（二）财务报表层次重要性的确定

财务报表中所含错误，不论是单项还是综合起来，只要影响报表按照一般公认会计原则公允表达，就可以认为财务报表存在错误是重要的。注册会计师需要首先选择一个恰当的基准，再以适当的比率进行计算，确定财务报表层次的重要性水平。

1. 确定判断基础

在实务工作中，可以总资产、净资产为判断基础，也可以营业收入、费用总额、毛利、净利润为判断基础。注册会计师应当充分运用专业判断并考虑有关因素进行合理选用。需要考虑的因素包括：财务报表要素，适用的会计准则和相关会计制度所界定的财务报表指标，财务报表使用者特别关注的财务报表项目，被审计单位的规模、性质及所在行业，所有权性质及融资方式，被审计单位以前期间的经营成果和财务状况、本期的经营成果和财务状况、本期的预算和预算结果、被审计单位情况的重大变化以及宏观经济环境和所处行业环境发生的相关变化等。

当被审计单位出现亏损时，就不宜用利润指标作为重要性水平的判断基础；当被审计单位的资产负债率过高时，就不宜用净资产作为重要性水平的判断基础。

2. 计算各报表的重要性水平

重要性水平的计算方法有固定比率法和变动比率法两种。固定比率法是指在选定判断基础后，乘以一个固定百分比，求出财务报表层次的重要性水平。下列是参考性确定方法：

（1）对以营利为目的的企业，来自经常性业务的税前利润或税后利润的5%，或总收入的0.5%。在适当情况下，也可以采用总资产或净资产的一定比例。

（2）对非营利组织，费用总额或总收入的0.5%。

（3）对共同基金公司，净资产的0.5%。

变动比率法是指根据总资产或总收入两项中较大的一项确定一个变动百分比。表3-1是世界"五大"会计公司运用变动比率法确定报表层次计划重要性时使用的参考表。例如，某公司2012年的财务报表中总资产和总收入分别为1 500万元和2 000万元，根据表3-1，可计算出财务报表的计划重要性为85 500 + 0.0046（2 000万 - 1 000万）= 131 500（元）。

值得注意的是，注册会计师在实际审计工作中对计划重要性进行判断时，还应根据错报的性质及其成因判断重要性。一项错报可能从量上看并不重要但从质上看却十分重要，比如，某项错报金额不大，但从性质上看属于舞弊，因此，仍应将其视为重要的事项。

表 3 – 1　　　　　以总资产或总收入的变动百分比为基础的重要性水平　　　　单位：元

总资产或总收入中较大者		重要性为	超过以下金额需乘以系数部分
超过	但不超过		
0	3 万	0 + 0.059 ×	0
3 万	10 万	1 780 + 0.031 ×	3 万
10 万	30 万	3 970 + 0.0214 ×	10 万
30 万	100 万	8 300 + 0.0145 ×	30 万
100 万	300 万	18 400 + 0.01 ×	100 万
300 万	1 000 万	38 300 + 0.0067 ×	300 万
1 000 万	3 000 万	85 500 + 0.0046 ×	1 000 万
3 000 万	1 亿	178 000 + 0.00313 ×	3 000 万
1 亿	3 亿	397 000 + 0.00214 ×	1 亿
3 亿	1 亿	856 000 + 0.00145 ×	3 亿
1 兆	3 兆	1 840 000 + 0.001 ×	1 兆
3 兆	10 兆	3 830 000 + 0.00067 ×	3 兆
10 兆	30 兆	8 550 000 + 0.00046 ×	10 兆
30 兆	100 兆	17 800 000 + 0.00031 ×	30 兆
100 兆	300 兆	39 700 000 + 0.00021 ×	100 兆
300 兆	……	82 600 000 + 0.00015 ×	300 兆

3. 报表层次重要性水平的选定

如果同一时期各财务报表的重要性水平不一致，注册会计师应当取其最低者作为报表层次的重要性水平。比如，通过计算，注册会计师已将利润表和资产负债表的计划重要性水平分别确定为 10 万元和 20 万元，此时应将财务报表层次的计划重要性水平确定为 10 万元。这主要是由于财务报表是相互关联的，并且许多审计程序会涉及两个以上的报表。比如，用来确定期末存货是否被恰当披露的审计程序，不仅为资产负债表中的存货项目提供审计证据，而且还为利润表中的销售成本项目提供审计证据。

值得注意的是，在审计实务中，注册会计师在编制审计计划时，被审计单位可能尚未完成拟审计财务报表的编制工作。此时，注册会计师可在前一期或最近期间财务报表的基础上进行修正，以确定财务报表层次的计划重要性水平。比如，注册会计师在资产负债表日之前编制审计计划时，可以根据期中财务报表或上年度财务报表进行推算或修正，得出年末财务报表数据，并据此确定报表层次的计划重要性水平。

（三）各类交易、账户余额、列报认定层次重要性水平的确定

由于财务报表提供的信息由各类交易、账户余额和列报认定层次的信息汇集加工而成，注册会计师只有通过对各类交易、账户余额和列报认定层次实施审计，才能得出财务报表是否公允反映的结论。

各类交易、账户余额和列报认定层次的重要性水平称为"可容忍错报"。它是在不导致财务报表存在重大错报的情况下，注册会计师对各类交易、账户余额和列报确定的可接受的最大错报。可容忍错报的确定以注册会计师对财务报表层次重要性水平的初步估计为基础。

在确定各类交易、账户余额和列报认定层次的重要性水平时，注册会计师应当考虑的因素包括：各类交易、账户余额和列报的性质及错报可能性，各类交易、账户余额和列报的重要性水平与财务报表层次重要性的关系。

在制定总体审计策略时，注册会计师应当对那些金额本身就低于所确定的财务报表层次的重要性水平的特定项目，根据被审计单位的具体情况，运用职业判断，做特殊考虑，考虑是否能够合理地预计这些错报将影响使用者依据财务报表做出的经济决策。

对于已记录余额大大小于重要性水平的账户，余额被高估的风险很小，但是，此时余额被低估的金额却是没有限制的。因此，某些账户余额很小，却有可能存在着重大的低估，此低估金额还可能超过重要性水平。在初步判断某账户余额的重要性水平时，注册会计师必须考虑该账户余额的重要性水平和财务报表的重要性水平之间的关系，将多个账户联系起来判断错报水平。

注册会计师在制定各类交易、账户余额和列报层次的审计程序前，可将财务报表层次的重要性水平分配至各类交易、账户余额与列报层次，也可单独确定各类交易、账户余额或列报层次的重要性水平。

1. 将财务报表层次的重要性水平分配到各类交易、账户余额与列报层次

一般而言，注册会计师在将财务报表层次的重要性水平分配到各类交易、账户余额与列报层次时，只需选择主要财务报表中的一张报表作为分配的载体。在审计实务中，由于资产负债表是注册会计师最注重审查的财务报表，而且，在资产负债表中分解重要性的初步判断比较方便，因此，注册会计师通常以资产负债表为载体，将重要性的初步判断在资产负债表项目中进行分配。在进行分配时，注册会计师必须考虑到特定账户发生错报的可能性和验证该账户可能需要花费的成本。

2. 不分配的方法

不将财务报表层次的重要性水平在各类交易、账户余额与列报层次中进行分配的方法是注册会计师从长期的审计实务中积累经验形成的。一般情况下，各类交易、账户余额与列报层次的重要性水平确定为财务报表层次重要性水平的一定比例范围内，如某著名国际会计公司在所采用此方法时，将各账户或交易的重要性水平确定为财务报表层次重要性水平的20%～50%。假设财务报表层次的重要性水平为100万元，则可根据各类交易、账户余额与列报层次的性质及错报的可能性，根据上述比例确定各账户的重要性水平。审计时，只要发现该账户或交易的错报超过这一水平，就建议被审计单位调整。最后，编制未调整事项汇总表，若调整的错报超过100万元，就应建议被审计单位调整。

但是，在实务工作中，往往很难预测哪些账户可能发生错报，也无法事先确定审计成本的大小。所以，重要性水平的确定是一个非常困难的职业判断过程。

（四）在确定重要性水平时对错报性质的考虑

金额不重要的错报从性质方面分析可能是重要的。注册会计师在判断错报的性质是否重要时应考虑具体包括：错报对遵守法律法规及债务契约或其他合同要求的影响程度，错报掩盖收益或其他趋势变化的程度，错报对用于评价被审计单位财务状况、经营成果或现金流量的有关比率的影响程度，错报对财务报表中列报的分部信息的影响程度，错报对增加管理层报酬的影响程度，错报对某些账户余额之间错误分类的影响程度（这些错误分类影响到财务报表中应单独披露的项目），相对于注册会计师所了解的以前向报表使用者传递信息（如盈利预测）而言的错报的重大程度，错报是否与涉及特定方向的项目相关，错报对信息漏报的影响程度，错报对与已审计财务报表一同披露的其他信息的影响程度，等等。

三、重要性与审计风险和审计证据的关系及其对审计程序的影响

重要性与审计风险之间存在反向关系。重要性水平越高，审计风险越低；重要性水平越低，审计风险越高。这里所说的重要性水平高低是指金额的大小。如对"库存现金"账户余额确定重要性水平为 500 元，对"原材料"账户余额确定重要性水平为 5 000 元，这时，审计出库存现金 500 元及以上的错报比审计出原材料 5 000 元及以上的错报风险要高。审计风险越高，越要求注册会计师收集更多、更有效的审计证据，以将审计风险降至可接受的水平。如审计库存现金比审计原材料需要更多更有效的审计证据。因此，重要性与审计证据也是反向关系。

值得注意的是，重要性水平是注册会计师依据判断标准确定的，而不由主观期望的审计风险水平决定。注册会计师不能靠人为调高重要性水平来降低审计风险。如上述 500 元与 5 000 元两个重要性水平在理论上是一个确定性的概念（金额），注册会计师应依据判断标准进行科学确定，不能由主观期望的审计风险水平决定。

重要性与审计风险的关系会对审计程序形成影响。在计划审计工作时，注册会计师应当考虑导致财务报表发生重大错报的原因，并在了解被审计单位及其环境的基础上确定一个可接受的重要性水平，即首先为财务报表层次确定重要性水平以发现在金额上的重大错报。同时，注册会计师还应当评估各类交易、账户余额及列报认定层次的重要性水平，以便确定进一步审计程序的性质、时间和范围，将审计风险降至可接受的水平。

随着审计工作的推进，注册会计师应当及时分析计划阶段确定的重要性水平是否合理，并根据具体环境的变化及审计过程中进一步获取的信息，修正计划的重要性水平，进而修改进一步审计程序的性质、时间与范围。注册会计师如果决定接受更低的重要性水平，审计风险将增加，此时应扩大控制测试范围或实施追加的控制测试以及修改计划实施的实质性测试的性质、时间和范围，将审计风险降至可接受的水平。

一般而言，有如下情况之一时，注册会计师应对计划重要性水平进行调整：一是被审计单位出现影响注册会计师重要性水平判断的重要事项。比如，有时审计计划在会计

期间结束前编制，因而，如果从注册会计师编制审计计划到结束外勤审计工作这段期间内被审计单位发生重大变动事项，注册会计师就应考虑其对审计重要性判断的影响，必要时，应对计划重要性水平进行调整。二是注册会计师发现计划重要性水平存在重大偏差。这是因为，注册会计师在确定计划重要性水平时，并未对被审计单位实施外勤审计工作，随着外勤审计工作的展开，注册会计师对被审计单位的了解程度增加，就有可能发现计划重要性水平存在着重要偏差，此时就应对计划重要性水平进行调整。

在评价审计结果时，注册会计师确定的重要性水平和审计风险可能与计划审计工作时评估确定的重要性水平不一致，这时，注册会计师应考虑实施的审计程序是否合理，获取的审计证据是否充分。

四、重要性在审计报告阶段的运用

对审计重要性进行初步判断并将其在各项目中进行分配后，注册会计师应对各类交易、账户余额和列报实施审查，以确定尚未更正的错报汇总数。在此基础上，评价尚未更正的错报汇总数的影响，以确定审计报告中的意见类型。

（一）汇总尚未更正的错报汇总数

注册会计师在评价审计结果时，应当汇总已发现但尚未更正的错报数，以考虑其金额与性质是否对财务报表的反映产生重大影响。注册会计师在汇总尚未更正的错报时，应当包括已识别的和推断的错报，并考虑期后事项和或有事项是否已进行适当处理。已识别的错报指通过对账户或交易实施详细的实质性测试所确认的未更正错报；推断的错报指通过审计抽样或执行分析性复核程序所估计的未更正的错报。

1. 已识别的错报

已识别的错报是指注册会计师在审计过程中发现的且能够准确计量的错报，包括两类：一类是对事实的错报。这类错报产生于被审计单位收集和处理数据的错误、对事实的忽略或误解以及舞弊行为。另一类是主观决策的错报。这类错报产生于管理层和注册会计师对会计估计值的判断差异，以及管理层和注册会计师对选择运用会计政策的判断误差。

2. 推断误差

推断误差也称可能误差，是注册会计师对不能明确、具体识别的其他错报估计数。推断误差包括两个方面的内容。

（1）通过测试样本估计出的总体的错报数减去在测试中发现的已识别的具体错报。承前例，注册会计师就华生公司财务报表各项目进行审查。以存货项目为例，该公司的存货项目金额为 2 500 万元，共有 500 个明细账，注册会计师采用随机抽样法，审查了 100 个明细账，涉及金额 600 万元，从中识别高估错报 30 万元，由此可推断出存货项目错误总额：

① 计算样本金额错误率。样本金额错误率 = 样本错误金额/样本总额，本例中为 5%（30/600）；

② 折算项目错报总额。项目错误总额 = 样本总额 × 样本金额错误率，本例中，

存货项目错误总额为 125 万元 (2 500 × 5%);

③ 计算推断误差。推断误差 = 折算项目错报总额 − 已识别的具体错报, 本例中, 推断误差为 95 万元 (125 − 30)。

用上述方法同样可以推定其他项目的错误金额。

(2) 通过分析程序推断出的估计错报。如注册会计师根据华生公司的预算资料及行业趋势等情况对其主营业务收入进行估计, 发现估计数与其账面金额存在 30% 的差异, 考虑到估计的精确性有限, 注册会计师根据经验判断 10% 的差异是可以接受的, 20% 的差异需要有合理解释并取得佐证, 假设注册会计师对 10% 的差异无法得到合理解释或无法得到佐证, 则该部分差异金额构成推断误差。

(二) 评价尚未更正的错报汇总数的影响

注册会计师应当评估尚未更正错报单独或累积的影响是否重大, 从特定的某类交易、账户余额及列报认定层次和财务报表层次考虑这些错报的金额和性质, 以及这些错报发生的特定环境。注册会计师应当分别考虑每项错报对相关交易、账户余额及列报所设定的较之财务报表层次重要性水平更低的可容忍错报。如果某项错报由 (或可能) 舞弊造成, 无论其金额大小, 注册会计师均应考虑其对整个财务报表审计的影响。考虑到某些错报发生的环境, 即使其金额低于计划的重要性水平, 注册会计师仍可能认为单独或连同其他错报从性质角度分析是重大的。

注册会计师评估尚未更正的错报是否重大时, 需要考虑每项错报对财务报表的单独影响, 还需要考虑所有错报对财务报表的累积影响及其形成原因, 尤其是一些金额较小的错报。虽然单个错报看起来并不重大, 但是其累积数可能对财务报表产生重大影响。

注册会计师应将尚未更正的错报与财务报表层次的重要性水平相比较, 以评价审计结果和确定审计报告中的意见类型。

(1) 如果尚未更正的错报汇总数超过重要性水平, 对财务报表的影响可能是重大的, 注册会计师应考虑扩大实质性测试范围或提请被管理层调整财务报表, 以降低审计风险。无论何种情况, 注册会计师都应当要求管理层就已识别的错报进行财务报表的调整。如果管理层拒绝调整财务报表, 并且扩大实质性测试范围后的结果不能使注册会计师认为尚未更正的错报汇总数不重大, 注册会计师应当出具非无保留意见的审计报告。一般来说, 如果尚未更正的错报的汇总数可能影响到某个财务报表使用者的决策, 但财务报表的反映就其整体而言是公允的, 此时应当发表保留意见。如果尚未更正的错报非常重要, 可能影响到大多数甚至全部财务报表使用者的决策时, 应当发表否定意见。

(2) 如果尚未更正的错报的汇总数接近重要性水平, 注册会计师应当考虑该汇总数连同尚未发现的错报可能超过重要性水平, 注册会计师应当实施追加审计程序, 或提请被管理层调整财务报表, 以降低审计风险。如果管理层拒绝调整财务报表, 应当发表保留意见的审计报告。

(3) 如果尚未更正的错报的汇总数低于重要性水平 (并且特定项目的尚未更正错报也低于考虑其性质所设定的更低的重要性水平), 这时的错报对财务报表的影响不重大, 注册会计师可以不扩大审计测试, 对财务报表出具无保留意见的审计报告。

五、重要性的其他处理

注册会计师应当采取适当的方式对与重要性相关的事项进行记录。需要记录的事项包括：在审计中使用的重要性水平和可容忍错报包括对其所作的修改，以及确定和修改的依据，与已识别的具体错报和推断误差的尚未更正错报的汇总情况，注册会计师就尚未更正错报单独或累积是否导致或不导致财务报表重大错报所形成的结论，以及形成该结论的依据。

如果识别出由于舞弊或错误而导致的重大错报，注册会计师应当将其与管理层和治理层沟通。除了那些明显不重要的细微错报外，注册会计师应就其发现的所有已识别错报和推断误差与被审计单位管理层和治理层进行沟通，讨论其原因和影响。对于已识别的错报，不论其金额大小，注册会计师都应当要求管理层更正。

注册会计师应当保留其与管理层和治理层沟通的相关记录。由于管理层对财务报表的编制负责，如果财务报表中存在不影响出具无保留意见的审计报告的未更正错报，注册会计师应当从管理层那里获取关于未更正错报不重要的书面声明。如果管理层拒绝做出说明，注册会计师应当将其视为审计范围受到限制，出具保留意见或无法表示意见的审计报告。

本章小结

综合本章所述，可以明确以下几点。

首先，注册会计师接受委托，根据所有者即委托者对经管者进行审计监督活动，这种活动的目的或目标自然需要体现所有权监督的需要。财产所有者关心交托于经管者的财产的保值增值情况，关心经管者编报的财务报表所反映的财务状况、经营成果和现金流量情况的真实性、合法性与公允性，这样，就确定了验证被审计单位财务报表的合法性、公允性及会计处理方法的一致性为审计的总目标，并在此基础上确立存在或发生、完整性、权利与义务、估价或分摊、表达与披露等具体审计目标。要实现审计目标，注册会计师需要通过准备、实施与结束三个阶段构成的完整的审计过程。准备阶段工作做得好坏直接关系着以后两个阶段的工作能否顺利开展，而审计计划的制定又是审计准备阶段中重要的内容。所以，审计计划的内容及其制定对审计目标的实现有着十分重要的影响。在制定以至执行审计计划时，在编制审计报告阶段，注册会计师需要考虑审计重要性问题，需要对重要性水平进行判断、确定及其在财务报表层和账户层之间分配，分析重要性对审计计划与审计意见的影响等。可见，审计目标与审计计划和重要性三者之间有着密切的联系，而这种联系又集中体现了审计产生、发展于所有权监督需要的基本理论。

其次，确立审计目标，并为实现审计目标而制定重要性水平恰当的审计计划，是为了明确审计过程中审计责任关系，即被审计单位的会计责任和注册会计师的审计责任以及由此所产生的审计报告使用者的有关责任。明确这些责任，从注册会计师角度讲，是为了确定可以接受的审计风险水平，并在审计实施过程中对其进行控制和防范。可见，审计目标、审计计划和重要性与审计责任和审计风险存在着密切的联系。

最后，审计产生与发展于所有权监督的需要理论以及由此在审计监督活动中所产生并需规范的审计责任关系、审计效率和审计风险要素及其理论模式等，构成了贯穿于本书的一条主线。审计目标、审计计划和审计重要性从特定角度反映和体现了这一主线的有关内容。

■ 关键词汇

审计目标（audit objective）　　　　　　审计总目标（the overall audit objective）

审计具体目标（the detailed audit objective）　存在或发生（existence or occurrence）

完整性（completeness）　　　　　　　　权利与义务（rights and obligations）

估价或分摊（valuation and allocation）　　表达与披露（expression and disclosure）

真实性（reality）　　　　　　　　　　所有权（ownership）

估价（estimate）　　　　　　　　　　截止（cutoff）

准确性（accuracy）　　　　　　　　　披露（disclosure）

分类（classification）　　　　　　　　审计计划（audit plan）

审计业务约定书（audit engagement letter）　分析程序（analytical procedure）

审计重要性（audit materiality）

小组讨论

东方公司是一家生产服饰用品的中小型企业，产品在市场上一直比较畅销。公司每年盈利。今年初该公司拟请深华会计师事务所对上一年度的报表进行审计。现公司与事务所就委托业务进行商谈。事务所的李主任会计师了解到有关公司的如下信息：这是公司成立 3 年以来第一次接受审计；由于内部人际关系矛盾，公司一位会计人员未办理交接手续已经辞职，由他分管是会计记录不很完整。年末报表是在数据不很准确的情况下编制出来的；该公司自成立以来，只注意抓生产和销售，内部管理制度不很健全，尤其是内部控制制度；最高管理人员经常授意会计进行一些不太恰当的处理，使得会计处理方法难以一贯坚持。在资产构成中，存货占有相当比重。在双方进行商谈时，公司提出如下要求：为避免债权人催款，对应付账款不能进行函证；由于生产任务紧，对存货不能进行大规模抽盘，可以由保管员提供结账日记录；由于外部有关组织急需审计报告，要求事务所一旦接受审计业务，必须在一周内提供审计报告，审计费用可以适当追加。

根据上述情况，请分析讨论该事务所是否应承接此项业务？为什么？

本章推荐阅读资料

1. 中国注册会计师协会：《审计》，经济科学出版社最新版。

2. 方宝璋：《试论审计重要性水平》，载《审计研究》2004 年第 4 期。

3. 王　华：《关于审计目标的调整》，载《审计研究》2005 年第 2 期。

4. 宋夏云：《国家审计目标的理论分析及调查证据》，载《审计与经济研究》2007 年第 6 期。

第4章

内部控制与审计风险

学习提要与目标

内部控制与审计风险之间存在着内在联系。注册会计师对内部控制的了解与评价是识别和评估重大错报风险程序的重要组成部分，而重大错报风险的识别、评估与应对，直接影响到如何控制检查风险，如何将审计风险降至可接受的低水平等问题。内部控制的产生和发展，促使审计工作从传统的账项基础审计发展为以测试和评价内部控制为基础的制度基础审计，随着风险分析与控制方法引入审计程序，又推动了制度基础审计向风险导向审计的发展。风险导向审计的实施有助于提高现代审计的工作效率和效果，防范与控制审计风险，实现审计目标。按现行《企业内部控制审计指引》规定，注册会计师既可以单独进行内部控制审计，也可以将内部控制审计与财务报表审计加以整合，实施整合审计。在整合审计中，了解与评估企业的内部控制是整合的核心内容。注册会计师需将风险导向审计中风险评估的理念贯穿于审计过程的始终，通过了解和评估内部控制的设计和执行情况，识别潜在错报的类型和导致控制风险及重大错报风险的因素，为设计和实施进一步审计程序的性质、时间和范围奠定基础。

通过本章的学习，应能够：

- 理解内部控制与审计风险的构成要素及其相互关系；
- 熟悉注册会计师识别和评估重大错报风险的程序和方法；
- 掌握注册会计师了解与评价内部控制的程序和方法；
- 掌握审计风险模型和审计风险应对程序的基本内容。

第一节 内部控制及其审计

内部控制思想产生于 18 世纪产业革命以后，进入 20 世纪逐步形成了一套以相互制约、相互牵制和相互协调为指导思想的内部控制制度。内部控制与审计的产生与发展有着不可分割的联系，内部控制促使审计模式由账项基础审计、制度基础审计模式，发展到风险导向审计模式。对内部控制的重视，对完善、有效的内部控制的信赖，不仅节约了审计成本，提高了审计工作效率，而且加速了现代审计的发展。在我国现行的内部控制审计，是指会计师事务所接受委托，对特定基准日内部控制设计与运行的有效性进行的审计。根据财政部等五部委发布的《企业内部控制基本规范》和《企业内部控制配套指引》，尤其是《企业内部控制审计指引》的要求，执行企业内部控制规范的企业，必须对本企业内部控制的有效性进行自我评价，披露年度自我评价报告，同时聘请具有证券期货业务资格的会计师事务所对其财务报告内部控制的有效性进行审计，出具审计报告。注册会计师需要对上市企业每年执行一次内部控制审计，这项业务已成为与其财务报表审计相同的经常性鉴证业务。

一、内部控制与审计模式的发展进程

长期以来在理论界对内部控制概念的界定存在多种观点，其中具有权威性的观点来自美国反对虚假财务报告委员会（National Commission on Fraudulent Reporting，简称 NCFR）所属的内部控制专门研究委员会发起机构委员会（The Committee of Sponsoring Organizations of the Treadway Commission，又简称 COSO 委员会）。该委员会在进行专门研究后于 1992 年提出并于 1994 年修改的专题报告：《内部控制——整体架构》（Internal Control——Integrated Framework，又简称 COSO 报告）。COSO 报告定义：内部控制是一个过程，受企业董事会、管理当局和其他员工影响，旨在保证财务报告的可靠性、经营的效果和效率以及现行法规的遵循。它认为内部控制整体架构主要由控制环境、风险评估、控制活动、信息与沟通、监督五项要素构成。美国注册会计师协会（American Institute of Certified Public Accountants，又简称 AICPA）据以发布了《审计准则公告第 78 号》，并自 1997 年 1 月全面接受了 COSO 报告的内容。2004 年 9 月，COSO 委员会对 1994 年制定的内部控制整体框架进行了拓展，包括内部环境、目标设定、事件识别、风险评估、风险应对、控制活动、信息与沟通、监控等八项要素，促进了内部控制与企业全面风险管理过程的融合。

中国在美上市的企业被要求执行《萨班斯法案》的 404 条款。按照 404 条款规定，凡在美国上市的企业，均要建立内部控制体系，其中包括控制环境、风险评估、控制活动、信息与沟通和监督五个部分。在其他国家的证券市场上，同样存在着趋同于《萨班斯法案》的规定。从长远看，建立内部控制体系为企业保持业绩的持续增长奠定了基础。

《萨班斯—奥克斯利法案》的诞生与影响

安然公司、施乐公司、世界通信公司等上市公司财务造假丑闻的连续发生引发了整个美国社会对上市公司的信任危机，导致美国股市的持续下跌。为拯救美国的资本市场，恢复投资者的信心，2002 年 7 月，美国国会颁布了《2002 年公众公司会计改革与投资者保护法》，由于此项法案是由参议院民主党议员萨班斯和众议院共和党议员奥克斯利共同提出的，又称《萨班斯—奥克斯利法案》（简称《萨班斯法案》），该法案于 2002 年 7 月 30 日正式生效。

美国总统布什在签署《萨班斯法案》的新闻发布会上称，"这是自罗斯福总统以来对美国商业者影响最为深远的改革法案"。《萨班斯法案》提出了多项改革措施，其中最主要的是对企业内部控制、内部控制审计提出了新的更严苛的要求，对企业内部控制体系的缺失提出了严厉的处罚。该法案强制要求上市公司建立内部控制体系，由注册会计师验证并出具审计报告。

资料来源：根据中国注册会计师协会翻译的《萨班斯法案》等相关资料整理。

借鉴国外内部控制框架，尤其是 COSO 框架，可将企业内部控制的概念界定如下：内部控制是企业为了合理保证财务报告的可靠性、经营的效率和效果以及对法律法规的遵循，由治理当局、管理当局和其他人员设计和执行的一系列政策和程序的总称。

上述内部控制的概念集中体现出内部控制的目标是对企业财务报告的三项核心内容做出合理保证。一是财务报告的可靠性，这一目标与治理层和管理层履行财务报告编制责任密切相关；二是经营的效率和效果，即经济有效地使用企业资源，以最优方式实现企业的目标；三是在经营活动中不违反法律法规的要求，即在法律法规的框架下经营。从这几方面的目标来看，内部控制是企业风险管理的一部分。设计和实施内部控制的责任主体是治理层、管理层和其他人员。组织中的每一个人都对内部控制负有责任。实现内部控制目标的手段是设计和执行控制政策和程序。

将内部控制与审计的发展进程综合考察，会发现内部控制最初的表现形式是 20 世纪 40 年代之前的内部牵制，在内部牵制阶段，与之相应的审计模式是账项基础审计。20 世纪 40 年代至 70 年代是内部会计控制和内部管理控制阶段，这一时期随着市场竞争的加剧，内部控制与审计进一步融合，产生了制度基础审计模式。制度基础审计是在调查、测试和评价内部控制制度的基础上，实施实质性审查。它以健全有效的内部控制为前提，依赖内部控制的评价。20 世纪 80 年代初至今是内部控制结构和内部控制整体框架阶段，与之相应的审计模式是风险基础审计或风险导向审计模式。它要求注册会计师全程关注财务报表的重大错报风险，并将风险评估作为整个审计工作的基础和先导。

我国从 20 世纪 90 年代开始，加大了推行企业内部控制的力度。1996 年 12 月财政部发布《独立审计具体准则第 9 号——内部控制和审计风险》规定了注册会计师对被审计单位内部控制的审查责任。在 2000 年 7 月实施的《中华人民共和国会计法》中，以法律形式对我国企业和单位的内部控制提出了明确的要求。作为《会计法》的配套规章，2001 年 6 月，财政部颁布了《内部会计控制规范——基本规范（试行）》及相关具体内部控制规范。2006 年 7 月 15 日财政部联合有关部门成立了企业内部控制标准委员会，全面启动了我国的企业内部控制标准建设工作。2008 年 6 月 28 日为了加强和规范企业内部控制，提高企业经营管理水平和风险防范能力，促进企业可持续发展，财政部会同证监会、审计署、银监会、保监会等部门发布了《企业内部控制基本规范》。为推动《企业内部控制基本规范》的应用，2010 年 4 月 26 日，财政部又会同证监会、审计署、国资委、银监会、保监会等部门发布了《企业内部控制配套指引》，包括《企业内部控制应用指引》、《企业内部控制评价指引》和《企业内部控制审计指引》。上述《企业内部控制配套指引》与《企业内部控制基本规范》，共同建立起我国的企业内部控制规范体系。

2006 年 2 月 15 日财政部发布，2007 年 1 月 1 日实施，2010 年 11 月 1 日修订的《中国注册会计师执业准则》，其中《注册会计师审计准则第 1211 号——通过了解被审计单位及其环境识别和评估重大错报风险》和《注册会计师审计准则第 1231 号——针对评估的重大错报风险采取的应对措施》两项准则对注册会计师如何了解、评价和测试被审计单位的内部控制等内容做出了规范。2011 年 10 月 11 日，财政部会同中国注册会计师协会发布了《企业内部控制审计指引实施意见》，从审计工作的业务流程角度，对内部控制审计工作提出了具体要求。注册会计师内部控制审计法规的颁布、中国注册会计师执业准则体系的建立，将新的内部控制理论框架引入了注册会计师审计领域，强调注册会计师在实施风险评估程序时必须了解内部控制，考虑和应对内部控制被凌驾的重大错报风险，它标志着我国已进入全面风险导向审计模式的建立与发展阶段。

二、内部控制的构成要素

借鉴国外内部控制框架，根据《中国注册会计师执业准则》的规范，我国企业内部控制可分为下列构成要素：控制环境、被审计单位的风险评估过程、与财务报告相关的信息系统和沟通、控制活动和对控制的监督。本章对内部控制要素的分类提供了了解内部控制的框架，被审计单位可能并不一定采用这种分类方式来设计和执行内部控制。但无论对内部控制要素如何进行分类，注册会计师都应当重点考虑被审计单位某项控制，是否能够以及如何防止或发现并纠正各类交易、账户余额、披露存在的重大错报。也就是说，在了解和评价内部控制时，采用的具体分析框架及控制要素的分类可能并不唯一，重要的是控制能否实现控制目标。注册会计师可以使用不同的框架和术语描述内部控制的不同方面，但要涵盖上述内部控制五个要素所涉及的内容。

1. 控制环境

任何企业的控制都存在于一定的控制环境之中。控制环境包括治理职能和管理职能，以及治理当局和管理当局对内部控制及其重要性的态度、认识和措施等。它是其他内部控制组成要素的基础。控制环境的好坏直接决定着企业其他内部控制能否实施及实施的效果，它既可以增强也能够削弱特定控制的有效性。企业的控制环境主要包括以下方面：

（1）对诚信和道德价值观的沟通与落实。企业以书面形式制定诚信原则和道德标准；企业成员严格遵守诚信的原则，树立正确的道德价值观念；企业提供道德方面的指导，使每位成员在一般和特定环境下能够保持正确的判断；企业避免追求不切实际的目标，将诱发不诚实、不道德行为的动机降至最低，保证企业制定的政策和程序得到有效的执行。

（2）对胜任能力的重视。注册会计师对管理层对特定工作胜任能力的重视情况进行了解评估，主要考虑以下因素：管理层是否配备足够的财务人员以适应经营、业务等方面发展的需求；财务人员是否具备理解和运用会计准则所需的技能；财务人员以及信息管理人员是否具备与被审计单位业务性质的复杂程度相匹配的足够的胜任能力。

（3）治理层的参与程度。被审计单位的控制环境会受到治理层的影响。治理层对控制环境影响的要素主要有：治理层相对于管理层的独立性；治理层的经验与品德；治理层参与被审计单位经营的程度和收到的信息及其对经营活动的详细检查；治理层采取措施的适当性，包括提出问题的难度和对问题的跟进程度，以及治理层与内部审计人员和注册会计师的互动等。

董事会和审计委员会是治理层的主要组成部分。董事会和审计委员会工作的有效性是影响企业控制环境的重要因素。董事会监控企业的各项经营活动，而审计委员会则监控企业的财务报告。审计委员会除了协助董事会履行其职责外，还有助于保证董事会与企业外部和内部注册会计师之间的直接沟通。组成董事会和审计委员会须考虑的因素主要包括：相对于管理层的独立性；组成人员的经验；独立董事的比例；与内部和外部注册会计师的沟通；采取监控措施的适当性等。

（4）管理当局的理念和经营风格。管理当局的理念和经营风格在建立一个有效的控制环境中起着关键性的作用。下列经营管理的观念、方式和风格，将会对控制环境产生较大的影响：管理当局对待经营风险的态度和控制经营风险的方法；管理当局对信息处理、会计政策和会计估计选用的态度；管理当局对财务报告所持的态度和所采取的措施。

（5）组织结构。企业的组织结构是指为企业活动提供计划、执行，控制和监督职能的整体框架。设置合理的组织结构应考虑：确定组织内各部门的授权方式和性质；确认相关的管理职权和报告关系。合理的组织结构是各组织单位内部适当划分职责与权限的基础。一个企业的组织结构通常用组织结构图列示，组织结构图须准确地反映授权方式和报告关系。

（6）职权与责任的分配。企业管理当局对组织内的全部活动要合理有效地设置岗位，为各岗位明确界定不同的职责和权限，尤其对关键岗位的人员，须提供和配备所需的人力资源并确保他们的经验和知识与职责权限相匹配。所有企业成员知晓他们的职责和权限的履行与企业整体目标之间的关系。

（7）人力资源政策与实务。内部控制是由企业人员执行的。好的人力资源政策和实务，能够确保执行企业政策和程序的人员具有胜任能力和正直品行。企业须制定各工作岗位的职责说明，规定各工作岗位所须具备的知识和技能，雇佣足够的人员并给予足够的资源，使其能完成所分配的任务。除胜任能力之外，组织的所有成员须具有一定的道德水准。企业的人力资源政策与实务在很大程度上取决于企业的有关雇佣、培训、待遇、业绩考评及晋升等政策和程序的合理程度。

2. 被审计单位的风险评估过程

评估风险是内部控制要素的关键组成部分，评估企业风险的前提条件是制定目标。风险评估就是辨识和分析实现既定目标可能发生的风险。企业的目标以经营目标为主有多种表现形式，注册会计师重点关注与财务报告的真实可靠性目标相关的风险。注册会计师关注的被审计单位风险评估过程和结果主要包括：识别与财务报告相关的经营风险，以及针对这些风险所采取的风险管理措施。

与企业财务报告相关的经营风险受不断变化的内部因素和外部因素的影响，其中内部影响因素主要有：人员变动；新旧信息处理系统的转换；组织管理职责与权限的变化；组织或业务的快速增长；新技术、新业务、新产品、新的作业流程；企业重组；国外业务的拓展等。外部影响因素主要包括：企业经营环境的变化；顾客的需求变化；外部竞争；新的会计法规和政策的变化；自然灾害等。

3. 与财务报告相关的信息系统与沟通

与财务报告相关的信息系统包括用以生成、记录、处理和报告交易、事项和情况，对相关资产、负债和所有者权益履行经管责任的程序、业务流程和记录。业务流程是指被审计单位开发、采购、生产、销售、发送产品和提供服务、保证遵守法律法规、记录信息等一系列活动。企业对与财务报告相关的岗位职责信息以及与财务报告相关的重大事项信息须进行对内和对外的有效沟通。在与财务报告相关的信息系统中会计信息系统是最重要的组成部分。一个有效的会计信息系统应能做到以下几点：确认并记录所有真实的交易；及时且充分详细地描述交易，以便在财务报表上对交易做适当的分类；计量交易的价值，以便在财务报表上记录其适当的货币价值；确定交易发生的期间，以便将交易记录在适当的会计期间；在财务报表中适当地表达交易和披露相关事项。

由上可见，会计信息系统的核心是处理交易。交易是因某经营实体与外界交换资产和劳务，以及公司内部转移或使用资产与劳务而形成的。企业的会计信息系统应为每笔交易提供一个完整的"交易轨迹"。所谓"交易轨迹"是指通过编码、交叉索引和联结账户余额与原始交易数据的书面资料所提供的一连串的迹象。"交易轨迹"对管理当局和注册会计师都很重要。比如，管理当局可使用"交易轨迹"来答复顾客或供应商有关账户余额的询问，注册会计师可将"交易轨迹"作为"审计轨迹"用以追查及核实交易。

4. 控制活动

控制活动是指有助于确保管理当局的指令得以执行的政策和程序，包括与授权批准、职责分离、信息处理、实物控制和业绩评价等相关的活动。

（1）授权批准。交易授权批准程序的主要目的在于保证交易是各级管理人员在其授权范围内经批准才产生的。授权有一般授权和特别授权之分。前者指授权处理一般性的交易，而后者则指授权处理非常规性交易事项。

（2）职责分离。这项控制是依据不相容职务分离的原则对交易活动涉及的不相容职责进行合理划分，使每个人的工作与其他人的工作可以相互核对、相互牵制，相互检验以预防差错和舞弊的产生。所谓不相容职务是指集中于一人办理时，发生差错或舞弊的可能性就会增加的两项或几项职务。职责划分的主要目的是为了预防和及时发现企业成员在执行所分配的职责时易产生的错误或舞弊行为。

（3）信息处理。信息处理的控制可分为一般控制和应用控制。一般控制是指与许多应用程序有关的政策和程序，有助于保证信息系统持续恰当地运行，支持应用控制作用的有效发挥。应用控制是指主要在业务流程层次运行的人工或自动化程序，与用于生成、记录、处理、报告交易或其他财务数据的程序相关。

（4）实物控制。实物控制是指限制接近资产和接近重要记录，以保证资产和记录的安全。采用实物防护措施是保护资产和记录安全的重要措施。比如，规定只有经过授权才允许接触贵重资产和重要的凭证和记录；对重要档案加以复制另行保存；使用 POS 机和其他自动数据处理设备以保证及时、准确地处理信息。

（5）业绩评价。将企业本期实际业绩与前期、预算、预测和同业平均业绩加以比较，评价预定目标的实现程度，对企业业绩做出总体评审。业绩评价可获悉企业员工是否完成各级目标以及企业整体目标的完成情况。通过业绩评价反馈的信息，采取措施对原定计划加以修正。

5. 对控制的监督

监督活动是指对控制的监督活动。它是企业评价内部控制在一段时间内运行有效性的过程，该过程包括及时评价控制的设计和运行，以及根据情况的变化采取必要的纠正措施。对内部控制的监督活动一般由持续性监督和独立评价组成，监督的目的是保证企业内部控制系统持续有效的运作。

（1）持续的监督活动。持续的监督活动伴随企业的经营过程发生，各控制岗位人员在履行其日常的职责时，取得内部控制系统运行的相关资料，不同岗位员工之间按控制的设计彼此相互验证，当出现偏差时，可提出质疑，及时纠偏。此外，来自外部市场或客户的信息可以验证内部控制的有效性，并能及时发现问题加以改进。

（2）独立评价。独立评价是非常规性的监督活动。它可对持续的监督活动实施再监督。企业管理当局通常将独立评价的职责授予内部审计组织。内部审计人员定期审查和评价企业各岗位内部控制职责的履行情况，并将内部控制的评审结果以及强化内部控制系统的建议编入审计报告自下而上反馈给企业高层管理当局和董事会，促进企业内部控制系统的改进与完善。

三、在整合审计中了解与评估内部控制

为了规范注册会计师内部控制审计业务，保证执业质量，根据《企业内部控制基本规范》、《中国注册会计师鉴证业务执业准则》，财政部等五部委制定了《企业内部控制审计指引》。《企业内部控制基本规范》与《企业内部控制应用指引》和《企业内部控制评价指引》是注册会计师衡量企业内部控制是否有效的基础标准。注册会计师对企业内部控制执行审计时，除遵守《中国注册会计师鉴证业务执业准则》外，还应遵守《企业内部控制审计指引》的相关规定。《企业内部控制审计指引》中规定，注册会计师既可以单独进行内部控制审计，也可以将内部控制审计与财务报表审计整合进行，简称整合审计。内部控制审计与财务报表审计通常使用相同的重要性水平（或重要性），在审计实务中两者很难分开。内部控制审计要求了解与评估企业的内部控制，对企业控制设计和运行的有效性进行测试；财务报表审计中，也要求了解与评估企业的内部控制，并在需要时测试控制。了解与评估企业的内部控制是两种审计的相同之处，也是整合审计中应整合的核心内容。

在整合审计中，注册会计师应当将风险评估的理念及思路贯穿于审计过程的始终，通过了解和评估内部控制的设计和执行情况，识别潜在错报的类型和导致控制风险及重大错报风险的因素，为设计和实施进一步审计程序的性质、时间和范围奠定基础。注册会计师在评估控制的设计时，应当考虑该控制单独或连同其他控制，是否能够有效防止、发现或纠正重大错报；在评估控制是否得到执行时，要考虑某项控制是否存在并且被审计单位正在使用。注册会计师在了解和评估内部控制的设计和执行情况时，应运用职业判断，并实施以下风险评估程序：（1）询问被审计单位的有关人员；（2）观察特定控制的运用；（3）检查相关文件和报告；（4）执行穿行测试，即追踪交易经过与财务报表相关的信息系统的过程。在实务中，注册会计师对内部控制设计和执行的了解与评估应遵循从企业层面到重要业务流程层面的原则，并做出详细记录。

（一）从企业层面了解与评估内部控制

在整体层面对被审计单位内部控制的了解和评估通常需要由项目组中对被审计单位情况比较了解且较有经验的成员负责，同时需要项目组其他成员的参与和配合。对于连续审计，注册会计师可以重点关注整体层面的内部控制的变化情况，包括由于被审计单位及其环境等其他方面的变化而导致内部控制发生的变化以及采取的对策。注册会计师还需要特别考虑因舞弊而导致重大错报的可能性及其影响。注册会计师在整体层面对被审计单位内部控制的了解和评估主要包括下列五方面内容：

1. 了解并评估控制环境

在了解和评估企业的控制环境时，注册会计师应逐项了解控制环境的各构成要素是否得到执行，了解这些要素在被审计单位的业务流程中是如何体现的。了解和评估时应将询问与其他风险评估程序相结合以获取审计证据。

控制环境要素是其他内部控制构成要素的基础，注册会计师在了解和评估控制环境时，应考虑控制环境的总体优势是否为内部控制的其他要素提供了适当的基础，控制环境中存在的缺陷对其总体优势的削弱程度。

了解和评估控制环境对重大错报风险的评估具有重要影响，但控制环境本身并不能防止，或发现并纠正各类交易、账户余额、列报与披露的相关认定的重大错报，注册会计师在评估重大错报风险时应将控制环境连同其他内部控制要素产生的影响同时考虑。

2. 了解并评估被审计单位的风险评估过程

注册会计师了解和评估被审计单位风险评估的过程和结果重在评估被审计单位风

险评估过程的设计和执行情况。具体内容包括：了解确定管理当局如何识别与财务报告相关的经营风险；了解管理当局如何估计该风险的重大性；了解管理当局如何评估风险发生的可能性；了解管理当局对与财务报告相关的经营风险如何采取风险管理措施加以防范。

在审计过程中，对被审计单位管理当局已经识别出的经营风险，注册会计师应运用职业判断进一步考虑这些风险是否可能导致重大错报，以及被审计单位对此采用的风险管理措施是否有效；如果注册会计师识别出被审计单位管理当局未能识别的重大错报风险，则意味着管理当局评估过程的设计和执行存在缺陷，可能已不适于企业所处的具体环境，注册会计师应寻找企业无法辨识风险的内外部原因，并对被审计单位风险评估过程的设计和执行情况做出正确评估。

3. 了解并评估与财务报告相关的信息系统和沟通

与财务报告相关的信息系统主要包括反映生成、记录、处理和报告交易、事项和情况，与财务报告相关的程序和记录。注册会计师应重点了解对财务报表具有重要影响的交易、事项和情况；了解与交易生成、记录、处理和报告有关的会计记录、支持性信息和财务报表中的特定项目；了解被审计单位编制财务报告的过程，尤其是做出的重大会计估计和披露的过程；了解由于管理当局忽视或凌驾于账户记录控制之上而产生的重大错报风险。

由于企业信息系统的内部控制可能既包括人工成分又包括自动化即信息技术成分，因而注册会计师应分别关注和识别两类成分不同的风险点。对信息技术下内部控制产生的特定风险注册会计师应关注和识别的风险点主要有：系统或程序未能正确处理的数据，或处理了不正确的数据，或两者兼而有之；在未得到授权情况下接触数据，可能导致数据的毁损或对数据不恰当的修改，包括记录未经授权或不存在的交易，或不正确地记录了交易；信息技术人员获得超越其履行职责以外的接触特权的可能性；未经授权改变主文档的数据；未经授权改变系统或程序；未能对系统或程序做出必要的修改；不恰当的人为干预；数据丢失的风险或不能接触所要求的数据。对人工环境下内部控制产生的特定风险注册会计师应关注和识别的风险点主要有：人工控制可能更容易被规避、忽视或凌驾；人工控制可能不具有一贯性；人工控制可能更容易产生简单错误或失误。在了解内部控制时，注册会计师应考虑被审计单位是否通过建立有效的控制措施，以恰当应对由于使用信息技术系统或人工系统而产生的上述风险。

此外，注册会计师应当了解被审计单位对财务报告的岗位职责以及与财务报告相关的重大事项进行沟通的具体程序和执行情况。

4. 了解并评估控制活动

注册会计师了解控制活动的主要目的在于评估控制风险，并针对评估的风险设计下一步审计程序。注册会计师应从授权批准、业绩评估、信息处理、实物控制和职责分离等方面分别了解和评估控制活动的设计和执行情况。重点考虑某项控制活动单独或连同其他控制活动是否可以规避，以及如何规避，或发现并纠正各类交易、账户余额、列报与披露存在的重大错报，从而降低控制风险。例如，对职责分离控制活动可了解和评估企业的下列不相容职务：授权进行某项经济业务与执行该项业务的职务；

执行某项经济业务与审查该项业务的职务；执行某项经济业务与记录该项业务的职务；记录某项经济业务与审核该项经济业务的职务；保管某项物资和记录该项物资的职务；保管物资与核对该项物资的账实是否相符的职务；记录总账和记录明细账的职务；登记日记账和登记总账的职务等是否实现有效分离。并重点考察企业不相容职责分离后是否可以规避或发现并纠正各类交易、账户余额、列报与披露存在的重大错报，从而降低控制风险。在信息处理控制活动中，由于信息技术的使用直接影响控制活动的执行方式，注册会计师应重点关注被审计单位是否已通过建立有效的信息技术的一般控制和应用控制来应对信息技术产生的风险。

企业的控制活动经常渗透于其他控制要素之中，从提高审计效率考虑，注册会计师在了解其他内部控制要素时应注意获取与控制活动相关的信息，并运用职业判断辨识其是否确实存在。

5. 了解并评估对控制的监督活动

外部注册会计师应了解与被审计单位监督活动相关的信息，判断企业管理当局认为信息具有可靠性的依据是否合理；了解对企业内部控制的监控和验证活动的设计是否适当；了解针对监督发现的问题管理当局是否采取相应的措施及时予以纠正。

企业内部审计人员在企业对控制的监督过程中具有独立评估的职责。它可以对日常持续的监督活动实施再监督，发挥着不可或缺的重要作用。外部审计须在了解内部审计的工作过程和结果的基础上，评估被审计单位内部控制设计和运行的有效性。

通过对内部控制的了解和评估如果发现下列情况：管理当局缺乏诚信，导致财务报表的错报风险非常重大；被审计单位会计记录的状况和可靠性存在重大问题，不可能获取充分、适当的审计证据以发表无保留意见，并且注册会计师对被审计单位财务报表的可审计性产生疑问，应考虑发表保留意见或无法表示意见，或解除审计业务约定。

注册会计师应当将对被审计单位整体层面的内部控制各要素的了解要点和实施的风险评估程序及其结果等形成审计工作记录，并对影响注册会计师对整体层面内部控制有效性进行判断的因素加以重点关注。财务报表层次的重大错报风险很可能源于薄弱的控制环境，因此，注册会计师在评估财务报表层次的重大错报风险时，应当将被审计单位整体层面的内部控制状况和了解到的被审计单位及其环境等其他方面的情况结合起来考虑。被审计单位整体层面的内部控制是否有效将直接影响重要业务流程层面控制的有效性，进而影响注册会计师拟实施的进一步审计程序。

（二）从业务层面了解与评估内部控制

由于内部控制的若干要素，尤其是信息系统和控制活动更多地体现在业务流程层面。因此，注册会计师应当从被审计单位重要业务流程层面了解内部控制，并据此评估认定层次的重大错报风险，进而针对评估的风险设计和实施进一步审计程序。

1. 对重要业务流程的了解和评估

在初步计划审计工作时，注册会计师需要确定在被审计单位财务报表中可能存在重大错报风险的重大账户及其相关认定。为实现此目的，通常采取下列步骤：

（1）确定重要业务流程和重要交易类别。由于被审计单位经营活动的性质不同，所划分的业务循环也不同。通常，对制造业企业，可以划分为销售与收款循环、采购与付款循环、存货与生产循环、工资与人员循环、筹资与投资循环等。重要交易类别是指可能对被审计单位财务报表发生重大影响的各类交易。重要交易应与重大账户及其认定相联系，例如，对于一般制造业企业，销售收入和应收账款通常是重大账户，销售和收款都是重要交易类别。

（2）了解重要交易流程，并记录获得的了解。重要交易流程是指注册会计师所了解的每一类重要交易在信息技术或人工系统中生成、记录、处理及在财务报表中报告的程序。交易流程是确定在哪个环节或哪些环节可能发生错报的基础。交易流程通常包括输入数据的核准与修订、数据的分类与合并、进行计算、更新账簿资料和客户信息记录、生成新的交易、归集数据、列报数据等一系列工作。

在执行上述步骤之前，注册会计师需要考虑下列事项：该类交易影响的重大账户及其认定，这决定了注册会计师了解的重点；注册会计师已经识别的有关这些重大账户及其认定的经营风险和财务报表重大错报风险；重要交易类别生成、记录、处理和报告所涉及的业务流程以及相关的信息技术处理系统，这可以帮助注册会计师确定询问对象。

（3）确定可能发生错报的环节。注册会计师所关注的控制，是那些能通过防止错报的发生，或者通过发现和纠正已有错报，从而确保每个流程中业务活动的具体流程能够顺利运转的人工或自动化控制程序。注册会计师需要确认和了解被审计单位是否在那些可能发生错报的环节设置了控制，以防止或发现并纠正各重要业务流程可能发生的错报。

（4）识别和了解相关控制。首先，注册会计师如果认为仅通过实质性程序无法将认定层次的检查风险降至可接受的水平，或者针对特别风险，注册会计师仍应当了解和评估相关内部控制。

其次，如果注册会计师计划对业务流程层面的有关控制做进一步的了解和评估，在了解业务流程中容易发生错报的环节后，注册会计师应当确定：被审计单位是否建立了有效的控制，防止或发现并纠正这些错报；被审计单位是否遗漏了必要的控制；是否识别了可以最有效测试的控制。

再次，识别预防性控制与检查性控制。通常将业务流程中的控制划分为预防性控制和检查性控制。预防性控制通常被用于正常业务流程的每一项交易中，以防止错报的发生。检查性控制是发现流程中可能发生错报的控制。识别和了解控制的主要方法是询问被审计单位各级别的负责人员。通常，应首先询问那些级别较高的人员，再询问级别较低的人员，以确定他们认为应该运行哪些控制，以及哪些控制是重要的。这种"从高到低"的询问方法使注册会计师能迅速地辨别被审计单位重要的控制，特别是检查性控制。如果注册会计师打算依赖控制，就需要执行控制测试。

最后，记录相关控制并判断记录的充分性。当确定在哪个环节可能出现错报，在哪个环节执行了相关的控制时，注册会计师可以通过备忘录、笔记或复印被审计单位相关资料而逐步使信息趋于完整。如何判断记录的充分性？如果注册会计师对重要业务流程的记录符合下列条件，可以认为它是充分的：该记录识别了所有重要交易类别；该记录指出在业务处理流程中"在什么环节可能出错"，即在什么环节需要控制；该记录描述了针对"在什么环节可能出错"建立的预防性控制与检查性控制，而且指出这些控制由谁执行以及如何执行。

（5）执行穿行测试，证实对交易流程和相关控制的了解。对各类重要交易在业务流程中发生、处理和记录的过程，注册会计师通常会每年执行穿行测试。执行穿行测试可获得下列方面的证据：确认对业务流程的了解；确认对重要交易的了解是完整的，在交易流程中所有与财务报表认定相关的可能发生错报的环节都已识别；确认所获得的有关流程中的预防性控制和检查性控制信息的准确性；评估控制设计的有效性；确认控制是否得到执行；确认之前所做的书面记录的准确性。

（6）风险评估与内部控制的初步评估决策。第一，风险评估需考虑的因素。在重要业务流程层面，注册会计师对控制的评估，并对重大错报风险的评估，需考虑以下因素：①账户特征及已发现的重大错报风险。如果已发现的重大错报风险为高，注册会计师认为相关的控制应有较高的敏感度，即使在错报率较低的情况下也能防止或发现并纠正错报。相反，如果已发现的重大错报风险为低，相关的控制就无须具有像重大错报风险较高时那样的敏感性。②对被审计单位整体层面控制的评估。前已述及注册会计师如何在被审计单位整体层面对控制进行了解和评估。在评估重要业务流程层面的控制和风险时，注册会计师应将对整体层面获得的了解和结论，与在业务流程层面获得的有关重大交易流程及其控制的证据结合起来考虑。在评估业务流程层面的内部控制要素时，考虑的影响因素可能包括：管理层及执行控制的员工表现出来的胜任能力及诚信度，员工受监督的程度及员工流动的频繁程度；管理层凌驾于控制之上的潜在可能性；缺乏职责划分，包括信息技术系统中自动化的职责划分的情况；内部审计人员或其他监督人员测试控制运行情况的程度；业务流程变更所产生的影响，如变更期间控制程序的有效性是否受到了削弱；在被审计单位本身的风险评估过程中，针对某控制所识别的风险，以及对于该控制是否有进一步的监督。注册会计师同时也要考虑其识别出针对某控制的风险，被审计单位是否也识别出该风险，并采取了适当的措施来降低该风险。

第二，初步评估的内容。内部控制的初步评估是指注册会计师在识别和了解控制后，根据获取的审计证据，评估控制设计的合理性并确定其是否得到执行。具体包括：①评估控制本身的设计是否合理。注册会计师需要根据上述的风险评估考虑因素做出判断，如果识别的控制设计合理，该控制在重要业务流程中单独或连同其他控制能否有效地实现特定控制目标。②评估控制是否得到执行。如果设计合理的控制没有得到执行，该控制也不会发挥应有的作用。因此，注册会计师需要获取审计证据，评估这类控制是否确实存在，且正在被使用。

第三，初步评估的结论。注册会计师对控制的初步评估结论可能是以下情况之一：①所设计的内部控制单独或连同其他控制能够有效防止或发现并纠正重大错报，并得到执行；②控制本身的设计是合理的，能够防止或发现并纠正重大错报，但没有得到执行；③控制本身的设计就是无效的或缺乏必要的控制。由于对控制的了解和评估是在穿行测试完成后，但又是在测试控制运行有效性之前进行的，因此，上述评估结论只是初步结论，仍可能随控制测试后实质性程序的结果而发生变化。

第四，初步评估结论对决策的影响。在对控制进行初步评估和风险评估后，注册会计师需要运用执行上述程序获得的信息，做出以下决策：①实施控制测试的决策。如果认为被审计单位控制设计合理并得到执行，能够有效防止或发现并纠正重大错报，那么，注册会计师通常可以准备更多地信赖这些控制，减少拟实施的实质性程序；如果拟更多地信赖这些控制，需要确信所信赖的控制在整个拟信赖期间都有效地发挥了作用，即注册会计师应对这些控制在该期间内是否一贯得到运行进行测试。拟信赖该控制的期间可能是整个年度，也可能是其中某一时段；如果控制测试的结果进一步证实内部控制是有效的，注册会计师可以认为相关账户及认定发生重大错报的可能性较低，对相关账户及认定实施实质性程序的范围也将减少。②不实施控制测试的决策。如果注册会计师认为被审计单位的控制是无效的，包括控制本身设计不合理，不能实现控制目标，或者尽管控制设计合理，但没有得到执行。注册会计师不需要测试控制运行的有效性，而直接实施实质性程序。但在评估重大错报风险时，需要考虑控制失效对财务报表及其审计的影响。

注册会计师应当将认定层次的内部控制因素和其他因素相结合，评估认定层次的重大错报风险，以确定进一步审计程序的性质、时间和范围。需要再次指出的是，除非存在某些可以使控制得到一贯运行的自动化控制，注册会计师对控制的了解和评估并不能够代替控制测试，即对控制运行有效性的测试。

2. 对财务报告流程的了解和评估

以上讨论了注册会计师如何在重要业务流程层面了解重大交易生成、处理和记录的流程，并评估在可能发生错报的环节设计和执行的控制。在实务中，注册会计师还需要进一步了解有关信息从具体交易的业务流程过入总账、财务报表以及相关列报的流程，即财务报告流程及其控制。这一流程和控制与财务报表的列报认定直接相关。由于财务报告流程将直接影响财务报告，因此，注册会计师应重视对这一重要流程的了解。注册会计师对该流程以及如何与其他重要流程相链接的了解，有助于其识别和测试与财务报表重大错报风险最相关的控制。

财务报告流程包括：将业务数据汇总记入总账的程序，即如何将重要业务流程的信息与总账和财务报告系统相连接；在总账中生成、记录和处理会计分录的程序；其他用于记录对财务报表常规和非常规调整的程序，如合并调整、重分类等；用于草拟财务报表和相关披露的程序。

在了解和评估财务报告流程的过程中，注册会计师应当考虑对以下主要方面做出评估：主要的输入信息，执行的程序，主要的输出信息；每一财务报告流程要素中涉及信息技术的程度；管理层的哪些人员参与其中；记账分录的主要类型，如标准分录、非标准分录；管理层和治理层对流程实施监督的性质和范围。

四、在整合审计中记录了解与评估内部控制的方法

注册会计师在整合审计中，需要用适当的方法将上述了解和评估被审计单位内部控制的详细内容描述出来，一方面用于制订和修改审计计划和程序；另一方面供日后

查考之用。调查描述内部控制制度的方法通常有三种，即文字表述法、调查表法和流程图法。

（一）文字表述法

文字表述法是指注册会计师对被审计单位内部控制制度健全程度和执行情况的文字叙述。这种文字叙述，一般是按不同的循环环节，分别写明各个职务上所完成的各种工作、办理业务时所经历的各种手续等，同时还应阐明各项工作的负责人，经办人员以及由他们编写和记录的文件凭证等。

文字表述方法的优点是比较灵活，可以对被审计单位内部控制制度的各个环节做出比较深入和具体的描述，不受任何限制。但文字表述也有其缺点：对内部控制制度的描述，有时很难用简明易懂的语言来详细说明各个细节，因而有时使文字表述显得比较冗赘，不利于为有效地进行内部控制评估和控制风险评估提供直接的依据。文字表述法主要适用于内部控制制度不甚健全的企业或内部控制程序比较简单，比较容易描述的小型企业。

（二）调查表法

调查表法是将那些与保证会计记录的正确性和可靠性以及与保证财产物资的完整性有密切关系的事项列作调查对象，由注册会计师设计成标准化的调查表，并利用表格形式，通过征询方式来了解内部控制制度强弱程度的方法。

采用调查表法，注册会计师根据内部控制的基本原理及其应达到的目的和要求，把被审计单位各经营环节的关键控制点及其主要问题，预先编制一套标准格式的调查表。在调查表中，为每个问题分设"是"、"否"、"不适用"和"备注"四栏。其中"是"表示肯定；"否"表示否定；"不适用"表示该问题在被审计单位不适用；还可在"否"这一栏中根据存在问题的轻重程度，再细分为"较轻"和"较重"两栏；"备注"栏用于记录回答问题的资料来源和对有关问题的说明。

调查表法的最大优点：一是简便易行，即使没有较高的专业知识和专业技能的人员也能操作；二是能对所调查的对象提供一个概括的说明，有利于注册会计师做进一步分析评估；三是编制调查表省时省力，可在审计项目初期就较快地编制完成，可以节省注册会计师的工作量；四是调查表"否"栏集中反映内部控制制度存在的问题，能引起注册会计师的高度重视。但是，调查表法也有一定的缺陷，主要是对被审计单位某一环节的内部控制制度只能按所提问题分别考查，而难以提供一个完整的、系统的、全面的分析评估；由于调查表格式固定，缺乏弹性，因而对于不同行业的被审计单位或特殊情况，往往"不适用"栏填得太多，而使调查表法失去了适用性；此外，调查人员机械地照表提问，往往会使被调查人员漫不经心，易流于形式，也会失去调查表的实际意义。下面以注册会计师编制的华光股份有限公司现金支出业务内部控制制度的调查表为例加以说明。调查表的格式如表4-1所示。

表 4 – 1 内部控制调查表

被审计单位：华光股份有限公司　　　审计人员：　　　　编　号：

调查内容：现金支出业务的内部控制制度　被调查人：　　调查日期：20×1 年 7 月 18 日

调查事项	调查结果				备注
	是	否		不适用	
		较轻	严重		
1. 各支款业务部门报销人员填制的各种费用的原始单据是否签章？	√				
2. 各业务部门负责人是否根据计划或有关规定对这些原始凭证进行审批之后签字或盖章并送交财会部门？	√				
3. 财会主管或专设审核人员是否根据财务制度的规定认真审核各业务部门送交的待报销原始凭证，之后签章？		√			
4. 出纳人员是否根据财会主管或审核人员审核批准的付款原始凭证付款，并在付款原始凭证上加盖"现金付讫"戳记？	√				
5. 出纳人员在付款后是否根据付款原始凭证及时填制内部转账通知单一式两份。一份留存，一份送交业务部门？		√			
6. 出纳人员是否在付款后根据付款原始凭证及时填制付款记账凭证并连同内部转账通知单一份送交财会主管或专设审核人员复核？	√				
7. 出纳人员是否根据经复核的付款记账凭证登记现金日记账并签章？	√				
8. 专设会计人员是否在汇总已复核付款凭证的基础上，编制记账凭证汇总表，之后据以登记现金总账？	√				
9. 出纳人员是否在每日终了结出现金日记账余额，并将库存现金实存数额与现金日记账余额相互核对？			√		
10. 出纳人员对发现的长短款情况是否及时报告财会负责人？		√			
11. 财会主管或专设审核人员每月是否对出纳人员所做的库存现金账实核对工作进行不定期的抽查至少两次？		√			
12. 财务主管或专设审核人员是否按月将现金日记账余额与总账余额相互核对，对发现的不一致或出纳人员上报的长短款情况是否及时进行了妥善处理？	√				

（三）流程图法

流程图法是指用特定的符号和图形，将内部控制制度中各种业务处理手续，以及各种文件或凭证的传递流程，用图解的形式直观地表现内部控制制度的实际情况。

现代化企事业内部各个部门与人员的职责分工明确，协作紧密，按其职责分工，分别从事各自的业务活动，并根据经合法审批的文件或凭证执行。这些文件、凭证在各部门人员之间的传递，既反映了各项业务的处理过程，又协调了各项业务活动，从而形成为一种连续不断的流转过程。用特定的符号和图形，将这种过程以图解的方式描述出来，就是流程图，一般是按每个主要经营环节绘制一张流程图，然后再将各个经营环节的流程图合并起来，就构成了整个企业经营的流程图。

采用流程图法须事先确定图形符号，一般应注意以下方面：流程图应绘制得简单、明了，合乎逻辑，业务处理程序自发生的起点到归档的终点应予充分、完整地表达出来；流程图中少用叙事性说明，多用符号，符号力求标准、统一、直观，尽量用事先规定好的符号绘图；当一个制度分布在几个方面时，应将最主要的路线画在主图上，其他路线则画在分开的流程图上，或用脚注说明；注明各种凭证、账簿和报表的名称和份数及其归档、保存的情况；标明各项业务的关键控制点和核对情况。

绘制流程图仅是手段，而不是目的。其目的在于评估被审计单位的内部控制制度。评估的方法有两种：一是用特别符号或特殊颜色将应有而未予设置的控制弱点在图上标明；二是用文字在图的下端，对控制弱点加以说明。下面仍以华光股份有限公司现金支出业务为例，根据其内部控制调查情况绘制成流程图，如图 4 - 1 所示。

用流程图法描述内部控制制度，其主要优点有：流程图从整体的角度，以简明的形式描绘内部控制制度的实际情况，便于较快地检查出内部控制制度逻辑上的薄弱环节，也便于评审；流程图便于表达内部控制制度的特征，同时便于修改，在下次评审时，只要根据修改后的内部控制制度实际情况，稍微变动几根线条、几个符号，就能更新整个流程图。当然，像任何其他方法一样，流程图法也有其不足之处：编制流程图需要具备较娴熟的技术和较丰富的工作经验，同时颇费时间；流程图法不能将内部控制制度中的控制弱点，明显地标示出来，故评估时，往往需要与其他两种方法相结合。

描述内部控制制度的三种方法并不相互排斥，而是相互依赖和相互补充的。在描述某一单位内部控制制度时，可对不同业务环节使用不同的方法，也可同时结合使用两种或三种方法，三者结合使用，往往比采用某一种方法效果更好。

五、内部控制的固有局限性

内部控制制度设置于企业内部存在着固有的局限性，它使内部控制的设计和执行，只能对财务报告的可靠性提供合理的保证。注册会计师应保持应有的职业谨慎，充分关注以下内部控制的固有局限。

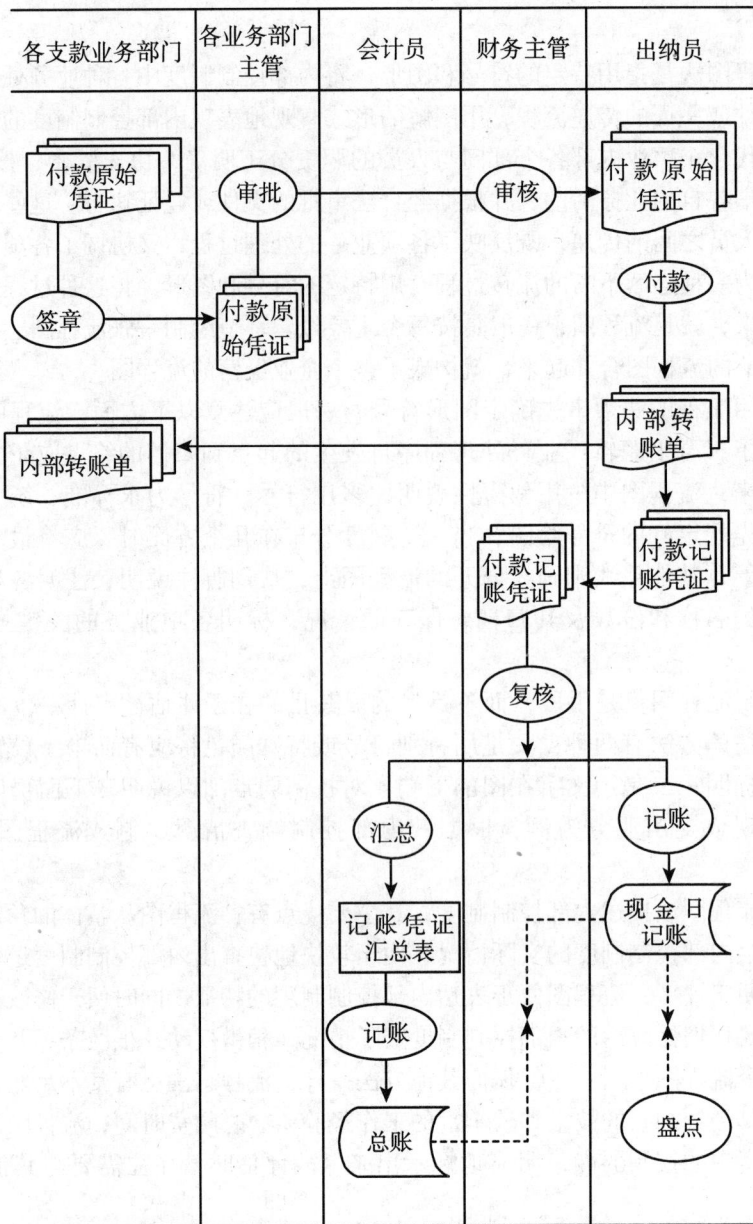

图4-1 华光公司现金支出业务流程图

（1）企业管理当局决策失误将导致内部控制失效。内部控制是企业管理的重要组成部分，内部控制旨在贯彻企业管理当局的意图，如果企业管理者滥用职权，逾越控制导致决策失误，则内部控制将丧失其功效。

（2）设计完整的内部控制可能由于两个或更多的人员进行串通而失效。因串通舞弊导致内部控制失效的行为不仅包括企业内部不相容岗位的人员相互串谋舞弊，而且包括企业内外人员之间的串谋舞弊。

（3）假如在执行内部控制时出现人为失误，则内部控制也将失去应有的效能。比如，执行人员未能正确理解内部控制的设计和执行要求，出现判断失误则既定的内部控制也会全部或部分失效。

（4）企业内部控制的设计与运行既遵循成本与效益原则又受制于此项原则。比如，小企业拥有的员工较少，依据成本与效益原则缩减了控制岗位的设置，则限制了不相容职责分离的程度，同时错弊发生的可能性也将增加。

由于内部控制存在上述固有的局限性，因此，不论被审计单位内部控制设计和运行情况如何，注册会计师都不能放弃执行实质性程序。此外，强化内部审计和外部审计对内部控制的评审，有助于监控企业管理当局采纳建议、及时完善和提高内部控制的效能。

第二节　审计风险及其评估与应对

20 世纪 80 年代以来，审计职业界不断受到诉讼的威胁。面对错综复杂的社会环境以及不断增加的审计风险，对审计质量与效率的提高、审计风险的防范与控制提出了更高的要求，于是在英美等西方国家逐步兴起了风险导向审计。我国于 2006 年 2 月 15 日发布，2007 年 1 月 1 日正式实施，2010 年 11 月修订的《中国注册会计师执业准则》体现了与国际审计准则和国际惯例趋同发展的要求，全面导入了风险导向审计的理念。它要求注册会计师以识别、评估和应对重大错报风险为主线开展审计工作，确定审计的重点，将有限的审计资源集中于高风险领域，提高审计的效率和效果。目前，国内外无论是风险导向审计的理论抑或实务仍处于发展完善之中。本节主要阐述了审计风险的构成要素及其相互关系、审计风险模型、审计风险矩阵以及风险评估程序等风险导向审计的基本内容。

一、审计风险概述

根据新修订的《中国注册会计师审计准则第 1101 号》的定义，审计风险是指财务报表存在重大错报时，注册会计师发表不恰当审计意见的可能性。注册会计师对财务报告不存在重大错报提供的是合理保证，这意味着审计风险始终存在。合理保证与审计风险互为补数，即合理保证与审计风险之和等于 100%。如果注册会计师将审计风险降至可接受的低水平，则对财务报表不存在重大错报获取了合理保证。此定义与国际审计准则的定义一致。通常注册会计师在计划审计工作时，必须考虑审计风险。注册会计师只有将审计风险降低到可接受的低水平，才能使表述的审计意见有比较大的把握。注册会计师根据审核、验证每个账户余额所获得的证据对财务报表整体发表意见，其目的在于控制各账户余额的审计风险，使注册会计师对财务报表整体发表意见时的审计风险保持在一个适当的水平。本部分在介绍审计风险的构成要素基础上，将从定量和定性两方面分析各要素之间的相互关系。

（一）审计风险的构成要素

审计风险的大小取决于重大错报风险和检查风险。审计风险由重大错报风险和检查风险两大风险要素构成。

1. 重大错报风险

重大错报风险是指财务报表在审计前存在重大错报的可能性。重大错报风险分为财务报表层次的重大错报风险和认定层次的重大错报风险。认定层次的重大错报风险由固有风险和控制风险两部分组成。固有风险，是指在考虑相关的内部控制之前，某类交易、账户余额或披露的某一认定易于发生错报（该错报单独或连同其他错报可能是重大的）的可能性。控制风险，是指某类交易、账户余额或披露的某一认定发生错报，该错报单独或连同其他错报可能是重大的，但没有被内部控制及时防止或发现并纠正的可能性。

重大错报风险主要由经营风险决定。被审计单位在实施战略以实现其目标的过程中可能面临各种经营风险，注册会计师应当重点关注可能影响财务报表的经营风险。经营风险源于对被审计单位实现目标和战略产生不利影响的重大情况、事项、环境和行动，或源于不恰当的目标和战略。不同的企业可能面临不同的经营风险，这取决于企业经营的性质、所处行业、外部监管环境、企业的规模和复杂程度。管理层有责任识别和应对这些风险。经营风险与财务报表发生重大错报的风险密切相关。许多经营风险最终都会有财务后果，会影响到财务报表，进而对财务报表审计产生影响。注册会计师应当重点关注此类可能影响财务报表的经营风险。

在设计审计程序以确定财务报表整体是否存在重大错报时，注册会计师应当从财务报表层次和各类交易、账户余额、披露的认定层次考虑重大错报风险。

（1）财务报表层次的重大错报风险。财务报表层次的重大错报风险是与财务报表整体存在广泛联系，并可能影响多项认定的重大错报风险。此类风险通常与控制环境有关，如管理层缺乏诚信、治理层形同虚设而不能对管理层进行有效监督等；但也可能与其他因素有关，如经济萧条、企业所在行业处于衰退期。此类风险难以被界定于某类交易、账户余额、披露的具体认定，相反，此类风险增大了一个或多个不同认定发生重大错报的可能性，与由舞弊引起的风险特别相关。

（2）认定层次的重大错报风险。认定层次的重大错报风险是与特定的各类交易、账户余额、披露的认定相关的重大错报风险，是固有风险和控制风险的综合水平。注册会计师应当评估认定层次的重大错报风险，并根据既定的审计风险水平和评估的认定层次重大错报风险确定可接受的检查风险水平。某些类别的交易、账户余额、披露及其认定的重大错报风险较高。例如，技术进步可能导致某项产品陈旧，进而导致存货易于发生高估错报；对高价值的、易转移的存货缺乏实物安全控制，可能导致存货的存在性认定出错；会计计量过程受重大计量不确定性影响，可能导致相关项目的准确性认定出错。注册会计师应当考虑各类交易、账户余额、披露的认定层次的重大错报风险，以便于针对认定层次的重大错报风险计划和实施进一步审计程序。

2. 检查风险

检查风险是指如果存在某一错报，该错报单独或连同其他错报可能是重大的，注册会计师为将审计风险降至可接受的低水平而实施程序后没有发现这种错报的风险。

检查风险是审计程序的有效性和注册会计师运用审计程序的有效性的函数。与重大错报风险不同，检查风险的实际水平随着注册会计师对某项认定执行的实质性程序的性质、时间和范围的改变而改变。比如，使用有效的审计程序可降低检查风险。在确定检查风险时，注册会计师需要充分考虑到自身出错的可能性，比如，错用某一项审计程序，或误解所取得的证据。注册会计师可通过充分的计划、适当的监督和遵守质量控制准则，来降低这些方面的检查风险。

◎ 相关案例

从 LAG 公司首次发行股票事件折射出的重大错报风险与检查风险

为了达到首次股票发行上市的目的，LAG 股份有限公司不惜虚构采购、产品销售，虚增产品库存，公司的股票在 20×2 年 6 月得以发行和上市。早在 20×1 年该公司的经营环境已发生重大变化，关键生产设备已出现废品率上升，不能维持正常生产等严重问题，实际上已亏损 10 300 万元。公司通过虚构材料采购、虚增产品库存、改变固定资产折旧方法、虚构产品销售等舞弊手段，虚报盈利 5 400 万元。

遗憾的是，注册会计师忽视了必要的审计程序，未对经营环境进行必要的调查了解，以发现生产经营的不正常情况；未执行分析程序，以发现毛利率的变动；未对存货进行盘点，以发现存货的虚构；未对应收账款进行函证，以发现销售的虚构；也未实施销售截止性测试等程序，并且为该公司的首次发行（IPO）出具了无保留意见的审计报告。LAG 股份有限公司上市后的不久就发生了亏损，证券监督管理委员会展开调查，之后为其提供鉴证业务的会计师事务所被暂停执业资格，LAG 公司被特别处理。

资料来源：根据中国会计视野网相关资料整理。

（二）审计风险构成要素之间的关系

审计风险的各组成要素，不仅可以量化，如用百分比表示，而且可以用非量化名词，如很低、低、中、高和最高等加以表示。不论审计风险要素如何表示，要确定检查风险的计划可接受水平须清楚地了解审计风险模型和审计风险矩阵的意义及其所反映的相互关系。

1. 审计风险模型

审计风险取决于重大错报风险和检查风险。审计风险、重大错报风险和检查风险之间的关系用模型表示为：

$$审计风险 = 重大错报风险 \times 检查风险$$

上述模型经变换得出公式如下：

$$检查风险 = 审计风险/重大错报风险$$

　　上述公式体现出审计过程中各类风险之间的关系。重大错报风险主要由财务报表层次的重大错报风险和认定层次的重大错报风险构成，在既定审计风险水平下，认定层次的重大错报风险即固有风险和控制风险的综合水平的评估结果与注册会计师对该认定所能接受的检查风险水平成反向变动关系。因此，评估的重大错报风险越高，可接受的检查风险越低；反之亦然。

　　在审计风险模型中，重大错报风险是企业的风险，不受注册会计师的控制。注册会计师只能通过实施风险评估程序来正确评估重大错报风险，并根据评估的两个层次的重大错报风险分别采取应对措施。需要明确的是，该风险评估只是一个判断，而不是对风险的精确计量。

　　检查风险取决于审计程序设计的合理性和执行的有效性。注册会计师通常无法将检查风险降低为零，其原因：一是注册会计师通常并不对所有的交易、账户余额和列报进行检查；二是注册会计师可能选择了不恰当的审计程序，或是审计程序执行不当，或是错误理解了审计结论。对于第二方面的问题可以通过适当计划、在项目组成员之间进行恰当的职责分配、保持职业怀疑态度以及监督、指导和复核助理人员所执行的审计工作得以解决。

　　注册会计师控制审计风险的总要求是通过实施审计程序，评估重大错报风险，并根据评估结果设计和实施总体应对措施和进一步审计程序，控制检查风险，将审计风险降至可接受的低水平。依据这一要求注册会计师应当获取认定层次充分、适当的审计证据，以便能够在审计工作完成时，以可接受的低审计风险对财务报表整体发表审计意见。对于各类交易、账户余额、披露等认定层次的重大错报风险，注册会计师可以通过控制检查风险将审计风险降至可接受的低水平。上述审计风险模型量化了审计风险要素之间的内在联系，而运用审计风险模型控制审计风险的程序集中体现了风险导向审计的理念。

　　现举例说明该模型的使用，如果注册会计师运用风险评估程序将被审计单位认定层次的重大错报风险评估为20%，既定的审计风险水平为5%，运用风险模型注册会计师可确定检查风险水平如下：

　　检查风险 = 审计风险/重大错报风险 = 0.05/0.2×100% = 25%

　　依据上述结果，注册会计师应合理安排重大错报风险的应对程序，收集充分、适当的审计证据，将检查风险控制在25%以下，进而将审计风险限定在可接受的低水平，即5%以下。

2. 审计风险要素矩阵

　　用非量化方式表述风险的注册会计师可使用表4-2列示的风险要素矩阵进行审计决策。该矩阵揭示了检查风险与重大错报风险之间的关系。需要说明两点：其一，注册会计师对认定层次重大错报风险的评估由固有风险评估和控制风险评估两部分组成，反映的是两项评估的综合水平。其二，表4-2列示的风险矩阵以审计风险限制在某一低水平为假设。

表4-2　　　　　　　　　　　　　审计风险要素矩阵

注册会计师对认定层次固有风险的评估	注册会计师对认定层次控制风险的评估		
	高	中	低
	注册会计师可接受的检查风险水平		
高	最低	较低	中等
中	较低	中等	较高
低	中等	较高	最高

由表4-2显示，审计风险的两大构成要素之间存在着密切关系。重大错报风险的评估由注册会计师对财务报表层次重大错报风险的评估和对认定层次重大错报风险的评估的综合考虑决定，而重大错报风险的评估结果决定着可接受的检查风险水平。注册会计师可接受的检查风险水平与重大错报风险的估计结果成反向变动关系。在最终审计风险限定不变的情况下，评估的重大错报风险水平越高，注册会计师可接受的检查风险水平越低，反之亦然。

国际视野

国际审计风险模型

面对审计领域与日俱增的风险，国际会计师联合会下属的国际审计与鉴证准则委员会（IAASB）成立了审计风险研究小组，经研究得出结论，以审计风险三要素即固有风险、控制风险和检查风险为基础的风险导向审计方法对财务报表审计仍然是有效和适当的，但需要完善。

国际会计师联合会下属的国际审计与鉴证准则委员会（IAASB）于2003年10月发布，2004年12月15日正式实施了两项新的国际审计风险准则，改进了风险导向审计方法。两项准则分别为：国际审计准则第315号"了解被审计单位及其环境并评估重大错报风险"；国际审计准则第330号"针对评估的重大错报风险实施的程序"。

新的国际审计风险准则强调注册会计师评估风险能力和发现舞弊能力的提高，将审计风险模型构建为：审计风险＝重大错报风险×检查风险。明确规定了审计工作以评估财务报表的重大错报风险为出发点，但该模型的具体操作尚处于不断探索之中。

资料来源：根据中国会计网相关资料整理。

（三）审计风险评估程序

为充分了解被审计单位及其环境，正确评估被审计单位重大错报风险存在的可能性，注册会计师须实施询问、分析程序、观察和检查等以下风险评估程序。

1. 询问程序

为获取对识别重大错报风险有用的信息，注册会计师不仅要向被审计单位的管理当局询问，而且还应考虑询问对财务报告负有责任的人员、内部审计人员、生产技术人员、购销人员等其他人员以增强信息的证明力。例如，询问治理层，有助于注册会计师了解编制财务报表的环境；询问内部审计人员，有助于获取本年度针对被审计单位内部控制设计和运行有效性而实施的内部审计程序，以及管理层是否根据实施这些程序的结果采取了适当的应对措施；询问参与生成、处理或记录复杂或异常交易的员工，有助于注册会计师评估被审计单位选择和运用某项会计政策的恰当性；询问营销或销售人员，有助于注册会计师了解被审计单位营销策略的变化、销售趋势或与客户的合同安排。询问内部法律顾问，有助于注册会计师了解有关信息，如诉讼、遵守法律法规的情况、影响被审计单位的舞弊或舞弊嫌疑、产品保证、售后责任、与业务合作伙伴的安排以及合同条款的含义等。

2. 分析程序

注册会计师将分析程序用于风险评估程序，有助于识别异常的交易或事项，以及对审计产生影响的金额、比率和趋势。识别出的异常或未预期到的关系可以帮助注册会计师识别重大错报风险，特别是由于舞弊导致的重大错报风险。分析程序有助于评估重大错报风险，为针对评估的风险设计和实施应对措施提供基础。值得注意的是，在实施分析程序时，注册会计师应首先预期可能存在的合理关系，例如，预算标准、行业标准及历史标准等，并与实际情况加以比较，如发现异常或预期之外的关系，注册会计师应当关注是否存在重大错报风险。注册会计师实施分析程序可以使用财务信息和非财务信息。

3. 观察和检查程序

为获取被审计单位及其环境的信息，并印证对管理当局和内部其他相关人员询问的结果，注册会计师应当实施以下观察和检查的风险评估程序：观察被审计单位的生产经营活动；检查经营计划和策略等文件、记录和内部控制手册；阅读季度管理层报告、中期财务报告和董事会会议纪要等由管理层和治理当局编制的报告；实地察看被审计单位的厂房设备、生产经营场所等；运用穿行测试观察与检查交易通过与财务报告相关的信息系统的过程。

二、了解被审计单位及其环境

注册会计师了解被审计单位及其环境所获取的信息将影响审计的全过程，有助于提高审计计划和实施工作的有效性。了解被审计单位及其环境的目的是为了识别和评估财务报表总体层次和认定层次的重大错报风险，并设计进一步审计程序。有待了解的这类信息主要包括以下方面：行业状况、法律环境和监管环境及其他外部因素；被审计单位的性质；被审计单位对会计政策的选择和运用；被审计单位的目标、战略以及相关经营风险；被审计单位财务业绩的衡量和评估；内部控制（详见第一节相关内容）。了解被审计单位及其环境是一个连续和动态地收集、更新与分析信息的过程，它贯穿于整个审计过程的始终。

1. 行业状况、法律环境和监管环境及其他外部因素

相关行业因素包括行业状况，如竞争环境、供应商和客户关系、技术发展情况等。注册会计师需要考虑的事项如下：市场与竞争，包括市场需求、生产能力和价格竞争；生产经营的季节性和周期性；与被审计单位产品相关的生产技术；能源供应与成本等。被审计单位经营所处的行业可能产生由于经营性质或监管程度导致的特定重大错报风险。

相关法律和监管因素包括法律环境和监管环境。法律环境和监管环境包括适用的财务报告编制基础、法律和政治环境等。注册会计师需要考虑的事项主要有：会计原则和行业特定惯例；受管制行业的法规框架；对被审计单位经营活动产生重大影响的法律法规，包括直接的监管活动；税收政策；目前对被审计单位开展经营活动产生影响的政府政策，如货币政策、财政政策、财政刺激措施、关税或贸易限制政策等；影响行业和被审计单位经营活动的环保要求。

相关影响被审计单位的其他外部因素可能包括总体经济情况、利率、融资的可获得性、通货膨胀水平或币值变动等。

2. 被审计单位的性质

注册会计师可以从所有权结构、组织结构、经营活动、投资活动、筹资活动和财务报告等以下事项了解被审计单位的性质。

（1）所有权结构。所有者与其他人员或实体之间的关系。了解这些方面有助于确定关联方交易是否已得到识别和恰当处理。

（2）组织结构。被审计单位的组织结构是否复杂，是否在多个地区拥有子公司或其他组成部分。复杂的组织结构通常易产生可能导致重大错报风险的问题。须关注商誉、合营企业、投资或特殊目的实体的会计处理是否恰当。

（3）经营活动。被审计单位的收入来源、产品或服务以及市场的性质；业务的开展情况；联盟、合营与外包情况；地区分布与行业细分；生产设施、仓库和办公室的地理位置，存货存放地点和数量；关键客户及货物和服务的重要供应商，劳动用工安排；研究与开发活动及其支出；关联方交易。

（4）投资活动。被审计单位的计划实施或近期已实施的并购或资产处置；证券与贷款的投资和处置；资本性投资活动；对未纳入合并范围的实体的投资，包括合伙企业、合营企业和特殊目的实体。

（5）筹资活动。被审计单位的主要子公司和联营企业；债务结构和相关条款，包括资产负债表外融资和租赁安排；实际受益方及关联方；衍生金融工具的使用。

（6）财务报告。被审计单位的会计政策和行业特定惯例，包括特定行业的重要活动；收入确认惯例；公允价值会计核算；外币资产、负债与交易；异常或复杂交易的会计处理。

3. 对会计政策的选择和运用

了解被审计单位对会计政策的选择和运用可能包括如下事项：被审计单位对重大和异常交易的会计处理方法；在缺乏权威性标准或共识、有争议的或新兴领域采用重要会计政策产生的影响；会计政策的变更；新颁布的财务报告准则、法律法规，以及被审计单位何时采用、如何采用这些规定。

4. 目标、战略以及相关经营风险

被审计单位开展经营活动，其管理层或治理层需要确定目标，作为被审计单位的总体规划。战略是管理层为实现目标而采用的方法。被审计单位的目标和战略可能会随着时间而变化。经营风险比财务报表重大错报风险范围更广，并且包括重大错报风险。经营风险可能产生于环境变化或经营的复杂性。未能认识到根据环境的变化做出改变也可能导致经营风险。例如，下列事项可能产生经营风险：开发新产品或服务可能失败；即使成功开拓了市场，也不足以支持产品或服务；产品或服务存在瑕疵，可能导致负债及声誉风险。由于多数经营风险最终都会产生财务后果，从而影响财务报表，因此了解被审计单位面临的经营风险可以提高识别出重大错报风险的可能性。然而，注册会计师没有责任识别或评估所有的经营风险，因为并非所有的经营风险都会导致重大错报风险。

5. 被审计单位财务业绩的衡量和评估

了解被审计单位的业绩衡量，有助于注册会计师考虑实现业绩目标的压力是否可能导致管理层采取行动，以致增加财务报表发生重大错报的风险。对财务业绩的衡量和评估，针对的是被审计单位的业绩是否达到管理层设定的目标。注册会计师可以考虑的、管理层在衡量和评估财务业绩时使用的内部生成信息主要有如下事项：关键的财务或非财务业绩指标、关键比率、趋势和经营统计数据；同期财务业绩比较分析；预算、预测、差异分析，分部信息与分部、部门或其他不同层次的业绩报告；员工业绩考核与激励性报酬政策；被审计单位与竞争对手的业绩比较。

其他外部机构或人员也可能衡量和评估被审计单位的财务业绩，如分析师报告和信用评级机构报告，这些外部信息可能为注册会计师提供相关财务报表是否存在错报风险的信息。

三、识别与评估重大错报风险

注册会计师在了解被审计单位内部控制的基础上，应识别和评估财务报表层次和各类交易、账户余额和披露认定层次的重大错报风险。

（一）识别与评估重大错报风险的程序

在识别和评估财务报表层次和认定层次的重大错报风险时，注册会计师需要实施以下审计程序：

（1）在了解被审计单位及其环境的整个过程中识别风险，并考虑各类交易、账户余额、列报与披露；

（2）将识别的风险与认定层次可能发生错报的领域相联系；

（3）考虑识别的风险是否重大，是否足以导致财务报表发生重大错报；

（4）考虑识别的风险导致财务报表发生重大错报的可能性。

（二）识别与评估重大错报风险的内容

注册会计师应当关注受内外部环境因素影响可能表明被审计单位存在重大错报风险的下列事项：在经济不稳定的国家或地区开展业务；在高度波动的市场开展业务；在严厉、复杂的监管环境中开展业务；持续经营和资产流动性出现问题，包括重要客户流失；融资能力受到限制；行业环境发生变化；供应链发生变化；开发新产品或提供新服务，或进入新的业务领域；开辟新的经营场所；发生重大收购、重组或其他非经常性事项；拟出售分支机构或业务分部；复杂的联营或合资；运用表外融资、特殊目的实体以及其他复杂的融资协议；重大的关联方交易；缺乏具备胜任能力的会计人员；关键人员变动；内部控制薄弱；信息技术战略与经营战略不协调；信息技术环境发生变化；安装新的与财务报告有关的重大信息技术系统；经营活动或财务报告受到监管机构的调查；以往存在重大错报或本期期末出现重大会计调整；发生重大的非常规交易；按照管理层特定意图记录的交易；应用新颁布的会计准则或相关会计制度；会计计量过程复杂；事项或交易在计量时存在重大不确定性；存在未决诉讼和或有负债。注册会计师应当充分关注可能表明被审计单位存在重大错报风险的上述事项和情况，并考虑由于上述事项和情况导致的风险是否重大，以及该风险导致财务报表发生重大错报的可能性。

（三）识别与评估需要特别考虑的重大错报风险

需要特别考虑的重大错报风险又称特别风险。注册会计师应当运用职业判断，确定识别的风险哪些是需要特别考虑的重大错报风险。在确定特别风险时，注册会计师应当考虑下列事项：风险是否属于舞弊风险；风险是否与近期经济环境、会计处理方法和其他方面的重大变化有关；交易的复杂程度；风险是否涉及重大的关联方交易；财务信息计量的主观程度，特别是对不确定事项的计量存在较大区间；风险是否涉及异常或超出正常经营过程的重大交易。

特别风险通常与重大的非常规交易和判断事项有关。其中非常规交易是指由于金额或性质异常而不经常发生的交易。例如，企业购并、债务重组、重大或有事项等。其通常具有下列特征：管理层更多地介入会计处理；数据收集和处理涉及更多的人工成分；复杂的计算或会计处理方法；非常规交易的性质可能使被审计单位难以对由此产生的特别风险实施有效控制。判断事项通常包括做出的会计估计。例如，资产减值准备金额的估计、需要运用复杂估值技术确定的公允价值计量等。通常由于对涉及会计估计、收入确认等方面的会计原则存在不同的理解，以及所要求的判断可能是主观和复杂的，或需要对未来事项做出假设等原因可能导致与重大判断事项相关的风险成为需要特别考虑的重大错报风险。

（四）识别与评估仅通过实质性程序无法应对的重大错报风险

作为风险评估的一部分，如果认为仅通过实质性程序获取的审计证据无法将认定层次的重大错报风险降至可接受的低水平，注册会计师应当评估被审计单位针对这些风险设计的控制，并确定其执行情况。如在被审计单位对日常交易采用高度自动化处理的情况下，审计证据可能仅以电子形式存在，其充分性和适当性通常取决于自动化信息系统相关控制的有效性。在这种情况下，注册会计师如果认为仅通过实施实质性程序不能获取充分、适当审计证据，应当考虑依赖相关控制的有效性，并对其进行了解、评估和测试。

在审计实务中，注册会计师可以事前设计下列表格（见表4-3）分步骤汇总所识别的重大错报风险。

表4-3 识别与评估的重大错报风险汇总

识别与评估的重大错报风险	对财务报表的影响	相关的交易类别、账户余额和列报认定	是否与财务报表整体广泛相关	是否属于特别风险	是否属于仅通过实质性程序无法应对的重大错报风险
记录识别与评估的重大错报风险	描述对财务报表的影响和导致财务报表发生重大错报的可能性	列示相关的各类交易、账户余额、列报及其认定	考虑是否属于财务报表层次的重大错报风险	考虑是否属于特别风险	考虑是否属于仅通过实质性程序无法应对的重大错报风险

总之，注册会计师对认定层次重大错报风险的评估应以获取的审计证据为基础，并可能随着不断获取审计证据而做出相应的变化。如果通过实施进一步审计程序获取的审计证据与初始评估重大错报风险时获取的审计证据相矛盾，注册会计师应当修正风险评估结果，并相应修改原计划实施的进一步审计程序。因此，评估重大错报风险与了解被审计单位及其环境一样，也是一个连续和动态的过程。注册会计师应树立整体审计观，首先，通过了解被审计单位及其环境识别重大错报风险；其次，确定该项重大错报风险是与特定的某类交易、账户余额、列报与披露的认定相关，还是与财务报表整体广泛相关，进而影响多项认定，显然后者较之前者更为重大；最后，判断识别的重大错报风险导致财务报表整体发生重大错报的可能性。可见，审计的全过程，也是注册会计师运用上述审计程序从整体到局部，再从局部到整体，全程关注重大错报风险，采取应对措施不断降低审计风险的过程。

四、审计风险的应对

在审计实务中，正确评估确认审计风险是有效地将审计风险控制于可接受水平的前提。依据审计风险模型和审计风险矩阵，在审计业务流程上，要求注册会计师将风险评估作为整个审计工作的基础，首先识别和评估重大错报风险，再据此有针对性地采取措施，合理保证财务报表不存在重大错报；要求注册会计师保持职业怀疑态度，以评估财务报表的重大错报风险为出发点，并全程关注财务报表的重大错报风险，提高发现重大错报的概率，有效防范审计风险。审计风险的应对程序是在了解被审计单位及其环境并评估重大错报风险的基础上，对财务报表层次的重大错报风险实施总体应对措施；对认定层次的重大错报风险实施进一步审计程序。

（一）基于财务报表层次重大错报风险的总体应对措施

财务报表层次的重大错报风险很可能源于薄弱的控制环境，而薄弱的控制环境带来的风险可能对财务报表整体产生广泛影响，难以限于某类交易、账户余额或列报与披露，对此注册会计师应当采取总体应对措施。

针对财务报表层次的重大错报风险的识别与评估可采取以下总体应对措施：

（1）向项目组强调在收集和评估审计证据过程中保持职业怀疑态度的必要性；

（2）分派更有经验或具有特殊技能的注册会计师，或利用专家的工作；

（3）提供更多的督导。对于重大错报风险较高的项目，项目组经验丰富的人员要对其他成员提供更及时、详细的指导与监督并加强项目质量复核；

（4）在选择进一步审计程序时，应当注意某些程序不能被管理当局预见或事先了解；

（5）对拟实施审计程序的性质、时间和范围做出总体修定。

由于财务报表层次的重大错报风险具有很难限于某类交易、账户余额、列报的特点，这意味着此类风险可能对财务报表的多项认定产生广泛影响，并相应增加注册会计师对认定层次重大错报风险的评估难度。注册会计师应当利用执行上述风险评估程序所获取的信息，作为支持风险评估结果的审计证据，并根据风险评估结果，确定下列进一步审计程序，即控制测试和实质性程序的性质、时间和范围。

（二）基于认定层次重大错报风险的进一步审计程序

进一步审计程序是指注册会计师针对评估的各类交易、账户余额和披露认定层次重大错报风险实施的审计程序，包括控制测试和实质性程序。

1. 控制测试

控制测试是对被审计单位内部控制运行的有效性实施的测试。

（1）实施控制测试的前提。控制测试属于注册会计师针对认定层次重大错报风险实施的进一步审计程序的一种类型。当存在下列情形之一时，注册会计师应当实施控制测试：①在评估认定层次重大错报风险时，预期控制的运行是有效的。如果在评估认定层次重大错报风险时预期控制的运行是有效的，注册会计师应当实施控制测试，就控制在相关期间或时点的运行有效性获取充分、适当的审计证据。这时选择控制测试主要是出于成本效益的考虑，其前提是注册会计师通过了解内部控制后认为某项控制存在着被信赖和利用的可能。只有认为控制设计合理、能够防止或发现和纠正认定层次的重大错报，注册会计师才有必要对控制运行的有效性实施测试。②仅实施实质性程序不足以提供认定层次充分、适当的审计证据。如果认为仅实施实质性程序获取的审计证据无法将认定层次重大错报风险降至可接受的低水平，注册会计师应当实施相关的控制测试，以获取控制运行有效性的审计证据。

例如，被审计单位信息的生成、记录、处理和报告均通过电子格式进行，审计证据是否充分和适当通常取决于自动化信息系统相关控制的有效性，即属于仅通过实施实质性程序不能获取充分、适当的审计证据的情况。此时注册会计师必须实施控制测试，并且这时选择控制测试已经不再是单纯出于成本效益的考虑，而是为获取此类审计证据必须实施的程序。

此外，如果被审计单位在所审计期间内的不同时期使用了不同的控制，注册会计师应当测试不同时期控制运行的有效性。

（2）了解内部控制与控制测试的关系。了解内部控制与控制测试的区别主要表现在：其一，目的不同。注册会计师了解内部控制的目的在于确定内部控制是否存在，而控制测试的目的在于测试控制运行的有效性。其二，证据证实的内容不同。注册会计师测试控制运行的有效性与确定控制是否存在所需获取的审计证据或审计证据需要证实的内容是不同的。了解内部控制旨在确定某项控制是否存在，是否正在使用，而控制测试程序需要证实的是控制能否在不同时点按照既定设计得以一贯执行，为此注册会计师需要抽取足够数量的交易进行检查或对多个不同时点进行观察，而了解控制的程序只需要抽取少量的交易加以检查或观察。可见，由于证据证实的内容不同，两项程序所需要收集的证据数量和审计工作量也有所不同。其三，审计程序的类型不同。控制测试与了解内部控制所采用的审计程序的类型有所不同。两者相同的审计程序，包括询问、观察、检查和穿行测试等程序，除此而外，控制测试还包括重新执行程序。尽管了解内部控制与控制测试是两项不同的审计程序，但它们都是针对内部控制实施的程序，注册会计师可以在了解内部控制的同时，测试控制运行的有效性，以提高审计效率。

（3）控制测试的性质。控制测试的性质是指控制测试所使用的审计程序的类型及其组合。控制测试性质的主要决定因素是计划从控制测试中获取的保证水平。计划的保证水平越高，对有关控制运行有效性证据的可靠性要求越高。当拟实施的进一步审计程序主要以控制测试为主，尤其是仅实施实质性程序获取的审计证据无法将认定层次重大错报风险降至可接受的低水平时，注册会计师应当获取有关控制运行有效性的更高的保证水平。

控制测试程序的类型包括：①询问。注册会计师可以向被审计单位适当员工询问，获取与内部控制运行情况相关的信息。尽管询问是一种有用的手段，但它必须和其他测试手段结合使用才能发挥作用。②观察。观察是测试不留下书面记录的控制是否运行的有效方法。例如，观察实物盘点控制的执行情况。通常情况下，注册会计师通过观察直接获取的证据比间接获取的证据更可靠。③检查。检查程序对那些运行中留有书面证据的控制，尤为有效。被审计单位复核时留下的记号，或其他记录在偏差报告中的标志都可以作为检查对象，被当作控制运行情况的证据。例如，检查出库单是否有复核人员签字等。④重新执行。通常只有当询问、观察和检查程序结合在一起仍无法获得充分证据时，注册会计师才考虑通过重新执行来证实控制是否有效运行。但是，如果需要进行大量的重新执行，注册会计师就要考虑通过实施控制测试以缩小实质性程序的范围是否有效率。⑤穿行测试。穿行测试是通过追踪交易在财务报告信息系统中的处理过程，来证实注册会计师对控制的了解、评估控制设计的有效性以及确定控制是否得到执行。穿行测试不是单独的一种程序，而是将多种程序按特定审计需要进行结合运用的方法。

（4）控制测试的时间。控制测试的时间包含两层含义：一是何时实施控制测试；二是测试所针对的控制适用的时点或期间。如果测试特定时点的控制，注册会计师仅得到该时点控制运行有效性的审计证据；如果测试某一期间的控制，注册会计师可获取控制在该期间有效运行的审计证据。注册会计师应当根据控制测试的目的确定控制测试的时间。如果需要获取控制在某一期间有效运行的审计证据，仅获取与时点相关的审计证据或将多个不同时点运行有效性的审计证据做简单累加均是不充分的，注册会计师应当辅以其他控制测试，包括测试被审计单位对控制的监督。而所谓的"其他控制测试"应当具备的功能是，能提供相关控制在所有相关时点都运行有效的审计证据；被审计单位对控制的监督起到的就是一种检验相关控制在所有相关时点是否都有效运行的作用，因此，注册会计师测试这类活动能够有助于获取控制在某期间运行有效性的充分、适当的审计证据。

注册会计师在期中实施控制测试具有积极的作用。如果注册会计师已获取有关控制在期中运行有效性的审计证据，并拟利用该证据，他应当实施下列审计程序：首先，获取这些控制在剩余期间变化情况的审计证据；其次，确定针对剩余期间还需获取的补充审计证据。上述两项审计程序中，第一项是针对期中已获取过审计证据的控制，注册会计师应考察这些控制在剩余期间的变化情况：如果这些控制在剩余期间没有发生变化，注册会计师可能决定信赖期中获取的审计证据；如果这些控制在剩余期间发生了变化，注册会计师需要了解并测试控制的变化对期中审计证据的影响。第二项是针对期中证据以外的、剩余期间的补充证据。

内部控制中的诸多要素相对于被审计单位的具体交易、账户余额和列报往往是相对稳定的，因此注册会计师在本期审计时可以适当利用以前审计获取的有关控制运行有效性的审计证据；然而，内部控制在不同期间可能发生重大变化，注册会计师需要格外慎重，充分考虑拟信赖的以前审计中测试的控制在本期是否发生变化。值得注意的情况包括：①如果拟信赖的控制自上次测试后已发生变化，注册会计师应当在本期审计中测试这些控制的运行有效性。②如果拟信赖的控制自上次测试后未发生变化，且不属于旨在减轻特别风险的控制，注册会计师应当运用职业判断确定是否在本期审计中测试其运行的有效性，以及本次测试与上次测试的时间间隔，但两次测试的时间间隔不得超过两年。③如果确定评估的认定层次重大错报风险是特别风险，并拟信赖旨在减轻特别风险的控制，注册会计师不应依赖以前审计获取的审计证据，而应在本期审计中测试这些控制的运行有效性。图4-2体现了注册会计师是否在本审计期间测试某项控制的决策过程。

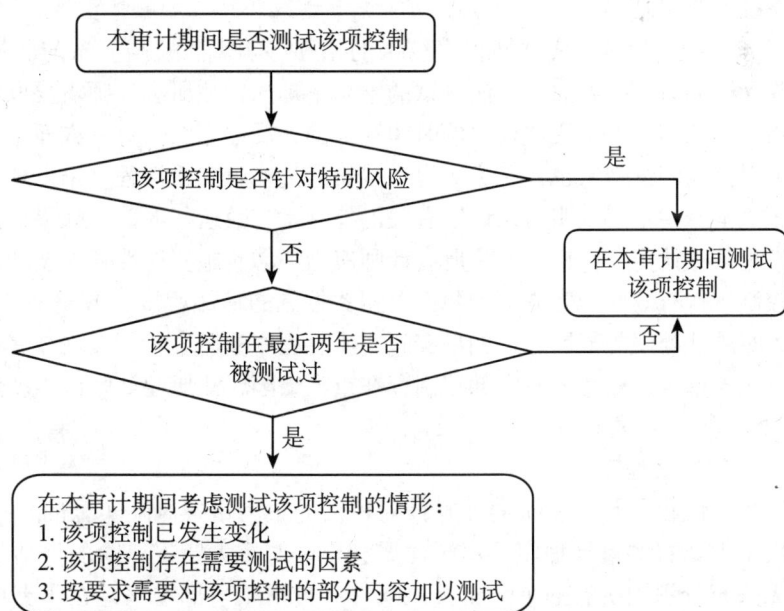

图4-2 本审计期间测试某项控制的决策

（5）控制测试的范围。控制测试的范围是指某项控制活动的测试次数。注册会计师应当设计对控制的测试次数，以获取控制在整个拟信赖的期间有效运行的充分、适当的审计证据。注册会计师在确定某项控制的测试范围时一般考虑以下因素：①在整个拟信赖的期间，被审计单位执行控制的频率。控制执行的频率越高，控制测试的范围越大。②在所审计期间，注册会计师拟信赖控制运行有效性的时间长度。拟信赖控制运行有效性的时间长度不同，在该时间长度内发生的控制活动次数也不同。注册会计师需要根据拟信赖控制的时间长度确定控制测试的范围。拟信赖期间越长，控制测试的范围越大。③为证实控制能够防止或发现并纠正认定层次重大错报，所需获取审计证据的相关性和可靠性。对审计证据的相关性和可靠性要求越高，控制测试的范围越大。④通过测试与认定相关的其他控制获取的审计证据的范围。针对同一认定，可能存在不同的控制。当针对其他控制获取审计证据的充分性和适当性较高时，测试该控制的范围可适当缩小。⑤在风险评估时拟信赖控制运行有效性的程度。注册会计师在风险评估时对控制运行有效性的拟信赖程度越高，需要实施控制测试的范围越大。⑥控制的预期偏差。预期偏差可以用控制未得到执行的预期次数占控制应当得到执行次数的比率即预期偏差率加以衡量。控制的预期偏差率越高，需要实施控制测试的范围越大。如果控制的预期偏差率过高，注册会计师应当考虑控制可能不足以将认定层次的重大错报风险降至可接受的低水平，从而针对某一认定实施的控制测试可能是无效的。

对于一项自动化应用控制，一旦确定被审计单位正在执行该控制，注册会计师通常无须扩大控制测试的范围，但需要考虑执行下列测试以确定该控制是否持续有效地运行：①测试与该应用控制有关的一般控制的运行有效性；②确定对交易的处理是否使用授权批准的软件版本；③确定系统是否发生更改，如果发生更改，是否存在适当的系统更改控制。

（6）控制测试与实质性程序结果的相互影响力。控制测试与实质性程序结果具有相互影响力。一方面，控制测试的结果不理想，注册会计师需要调整实质性程序的性质、延长和扩大实质性程序的时间和范围，反之亦然。另一方面实施实质性程序的结果对控制测试结果也具有影响力。尽管通过实施实质性程序未发现某项认定存在错报，这本身并不能说明与该认定有关的控制是有效运行的，但如果通过实施实质性程序发现某项认定存在错报，注册会计师应当考虑实施实质性程序发现的错报对评估相关控制运行有效性的影响，如降低对相关控制的信赖程度、调整实质性程序的性质、扩大实质性程序的范围等；如果实施实质性程序注册会计师发现被审计单位没有识别出的重大错报，通常表明内部控制存在重大缺陷，注册会计师应当就这些缺陷与管理层和治理层进行沟通。

2. 实质性程序

实质性程序是指注册会计师针对评估的重大错报风险实施的直接用以发现认定层次重大错报的审计程序。由于注册会计师对重大错报风险的评估是一种判断，可能无法充分识别所有的重大错报风险，并且由于内部控制存在固有局限性，无论评估的重大错报风险结果如何，注册会计师都应当针对所有重大的各类交易、账户余额、列报实施实质性程序。实质性程序应当包括下列与财务报表编制完成阶段相关的审计程序：①将财务报表与其所依据的会计记录相核对；②检查财务报表编制过程中做出的重大会计分录和其他会计调整。注册会计师对会计分录和其他会计调整检查的性质和范围，取决于被审计单位财务报告过程的性质和复杂程度以及由此产生的重大错报风险。实质性程序包括对各类交易、账户余额、列报的细节测试以及实质性分析程序。

如果认为评估的认定层次重大错报风险是特别风险，注册会计师应当专门针对该风险实施实质性程序。由于应对特别风险需要获取具有高度相关性和可靠性的审计证据，仅实施实质性分析程序不足以获取有关特别风险的充分、适当的审计证据，通常注册会计师应当使用细节测试，或将细节测试和实质性分析程序结合使用，以获取充分、适当的审计证据。

（1）实质性程序的性质。实质性程序的性质是指实质性程序的类型及其组合。实质性程序的两种基本类型包括细节测试和实质性分析程序。细节测试是对各类交易、账户余额、列报的具体细节进行测试，目的在于直接识别财务报表认定是否存在错报。注册会计师需要根据不同的认定层次的重大错报风险设计有针对性的细节测试。细节测试适用于对各类交易、账户余额、列报认定的测试，尤其是对存在或发生、计价认定的测试；实质性分析程序从技术特征上仍然是分析程序，主要是通过研究数据间关系评估信息，只是将该技术方法用做实质性程序，即用以识别各类交易、账户余额、列报及相关认定是否存在错报。实质性分析程序适用于在一段时期内存在可预期关系的交易。注册会计师在设计实质性分析程序时应当考虑以下因素：①对特定认定使用实质性分析程序的适当性；②对已记录的金额或比率做出预期时，所依据的内部或外部数据的可靠性；③做出预期的准确程度是否足以在计划的保证水平上识别重大错报；④已记录金额与预期值之间可接受的差异额。此外，当实施实质性分析程序时，如果使用被审计单位编制的信息，注册会计师应当考虑测试与信息编制相关的控制，以及这些信息是否在本期或前期经过审计，以增强数据及分析的可靠性。

（2）实质性程序的时间。实质性程序的时间选择与控制测试的时间选择有共同点，也有很大差异。共同点在于，两类程序都面临着对期中审计证据和对以前审计获取的审计证据的考虑。两者的差异在于：①在控制测试中，期中实施控制测试并获取期中关于控制运行有效性审计证据的做法更具有一种"常态"；而由于实质性程序的目的在于更直接地发现重大错报，在期中实施实质性程序时更需要考虑其成本效益的权衡；②在本期控制测试中拟信赖以前审计获取的有关控制运行有效性的审计证据，已经受到了很大的限制；而对于以前审计中通过实质性程序获取的审计证据，按规定采取了更加慎重的态度和更严格的限制。

注册会计师在考虑是否在期中实施实质性程序时应当考虑以下因素：①控制环境和其他相关的控制。控制环境和其他相关的控制越薄弱，注册会计师越不宜依赖期中实施的实质性程序。②实施审计程序所需信息在期中之后的可获得性。如果实施实质性程序所需信息在期中之后可能难以获取，注册会计师应考虑在期中实施实质性程序；但如果实施实质性程序所需信息在期中之后的可获得性并不存在明显困难，该因素不应成为注册会计师在期中实施实质性程序的重要影响因素。③实质性程序的目标。如果针对某项认定实施实质性程序的目标就包括获取该认定的期中审计证据，注册会计师应在期中实施实质性程序。④评估的重大错报风险。注册会计师评估的某项认定的重大错报风险越高，针对该认定所需获取的审计证据的相关性和可靠性要求也就越高，注册会计师越应当考虑将实质性程序集中于期末或接近期末实施。⑤各类交易或账户余额以及相关认定的性质。例如，某些交易或账户余额以及相关认定的特殊性质如截止性认定，决定了注册会计师必须在期末或接近期末实施实质性程序。⑥针对剩余期间，能否通过实施实质性程序或将实质性程序与控制测试相结合，降低期末存在错报而未被发现的风险。如果针对剩余期间注册会计师可以通过实施实质性程序或将实质性程序与控制测试相结合，较有把握地降低期末存在错报而未被发现的风险，如注册会计师在 11 月实施预审时考虑是否使用一定的审计资源实施实质性程序、从而形成的剩余期间不是很长，注册会计师可以考虑在期中实施实质性程序；但如果针对剩余期间注册会计师认为还需要消耗大量审计资源才有可能降低期末存在错报而未被发现的风险，甚至没有把握通过适当的进一步审计程序降低期末存在错报而未被发现的风险，如被审计单位于 7 月发生高管层变更，注册会计师接受后任管理层邀请实施预审时，就不宜考虑在期中实施实质性程序。

如果在期中实施了实质性程序，在考虑如何将期中实施的实质性程序的结论合理延伸至期末时，注册会计师有两种选择：其一是针对剩余期间实施进一步的实质性程序；其二是将实质性程序和控制测试结合使用。如果拟将期中测试得出的结论延伸至期末，注册会计师应当考虑针对剩余期间仅实施实质性程序是否足够。如果认为实施实质性程序本身不充分，注册会计师还应测试剩余期间相关控制运行的有效性或针对期末实施实质性程序。如果已识别出由于舞弊导致的重大错报风险，将期中得出的结论延伸至期末而实施的审计程序通常是无效的，注册会计师应当考虑在期末或者接近期末实施实质性程序。

如果拟利用以前审计中实施实质性程序获取的审计证据，注册会计师应当在本期实施审计程序，以确定这些审计证据是否具有持续相关性。

（3）实质性程序的范围。评估的认定层次重大错报风险和实施控制测试的结果是注册会计师在确定实质性程序的范围时的重要考虑因素。在确定实质性程序的范围时，注册会计师应当考虑评估的认定层次重大错报风险和实施控制测试的结果。注册会计师评估的认定层次的重大错报风险越高，需要实施实质性程序的范围越广。如果对控制测试结果不满意，注册会计师应当考虑扩大实质性程序的范围。就实质性程序的两种具体类型而言，在设计细节测试时，注册会计师除了从样本量的角度考虑测试范围外，还要考虑选样方法的有效性等因素。从总体中选取大额或异常项目。实质性分析程序的范围有两层含义：第一层是对什么层次上的数据进行分析，注册会计师可以选择在高度汇总的财务数据层次进行分析，也可以根据重大错报风险的性质和水平调整分析层次。第二层是需要对什么幅度或性质的偏差展开进一步调查。如果可容忍或可接受的偏差即预期偏差越大，作为实质性分析程序一部分的进一步调查的范围就越小。因此，在设计实质性分析程序时，注册会计师应当主要考虑各类交易、账户余额、列报及相关认定的重要性和计划的保证水平，确定适当的预期偏差幅度或已记录金额与预期值之间可接受的差异额。

财务报表审计是一个不断修正的过程。随着计划审计程序的实施，在完成审计工作前，注册会计师应当评估通过实施进一步审计程序是否已将审计风险降至可接受的低水平，如果获取的信息与风险评估时依据的信息有重大差异，注册会计师应当考虑修正重大错报风险的评估结果，并据以修改原计划的其他审计程序的性质、时间和范围。

本章小结

综合本章所述，可以明确以下几点。

首先，现代企业日益复杂的内部经营管理、控制的需要以及委托受托经济责任关系下所有权监督的需要是内部控制系统产生的客观基础。以 COSO 报告为基础，企业内部控制可分为控制环境、被审计单位的风险评估过程、与财务报告相关的信息系统和沟通、控制活动和对控制的监督等五要素。了解和评估内部控制的方法主要有调查表法、文字表述方法与流程图法。对内部控制的控制测试包括内部控制的设计测试和执行测试。评估内部控制的结果有三种情况即：高信赖程度、中信赖程度和低信赖程度。

其次，应当明确注册会计师了解和评估、测试和评估被审计单位的内部控制制度的主要目的在于确定被审计单位内部控制是否能够防止或发现并纠正各类交易、账户余额、列报与披露存在的重大错报，从而决定对被审计单位内部控制系统的信赖程度，并据以评估重大错报风险，确定实质性程序的性质、时间和范围。如果注册会计师评估被审计单位的内部控制为高信赖程度，能有效地阻止或检测出错报，则控制风险将被评估为低水平。控制风险越低，注册会计师所执行的实质性程序越有限；如果评估被审计单位内部控制薄弱可信赖程度低，相应地控制风险被评估为高水平，则注册会计师为保证审计的质量，只有靠执行更多的实质性程序，才能将检查风险控制在低水平，进而控制审计风险处于低水平。而一套无效的内部控制必然导致注册会计师增加实质性程序的工作量，降低审计工作效率。可见，内部控制与审计风险之间存在着内在联系。

最后，以内部控制的评估结果为基础，确定实质性程序的性质、时间和范围产生了制度基础审计方法，在克服制度基础审计法的不足，充分考虑审计风险的基础上又形成了风险导向审计方法。在审计实务中，注册会计师可实施审计风险的定量与定性分析。依据审计风险模型和审计风险矩阵，在审计业务流程上，要求注册会计师将风险评估作为整个审计工作的基础，首先识别和评估重大错报风险，再据此有针对性地采取措施，合理保证财务报表不存在重大错报；要求注册会计师保持职业怀疑态度，以评估财务报表的重大错报风险为出发点，并全程关注财务报表的重大错报风险，提高发现重大错报的概率，有效防范审计风险。审计风险评估的业务流程由了解被审计单位及其环境、控制测试和实质性程序构成。

■ 关键词汇

内部控制（Internal control）　　　　　控制环境（controlled environment）

风险评估（risk evaluation）　　　　　控制活动（control activity）

信息与沟通（information and communication）　　对控制的监督（the supervision of control）

内部控制要素（internal control element）　　重大错报风险（risk of material misstatement）

审计风险（audit risk）　　　　　　固有风险（inherent risk）

控制风险（control risk）　　　　　检查风险（detection risk）

特别风险（special risk）　　　　　审计风险模型（audit risk model）

总体应对措施（overall response）　　控制测试（control test）

进一步审计程序（further audit procedure）　　实质性程序（substantive procedure）

账项基础审计（account-based audit）　　制度基础审计（system – based audit）

风险导向审计（risk-oriented audit）

小组讨论

　　R 公司 20×1 年 3 月 12 日在销售增塑剂产品过程中，出现了销售调拨单及销售章真实，财务专用章及增值税发票系伪造的现象，导致被骗货 30 吨，案值 24 万余元的重大损失。具体案情如下：

　　一陌生客户隐匿真实情况，到 R 公司所属的销售公司开具了真实的产品销售调拨单，使用伪造的财务专用章及增值税专用发票，私盖印章，然后到销售处盖销售章，最后到储运车间提货，导致事故发生。

　　利用财务部在三楼办公，销售公司在一楼营业，储运发货在公司后区的劣势，经过长期预谋，使用假牌照的报废车作案。骗过了公司财务部收款开发票关、销售公司对接关、储存车间发货核对关、保卫科车辆出入口验收关、R 公司门卫查证关。以上几个方面充分反映出了 R 公司在内部控制上存在严重的漏洞，亟待改进。

　　根据上述案例资料，请分析：

　　1. 从被骗事件中，暴露出 R 公司的内部控制上存在哪些漏洞？

　　2. 针对该公司内部控制的漏洞，注册会计师可从哪些方面向其管理当局提出改进内部控制的建议性意见？

本章推荐阅读资料

1. 赵保卿：《内部控制设计与运行》，经济科学出版社 2005 年版。

2. 雷英、吴建友：《内部控制审计风险模型研究》，载《审计研究》2011 年第 1 期。

3. 王惠芳：《上市公司内部控制缺陷认定困境破解及框架构建》，载《审计研究》2011 年第 2 期。

4. 郭巧玲：《风险导向审计中认定层面的重大错报风险评估研究》，载《中央财经大学学报》2011 年第 10 期。

5. 姚琦：《论风险导向审计下的审计风险评估》，载《经济研究导刊》2013 年第 8 期。

第5章

审计证据与审计工作底稿

学习提要与目标

　　审计证据是审计中的一个核心概念，要实现审计目标，形成审计结论和意见，必须收集和评价审计证据；审计工作底稿是审计工作全过程的如实记录。审计人员通过编制审计工作底稿，将收集到的审计证据和其他相关资料进行分析和整理最终形成审计意见并出具审计报告。一定程度上说，审计过程就是收集和整理审计证据的过程，而审计工作底稿是审计证据的载体。两者是构成审计工作的重要部分。本章将系统地介绍审计证据的种类和特性、审计证据的获取方法及审计证据的综合分析；审计工作底稿的常用格式、编制方法及要求、审计工作底稿的归档管理等内容。

　　通过本章的学习，应能够：
- 理解审计证据、审计工作底稿的概念；
- 了解审计工作底稿的主要类别和基本填制方法；
- 掌握审计证据的特征和收集证据的方法。

第一节 审计证据

审计证据是形成审计意见的基础，审计证据在数量上应满足充分性要求；在质量上应满足相关性和可靠性要求。在审计过程中运用各种方法获取证据，并对获取的审计证据要进行综合的整理、分析和评价，以确保审计证据能满足审计目标的要求，形成客观正确的审计结论。因此说，审计证据是审计的一个核心概念。收集、整理和评价审计证据是审计工作的核心过程或行为。

一、审计证据的种类与特性

为了清楚地了解审计证据的种类与特征，首先应正确地分析审计证据的含义及审计证据与会计资料的关系。

（一）审计证据的含义

我国注册会计师执业准则中的《中国注册会计师审计准则第 1301 号——审计证据》对审计证据的定义为："审计证据，是指注册会计师为了得出审计结论、形成审计意见而使用的所有信息，包括财务报表依据的会计记录中含有的信息和其他信息。"通俗地讲，审计证据就是审计人员在审计过程中通过设计的审计程序，利用各种审计方法，所获取的反映被审计单位经济活动真实情况，从而作为审计意见形成基础的各种凭据资料。

西方审计学者把审计证据通过等式的形式进行表述，具体如下：

$$审计证据 = 会计基础数据 + 确证性资料$$

其中，会计基础数据包括：会计凭证、会计账簿资料、会计规程、有关成本分摊、计算和调整的工作底稿等。确证资料包括：原始凭证（如支票、发票、合同、正式会议记录等）；函证资料或其他书面陈述；询问、观察、调查和实物清点所获取的资料；由审计人员取得或加工后的其他资料。

由上式可见，审计证据是由会计基础数据和确证资料共同构成的。其中，会计基础数据是提供财务报表有关项目是否正确的信息，而确证性资料则进一步提供有关会计基础数据是否正确的证据。可见，审计过程实际上是一个审计证据的收集与评价的过程。这些审计证据不仅仅来源于会计资料，还来源于反映被审计单位经济活动情况的各种凭据、资料及其证实其本身真实性的验证资料。但是，从成本—效益原则考虑，审计人员没有必要收集所有的会计基础数据资料和确证资料。应该以审计目标为中心，确定相关的审计范围，实施检查，在检查过程中围绕审计目标有针对性地搜集有关会计资料和确证资料。

在理解审计证据这一概念时，应分清审计证据、会计基础资料与确证性资料之间的关系。单凭会计基础资料本身并不足以形成有效的审计证据，经验证是真实的信息，才能生成与一定的审计具体目标相对应的审计证据。从公式可见，审计证据包括会计资料，但反过来，并不是所有的会计资料都是审计证据。此外，从审计证据的形成过程也可明确区分这一点。

审计证据的形成过程可见图 5 - 1：

基本资料　—经验证→　真实资料　—与审计目标对应→　审计证据

图 5 - 1　审计证据的形成过程

所以，只有与审计目标直接相关，为特定的审计目标服务，且被证实为真实的资料才能构成审计证据。

（二）审计证据的种类

审计证据是复杂多样的，而且各种证据的证明力也不同。为了使审计人员分门别类地收集证据，提高审计效率，应对审计证据进行科学分类，使审计证据系统化、条理化。审计证据可以按照不同的标准进行分类。

1. 按照审计证据的外形特征来划分，可以分为实物证据、书面证据、口头证据、环境证据

（1）实物证据。实物证据是指通过实际观察或清点所获取的、用以确定某些实物资产是否实际存在的证据。例如，通过监盘存货来验证存货的存在性和存货的数量；实物证据通常适合库存现金、有价证券、应收票据、存货和固定资产的核实。

实物证据是证明实物资产是否存在的非常有说服力的证据。一般说来，实物检查是认定资产的数量和规格的一种客观手段，但也不能过分地依赖实物证据。实物证据有其自身的局限性。

其一，实物证据只能有效地证明实物资产的存在性，而不能保证资产的所有权归被审计单位所有。如盘点固定资产可以确定固定资产的数量，但却不能认定其是否全部归被审计单位所有，可能有些固定资产属于租赁的或寄存的。这样必须配合收集其他类型的审计证据来证明其所有权问题。

其二，实物证据可以证明实物资产的数量，但却难以确保其质量。如对存货的盘点可以确定其数量，来支持对存货项目的认定，但其中可能存在残次品或过期商品；同时也不能根据实物的存在来确定存货计价是否恰当。再如对有价证券的盘点只能证明其最初购买时存在的历史成本，不能判定其现实的价值。因此，实物证据通过观察、监盘可以确定实物资产的数量，但对资产所有权、质量和价值的认定必须通过其他各类证据做补充才可以确定。

（2）书面证据。书面证据又称文件证据。是指审计人员获取的各种以书面文件为形式的一类证据。它包括与审计有关的会计证据，如原始凭证、会计记录（记账凭证、会计账簿和各种明细表）及其他相关的非会计证据，如各种会议记录和文件、合同、声明书、通知书、报告书及函件等。书面证据是审计证据中最重要的证据，审计意见的发表主要依靠大量的书面证据支持。所以，书面证据也称为基本证据。

（3）口头证据。口头证据是指被审计单位的有关人员对审计人员提出的问题所做的口头答复所形成的证据。它包括视听资料、证人证词，有关人员的口头陈述、意见、说明、答复等。通常在审计过程中审计人员会向被审计单位的有关人员询问会计记录、文件存放地点，采用特别会计政策和方法的原因、逾期应收款的可能性、固定资产折旧和报废等有关问题。对于所问问题的口头答复就构成了口头证据。一般而言，口头证据不能构成基本证据，本身不足以证明事实的真相，但往往可以通过口头证据发掘一些重要的线索，为进一步的调查提供帮助。

审计人员对获取的口头证据应及时做成书面记录，并注明何人、何时、在何种情况下所做的口头陈述。必要时还应获得被询问者的签名确认。口头证据做成书面记录后，仍然是口头证据，而不是书面证据。相对而言，口头证据的证明力较弱，但当不同人员对同一问题所做的口头答复相互吻合时，则具有较高的可靠性。

（4）环境证据。环境证据是指对被审计单位产生影响的各种环境事实。它包括被审计单位内部经济环境和外部经济环境。

内部经济环境包括内部控制情况、管理人员的素质、各种管理条件和管理水平。如果被审计单位有良好的内部控制制度，相应地提高了会计数据的正确性和可靠性；管理人员的素质越高，其所提供证据发生差错的可能性越小；各种管理条件和管理水平也是影响其所提供证据可靠性的一个重要因素。

外部经济环境也是重要的环境证据。如社会经济环境状况及其变化趋势、客户所处的行业状况、客户的社会公众形象等。

环境证据不属于基本证据，其证明力较弱。不能直接对某一具体的审计事项、某一具体的审计目标提供支持，它只是有助于审计人员了解被审计单位的总体经济状况和所处的环境，是审计人员进行判断时必须掌握的资料。

2. 审计证据按来源的不同，可分为内部证据和外部证据

（1）外部证据。外部证据是由被审计单位以外的机构或人士所编制的证据。它一般具有较强的证明力。这种外来证据又可细分为三类：一类是不经被审计单位人员之手而直接寄交审计人员的证据，如应收账款的函证回函，被审计单位律师与其他独立的专家关于被审计单位资产所有权和或有负债等的证明函件，保险公司、证券机构的证明书等。由于这种证据不仅由完全独立于被审计单位的外界组织或人员提供，而且未经被审计单位有关职员之手，排除了伪造、更改凭证或业务记录的可能性，因而其证明力最强。另一类是由被审计单位以外的机构或人士编制，但为被审计单位持有并留存的书面证据，如银行对账单、购货发票、应收票据、顾客订购单、有关的契约、合同等。由于此类证据已经过被审计单位的职工之手，存在着被涂改或伪造的可能性，故在评价其可靠性时，应考虑文件被涂改或伪造的难易程度及其被涂改的可能性。虽然这类外部证据的可靠性不如第一类外部证据，但相对于内部证据而言，它仍具有较高的可靠性。第三类是审计人员自行编制的审计证据，如审计人员通过分析性复核后所做的各种计算表、分析表等。这类证据在评价其可靠性时，也高于内部证据，但由于审计人员是根据被审计单位提供的资料进行相应的计算、分析，因此第三类证据的可靠性一定程度上取决于资料本身是否真实。

（2）内部证据。内部证据是指由被审计单位内部编制和提供的证据。包括被审计单位的各类会计记录、被审计单位管理当局声明书及其他内部文件。会计记录包括各种自制的原始凭证、记账凭证、账簿记录以及各种试算表和汇总表等；被审计单位管理当局声明书是注册会计师从被审计单位管理当局所获取的书面声明，其主要内容是以书面形式确认被审计单位在审计过程中所做的各种重要的陈述或保证。被审计单位管理当局声明书属于可靠性较低的内部证据，不可替代注册会计师实施其他必要的审计程序。其他书面文件包括董事会及股东大会会议记录，重要的计划与合同资料等。

内部证据一般由被审计单位编制，其可靠性要比外部证据低。但书面证据中许多为内部证据，在考虑其可靠性时也要分具体情况区别对待。首先，内部证据经过外部流转，并获得其他单位或个人的承认，则具有较强的可靠性。如已经付款的支票、销货发票等。其次，被审计单位内部自制自用的内部凭证，其可靠程度需视内部控制制度的强弱而定。内部控制制度健全有效，并一贯得到执行的，则内部证据有相对较强的可靠性。如领料单经过仓库、车间、经手人等签字，并有相应的审核手续，由计算机系统进行系统登记和记账，且账证一致，而且所有领料单都有连续编号，则此领料单有较强的可靠性。相反，若被审计单位的内部控制不健全，审计人员就不能过分地信赖其内部自制的书面证据。此外，内部证据若能与其他资料相互印证则该证据具有较高的可靠性。

3. 按审计证据的证明力，可分为基本证据和辅助证据

基本证据是指本身能够用来直接证实被审事项的重要证据，具有较强的证明力，是审计证据的主要部分。辅助证据是指仅对基本证据起辅助证明作用的证据。一般将实物证据和书面证据称为基本证据。将口头证据和环境证据称为辅助证据。

此外，审计证据还有其他分类标准。如根据审计证据的形成过程分类，可分为自然证据和加工证据；按审计证据的相关程度分类可分为直接证据和间接证据等。无论采用何种分类方法，都是为了使审计人员根据审计目标的要求，来收集充分适当的审计证据，提高审计工作的效率和质量。

（三）审计证据的特性

审计证据作为形成审计意见的基础，必须有合理的数量和质量保证。审计证据的特征是对审计证据的基本要求。《中国注册会计师审计准则第 1301 号——审计证据》第六条："注册会计师应当获取充分、适当的审计证据，以得出合理的审计结论，作为形成审计意见的基础"。这里的充分和适当正是审计证据的两大特性。

1. 审计证据的充分性

充分性又称为足够性，是指审计证据的数量足以满足审计人员形成审计意见。也就是说要支持审计意见的形成，审计证据的规模至少要达到某一数量水平，它是对审计证据数量的最低要求。客观公正的审计意见必须建立在有足够数量的审计证据的基础之上，但是这并不是说审计证据的数量越多越好。在某些情况下，由于时间、空间或成本的限制，注册会计师不能获取最为理想的审计证据时，可考虑通过其他的途径或用其他的审计证据来替代。针对某一具体审计对象，审计人员要通过职业判断来决定审计证据是否满足数量。影响审计证据充分性的因素有：

（1）审计风险。审计风险由重大错报风险和检查风险两部分组成。审计人员在判断审计证据的充分性时主要考虑的是重大错报风险。若对被审计单位重大错报风险估计较高，则该单位的内部控制和人员素质等方面不容乐观，会计资料出错的可能性较高，在审计时应搜集较多的审计证据；相反，则可以适当减少证据的数量。

（2）具体审计项目的重要性程度。具体审计项目的重要性程度越高，其对审计证据数量的要求也越多。对于重要的审计项目，一旦出现判断错误，就会影响审计人员对审计对象整体的判断，导致错误的审计结论，所以对于重要的审计项目必须获取较多的审计证据，来支持审计结论。

（3）审计人员的审计经验。审计人员的审计经验越丰富，对审计证据数量的依赖程度就越低，经验丰富的审计人员可以根据相对较少的审计证据发现被审计单位是否存在错弊行为；而缺乏审计经验的人员只能通过大量的审计证据才能做出判断。

（4）审计证据的类型和来源。由于不同类型与不同获取途径的审计证据，其可靠程度不同，进而对审计证据数量的要求产生影响。审计证据的可靠性越高，对审计证据的数量要求相对越低。相反，若审计证据绝大多数为内部证据和口头证据，其可靠性较差，审计证据的需要量较多。

（5）审计过程中是否发现错误或舞弊。在已完成的审计程序中是否发现有错误或舞弊行为，对后续的审计有重大影响。一旦发现被审计单位存在错误或舞弊行为，其审计风险就会加大，在后续的审计过程中，就应增加审计证据的数量，以确保做出恰当的审计结论。

（6）成本与效益原则。在确定审计证据数量规模时，也应考虑成本与效益原则。审计工作本身也受审计成本的制约，尽管它不是主要因素，但在审计过程中也需考虑。如果审计人员增加时间和成本以后，却未能带来相应的效益，就应考虑采取其他的替代程序来收集高质量的、足够的审计证据。注册会计师可以考虑获取审计证据的成本与所获取信息的有用性之间的关系，但不应以获取审计证据的困难和成本为由减少不可替代的审计程序。

此外，在确定审计证据的数量规模时，还应遵从审计抽样技术确定的样本规模。

2. 审计证据的适当性

审计证据的适当性是对审计证据质量的衡量，即审计证据在支持各类交易、账户余额、列报与披露的相关认定，或发现其中存在错报方面具有相关性和可靠性。适当性包括相关性与可靠性两方面。

（1）审计证据的相关性。审计证据的相关性是指所搜集的审计证据应与审计认定及目标相关联。即所收集的审计证据能用于证明所要判断的审计事项。如为了证明存货是否存在、短缺及毁损，就需要通过对存货的现场检查来获取实物证据来证明，只有存货的实物证据才与存货是否存在这一审计目标相关，但存货的实物证据却不能证明存货的计价是否恰当。不相关的审计证据与审计目标之间无内在联系，无法证明审计目标，而且它还会分散审计人员的注意力，甚至误导审计人员做出错误的审计结论。

在确定审计证据的相关性时，注册会计师应当考虑：①特定的审计程序可能只为某些认定提供相关的审计证据，而与其他认定无关；②针对同一项认定可以获取不同来源或不同性质的审计证据；如果针对某项认定从不同来源获取的审计证据或不同性质的审计证据能够相互印证，则与该项认定相关的审计证据具有更强的说服力。③只与某项认定相关的审计证据并不能替代与其他认定相关的审计证据。

（2）审计证据的可靠性。审计证据必须真实可靠，客观反映事实的真相才具有强有力的证明力。审计证据的可靠性受到审计证据的来源、证据的性质的影响，并取决于获取审计证据的具体环境。对不同类别和不同类型证据可靠性的判别标准可参照以下规则进行：①从外部独立来源获取的审计证据比从其他来源获取的审计证据更可靠；②内部控制有效时内部生成的审计证据比内部控制薄弱时内部生成的审计证据更可靠；③直接获取的审计证据比间接获取或推论得出的审计证据更可靠；④以文件记录形式（无论是纸质、电子或其他介质）存在的审计证据比口头形式的审计证据更可靠；⑤从原件获取的审计证据比从传真或复印件获取的审计证据更可靠。

3. 审计证据的充分性与适当性密切相关

注册会计师所需获取的审计证据的数量不仅受到重大错报风险的影响，还受到审计证据质量的影响。重大错报风险越高，需要的审计证据可能越多；审计证据质量越高，需要的审计证据可能越少，但仅仅获取更多的审计证据可能难以弥补其质量上的缺陷。在审计过程中，审计人员对审计证据的收集、整理与评价贯穿整个审计过程。对审计证据的考虑，一方面要从数量的角度，根据上述影响因素来决定是否满足充分性要求；另一方面要从证据质量的角度，分析所收集的审计证据是否与所要证明的审计目标相关，证据的可靠性如何。只有在审计过程中获取充分适当的审计证据才能得出客观真实的审计结论。

二、审计证据的获取

审计的核心过程就是收集审计证据，并进行综合整理和分析评价，据以形成审计意见和审计结论的过程。注册会计师获取审计证据的程序区分为总体程序和具体方法，总体程序包括风险评估程序、控制测试和实质性程序，具体方法包括检查记录和文件、检查有形资产、观察、询问、函证、重新计算、重新执行和分析性程序。

（一）审计证据的获取程序

1. 风险评估程序

注册会计师应当从行业状况、监管环境、被审计单位性质、目标、战略和经营风险、内部控制等方面了解被审计单位及其环境，以便合理地评估其会计报表层次和认定层次的重大错报风险，在此基础上，设计下一步的具体审计程序。该程序是注册会计师必须要执行的程序。在风险评估实施过程中，将收集到的审计证据要一一记录在审计工作底稿。但风险评估程序本身并不足以为发表审计意见提供充分、适当的审计证据，注册会计师还应当实施进一步审计程序，包括必要时决定测试内部控制时实施的控制测试，以及实施的实质性程序。

2. 控制测试程序

测试内部控制在防止或发现并纠正认定层次重大错报方面的运行有效性。该程序不是必须执行的程序，只有在注册会计师拟信赖被审计单位的内部控制或有其他原因认为必要的情况下，才会实施。控制测试的结果一定程度上决定了实质性测试程序的性质、时间和范围。当存在下列情形之一时，控制测试是必要的：

（1）在评估认定层次重大错报风险时，预期控制的运行是有效的，注册会计师应当实施控制测试以支持评估结果。

（2）仅实施实质性程序不足以提供认定层次充分、适当的审计证据，注册会计师应当实施控制测试，以获取内部控制运行有效性的审计证据。

3. 实质性测试与分析程序

注册会计师对重大错报风险的评估是一种判断，并且内部控制存在固有局限性，因此无论评估的重大错报风险结果如何，注册会计师都应当针对重大的各类交易、账户余额、列报与披露实施实质性程序，以获取充分、适当的审计证据。实质性测试是每次会计报表审计都必须执行的程序。

实质性测试程序包括两部分：

（1）交易和余额的详细测试。

（2）对会计信息和非会计信息应用的分析程序。交易的实质性测试是为了审定某类或某项交易认定的恰当性；余额的详细测试是为了审定某账户余额认定的恰当性；分析程序可为证实会计报表数据、非财务数据的有关关系是否合理提供证据，并对财务等相关信息做出评价。

（二）获取审计证据的方法

1. 检查记录或文件

检查记录或文件是指注册会计师对被审计单位内部或外部生成的，以纸质、电子或其他介质形式存在的记录或文件进行检查。检查记录或文件可提供可靠程度不同的审计证据，审计证据的可靠性取决于记录或文件的来源和性质。

检查包括审阅与复核。审阅会计记录时，既要审阅其形式，更要审查其内容是否真实、合法。对会计资料的审阅包括凭证、账簿和财务报告资料，对不同类别的资料关注的核心不同。如对原始凭证审核时，应注意有无涂改或伪造现象，其记载的经济业务是否合法，是否有业务负责人和有关经办人员的签章等；审阅记账凭证时，应注意其账户对应关系是否合理，是否与会计准则和会计制度的要求一致；审阅会计报表时，应注意会计报表的编制是否符合国家颁布的《企业会计准则》和相关会计制度的规定，以及会计报表附注是否对应予揭示的重大问题做了充分的披露。

复核是对存在核对关系的会计记录和其他书面文件进行核对，以检查其正确性和完整性，以及各种书面文件相关内容是否一致。具体复核的内容有：证证复核，即记账凭证与所附原始凭证、记账凭证与汇总记账凭证等的复核；凭证内部各有关栏目的复核，如原始凭证上的数量、单价、金额及其合计数是否正确；账证复核，即账户记录与记账凭证或原始凭证之间的复核。主要复核账户记录与所据以登账的凭证是否一致；账账符合，即总账与所属明细账是否一致，日记账与总账是否一致；账表复核，即复核账簿记录与有关报表项目是否一致；表表复核，即根据报表之间的勾稽关系进行相互核对；书面文件相关内容之间是否前后表述一致。

2. 检查有形资产

检查有形资产是指注册会计师对资产实物进行检查。检查有形资产可为其存在性提供可靠的审计证据，但不一定能够为权利和义务或计价认定提供可靠的审计证据。检查有形资产程序主要适用于存货和现金，也适用于有价证券、应收票据和固定资产。通过检查有形资产，可获得实物证据，可确定实物财产是否真实存在，并验证账面数量，现场检查的同时审计人员还可以了解到被审计单位有形资产保管措施的执行情况、资产的实际状况有无毁损、残次。但是，检查有形资产不一定能够为权利和义务或计价认定提供可靠的审计证据。

基于责任的划分、审计效率的提高等因素的考虑，一般对实物资产的检查，应由被审计单位负责组织，审计人员只进行现场监督；对于重要的物资，审计人员进行抽查和复点，以保证检查结果的准确性。

3. 观察

观察是指注册会计师查看被审计单位相关人员正在从事的活动或执行的程序。观察提供的审计证据仅限于观察发生的时点，并且在相关人员已知被观察时，相关人员从事活动或执行程序可能与日常的做法不同，从而影响注册会计师对真实情况的了解。因此，注册会计师有必要获取其他类型的佐证证据。观察的内容包括：被审计单位的管理状况、管理人员的管理素质与水平、内部控制制度的执行情况、有形资产保管情况等。这种审计方法会贯穿于现场审计的整个过程之中，获取的审计证据往往是环境证据。有些重要的控制，如职责分离，只能由直接观察来核实。

4. 询问

询问是指注册会计师以书面或口头方式，向被审计单位内部或外部的知情人员获取财务信息和非财务信息，并对答复进行评价的过程。一般口头查询的可靠性低于书面查询，在可能的情况下应尽量使用书面查询。询问可获得口头证据，其证明力较弱，而且注册会计师还应考虑到被询问者可能存在与询问目标相抵触的个人目的。

知情人员对询问的答复可能为注册会计师提供尚未获悉的信息或佐证证据，也可能提供与已获悉信息存在重大差异的信息，注册会计师可以根据询问结果考虑修改审计程序或追加审计程序。询问通常不足以发现认定层次存在的重大错报，也不足以测试内部控制运行的有效性，注册会计师还应当实施其他审计程序获取充分、适当的审计证据。在确定被询问者时，注册会计师应考虑询问对象的层次性、多样性、与询问内容的相关性，被询问者包括领导层、管理人员、财务人员以及普通员工。

5. 函证

函证是指注册会计师为了获取影响财务报表或相关披露认定的项目的信息，通过直接来自第三方的对有关信息和现存状况的声明，获取和评价审计证据的过程。获取的询证函提供了有关报表项目的存在或发生、权利与义务以及估价的书面证据，询证函的证明力来源于其独立性，因为询证函是直接由审计人员从被审计单位以外的第三方取得的，不经过被审计单位员工之手，舞弊和篡改的可能性低。因此，注册会计师对函证过程的控制是保证其证明力的关键，要求注册会计师必须亲自写函、发函、收函。例如银行存款询证函，由被审计单位的出纳书写，交到开户行确认，盖章之后交给注册会计师，函证过程存在缺陷，注册会计师为此就要承担相应的责任。

函证有两种方式，即肯定式和否定式。肯定式函证要求函证对象无论所列金额是否相符均需回函；否定式函证则只在所列金额有差错时才回复。

适用函证方式的审计项目很多，如应收款、应付款、银行存款、长短期借贷款、应收票据、应付票据、长期投资、委托贷款以及或有事项等。

6. 重新计算

重新计算是指注册会计师以人工方式或使用计算机辅助审计技术，对记录或文件的数据计算的准确性进行核对。重新计算通常包括计算销售发票和存货的总金额，加总日记账和明细账，检查折旧费用和预付费用的计算，检查应纳税额的计算等。审计人员进行重新计算的目的是验证数据的正确性，计算时，在计算原理许可的条件下，应尽可能选择其他的计算形式和步骤进行。

7. 重新执行

重新执行是指注册会计师以人工方式或使用计算机辅助审计技术，对被审计单位内部控制组成部分的程序或控制重新独立执行。

8. 分析程序

分析程序是指注册会计师通过研究财务数据之间、非财务数据之间以及财务数据与非财务数据之间的内在关系，对财务信息做出评价。分析程序还包括调查识别出的、与其他相关信息不一致或与预期数据严重偏离的波动和关系。在设计实质性分析程序时，注册会计师应当考虑下列事项：对既定的认定使用实质性分析程序的适当性，数据之间是否存在某种预期关系，如果不存在预期关系，不应运用分析程序；对已记录的金额或比率进行预期时，所依据的内部或外部数据的可靠性；在计划的保证水平上，做出的预期是否足以准确识别重大错报；已记录金额与预期值之间可接受的差异额。分析程序常采用简易比较法、比率分析法、结构百分比法和趋势分析法。

审计证据的获取程序与方法之间的对应关系如图5-2所示。

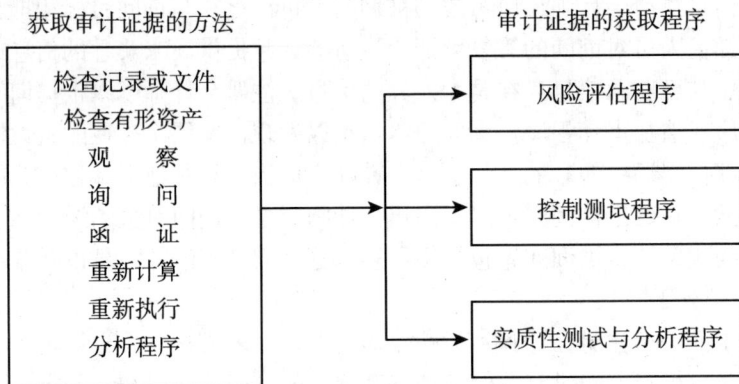

图 5-2　获取审计证据的方法与获取程序之间的对应关系

三、审计目标、审计程序与审计证据之间的关系

在审计过程中，为了实现众多的具体审计目标，审计人员要计划并实施相应的审计程序，实施的结果是获取相应的证据，最终得出审计结论。这个关系链可以用下图表示：

被审计单位认定——→具体审计目标——→审计程序——→审计证据——→审计结论

例如：通过实施检查有形资产的方法，盘点存货，可以获得实物证据，与存货的存在认定直接相关；通过向被审计单位开户行发函询证银行存款报表日金额，收回函证且内容无异常，则可以获得书面证据，而且是证明力较强外部证据，该证据与银行存款的存在认定和估价认定相关。

可见，审计程序同审计证据并不是一一对应关系。通常，一种审计程序可产生多种审计证据，而要获得某些证据也可选用多种审计程序。而且，在特定情形下执行某程序的方式也可能会影响到与某证据有关的认定的项数。比如，运用"检查有形资产"这一审计程序查证实物资产时，若程序执行较全面，那么还可能发现资产损坏或过时等情况，这样，获得的实物证据还与"完整性"和"估价"有关。

国际视野

GAAS 的相关要求

GAAS 要求注册会计师在了解被审计单位经营业务和相关内部会计控制的基础上，恰当地编制审计计划，据以合理制定和实施能够发现导致财务报表重大错报漏报的错误与舞弊的审计程序。GAAS 特别强调注册会计师在编制审计计划前，应当了解可能对财务报表产生重大影响的交易、事项、程序和惯例。GAAS 明确指出，注册会计师应当获取充分适当的审计证据，作为其对财务报表发表审计意见的依据。管理当局的声明不能作为注册会计师实施必要实质性测试程序以获取充分适当审计证据的替代。记账凭证及其原始凭证、总账和明细账记录、成本费用归集分配表、银行存款调节表以及其他相关会计资料均构成支持财务报表的证据。如果没有获取支持财务报表的基础会计资料并对这些资料的恰当性和准确性进行测试，注册会计师就不应当对财务报表发表意见。

四、审计证据的整理与评价

为了使分散的个别的审计证据结合起来形成具有充分证明力的证据，有效地评价被审计单位的财务状况、经营成果和现金流量，得出正确的审计意见和结论，必须对收集到的初始审计证据按一定的方法进行科学的加工整理，才能形成恰当的整体审计意见。

（一）审计证据的整理与分析

在审计过程中，运用上述取证方法获取的各种审计证据是一种原始状态的证据，证据的形式复杂多样，各审计项目的证据彼此之间互相独立，且凌乱无序，只有按一定的目的和方法对其进行整理分析后，才能使其成为系统化、有序的，彼此联系的审计证据。而且通过注册会计师的分析、研究，还可能产生一些有价值的新的证据，从而对被审计单位做出较为恰当的结论。审计证据的收集与整理、分析并非是互不相关的独立的环节，相反，它们经常是交叉进行的。

对审计证据整理与分析的方法因审计目的的不同、审计证据的种类不同，其整理与分析的方法也不同。通常使用的方法有：

（1）分类，是指将各种审计证据按其与审计目标的关系是否直接，或按其证明力的强弱等分门别类排列成序；

（2）计算，是指按照一定的方法对数据方面的审计证据进行计算，并从计算中得出所需的新的证据；

（3）比较，是指对各种审计证据进行反复比较分析，从中发现可能存在的问题，因有时单个证据不能说明问题，但对经过分类后的证据进行比较后，就容易发现可能隐含的问题。注册会计师应当考虑获取的所有相关的审计证据，包括能够印证会计报表认定的审计证据和与之相矛盾的审计证据。

（二）审计证据的评价

在对审计证据进行整理和分析过程中，还应时刻进行审计证据的评价。审计证据的评价是对证据的客观性及价值进行分析研究，辨别真伪，确定其证明力，从而确保形成正确的审计意见。

在审计证据的评价过程中，审计人员应坚持职业谨慎、合理怀疑和实事求是原则。因为在审计过程中收集到的证据不可能与客观事实全部吻合，在评价过程中，坚持合理怀疑，对可能存在的伪证要进行去伪存真；同时坚持以客观事实为依据的原则，以科学假设为前提，以因果分析为方法，以逻辑推理为过程，对审计证据进行科学评价。

1. 审计证据的取舍

注册会计师不必也不可能把审计证据所反映内容全部都包括到审计报告之中。在审计终结阶段，注册会计师必须把反映不同内容的审计证据做适当的取舍，只选择那些具有代表性的、典型的审计证据在审计报告中加以反映。审计证据取舍的标准大体有两个：一是金额大小。对于金额较大、足以对被审计单位财务状况和经营成果产生重大影响的证据，应当作为重要的审计证据；二是问题性质的严重程度。有的审计证据本身所揭露问题的金额也许并不大，但这类问题的性质较严重，它可能导致其他重要问题的产生或与其他可能存在的问题有关，这类也属于应反映的重要的审计证据。如被审计单位的集体舞弊、滥用会计政策等问题，性质则较严重，可能影响到其他财务数据的可信度。

2. 分清事实的现象与本质，排除伪证

某些审计证据所反映的可能只是一种假象，注册会计师应分清真象与假象，要做到透过现象看本质，不被假象所迷惑，注册会计师随时保持应有的职业谨慎，以质疑的态度评价所获取审计证据的有效性。

3. 灵活运用审计证据

随着信息技术的高速发展和社会经济管理制度的逐步健全，可查阅和利用的信息量大量增加，审计师在符合"相关性和可靠性"的原则指引下，同样也可以灵活地选择和运用这些信息作为相关审计证据使用。以我国查询和利用网络信息为例。目前各地工商行政管理部门和其他政府部门都有自己的网站，如全国范围内工商部门的红盾网，一般情况下都会向会员开放，提供公司登记信息。企业包括会计师事务所都可

以成为其会员，借助该网查询企业的出资人、注册资本及高级管理人员。由此可以确定或排除关联方，了解所产生的债权债务是否可信，可以帮助了解应收账款的安全性等。由于以上证据或证据资料都为政府部门所控制或拥有，不易篡改，具有公信力，且均属于外部证据，因此也可以通过适当的记载或固定于相应载体保存下来。

总之，审计证据的综合，是审计过程的重要环节，没有这一过程，很难根据零星分散的审计证据形成客观真实的审计结论。在审计证据的综合过程中，审计人员应坚持客观公正的原则和应有的职业谨慎，尽可能避免失误的出现，降低审计风险，以确保客观真实的审计结论的形成。在形成审计意见时，注册会计师应当确定已经获取充分、适当的审计证据，如果对重大会计报表认定不能获取充分、适当的审计证据，注册会计师应当发表保留意见或无法表示意见。

◎ 相关案例

万福生科造假流水线曝光：一个 U 盘撕开隐秘账簿

万福生科 2012 年半年报显示预付账款增加了 2 632 万元，余额达到 1 亿多元。作为一家粮食精加工企业，万福生科采购的生产原材料是稻谷。通常来讲，这类企业与农户进行结算时采取现结方式，而财报中出现那么大数额的预付账款，便显得十分不符合常理。预付账款成为万福生科第一个很大的财务疑点。

另据湖南证监局在巡查中了解到的情况，万福生科在 2012 年上半年期间曾经停产。企业在停产的同时，还能产生高余额预付账款，引起稽查部门的关注。

除了预付账款外，另一个财务疑点是在建工程款余额。2012 年上半年，万福生科在建工程科目的账面余额从 8 675 万元增加至 1.80 亿元，这个过于巨大的数字，与万福生科往年的经营活动规模相比，越发令人不解。

整个调查的突破口，来自一次现场突击调查。那天稽查人员"突袭"万福生科财务处办公室，打了对方一个措手不及。稽查组负责人表示，"当时我们看到屋子里的人露出紧张和小心翼翼的表情，仿佛藏着什么秘密。所以，我想或许真能找到些什么。"稽查组负责人注意到，有一位工作人员站在电脑前，好像试图在遮挡着什么东西。"虽然不知道那里有什么，但还是让其闪开。终于看到那台试图被挡住的电脑主机上插着一个 U 盘。打开 U 盘发现，里面藏着的，正是我们之前苦苦寻觅的、万福生科 2012 年的真实销售流水台账！"稽查人员在另一台电脑中，还找到万福生科分配造假额度的电子表格，每个月计划造假多少笔，造假多少额度。

拨开云雾：万福生科如何"玩转"9 亿假账？

历经四年半的时间，虚增收入 9 亿多、虚增利润 2 亿多。如此疯狂的造假，万福生科到底是如何做到的？稽查人员扫过真实台账中一个个零碎的数字，逐步拼接出万福生科的造假链条：利用公司自有资金进行体外循环，假冒交易，用以虚增收入和利润。

万福生科在财务造假中，首先借用农户的身份证，为他们开立个人银行账户，但这些账户却是由万福生科来控制。公司将自有资金打到这些个人账户中，冒充为"预付给农户的收购款"；而后，再将资金从农户的个人账户上打回给公司，冒充为"客户的销售回款"。

为使从农户账户打回公司的资金显示为"客户销售回款"，万福生科又动了手脚：伪造大量银行回单，包括自刻假冒的银行业务章。

如果称资金流水为间接证据的话，那么实物成交记录便是货真价实的直接证据了。外调组同时调查了万福生科的销售客户和采购农户，目的是了解其真实的销售数额与原材料收购规模。

在外调过程中，稽查人员共走访调查的50多家客户，发现两类问题客户：一类是万福生科曾经的客户，交易发生时间不在万福生科上市发行期内；另一类根本就是不存在的客户，包括一些几年前就已注销或关闭的小公司，万福生科居然把其生生搬来冒充成自己的客户。

造假之路：集系统性、隐蔽性、独立性于一身。

首先，造假系统性强。万福生科造假遍及进、存、产、销各个经营环节，参与造假的人员很多。

其次，造假隐蔽性强。稽查负责人感叹道："调查中直接发现问题的难度很大"，因为账中资金流水与银行的资金流水在日期、金额上逐笔一一对应，但问题却在于名称的造假，这个过程中能演变出许多不同的形式。例如，原本是由张某通过银行打回的款项，但对应的银行回单上的账户名称却被改成了万福生科的某客户名称。"如果只查对流水是对不出问题的，这就需要深度追查这个资金究竟从哪里来的。形式上很逼真，但内容的确是假的。"

另外，造假的独立性是很高的。稽查组负责人说，"不能说万福生科的造假有多高明，但的确它把所有东西都做全了。"从购销合同到入库单、检验单、生产单、销售通知单以及采购销售发票等，这些单据凭证由专人开具。"由于万福生科对应的粮食收购方都为农户或粮食经纪人，不能开具发票，因此采购发票也由万福生科开具，这样就能把所有的单据凭证全部自己解决，而不依赖外部的力量，具有很高的造假独立性。"稽查负责人称。

最后，造假过程采取了成本倒算制。因为整个公司财务是按计划去造假，而非真实情况。所以财务人员会根据虚增后的各产品销售收入、毛利率以及生产消耗率直接倒算相关生产财务成本，达到了产销平衡。真假业务混淆交织在一起。

资料来源：新华网2013年5月27日。

第二节　审计工作底稿

审计工作底稿是注册会计师在审计过程中形成的审计工作记录和获取的资料。它形成于审计过程，也反映整个审计过程。审计人员所取得的审计证据需以书面形式记录下来，并进行整理、分析、评价，妥善保管，用以形成审计结论和发表审计意见，而审计工作底稿就是审计证据的"载体"。本节主要以民间审计机构采用的审计工作底稿的相关内容为主进行介绍。

一、审计工作底稿定义及特性

为保证审计工作质量，一方面要重视审计证据的搜集和评价；另一方面，对审计证据的"载体"审计工作底稿的内容、种类、作用、编制以及保管也应给予足够重视。

（一）审计工作底稿的含义

审计工作底稿，是指注册会计师对制订的审计计划、实施的审计程序、获取的相关审计证据，以及得出的审计结论做出的记录。审计工作底稿的含义体现在以下两点：

（1）审计工作底稿形成于审计工作全过程。从会计师事务所承接审计业务开始，历经审计前期准备阶段、审计计划阶段、实施阶段，到完成全部约定事项签发审计报告为止，任何一个过程中都会形成一系列的审计工作底稿。

（2）审计工作底稿的记录内容应能全面反映审计实际工作过程。审计工作底稿应该能反映出审计思路和审计轨迹，使人们通过审计工作底稿能够看到：审计工作经历哪些环节，某个环节上注册会计师从哪些方面进行测试，被测试事项的实际面貌如何，注册会计师如何发表意见，等等。

注册会计师编制的审计工作底稿，应当使得未曾接触该项审计工作的有经验的专业人士清楚了解：按照审计准则的规定实施的审计程序的性质、时间和范围；实施审计程序的结果和获取的审计证据；就重大事项得出的结论。

（二）审计工作底稿的作用

审计工作底稿的作用体现在以下方面：

（1）审计工作底稿是联结全部审计工作的纽带。一项审计工作是由多个审计人员及助理人员协同完成，最终发表审计意见，签署审计报告的人并不会参与全部审计取证的过程，离开了审计工作底稿，审计证据就无法清晰地呈现在最终发表审计意见、签署审计报告的注册会计师面前，这必然会影响审计工作的质量。审计工作底稿把不同人员的审计工作有机联结起来，更有利于注册会计师对整体会计报表发表意见。

（2）审计工作底稿是评价审计责任、专业胜任能力和工作业绩的依据。审计工作底稿体现和衡量注册会计师是否实施了必要的审计程序，审计程序的选择是否合理、专业判断是否准确，因此必要时可以减轻或解脱注册会计师的审计责任、评价或考核注册会计师的专业能力和工作业绩。

（3）审计工作底稿为审计质量控制与质量检查提供了基础依据。注册会计师协会或其他有关单位依法对事务所进行审计质量控制检查时，也会将审计工作底稿作为审查对象。

（4）审计工作底稿具有参考价值。由于审计工作的连续性特点，同一被审计单位前后年度的审计业务具有众多联系和共同点，因此，审计工作底稿对以后年度审计业务具有很大的参考或备查作用。

（三）审计工作底稿的要素

审计工作底稿内容形式各样，但一般来讲，每张工作底稿必须同时包括以下基本内容：

（1）被审计单位名称。审计工作底稿首先是按不同被审计单位进行分类管理的，因此每一张审计工作底稿都应写明被审计单位名称。公司名称可写全称，亦可写简称，但一家被审计单位的审计工作底稿应公司名称应统一。

（2）审计项目名称。每张审计工作底稿都应写明审计的内容，即某一会计报表项目或某一审计程序及实施对象的名称。如表5-1就是某一被审计单位的"管理费用审定表"。

（3）审计项目时点或期间。在审计工作底稿上应写明审计内容的时点或期间。若是资产负债类项目，则注明时点，若为损益类项目，则注明期间。

（4）审计过程记录。注册会计师应将其实施审计程序而达到审计目标的过程记录在审计工作底稿上。每张审计工作底稿都要体现审计轨迹、实施的审计程序。

（5）审计结论。注册会计师恰当地记录审计结论非常重要，注册会计师需要根据所实施的审计程序及获取的审计证据得出结论，并以此作为对财务报表形成审计意见的基础。在记录审计结论时需注意，在审计工作底稿中记录的审计程序和审计证据是否足以支持所得出的审计结论。

（6）审计标识及其说明。在审计工作底稿上可以用审计标识。所谓审计标识是指在编制审计工作底稿时，为了节省时间、提高效率、方便阅读，采用的一些简洁的用来代表某种审计含义的符号，例如，用G代表"与总账核对相符"含义，这样在审计工作底稿列示的金额如果已与总账金额核对相符，则只要在该金额旁标记"G"就表示已与"总账金额核对相符"，既简洁又省事。审计标识应前后一致以及整个会计师事务所一致。在统一的审计标识表中已有的标识，注册会计师不能自作主张另订一套应用。但如果某张工作底稿上需应用某些特殊的标识，即统一的审计标识表中没有的标识，则必须在附注中对其含义做出说明。

（7）索引号及编号。通常，审计工作底稿需要注明索引号及顺序编号，相关审计工作底稿之间，应保持清晰的勾稽关系，相互引用时，应交叉注明索引编号。审计工作底稿编号也称审计索引号。一张审计工作底稿的编制可能要引用另一张审计工作底稿的数字或内容，而这张工作底稿的数字和金额也可能被其他工作底稿引用，引用和被引用都要注明来龙去脉，以便核对查考。同样，如果都用文字来写既费时又费力，很不方便，因此我们给每一张工作底稿一个编号，按其所属大类进行编号，例如用"Z"表示"综合类工作底稿"，"Z1"表示"审计报告书"、"Z2"表示"管理建议书"；用"A"表示"资产类工作底稿"，"A1"表示"货币资金"、"A2"表示"短期投资"等等。这样一来，引用或过入另一张工作底稿只要注明索引号即可。会计师事务所可以自己编定索引号，每一审计项目在形成的一整套审计工作底稿前，应附有一张可使用的审计工作底稿索引号目录，页次是指在同一索引号下不同的审计工作底稿的顺序编号。

（8）编制者姓名及编制日期。审计工作底稿的编制者必须在其编制的审计工作底稿上签名和注明编制日期。

（9）复核者姓名及复核日期。审计工作底稿的复核者必须在复核过的审计工作底稿上签名和注明复核日期。如果有多级复核，每级复核者均应签名和注明复核日期。

（10）其他应说明事项。在众多审计工作底稿中，有相当一部分是由被审计单位或其他第三者提供的资料或代为编制的，审计人员应在上面注明其来源，并实施必要的审计程序，并按照审计工作底稿要求的基本内容，记录在审计工作底稿上。此外，其他应说明的事项还包括审计人员认为需要在审计工作底稿上说明的其他相关事项。可以列示在表 5-1"备注"栏。

表 5-1　　　　　　**AAA 会计师事务所管理费用审定表**　　　　　索引号：

被审计单位名称：ZZ 有限公司　　编制者姓名：　张雷　　编制日期：　2013-2-10

审计项目期间：2012 年度　　　　复核者姓名：　王鹏　　复核日期：　2013-2-20

单位：元

序号	项目	一月	二月	…	全年合计	上年合计	备注
1	办公费	1 245.80	1 546.78		17 616.90	9 635.70	
2	工资	54 309.00	56 430.00		669 945.00	586 790.00	
3	劳动保护费	1 200.00	1 200.00		14 400.00	12 000.00	
4	职工福利费	7 603.26	7 900.20		93 792.30	82 150.60	
…		55 679.85	57 800.00		675 858.76	669 575.89	
	其他	345.00	410.00		4 635.00	7 600.00	
	合计	120 382.91	125 286.98		1 476 247.96	1 367 752.19	

审计说明：（列示需要重点说明的管理费用项目）。

审计调整：（列示被审计单位应该调整的会计分录）。

审计结论：经审计调整后，发生额可以确认。

（四）审计工作底稿的种类

审计工作底稿一般分为综合类工作底稿、业务类工作底稿和备查类工作底稿。所谓综合类工作底稿是指注册会计师在审计计划和审计报告阶段，为规划、控制和总结整个审计工作，并为最终发表审计意见所形成的审计工作底稿。

综合类工作底稿包括：（1）审计业务约定书；（2）审计计划；（3）审计总结；（4）未审计会计报表；（5）试算平衡表；（6）审计差异调整表；（7）审计报告底稿；（8）管理建议书；（9）被审计单位声明书；（10）其他审计人员对整个审计工作进行组织管理的记录和资料。

所谓业务类工作底稿是指注册会计师在审计实施阶段执行具体审计程序所形成的审计工作底稿。主要包括注册会计师对某一审计循环或审计项目进行控制测试或实质性测试所做的记录和资料，如各业务循环控制测试工作底稿，各资产、负债、权益、损益类项目实质性测试工作底稿，需关注的期后事项工作底稿，等等。业务类工作底稿可以清楚地展示审计人员执行审计计划、实施审计程序、收集审计证据的具体情况。

所谓备查类工作底稿是指注册会计师在审计过程中形成的，对审计工作仅具有备查作用的工作底稿。这类工作底稿一般具有较长期的效力，但也需要随被审计单位有关情况的变化而不断更新。通常，备查类工作底稿是由被审计单位或第三者提供或代为编制的，审计人员应对所取得的文件资料注明其来源。

备查类工作底稿包括：（1）被审计单位的设立批准文件；（2）被审计单位的营业执照；（3）被审计单位的合同、协议和章程；（4）被审计单位的组织机构及管理层人员结构图；（5）被审计单位的董事会会议纪要；（6）被审计单位的重要经济合同；（7）被审计单位的相关内部控制及其调查和评价记录报告等资料的复印件或摘录。

二、审计工作底稿的编制与复核

（一）审计工作底稿的编制

审计工作底稿应当内容完整、格式规范、标识一致、记录清晰、结论完整。如前所述，由于审计工作底稿不仅是形成审计结论的依据，而且是评价注册会计师业绩、控制和监督审计质量的基础，因此，对于审计工作底稿的编制应认真对待。具体来讲，审计工作底稿的编制应符合以下要求：

（1）内容完整。由于审计工作底稿上所记录的就是审计证据，它将作为发表审计意见的依据，因此，记录的内容必须首先是真实的，必须注明资料的来源并且可以核实，否则会导致错误的审计结论；其次要求要素齐全，每张审计工作底稿都必须按照前述审计工作底稿的基本内容完整填列。

（2）格式规范。审计工作底稿分为编制的和取得的。如果注册会计师自己编制的工作底稿，一般都应用会计师事务所统一规定的格式，以达到格式规范的要求。如果是被审计单位或第三者提供的资料，格式不一定规范，只能在实施审计程序时，尽可能做到规范。

（3）标识一致。每张审计工作底稿上用的同一审计标识，应该做到含义一致。一般都是按照各会计师事务所自己制定的审计标识表统一使用标识符号。

（4）记录清晰。审计工作底稿上的记录要完整，文字要端正，层次要清楚，计算要正确，便于他人阅读。

（5）结论明确。审计工作底稿既然是审计证据的载体，必须要有明确的结论。因此，注册会计师按审计程序对审计项目实施审计后，应对该项目明确表达其最终的专业判断意见。如某一业务循环的内部控制是否齐全，是否可以信赖；某一审计事项

（二）审计工作底稿的复核

会计师事务所应当建立审计工作底稿复核制度。各复核人在复核审计工作底稿时，应做出必要的复核记录，书面表示复核意见并签名签署日期。审计工作底稿编制完成后，必须根据各个会计师事务所制定的审计工作底稿复核制度进行复核。所谓审计工作底稿复核制度，是指会计师事务所就审计工作底稿应当进行复核及如何进行复核所作的具体规定。

1. 审计工作底稿复核工作的要点

一张审计工作底稿往往由一名专业人员独立完成。由于个人的专业知识的局限性和判断能力的有限性，难免对有关资料的引用、对有关事项的判断、对会计数据的加计复算等出现差错，加之被审计单位内部控制的复杂性和风险性，在审计工作底稿编制完成后，对其的复核就显得十分必要。一般来讲，对审计工作底稿进行复核可以减少或消除人为的审计误差，以降低审计风险，提高审计质量；可以及时发现和解决问题，保证审计计划顺利执行，并能够不断地协调审计进度、节约审计时间、提高审计效率；同时便于上级管理人员对注册会计师进行审计质量监控和工作业绩考评。

审计工作底稿复核是一项重要的、必不可少的审计程序。为了搞好复核工作，应注意以下几点：

（1）复核人员是编制人的上级或同级人员。对所复核审计工作底稿的内容应当非常熟悉，并且具有一定的实务经验。如果采取多级复核制度，复核人的级别或专业经验应依次提高。

（2）复核人应明确复核要点，有的放矢。复核不是再次做审计，不可能按照审计程序重做一回，因此不能泛泛地复核，而应当有明确的复核要点和目标。若是多级复核，每一级复核的要点应有所不同。

（3）复核人应做复核记录，并书面表示复核意见。复核记录和复核意见是对审计工作底稿的完善和补充，是审计结论的依据之一。因此，复核人应当留下复核记录和复核意见，并归入审计工作底稿。复核记录和复核意见可反映在被复核的审计底稿上，或另纸反映。

（4）复核人应督促编制人对审计工作底稿中存在的问题予以答复、处理并形成相应的复审记录。复核人对审计工作底稿上存在的问题，有些可自己处理，有些需要追加和补充审计，可能还需要别人去处理。这时复核人应督促编制人对存在的问题及时修正，并记录在审计工作底稿上。

（5）复核人应当签名和注明复核日期。签名一方面表示某一级复核已经实施；另一面便于分清审计责任。

2. 审计工作底稿的三级复核制度

目前，会计师事务所一般都实行三级复核制度。所谓审计工作底稿的三级复核制度就是会计师事务所制定的以主任会计师、部门经理和项目经理为复核人，对审计工作底稿进行逐级复核的一种复核制度。三者的关系可用图 5 - 3 表示：

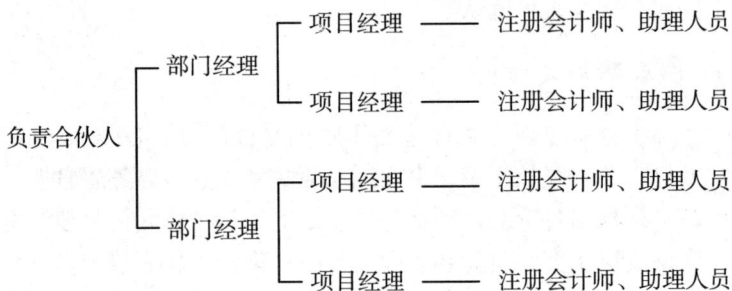

图 5 – 3　三级复核制度关系

项目经理（或项目负责人）复核是三级复核制度中的第一级复核，称为详细复核或全面复核。一般在审计现场完成。它要求项目经理对下属审计助理人员形成的审计工作底稿含所附审计证据、依据逐张复核，主要复核所取得资料是否齐备、主要审计程序是否执行，及时发现问题并指出，督促审计人及时修改完善。

部门经理（或签字注册会计师）是三级复核制度中的第二级复核，称为一般复核。部门经理主要复核以下内容：重点项目的审计证据是否充分、恰当；审计检查范围是否充分；计划确定的重要审计程序是否适当，是否已良好执行且实现了审计目标；审计调整事项和未调整审计差异的处理是否恰当；工作底稿的重要勾稽关系是否正确；已注意到审计中发现的问题及其对会计报表和审计报告的影响，除尚待研究处理问题外，其余所有问题是否均已做恰当处理；已审会计报表的总体性复核是否合理、可信。部门经理复核既是对项目经理复核的一种再监督，也是对重要审计事项的重点把关。

合伙人复核是三级复核中的最后一级复核，又称重点复核。它是对审计过程中的重大会计审计问题、重大审计调整事项及重要的审计工作底稿所进行的最终原则性复核。合伙人复核主要复核以下内容：重要审计程序的制定实施是否恰当，审计目的是否已经达到；重要审计证据是否充分、恰当；重要审计领域的测试是否充分；重要调整事项和未调整审计差异事项的处理是否恰当；已审会计报表总体复核是否发现明显不合理之处，是否已做处理。复查中发现的问题是否已妥善处理；关联事项、或有事项、期后事项及其他重要事项是否已适当处理；审计结论和采用的报告类型是否恰当，审计报告及所附会计报表及期附注的表述是否规范等。合伙人复核既是对前面两级复核的再监督，也是对整个审计工作的计划、进度和质量的重点把关。

三、审计工作底稿的管理

（一）审计工作底稿的归档

《中国注册会计师审计准则第 1131 号——审计工作底稿》第十八条：注册会计师应当按照会计师事务所质量控制政策和程序的规定，及时将审计工作底稿归整为最终审计档案。审计工作底稿的归档期限为审计报告日后六十天内。如果注册会计师未能完成审计业务，审计工作底稿的归档期限为审计业务中止后的六十天内。

在审计报告日后将审计工作底稿归整为最终审计档案是一项事务性的工作，不涉及实施新的审计程序或得出新的结论。

如果在归档期间对审计工作底稿做出的变动属于事务性的，注册会计师可以做出变动，主要包括：（1）删除或废弃被取代的审计工作底稿；（2）对审计工作底稿进行分类、整理和交叉索引；（3）对审计档案归整工作的完成核对表签字认可；（4）记录在审计报告日前获取的、与审计项目组相关成员进行讨论并取得一致意见的审计证据。

在完成最终审计档案的归整工作后，注册会计师不得在规定的保存期届满前删除或废弃审计工作底稿。

（二）审计工作底稿的保管

1. 审计工作底稿保管的重要性

会计师事务所必须对审计工作底稿妥善保管，主要是因为审计工作底稿是明确注册会计师审计责任的重要依据。注册会计师出具的审计报告可能在若干年后又会被人提出不同意见，这时就需要取出原来的审计工作底稿来确认审计责任；同时也因为当年的审计工作底稿可以为以后年度审计业务提供参考，有利于提高注册会计师工作效率和保证审计工作的质量。从这个意义上讲，审计工作底稿是会计师事务所的宝贵财富。

审计工作底稿保管的要求，一是要安全，注意防火、防水、防潮、防霉，即使几年后取出来也能看得清；二是要便于查阅，在大量的底稿中能很快地取出需要查阅的底稿。

2. 审计工作底稿保管的方法

所谓审计工作底稿的保管就是对审计工作底稿进行分类整理，形成审计档案。会计师事务所应建立审计档案保管制度，以确保审计档案的安全、完整。根据审计档案的内容和作用，可分为永久性档案和当期档案。所谓永久性档案是指那些记录内容相对稳定，具有长期使用价值，并对以后审计工作具有重要影响和直接作用的审计档案。比如，被审计单位的组织结构、批准证书、营业执照、各种章程、重要的法律性文件、合同及协议等。如果永久性档案中的某些内容已经发生变化，注册会计师应当及时予以更新。永久性档案中被替换下来的资料一般也需要保留，以便保持资料的完整性，给日后查阅历史资料提供便利。如被审计单位因增加注册资本而变更了营业执照等法律文件，可以将被替换的旧营业执照等文件汇总在一起，与其他有效的资料分开，作为单独部分归整在永久档案中。当期档案是指那些记录内容经常变化，主要供当期审计使用和下期审计参考的审计档案。当期档案主要由业务工作底稿组成，比如，内部控制测试工作底稿、具体会计款项实质性程序的工作底稿等。目前，尽管大部分会计师事务所仍然既保留电子版又保留纸质的审计档案，但是由于以电子形式保留审计工作底稿的使用越来越普及，故而一些大型国际会计师事务所不再区分永久性档案和当期档案。

有关审计档案的保管年限的规定是：当期档案自审计报告签发之日起至少保存10年，永久性档案应长期保管；不再继续审计的被审计单位，其永久性档案的保管期限同最后一年当期档案的期限相同；对于保管期限已满的审计档案，在按规定履行了必要的手续后，会计师事务所可以决定将其销毁。即使会计师事务所中止了对被审单位的后续审计服务，其审计档案的保存期限也不得任意缩减。

（三）审计工作底稿的保密和查阅

1. 审计工作底稿的保密

对被审计单位的商业秘密保密，是对注册会计师职业道德的基本要求。审计工作底稿中涉及被审计单位大量的、重要的商业秘密，如果将其随意泄露出去．必将对被审计单位造成不应有的损害。因此，审计工作底稿准则强调会计师事务需要建立审计工作底稿保密制度；对审计工作底稿严加保密。

但是，保密并不等于审计工作底稿不让任何人接触。在下面几种情况下，他人查阅审计工作底稿不属于泄密：

（1）法院、检察院及其他部门因工作需要依法查阅，并办理了必要的查阅手续。这里其他部门依法查阅是指国家有关法律允许的这些部门查阅。

（2）注册会计师协会进行业务检查时查阅。

（3）其他会计师事务所的注册会计师因审计业务的需要在几种特定情况下查阅。这些特定情况是：被审计单位更换会计师事务所，后任审计人员调阅前任审计人员的工作底稿；审计合并会计报表，母公司的注册会计师可以查阅子公司的会计师事务所的审计工作底稿；实行联合审计，允许参与审计的单位共同查阅和使用审计工作底稿；会计师事务所认为合理的其他情况。

2. 审计工作底稿的查阅

如上所述，审计工作底稿允许有关部门查阅。查阅前有关双方应认真协商，在所有重大方面达成一致意见，才能进行查阅。一般来讲，查阅工作底稿应注意：

（1）会计师事务所可根据审计工作底稿的内容及性质决定是否允许查阅者复印或摘录其中内容；

（2）查阅者应在会计师事务所指定的地点查阅，而不能将审计工作底稿擅自带离会计师事务所；

（3）会计师事务所应为查阅者提供必要的条件，在双方协商一致的基础上，可以收取一定的费用；

（4）查阅者因对所查阅的审计工作底稿使用不当所引起的不良后果与会计师事务所无关。

本章小结

综合本章所述，可以明确：审计证据和审计工作底稿都是所有权监督的重要组成部分。首先，审计证据和审计工作底稿的存在不仅是所有权主体维护自身权益的需要，而且是审计主体、审计客体证实受托审计责任和受托经济责任的履行过程和结果，解除受托审计责任与受托经济责任的需要；其次，审计证据与审计工作底稿既有区别又有联系，要实现审计目标，形成审计结论和意见必须收集和评价审计证据，审计人员在审计工作过程中，将收集到的审计证据和其他相关资料落实到审计工作底稿中，通过对审计证据进行分析和整理最终形成审计意见并出具审计报告，即审计工作底稿是审计证据的"载体"；最后，审计证据表明审计客体的行为和结果，用来说明经营者对所有者经济责任的履行情况，而审计工作底稿则可以证明受托经济责任的履行情况。

■关键词汇

审计证据（audit evidence）

三级复核制（Three–step Checking System）

审计工作底稿（audit working paper）

实物证据（physical evidence）

口头证据（oral evidence）

环境证据（environmental evidence）

书面证据（documentary evidence）

永久性档案（permanent audit documentation）

当期档案（current audit documentation）

审计证据的充分性和适当性（adequacy and appropriateness of audit evidence）

小组讨论

审计工作底稿的所有权是事务所还是注册会计师？

本章推荐阅读资料

1. 中国注册会计师协会：《审计》，经济科学出版社最新版。

2. 吴孙国：《审计工作底稿的证据作用》，载《审计与经济研究》2003 年第 4 期。

3. 武恒光：《审计证据、审计风险及不规则关系研究——基于一个舞弊博弈模型的分析》，载《审计与经济研究》2010 年第 4 期。

第 6 章

审计抽样

学习提要与目标

审计抽样方法作为连接审计主体和审计客体的中介，对于完善审计理论，指导审计实践都有重要意义。本章从介绍审计抽样方法的演变过程入手，说明判断抽样法和统计抽样法的一般程序和方法，并在此基础上，对于符合性测试中的属性抽样和实质性测试中的变量抽样，重点阐述其操作过程。

通过本章的学习，应能够：

- 了解审计抽样风险的含义；
- 理解统计抽样法的基本环节；
- 掌握符合性测试中的属性抽样；
- 掌握实质性测试中的变量抽样。

第一节 审计抽样及其一般程序与方法

审计的历史明确告诉我们，审计的发展是以其技术方法不断改进、发展与完善为重要标志的。早期的审计监督，其方法是详查法，后来逐渐演变为抽样法。抽样方法在审计工作中的应用，在保证审计质量相对可靠的前提下，大大提高了审计工作效率，从而满足了社会经济发展对审计工作提出的新的要求。从这种意义上说，审计抽样法的出现与运用，是审计方法的一次重大变革。

◎ **相关案例**

厄特马斯公司对道奇与尼文会计师事务所诉讼案

斯特公司设在纽约市，主要经营橡胶进口和销售，因缺乏营运资金而不得不向多家银行和金融机构贷款。1924年3月，斯特公司向厄特马斯公司申请贷款10万美元。厄特马斯公司要求斯特公司出具一份经过审计的资产负债表，以决定是否发放贷款。道奇与尼文会计师事务所对斯特公司1923年的资产负债表进行了审计，并签署了无保留审计意见报告。斯特公司出具的经审计过的资产负债表显示，它的总资产已超过了250万美元，且有近100万美元净资产。在看了这份资产负债表和审计报告后，厄特马斯公司决定向斯特公司提供贷款10万美元。随后，厄特马斯公司又向斯特公司发放了两笔总计65 000美元的贷款。1925年1月，斯特公司宣告破产。法庭证词表明，就在资产负债表报告斯特公司拥有100万美元净资产的1923年年底，公司已处于资不抵债状态。斯特公司的会计人员罗姆伯格以虚构公司巨额会计分录的方法，向审计人员隐瞒了公司濒临破产的事实。其中虚构最大的一笔会计分录是将超过70万美元的虚假销售收入，记入应收账款的借方。斯特公司破产后，厄特马斯公司为追回经济损失，起诉了道奇与尼文会计师事务所。

厄特马斯公司对道奇与尼文会计师事务所的诉讼案在纽约地方法院进行审理。厄特马斯公司的律师认为：审计人员应该很轻易地查出斯特公司在1923年12月31日的资产负债表中，虚增了70多万美元的应收账款项目这一事实。这个虚构事项如果被纠正的话，将使斯特公司报告的净资产减少近70%。那么厄特马斯公司也就不可能贷给斯特公司如此大额的款项。道奇与尼文会计师事务所的律师认为：审计主要是"抽样测试"，而不是对所有账目进行详细检查。这17张假发票并未包含在被检查的200多张发票之内是不足为奇的。法庭裁决指出：虽然通常审计工作是建立在以抽样为基础的原则上的，但鉴于罗姆伯格登记的12月份大额销售收入性质可疑，会计师事务所有责任对其进行特别检查。"对于在日常商业过程中记入账簿的账户来说，用抽样和测试的方式来进行查账就已经足够了。然而，由于环境所决定，被告必须对12月份的应收账款进行详细的审查。"

抽样技术和方法运用于审计工作，是审计理论和实践的重大突破。但是，通过案例可以看出，审计抽样有风险，为了降低这种风险，需要正确运用审计抽样，需要对抽样技术有一个深刻了解。

一、审计抽样方法的演变过程

在审计历史上，先后出现了任意抽样法、判断抽样法和统计抽样法三种类型。

1. 任意抽样法

任意抽样法是审计从详查法向抽查法演变时最先运用的一种抽样方法。审计人员运用这种抽样方法只是为了减少审计工作量，而对于抽样的规模、技术和内容等均无规律可循。由于任意抽样法是任意地抽取样本，故其审查结果缺乏科学性和可靠性，审计人员也承担较大的审计风险。因此，该方法不久就被判断抽样法所替代。

2. 判断抽样法

判断抽样法是根据审计人员的经验判断，有目的地从特定审计对象总体中抽查部分样本进行审查，并以样本的审查结果来推断总体的抽样结果。同任意抽样法相比，判断抽样法前进了一大步。但由于该方法是审计人员在总结自身经验的基础上形成的，因此，其成效取决于审计人员的经验和判断能力。即判断得正确，就会有成效；判断不准，缺乏客观性，就会影响审计工作的效果。因此，现代审计常用统计抽样法。

3. 统计抽样法

统计抽样法是审计人员运用概率论原理，遵循随机原则，从审计对象总体中抽取部分样本进行审查，然后以样本的审查结果来推断总体的抽样方法。该方法之所以科学，其理论依据有以下四个方面：一是充分的数学依据。统计抽样法要利用高等数学方法。抽查时，如选择样本适当，那么根据审查样本的结果，运用概率论的原理，可以通过抽取的样本推断总体。二是健全的内部控制制度依据。企业具有健全的内部控制制度，会减少发生错误和弊端的可能性，或迅速地发现错误和弊端。三是合理的经济依据。现代企业机构庞大，业务频繁，如采用详查法，既费时间又耗精力，审计费用增大。因此，用抽查法代替详查法。四是统计抽样允许审计人员计算样本的可靠性及其风险（这是统计抽样与非统计抽样的主要区别）；允许审计人员在他们愿意接受的风险程度下用数学的方法确定最优的样本容量，以避免夸大或缩小审计。

统计抽样法的主要优点表现在：能够科学地确定抽样规模，做到抽查适度的样本数量，防止主观的判断，便于实现审计工作规范化；花费较少的时间，取得较好的效果，提高了审计工作效率；审计结果更加客观和可靠等。尽管统计抽样法有上述优点，但其运用难度大，要求审计人员有较高的数学水平；而且它不是任何场合都适用，即对资料残缺不全的被审计单位以及揭露贪污舞弊的财经法纪审计来说，不适宜采用统计抽样法。

二、审计抽样过程

审计抽样法的运用是一个复杂的过程。因此，就必须注意研究其适用的基本程序问题，即研究运用审计抽样法需经过哪些环节，采取怎样的步骤和方式以及步骤和方式是怎样的相互关系，以便使其得以科学运用。

（一）判断抽样法

任意抽样法本身的不科学性，决定了运用的基本程序也是不科学的和不规范的。审计人员只是随意地决定抽取多少样本、怎样抽取样本以及如何评价样本的审查结果。判断抽样法和统计抽样法则大大不同。由于判断抽样法决定了审计人员需要根据自己的工作经验并遵循一定的原则确定抽取规模和选择方式，所以，它的适用程式的科学与否直接影响着审计样本代表审计总体的强弱，以及整个审计工作质量的好坏。一般来讲，判断抽样法由确定抽样范围、确定抽样数量、选取样本、审查样本、分析样本的审查结果几个环节以及每个环节中的具体步骤组成其基本程式。

1. 确定抽样对象

抽查对象确定得准确与否，直接影响所选样本数量和质量的准确性。一般来讲，确定抽样对象需考虑以下几个因素：

（1）审计目标。它是指审计人员本次审计工作所要达到的目的，抽查要做到有的放矢。如审计目标是查明企业亏损的原因，应以产品成本水平、产品质量、销售业务等作为抽查对象；如审计目标是了解被审计单位固定资产的利用效果，则应以固定资产实物、反映固定资产的会计资料以及有关情况作为抽查对象等等。

（2）内部控制制度的建立健全情况。被审计单位内部控制制度的建立与健全程度以及执行情况直接影响着会计资料和经济业务的真实与准确程度。因此，对一些内部控制制度不健全，或虽健全但未得到很好执行的经济业务和会计资料，就需作为抽查对象。

（3）项目的重要性。重要的项目在很大程度上反映出总体的特征。因此，抽查对象应选择那些重要的、关键的项目。项目重要与否因经济业务性质不同而不同。一般根据其时间先后、价值高低、数量多少、用途大小、性质来决定。如对库存商品的审查，应抽查那些价值大、数量多、用途广、保管差、收发频繁的商品。

（4）发生错弊的可能性。经济业务或项目有些容易发生错弊，有些则不然。如结算账户、材料成本差异账户、残料废料等销售业务、期初期末的销售业务等账户或业务容易发生错弊。因此，审计人员应将容易发生错弊的项目作为抽查对象。

2. 确定样本数量

审计人员确定了抽查对象以后，应确定样本数量。样本数量必须恰当。否则，样本过少，难以代表总体的特征，影响审计结论的正确性；样本过多，则造成审计成本过高，影响审计工作效率。一般可综合考虑下列两个因素来确定样本数量：

（1）总体规模。总体规模较大，抽查数量应相对较多；总体规模较小，抽查数量可相对较少。一般可抽查总体的 20%～30%。

（2）重点抽查对象。对于前述确定的抽查对象，可根据其重要程度来划分若干层次。重要程度越高，抽查项目占全部抽查项目的比重就应越大。这一因素与总体规模是相互对应的。

3. 选取样本

确定了抽查对象和样本数量，可据以从中选取样本。由于判断抽样法主要特点是判断，所以，用其选择的样本难免带有主观色彩，易与实际情况发生背离。因此，审计人员选样时，首先要分析了解抽查对象的内容构成，即对抽查对象反映的业务可能出现的错弊及有关情况进行分析、研究、预测、估计，以便在选样时做到有的放矢。然后审计人员根据不同的审计内容在分析、判断的基础上选出所需要审查的审计样本。如审查销售业务时，可多选取年末年初的销售账簿、凭证等会计资料作为审计样本。因为此时容易发生隐匿销售收入或以移动销售收入的入账时间来达到多提多留利润的目的。对于其他时间的销售业务的会计资料可从中少选取审计样本。

4. 审查样本并根据其结果推断有关情况

样本选出后，审计人员运用审计的基本方法对其进行详细审查。审查后，若发现有错弊的样本占全部样本的比重较高，或有严重错弊的样本，则说明总体出现错弊的比重较大或问题较严重，这时，可考虑扩大审查的样本范围和数量，甚至在必要时可进行详细审查，以便把问题彻底审查清楚；若发现有错弊的样本占全部样本的比重较小或未发现样本中有较严重的错弊问题，这时，则不必扩大抽查样本的范围和数量，可直接根据对样本的审查结果做出审计结论。

如何根据样本的审查结果做出审计结论？这是一个值得认真研究的问题。从理论上讲，采用审计抽样法，样本能够（或应该）代表总体特征，可以根据样本的审查结果推断总体，如可使样本的差错率作为总体的差错率。但在判断抽样法中，由于审计人员是有重点地选取样本，故并不能一概根据样本的审查结果来推断总体，因为这样推断的结果往往夸大被审计对象存在的问题。倘若审计目标是证明被审单位财产价值的真实情况，可根据没有发现有错弊或错弊较少且较轻的审查结果，做出没有问题或问题较少、较轻的审计结论。倘若审计目标是查证舞弊行为，由于审计人员在抽取样本时充分考虑了项目的重要性、出现错弊的可能性等对审计目标有较大影响的因素，所以，抽取的样本中往往包含着总体中大部分或最重要的问题（如上述年末年初销售业务中存在的错弊大大多于其他时期销售业务存在的错弊）。因此，这时就不能以样本的差错率推断为总体的差错率。我们只能以样本审查结果来说明总体概况，以样本的问题来代表总体的问题，而不能加以推广。正因为如此，在实际中，我们所写的审计报告只能列示已查出的、有事实根据的问题作为审查的结果，未查出的或没有事实依据或事实依据不充分的问题不列入（也无法列入）审计报告中。

（二）统计抽样法

基本程式的研究使判断抽样法的应用建立在较为科学的基础上，但由于它未能科学地确定抽取样本的数量和确定科学的选样方式，故运用这种方法仍然难以消除影响审计结论的主观因素。而统计抽样法的基本程序恰好弥补了这一缺陷。统计抽样法的基本程序由以下步骤和环节构成。

1. 确定抽取样本的数量

在统计抽样法中，要使样本特征尽可能反映总体特征，就需运用概率论原理和数理统计知识科学地确定样本的最佳数量。所谓最佳数量是既不会因为样本数量少而影响审计结论的准确性，也不会因为样本数量多而增大审计成本进而降低审计效率。

2. 确定抽取样本的方式

（1）随机数表也称乱数表。它是以 0~9 的数字随机组成的数表。每个数字在表上出现的次数大致相同。如表 6-1 随机数表（部分）所示。

表 6-1 　　　　　　　　　　　随机数表（部分）

栏 ＼ 行	1	2	3	4	5	6	7	8	9	10
1	32 044	69 037	29 655	92 114	81 034	40 582	01 584	77 184	85 762	46 505
2	23 821	96 070	82 592	81 642	08 971	07 411	09 037	81 530	56 195	98 425
3	82 383	94 987	66 441	28 677	95 961	78 346	37 916	09 416	42 438	48 432
4	68 310	21 792	71 635	86 089	38 157	95 620	96 718	79 554	50 209	17 705
5	94 856	76 940	22 165	01 414	01 413	37 231	05 509	37 489	56 459	52 983
6	95 000	61 958	83 430	98 250	70 030	05 436	74 814	45 978	09 277	13 827
7	20 764	64 638	11 359	32 556	89 822	02 713	81 293	52 970	25 080	33 555
8	71 401	17 964	50 940	95 753	34 905	93 566	36 318	79 530	51 105	26 952
9	38 464	75 707	16 750	61 371	01 523	69 205	32 122	03 436	14 489	02 086
10	59 442	59 247	74 955	82 835	98 378	83 513	47 870	20 795	01 352	89 906
11	11 818	40 951	99 279	32 222	75 433	27 397	46 214	48 872	26 536	41 042
12	65 785	06 387	96 483	00 230	58 220	09 756	00 533	17 614	98 144	82 427
13	05 933	69 834	57 402	35 168	84 138	44 850	11 527	05 692	84 810	44 109
14	31 722	97 334	77 178	70 361	15 819	35 037	46 319	21 085	37 957	05 102
15	95 118	88 373	26 934	42 991	00 142	90 852	14 199	93 593	76 028	23 664

运用随机数表抽取样本，应建立总体项目与表中数字的对应关系。如果总体中各项目已连续编号，则可直接运用随机数表查到应抽查的审计样本的编号，并将其所代表的审计项目取出。有时，需要对总体各项目重新编号，然后，运用随机数表确定应抽查的审计样本。

例 6-1 审计人员检查应收账款时，可将所有应收账款明细账户作为审计总体，并将其连续编号（假设自 001 编至 300 号，审计人员确定的样本数量为 30），然后可根据表 6-1 选取审计样本。由于审计总体最多为三位数，所以，我们可以采用上表中数字的前三位（也可后三位数或中三位数）。假定从随机数表的第 1 栏自上而下的选择，有 238、207、118、059，其他的 320、823、683、948、950、714、384、594、657、317、951 由于大于 300，故不符合要求，然后再转栏，直至选够 30 个符合要求的数码。选出的数码所代表的账户即为审计样本。

（2）系统选择取样方式。系统选样也称等距选样，它是以任意一随机出发点从总体中每隔几项选择一项为样本的选择方式。

例 6-2 审计人员从 10 000 张付款凭证中抽查 200 张，可从某一出发点每 50 张（每隔 49 张）选择一张作为审计样本。如以第 137 号付款凭证为出发点，则选中的样本的号码为 37（137-50-50）、87（137-50）、137、187（137+50）、237（137+

50+50）等等。这种方法使用方便。但是，在总体特性均匀分布总体中时，样本才具有代表性。事实上，大多数情况下并非如此，这就会使样本误差增大。所以，为解决这一缺陷，分层选择应运而生。

（3）分层选择方式。根据总体所包含的不同特性，将其划分为若干个小总体的方法即分层，分层后再根据每层的特点运用上述两种方法中的任何一种进行取样。这种方法即分层选择方式。

相关链接

注册会计师使用分层方法指南

我国注册会计师执业准则应用指南（2010）指出，在考虑总体的特征时，注册会计师可能认为使用分层比较适当。以下内容为注册会计师使用分层提供了指引。

1. 注册会计师对总体进行分层，即将总体分成有识别特征的各个子总体，可以提高审计效率。分层的目标是减少每一层中项目的变异性，从而在不增加抽样风险的情况下减少样本规模。

2. 在实施细节测试时，注册会计师通常根据金额对总体进行分层。这使注册会计师能够将更多审计资源投向金额较大的项目，而这些项目最有可能包含高估错报。同样，注册会计师也可以根据表明更高错报风险的特定特征对总体分层，例如，在测试应收账款计价中的坏账准备时，注册会计师可以根据账龄对应收账款余额进行分层。

3. 对层内样本项目实施审计程序的结果只能推断至构成该层的项目。如果要对整个总体得出结论，注册会计师需要考虑与构成整个总体的其他层有关的重大错报风险。例如，占总体数量20%的项目，其金额可能占账户余额的90%。注册会计师可能决定从这20%的项目中选取样本进行检查。然后，注册会计师评价样本结果，并对这90%的金额单独得出结论。对剩余10%的金额，注册会计师可以另外选取样本或使用其他获取审计证据的方法，或者认为剩余10%的金额不重要。

4. 如果注册会计师将某类交易或账户余额分成不同的层，需要对每层分别推断错报。在考虑错报对该类别的所有交易或账户余额的可能影响时，注册会计师需要综合考虑每层的推断错报。

例6-3 为函证应收账款，根据企业的实际情况，将应收账款账户按其金额的重要性分为若干层，然后分别采用适当的方法确定函证对象。如某企业根据其实际情况，将应收账款账户按其金额的重要性分为三层，即账户金额在10 000元以上的，账户金额为5 000元至10 000元的，账户金额在5 000元以下的。对应收账款账户在10 000元以上的账户应进行全部函证。对账户金额在10 000元以下的分层分别采用随机数表或系统选样法。

（4）整群选择方式。就是先将总体项目按某一标志分成若干群，然后再运用随机数表或系统选样方式，整群地抽取样本项目的一种方法。

例 6 - 4 将全年的付款凭证按月划分为 12 群，现要从中抽取出 3 个月的进行审查。假设从随机数表中选出 5、9、11 三个随机数，那么样本就由第 5、9、11 三个月的付款凭证所组成。

整群选样和系统选样方式运用起来都较为方便，但样本的代表性稍差。在需要抽取的样本项目较多的情况下，可运用这两种方法抽取样本，以便提高工作效率；反之，则可直接运用随机数表取样方式。

3. 审计样本的处理

一定数量的审计样本选出以后，需要运用审计的基本方法对其进行详细审查，然后再根据审查结果推断审计总体。如果样本的实际差错率在设定的误差范围以内，其他情况又不严重时，则可以样本的审查结果推断审计总体特征；如果样本的实际差错率超出设定的误差范围，则应以样本的实际差错率代替预计的差错率，运用求样本量公式扩大抽查样本的数量，并以其审查结果推断审计总体的特征。经过一次或几次扩大抽查后，若样本实际差错率有不断增高的趋势，则应进行一次全面审计；如果样本的实际差错率虽在误差范围以内，但错误的性质严重，金额较大，则应将样本数量扩大一倍或若干倍重新抽样，并以审查结果推断审计总体的特征；如果样本错弊严重、金额较大，若有必要和条件允许，可进行全面审计，以防止漏掉对有关重大违法违纪问题的查证。

三、审计抽样与审计风险

审计人员在运用抽样技术进行审计时，有两方面的不确定性因素，其中一方面的因素直接与抽样相关，而另一方面的因素却与抽样无关。前者为抽样风险，后者为非抽样风险。

（一）抽样风险

抽样风险是指注册会计师根据样本得出的结论，可能不同于对整个总体实施与样本相同的审计程序得出的结论的风险。抽样风险与样本量成反比，样本量越大，抽样风险越低。在审计实务中，抽样风险主要体现在符合性测试与实质性测试中。

1. 符合性测试中的抽样风险

（1）信赖不足风险是指抽样结果使审计人员没有充分信赖实际上应予信赖的内部控制的可能性。

（2）信赖过度风险是指抽样结果使审计人员对内部控制的信赖超过了其实际上可予信赖的可能性。

2. 实质性测试中的抽样风险

（1）误拒风险是指抽样结果表明账户余额存在重大错误而实际上并不存在重大错误的可能性。

（2）误受风险是指抽样结果表明账户余额不存在重大错误而实际上存在重大错误的可能性。

信赖不足风险与误拒风险一般会导致审计人员执行额外的审计程序，降低审计效率，但其效果一般都能保证。信赖过度风险与误受风险很可能导致审计人员形成不正确的审计结论，因此，对于审计人员来说，是最危险的风险，因为它使审计无法达到预期的效果。

（二）非抽样风险

根据《中国注册会计师审计准则第 1314 号——审计抽样》第 9 条的规定，非抽样风险是指注册会计师由于任何与抽样风险无关的原因而得出错误结论的风险。产生这种风险的原因很多，如未能找出样本文件中的错误等、错误解释样本结果，等等。非抽样风险无法量化，但是，审计人员应当通过对审计工作的适当的计划、指导和监督，以坚持质量控制标准，力争有效地降低非抽样风险。非抽样风险对审计工作的效率和效果都有一定影响。

国际视野

美国审计准则公告第39号——审计抽样

美国审计准则公告第 39 号中规定：审计抽样就是对账户余额和交易类别中部分项目应用审计程序，审计抽样的目的是评估这些账户余额及交易类别的属性。这一定义暗示了审计抽样的许多特性。两个尤其重要的特性是抽样风险和关注属性。

美国审计准则公告第 39 号将审计抽样风险产生的原因解释为：当审计抽样测试受到限制时，审计师依据样本而得出的结论可能会与采用同样方法对所有账户余额和交易类别中的项目都进行测试而得出的结论不同，这时就会产生抽样风险。即如果审计师对每一个项目都应用审计程序，而不是只针对样本实施审计程序，就不会产生抽样风险。然而，即使对所有项目都进行检查，也不能消除检查风险。当审计师未能发现包含在所检查的项目中的错报时，或为达到特定目的而采用的程序无效时，就会产生非抽样风险方面的检查风险。通常，审计师可通过充分的计划、监督和适当的质量控制政策和程序，使这类非抽样检查风险降低到可忽略的水平。

审计师在余额的直接测试中应用抽样时，关注属性就是余额中的货币性误差，尤其是货币性误差是否超过了重要性水平的余额。审计师在交易类别测试中应用抽样时，关注属性通常是内部控制结构政策或程序的偏差率。即审计师所关注的是既定政策或程序的偏差率，尤其是该偏差率是否超过审计师可接受的误差率。

审计准则公告第 39 号指出：审计抽样有两种一般的测试方法，非统计的和统计的。两种测试方法都要求在计划、执行、样本评估等过程中采用职业判断。

第二节　符合性测试中的属性抽样

统计抽样在审计工作中的具体运用方法，主要有属性抽样和变量抽样两种。符合性测试中所采用的审计抽样通常称为属性抽样。属性抽样主要有固定样本量抽样、停—走抽样、发现抽样三种抽样方法。下面分别介绍三种抽样方法的操作过程。

一、固定样本量抽样

固定样本量抽样是一种最为广泛使用的属性抽样，常用于估计审计对象总体中某种误差发生的比例，用"多大比例"来回答问题。例如，用这种方法估计重复支付的单据数，审计人员最后得出的结论一般是："95%的可信赖程度说明重复支付的单据数占总体的2%~6%。"下面举例说明固定样本量抽样的基本步骤。

（一）确定审计目的

假定审计人员打算审查企业是否只有在将验收报告与进货发票相核对之后，才核准支付采购货款这一内部控制程序，并进行抽样的符合性测试。于是审计人员对该程序操作的准确性，以及进货发票与验收报告相核对的控制程序给予关注。

（二）定义误差

对于每张发票及有关的验收单据，若发现下列情形之一者，即可定义为"误差"。
（1）未附验收单据的任何发票；
（2）发票虽附有验收单据，但该单据却属于其他发票；
（3）发票与验收单据所记载的数量不符。

（三）定义审计对象总体

假如企业对每笔采购业务均采用连续编号的凭单，每张凭单上要附有验收报告及发票，因此，抽样单位是个别的凭单。若此项测试是期中执行的，则假设审计对象总体包括审计年度前10个月内购买原材料的××张凭单。

（四）确定样本选取方法

因为凭单是连续编号的，所以审计人员决定采用随机选样法来选取样本。

（五）确定样本量

假设从前3年的审计中，审计人员得知上述所描述的内部控制制度发生的误差率为0.5%、0.9%及0.7%，误差不呈逐年减少的趋势，因此，基于稳健原则的因素，可将预期总体误差率定为1%。审计人员依赖其专业判断，确定可容忍误差率为4%，信赖过度风险为5%。

为简化工作，审计人员根据已制定出的控制测试统计样本量表（见表6-2），查出可容忍误差率为4%，预期总体误差率为1%时，应选取的样本量为156项，样本中的预期误差数为1。若在样本中发现两个或两个以上的误差，就说明抽样结果不能支持审计人员对内部控制的预期信赖程度。

表 6-2 　　　　　　　95％的可信赖程度下控制测试样本量

预期总体误差(％)	可容忍误差率										
	2％	3％	4％	5％	6％	7％	8％	9％	10％	15％	20％
0.00	149(0)	99(0)	74(0)	59(0)	49(0)	42(0)	36(0)	32(0)	29(0)	19(0)	14(0)
0.25	236(1)	157(1)	117(1)	93(1)	78(1)	66(1)	58(1)	51(1)	46(1)	30(1)	22(1)
0.50	*	157(1)	117(1)	93(1)	78(1)	66(1)	58(1)	51(1)	46(1)	30(1)	22(1)
0.75	*	208(1)	117(1)	93(1)	78(1)	66(1)	58(1)	51(1)	46(1)	30(1)	22(1)
1.00	*	*	156(1)	93(1)	78(1)	66(1)	58(1)	51(1)	46(1)	30(1)	22(1)
1.25	*	*	156(1)	124(2)	78(1)	66(1)	58(1)	51(1)	46(1)	30(1)	22(1)
1.50	*	*	192(3)	124(2)	103(2)	88(2)	77(2)	51(1)	46(1)	30(1)	22(1)
1.75	*	*	227(4)	153(3)	103(2)	88(2)	77(2)	51(1)	46(1)	30(1)	22(1)
2.00	*	*	*	181(4)	127(3)	88(2)	77(2)	68(2)	46(1)	30(1)	22(1)
2.25	*	*	*	208(5)	127(3)	88(2)	77(2)	68(2)	61(2)	30(1)	22(1)
2.50	*	*	*	*	150(4)	109(3)	77(2)	68(2)	61(2)	30(1)	22(1)
2.75	*	*	*	*	173(5)	109(3)	95(3)	68(2)	61(2)	30(1)	22(1)
3.00	*	*	*	*	195(6)	129(4)	95(3)	84(3)	61(2)	30(1)	22(1)
3.25	*	*	*	*	*	148(5)	112(4)	84(3)	61(2)	30(1)	22(1)
3.50	*	*	*	*	*	167(6)	112(4)	84(3)	76(3)	30(1)	22(1)
3.75	*	*	*	*	*	185(7)	129(5)	100(4)	76(3)	40(2)	22(1)
4.00	*	*	*	*	*	*	146(6)	100(4)	89(4)	40(2)	22(1)
5.00	*	*	*	*	*	*	*	158(8)	116(6)	40(2)	30(2)
6.00	*	*	*	*	*	*	*	*	179(11)	50(3)	30(2)
7.00	*	*	*	*	*	*	*	*	*	68(5)	37(3)

（六）选取样本并进行审查

审计人员按随机选样法选取 156 张凭单，并按所定义的"误差"审查每张凭单及附件。

（七）评价抽样结果

审计人员在评价抽样结果时，不仅需要考虑误差的次数，而且也需要考虑误差的性质。若审计人员通过抽样查出的误差数为 1，且没有发现有欺诈舞弊或逃避内部控制的情况，由于发现的误差数不超过预期误差数，所以，审计人员可以得出结论：总体误差率不超过 4％的可信赖程度为 95％。若审计人员通过抽样查出的误差数为 3，且没有发现有欺诈舞弊或逃避内部控制的情况，由于发现的误差数超过预期误差数 1，并且从表中可看出，这种情况下符合审计人员要求的样本量增至 192 个，预期总体误差率为 1.5％。因此，审计人员不能以 95％的可信赖程度保证总体的误差率不超过 4％。这时，审计人员应减少对这一内部控制的可信赖程度，实施其他审计程序，如扩大实质性测试范围，增加样本量，或不再进行抽样审计，代之以详细审计，等等。若审计人员在审查样本时发现有欺诈舞弊或逃避内部控制的情形发生，不论其误差率是高还是低，均应采用其他审计程序。

二、停—走抽样

停—走抽样是固定样本量抽样的一种特殊形式。采用固定样本量抽样时，若预期总体误差大大高于实际误差，其结果是选取了过多的样本，降低了审计工作效率。停—走抽样从预期总体误差为零开始，通过边抽样边评价来完成抽样审计工作。这种方法能够有效地提高工作效率，降低审计费用。采用停—走抽样，首先，要确定可容忍误差和风险水平，如5%的可容忍误差，5%的风险水平。其次，确定初始样本量，如根据以上步骤要求查表得出最小的样本量为60（见表6-3、表6-4）。

表6-3　　　　　　　　停—走抽样初始样本量表

（预期总体误差为零）

风险水平 风险样本量 发现的错误数	10%	5%	2.5%
10%	24	30	37
9%	27	34	42
8%	30	38	47
7%	35	43	53
6%	40	50	62
5%	48	60	74
4%	60	75	93
3%	80	100	124
2%	120	150	185
1%	240	300	370

表6-4　　　　　　　停—走抽样样本量扩展及总体误差评估表

风险水平 风险系数 发现的错误数	10%	5%	2.5%
0	2.4	3.0	3.7
1	3.9	4.8	5.6
2	5.4	6.3	7.3
3	6.7	7.8	8.8
4	8.0	9.2	10.3
5	9.3	10.6	11.7
6	10.6	11.9	13.1

续表

发现的错误数 风险系数 风险水平	10%	5%	2.5%
7	11.8	13.2	14.5
8	13.0	14.5	15.8
9	14.3	16.0	17.1
10	15.5	17.0	18.4
11	16.7	18.3	19.7
12	18.0	19.5	21.0
13	19.0	21.0	22.3
14	20.2	22.0	23.5
15	21.4	23.4	24.7
16	22.6	24.3	26.0
17	23.8	26.0	27.3
18	25.0	27.0	28.5
19	26.0	28.0	29.6
20	27.1	29.0	31.0

最后，进行停—走抽样决策。如审计人员在60个项目中找出一个误差，则总体误差在5%风险水平下为8%（查表6-4，风险系数除以样本量即4.8÷60），这比可容忍误差5%大，因此，审计人员需增加36个样本。样本扩大到96个（系数除以可容忍误差即4.8÷0.05），如果对增加的36个样本审计后没有发现误差，则审计人员可有95%的把握确信总体误差不超过5%。如首次对60个样本审计后发现了两个误差，则总体误差率为10.5%（6.3÷60），这比可容忍误差大很多，因此审计人员应决定增加66个样本（6.3÷0.05-60）。如对增加的66个样本审计后没有找到误差，审计人员同样可以有95%的把握确信总体误差不超过5%。如果又发现了一个误差，则总体误差为6.2%（7.8÷126），这时审计人员应该决定是再扩大样本量至156（7.8÷0.05）个，还是将上述过程得出的结果作为选用固定样本量抽样的预期总体误差而改变抽样方法。一般来讲，样本量不宜扩大到初始样本量的3倍。

三、发现抽样

发现抽样是在既定的可信赖程度下，在假定误差以既定的误差率存在于总体之中的情况下，至少查出一个误差的抽样方法。发现抽样主要用于查找重大非法事件，它能够以极高的可信赖程度（如99.5%以上）确保查出误差率仅在0.5%~1%的误差。使用发现抽样时，当发现重大的误差，如欺诈的凭据时，无论发生次数多少，审计人员都可能放弃一切抽样程序，而对总体进行全面彻底的检查。若发现抽样未发现任何例外，审计人员可得出下列结论：在既定的误差率范围内没有发现重大误差。

使用发现抽样时，审计人员需确定可信赖程度及可容忍误差。然后，在预期总体误差为 0% 的假设下，参阅适当的属性抽样表，即可得出所需的样本量。例如，以虚构进货交易而达到支付现金的目的。为确定此种舞弊是否存在，审计人员必须在企业的已付凭单中找出一组不实的单据。假设审计人员设定：如果总体中包含 2% 或 2% 以上的欺诈性项目，那么在 95% 的可信赖程度下，样本将显示出不实的凭单。查表 6-2，审计人员发现在预期总体误差为 0% 及可容忍误差为 2% 时，所需的样本量为 149 个。经审计人员选取并检查 149 个凭证后，未发现有不实情况，则审计人员有 95% 的把握确信总体中的不实凭单不超过 2%。

第三节　实质性测试中的变量抽样

在实质性测试中采用的审计抽样通常称为变量抽样。它包括传统变量抽样和概率比例规模抽样（Probability-proportional-to-size sampling，简称 PPS 抽样）。其中，传统变量抽样主要有单位平均估计抽样、比率估计抽样和差额估计抽样。下面分别介绍这几种方法的操作过程。

一、单位平均估计抽样

单位平均估计抽样是通过抽样检查确定样本的平均值，再根据样本平均值推断总体的平均值和总值的方法。这种方法适用范围十分广泛，无论被审计单位提供的数据是否完整、可靠，甚至在被审计单位缺乏基本的经济业务或事项账面记录的情况下，都可以使用该方法。下面举例说明单位平均估计抽样的具体步骤。

（一）确定审计目的

审计目的为：确定期末应收账款的账面价值。

（二）确定审计对象总体

根据被审计单位实际情况，审计对象总体为 1 000 个应收账款账户。

（三）确定样本量

使用单位平均估计抽样时，样本量可以通过以下公式计算得出：

$$n' = \left(\frac{Ur \cdot S \cdot N}{Pa} \right)^2$$

$$n = \frac{n'}{1 + \dfrac{n'}{N}}$$

式中：Ur——可信赖程度系数；　　　　　S——估计的总体标准离差；

　　　　N——总体项目个数；　　　　　　Pa——计划的抽样误差；

　　　　n'——放回抽样的样本量；

　　　　n——不放回抽样的样本量（一般地讲，审计抽样为不放回抽样）。

其中，可信赖程度系数可按表6-5确定：

表6-5 可信赖程度系数表

可信赖程度（%）	可信赖程度系数
80	1.28
85	1.44
90	1.65
95	1.96
99	2.58

本例中，考虑到内部控制和抽样风险的可接受水平，确定误受风险为5%，可信赖程度为95%，查表可知，可信赖程度系数为1.96。假设审计人员估计总体的标准离差为120元，确定计划抽样误差为±50 000元。确定样本量，计算如下：

$$n' = \left(\frac{1.96 \times 120 \times 1\,000}{50\,000} \right)^2 \approx 22 (取整数)$$

$$n = \frac{22}{1 + \frac{22}{1\,000}} \approx 22 (取整数)$$

（四）确定样本选取方法

审计人员采用随机选样法，从应收账款明细账中选取22个单位做样本。

（五）选取样本并进行审计

审计人员对选取的22个单位发出函证，函证结果表明，样本平均值为3 500元，样本标准离差为112元。这时，审计人员必须推断实际的抽样误差和总体误差。实际抽样误差可根据以下公式计算确定：

$$P_1 = Ur \cdot \frac{S_1}{\sqrt{n}} \cdot N \cdot \sqrt{1 - \frac{n}{N}}$$

式中：P_1——实际抽样误差；S_1——样本标准离差。

在本例中，实际抽样误差是$P_1 = 1.96 \times \frac{112}{\sqrt{22}} \times 1\,000 \times \sqrt{1 - \frac{22}{1\,000}} = 46\,284$，推断的总体金额为3 500×1 000 = 3 500 000（元），假定被审计单位应收账款账面价值为3 455 000元，则推断的总体误差为3 500 000－3 455 000 = 45 000（元）。由于实际抽样误差小于计划抽样误差（50 000），于是，审计人员可以做出这样的结论：有95%的把握可以保证1 000个应收账款账户的真实总体金额落在3 500 000元±46 284元之间，即3 546 284元至3 453 716元之间。

（六）评价抽样结果

根据以上抽样结果，被审计单位应收账款的账面价值3 455 000元处于3 453 716

元至 3 546 284 元之间，则其应收账款金额并无重大误差。这时，审计人员应将估计的总体金额 3 500 000 元与 3 455 000 元之间的差额视为审计差异，并在对会计报表发表意见时予以考虑。

样本评价时，若实际抽样误差大于计划抽样误差，应考虑增加样本量以降低实际抽样误差，提高抽样结论的可靠性。

如抽样结果表明被审计单位应收账款的账面价值没有落入 3 453 716 元至 3 546 284 元之间，则审计人员应要求被审计单位详细检查其应收账款，并加以调整。

二、比率估计抽样

比率估计抽样是以样本实际价值与账面价值之间的比率关系来估计总体实际价值与账面价值之间的比率关系，然后再以这个比率去乘总体的账面价值，从而求出总体实际价值的估计金额的一种抽样方法。当误差与账面价值成比率关系时，通常运用比率估计抽样。其计算公式：

$$预计错报 = \frac{样本错报额之和}{样本账面价值之和} \times 总体账面价值$$

例 6 - 5　审计人员在审查光明公司的甲产品账户时，发现该公司当年共生产了该产品 1 200 批，入账成本为 6 800 000 元。审计人员选取了 180 批样本，账面价值共计 700 000 元。经与有关凭证及附件核对，发现 180 批中共有 48 批成本错误。将错误调整后，样本的确定价值为 651 000 元。

使用比率估计抽样时，样本错报额与账面价值的比率为 0.07（49 000 ÷ 700 000），因此，预计错报为 476 000 元（6 800 000 × 0.07）。由于预计错报显示为一项多报金额，所以推算总体已审价值，应从账面价值中减去这个差额。

推算的总体已审价值 = 6 800 000 - 476 000 = 6 324 000（元）

三、差额估计抽样

差额估计抽样是以样本实际价值与账面价值的平均差额来估计总体实际价值与账面价值之间的平均差额，然后再以这个平均差额乘以总体项目个数，从而求出总体实际价值与账面价值差额的一种抽样方法。当误差与账面价值不成比例时，通常运用差额估计抽样。其计算公式：

$$平均差额 = \frac{样本实际价值与账面价值的差额}{样本量}$$

$$估计的总体差额 = 平均差额 \times 总体项目个数$$

例 6 - 6　仍然使用例 6 - 5 的资料，使用差额估计抽样时，平均差额为 - 272 元 $\left(\frac{651\ 000 - 700\ 000}{180} \right)$ 元，估计的总体差额为 326 400（- 272 × 1 200）元，因此，估计的总体成本为 6 473 600（6 800 000 - 326 400）元。

四、PPS 抽样

PPS 抽样是一种运用属性抽样原理对货币金额而不是对发生率得出结论的统计抽样方法，也称为金额加权选样、货币单元抽样、累计货币金额抽样及综合属性变量抽样等。在该方法下，项目金额越大，被选中的概率就越大，有助于注册会计师将审计重点放在较大的余额或交易。

下面举例说明 PPS 抽样的主要步骤和方法。

假定注册会计师在审计光明公司时，使用 PPS 抽样方法测试光明公司 2012 年 12 月 31 日的存货余额。2012 年 12 月 31 日光明公司的存货账户余额为 3 000 000 元。用 BV 表示总体账面金额，则有 $BV = 3\,000\,000$ 元。注册会计师确定的可接受误受风险（SR）为 5%，可容忍错报（TM）为 60 000 元，预计总体错报（E^*）为 0。拟测试的存货账面金额由 50 000 个明细账组成，即总体中实物单元的数量 $N = 50\,000$。

我们使用样本规模公式来确定所需的样本规模，即：

$$样本规模（n）= \frac{总体账面价值 \times 风险系数}{可容忍错报 - （预计总体错报 \times 扩张系数）}$$

在上述公式中，总体账面价值（即账面金额 BV）、可容忍错报（TM）和预计总体错报（E^*）已经确定。我们用 R 表示误受风险的风险系数（由表 6-6 查取），用 r 表示预计总体错报的扩张系数（由表 6-7 查取），则样本规模就是：

$$n = \frac{R \times BV}{TM - (E^* \times r)} = \frac{3.00 \times 3\,000\,000}{60\,000 - 0 \times 1.60} = 150$$

表 6-6　　　　　　　PPS 抽样风险系数表（适用于高估）

高估错报数量	误受风险								
	1%	5%	10%	15%	20%	25%	30%	37%	50%
0	4.61	3.00	2.31	1.90	1.61	1.39	1.21	1.00	0.70
1	6.64	4.75	3.89	3.38	3.00	2.70	2.44	2.14	1.68
2	8.41	6.30	5.33	4.72	4.28	3.93	3.62	3.25	2.68
3	10.05	7.76	6.69	6.02	5.52	5.11	4.77	4.34	3.68
4	11.61	9.16	8.00	7.27	6.73	6.28	5.90	5.43	4.68
5	13.11	10.52	9.28	8.50	7.91	7.43	7.01	6.49	5.68
6	14.57	11.85	10.54	9.71	9.08	8.56	8.12	7.56	6.67
7	16.00	13.15	11.78	10.90	10.24	9.69	9.21	8.63	7.67
8	17.41	14.44	13.00	12.08	11.38	10.81	10.31	9.68	8.67
9	18.79	15.71	14.21	13.25	12.52	11.92	11.39	10.74	9.67
10	20.15	16.97	15.41	14.42	13.66	13.02	12.47	11.79	10.67

续表

高估错报数量	误受风险								
	1%	5%	10%	15%	20%	25%	30%	37%	50%
11	21.49	18.21	16.60	15.57	14.78	14.13	13.55	12.84	11.67
12	22.83	19.45	17.79	16.72	15.90	15.22	14.63	13.89	12.67
13	24.14	20.67	18.96	17.86	17.02	16.32	15.70	14.93	13.67
14	25.45	21.89	20.13	19.00	18.13	17.40	16.77	15.97	14.67
15	26.75	23.10	21.30	20.13	19.24	18.49	17.84	17.02	15.67
16	28.03	24.31	22.46	21.26	20.34	19.58	18.90	18.06	16.67
17	29.31	25.50	23.61	22.39	21.44	20.66	19.97	19.10	17.67
18	30.59	26.70	24.76	23.51	22.54	21.74	21.03	20.14	18.67
19	31.85	27.88	25.91	24.63	23.64	22.81	22.09	21.18	19.67
20	33.11	29.07	27.05	25.74	24.73	23.89	23.15	22.22	20.67

表 6 - 7　　　　　　　　　　预计总体错报的扩张系数表

扩张系数	误受风险								
	1%	5%	10%	15%	20%	25%	30%	37%	50%
	1.9	1.6	1.5	1.4	1.3	1.25	1.2	1.15	1.0

在本例中，假设所有的存货明细账余额都小于 20 000 元，即没有超过抽样间隔的实物单元。如果有实物单元超出抽样间隔，应当对这些实物单元进行 100% 的检查。注册会计师运用系统选样法选出所需的 150 个样本并对与其相关的实物单元进行测试后，在样本中发现了两个错报。第一个错报是账面金额为 1 000 元的项目有 500 元的高估错报；第二个错报是账面金额为 2 000 元的项目有 1 600 元的高估错报。用 t 表示错报比率，它等于该实物单元中的错报金额除以该实物单元的账面金额。注册会计师将错报比例从大到小排序，则有：

t_1 = 错报金额/项目账面金额 = 1 600/2 000 = 0.8

t_2 = 错报金额/项目账面金额 = 500/1 000 = 0.5

注册会计师利用样本错报的相关信息和下面的公式计算总体错报上限的估计值，即总体错报上限 = 基本界限 + 第 1 个错报所增加的错报上限 + 第 2 个错报所增加的错报上限。

具体计算过程如下：

基本界限 = $BV \times \dfrac{MF_0}{n} \times 1$ = 3 000 000 × 3.00/150 × 1 = 60 000 （元）

第 1 个错报所增加的错报上限 = $BV \times \dfrac{MF_1 - MF_0}{n} \times t_1$ = 3 000 000 × (4.75 - 3.00)/150 × 0.8 = 28 000 （元）

第 2 个错报所增加的错报上限 $= BV \times \dfrac{MF_2 - MF_1}{n} \times t_2 = 3\,000\,000 \times (6.30 - 4.75) /$ $150 \times 0.5 = 15\,500$（元）

上式中：MF_i——第 i 个抽样风险系数。

总体错报上限 $= 60\,000 + 28\,000 + 15\,500 = 103\,500$（元）

最后，注册会计师将计算的总体错报上限与可容忍错报比较，决定是否接受账面金额。在本例中，由于计算的总体错报上限 103 500 元超过了可容忍错报（60 000元），注册会计师决定不接受账面金额，并扩大样本规模进行进一步检查。

本章小结

综合本章所述，可以明确：所有权监督的目的和对象决定了审计方法。具体讲，两权分离后，所有者将财产交托给经管者经营，所有者关心的是经管者保管和经营好其财产，使其财产保值增值。因此，所有者委托或委派审计进行监督，所有者的需要就是审计的目的。为了实现这一目的，审计必须采用一定的方法才能完成。进一步讲，必须确定经管者经管财产的应存量，通过查账确定应存量的真实性，以真实的应存量与实存量的核对，就可以确定实存量的真实性，实存量只能通过财产清查才能证实。在确认实存量真实的基础上，以期末实存和期初实存进行比较，就可以判明所有者的财产是否保值增值和怎样保值增值的。因此，进行审计必然要查账和财产清查，这是审计不变的方法。从历史的发展看，怎样对全部资产进行财产清查和全部账目进行查账，又经历了从详细审查阶段到抽样审查阶段。抽审阶段的特征是以抽取的资产和账目样本，判断企业的全部资产或账目是否存在错弊。在长期的审计实践中，人们发现审计抽样技术的运用能够提高审计工作效率，又有助于判断企业的财产和会计记录中存在的错弊。但是由于这种判断是随机的，也可能抽取的样本没有问题，而事实存在错弊，因而人们采取了扩大样本率和对样本总体进行分类的方法，以解决样本抽取的缺陷，以致形成了不同的抽样审计。即审计抽样在符合性测试和实质性测试中的不同运用。其中，符合性测试中所采用的审计抽样被称为属性抽样，它主要有固定样本量抽样、停—走抽样、发现抽样三种抽样方法。在实质性测试中采用的审计抽样被称为变量抽样，它包括传统变量抽样和概率比例规模抽样。其中传统变量抽样主要有单位平均估计抽样、比率估计抽样和差额估计抽样。

■关键词汇

审计抽样（audit sampling）

统计抽样法（statistical sampling）

变量抽样（variables sampling）

信赖不足风险（risk of under reliance）

信赖过度风险（risk of over reliance）

误拒风险（risk of incorrect rejection）

总体（population）

判断抽样法（judgmental sampling）

属性抽样（attributes sampling）

抽样风险（sampling risk）

误受风险（risk of incorrect acceptance）

样本（sample）

分层（stratification）　　　　　　　　　　可容忍误差（tolerable misstatement）

固定样本量抽样（fixed sample size sampling）　停——走抽样（stop-or-go sampling）

发现抽样（discovery sampling）

单位平均估计抽样（mean-per-unit estimation sampling）

比率估计抽样（ratio estimation smapling）　　差额估计抽样（difference estimation）

概率比率规模抽样（probability-proportional-to-size sampling）

小组讨论

　　判断抽样法是根据审计人员的经验判断，有目的地从特定审计对象总体中抽查部分样本进行审查，并以样本的审查结果来推断总体的抽样结果。但由于该方法是审计人员在总结自身经验的基础上形成的，因此，其成效取决于审计人员的经验和判断能力。即判断得正确，就会有成效；判断不准，缺乏客观性，就会影响审计工作的效果。因此，有人认为现代审计应采用统计抽样法；统计抽样法最终将替代判断抽样法。

　　试分组讨论这种观点是否正确，并举例说明。

本章推荐阅读资料

1. 中国注册会计师协会：《审计》，经济科学出版社最新版。

2. 李金昌：《应用抽样技术》，科学出版社 2010 年版。

3. 王　琪：《审计技术方法的运用》，载《宁夏审计》2004 年第 4 期。

4. 郝敬苏：《货币单位抽样之应用》，载《审计研究》2003 年第 5 期。

第 7 章

购货与付款审计

学习提要与目标

从本章开始将以股份公司业务循环为总体结构，以审计理论和方法为指导，介绍审计实务的具体内容、程序和方法。一般而言，在审计实务中，可将审计内容划分为购货与付款循环、销售与收款循环、生产与费用循环、筹资与投资循环四个方面。货币资金的增减变动与上述多个业务循环均密切相关，故对其审计分别体现在以上四个业务循环中。为了叙述方便，对货币资金结存的内部控制测试与实质性程序安排在销售与收款循环审计中介绍。第4章研究了内部控制与审计风险，介绍了内部控制测试的一般程序和方法。这四章的实务审计将分别围绕不同的业务循环分析其内部控制的目标、关键控制点及测试程序和方法，以及实质性程序的具体程序和方法。购货与付款是相互联系的两个方面。购货既包括商品、材料等存货的购进活动，也包括固定资产购进业务；购进存货与固定资产便相应发生了付款业务。购货与付款循环是企业资金周转的关键环节，只有及时组织好资产的采购、验收业务，才能保证生产、销售业务的正常运行。本章在阐述购货与付款内部控制及其测试后，根据该循环所涉及的主要报表项目，介绍其实质性程序与方法。

通过本章的学习，应能够：
- 了解购货与付款业务循环中内部控制的关键控制点；
- 明确并理解购货与付款环节控制测试的程序与方法；
- 掌握其该业务循环的实质性程序以及具体业务的审计过程。

第一节　购货与付款的控制测试

审计人员在审计过程中，需要了解被审计单位及其环境，并评估重大错报风险。了解被审计单位及其环境的内容包括行业状况、法律状况与监督状况以及其他外部环境、被审计单位的性质。被审计单位对会计政策的选择和运用，被审计单位的目标、战略以及相关经营风险，被审计单位财务业绩的衡量和评价，被审计单位的内部控制。这其中既有外部环境，又有内部因素，还体现了内部与外部相结合的要素。这些因素是相互联系和互为影响的。内部控制是需要了解的被审计单位及其环境基本内容。购货与付款控制测试就是根据内部控制及其审计的基本理论与方法，针对购货与付款循环的业务特点，阐述、分析购货与付款内部控制的目标、关键控制点，在此基础上研究被审计单位购货与付款内部控制制度的调查、了解、描述、观察、测试与评价等程序与方法。

一、购货与付款内部控制的目标

企业建立健全购货与付款内部控制，是有其具体目标的。审计人员需要对其予以了解，以便进一步调查、测试与评价内部控制制度。一般而言，购货与付款内部控制的目标包括以下几个方面：

（1）保证购进货物与生产、销售的要求相一致。购进原料、商品的品种、数量、质量和价格在某种程度上决定了企业未来生产和销售的成败与盈亏。购货环节内部控制应使购货活动与生产和销售的要求相一致，防止不恰当购进和舞弊行为的发生。

（2）保证资金支付后获得相应的货物或劳务。购进环节中资金支付应以获得相应的原料、物品商品或劳务为条件。内部控制应保证一切购进活动在这一条件下进行，防止错计和被篡改实物或劳务的数量和金额，保证账面记录的数字与实际获得的物品或劳务相一致。

（3）保证应付账款的真实与合理。购货与付款内部控制应防止交易活动发生后，应付账款被少计或漏列，避免企业财务实力的虚假增大。

（4）合理揭示企业所享有的折扣、折让。供应商提供的折扣是整个买卖交易活动的一个组成部分，购货与付款内部控制应合理地揭示企业已享有的各种折扣和折让，合理地冲销相应的应付账款，防止有人将企业享有的折扣或折让隐匿起来。

（5）保证应计负债的合理计算。购货与付款内部控制应将应计负债的确定依据合理化，监督在各会计期间企业许诺并可合理确定的费用计算是否合理，保证其及时记录在应计账款账户上，保证应计负债的冲减是在款项偿还后成立。

（6）保证代理债务的处理符合法规的规定。国家要求企业向其顾客代扣或代收税款是一种强制性的规定，企业应依照法规规定进行处理。购货与付款内部控制应保证向国家交纳的各种代扣和代收款项及时取得并被合理记录在有关账户上，保证代扣款计算正确，缴纳及时。

二、购货与付款内部控制的关键控制点

被审计单位每个业务循环中的内部控制措施都体现在该业务循环的各个方面，但从控制的主要角度与主要目的方面讲，又都存在着关键控制点。审计人员需要明确并了解被审计单位各个业务循环中所应存在的关键控制点，然后才能有目的地、从关键角度测试与评价整个与分项内部控制的有效性与健全性。购货与付款内部控制的关键控制点主要有以下几个方面。

（一）购货与付款业务中不相容职务的分离

购货业务环节中所需处理的主要业务有确定生产和销售的需要，寻求能满足这些需要的供应商和最低的价格，向供应商发出购货订单，检验收到的货物，确定是否接受货物，向供应商退回货物，储存或使用货物，进行会计记录，核准付款等。在这些业务中，需要进行职务分离的有：生产和销售对原料、物品和商品的需要必须由生产或销售部门提出，采购部门采购；付款审批人和付款执行人不能同时办理寻求供应商和索价业务；货物的采购人不能同时担任货物的验收工作；货物的采购、储存和使用人不能担任账务的记录工作；接受各种劳务的部门或主管这些业务的人应适当地同账簿记录人分离；审核付款的人应同付款人职务分离；记录应付账款的人不能同时担任付款业务。

购货与付款业务中不相容职务分离可以发挥重要的控制作用，但有关人员如果串通舞弊则会削弱使这种控制作用。

（二）货物和劳务的请购

提出货物和劳务的需要是购买环节上的第一步，一个企业可以有若干不同的请购制度，对不同的需要有不同的确定和提出请购的方法。

（1）原材料或零配件购进。一般首先由生产部门根据生产计划或即将签发的生产通知单提出请购单。材料保管人员接到请购单后，应将材料保管卡上记录的库存数同生产部门需要的数量进行比较。当生产所需材料和仓储所需后备数量合计已超过库存数量时，则应同意请购。

（2）临时性物品的购进。通常由使用者而不需经过仓储部门直接提出，由于这种需要很难列入计划之中，因此，使用者在请购单上一般要对采购需要做出描述，解释其目的和用途。请购单须由使用者的部门主管审批同意。并须经资金预算的负责人员同意签字后，采购部门才能办理采购手续。

（3）由同一服务机构或公司提供某些经常性服务项目。例如，公用事业、期刊杂志、保安等服务项目，请购手续的处理通常是一次性的。即当使用者最初需要这些服务时，应提出请购单，由负责资金预算的部门进行审批。

（4）确定特殊项目的需要。保险、广告、法律和审计服务等一般由企业最高负责人审批，可参照过去的服务质量和收费标准，由专人提出的需要内容，包括选定的广告商、事务所及费用水平等是否合理，经其批准后，这些特殊服务项目才能进行。

（三）订货控制

无论何种需要的请购，购货部门在收到请购单后，在最终发出购货订单之前，都应明确订购多少、向谁订购、何时购货等问题。

（1）关于订购多少问题。购货部门首先应对每一份请购单审查其请购数量是否在控制限额的范围内，其次是检查使用物品和获得劳务的部门主管是否在请购单上签字同意。对于需大量采购的原材料、零配件等，必须做各种采购数量对成本影响的成本分析，其内容是：将各种请购项目进行有效的归类，然后利用经济批量法来测算成本。

（2）关于向谁订购的问题。购货部门在正式填制购货订单前，必须向不同的供应商（通常要求两家以上）索取供应物品的价格、质量指标、折扣和付款条件以及交货时间等资料，比较不同供应商所提供的资料，选择最有利于企业生产和成本最低的供应商，与供应商签订合同。

（3）关于何时订货问题。主要由存货管理部门运用经济批量法和分析最低存货点来进行，而不是在购货部门。当请购单已经提出，购货部门应对这些请购单的处理结果及时通知仓储和生产部门。

在上述三个方面的决定做出之后，购货部门应及时填制购货订单，并对其进行控制，主要是预先应对每份订单进行编号；在购货订单向供应商发出前，必须由专人检查该订单是否得到授权人的签字；由专人复查购货订单的编制过程和内容；购货订单的副本应交提出请购、保管与会计部门等。

（四）购入货物的验收

货物的验收应由独立于请购、采购和会计部门的人员来承担，其控制责任是检验收到货物的数量和质量。

（1）对于数量。验收部门在货运单上签字之前，应通过计数、过磅或测量等方法来证明货运单上所列的数量，并要求两个收货人在收货报告单上签字。

（2）对于质量。验收部门应检验有无因运输损失而导致的缺陷，在货物质量检验需要有较高的专业知识或者必须经过仪器或实验才能进行的情况下，收货部门应将部分样品送交专家和实验室对其质量进行检验。

每一项收到的货物必须在检验以后填制包括供应商名称、收货日期、物货名称、数量和质量以及运货人名称、原购货订单编号等内容的收货报告单，并将其及时报告请购、购货和会计部门。

（五）应付账款的控制

任何应付账款上的不正确记录和不按时偿还该债务，都会导致交易双方不必要的债务纠纷。对应付账款的控制有：应付账款的记录必须由独立于请购、采购、验收、付款的职员来进行；应付账款的入账还必须在取得和审核各种必要的凭证以后才能进行；对于有预付货款的交易，在收到供应商发票后，应将预付金额冲抵部分发票金额，来记录应付账款；必须分别设置应付账款的统驭账户和明细账；对于享有折扣的交易，应根据供应商发票金额扣除折扣金额的净额登记应付账款；每月应将应付账款明细账与客户的对账单进行核对。

（六）付款控制

（1）支票推备。支票准备应独立于采购、付款确认和函征程序，所有付款都应使用事前编号的支票，对已签发的支票应将其原始凭证加盖"已付款"印章，以避免重复付款，尽可能使用有安全保障的支票书写器或电脑生成的支票，对于空白支票应安全存放，作废的支票立即注销等。

（2）支付。付款前，应复核客户发票上的数量、价格和合计数以及折扣条件等，核对支票的金额，采购和付款应有各自独立的签名，对支票应采取函寄或其他安全方式送交。

（3）会计处理。会计部门及时记录付款业务，定期核对总账和分类账以及日记账，注意未付账款，审查应付账款的明细账和有关文件，以防失去可能的现金折扣。

三、购货与付款内部控制的测试

在明确与了解购货与付款循环内部控制目标及关键控制点的基础上，审计人员应依照特定的程序与方法对该循环的内部控制的建立健全情况进行测试与评价。

（一）了解和描述购货与付款内部控制制度

了解和描述购货与付款内部控制是对被审计单位的购货与付款内部控制进行调查了解，并将调查了解到的情况或结果通过一定方式反映出来。审计人员可以通过询问、观察、审查被审计单位的会计凭证和审阅有关文件等程序，来了解被审计单位购货与付款内部控制的情况，通过调查表、文字描述或流程图等方式将其结果反映出来。对于不同的被审计单位，审计人员所设计和运用的购货与付款内部控制调查表中的具体内容有所不同，所形成的流程图也不一样。表7-1和图7-1是其一般内容和格式。这里调查表中只包括了购货与付款内部控制主要控制措施，流程图也只是针对一般购货业务绘制的。

表7-1　　　　　　　　　　内部控制调查表

被审计单位：　　　　　　　　审计人员：　　　　　　　　编　　号：

调查内容：购货与付款　　　　被调查人：　　　　　　　　调查日期：

调查事项	调查结果				备注
	是	否	较弱	不适用	
一、购货与付款业务的职务分离					
1. 生产、销售、采购部门在货物购进方面是否实行分离？	√				
2. 采购员与验收人是否实行分离？	√				
3. 货物采购人、保管员、使用者与账务记录是否分离？	√				
4. 货物或劳务付款的审批与执行是否实行分离？	√				
5. 应付账款付款人与记录人是否实行分离？	√				

续表

调查事项	调查结果				备注
	是	否	较弱	不适用	
二、货物与劳务的请购控制					
1. 对不同的货物或劳务是否制定了不同的请购制度？	√				
2. 是否建立了请购的授权批准程序？		√			
3. 每笔购进业务是否都有经过批准的请购单？	√				
三、订货控制					
1. 购货部门是否审查请购数量的合理性？	√				
2. 购货部门是否审查请购单上有无主管签字？	√				
3. 购货部门是否确定供应商？	√				
4. 购货部门是否确定购货时间？		√			
5. 购货是否有采购计划并经资金管理部门审查？	√				
四、货物验收控制					
1. 验收部门是否正确验证货物数量和质量？	√				
2. 验收是否有内容齐全的收货报告单？		√			
3. 收货报告单是否及时报告购货部门和会计部门？	√				
五、应付账款控制					
1. 应付账款的记录是否由独立于请购、采购、验收、付款的职员来进行？	√				
2. 应付账款的入账是否在取得和审核各种必要的凭证以后才能进行？	√				
3. 对于有预付货款的交易，在收到供应商发票后，是否以预付金额冲抵部分发票金额来记录应付账款？	√				
4. 是否分别设置应付账款的统驭账户和明细账？		√			
5. 对于享有折扣的交易，是否根据供应商发票金额扣去折扣金额的净额登记应付账款？		√			
6. 每月是否将应付账款明细账与客户的对账单进行核对？		√			
六、付款控制					
1. 所有付款是否都使用事前编号的支票？	√				
2. 对已签发的支票是否将其原始凭证加盖"已付款"印章？	√				
3. 付款前，是否复核客户发票上的数量、价格和合计数以及折扣条件等内容？	√				
4. 会计部门是否及时记录付款业务并定期核对总账和分类账以及日记账？		√			

（二）测试购货与付款内部控制

测试购货与付款内部控制是在了解与描述的基础上，对其在实际业务中的执行与实施情况和过程进行检查和观察，以确定制定的内部控制与实际执行的是否相符与一致。应结合业务的关键控制点或控制环节进行测试。

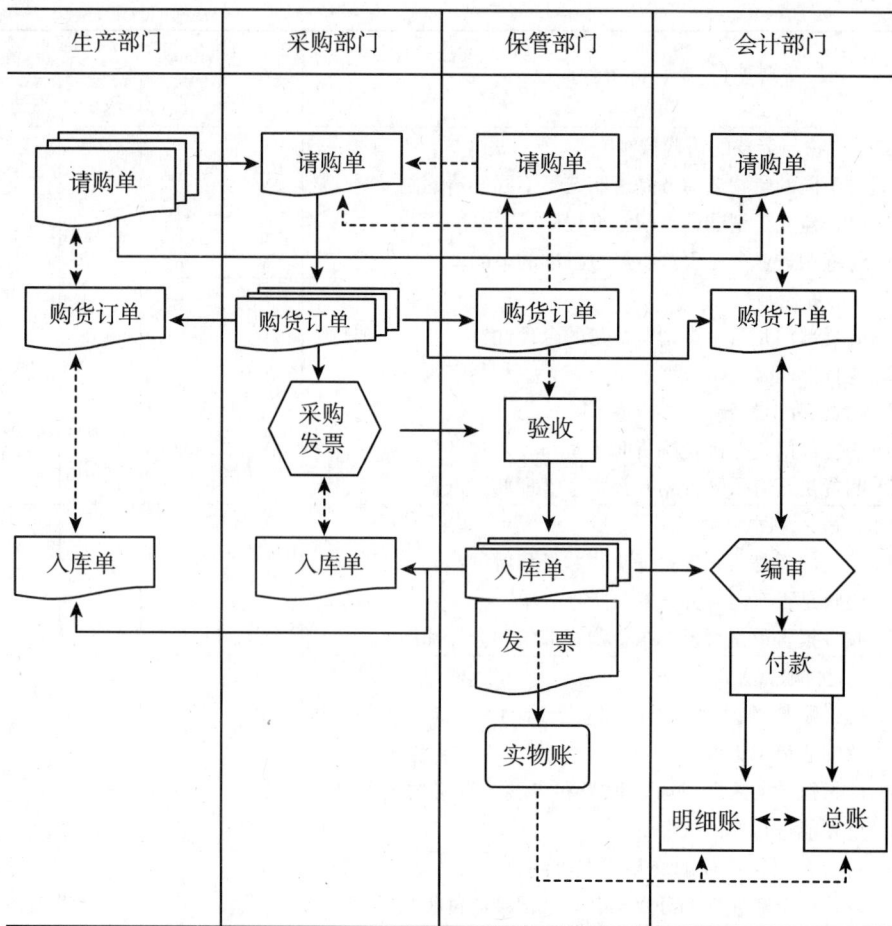

图7-1 购货与付款内部控制流程

（1）关于请购商品或劳务内部控制的测试。请购制度有助于对订货单和购货发票的控制，从而使得控制测试的结果为进一步信赖该制度提供了有力的证据。审计人员尤其要关注对请购单的提出和核准的控制程序。对其进行控制测试时，应选择若干张请购单，检查摘要、数量及日期和相应文件的完整性，审核核准的证据手续是否完整，有无核准人签字等。

（2）关于订购商品或劳务内部控制的测试。订货单是经核准的采购业务的执行凭证，审计人员通常更注意对订货单的填制和处理的控制，关注订货单是否准确处理和全部有效。进行测试时，应注意审查订货单的完整性，如编号、日期、摘要、数量、价格、规格、质量及运输要求等是否齐全，审查订货单是否附有请购单或其他授权文件。

（3）关于货物验收内部控制的测试。审计人员应确定购货发票是否与验收单一致，验收部门是否独立行使职责，并编制正确的验收单，查询并观察验收部门在收货时对货物的检查情况，检查按编号顺序处理的验收单的完整性，即验收单的内容填写是否完整，查阅货物质量检验单的内容和处理程序。

（4）关于应付账款内部控制的测试。审计人员应检查购货业务的原始凭证，包括每一张记录负债增加的记账凭证是否均附有订货单、验收单、购货发票，审核这些原始凭证的数量、单价、金额是否一致，原始凭证上的各项手续是否齐全。应注意现金折扣的处理是否由经授权的经办人按规定处理，测试中，可抽查部分购货发票，注意有关人员是否在现金折扣期限内按原发票价格支付货款，然后从供货方取得退款支票或现金，有无丧失了本应获得的折扣的问题。审计人员还应根据付款凭证记录的内容，分别追查应付账款和存货明细账与总账是否进行平行登记，金额是否一致。

（5）关于付款业务内部控制的测试。审计人员可通过查询、观察、检查以及重复执行内部控制等措施对资金支出有无进行测试，其步骤与方法是：检查支票样本，审核付款是否经过批准，支票是否与应付凭单一致，付款后是否注销凭单，支票是否由经过授权批准的人员签发；检查支票登记簿的编号次序，与相应的应付账款明细账和银行存款日记账核对，审查其金额是否一致；观察编制凭证和签发支票、签发支票与保管支票的职责分配是否符合内部牵制原则；检查付款支票样本，确定资金支付是否完整地记录在适当的会计期间。

（三）评价购货与付款内部控制

对购货与付款内部控制进行评价，是为了对购货与付款业务进行实质性测试前确定对购货与付款内部控制的可依赖程度。审计人员在评价时应注意分析购货与付款业务认定中可能发生哪些潜在的错报或漏报，哪些控制可以防止或者发现并更正这些错报或漏报。通过比较必要的控制和现有控制，评价计划依赖的购货与付款业务内部控制的健全性与有效性。如果客户没有建立审计人员认为必要的内部控制，或者现有控制不足以防止或检查错报或漏报，那么审计人员应该考虑内部控制缺陷对审计的影响，确定是否扩大实质性程序的范围。

◎ 相关案例

某企业采购与付款内部控制中的问题

某检察机关接到一个举报电话，反映某生物制品厂厂长刘某将大量的采购货款截留在代理出口单位甚至转移。接到举报后，检察机关即开展了调查，发现刘某通过多开发票的手段，截留贪污了销售款 400 多万元，并通过代理出口单位将贪污的货款转移到了其私人开的企业。调查中还发现，该厂财务管理混乱为刘某贪污行为大开了方便之门：财务科根据刘某的指令开具采购发票，刘某说多少就是多少；仓库里没有库存明细账及货物进出库记录，采购成本按估算的毛利率计算；产成品因为只有总账，所以产品存货应该是多少，谁也说不清，以至于通过库存盘点，采购成本大大高出了实际成本和市场平均价格。也正是通过这个不正常现象，顺藤摸瓜，彻底查清了刘某多计采购款、贪污货款的事实。

本案例的舞弊手法非常简单，却因为采购业务内部会计控制的薄弱而发挥了作用，刘某利用职务之便故意多开采购货款发票，将资金转移后虚增采购商品的单位价格，达到贪污的目的，案例中采购业务内部会计控制的缺陷在于：

1. 控制环境很差。高层管理着的个人修养较低，而且企业的财务人员没有对厂长的行为进行制衡和分析，导致了内部控制的失效。

2. 会计信息系统处于"瘫痪"状态。企业的会计账簿管理混乱，连产品的明细账都无法提供，更不用谈什么采购商品成本和账簿核对了，这样就使刘某更加肆无忌惮地侵吞企业财产，导致了400多万元的损失。

通过这个反面案例，可以看出会计系统控制在采购与付款内部会计控制的作用，企业要利用采购、付款业务会计信息之间的内在联系经常审查有关的会计记录，对凭证、账簿和报表进行必要的审核，记录控制是内部会计控制不可或缺的组成部分。

第二节 应付账款审计

在上述对购货与付款进行控制测试的基础上，审计工作需更注重对购货与付款业务进行实质性审查。应付账款是购货与付款循环中的一个重要会计报表项目，是企业在经营过程中，因购买材料、商品与接受劳务供应而应付给供应单位的款项。下面具体介绍对其实施实质性程序的要点。

一、获取或编制应付账款明细表

审计人员应从客户处取得或自己编制应付账款明细表，并进行复核有关数字的正确性，与报表数、总账数和明细账合计数进行核对，检查其是否一致，如果出现差异，应查明原因，并做出相应的调整。表7－2是应付账款明细表的格式。

表7－2 应付账款明细表

被审计单位：×××公司　　编制人：　　　日期：　　　索引号：
截止日期：2012年12月31日　复核人：　　　日期：　　　页　次：

账户名称	期初余额		本期发生额		期末余额		备注
	借方	贷方	借方	贷方	借方	贷方	
明阳公司		2 000 000	2 500 000	3 000 000		2 500 000	
中原工厂		825 000	600 000	500 000		725 000	
大地公司		6 570 000	8 250 000	5 500 000		3 820 000	
宏太公司		50 000	126 000	200 000		124 000	
方明公司		260 000	250 000	260 000		270 000	
致远公司		3 700 000	3 000 000	2 000 000		2 700 000	
合　计		13 405 000	14 726 000	11 460 000		10 139 000	

表7－2如果由被审计单位编制，审计人员应将期初余额、本期发生额和期末余额的合计数与应付账款明细账和总账进行核对，如若不符，应查明原因，并进行调整。

二、审查应付账款明细账

审计人员应从应付账款明细账中选择重点审阅所记录的摘要、日期、金额等内容，核对其是否与购货发票、订货单、验收报告等原始单据以及现金日记账、银行存款日记账的有关项目相符；运用分析性复核程序，检查年度内某一应付账款明细账发生和偿还的负债金额是否正常，有无利用应付账款账户进行营私舞弊的问题。

例 7 - 1　利用应付账款隐匿销售收入。2013 年 2 月，审计人员对金扬公司进行了 2012 年度的会计报表审计。在分析、审阅应付账款明细账时，发现其中"华邦公司"账户 12 月发生的贷方记录，合计金额高达 500 万元，相当于前 11 个月合计数 1 000 万元的 50%，审计人员认为该月的应付账款记录不正常，于是，将 12 月账内每笔记录与有关凭证进行了核对，其中 12 月 28 日账内一笔记录金额为 350 万元，记账凭证中的会计分录是：

借：银行存款　　　　　　　　　　　　　　　　　3 500 000
　　贷：应付账款——华邦公司　　　　　　　　　　　　　　　3 500 000

所附原始凭证为银行存款进账单回单和销售给华邦公司货物的销售发票。经询问被审计单位会计和出纳人员，证明该笔记录是一项销售业务，被审计单位为了转移或隐藏本年度的销售收入，采取了上述非法的账务处理。一般情况下，被审计单位会在第二年（2013 年）将上述所隐藏的销售收入予以冲回，即借记"应付账款——华邦公司"账户，贷记"主营业务收入"账户。审计人员通过审阅被审计单位 2013 年的有关账户，尚未发现有冲回记录。对此，审计人员应调整被审计单位 2012 年度会计报表中有关项目。假设被审计单位属于一般纳税人，增值税税率为 17%，则应作账务调整如下：

借：应付账款——华邦公司　　　　　　　　　　　　3 500 000
　　贷：主营业务收入　　　　　　　　　　　　　　　　　　2 991 453
　　　　应交税费——应交增值税（销项税额）　　　　　　　　508 547

三、函证应付账款

审计人员对年度内有大额购货交易的应付账款，不论其在报表日有无余额，都应进行函证。此外，还应向未寄对账单的供应商、异常交易账户、母子公司和资产担保负债的债权人发函询证，以确定其是否存在未入账的应付账款，对期末账面余额为零的重要供应商也要直接询证，这是揭示漏列负债的有效方法。函证应付账款是审查应付账款的程序和方法之一，但并不像函证应收账款那样重要，因为复核负债的最大目的在于发现业已存在但未曾入账的债务，而函证已经入账的负债，并不能证明是否存在未曾列入账的债务。另外，与应收账款相比，委托人有卖方发票、对账单等外来证据，可以用来核实应付账款，而对应收账款，则没有类似的凭证予以证明。还有，决算日已经入账的大多数负债在下年度审计人员完成审核时已告付讫，付款行为进一步证实了已入账债务的可靠性。所以，一般情况下，应付账款不需要函证。但如果被审计该环节内部控制可信赖程度较低，发生重大错报可能性较大，某些应付账款明细账户金额较大或客户单位处于经济困难阶段，则应对这些应付账款进行函证。

进行函证时，审计人员应选择金额较大的债权人以及资产负债表日金额虽然不大，甚至为零，但属于企业重要供货人的债权人作为函证对象。此外，还应考虑向上一年度债权人进行函证。函证最好采用肯定形式，并具体说明应付金额。同应收账款函证一样，审计人员必须对函证的过程进行控制，并要求直接回函。根据回函情况，编制与分析函证结果汇总表，对未回函的客户决定是否再次函证。如果存在未回函的重大项目，审计人员应采用替代程序，确定其是否真实，其方法是可以检查报表日后应付账款明细账及现金和银行存款日记账，核实其是否已支付，同时检查该笔债务的相关凭证资料，核实交易事项的真实性。应付账款询证函的格式如表 7-3 所示。

表 7-3　　　　　　　　　应付账款询证函格式

远航公司询证函

达海公司：

我们聘请的注册会计师正在审核本公司的财务报表。为此，谨请您将本公司于 2012 年 12 月 31 日结欠贵公司的金额填入下列表式的空白处。

另外，请一并附上说明未付款项金额的明细表，直接邮寄北京市×××路××号华信会计师事务所李明先生。

回函请用本函所附贴邮票并写明邮寄地址的信封。

谢谢合作

远航公司

（本函不作还款催讨依据，请勿
要求本会计师代催欠款）　　　　　　　　　　　　　　　2013 年 1 月 30 日

华信会计师事务所李明先生：

本公司记录表明×××公司 2012 年 12 月 31 日止结欠本公司 5 576 000 元，明细数字详见附表。

达海公司
会计主任（签字）
2013 年 2 月 5 日

附表：

达海公司欠款未付明细表

日期	发票号	金额（元）
2012. 10. 19	1 678	689 000
2012. 11. 12	2 720	312 000
2012. 12. 20	3 341	4 575 000

四、审查未入账的应付账款

对应付账款，需要发现那些实际存在、金额较大且对企业财务报表有着重大影响的未入账应付账款。对此，审计人员可以依照下列程序和方法进行审查：应检查其资产负债表日未处理的不相符的购货发票（如抬头不符，与合同某项规定不符等）及有材料入库凭证但未收到购货发票的经济业务；审查结算日及结算日前两日的验收报告单，对照检查结算日后现金支出与结算日记录的交易，以查明是否存在购进商品已经验收并包含于年终之内，但却未列入审计年度负债之类的购货交易；检查资产负债表日后收到的购货发票，确认其入账时间是否正确；审查未入账的卖方发票，以查明其是否应包括在审计年度负债之内；检查资产负债表日后应付账款明细账贷方发生额的相应凭证，确认其入账时间是否正确；向会计部门和购货部门的有关负责人查询是否存在重大未入账的应付账款，可以结合查阅资本预算、工作通知单和基建合同来进行。

注册会计师在查找未入账的应付账款时，还应注意以下几种漏记应付账款的情况：货已收到，但未收到卖方发票；有卖方发票，但其他手续不齐；卖方发票与购货不符；结算日后收到卖方发票；结算日记入应付凭单登记簿的未付凭单。

通过对以上有关情况的审查，审计人员可能会发现某些应列入审计年度负债项目而未列入的应付账款。此外，还可能会发现各式各样未入账的应付账款。如结算日在建工程的未付承包商款或建筑费，未付律师或保险代理人费用等。对于未入账的应付账款，审计人员应将其详细记入审计工作底稿，然后根据其重要性程度确定是否需建议客户单位进行相应的调整。所谓重要性应视其对净收益及财务状况的影响而定。

例 7-2 某会计师事务所对拥有资产 1 000 万元的利华公司进行 2012 年度会计报表审计。该公司当年获净利 50 万元，财务状况良好。在对其结账日后半月的交易进行审查时，发现下列未入账负债：

（1）2012 年 12 月 28 日的金额为 200 000 元的发票（交货以运出为条件）反映购货业务，该批货物于同日运出。利华公司于 1 月 8 日收到货物，于收货当日入账。

（2）2012 年 12 月 31 日收到货品一批，金额 380 000 元（交货以运出为条件），当日验收入库。发票在 2013 年 1 月 8 日收到，发票日期标明为 2012 年 12 月 29 日，利华公司记入 1 月份交易中。

（3）所购 X 设备于 12 月 31 日安装完毕，发票日期 12 月 31 日，金额 550 000 元。利华公司在 1 月 12 日付款方予入账。

（4）2012 年第四季度广告费 6 000 元（发票日期为 2012 年 12 月 31 日）。直到次年 1 月 13 日付款时方入账。

对上述情况，审计人员可作如下分析：

（1）该项购货应于 2012 年 12 月 28 日通过"应付账款"科目入账，利华公司于 2013 年 1 月 8 日收到货物时入账便漏记了 2012 年的负债，该项漏列应予调整。

（2）此项漏列错误中，所购存货已包含在期末结存数中，而未通过"应付账款"反映 2012 年末的该项负债计入，结果使当期净利虚增 380 000 元，所有者权益虚增。同时，由于流动负债少列计 380 000 元，使营运资本增加，流动比率提高，粉饰了企业的财务状况。这种漏列所造成的影响显然是重要的，利华公司必须予以调整。

（3）该交易涉及资产负债科目，漏作分录对当期净利没有影响，但因少计流动负债，会使营运资本流动比率受到影响。故也应予以调整。

（4）此笔费用须调整入账，因其不仅影响当期损益，亦影响营运资金及流动比率。

由上例看出，事项对净利发生影响，是注册会计师做账务调整的首要原则。如净利不会发生变动，仅影响流动比率及营运资本，那么注册会计师可以根据其影响的大小决定是否调整。注册会计师应充分考虑这类差异的累计影响。因为大量不需调整的错误累积起来，可能会对企业财务报表产生重大影响。这时，注册会计师就必须对其进行调整。

第三节　固定资产审计

固定资产是指生产商品、提供劳务、出租或经营管理而持有的使用寿命超过一个会计年度的有形资产。不属于生产经营主要设备的物品，但单位价值在 2 000 元以上，并且使用期限超过两年的，也应当作为固定资产。固定资产在企业总资产中占有较大的比重，固定资产的安全与完整对企业生产经营活动有着重要影响。对固定资产实施审计，就是为了确定其结存、增减变化、折旧、减值准备等业务或内容是否真实、合法与公允。

一、索取或编制固定资产及累计折旧分类汇总表

固定资产将其累计折旧分类汇总表，是分析固定资产账户余额变动情况的重要依据，是固定资产审计的重要工作底稿，其格式如表7-4所示。审计人员应注意验证

表7-4　　　　　　　　固定资产及累计折旧分类汇总表

2012 年 12 月 31 日

被审计单位：胜利公司　　　　　编制：周仪　　　　日期：2013 年 1 月 15 日

复核：张芳　　　　日期：2013 年 1 月 20 日　　　　单位：元

账户编号	固定资产类别	固定资产				累计折旧				
		期初余额	增加	减少	期末余额	折旧方法	折旧率（%）	期初余额	增加	减少	期末余额
143	房屋建筑物	850 000			850 000√	直线法	5	85 000	42 500		127 500√
144	机器设备	146 000	34 000∧		180 000√	直线法	10	29 200	1 700		30 900√
145	运输工具	86 000	12 000∧		90 000√	直线法	20	34 400	1 200	4 000∆	31 600√
146	办公设备	12 000	3 000∧	8 000∆	14 000√	直线法	20	4 800	300		5 100√
合计		1094000T	49000T	8000T	1134000T			153400T	45700T	4000T	195100T

注："∧" = 经核对与采购合同，所有权证书及发票相符

"∆" = 经核对与固定资产报废通知单相符

"√" = 已核对全部明细账或登记卡余额合计无误

"T" = 已复核加总

本年新增办公设备 3 000 元没有计提折旧，调整分录：借：管理费用——折旧费　200

贷：累计折旧——办公设备　200

说明：假设表中新增固定资产从 7 月份起计提折旧，报废固定资产发生在 12 月份。

固定资产明细账与控制账户的金额是否相符，如果不符，则应将明细分类账与有关的原始凭证进行核对，查出差异原因并予以更正。对各项固定资产的累计折旧，注册会计师也要加计汇总与总账核对，揭示并查明差异原因，予以更正。核对无误后，索取或编制固定资产及累计折旧分类汇总表。

二、验证固定资产的所有权

审计人员应审阅产权证书、财产保险单、财产税单、抵押贷款的还款收据等合法书面文件，以确定所审查的固定资产是否确实为企业所拥有的合法财产。必要时，还可向保险公司、税收机构、银行等进行询证，以及从客户的律师处获得可信的证据，确定固定资产的所有权归属。针对不同固定资产类别，应侧重不同的审计程序：对各类固定资产，审计人员应获取、汇集不同的证据以确定其是否确归客户单位所有；对外购的机器设备等固定资产，通常经审核采购发票、购货合同等即可确定；对于房地产类固定资产，尚需查阅有关的合同、产权证明、财产税单、抵押贷款的还款凭据、保险单等书面文件；对融资租入的固定资产，应验证有关租赁合同，证实其并非经营租赁；对汽车等运输设备，则应验证有关执照等；对受留置权限制的固定资产的审查，通常审核客户单位的有关负债项目即可证实，但注册会计师在验证固定资产所有权时，仍需查明是否确实存在此类固定资产。

在初次审计情况下，审计人员要获取客户财产的产权证书副本。但要知道拥有所有权证书不一定就能证明固定资产的所有权（如卖主可能持有已出售固定资产的旧产权证书），所以应进一步审计有关合同、发票，付款凭证，并与财产税单进行核对。财产税单上抬头名称应为被审计单位，关于财产的地点和描述应当与客户所拥有的财产吻合。此外，有没有租金支出项目、其他证明文件（如汽车的行驶执照）或律师的产权意见等也可提供所有权的证据。

例 7-3　固定资产所有权的确定。达信会计师事务所注册会计师张文 2013 年 2 月 5 日对新成立的石峰公司进行 2012 年度会计报表审计时，发现其固定资产账簿内有如下会计记录：

借：固定资产——甲仓库		30 000 000
贷：应付票据——抵押票据		20 000 000
长期股权投资——其他投资		10 000 000

经审查，张文发现石峰公司以转让其所持的属于非上市的太和公司的部分股份 1 000 万元给远翔公司，并承担远翔公司为建筑甲仓库的抵押借款 2 000 万元为条件，获得甲仓库，而甲仓库是某一建筑单位承建的。为了确定该项固定资产的所有权，张文实施了下列审计程序：审核抵押贷款合同及附件；审核该项固定资产的产权证明；审查甲仓库转让合同约定事项的具体内容以及是否已全部履行完毕；询问被审计单位会计人员及有关管理人员，了解此交易的发生背景和过程。

在验证固定资产所有权时，审计人员还要注意固定资产的租赁事项。企业在生产经营过程中，可能将闲置的固定资产租出；有时由于生产经营的需要，又需临时租用固定资产。这样企业之间就形成了固定资产租赁关系。租赁一般分为经营性租赁和融资性租赁，在这两种租赁方式下，租赁固定资产的所有权归属截然不同。

在经营性租赁中，租入固定资产的企业按合同约定，在规定的时间交付一定的租金，享有固定资产的使用权，而固定资产的所有权仍属出租单位。因此，租入企业对经营租赁来的固定资产并不具有所有权，企业固定资产的价值没有增加，也不计提折旧。对临时租入的固定资产，租入企业不应在"固定资产"账户内核算，应另设立备查簿进行登记。租出固定资产的企业，仍继续提取折旧，同时取得租金收入。因此，对于经营性租赁的固定资产，应注意查明：固定资产租赁是否签订了合同、租约，手续是否完备，合同内容是否符合国家规定，是否有相关管理部门的批准；租入的固定资产是否确属企业必需，或出租的固定资产是否确属企业闲置不用，双方是否认真履行合同，其中是否有不正当的交易；租金收取是否合理，有无多收或少收现象；租入固定资产有无久占不用、浪费损坏的现象，租出的固定资产有无长期不收租金，无人过问，是否有变相馈送、转让等情况；租入的固定资产是否已登入备查簿，对于租赁固定资产的改良工程，在租赁合同中双方是否订有协议等。

在融资性租赁中，租入单位向租赁公司借款购买固定资产，分期归还本息，全部付清本息后，就取得了固定资产的所有权。因此，融资性租赁支付的租金，包括了固定资产的价值和利息，并且这种租赁的结果是固定资产所有权归租入单位，故租入企业在租赁期间，对融资租入的固定资产应按企业的固定资产进行管理，计提折旧和进行维修。在审查融资性租赁时，除可参照经营性租赁固定资产的审查要点以外，要注意融资偿付的利息，其利率的计算是否与市场利率相当；融资租入固定资产的计价是否正确，是否进行了正确的账务处理等。

三、实地观察固定资产

实地观察固定资产，有助于审计人员深入了解、熟悉被审计单位的生产经营情况，验证固定资产增加、减少会计处理的正确性。当被审计单位固定资产内部控制较薄弱时，实地观察显得尤为必要。实地观察固定资产的范围、程序与方法如下所述：

（1）观察的重点。观察固定资产的实际存在主要是实地检视被审计年度内增加的主要固定资产项目，并不一定全面观察所有的固定资产。观察范围的确定需要依据客户单位内部控制的强弱、固定资产重要性和注册会计师的经验。这决定了审计人员对固定资产及累计折旧期初余额的信任程度。若信任程度高，则只需对期初固定资产抽检并检视该审计年度的主要增加项目；反之，需要实施全面盘点或其他类似程序，如审计人员在企业有关职能部门进行全面盘点时受邀到场观察或参盘，并进行抽检。实地观察过程中若发现可疑问题，应深入调查或扩展检视范围直至全面盘查。

在实地观察的过程中，注册会计师还应当注意观察固定资产的保养和使用状况，运行是否正常。对于未使用的闲置固定资产，如果不是由于大修理或订货不足或季节性原因而暂时闲置，而是无法在未来期间继续使用的，应将其从固定资产中剔除出来，不再计提折旧（房屋、建筑物除外），同时将其账面价值注销至可变现净值。对确属暂时闲置的固定资产，应查明其账面价值能否在未来的企业运营中予以收回，据以确定该资产的期末价值。

（2）观察的路径。审计人员可以固定资产明细分类账为起点，进行实地追查，以证明会计记录中所列固定资产确实存在，并了解其目前的使用状况；也可以实地为起点，追查至固定资产明细分类账，以获取实际存在的固定资产均已入账的证据。

（3）观察中的问题处理。在查验有些行业企业的固定资产是否实际存在时，可能有一定困难。如运输行业、建筑行业等，这些行业企业的固定资产往往散布在许多地方或正在极为广泛的地区内流动使用，如运货卡车可能大部分正在运货途中，建筑机械正在某个远方城市的工地上。这时，审计人员可以实施替代性审计程序来查验。如通过审查产权证书、执照登记收据、投保设备详细说明的财产保险单，以及有关汽油等燃料的消耗和修理开支的明细记录等来确定运输工具的存在。对于建筑企业，审计人员则可抽检若干建筑工地，查明特定设备是否存在，以做出判断。

四、审查固定资产增加情况

被审计单位如果固定资产增加核算有误，将对资产负债表和损益表产生较长时间的影响，因此，审计固定资产增加，是固定资产实质性程序中的重要内容。固定资产增加有购入、自制自建、投资人投入、融资租入、接受捐赠和盘盈等渠道。对其，应采取不同的审计程序进行审查。

（1）非购入和非自制自建固定资产的审查。对于非购入和非自制自建固定资产的审计，一般只需核对有关的会计记录、合同文件、验收报告等，并注意固定资产的计价是否符合规定。按我国企业会计准则规定，对固定资产应当按照成本进行初始计量。投资者投入固定资产的成本，应当按照合同、协议约定的价值确定；融资租入的固定资产，应当将租赁开始日租赁固定资产公允价值与最低租赁付款额现值两者中较低者作为租入固定资产的入账价值，将最低租赁付款额作为长期应付款的入账价值，其差额作为未确认融资费用。注册会计师应把重点放在购入和自制自建增加固定资产的监查上。

（2）购入固定资产审查。对于购入固定资产，应重点审查购入的固定资产是否列入预算并经授权批准；审查所购入固定资产的计价是否正确。固定资产的购入成本包括购买价款、相关税费、使固定资产达到预定可使用状态前所发生的可归属于该项资产的运输费、装卸费、安装费和专业人员服务费等。以一笔款项购入多项没有单独标价的固定资产，应当按照各项固定资产公允价值比例对总成本进行分配，分别确定各项固定资产的成本。对于实际成本超预算幅度较大的资产项目，应追查原因；审阅产权证书或有关证明文件、购买合同或其他合法文件。固定资产采购业务比较复杂，金额较大，审计人员应根据对被审计单位固定资产内部控制风险程度的评价和重要性原则，确定审核采购发票等凭据的范围。对于从关联企业购进的固定资产，尚须注意其价格是否严重偏离正常市价；审核固定资产的验收报告，验证固定资产的所有权；对购入的固定资产进行实地观察，以确定其存在性。

（3）自制自建固定资产的审查。对于自制自建固定资产，应重点审查建设项目的批准文件，以查明是否经过适当授权批准；审查为建设项目而发生的所有直接材料和直接人工成本，以及间接费用的分摊；审查工作单上的有关计算和已完工项目的竣工决算单、验收报告等，确定已完工在建工程项目已全部转入固定资产账户且归类正确；如果是出包工程，审查有关工程建筑合同。如果建筑合同允许各期的一部分应付工程进度款被扣留直至工程完工和验收，则需查明这部分金额是否已计入工程成本并记录为客户的负债。

此外，对购入和自制自建固定资产的审查，审计人员还要将有关原始单证与固定资产登记卡核对，将实际购建成本与核定预算核对，查明其间差异是否经过分析和核准。审查固定资产的增加可以结合实地观察程序进行，如实地观察在建工程和购进的固定资产。

五、审查固定资产减少情况

审查固定资产的减少主要是为了查明被审计年度内各项固定资产的报废、毁损、向其他单位投资转出、出售、盘亏、以旧换新等处置是否适当入账。有的被审计单位会出现固定资产账存实无现象，审计人员应注意审查是否存在资产已处置而账面上尚未冲销的情况。

（1）审查减少固定资产授权批准文件。如批准报废通知单，以查明是否经适当授权批准。企业一般应建立处置核准制度，并采用多联式通知单，及时报请各职能部门或人员进行记录登账。

（2）查明企业是否已对所有处置完毕的固定资产做出及时、正确的会计记录。对此，审计人员应向管理当局或有关职员了解情况，核查主要固定资产增加是否用来替换已处置的资产，调查是否可能因企业布局或产品设计的主要变化而致使一些固定资产退废；审阅固定资产明细账并抽查部分固定资产以确定年终盘点时盘亏的固定资产已全部予以注销。

六、审查固定资产折旧情况

企业计提固定资产折旧，是为了把固定资产的成本分配于各个受益期，实现期间收入与费用的正确配比，折旧核算是一个成本分配过程。折旧计提和核算的正确性、合规性就成了固定资产审计中一项重要的内容。固定资产折旧的审查，就是为了确定固定资产折旧的计算、提取和分配是否合法与公允。

（1）编制或索取固定资产及累计折旧分类汇总表。审计人员应通过编制或索取固定资产及累计折旧分类汇总表总括了解被审计单位固定资产的折旧计提情况，在此基础上，对表内有关数字进行加计复核，并与报表数、总账和明细账进行核对。

（2）对固定资产累计折旧进行分析性复核。审计人员首先应对本期增加和减少固定资产、使用年限长短不一和折旧方法不同的固定资产做适当调整，然后，用应计提折旧的固定资产乘本期的折旧率，如果总的计算结果和被审计单位的折旧总额相近，且固定资产及累计折旧内部控制较健全时，则可以适当减少累计折旧和折旧费用的其他实质性程序工作量。

审计人员还应计算本期计提折旧额占固定资产原值的比率并与上期比较，分析本期折旧计提额的合理性和准确性；计算累计折旧占固定资产原值的比率，评估固定资产的老化率，并估计因闲置、报废等原因可能发生的固定资产损失。

（3）审查被审计单位固定资产折旧政策的执行情况。主要应检查折旧范围、折旧方法是否符合国家规定，如有无扩大或缩小固定资产折旧范围、随意变更折旧方法的问题。

（4）固定资产折旧计算和分配的审查。审计人员应审阅、复核固定资产折旧计算表，并对照记账凭证、固定资产卡片和固定资产分类表，通过核实月初固定资产原值、分类或个别折旧率，复算折旧额的计算是否正确，折旧费用的分配是否合理，分配方法与上期是否一致。

例 7-4　固定资产折旧范围及折旧计提。达信会计师事务所注册会计师法张文审计金铭公司"固定资产"和"累计折旧"项目时发现下列情况：

（1）"未使用固定资产"中有固定资产——A 设备已于本年度 7 月投入使用，该公司未按规定转入"使用固定资产"和计提折旧；

（2）对所有的"空调器"，按其实际使用的时间（5～9 月）计提折旧；

（3）公司有融资租入的设备 2 台，租赁期为 3 年，尚可使用时间为 4 年，该公司确定的折旧期为 4 年；

（4）对已提足折旧继续使用的某设备，仍计提折旧；

（5）5 月份购入吊车 1 辆，价值 65 万元，当月已投入使用并同时开始计提折旧；

（6）该公司采用年限平均法计提折旧，可于本年度 8 月起改为工作量法，这一改变已经股东大会或董事会批准，但未报财政及有关部门备案，也未在会计报表附注中予以说明。

张文注册会计师对此做出以下分析：

（1）根据规定，房屋、建筑物以外的未使用、不需用的固定资产不计提折旧，但如根据生产经营的需要重新投入使用，则应自投入的次月开始计提折旧。该公司应把 A 设备及时转入"使用固定资产"，并自 8 月开始计提折旧。

（2）固定资产使用年限是指固定资产的实际使用寿命，作为一种具有特殊性质的"空调器"，其性质属于"季节性停用的固定资产"，按照规定停用期间应照常计提折；如果停用期间不提折旧，则使用期间所计提的折旧应当是折旧年限应提折旧全额。因此，该公司计提折旧的方法或按月份平均计提年折旧额的 1/12，或者是按实际使用月份平均分摊计提年折旧额。

（3）融资租入固定资产的折旧年限，应根据不同情况确定。若能合理确定租赁期届满时将取得租赁资产的所有权，则应在租赁资产尚可使用寿命内计提折旧；若无法合理确定租赁届满时能否取得租赁资产的所有权，则应在租赁期与租赁资产使用寿命两个中较短的期间内计提折旧。该公司应区别不同情况，确定融资租赁固定资产的时间期，而不应不分情况一律在租赁资产尚可使用寿命内计提折旧。

（4）根据企业会计准则规定，已提足折旧继续使用的固定资产，不再计提折旧。该公司对其继续计提，造成多提折旧。

（5）根据企业会计准则规定，当月增加的固定资产从下月开始计提折旧。该公司的 65 万元的吊车应从 6 月份开始计提折旧，而不是 5 月份。

（6）固定资产折旧方法一经确定，不得随意变更；如需变更，应经股东大会或董事会，或经理（厂长）会议或类似机构批准，并报有关各方备案，并应在会计报表附注中予以说明。该公司变更折旧方法后，未按规定程序进行操作。

七、审查固定资产减值情况

企业会计准则规定，企业应当计提固定资产减值准备。审计人员应当采取特定措施审查被审计单位固定资产的减值情况。

（1）进行有关会计资料的核对。核对固定资产减值准备报表数、总账数与明细账合计数是否相符。如不符，应查明原因，作审计记录并进行审计调整。

（2）审查固定资产可能发生减值的认定标准是否正确。根据企业会计准则规定，企业应当在资产负债表日依据一定标准判断固定资产是否存在下列可能发生减值的迹象：资产的市价当期大幅度下跌，其跌幅明显高于因时间的推移或者正常使用而预计的下跌；企业经营所处的经济、技术或者法律等环境以及资产所处的市场在当期或者将在近期发生重大变化，从而对企业产生不利影响；市场利率或者其他市场投资报酬率在当期已经提高，从而影响企业计算资产预计未来现金流量现值的折现率，导致资产可收回金额大幅度降低；有证据表明资产已经陈旧过时或者其实体已经损坏；资产已经或者将被闲置、终止使用或者计划提前处置；企业内部报告的证据表明资产的经济绩效已经低于或者将低于预期，如资产所创造的净现金流量或者实现的营业利润（或者亏损）远远低于（或者高于）预计金额等。审计人员应依据上述标准审查被审计单位对固定资产减值的认定是否正确。

（3）审查固定资产可收回金额的计量是否正确。当固定资产存在减值迹象时，应当估计其可收回金额。可收回金额应当根据资产的公允价值减去处置费用后的净额与资产预计未来现金流量的现值两者之间较高者确定。处置费用包括与资产处置有关的法律费用、相关税费、搬运费以及为使资产达到可销售状态所发生的直接费用等。审计人员应审查其正确性。

（4）审查固定资产减值损失的确定是否正确。可收回金额的计量结果表明，资产的可收回金额低于其账面价值的，应当将资产的账面价值减记至可收回金额，减记的金额确认为资产减值损失，计入当期损益，同时计提相应的资产减值准备。资产减值损失确认后，减值资产的折旧或者摊销费用应当在未来期间做相应调整，以使该资产在剩余使用寿命内，系统地分摊调整后的资产账面价值（扣除预计净残值）。资产减值损失一经确认，在以后会计期间不得转回。审计人员应审查固定资产减值损失的确定是否符合上述规定。

（5）审查固定资产减值的披露是否正确。审计人员应审查对固定资产减值损失的信息披露内容是否完整。企业应当在附注中披露当期确认的固定资产减值损失金额，计提的固定资产减值准备累计金额；提供分部报告信息的，应当披露每个报告分部当期确认的减值损失金额。发生重大固定资产减值损失的，应当在附注中披露导致重大固定资产减值损失的原因和当期确认的重大固定资产减值损失的金额。对于重大固定资产减值，应当在附注中披露固定资产可收回金额的确定方法。审计人员应当审查固定资产减值的信息披露是否完整正确。

第四节　其他相关内容审计

对于购货与付款审计，除以上介绍的会计报表项目外，还有预付账款、工程物资、在建工程、应付票据等项目。这里分别介绍其审计的程序和方法。

一、预付账款审计

预付账款是企业按购货合同规定，预先支付给供货单位的货款，会计上通过"预付账款"或"应付账款"科目（借方）进行核算。预付账款是企业的一种流动资产，但它是企业在购货环节中产生的，因此，预付账款的审计应结合购货与付款循环的审计进行。

对预付账款的审计，其目的是要确定预付账款是否存在，是否归被审计单位所有，其增减变动记录是否完整，期末余额是否正确。为此，审计人员应实施以下程序：

（1）获取或编制预付账款明细表。审计人员在核对预付账款明细账与总账的余额是否相符的基础上，获取或编制预付账款明细表，复核加计数额是否正确，同时请客户单位协助，在预付账款明细表上标出截止审计日已收到货物并冲销预付账款的项目。

（2）进行函证。审计人员应选择预付账款的重要项目，函证期末余额的正确性，并根据回函情况编制函证结果汇总表，回函金额不符的，要查明原因做出记录或适当调整，未回函的，可再次复询，如不复询可采用替代方法进行检查，根据替代检查结果判断其债权的真实性或出现坏账的可能性。对未发询证函的预付账款，应抽查有关原始凭证。

（3）审查预付账款明细账记录。审计人员应分析预付账款明细账余额，对于出现贷方余额的项目，应查明原因，还应查核有无重复付款或将同一笔已付清的账款在预付账款和应付账款两个账户同时挂账的情况。

二、应付票据审计

应付票据是企业购买材料、商品和接受劳务供应等而开出、承兑的商业汇票，包括银行承兑汇票和商业承兑汇票。对应付票据的审计，主要应采取以下程序和方法：

（1）获取或编制应付票据明细表。随着商业活动的票据化，企业票据业务将越来越多，为了确定被审计单位应付票据账户、金额是否正确无误，本期应付利息是否正确，注册会计师在对应付票据账户进行检查时，应首先取得或编制应付票据明细表，并同有关明细账及总分类账相核对。一般地讲，应付票据明细表应列示票据类别及编号、出票日期、面额、到期日、收款人名称、利息率、付息条件、抵押品名称、数量、金额等。在进行核对时，注册会计师应注意被审计单位有无漏报或错报票据，有无漏列作为抵押的资产，有无属于应付账款的票据，有无漏计、多计或少计应付利息费用等情况。

（2）函证应付票据。进行函证时，审计人员可分别票据种类进行。对于应付银行的重要票据，应结合银行存款余额一起函证。凡是当年度与客户单位有往来的银行均应成为函证的对象，因为可能某一银行的存款虽已结清，但客户开给的应付票据仍未销案。询证函也要求银行列示借款抵押券，如用有价证券、应收账款及其他资产做担保时，应在询证函中详细列明这些项目。应付其他债权人的重要票据，应以客户单位名义，由注册会计师直接向债权人发函。函证时，询证函应包括出票日、到期日、票面金额、未付金额、已付息期间、利息率以及票据的抵押担保品等项内容。

（3）检查逾期未付票据。审计人员应审查有关会计记录和原始凭证，检查被审计单位有关到期仍未偿付的应付票据。如有逾期未付票据，应查明原因，如系有抵押的票据，应做出记录，并提请客户单位进行必要的披露。

三、工程物资审计

工程物资是企业为核算基建工程、更新改造工程和大修理工程准备的各种物资，对其进行审计是为了确定工程物资是否存在，工程物资是否归被审计单位所有，工程物资增减变动的记录是否完整，工程物资的期末余额是否正确等。审计人员应实施以下程序进行审计：

（1）获取或编制工程物资明细表。审计人员应获取或编制工程物资明细表并对有关数字进行复核，将其与报表数、总账数和明细账合计数进行核对，若不相符，应查明原因并进行调整。

（2）进行工程物资的监盘。通过监盘确定工程物资是否存在、账实是否相符，并观察有无呆滞、积压等情况。

（3）抽查工程物资采购的有关记录与资料。通过抽查工程物资采购的合同、发票、货物验收单等原始凭证，检查其内容是否齐全、有无得到授权批准、会计处理是否正确。

（4）审查被审计单位对工程物资处理的有关制度是否健全、有效。审计人员应主要审查工程物资的领用手续是否齐全，对工程物资有无定期盘点制度，对盘盈、盘亏、报废、毁损的，是否将减去保险公司和过失人赔偿部分后的金额，正确地冲减了在建工程成本或计入营业外支出。

四、在建工程审计

在建工程是企业进行基建工程、安装工程、技术改造工程、大修理工程等发生的实际支出，对其进行审计是为了确定在建工程是否存在、在建工程是否归被审计单位所有、在建工程增减变动的记录是否完整、在建工程减值准备的计提是否正确、在建工程的期末余额是否正确等。审计人员应实施以下程序进行审计：

（1）获取或编制在建工程明细表。审计人员应获取或编制在建工程明细表并对有关数字进行复核，将其与报表数、总账数和明细账合计数进行核对，若不相符应查明原因并进行适当处理。由于在建工程报表数是根据在建工程科目的期末余额减去在建工程减值准备科目的期末余额后的金额填列的，因此，其报表数应同在建工程总账数与各明细账合计数减去相应的在建工程减值准备总账数与各明细账合计数后的余额核对相符。

（2）检查在建工程的增减数额是否正确。如对于借款费用、工程管理费用资本化问题，应检查资本化的起止日的界定、计算方法、计算过程、会计处理等是否合理与正确；对于完工转销的在建工程，应检查转销额的计算是否正确，是否存在将已交付使用的固定资产仍挂在在建工程账上的问题等。

（3）实地观察在建工程项目。审计人员应实地观察在建工程的实际情况以确定在建工程是否存在，了解工程项目的实际完工进度，对在建工程累计发生额进行技术测定，并将其与账内数进行核对，检查其是否差距较大，判断其有无多计、虚计或少计、漏记工程费用的问题。

（4）检查在建工程减值准备的计提。主要应查明在建工程减值准备的计提方法是否符合制度规定，计提的数额是否正确，相关会计处理是否正确，如对长期停建并预计在未来 3 年内不会重新开工的在建工程、所建项目无论在性能上还是在技术上已经落后并且给企业带来的经济利益具有很大不确定性的在建工程、其他足以证明已经发生减值的在建工程等是否计提了减值准备；已计提减值准备的在建工程价值得以恢复时，是否又做相应转回。

（5）确定在建工程在资产负债表上的披露是否恰当。如属于上市公司的被审计单位，则其会计报表附注中是否披露了在建工程本期的增减变动额、期末余额的组成及相应的资金来源与工程进度等内容；如果计提了在建工程减值准备，是否在会计报表附注中说明在建工程减值准备的确认标准和计提方法；在建工程存在抵押、担保的，是否在会计报表中做了必要披露。

本章小结

综合本章所述，可以明确以下几点。

首先，审计机构和人员接受审计委托，对被审计单位的会计报表进行审计，需要采取特定的审计程序和方法。这些程序和方法从大的方面分析，就是控制测试与实质性程序。控制测试构成实质性程序的基础，需要为实质性程序确定测试的时间、性质和范围等；实质性程序要在控制测试的基础上，对被审计单位会计报表及其所反映的财务状况、经营成果及现金流量情况进行具体的审查活动。就实质性程序而言，其操作过程的介绍可以按照会计要素分类进行，也可以按照企业经营业务循环过程分类进行，二者各有优缺点。前者叙述较为方便和有针对性，但各部分缺乏有机的联系；后者叙述的内容相互联系，形成整体，但容易形成重复，也不易描述得很清晰。比较而言，按循环进行更能体现审计过程和方法的完整性和合理性。所以，我们按照业务循环安排了实质性程序的内容。就购货与付款循环的审计来讲，主要涉及资产和负债要素的审计，属于资产负债表大部分项目的审计，具体审计的项目包括很多，本章择其主要者进行介绍。可见，购货与付款循环构成整个业务循环的一个方面，它的审计与其他业务循环审计共同形成了会计报表审计工作。会计报表审计工作的开展，体现和反映了所有权监督的内容和方法的要求。

其次，控制测试和实质性程序两者相互联系的程序和方法从根本上体现了审计工作抓重点和问题的主要方面的思路，这是审计工作提高效率的基本要求；同时，还必须从科学角度设计测试样本及其抽取、审查与评价方式，这又是提高审计工作质量、控制和防范审计风险的基本要求。就购货与付款循环审计而言，购货与付款循环的内部控制及其测试程序和方法，以及在此基础上所进行的应付账款、应付票据、预付账款、固定资产、工程物资和在建工程等项目的实质性程序和方法，体现了提高购货与付款循环审计工作效率和质量、控制与防范购货与付款循环审计风险的基本要求。

最后，审计产生与发展于所有权监督的需要的理论以及由此在审计监督活动中所产生并需规范的审计责任关系、审计风险要素及其理论模式等，构成了贯穿于本书的一条主线。购货与付款循环审计的内容与方法作为会计报表审计实务的一部分内容，从其特定角度反映和体现了这一主线的基本要求和有关内容。

■**关键词汇**

购货与付款（purchasing and payment）　　　控制测试（control test）

不相容职务（incompatible positions）　　　内部控制调查表（internal control questionnaire）

应付账款明细表（schedule of account payable）

小组讨论

黄斌注册会计师带着审计小组成员进驻被审计单位进行年度财务报表审计。总经理向黄斌等人介绍了公司的情况，同时希望审计人员特别注意查明采购部在工作中是否存在损害公司利益的舞弊行为，因为有人举报采购部经理有贪污公款以及吃回扣的嫌疑。黄斌向总经理讲明财务报表审计的性质和目的，并且答应在完成对报表公允性审查的同时，会尽可能适当扩大审计程序，以期揭露弊端。据了解现任采购部经理担任该职位已有4年，有权签发5 000元以下的订货单，超过5 000元的采购订单须和分管供销的副经理会签。

请根据上述背景材料，思考和分析黄斌注册会计师应考虑追加哪些审计程序，以便能够收集到采购部经理在采购工作中有无舞弊的证据。

本章推荐阅读资料

1. 中国注册会计师协会：《审计》，经济科学出版社最新版。
2. 赵保卿：《假账甄别与防范》，中国审计出版社1995年版。
3. 王明珠等：《审计学教学案例》，中国审计出版社2001年版。

第8章

销售与收款审计

学习提要与目标

　　销售与收款是企业业务经营中非常关键的业务环节，在审计业务循环中更是核心的审计环节。许多会计造假发生在这一环节，对这一环节相关报表项目的审计非常重要，它直接影响到被审计单位财务成果是否公允的认定，以及相关的资产负债表项目认定。销售业务是形成企业现金和银行存款的主渠道，在本书的安排中将存量货币资金的审计也放在本章介绍。销售与收款循环审计的基本内容包括：销售与收款循环的内部控制目标；这一循环的关键控制点；如何进行这一循环的控制测试；对销售与收款业务核心项目的实质性测试方法和程序，尤其是对营业收入、应收款项、坏账准备、现金及银行存款等项目的审计测试方法。

　　通过本章的学习，应能够：
- 了解销售与收款环节的主要内部控制制度和关键控制点；
- 理解并掌握营业收入、应收款项、坏账准备重要的实质性测试程序；
- 理解并掌握现金及银行存款重要的实质性测试程序。

第一节 销售与收款的控制测试

销售是企业重要的业务环节，就销售业务来说主要由销售部门负责，但销售过程的实现却要涉及许多部门，销售部门进行日常的推销工作、财务部门负责记账和收款、仓库负责保管存货及货物的配送、信用部门负责资信调查和货款催收。为了保证企业销售业务的顺利进行和企业货币资金的安全，被审计单位应建立严密的内部控制制度。在审计过程中，应对这一环节首先进行控制测试，据以确定其内控制度的强弱，分析控制风险水平，找出内部控制中的薄弱环节，以便确定销售与收款环节审计的重点和范围，为进一步的交易和余额测试做好准备。

一、销售与收款涉及的主要业务活动

一般制造业销售与收款循环涉及的主要业务活动包括：销售业务、收款业务、销售调整业务等内容。一般的业务活动流程是：订货——内部销售单——批准赊销——仓库发货——装运货物——开具销售发票——记账。具体环节如下：

1. 接受客户订购单

客户提出订货要求是整个销售与收款循环的起点，经双方洽谈后，订立销售合同，接受客户订购单，根据合同和订购单，销售部门开具一式多联的内部销售单，作为企业内部销售控制的重要手段和凭证。

2. 批准赊销信用

赊销业务的批准是由信用管理部门根据管理层的赊销政策在每个客户已授权的信用额度内进行的。企业一般对新客户进行信用调查，通过信用评审机构获取对客户信用等级的评定报告。经信用部门审核后，确定赊销与否，并在销售单上签署意见，将单据送回销售部门。进行信用审批的目的是降低赊销风险，减少坏账损失。

3. 按销售单供货并配送货物

仓储部门收到经过信用批准的销售单才能办理货物出库手续，并将出库单及销售单的其中一联作为记账依据。装运部门将销售单与仓库出库单进行核对后，进行商品的配送。

4. 向客户开具发票

向客户开具销售发票，一般为增值税专用发票。在开票之前应该核对装运单据、内部销售单、商品价目表等内容。

5. 记录销售

依据装运凭证、销售发票、结算凭证及内部销售单等，经检查无误后，由财务部门记录销售业务。定期检查营业收入、应收款项等相关账户的明细账与总账是否一致；定期向客户寄送对账单，以确保应收款项不出差错。

6. 办理和记录现金、银行存款业务

对于现销业务，及时记录货币资金的收入情况。对收回的应收款项在总账及明细账上及时进行登记，确保记录的及时性和完整性。

7. 办理和记录销售退回、销售折扣与折让

发生销售退回、折扣或折让时，应该经授权的部门和人员进行审批后，填写凭证，如退货应该填写贷项通知单、红字的销售单，若商品已经退回仓库应该附有入库单，财务部门审核各种票据无误后办理退款手续。

二、销售与收款的关键控制点

为了确保销售和收款业务的顺利进行和企业财产物资的安全完整，应在销售与收款业务环节采取以下关键控制措施：

1. 适当的授权审批

销售与收款环节其固有风险比较高，涉及的环节和部门较多，对关键的业务环节进行正确的授权审批是非常重要的。在这一循环中关键的审批程序有三个：其一，在销货发生之前，对于赊销额度应进行适当授权，在授信额度内一般人员有权批准，超过限额则应由更高级别的主管人员来负责审批；其二，未经正常的审批，不得发出货物；其三，销售价格的确定，销售方式、结算方式的选择，销售折扣、折让、销售退回等均需企业有关负责部门和人员的审批。

2. 适当的职责分离

适当的职责分离有助于防止各种有意或无意错误的发生。在这一环节应分离的职责有：开票、发货、收款、记账职务应相互分离；赊销审批与销售职能的分离；坏账的确认与记账职务的分离；出纳职能与记账职能的分离。

3. 凭证的预先编号

对各种凭证预先进行编号，包括销售通知单、出库单、发票、贷项通知单等，可以防止重复开具各种凭证和账务的重登、漏登等，并避免凭证滥用所引发的不良后果。收款员对每笔发货开具账单后，将发运凭证按顺序归档，而由另一位职员定期检查全部凭证的编号，并调查凭证缺号的原因，这是实施这项控制的一种有效方法。

4. 充分的凭证和记录

销售部门、仓储部门及时登记销售、保管实物账；财务部门及时登记发出商品登记簿、产成品明细账和应收账款。在货款收账通知单到达后，登记销售及银行存款等账户。登记账簿，可以防止产品销售业务的混乱，通过会计特有的记账方法，能使销售业务完整有序地记录下来，合理确定销售收入，正确结转销售成本。

5. 定期核对并向客户寄出对账单

核对是控制的重要手段，一般核对工作由非记账人员进行。对销售明细账和总账进行核对；核对财务部门财务账和销售、仓储部门实物账；误差报经审批后予以处理。账账核对，可以防止记账差错和舞弊行为发生，保证会计核算资料真实可靠。

应建立应收账款的核对、催收制度，每月由独立的人员负责向客户寄送对账单，能促使客户在发现双方往来余额不正确后及时更正。并定期检查确定账龄较长的欠款，在必要的情况下，调整这类客户信用额度。

6. 现金的盘点制度

为了保证企业现金的安全，必须建立现金的盘点制度。现金日记账应做到日清月结，每天出纳人员负责进行账实核对，定期将日记账与总账核对，并由出纳以外的人员进行突击盘点和定期盘点。

7. 银行存款的核对制度

银行存款日记账应定期与总账核对，同时根据银行提供的对账单编制银行存款余额调节表，及时发现双方记录上的错误，确保企业银行存款的安全。

三、销售与收款内部控制测试

对销售与收款内部控制的控制测试程序一般包括三个环节，即了解和描述内部控制；实施控制测试；评价内部控制。

（一）了解和描述内部控制

为了了解被审计单位销售与收款业务的内部控制是否存在并得以执行，审计人员主要凭以往与企业交往的经验，并通过询问、观察或现场调查的方式来实现这一目的，在调查过程中，结合运用文字描述法、流程图法或调查表法，把企业现行的内部控制记录于工作底稿。

销售与收款环节的内部控制制度，随着企业主营业务内容的不同而有所区别。这里主要以制造业和流通业的一般模式介绍其内部控制的调查表和流程图。

内部控制调查表见表8－1。

表8－1　　　　　　　　　　　内部控制调查表

被审计单位：　　　　　　　　　　审计人员：
调查内容：销售与收款　　　　　　被调查人：　　　　　　　　　调查日期：

调查事项	调查结果				备注
	是	否	较弱	不适用	
一、接受客户订单					
1. 是否将顾客订单和顾客一览表对照？	√				
2. 接受顾客订单时是否与销售计划核对？	√				
二、批准信用					
1. 是否对所有新客户执行信用检查？	√				
2. 是否在每次销售前检查顾客的信用额度？		√			

续表

调查事项	调查结果				备注
	是	否	较弱	不适用	
三、发运产品					
1. 每次发货是否都编制了发货凭证？	√				
2. 所发货物是否与发货凭证核对？	√				
四、开具发票					
1. 每次开具发票是否有相应的发货凭证？	√				
2. 是否独立检查销售发票的计价和计算的准确性？		√			
五、销售的记录					
1. 销售明细账与每日销售汇总表是否一致？	√				
2. 销售发票是否按连续编号记入销售明细账？	√				
3. 是否定期与顾客核对应收账款明细账？		√			
六、坏账处理					
1. 所有的坏账冲销是否都有书面批准单？		√			
2. 坏账的批准与账款的收取两项职责是否实行分离？		√			
七、销售退回与折让					
1. 现金折扣是否经过批准？	√				
2. 销售退回和折让是否经有关销售人员批准？	√				
3. 销售退回和折让是否采用预先连续编号的贷项通知单？	√				
4. 销售退回和折让的批准与贷项通知单的职责是否实行分离？	√				
八、现金及银行存款					
1. 现金出纳与会计岗位是否分离？	√				
2. 是否做到现金日清日结，做到账实相符？	√				
3. 是否以白条抵冲现金？		√			
4. 是否定期盘点现金？	√				
5. 银行存款日记账与总账是否每月末核对相符？	√				
6. 银行存款日记账是否定期与银行对账单核对？		√			
7. 独立人员是否定期编制银行存款调节表，调节未达账项？					
问题与评价：					

（二）实施控制测试

销售与收款循环的内控测试包括以下内容：

（1）抽取一定数量的销售发票样本进行检查。销售发票是非常重要的原始凭证，销售发票是向顾客收取货款、登记有关销售账户和应收款总账和明细账的依据。在选取样本之前，首先检查发票上的存根是否完整，从发票日期判断是否按顺序开具发票。对抽取的发票样本进行以下几个方面的检查：检查发票是否规范并连续编号，作废发票的处理是否得当，有无随意毁灭行为；核对销售发票与顾客订单或销售合同、出库单、货运凭证所载明的品名、规格、数量、价格、结算方式等是否一致；检查赊销业务是否有信用部门的有关人员核准赊销的审批签字，对超过信用限额的是否经过上一级主管人员的审批；从销售发票追查至有关的记账凭证、应收款明细账、现金和银行存款日记账及营业收入明细账，确定企业是否正确、及时地登记有关的会计凭证和账簿。

（2）抽取一定的货运文件样本，并与相关的销售凭证核对，检查已发出的货物是否均已向客户开具发票。如果发出货物但未开具发票可能导致销售收入和应收账款的漏记，从而低估收入，高估存货。

（3）抽查一定数量的销售明细账记录，并与销售发票、货运文件比较，确认是否存在虚记销售收入或少记销售收入的情况。

（4）抽查一定数量的应收款明细账记录，并与相应的记账凭证核对，看其时间、金额是否一致；对坏账注销业务应抽取相应的原始凭证与账务记录进行核对，分析坏账的注销是否合乎规定的标准，有无主管人员的批准，是否存在随意注销坏账的情况；为了确定企业是否与客户定期对账，在可能的情况下，将企业一定期间的对账单与相应的应收款明细账余额进行核对，以便了解对发现的差额是否及时采取措施。

（5）抽查一定数量的销售调整记录，以检查销售退回、折让、折扣的处理是否恰当。销售过程中出现的退货，一般通过贷项通知单冲减应收款的记录。审计人员应审核所退回的货物是否有质检部门和仓库开具的退货验收单或入库单；检查贷项通知单是否根据退回商品验收单填制，是否记录有原销售发票和发货单号，有无主管人员的核准，顺序编号是否完整。若存在缺号现象，应追查贷项通知单的去向，以便发现捏造退货、退款等舞弊行为。对于销售折扣和折让，审计人员应了解企业的折扣和折让政策，折扣和折让的审批是否经过适当授权，授权人与收款人的职责是否分离。会计记录是否及时正确。

（6）抽查一定数量的现金、银行存款的收付款凭证，并与其原始凭证及日记账核对，看其金额、入账时间是否一致。抽查一定数量的银行存款余额调节表，并进行核对。对库存现金如有必要可以结合实质性测试进行盘点。

销售与收款环节的内部控制流程图见图8-1。

销售与收款环节的内部控制流程图

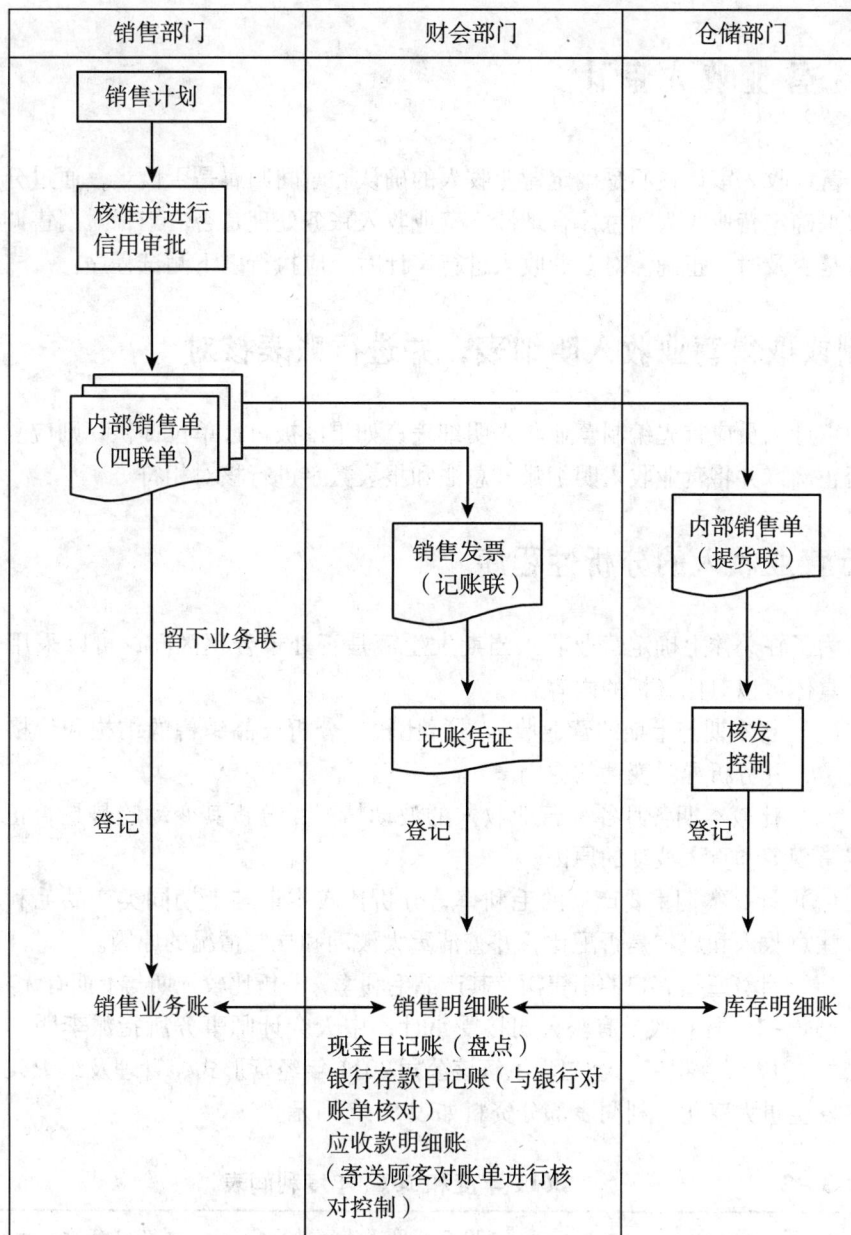

销售部门	财会部门	仓储部门

```
销售部门                    财会部门              仓储部门

┌─────────┐
│ 销售计划 │
└────┬────┘
     ↓
┌─────────┐
│核准并进行│
│信用审批  │
└────┬────┘
     ↓
┌─────────┐
│内部销售单│────────────┐
│（四联单）│            ↓
└────┬────┘     ┌─────────┐     ┌─────────┐
     │          │销售发票  │     │内部销售单│
     │          │（记账联）│     │（提货联）│
     │          └────┬────┘     └────┬────┘
 留下业务联           ↓               ↓
     │          ┌─────────┐     ┌─────────┐
     │          │记账凭证  │     │核发      │
     │          └────┬────┘     │控制      │
     │               │          └────┬────┘
  登记             登记             登记
     ↓               ↓               ↓
销售业务账 ←───── 销售明细账 ←───── 库存明细账
              现金日记账（盘点）
              银行存款日记账（与银行对
              账单核对）
              应收款明细账
              （寄送顾客对账单进行核
              对控制）
```

图 8 - 1　销售与收款循环内控系统流程

（三）评价销售与收款的内部控制

审计人员通过了解被审计单位在这一环节的控制制度及其内控制度是否得到了坚持，并根据在销售与收款循环中进行控制测试取得的审计证据，可以对被审计单位在这一环节的控制情况进行评价，具体分析被审计单位在这一环节可能存在的问题，是否存在重大缺陷，评价其控制风险水平，进而确定实质性测试的范围和策略，提高审计效率，并将审计风险控制在可以接受的范围之内。

第二节 营业收入审计

营业收入审计核心是确定营业收入的确认和时间归属是否恰当，通过分析程序等方法来确定营业收入的总体合理性，营业收入账务处理是否恰当，对销售调整业务的处理是否及时、正确。对营业收入进行审计时，应执行以下测试程序：

一、编制或取得营业收入明细表，并进行账表核对

审计人员应首先编制营业收入明细表，如果由被审计单位提供，则应复核其加计是否正确，并将营业收入明细账、总账和报表数字进行核对相符。

二、进行营业收入的分析性程序

为了在总体上确定营业收入当期发生额是否处于合理区间，可以采用分析性程序。具体可以对比分析的内容有：

（1）将本期与上期的营业收入进行比较，分析产品销售的结构和价格的变动是否正常，并分析异常变动的原因。

（2）比较本期各月各种营业收入的波动情况，分析其变动趋势是否正常，并查明异常现象和重大波动的原因。

（3）计算本期重要产品的毛利率，分析比较本期与上期同类产品毛利率变动情况，注意收入和成本是否配比，并查清重大波动和异常情况的原因。

（4）计算重要客户的销售额及其产品毛利率，分析比较本期与上期有无异常变化。

例8-1 林杉股份有限公司接受审计，中天会计师事务所指派李明和张华审计该公司2012年度报表。经初步了解该公司2011年经营形式、管理及组织架构与2012年未发生重大变化。利润表部分资料如表8-2所示。

表8-2 **2011年度和2012年度利润表** 单位：万元

项 目	2012年度（未审数）	2011年度（审定数）
一、营业收入	86 000	75 000
减：营业成本	73 200	68 200
营业税金及附加	2 200	1 890
销售费用	3 200	3 000
管理费用	4 200	2 310
财务费用	-120	-110

续表

项　目	2012 年度（未审数）	2011 年度（审定数）
加：投资收益	340	0
二、营业利润	3 660	−290
加：营业外收入	10	9
减：营业外支出	10	9
三、利润总额	3 660	−290
减：所得税（税率25%）	915	0
四、净利润	2 745	−290

针对该公司的分析过程如下：

1. 营业收入增长率　$(86\ 000-75\ 000)/75\ 000=14.67\%$
2. 营业成本增长率　$(73\ 200-68\ 200)/68\ 200=7.33\%$
3. 毛利率变化

2011 年为$(75\ 000-68\ 200)/75\ 000=9.07\%$；2012 年为$(86\ 000-73\ 200)/86\ 000=14.88\%$

4. 销售费用率变化

2011 年为 $3\ 000/75\ 000=4\%$；2012 年为 $3\ 200/86\ 000=3.72\%$

5. 管理费用率变化

2011 年为 $2\ 310/75\ 000=3.08\%$；2012 年为 $4\ 200/86\ 000=4.88\%$

以上分析表明：该公司当年毛利率增幅过快，在产销形势没大变化、产品品种及结构没有大的调整背景下，毛利率一般不会出现如此大的增幅，再结合当年销售费用及管理费用的变化，可以大致判断公司在收入记录上存在问题，需要重点关注营业收入账户。

三、审查营业收入确认的正确性

在会计核算中，对收入的确认应遵循权责发生制，但对具体的企业而言，因其业务类型千差万别，在收入的确认上也必须根据其具体特点来记录营业收入。根据《企业会计准则——收入》的规定，对收入的确认区分商品销售、提供劳务和让渡资产使用权三类。

对商品销售进行销售收入确认的基本条件是：与该项目有关的未来经济利益能够流入企业；对该项目的成本或价值能够可靠地加以计量。

对于提供劳务的收入确认，如果在同一会计年度内劳务开始并完成，应在劳务完成时按双方签订的合同或协议的金额确认收入；对于跨年度的劳务，提供劳务收入分别资产负债表日劳务的结果是否可以可靠地估计来加以确认。在资产负债表日，如果提供劳务的结果能够可靠地估计，则采用完工百分比法，即按照劳务的完成程度确认收入和费用；如果企业在资产负债表日不能可靠地估计所提供劳务的交易结果，企业应正确预计已经收回或将要收回的款项能弥补多少已经发生的成本，分具体情况处理。

企业进行销售收入核算，必须根据《企业会计准则——收入》的要求，在合适的时间，以合理、恰当的金额确认销售收入。进行销售环节的审计，判断收入入账是否存在问题，都要以此为标准来进行。这样才能确保营业收入入账的真实性和公允性。

审计人员在进行审计时，可以抽查部分凭证和明细账，采用核对法、验算法等来进行测试，以发现销售确认中存在的问题。具体操作时可实施以下步骤：

（1）从凭证追查至销售明细账；抽查一定数量的销售凭证，与销售明细账核对。如抽查销售发票，并追查至相应的记账凭证及销售明细账，以确定销售收入是否真实、销售记录是否完整。

（2）从销售明细账追查至销货凭证；从销售明细账中选取部分样本，一般选择金额较大，或认为比较容易出问题的业务进行抽查，从明细账追查至原始凭证，以发现其是否存在虚构收入的行为。

（3）检查企业的销售发票是否连续编号，发票本上的存根是否完整，核实有无缺号现象，是否存在涂改或"大头小尾"等舞弊现象。

例8-2 合理确认销售收入和销售成本。注册会计师李里和王仪对某企业进行年报审计时，发现该企业于2012年10月9日为客户定制一套软件，工期大约为6个月，合同总收入为500万元，至2012年12月31日已发生成本240万元，预计开发完软件还将发生100万元成本，该项目已预收款250万元，其余款项于软件完工并运行后支付。2012年12月31日经专业测量师测量，软件的开发完成程度为60%（附有测量报告）。从销售记录中查到，该企业对这一合同确认的收入为250万元，成本按实际支出成本确认。

对于这一业务两名注册会计师认为该企业收入确认不恰当，不应按实际收到的款项来确认收入，对于取得的劳务收入应按完工百分比法来确定收入和成本。因该项收入在企业收入总额中占的比重较大，建议其做出调整。

2012年应确认的收入为：劳务总收入×劳务完工程度－以前年度已确认的收入

= 500 × 60% － 0 = 300（万元）

2012年度应确认的费用为：劳务总成本×劳务完工程度－以前年度已确认的费用

= （240 + 100）× 60% － 0 = 204（万元）

2012年度少计收入50万元（300－250）；多计成本36万元（240－204）；从而影响当年的财务成果，当期利润少计86万元，建议的调整分录为：

借：应收账款——蓝星公司　　　　　　　　　　　　　　500 000
　　贷：主营业务收入　　　　　　　　　　　　　　　　　　　　500 000
借：劳务成本　　　　　　　　　　　　　　　　　　　360 000
　　贷：主营业务成本　　　　　　　　　　　　　　　　　　　　360 000

四、审查销售退回、折扣与折让的处理是否正确

对销售退回的审查，主要是审查销售退回是否真实，手续是否完备，退回的货物是否验收入库，货款是否已退还对方，是否如数冲减销售收入等。在对销售退回进行审查时，应将退回物品的发票与原销售发票进行核对（红蓝发票核对），看其品名、规格、数量、价格是否相符，退款金额是否与原销售数额一致。另外，审查时应特别关注报表日前后的退货业务，对这些退货业务要辨别真伪。因有些退货业务是企业为了虚增报表利润，年末结账前虚构销售，次年初又用红字冲回原销售记录。被审单位的这种做法本身是一种舞弊行为，应予以更正。从会计处理的角度，即使次年初确实存在销售退回业务，且在报表公布日之前发生，根据资产负债表日后事项准则的规定，必须调整上年的销售收入，而不能冲减次年初的销售收入。

对于销售折扣与折让业务，从会计处理的角度都反映在营业收入的抵减上，在会计核算上，销售折扣作为企业的一项理财费用来处理，于实际发生时计入财务费用账户；折让直接在发生时计入营业收入账户的借方，会计核算上不单独对其设账反映。因此，销售折扣和折让将直接影响营业收入的正确记录和计量。

此外，对营业收入的审计，还应确定营业收入是否恰当地在利润表上披露。审计人员应审查利润表上的产品销售收入项目的数字是否与审定的数字相符合，销售收入确认所采用的会计政策是否已在会计报表附注中披露，有无混淆各种收入的界限，将正常的收入作为其他业务收入处理，或将其他业务收入作为营业收入列示。

国际视野

关于财务报表舞弊的关注

近几年来，不断发生一些世界著名公司特大财务欺诈及审计失败案件，令美国政府及公众极度不满，强烈要求审计行业自我检讨，切实改进舞弊审计的效果。在此恶劣环境和紧急情况下，AICPA 及时认真作了大量调研和征求意见工作，对舞弊审计准则进行第四次修订，于 2002 年 10 月发布其标题未作丝毫改动的新准则 SAS No.99 "财务报表审计中对舞弊的关注"。第 99 号针对切实提高舞弊审计的效果，做出了一系列富有成效的改进。颁布第 99 号准则是美国安然事件后 AICPA 从注册会计师审计程序入手解决舞弊问题迈出的重要一步。强调收入确认风险。收入确认是大量财务舞弊案涉及的核心问题，也一直是注册会计师调整报表的主要理由。为此，第 99 号准则强调要求注册会计师应特别注意识别与收入确认有关的舞弊风险，并在计划阶段更有效地运用分析程序，找出涉及收入及相关账户的非正常或非预期的关系。此外，新准则还提供详细指南，帮助注册会计师在发现舞弊风险时确保适当调整有关审计程序，以提高舞弊审计效果。

第三节　应收账款审计

在销售过程中，有部分销售在当时收到货款，其余因为结算或赊销等原因会形成

应收账款。应收账款作为报表中流动资产的重要组成部分，极易形成高估。在审计过程中，要采用各种方法来确认企业的债权。为了实现对应收账款的以上审计目标，进行应收账款的实质性测试程序包括以下几个方面：

一、获取或编制应收账款明细表

应收账款明细表可由审计人员自己编制，也可以由被审计单位提供。若由被审计单位提供，则审计人员须对该表进行独立的审查。审计人员应对明细表中所列的应收账款作必要的抽查，追查至明细账，并对明细账中的借、贷合计加以验算。还要进行总账与明细账的核对，检验二者是否相符，如果有不符应查明原因，并将其记录于工作底稿中。下例为阳光会计师事务所在审计某单位时编制的应收账款明细表工作底稿（见表8-3）。

表8-3   **应收账款明细表**

索引号：

被审计单位：新利公司   编制人：李明   日期：2013-2-12

截止日期：2012年12月31日   复核人：李丽   日期：2013-2-20

债务人名称	期初余额	本期借方发生额	本期贷方发生额	期末余额	备注
白鸽公司	500 000	650 000	150 000	1 000 000	
大地集团	850 000	50 000	400 000	500 000	
可润公司	68 000	42 000	70 000	40 000	
蓝星公司	-12 000	30 000	12 000	6 000	
其他	5 000	3 000	1 000	7 000	

审计说明及调整分录：

审计结论：

二、编制或获取应收账款账龄分析表

为了确定应收账款的质量和坏账准备提取的是否恰当，审计时应编制或获取应收账款账龄分析表。上市公司也要求其对外披露应收账款的账龄信息。应收账款的账龄是指资产负债表中的应收账款从销售实现产生应收账款之日起，至资产负债表日止所经历的时间。应收账款可回收程度与其账龄成反比，应收账款过期未收回的时间越长，收回的可能性则越小。

编制应收账款账龄分析表时，对重要的客户及余额单独列示，不重要的客户或余额较小的汇总列示。应收账款账龄分析表的合计数应等于资产负债表中的应收账款数。

应收账款账龄分析表的一般格式如表 8 − 4 所示。

表 8 − 4　　　　　　　　　　　　应收账款账龄分析表

2012 年 12 月 31 日　　　　　　　　　　　　单位：万元

客户名称	期末余额	账龄				备注
		0 ~ 30 天	31 ~ 180 天	6 个月 ~ 3 年	3 年以上	
白鸽公司	1 000 000	400 000	200 000	200 000	200 000	
大地集团	500 000	300 000		200 000		
可润公司	40 000	23 000		12 000	5 000	
蓝星公司	6 000	6 000				
其他公司	7 000	1 000	5 000		1 000	
合计						

注册会计师通过审查，分析各项应收账款的可收回性，还可用于确定函证对象。

三、实施应收账款的分析性复核

应收账款的分析性复核可以通过有关的财务比率来进行，一般常用的财务比率有：应收账款周转率（销售净额/平均应收账款）；应收账款与流动资产之比（应收账款/流动资产总额）；应收账款平均余额。

审计人员将本期的应收账款平均余额与上年数进行比较，看其波动情况，或将某一财务比率与预期结果或行业数据比较，如果没有发现重大波动，则提供了支持应收账款余额总体合理性的证据。相反，如果发现有重大波动，则需要做进一步的调查。

四、函证应收账款

函证应收账款是指直接发函给被审计单位的债务人，要求核实被审计单位应收账款的记录是否正确的一种审计方法。函证的目的是证实应收账款余额存在的真实性和其所有权。

在实务中，函证应收账款是一种被广泛运用的审计程序，执行应收账款函证也是审计准则的要求，如果客户不允许函证应收账款，说明审计范围受到严重限制，则通常视具体情形发表非无保留意见的审计报告。

对应收账款的函证程序在执行时，可以分为以下几个环节：

1. 函证数量和函证方式的确定

执行应收账款的函证程序时，为了提高审计效率，一般不需对所有债务人进行函证，可以根据审计抽样确定的样本规模，并结合以下因素考虑函证数量。

（1）应收账款在全部资产中的重要程度。如果应收账款在全部资产中所占的比例较大，那么，函证的数量也应相应大一些。

（2）被审计单位内部控制的强弱。如果内部控制比较健全，可以相应缩小函证范围，反之，要扩大函证范围。

（3）以前年度的函证结果。如果以前年度函证中发现重大差异或欠款纠纷较多，函证范围应对应扩大一些。

（4）函证方式的选择。如果选择肯定式函证，可相应减少函证量；如果选择否定式函证，则相应增加函证量。

一般情况下，账龄长、金额大、存在纠纷的应收账款、非正常名称的账户、关联方余额、有贷方余额的账户，则是注册会计师必须向债务人函证的对象。

2. 函证方式的选择

函证方式有肯定式函证和否定式函证两种方式。

（1）肯定式函证，又称正面式或积极式函证。是指债权人向债务人发出询证函，要求债务人直接向注册会计师证实所函证的欠款是否正确，无论对错都要求回复的一种方式。

肯定式询证函格式如下所示。

肯定式询证函

白音公司：　　　　　　　　　　　　　　　　　　　　　　　　编号：01

本公司聘请的阳光会计师事务所正在对本公司会计报表进行审计，按照《中国注册会计师执业准则》的要求，应当询证本公司与贵公司的往来款项。下列数额出自本公司账簿记录，如与贵公司记录相符，请在本函下端"数额证明无误"处签章证明。如有不符，请在"数额不符需加以说明事项"处详为指正。回函请直接寄至阳光会计师事务所。

地址：　　　　　　邮编：　　　　　　电话：

传真：

（本函仅为复核账目之用，并非催款结算）

截止日期	贵公司欠	欠贵公司	备注
2012 年 12 月 31 日	1 000 000	0	

若款项在上述日期之后已经付清，仍请及时函复为盼。

_____（公司印鉴）

数据证明无误

签章_____　　　　　　　　日期_____

数据不符需加以说明事项

签章_____　　　　　　　　日期_____

（2）否定式函证，又称反面式或消极式函证。是指债权人向债务人发出询证函后，若所函证的款项相符时，就不必回函，只有在所函证的款项不符时，才要求债务人向注册会计师复函。

格式如下：

否定式询证函

机械公司： 编号：005

请贵公司认真核对下列账单金额，如果与贵公司会计记录不符，请将不符事项直接邮寄给阳光会计师事务所。如无贵公司回函，则表明我公司对贵公司的应收账款记录是正确的。

本函附有贴足邮票并写有 XX 会计师事务所邮寄地址的信封，以供贵公司发现不符时回复之用。

（本函仅为复核账目之用，并非催款结算）

截止日期	贵公司欠	欠贵公司	备注
2012 年 12 月 31 日	6 000		

审计人员对函证方式的选择应依据具体情况而定。

当债务人符合下列两种情况时，选择肯定式函证较好。即个别账户的欠款金额较大；有理由相信欠款可能会存在争议、差错或问题。

因为否定式函证将不回函都视同于对方默认正确，这种函证方式风险较高，采用否定式函证，债务人要符合以下所有条件：相关的内部控制是有效的；预计差错率较低；欠款余额小的债务人数量很多；个别账户的欠款金额较小；注册会计师有理由确信大多数被函证对象会认真对待询证函，并对不正确的情况做出积极反应。

在实际运用时，这两种函证方式结合起来可能更为恰当。对大金额的账项，采用肯定式证函；对小金额的账项，采用否定式证函。函证结果可能更理想。

3. 函证过程的控制

审计人员应直接控制询证函的发送和回收，选定好函证对象和函证方式后，由审计人员自行填制有关函件内容。询证函一般以被审计单位的名义签发，但须注明回函时要回至会计师事务所，并写明地址，以保证所复函件能寄回到审计人员手中，切忌将函件寄回被审计单位，以避免被审计单位有关人员借机更改数字或截留。

注册会计师应当直接控制询证函的邮寄和回收，对于退回的信函应当进行分析。对于采用肯定式函证方式未回函的，可再次复询，由注册会计师发出第二次、甚至第三封询证函。这样做的原因是不回函可能意味着虚假应收账款，需要继续追查，或者由于函证的替代程序通常成本高或花时间较多。如果仍然得不到回复，则应考虑采用替代程序，并根据检查结果判断其债权的真实性与可收回性。替代程序包括检查与销售有关的凭证，如销售订单、销售发票、出库单等；或检查资产负债表日后的收款凭证，资产负债表日后的收款间接地证明了资产债表日的应收账款确实存在。

4. 函证结果的分析与综合

对于回函，审计人员应编制函证结果汇总表，具体格式如表 8 - 5 所示。

表 8 -5　　　　　　　　　　　函证结果汇总表

函证编号	债务人名称	债务人地址	函证日期	账面金额	函证结果	差异金额及说明	审定金额
001	白鸽公司	上海浦东	1 月 25 日	1 000 000	980 000	已归还	
…							
…							
合计				…	…		…

　　对表中差异金额的形成无非有两方面的原因：一是双方在记账时间上的差异形成的；二是双方记账错误的存在而形成的。购销双方入账的时间存在差异（即未达账项）具体包括：债务人已经办好结算手续，而被审计单位尚未收到款项；被审计单位已经发出货物，并登记了应收账款，债务人尚未收到货物，因此也未确认应付款项；债务人由于种种原因已将货退回，并冲减了应付款项，而被审计单位尚未收到货物，也未对应收账款做出调整；债务人对收到的货物的数量、规格等不满意而全部或部分拒付；购销一方或双方存在记账差错或舞弊行为。

　　对函证差异数额应分清具体原因，并区分性质，看其是属于时间差异，还是记账错误或舞弊。如果是时间差异，金额较大的，必要时要求做出调整；如果存在舞弊，必须扩大函证范围，将审计风险控制在可接受的范围内。

五、审查未函证的应收账款

　　对未发询证函的应收账款，应抽查有关原始凭证，如销售订单、销售发票等，验证这些应收账款的真实性和可收回性；如有逾期或其他异常事项，则由被审单位做出合理解释，必要时进行函证。

六、截止期测试

　　结合营业收入的审计，在应收账款明细账余额中挑选一定数量的资产负债表日前后的样本，核对应收账款明细账与营业收入明细账、现金、银行款日记账及相关原始凭证的金额或数量是否相符，并确定有关交易（销售、收款、退货）是否已被记入恰当的会计期间。

七、所有权测试

　　复查董事会会议记录、银行确认函、法律信函和其他相关记录，并从管理层获取有关应收账款所有权的陈述，确定企业对其账面记录的应收账款是否拥所有权，尤其对已经或正在进行债务重组的债权予以关注，看其账务处理是否正确，有无高估或低估应收账款的情况。对于用非货币性资产抵偿的债务应抽查其账务处理的公允性。

此外，对于存在外币应收款业务的企业还应审查外币应收账款的折算。对折算汇率的选择是否前后各期保持一致，有无借汇率的变动来调整企业利润的行为；折算差额的会计处理是否正确。还应确定应收账款在资产负债表上披露的恰当性。应收账款在报表上的列示金额为应收账款总账余额减去坏账准备后净额，在审计时应核对应收账款是否按上述方式进行填报。在报表附注中还应披露应收账款账龄、抵押、转让或让售的相关信息。

第四节　坏账准备审计

在会计核算上为了体现谨慎性原则，要按应收款项的一定比例计提坏账准备。坏账准备计提的数额是否适当，直接影响到被审计单位的财务成果和资产额。审计人员在审计过程中，应分析确认坏账准备的提取范围是否符合要求；计提金额是否适当；坏账准备增减变动的记录是否完整；期末余额的确定是否正确；坏账准备的报表披露是否恰当。针对上述审计目标，进行坏账准备的实质性测试时，其审计程序包括以下几个方面：

一、核对坏账准备的账表数是否相符

应将坏账准备的账簿记录与报表数字相核对，看其是否相符，若有不符，需查明原因，记录于审计工作底稿中，并做出必要的审计调整记录。

二、审查坏账准备的计提金额是否正确

对坏账准备计提的审查应关注计提范围、计提比例和方法两个方面。

在审查计提范围时，根据会计准则规定，坏账准备的计提范围包括：应收账款；其他应收款；未到期的应收票据若有确凿证据证明不能收回或收回的可能性很小时；预付款因供货单位破产、撤销等原因已无望收到所购货物时，应将这部分预付款转入其他应收款，并按规定计提坏账准备。在审查时应注意客户是否按规定的范围进行了坏账准备的计提。

在审查计提比例和方法时，看客户提取比例是否确定的恰当。计提比例由企业根据实际情况来确定。一般可以根据以往的经验、债务单位的实际财务状况和现金流量情况，以及相关信息合理地估计提取比例。除有确凿证据表明该项应收款项不能够收回或收回的可能性不大（如债务单位已撤销、破产、资不抵债、现金流量严重不足、发生严重的自然灾害等导致停产而在短时间内无法偿还债务等，以及 3 年以上的应收款项）外，下列各种情况不能全额提取坏账准备：当年发生的应收款项；计划对应收款项进行重组；与关联方发生的应收款项；其他已逾期，但无确凿证据表明不能收回的应收款项。

在计提方法上企业既可以采用余额百分比法，也可以采用账龄分析法或赊销净额

法等。但提取方法一经确定，不能随意变更，如需变更，应在会计报表附注中予以说明。

在审计时，应通过凭证的抽查，看其提取范围是否符合规定的要求，有无扩大或缩小提取范围的情况；提取比例是否适当，对于计提比例较高的应收款项是否有确凿的证据支持；有无本期大量计提，到下期又转回的情形，对这种计提秘密准备的行为审计时必须关注，若存在，必须要求被审计单位予以改正。

例8-3 坏账准备计提合理性的审计

明达公司年末应收账款总账余额为2 300万元，其所属明细账中有借方余额的合计数为2 100万元，有贷方余额的合计数为100万元；其他应收款总账余额为300万元，该公司采用余额百分比法计提坏账准备，计提比例为10%。坏账准备的账户记录如表8-6所示。

表8-6 坏账准备明细账（简式） 单位：万元

日期	凭证字号	摘要	借方	贷方	余额
1/1		上年结转			100（贷方）
5/6	转字37	核销坏账	50		50（贷方）
8/11	转字87	核销坏账	60		-10（借方）
31/12	转字98	计提本年坏账准备		230	220（贷方）

根据上述会计资料分析，审计人员认为，该公司坏账准备的计提金额有误。首先，对于应收账款明细账中有贷方余额的不应计提坏账准备，因其相当于预收账款，应该对其进行重分类，归入负债方。年末计提坏账准备的基数为：2 100 + 300 = 2 400万元。

应计提的金额为：

当期应提取的坏账准备 = 当期按应收款项总计应提取的坏账准备金额 - 本科目的贷方余额

$$= 2\ 400 \times 10\% - (-10) = 250（万元）$$

该公司少提20万元（250 - 230），建议做出调整，调整分录为：

借：资产减值损失   200 000

贷：坏账准备   200 000

三、审查坏账损失的确认和转销是否正确

确认并转销坏账损失必须符合规定的条件，对于确实无法收回的应收账款，按规定程序报经批准后方可作为坏账处理，否则，不法分子就有可能通过注销应收账款而掩饰其贪污行为。因此，注册会计师对本年度已作为坏账转销的应收账款，尤其是金额较大的，应进行审查。按照我国有关规定，确认坏账损失应符合以下条件：因债务人破产或者死亡，以其破产财产或遗产清偿后，仍然不能收回的应收账款；或者因债

务人逾期未履行偿债义务超过 3 年仍然不能收回的应收账款。因此，审计人员审查已转销的应收账款时，应审查其是否经过有关权力机构批准，各种手续是否齐全，是否有经手人员的书面证明。必要时可向债务人寄发询证函，查明这些引发坏账的应收账款在最初入账时是否属于伪造。

对于收回已经核销的坏账，要审查是否已调账。如果发现企业收回已核销的坏账，未增加坏账准备而是作为"营业外收入"或"应付账款"或不入账作为内部"小金库"处理，查证人员应运用审阅法、复核法检查企业的"应收账款"账户年末余额和"管理费用"账户有关明细账发生额。

四、确认坏账准备的报表披露是否恰当

坏账准备的计提、转销及期末余额应在资产减值准备明细表中披露，审计时应核对相关栏目的数据是否与账簿中已审数据相符。此外，还应在报表附注中说明坏账的确认标准，以及坏账准备的计提方法和计提比例。

第五节　现金及银行存款结余额审计

企业的现销业务及应收款项的收回最终都会增加企业的货币资产，尽管货币资产的增加还有其他多种渠道，但销售及应收款项的收回是其主要渠道。本章在安排时将现金及银行存款的收入业务及存量的审计放在此处，对于现金及银行存款的支出体现在购货与付款循环、生产循环和投资与筹资循环中。本节主要介绍现金及银行存款存量的实质性测试程序。对现金及银行存款的审计目标包括：确定被审单位资产负债表中的现金和银行存款在报表日是否确实存在，是否为被审单位所拥有；确定现金及银行存款的收入业务是否均已记录入账，有无遗漏；确定现金及银行存款的余额是否正确；确定现金及银行存款在会计报表中的披露是否恰当。为实现上述审计目标，对现金及银行存款的实质性测试程序有：

一、核对总账与日记账的账簿记录是否相符

审计人员应核对现金和银行存款日记账与其总账的本期收入合计数、本期支付合计数及期末余额是否相符。如果不符，应检查有关的记账凭证，以确定有无记账错误，进而查明是否存在挪用现金等舞弊行为。

二、盘点库存现金

对库存现金进行盘点是证实库存现金余额真实性的主要证据。审计人员应在报表审计过程中对库存现金进行盘点。一般采用突击盘点的形式，往往能取得较好的效果。

盘点库存现金必须有现金保管人员和财会部门负责人、审计人员共同参加。突击盘点的时间最好选在上午上班前和下午下班后进行，盘点的范围应包括企业各部门经营的现金，各处现金的盘点应同时进行。盘点前，应由现金保管人员将全部现金集中起来存入保险柜，然后由现金保管人员把已办妥现金收付手续的收付款凭证登入现金日记账，结出现金余额；盘点保险柜里的现金实存数；审阅所有的借条单据，并将现金实存数经过核对调整后与现金日记账账面余额进行对比，检查账实是否相符。

盘点过程中还要注意：现金保管人员在整个盘点过程中都必须在场，以免在现金出现短缺的情况下，企业诬陷审计人员。同样，将已盘点的现金归还给企业时，也必须取得现金保管人员签字的收条。还要注意，白条不能抵冲现金余额。盘点结束后，应取得由现金保管人员和财会部门负责人共同签字的库存现金盘点表。

一般年报审计的时间在 12 月 31 日之后，审计人员盘点现金的时间与报表日之间有一段时间间隔，为了证实报表中列报的现金数字，必须在盘点表上将盘点日的余额调整成报表日的余额，调整公式为：

$$报表日实存数 = 盘点日实存数 + 盘点日与报表日之间的支出数$$
$$- 盘点日与报表日之间的收入数$$

例 8 - 4 现金盘点表工作底稿的编制。2013 年 1 月 29 日，审计人员对大地公司进行年报审计，资产负债表中库存现金一项列报的金额为 2 530 元，在 29 日上午对出纳经管的现金进行清点，清点前现金日记账的余额为 2 295 元，具体的清点结果如下：

（1）保险柜现金的实存数为 1 165 元。

（2）保险柜中有下列单据已收付款，但未入账。

① 某职工报销差旅费，金额为 830 元。手续齐全，时间为 1 月 28 日。

② 某职工借条一张，金额为 300 元，日期为 2011 年 11 月 25 日。

③ 经核对 2013 年 1 月 1 ~ 28 日的收、付款凭证和现金日记账，1 ~ 28 日收入现金金额为 3 465 元，支出为 4 530 元，正确无误。

④ 银行核定的库存现金限额为 30 000 元。

要求：根据盘点结果编制库存现金盘点表，并指明被审计单位现金管理中存在的问题。库存现金盘点表如表 8 - 7 所示。

表 8 - 7　　　　　　　　　　　库存现金盘点核对表

客户名称：大地公司　　　　　编制：李明　　　　　　　日期：2013 - 1 - 30
会计期间：2012　　　　　　　复核：李丽　　　　　　　日期：2013 - 2 - 10

项　目	行次	金额	现金盘点记录（略）	
一、盘点日账面库存余额	1	2 295	100 元	张
盘点日未记账的收入金额	2	0	50 元	张
盘点日未记账的付出金额	3	830	20 元	张
盘点日账面应存金额	4 = 1 + 2 - 3	1 465		略

项　目	行次	金额	现金盘点记录（略）
二、盘点日库存现金实存金额	5	1 165	
白条抵库数	6	300	
盘点日实存现金金额	7＝5＋6	1 465	
三、盘点日应存与实存差额	8＝4－7	0	
四、追溯至报表日账面结存金额			
报表日至盘点日支出总额	9	4 530	
报表日至盘点日收入总额	10	3 465	
追溯至报表日的实存金额	11＝7＋9－10	2 530	
五、报表日账面应存数	12	2 530	
六、报表日应存与实存差额	13＝12－11	0	

审计说明及调整分录

经审核该单位在现金管理中存在白条抵库问题，但账实基本相符。

三、编制或获取银行存款余额调节表，同时函证银行存款

审查银行存款余额调节表是证实资产负债表所列银行存款是否存在的重要程序。银行存款余额调节表通常应由被审计单位根据不同的银行账户及货币种类分别编制。如果经调节后的银行存款余额仍有差异，审计人员应查明原因，并做出记录或做适当的调整。

银行存款余额调节表取得后，审计人员要检查调节表中未达账项的真实性，以及资产负债表日后的进账情况，如果存在应于资产负债表日前进账的事项，要做必要的调整。调整的程序主要是：

（1）对调节表的数字进行验算；

（2）对截止日时银行对账单上的在途存款要进行追查，还要在银行存款调节表上注明存款日期；

（3）对到截止日时仍未提现的大额支票和其他已经签发的一个月以上的未提现支票要进行审查；

（4）对到截止日银行已收，但企业未收的款项的性质及来源要进行审查，重点要核对与现金有关的银行往来业务和银行对账单有一收一付，企业日记账上却没有记载的情况；银行存款余额调节表重点要审查长期未达账项。

在审计过程中除了要对银行存款余额调节表进行检查外，还应通过向往来银行的函证，了解企业银行存款的可用数，同时也可以了解企业欠银行的债务，发现企业未登记的银行借款。

函证时，审计人员要向被审计单位在本年度内存过款（包括办理过银行汇票、本票、信用证等）的所有银行发出。企业存款账户已结清的银行，也要发出，因为存款账户虽然结清，但还可能有银行借款或其他负债。同样，审计人员虽然直接已从银行取得了对账单和已付支票，也要向银行进行函证。银行存款询证函格式如下：

银行存款往来询证函

中国工商银行某办事处：　　　　　　　　　　　　　　　　编号：

本公司聘请的阳光会计师事务所正在对本公司会计报表进行审计，按照《中国注册会计师执业准则》的要求，应当询证本公司与贵行的存款、贷款往来，下列数额出自本公司账簿记录，如与贵行的记录相符，请在本函下端"数额证明无误"处签章证明。如有不符，请在"数额不符需加以说明事项"处详为指正。回函请直接寄至阳光会计师事务所。

地址：　　　　邮编：　　　　电话：

（1）存款户：　　　　　　　　　　　　　　　　截至　年　月　日

银行账号	账户性质	原币金额	备注

（2）贷款户：　　　　　　　　　　　　　　　　截至　年　月　日

贷款性质	担保或抵押	贷款截止日期	利率	贷款金额	备注

（3）其他事项

抵押：
担保：
其他：　　　　　　　　　　　　（公司印章）

对货币资金的审计还应验明货币资金是否已在资产负债表上恰当披露。报表中货币资金项目是根据"现金"、"银行存款"、"其他货币资金"三个账户的期末余额合并填列，审计时应核对其金额是否相符。

◎ 相关案例

天职孜信会计师事务所一则审计失败案例

北大科技（600878）为一家上市公司，经营困难，本所第一次接受审计。以前年度会计师均出具了标准无保留意见审计报告，2001年年报，我们顶住压力，出具了保留意见审计报告。公司注册资本28 443万元，业务范围包括高科纺织等。至2001年12月31日，公司资产89 788万元，负债34 356万元，净资产55 432万元。

该会计师事务所四名从业人员对北大科技公司进行了审计，其中一人担任银行存款审计，时间为 2002 年 3 月 20 日至 4 月 5 日，审计收费 30 万元。会计师事务所审计后，出具了对公司固定资产发表保留意见的审计报告。审计报告出具不久，公司被证监会查处，发现公司于 2000 年有一笔大额（2 500 万元）借款未入账，并将此情况通报本会计师事务所。

经查审计工作底稿，我们发现银行审计方面存在未严格执行审计程序的问题。至会计报表日，公司银行存款余额 5 716 万元，共有 19 个银行账户，其中 7 个账户余额为零，对零余额账户的审计，审计人员未进行函证，但获取的银行对账单上大都有注销账户的记录；对有余额的 11 个账户，审计人员对其中 10 个账户进行了函证，另一账户余额为 16.56 元，仅获取了对账单，未函证；后来发现的未入账的负债正与该未函证的账户相关。

就银行存款的审计，我们必须进一步明确，对所有余额（含零余额）均应进行函证，函证的目的包括确认余额和发现未入账负债，因此，余额的大小不能作为确定是否函证的依据（多么深刻的教训）。

资料来源：中国会计视野。

第六节　其他相关内容审计

企业的销售与收款循环审计除了上述的主要账户外，还涉及一些其他相关账户，包括应收票据、预收账款、其他应交款、应交税费、营业税金及附加、销售费用和其他业务利润等。本节只将主要项目的重要实质性测试程序进行介绍。

一、应收票据的审计

在销售时，双方约定采用商业汇票结算方式，收到商业汇票时，销售方增加应收票据，应收票据作为一种债权，比一般的应收账款更有法律保障，使用时也更加灵活，企业持有的商业汇票可以在票据到期前向银行贴现，也可进行背书转让或抵押。由于应收票据也是在企业的赊销业务中产生的，因此对应收票据的审计也应结合销售业务一起来进行。对应收票据的实质性测试程序包括以下几个方面：

（1）获取或编制应收票据明细表，并核对期末余额合计数与明细账、总账和报表数是否相符。审计人员在应收票据明细账与总账核对相符的基础上，编制应收票据明细表，也可由被审计单位提供。应收票据明细表中通常包括出票人姓名、出票日、到期日、金额和利率等资料。应抽查部分票据，核对其内容是否正确。

（2）监督盘点库存票据。为了证实应收票据的存在性，应对应收票据进行监督盘点。监盘时应注意的主要项目有：应收票据的种类（看其是属于商业承兑汇票还是银行承兑汇票）、号数、签收日期、到期日、票面金额、合同交易号、付款人、承兑人、背书人姓名或单位名称，以及利率、贴现日期、贴现率、收款日期、收回金额等是否与应收票据登记簿的记录一致。

（3）检查应收票据的利息收入。对于附息的应收票据，应根据票据的金额、利率和签发日期计算当年应计的利息额。抽查大额应收票据核对其利息额是否计提正确，有无不提或多提，借以调整利润的情形。

（4）审查已贴现的应收票据。对于已贴现的应收票据，应审查其贴现额、贴现息的计算是否正确，会计处理方法是否恰当。计算公式为：

$$贴现息 = 票据到期值 \times 贴现率 \times 贴现期$$
$$贴现额 = 票据到期值 - 贴现息$$

例 8 - 5　审查贴现息的计算。审计人员在审计大名公司应收票据时，发现于2012 年 12 月 20 日贴现一账票面金额为 20 万元，年利率为 4%，120 天到期的带息应收票据，该公司已持有 60 天，银行贴现率 5%，记账凭证未附有关结息银行凭证，记账凭证上记载的会计分录为：

借：银行存款	198 311.11
财务费用	1 688.89
贷：应收票据	200 000.00

针对贴现额审计人员进行了复核，发现贴现额有问题，应收贴现额为：

$200\,000 \times (1 + 4\% \times 120/360) \times (1 - 5\% \times 60/360) = 200\,977.78$ 元

该公司少记贴现款为：$200\,977.78 - 198\,311.11 = 2\,666.67$ 元

对存在的问题经查实，为经管人员贪污。应向责任人追回贪污款，并建议调账，其调账分录为：

借：其他应收款——××责任人员	2 666.67
贷：财务费用	2 666.67

（5）确定应收票据是否在资产负债表上恰当披露。核对资产负债表中应收票据列报的数字是否与审定数相符，对于已贴现的应收票据是否已剔除，对于已贴现的票据是否在报表附注中进行了披露。

二、预收账款的审计

预收账款是企业在销售业务成立以前向对方预先收取的部分货款。可见预收账款尽管是负债类科目，但它与企业的销售业务密切相关，对该科目的审计也放在这一循环中。对该账户的实质性测试程序应包括以下内容：

（1）获取或编制预收账款明细表，复核其加计数是否正确，并与明细账和总账的余额核对相符。

（2）审查预收账款的借方转销额是否恰当。根据收入准则的规定，企业的预收款销售应于商品发出时，确定销售收入的实现，并将预收账款转入营业收入账户。审计时应核对销售合同、记账凭证、仓库发货凭证、销售发票等，以发现企业是否存在提前确认收入或延迟确认收入的问题，尤其应注意在报表日前后的预收款业务的处理是否恰当。有些企业通过预收款账户来隐藏收入，来达到调节利润和延迟纳税的目的。

（3）函证大额的预收账款。选择大额的预收账款进行函证，根据回函情况编制

函证结果汇总表。对回函结果不符的，应查明原因并做出记录或适当调整；未回函的，应视具体情况再次发函或通过检查报表日后已转销的预收账款是否与仓库发货单、销售发票相一致等替代程序，确定其是否真实、正确。

（4）检查预收账款是否存在借方余额，对有较大借方余额的要进行重分类。

（5）审查是否存在长期挂账的预收账款，若存在，应查明原因，必要时进行调整。

（6）确定预收账款是否已在资产负债表中恰当披露。如果被审计单位是上市公司，其会计报表应披露持有其5%（含5%）以上股份股东的预收账款情况。

三、应交税费及营业税金及附加的审计

企业形成销售收入和实现利润后，要交纳各种税金。对税金的核算，在权责发生制的基础上，形成应交税费；实际交纳税金后，再从该账户转出。企业交纳的主要税种为流转税中的增值税和所得税，它们与企业的销售业务关系较为密切，尤其是增值税中的销项税，对其的审计放在了销售与收款循环中。应交税费的实质性测试审计程序包括以下内容：

（1）获取或编制应交税费明细表，复核其加计数是否正确，并核对其期末余额与报表数、总账数和明细账合计数是否相符。注意印花税、耕地占用税等有无误入应交税费项目。

（2）检查被审计单位纳税的相关规定。为了了解被审计单位适应的税率，应获取纳税通知书及征、免、减税的批准文件，了解被审计单位适用的税种、计税基础、税率，以及征、免、减税的范围与期限，确认其在被审计期间内的应纳税的内容。对重要的减、免、抵、退税批文应索取复印件，作为审计工作底稿。

（3）检查应交增值税的计算是否正确。获取或编制应交增值税明细表，加计复核其正确性，并与明细账核对相符。将"应交增值税明细表"与"企业增值税纳税申报表"核对，检查进项、销项的入账与申报期间是否一致，金额是否相符，对销项税的复核可以结合营业收入明细表来进行。

复核国内采购货物、进口货物、购进的免税产品、接受投资或捐赠、通过非货币性交易取得的存货、接受应税劳务等应计的进项税额是否按规定进行了会计处理。

复核存货销售、非货币性交易换出的存货或将存货用于投资、无偿赠与他人、分配给股东或投资人应计的销项税额，以及将自产、委托加工的产品用于非应税项目应计的销项税额的计算是否正确，是否按规定进行了会计处理。

复核因存货改变用途或发生非常损失应计的进项税额转出数的计算是否正确，是否按照有关规定进行了会计处理；检查出口货物退税的计算是否正确，是否进行了合理的会计处理。

对营业税金及附加的审计，最好与应交增值税的审计结合起来，因营业税金及附加的计税基数决大多数为本期应交的增值税，根据增值税审定表来计算核定企业营业税金及附加是否正确。

（4）审查企业应交的所得税。确定所得税的应交金额和税率，复核应缴企业所

得税的计算是否正确，是否按有关规定进行了会计处理。是否存在偷逃税款的行为，有无乱用所得税的优惠政策。

四、销售费用审计

企业的三项期间费用中，销售费用与业务关系最为紧密。对销售费用的实质性测试程序包括以下几个方面：

（1）获取或编制销售费用明细表，复核加计正确，与报表数、总账数及明细账合计数核对相符，并检查其明细项目的设置是否符合规定的核算内容与范围。

（2）将本期销售费用与上期销售费用进行比较，并将本期各月的销售费用进行比较，如有重大波动和异常情况应查明原因，并做适当处理。

（3）选择重要或异常的销售费用，检查其原始凭证是否合法，会计处理是否正确，必要时，对销售费用实施截止期测试，检查有无跨期入账的现象，对重大的跨期项目，应当做必要的调整。对人为通过销售费用调节利润的现象应予以关注，对企业计提的坏账准备和存货跌价准备要审查其有无多提，借以设立秘密准备的问题。

五、其他业务利润审计

其他业务利润审计应包括以下内容：

（1）获取或编制其他业务收支明细表，复核加计正确，与报表数、总账数和明细账合计数核对相符，并注意其他业务收入是否有相应的业务支出数。

（2）检查大额其他业务收支项目。

审计人员应根据其他业务收支明细表，检查大额其他业务收支项目，检查原始凭证是否齐全，有无授权批准，会计期间划分是否恰当，会计处理是否正确。要注意其他业务收入的内容是否真实、合法，是否符合收入实现原则；是否存在与关联方的其他业务销售业务；其他业务支出的内容（包括相关的成本、费用和税金等）是否真实，计算是否正确，是否符合配比原则。

（3）必要时，实施截止期测试，追踪到发票、收据，确定其截止期划分是否恰当，对于重大跨期项目作必要的调整。

（4）确定其他业务利润是否已经在利润表上得到了恰当的披露。

本章小结

综合本章所述，可以明确：销售与收款循环作为本书体系中四大业务循环中重要一环，在审计过程中，应首先进行销售与收款的内部控制制度测试，了解被审计单位在这一环节的控制制度有哪些，其内控制度是否得到了坚持，是否存在重大缺陷，评价其控制风险水平，在控制测试的基础上，进而确定该循环实质性测试的范围和策略。对在这一循环中涉及的主要报表项目营业收入、应收账款、坏账准备、货币资金进行相关的实质性测试程序。无论是在制度基础审计背景下，还是在风险基础审计的背景下，这些测试程序都是非常关键的审计业务环节。

　　本章对重点项目的审计结合实例来进行介绍，使有关程序的理解更容易些，但审计测试本身属于实践性比较强的工作，要想真正了解测试过程还必须依靠审计实践才能达到，在书中只能提供一些抽象的文字，而且企业的类型和经济业务千差万别，必须根据实际情况来运用相应的程序。

　　值得说明的是，审计的产生与发展都是基于所有权监督的需要，并在此基础上构建了相关的审计理论模式。销售与收款循环审计的内容和方法作为报表审计的重要组成部分，也体现了这一理论核心；并从特定的角度反映了提高审计效率，降低审计风险这一全书的主线。

■关键词汇

销售与收款循环（sales and collection cycle）

账龄分析表（aging schedule）

肯定式函证（positive confirmation）

否定式函证（negative confirmation）

应收账款审计（accounts receivable audit）

营业收入审计（operating income audit）

坏账准备审计（allowance for bad debt audit）

小组讨论

如何审查特殊的销售收入造假情况？

　　在审查营业收入确认的正确性时，我们可以采取"从凭证追查至销售明细账"，"从销售明细账追查到销货凭证"，"检查企业的销售发票是否连续编号"等步骤，但针对现在出现的一些销售收入造假手段，我们仅采用这些步骤够吗？对于一些异常现象，我们还应增加哪些步骤呢？

本章推荐阅读资料

1. 中国注册会计师协会：《审计》，经济科学出版社最新版。

2. 伊恩·格雷等著，吕兆德等译：《审计流程原理，实践与案例》，中信出版社 2003 年版。

3. 杨庆英：《审计案例分析》，首都经济贸易大学出版社 2001 年版。

4. 约翰·韦伯著，袁天荣译：《财务审计案例示范》，经济科学出版社 2007 年版。

第9章

生产与费用审计

学习提要与目标

生产与费用循环涉及的主要内容是存货的管理及生产成本的计算等，它由原材料转化为产成品的有关流动组成，其主要目标是生产出满足管理当局政策和计划要求的产品。本章将以产品制造企业为例介绍该审计循环，在阐述了生产与费用循环内部控制及其测试后，根据该循环所涉及的主要报表项目，介绍其实质性测试程序与方法。

通过本章的学习，应能够：

- 了解生产与费用循环的关键控制点及主要控制措施；
- 理解并掌握存货审计的主要实质性测试程序；
- 理解并掌握应付职工薪酬的主要实质性测试程序；
- 理解并掌握存货成本及相关账户的实质性测试程序。

第一节　生产与费用的控制测试

生产与费用循环控制测试就是根据内部控制及其审计的基本理论与方法，针对生产与费用循环的业务特点，阐述、分析生产与费用循环的主要业务活动、关键控制点，在此基础上研究被审计单位生产与费用循环内部控制制度的测试与评价的程序和方法。

一、生产与费用循环的主要业务活动

以制造业为例，生产与费用循环所涉及的主要业务活动通常涉及以下部门：生产计划部门、仓库、生产部门、人事部门、销售部门、会计部门等。具体包括下列内容。

1. 计划和安排生产

生产计划部门的职责是根据顾客订单或者对销售预测和产品需求的分析来决定生产授权，如决定授权生产，即签发预先编号的生产通知单。该部门通常应将发现的所有生产通知单编号并加以记录控制。此外，还需要编制一份材料需求报告，列示所需要的材料和零件及其库存。

2. 发出原材料

仓库部门的责任是根据从生产部门收到的领料单发出原材料。领料单上必须列示所需的材料数量和种类，以及领料部门的名称。领料单可以一料一单，也可以多料一单，通常需一式三联。仓库发料后，将其中一联连同材料交给领料部门，其余两联经仓库登记材料明细账后，送会计部门进行材料收发核算和成本核算。

3. 生产产品

生产部门在收到生产通知单及领取原材料后，便将生产任务分解到每一个生产工人，并将所领取的原材料交给生产工人，据以执行生产任务。生产工人在完成生产任务后，将完成的产品交生产部门查点，然后转交检验员验收并办理入库手续；或是将所完工的产品移交下一个部门，做进一步加工。

4. 核算产品成本

为了正确核算并有效控制产品成本，必须建立健全成本会计制度，将生产控制和成本核算有机结合在一起。一方面，生产过程中的各种记录、生产通知单、领料单、计工单、入库单等文件资料都要汇集到会计部门，由会计部门对其进行检查和核对，了解和控制生产过程中存货的实物流转；另一方面，会计部门要设置相应的会计账户，会同有关部门对生产过程中的成本进行核算和控制。成本会计制度可以非常简单，只是在期末记录存货余额；也可以是完善的标准成本制度，它持续地记录所有材料处理、在产品和产成品，并形成对成本差异的分析报告。完善的成本会计制度应该提供原材料转为在产品，在产品转为产成品，以及按成本中心、分批生产任务通知单或生产周期所消耗的材料、人工和间接费用的归集和分配的详细资料。

5. 储存产成品

产成品入库，须由仓库部门先行点验和检查，然后验收。签收后，将实际入库数量通知会计部门。据此，仓库部门确立了本身应承担的责任，并对验收本部门的工作进行验证。除此之外，仓库部门还应根据产成品的品质特征分类存放，并填制标签。

二、生产与费用循环的关键控制点

一个健全、有效的内部控制制度不仅对被审单位的管理至关重要，对审计工作的顺利进行也是非常有用的，从控制的主要角度与主要目的方面讲，存在着关键控制点。审计人员需要明确并了解被审计单位内部控制的目标和各个业务循环中应存在的关键控制点，然后才能有目的地、从关键角度测试与评价生产与费用循环内部控制的有效性与健全性。生产与费用循环的关键控制点主要从以下内容考虑：

1. 关键环节的交易授权

生产指令的发出应经过授权批准；存货的领用应严格按照授权批准手续发货；存货入库应有严格的验收手续；存货的发出应按规定办理，杜绝不按规定发出存货的情况；企业还应建立员工人事档案、工时卡等，员工人事档案、工时卡应由经授权的有关人员进行管理等。

2. 关键环节的职责划分

存货的采购、验收、保管、运输、付款、记录等职责应严格分离；人事、考勤、工薪发放、记录等职务应相互分离等。

3. 凭证与记录控制

生产通知单、领发料凭证、产量工时记录、生产费用分配表应顺序编号。会计部门应根据生产部门传递来的领发料凭证审核填制记账凭证、登记账簿、成本计算；开立并登记存货明细账和总账、开立并登记生产成本明细账和总账，并对所有已发生的料、工、费的耗费及时准确计入生产成本中；建立并登记应付职工薪酬明细账和总账，计算并填写职工薪酬分配表、职工薪酬汇总表，职工薪酬分配表、职工薪酬汇总表应完整反映实际已发生的工薪支出。企业应建立库存保管账，仓库保管人员要及时记录，并定期与会计部门核对。

4. 资产接触与记录使用

仓库保管人员是经过授权批准能接近原材料和产成品等存货并对存货进行管理的人员，所以仓库保管人员应聘用称职的人员；应创造良好的仓储保管条件；代其他单位保管的材料物资应单独存放、记录要清晰；对生产与费用循环产生的所有凭证和记录进行实物安全保护等。

5. 独立稽核

对这一循环涉及的各种票证及账册应建立独立的稽核制度，定期和不定期稽核购销发票、领料单、生产成本计算单、工资计算单以及存货汇总表等凭证和记录的正确性等。

6. 定期盘点制度

企业应对各种存货建立定期盘点制度，对发生的盘盈、盘亏、毁损、报废、退回应及时按规定审批处理。

三、生产与费用循环内部控制的测试

在明确与了解了生产与费用循环内部控制关键控制点的基础上，审计人员应依照特定的程序与方法对该循环的内部控制的建立健全情况进行测试与评价。

（一）了解和描述生产与费用循环内部控制制度

了解和描述生产与费用循环内部控制是对被审计单位的生产与费用循环的内部控制进行调查了解，并将调查了解到的情况或结果通过一定方式反映出来。审计人员可以通过询问、观察、审查被审计单位的会计凭证和审阅有关文件等程序，来了解被审计单位生产与费用循环内部控制的情况，通过调查表、文字描述或流程图等方式将其结果反映出来。表9－1是生产与费用循环内部控制调查表的内容和格式，图9－1是生产与费用内部控制流程图。

表9－1　　　　　　　　　　内部控制调查表

被审计单位：××公司　　　审计人员：　　　　　日期：　　　索引号：
调查内容：生产与费用循环　复核人员：　　　　　日期：　　　页　次：

调查事项	调查结果				备注
	是	否	较弱	不适用	
一、仓储与存货环节					
1. 存货的核发、记账、稽核、核对职务是否由不同的人员担任？	√				
2. 存货的管理（分检、堆放、仓储条件）是否良好？		√			
3. 存货是否建立定期盘点制度？	√				
4. 存货的盘盈、盘亏、毁损、报废、退回是否及时按规定审批处理？			√		
5. 发出材料是否根据制度规定的领料凭证正确计量发货，手续齐全？	√				
6. 领料单是否连续编号，按顺序使用？	√				
7. 领料单的发送是否根据授权发送的生产通知单发出？		√			
8. 发出商品是否根据财务签章的销售发票、提货联或运货单正确计量，手续是否齐全？	√				
9. 财务是否根据审核无误的发出材料汇总表登记入账？	√				
10. 发出存货的计价方法是否恰当，前后期是否一致？		√			
11. 期末对料到单未到的货物是否暂估入账？	√				
12. 产品销售成本计算是否符合制度规定，与当期产品销售收入是否配比？	√				
13. 存货盘点的差异是否经过授权批准后，及时调整存货账户？	√				

续表

调查事项	调查结果				备注
	是	否	较弱	不适用	
二、产品生产成本环节					
1. 是否定期编制生产计划并根据市场动态及时调整？	√				
2. 是否根据批准（或调整后）的生产计划组织生产？	√				
3. 车间生产原始记录是否完整、正确？		√			
4. 是否采用限额领料单，超限额领料是否办理审批手续？			√		
5. 车间剩余材料是否办理月末假退料手续？		√			
6. 完工产品入库，检验手续是否齐全？	√				
7. 是否建立成本管理制度？	√				
8. 成本核算方法是否适合企业的生产特点，是否严格执行？	√				
9. 成本开支范围是否符合有关规定？	√				
10. 是否定期进行成本分析，发现问题及时处理？		√			
11. 材料耗用月报表是否经审核无误后正确入账？	√				
12. 人工成本是否按审核无误的工资费用分配表正确入账？	√				
13. 制造费用的支出和归集是否经审核并正确入账？	√				
14. 制造费用的分配标准是否恰当，计算是否正确？		√			
15. 产品成本是否根据当月入库产品产量正确计算，完工产品和在产品之间的分配方法是否恰当，会计处理是否正确？	√				
三、人工费用和职工薪酬环节					
1. 公司的人事、考勤、记账、稽核、结算职务是否由不同的人员担任？	√				
2. 考勤人员是否经过授权？	√				
3. 有无部分管理人员或职工的薪酬关系在公司的关联企业或其他企业？			√		
4. 薪酬标准的划分及变动是否经授权批准？	√				
5. 薪酬核算范围是否符合规定？		√			
6. 计时、计件薪酬的原始记录是否健全，薪酬的计算依据是否与相关统计报表的数额相符？	√				
7. 职工薪酬是否经财务审核、主管领导批准后发放？	√				
8. 人事、劳动部门是否有独立、完整的职工薪酬档案及台账？	√				
9. 会计人员是否将各种形式的职工薪酬进行了适当的会计处理？	√				
10. 稽核员是否定期评价工时明细表与工时汇总表、工资汇总表、工资费用分摊表？	√				
11. 稽核员是否定期评价有关结算原始凭证和代扣款原始凭证？		√			
12. 职工薪酬的有关附加费是否有欠缴，未计提的现象？		√			

生产计划部门	仓储部门	生产部门	销售部门	会计部门

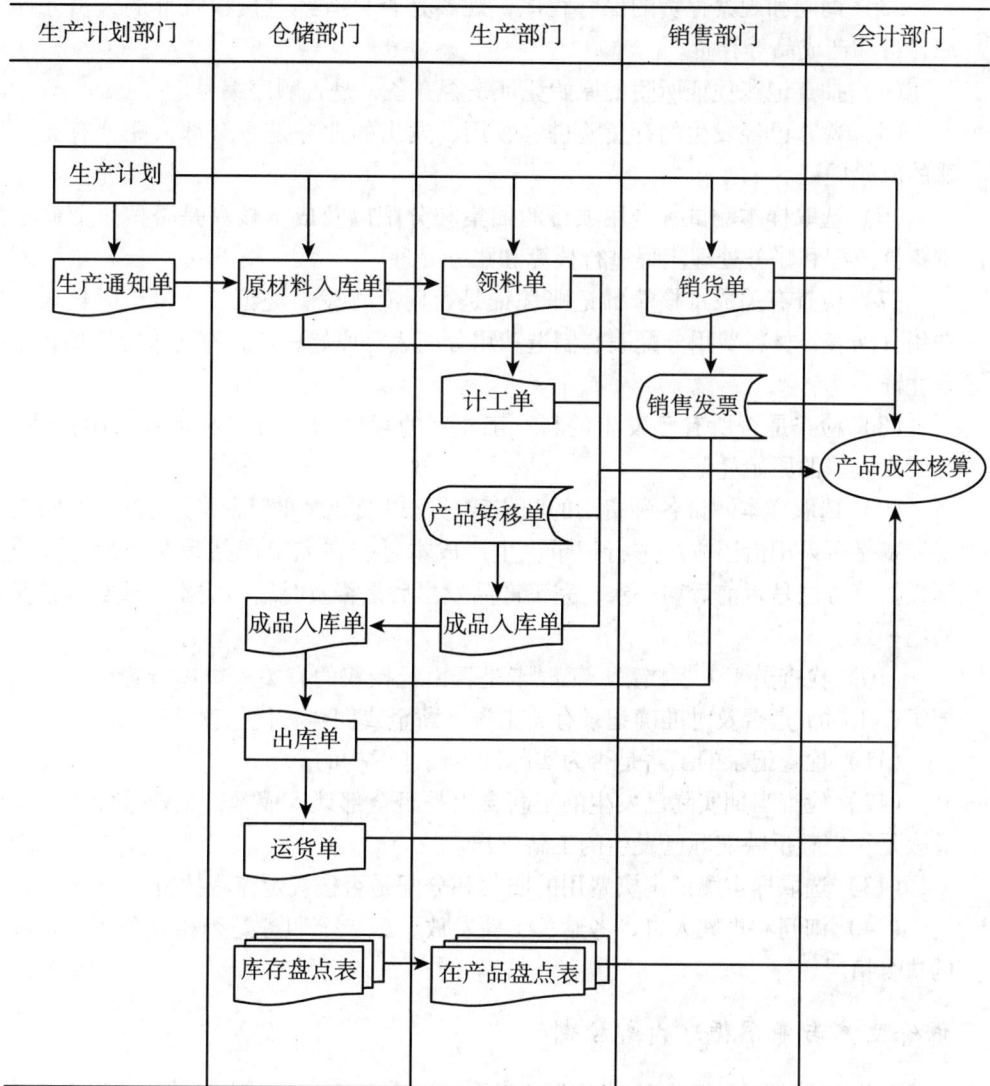

图 9 – 1　生产与费用内部控制流程示意图

（二）测试生产与费用循环内部控制

测试生产与费用循环内部控制是在了解与描述的基础上，对其在实际业务中的执行与实施情况和过程进行检查和观察，以确定制定的内部控制与实际执行的是否相符与一致，即控制测试。进行控制测试，应结合业务的关键控制点或控制环节进行。

（1）检查存货的领用是否有授权批准手续，是否严格按照授权批准手续发货；检查存货入库是否有严格的验收手续，是否就名称、规格、型号、数量和价格与合同、原始单证进行核对；检查存货的发出是否按规定办理，有无不按规定发出存货的情况。

（2）询问和观察存货的盘点过程。

（3）询问和观察存货的保管程序，观察是否只有经过授权批准的人员才能接近原材料和产成品等存货。

（4）抽查记账凭证所附的原始凭证是否齐备，是否顺序编号。

（5）检查已经发生的存货购进、领用、发出的业务是否全部入账，有无没有入账的原始凭证。

（6）选取样本测试各费用项目的归集和分配以及成本核算是否按企业确定的成本核算流程和账务处理流程进行核算和账务处理。

（7）检查有关成本核算的记账凭证是否附有领发料凭证、产量工时记录、人工费用分配表、材料费用分配表、制造费用分配表等原始凭证，有无未附原始单证的记账凭证。

（8）检查是否所有已发生的料、工、费的耗费均已及时准确计入生产成本中，有无未入账的原始凭证。

（9）选取样本测试各种费用的归集和分配以及成本的计算是否按规定执行，料、工、费是否采用恰当方法进行记录，生产成本是否在完工产品和在产品之间恰当分配，核算方法是否前后期一致，完工产品发出后是否及时结转成本，核算方法是否前后期一致。

（10）检查员工人事档案、工时卡是否由经授权的有关人员进行管理；员工人事档案、工时卡是否及时准确记录有关工资、薪金或佣金、代扣款项等内容。

（11）检查记录的工薪是否为实际发生而非虚构的。

（12）检查当期实际已发生的工薪支出是否全部计入成本；工资分配表、工资汇总表是否完整反映实际已发生的工薪支出。

（13）选取样本测试工资费用的归集和分配是否按规定流程执行。

（14）询问和观察人事、考勤、工薪发放、记录等职务是否相互分离，各项职责的执行情况。

（三）评价生产与费用循环内部控制

对生产与费用循环内部控制进行评价，是为了对生产与费用循环进行实质性测试前确定对生产与费用循环内部控制确定可依赖程度。审计人员在评价时应注意分析生产与费用循环中可能发生哪些潜在的错报或漏报，哪些控制可以防止或者发现并更正这些错报或漏报。通过比较必要的控制和现有控制，评价计划依赖的生产与费用内部控制的健全性与有效性。如果客户没有建立审计人员认为必要的内部控制，或者现有控制不足以防止或检查错报或漏报，那么审计人员应该考虑内部控制缺陷对审计的影响，确定是否扩大进行实质性测试的范围。

第二节　存货审计

存货是指企业在日常活动中持有以备出售的产成品或商品、处在生产过程中的在产品、在生产过程或提供劳务过程中耗用的材料和物料等。由于企业存货的品种、数量很多，收入支出频繁，存货金额在流动资产中占很大比重，存货的耗用又与产成品成本密切相关，所以存货审计是一项重要内容。一般来讲，存货审计的目标包括：确定存货是否存在；确定存货是否归被审单位所有；确定存货增减变动的记录是否完整；确定存货的品质状况，存货跌价准备的计提是否合理；确定存货的计价方法是否恰当；确定存货余额是否正确；确定存货在会计报表的披露是否恰当。具体审计程序如下：

一、运用分析性复核程序进行存货审计

分析性复核在存货审计中是经常用到的方法，因为在一般制造企业存货金额较大，并且流动频繁，在审计时很难做到全面确认和盘点，运用分析性复核方法可以大概分析出存货中是否存在巨额的高估或低估问题。在生产循环的分析性复核中，注册会计师通常运用的方法有简单比较法和比率比较法两种。其中简单比较法主要进行以下分析：

（1）比较前后各期及本年度各个月份存货余额及其构成、存货成本差异率、生产成本总额及单位生产成本、直接材料成本、工资费用的发生额、制造费用、主营业务成本总额及单位销售成本等，以评价其总体合理性。

（2）将存货余额与现有的订单、资产负债表日后各期的销售额和下一年度的预测销售额进行比较，以评估存货滞销和跌价的可能性。

（3）将存货跌价损失准备与本年度存货处理损失的金额相比较，判断被审计单位是否计提足额的跌价损失准备。

（4）将与关联企业发生存货交易的频率、规模、价格和账款结算条件，与非关联企业对比，判断被审计是否利用关联企业的存货交易虚构业务交易、调节利润。

在生产循环的分析性复核中，注册会计师通常运用的比率主要是存货周转率和毛利率。存货周转率是用以衡量销售能力和存货是否积压的指标。利用存货周转率进行纵向比较或与其他同行企业进行横向比较时，要求存货计价持续一致。存货周转率的异常波动可能意味着被审单位存在有意或无意地减少存货储备；存货管理或控制程序发生变动；存货成本项目或核算方法发生变动以及存货跌价准备计提基础或冲销政策发生变动等情况；毛利率是反映盈利能力的主要指标，用以衡量成本控制及销售价格的变化。毛利率的异常变动可能意味着被审计单位存在销售价格、销售产品总体结构、单位产品成本发生变动等情况。

例9-1　A企业2012年实现利润总额1 000万元，2013年在对该企业上年度财务核算和纳税情况进行检查时，首先发现该企业2012年毛利率有反常现象：10月份毛利率15%，11月份毛利率14%，12月份毛利率4%。这三个月的销售收入变动不大，为什么12月份突然亏损？带着这个疑点，决定重点检查其主营业务成本。

审计人员检查了A企业2012年12月结转的主营业务成本，发现除正常转入的销售成本外，又在12月31日一笔转入5 000 000元，经查阅凭证，发现该笔金额是由"待处理财产损溢"账户转入的，属于火灾损失。其中有3 000 000元应由保险公司赔偿的损失也包括在转入的主营业务成本中。按规定，属于自然灾害等非正常原因造

成的损失，应将扣除残料价值和保险公司赔款后的净损失，借记："营业外支出——
非常损失"科目，贷记"待处理财产损溢"科目。从财务检查中，多计入商品销售
成本的应全部上交入库。

会计分录如下：

借：营业外支出　　　　　　　　　　　　　　　　　　　2 000 000

　　其他应收款　　　　　　　　　　　　　　　　　　　3 000 000

　　贷：主营业务成本　　　　　　　　　　　　　　　　　　　5 000 000

二、确定各存货明细项目与总账、报表的余额是否相符

审计人员可以通过编制"存货审定表"确认存货的余额。"存货审定表"可以按
会计科目明细数列示，如原材料、库存商品等。具体格式如表 9 - 2 所示。

表 9 - 2　　　　　　　　　　　　　　存货审定表

被审计单位名称：××公司　　　　　　编制人：　　　　　　日期：2013 年 3 月 5 日
截止日期：2012 年 12 月 31 日　　　　复核人：　　　　　　日期：2013 年 3 月 8 日

项 目	年初数	借方发生额	贷方发生额	年末余额
在途材料		188 990		188 990
库存材料	26 650 258	47 760 692	44 225 120	30 185 830
其中：主要原料	20 000	400 000	300 000	120 000
……				0
周转材料	13 000	14 000	16 000	11 000
库存商品	8 000 000	4 000 000	11 000 000	1 000 000
生产成本	7 000	6 100	8 000	5 100
合 计	34 670 258	51 969 782	55 249 120	31 390 920

审计说明：

1. 数据来源于总账、明细账，与报表核对一致。

2. 存货已经实地盘点，有关资料见底稿 S03 - 1；S03 - 2；S03 - 3。

3. 生产成本复核无误，见底稿 S03 - 4。

4. 凭证抽查见 S03 - 5。

5. ……

审计结论：经审核生产成本账户无重大调整，余额及发生额可以确认。

三、存货监盘

（一）存货监盘的定义和作用

存货监盘是指注册会计师现场观察被审计单位存货的盘点，并对已盘点的存货进
行适当检查。可见，存货监盘有两层含义：一是注册会计师应亲临现场观察被审计单

位存货的盘点；二是在此基础上，注册会计师应根据需要适当抽查已盘点存货。

期末存货的结存数量直接影响到会计报表上的存货金额、期末存货数量的确定，是存货审计中的重要内容。1939 年著名的迈克逊·罗宾斯案发生后，理论界和实务界都开始关注对资产实物实际存在的审计，这以后颁布的审计准则也都强调了对实物资产实际存在和实际量的正确性进行验证的必要。因此，职业界规定，除非出现无法实施存货监盘的特殊情况，注册会计师应当实施必要的替代程序，在绝大多数情况下都必须亲自观察存货盘点过程，实施存货监盘程序。注册会计师监盘存货的目的在于获取有关存货数量和状况的审计证据，以确证被审计单位记录的所有存货确实存在，已经反映了被审计单位拥有的全部存货，并属于被审计单位的合法财产。具体来讲，为了达到比较好的效果，存货监盘应做好盘点前的计划工作、盘点过程的监督工作以及盘点工作结束后的记录工作。

（二）存货监盘计划

1. 制定存货监盘计划的基本要求

注册会计师应当根据被审计单位存货的特点、盘存制度和存货内部控制的有效性等情况，在评价被审计单位存货盘点计划的基础上，编制存货监盘计划，对存货监盘做出合理安排。注册会计师首先应当充分了解被审计单位存货的特点、盘存制度和存货内部控制的有效性等情况，并考虑获取、审阅和评价被审计单位预定的盘点程序。存货存在与完整性的认定具有较高的重大错报风险，而且注册会计师通常只有一次机会通过存货的实地监盘对有关认定做出评价。根据计划过程所搜集到的信息，有助于注册会计师合理确定参与监盘的地点以及存货监盘的程序。

存货监盘程序主要包括控制测试与实质性程序两种方式。注册会计师需要确定存货监盘程序以控制测试为主还是实质性程序为主，哪种方式更加有效。如果只有少数项目构成了存货的主要部分，注册会计师以实质性程序为主的审计方式获取与认定相关的证据更为有效。这时对于单位价值较高的存货项目，应实施 100% 的实质性程序，对于其他存货则视情况进行抽查。但在大多数审计业务中，注册会计师会发现以控制测试为主的审计方式更加有效。如果注册会计师采用以控制测试为主的审计方式，并准备依赖被审计单位存货盘点的控制措施与程序，则绝大部分的审计程序将限于询问、观察以及抽查。

2. 制定存货监盘计划应实施的工作

在编制存货监盘计划时，注册会计师应当实施下列审计程序：

（1）了解存货的内容、性质、各存货项目的重要程度及存放场所。在评价存货项目的重要程度时，注册会计师需要考虑存货与其他资产和净利润的相对比率及内在联系、各类存货占存货总数的比重、各存放地存货占存货总数的比重，这一评价直接关系到注册会计师如何恰当地分配审计资源。

（2）了解与存货相关的内部控制。在制定存货监盘计划时，注册会计师应当了解被审计单位与存货相关的内部控制，并根据内部控制的完善程度确定进一步审计程序的性质、时间和范围。被审计单位与存货实地盘点相关的充分内部控制通常包括：制定合理的存货盘点计划，确定合理的存货盘点程序，配备相应的监督人员，对存货进行独立的内部验证，将盘点结果与永续存货记录进行独立地调节，对盘点表和盘点标签进行充分控制。需要说明的是，与存货相关的内部控制涉及被审计单位供、产、销各个环节，包括采购、验收、仓储、领用、加工、装运出库等方面，还包括存货数量的盘存制度。

（3）评估与存货相关的重大错报风险和重要性。存货通常具有较高水平的重大错报风险，影响重大错报风险的因素具体包括：存货的数量和种类、成本归集的难易程度、陈旧过时的速度或易损坏程度、遭受失窃的难易程度，这些因素有的与不同行业不同生产过程有关，有的则与一些因素如技术进步等有关。在对存货错报风险的评估基础之上，注册会计师应当合理确定存货项目审计的重要性水平。

（4）查阅以前年度的存货监盘工作底稿。注册会计师可以通过查阅以前年度的存货监盘工作底稿，应充分关注存货盘点的时间安排、周转缓慢的存货的识别、存货的截止确认、盘点小组人员的确定以及存货多处存放等内容，以此了解被审计单位的存货情况、存货盘点程序以及其他在以前年度审计中遇到的重大问题。

（5）考虑实地察看存货的存放场所，特别是金额较大或性质特殊的存货。这有助于注册会计师熟悉在库存货及其组织管理方式，也有助于注册会计师在盘点工作进行前发现潜在问题，如存在难以盘点的存货、周转缓慢的存货、过时存货、残次品以及代销存货。

（6）考虑是否需要利用专家的工作或其他注册会计师的工作。对一些特殊行业的存货资产，注册会计师可能不具备其他专业领域专长与技能，则应考虑利用专家的工作。另外，被审计单位组成部分的财务信息由其他注册会计师审计并出具审计报告，这当然也包括了由其他注册会计师负责对被审计单位该组成部分的存货实施监盘。如果注册会计师计划利用其他注册会计师的工作，则应遵循《中国注册会计师审计准则第1401号——利用其他注册会计师的工作》的相关要求。

（7）复核或与管理层讨论其存货盘点计划。在复核或与管理层讨论其存货盘点计划时，注册会计师应从盘点的时间安排、存货盘点范围和场所、盘点人员的分工、存货的计量工具和方法、盘点期间存货移动的控制、盘点结果的汇总及分析等各个方面评价其能否合理确定存货的数量和状况，如果认为被审计单位的存货盘点计划存在缺陷，注册会计师应当提请被审计单位调整。

（三）存货监盘程序

1. 观察程序

在被审计单位盘点存货前，注册会计师应当观察盘点现场，确定应纳入盘点范围的存货是否已经适当整理和排列，并附有盘点标识，防止遗漏或重复盘点。对未纳入盘点范围的存货，注册会计师应当查明未纳入的原因。对所有权不属于被审计单位的存货，注册会计师应当取得其规格、数量等资料，确定是否已分别存放、标明，且未被纳入盘点范围。

2. 检查程序

注册会计师应当对已盘点的存货进行适当检查，将检查结果与被审计单位盘点记录相核对，并形成相应记录。可以从存货盘点记录中选取项目追查至存货实物，以测试盘点记录的准确性；也可以从存货实物中选取项目追查至存货盘点记录，以测试存货盘点记录的完整性。检查的目的既可以是为了确定被审计单位的盘点计划得到适当的执行（控制测试），也可以是为了证实被审计单位的存货实物总额（实质性程序）。如果观察程序能够表明被审计单位的组织管理得当，盘点、监督以及复核程序充分有效，注册会计师可据此减少所需检查的存货项目。在实施检查程序时，注册会计师应尽可能避免让被审计单位事先了解将抽取检查的存货项目。检查的范围通常包括每个盘点小组盘点的存货以及难以盘点或隐蔽性较强的存货。

3. 需要特别关注的情况

（1）存货移动情况。在对存货进行盘点时，如果被审计单位的生产经营持续进行，注册会计师应通过实施必要的检查程序，确定被审计单位是否已经对此设置了相应的控制程序，确保在适当的期间对存货进行了准确记录，没有遗漏或重复盘点。

（2）存货的状况。注册会计师应当特别关注存货的状况，观察被审计单位是否已经恰当区分所有毁损、陈旧、过时及残次的存货，并追查这些存货的处置情况。

（3）存货的截止。注册会计师应当获取盘点日前后存货收发及移动的凭证，即获取存货验收入库、装运出库以及内部转移截止等信息，以检查库存记录与会计记录期末截止是否正确。注册会计师可通过观察存货的验收入库地点和装运出库地点来执行截止测试，在存货入库和装运过程中采用连续编号的凭证时，应当关注截止日期前的最后编号，若没有使用连续编号的凭证，则应当列出截止日期以前的最后几笔装运和入库记录。

（4）对特殊类型存货的监盘。对某些特殊类型的存货而言，被审计单位通常使用的盘点方法和控制程序并不完全适用。这些存货通常或者没有标签，或者其数量难以估计，或者其质量难以确定，或者盘点人员无法对其移动实施控制。在这些情况下，注册会计师需要运用职业判断，根据存货的实际情况，设计恰当的审计程序，对存货的数量和状况获取审计证据。

4. 存货监盘结束时的工作

在被审计单位存货盘点结束前，注册会计师应当再次观察盘点现场，以确定所有应纳入盘点范围的存货是否均已盘点，并检查已填用、作废及未使用盘点表单的号码记录，确定其是否连续编号，查明已发放的表单是否均已收回，并与存货盘点的汇总记录进行核对。注册会计师应根据自己在存货监盘过程中获取的信息对被审计单位最终的存货盘点结果汇总记录进行复核，并评估其是否正确地反映了实际盘点结果。如果存货盘点日不是资产负债表日，注册会计师应当实施适当的审计程序，确定盘点日与资产负债表日之间存货的变动是否已作正确的记录。此外，如果被审计单位采用永续盘存制核算存货，注册会计师应当关注永续盘存制下的期末存货记录与存货盘点结果之间是否一致。如果两者之间存在较大差异，应当实施追加的审计程序，查明原因并检查永续盘存记录是否已经进行适当调整，或者提请被审计单位重新盘点。

（四）特殊情况的处理

如果存在由于存货的性质或位置较为特殊无法实施监盘程序，或者由于一些不可预见的因素导致无法在预定日期实施存货监盘等情况，注册会计师应当考虑能否实施替代审计程序，获取有关期末存货数量和状况的充分、适当的审计证据。如果是首次接受委托进行审计，注册会计师在已获取有关本期期末存货余额的充分、适当的审计证据基础上，还应当实施以下一项或多项审计程序，以获取有关本期期初存货余额的充分、适当的审计证据：

(1) 查阅前任注册会计师工作底稿；

(2) 复核上期存货盘点记录及文件；

(3) 检查上期存货交易记录；

(4) 运用毛利百分比法等进行分析。

值得注意的是，监盘程序主要是对存货的结存数量予以确认，它不能保证被审计单位对存货拥有所有权，也不能对该存货的价值提供审计证据。

◎ **相关案例**

法尔莫的"水桶账户"

法尔莫公司是美国一家拥有 300 个连锁药店的药品销售公司。它所实施的经营策略是"强力购买"，即通过提供大比例折扣来销售商品。其创始人莫纳斯利用自己高超的作假手段实现公司的快速扩张。

莫纳斯是一名篮球运动员，但是因天资及身高所限，他没有机会到职业球队打球。然而，莫纳斯确实拥有一个所有顶级球员共有的特征，那就是他有一种无法抑制的求胜欲望。他首先设法获得了位于（美）俄亥俄州阳土敦市的一家药店，运用欺骗手段在随后的 10 年中他又收购了另外 299 家药店，从而组建了全美连锁的法尔莫公司。一时间，莫纳斯成为金融领域的风云人物，他的公司则在阳土敦市赢得了令人崇拜的地位。新闻媒体也对其大加赞赏。

莫纳斯和他的公司炮制虚假利润长达 10 年之久，在发现时至少引起 5 亿美元损失。当时法尔莫公司的财务总监认为公司以低于成本的价格出售商品会招致严重的损失，但是莫纳斯认为通过"强力购买"，公司完全可以发展得足够大以使得它能顺利地坚持它的销售方式。最终在莫纳斯的强大压力下，这位财务总监卷入了这起舞弊案件。在随后的数年之中，他和他的几位下属保持两套账簿，一套用以应付注册会计师的审计，一套反映糟糕的现实。

具体做法是他们先将所有的损失归入一个所谓的"水桶账户"，然后再将该账户的金额通过虚增存货的方式重新分配到公司的数百家成员药店中。他们伪造购货发票、制造增加存货并减少销售成本的虚假记账凭证、确认购货却不同时确认负债、多计和加倍计算存货的数量。财务部门之所以可以隐瞒存货短缺是因为注册会计师只对 300 家药店中的 4 家进行存货监盘，而且他们会提前数月通知法尔莫公司他们将检查哪些药店。管理人员随之将那 4 家药店堆满实物存货，而把那些虚增的部分分配到其余的 296 家药店。这样就使得其舞弊行为一直没被发现。但他们为此付出了昂贵的代价。这项审计失败使会计师事务所在民事诉讼中损失了 3 亿美元。那位财务总监被判 33 个月的监禁，莫纳斯本人则被判入狱 5 年。

影响与启示：

(1) 从本案例中可见存货盘点的重要性。对于一般企业而言，存货数量巨大，不可能全面实施盘点，但如何进行盘点规划、控制盘点过程、运用分析性复核手段发现可能存在的舞弊等，是存货测试中重要的环节。

（2）为何法尔莫公司作假10年之久都没能被注册会计师们发现？或许，他们可能太信任他们的客户了，他们从报纸上阅读到关于它的文章，从电视中看到关于莫纳斯努力奋斗的报道，从而为这种欺骗性的宣传付出了代价；他们也可能是在错误的假设下执行审计，即认为他们的客户没有进行会计报表舞弊的动机，因为它正在大把大把地赚钱。回顾整个事件，只要任何人问一下这样一个基本的问题，即"一个以低于成本出售商品的公司怎能赚钱"，注册会计师们或许就能够发现这起舞弊事件。可见在审计过程中的先入为主危害极大，必须收集客观证据，才可能得出恰当的结论。

（3）此案件给我们敲响了警钟，存货审计是如此的重要，也是如此的复杂，使得存货舞弊并非仅凭简单的监盘就可查出。不过，如果注册会计师能够弄清这些欺骗性操纵是如何进行的，对于发现这些舞弊将会大有帮助，这就意味着注册会计师必须掌握识别存货舞弊的技术。

（4）存货的价值确定涉及两个要素：数量和价格。确定现有存货的数量常常比较困难，因为货物总是在不断地被购入和销售；不断地在不同存放地点间转移以及投入到生产过程之中。存货单位价格的计算同样可能存在问题，因为采用先进先出法、后进先出法、平均成本法以及其他的计价方法所计算出来的存货价值将不可避免地存在较大的差异。正因如此，复杂的存货账户体系往往成为极具吸引力的舞弊对象。

四、确定存货是否归被审计单位所有

企业存货的确认通常以获得该项商品或物资的所有权为标志，如某项存货已经验收入库且可供企业支配，即使货款尚未支付，应该看作企业的存货；同样，购买某项货物的货款已经支付而商品或材料尚未运达企业，也应看做企业的存货。对于发出的存货，应以标志该存货所有权已经转移的事件是否发生或凭证是否取得来确认存货的所有权归属而不管款项是否已经收到，若上述事实已存在，则存货的所有权已经转移，存货已不归被审单位所有，不管该存货是否仍存放在被审单位的仓库。代人保存和来料加工的存货，其所有权不归被审单位所有，不应计入存货余额中，而企业存放或寄销在外地的存货，因其所有权属于被审单位，所以其金额和数量应列入被审单位存货余额中。审计中应注意收集能证明存货所有权的文件和凭证，如购销合同、购销发票等。

五、确定存货的品质状况，存货跌价准备的计提是否合理

企业应当定期或者至少于每年年度终了，对存货进行全面清查，当存在下列情况之一时，应当提取存货跌价准备：（1）市价持续下跌，并且在可预见的未来无回升的希望；（2）企业使用该项原材料生产的产品成本大于产品的销售价格；（3）企业因产品更新换代，原有库存原材料已不适应新产品的需要；（4）因企业所提供的商

品或劳务过时或消费者偏好改变而使市场的需求发生变化，导致市场价格逐渐下降；(5) 其他足以证明该项存货实质上已经发生减值的情形。

当存在以下一项或若干项情况时，应当将存货账面余额全部转入损益：(1) 已霉烂变质的存货；(2) 已过期不可退化的存货（主要指食品等）；(3) 生产中已不再需要，并且已无转让价值的存货；(4) 其他足以证明已无使用价值和转让价值的存货。

存货跌价准备应按单个存货项目的成本与可变现净值计量，如果某些存货具有类似用途并与在同一地区生产和销售的产品系列相关，且实际上难以将其与该产品系列的其他项目区别开来进行估价的存货，可以合并计量成本与可变现净值；对于数量繁多、单价较低的存货，可以按存货类别计量成本与可变现净值。

如果被审计单位认定其存货系高技术产品，审计人员可请求外界专家提供帮助。审计人员只有在对该专家的能力和超然独立性感到满意时，才能将使用专家的工作作为一种获取适当证据的审计程序。对于被审计单位的存货跌价损失准备，审计人员应检查被审计单位存货跌价损失准备计提和结转的依据、手续和会计处理是否正确，是否经过授权批准，前后各期是否一致。这项实质性测试与"估价或分摊"认定有关。

存货跌价准备审计的难点是计提的恰当性，计提资产减值准备是为了把公司的"水分"挤干，避免公司一方面存在大量的不良资产甚至潜亏；另一方面报表上又体现可观的利润。但除了坏账准备计提有明确的标准外，其余七项资产减值准备计提并无明确标准，大部分看起来似乎比较"灵活"。所以，审计人员既要关注计提的充分性，又要关注是否存在通过计提秘密准备来调节利润的现象。对于存货而言，审计人员可采取向采购部门和销售部门询问的方式，了解库存原材料和产成品的最近市场价格。

对于存货中存在的不良资产，审计人员还需要首先对存货进行盘点，确定存货的短缺、霉变毁损数量及金额；其次，对存货的账面价值与市价进行比较，以确定存货账面价值高于实际价值的金额，对于其中人为高估利润而造成产成品、自制半成品、生产成本等存货的虚增，应与正常的市价下跌引起的存货减值加以区分，以确定问题性质，分清责任；最后，审查分期收款发出商品合同，检查货款回收情况，对未执行合同而长期挂账的分期收款发出商品，应通过查询及函证，对其可收回性进行评估，以确认其中包含的不良资产数额。

若原来使存货跌价的影响因素已经消失的，减记的金额应当予以恢复，并在原计提的存货跌价准备金额内转回，转回的金额计入当期损益。相应地，注册会计师应当关注存货跌价准备的转回，判断转回金额及时间的依据是否合理，会计处理是否正确，相应的披露是否恰当。

六、确定存货的计价方法是否恰当

存货的计价方法众多，企业可结合国家法规要求选择自身特点的方法。按照我国《企业会计制度》的规定，企业的存货应当在期末时按成本与可变现净值孰低计量，对可变现净值低于存货成本的差额，计提存货跌价准备。存货的估价由两大因素决定：质量和数量。实施存货的计价审计时，审计人员应该从已盘点的结存存货中（单价和总金额已经记入存货汇总表）选择要进行测试的样本。选择样本时应着重选择结存余额较大且价格变化比较频繁的项目，同时考虑样本的代表性。审计人员可以将存货按照单价和数量多少进行分层抽样。

审计人员除应了解掌握企业的存货的计价方法外，还应对计价方法的合理性和一贯性予以关注，没有足够理由计价方法在同一会计年度内不得变动。

七、存货相关账户审计

存货在企业总资产中占有很高比重，资产负债产表中"存货"一项由众多账户组成，如材料采购、原材料、包装物、低值易耗品、材料成本差异、自制半成品、库存商品、委托加工商品、委托代销商品、受托代销商品、分期收款发出商品、生产成本、制造费用，等等。作为构成"存货"项目，他们有相同之处，所以可以考虑一并审计；同时，每一个科目又有其单独的核算内容，所以若被审单位有这些科目的核算内容，应考虑制定审计程序进行审计测试。具体来讲，存货相关账户的审计程序包括以下几点：

（1）应获取或编制存货相关账户明细表，复核加计是否正确，并与总账数、明细账合计数核对是否相符。

（2）进行分析性复核，对期末存货相关账户余额与上期期末余额进行比较，解释其波动原因，并对大额异常项目进行调查。

（3）对存货项目进行监盘和抽点，取得盘点资料和盘盈、盘亏报告表，作重点抽查，并注意查明账实不符原因，有关审批手续是否完备，账务处理是否正确；存放在外的库存材料，应现场查看或函询核实。

（4）检查存货购入和发出的入账基础和计价方法是否正确，是否前后期一致；抽查年末结存量较大的存货项目的计价是否正确，必要时进行复算，若原材料以计划成本计价，还应检查"材料成本差异"账项发生额、转销额是否计算正确。

（5）查阅资产负债表日前后若干天的存货增减变动的有关账簿记录和原始凭证，检查有无跨期现象，如有，则应做出记录，必要时作调整。

（6）对原材料的审计，应注意审核有无长期挂账原材料事项，如有应查明原因，必要时作调整；结合原材料的盘点，检查期末有无料到单未到情况，如有，应查明是否已暂估入账，其暂估价是否合理。

（7）对低值易耗品的审计，应检查低值易耗品与固定资产的划分是否符合规定，低值易耗品摊销方法是否正确，前后期是否一致。

（8）对材料成本差异的审计，应重点对每月材料成本差异率进行分析性复核、检查是否有异常波动，注意是否存在调节成本现象；抽查若干月发出材料汇总表，检查材料成本差异的分配是否正确，并注意分配方法前后期是否一致。

（9）对委托加工物资的审计，应重点检查若干份委托加工业务合同，抽查有关发料凭证、加工费、运费结算凭证，核对其计费、计价是否正确，会计处理是否及时、正确；抽查加工完成物资的验收入库手续是否齐全，会计处理是否正确；对委托加工物资的期末余额，应现场查看或函询核实；检查是否定期收到委托代销商品销售月结单（对账单），抽查若干月的销售月结单（对账单），验明会计处理是否及时、正确。

（10）对受托代销商品的审计，应重点检查若干份受托代销业务合同，抽查有关收货凭证，核对其会计处理是否及时、正确；检查是否定期发出受托代销商品销售月结单（对账单），抽查若干月的销售月结单（对账单），验明会计处理是否及时、正确；对受托代销商品的期末余额，应现场查看其是否存在。

（11）对分期收款发出商品的审计，应重点检查若干份分期收款业务协议、合同，抽查有关发货凭证，核对其会计处理是否及时、正确；结合库存商品审计、抽查分期收款发出商品的入账基础，是否与库存商品结转额核对相符。检查是否按合同约定时间分期收回货款，并复核其转销成本是否与约定收到货款比例配比，验明会计处理是否及时、正确；对分期收款发出商品的期末余额，必要时应函询核实。

八、确定存货在会计报表的披露是否恰当

审计人员应重点确认资产负债表中存货和利润表中主营业务成本的恰当披露，以及报表附注中有关存货计价方法、抵押存货、重大购货承诺的披露。审计人员还可以通过复核董事会会议记录和询问管理当局，获得更多证据。按照我国《企业会计准则》和《企业会计制度》的规定，企业应当披露下列与存货有关的信息：

（1）材料、在产品、产成品等类存货的当期期初和期末账面价值及总额；

（2）当期计提的存货跌价准备和当期转回的存货跌价准备；

（3）存货取得的方式以及低值易耗品和包装物的摊销方法；

（4）存货跌价准备的计提方法；

（5）确定存货可变现净值的依据；

（6）确定发出存货的成本所采用的方法；

（7）用于债务担保的存货的账面价值；

（8）采用后进先出法确定的发出存货的成本与采用先进先出法、加权平均法或移动平均法确定的发出存货的成本的差异；

（9）当期确认为费用的存货成本，如主营业务成本等。

◎ 相关案例

Perry 麻药公司的巨额盘亏

Perry 麻药公司是一家经营药品的连锁店。在全国共开有 205 家零售药房。在 1990 会计年度使用实际成本法对存货进行计价，从 1991 年起改用售价金额法。为了适应零售企业的业务特点，在年末盘点之前使用毛利率法对存货进行估计，到期末根据实际盘点的结果对存货价值进行调整，如果发生盘亏，将盘亏数从存货账户转出，计入当期的产品销售成本。在

1992 年年末，当年共发生存货盘亏 2 000 万美元，这一金额远远超过以前会计年度确认的差异额。Perry 公司不相信存货会存在如此巨额的盘亏，于是年终将这一差异暂计入一个临时设置的"store100"存货账户，同时开始调查差异形成的原因。该公司聘请安达信公司电脑风险管理小组对整个存货系统进行分析，看是否由电脑系统产生巨大差异；同时还聘请私家侦探和内部审计师来查明是否存在大额盗窃发生。结果显示公司电脑系统安全完好，也无盗窃行为发生。公司对巨额盘亏无法查明原因。

Valade 是安达信公司在某一州的合伙人，1991～1993 年一直担任 Perry 公司的审计业务。Perry 公司对 1992 年年底出现的巨额盘亏及公司已经进行的调查向审计人员进行了介绍，在审计外勤工作中无疑将存货作为审计重点，他们抽取的几家连锁店的存货进行了抽盘，经过分析性复核等手段发现确实存在巨额的存货盘亏，原因也无法确定，但他建议在 1993 年 1 月份分别采用实际成本法和售价金额法对几个商店进行核算，来查找是否由于存货计价方法的变更导致巨额盘亏。但在 1992 年年末，Valade 对 2 000 万美元的盘亏认同公司的做法，将其体现在当年存货总额中，并且出具了无保留意见的审计报告。

该公司 1992 年年报存货总额为 1.4 亿美元，资产总额为 2.7 亿美元（含"store100"存货）。同时若将盘亏的 2 000 万美元转入主营业务成本，将导致公司从盈利 830 万美元为亏损 600 万美元。

根据上述资料，请分析下列问题：

在 1992 年前 Perry 将存货账面记录与实地盘点结果的差异计入主营业务成本，这一做法是否掩盖了存货的失窃？为什么？存货差异的注销背后还可能隐藏了什么？

说明将"store100"的金额包括在年末存货中对净收益有何影响？

评价分析性复核的证据和盘点证据的作用。

如果已知财务报表中存货存在案例所示的错报金额，应出具何种类型的审计报告？若审计人员无法获取适当的证据证明存货差异是否为重要的错报，应出具何种意见类型的审计报告？

你是否认为如果 Valade 不赞同客户的做法就会面临失去客户的威胁？根据相关审计准则审计人员应如何应对？

资料来源：根据《美国证监会审计案例精选》中 Perry 麻药公司案例改编。

第三节 应付职工薪酬审计

职工薪酬是指企业为职工在职期间和离职后提供的全部货币性薪酬和非货币性福利，新会计准则下的"应付职工薪酬"包括了"工资"、"职工福利"等科目，工资和职工福利是企业成本费用的重要构成项目，是生产与费用审计中十分重要的一项内容。

工资是企业支付给员工的劳动报酬，工资一般采用现金的形式支付，因而相对于其他业务，更容易发生错误或舞弊行为，如虚报冒领、重复支付和贪污等，但随着经营管理水平的提高和技术手段的发展，工资业务中进行舞弊及其掩饰的可能已经有所缩小。这是因为，有效的工资内部控制，可以及时地揭露错误和舞弊；使用计算机编制工资表和使用工资卡，提高了工资计算的准确性；通过有关机构，如税务部门、社会保障机构的复核，可相应防止工资计算的错误。然而，在一般企业中，职工薪酬在成本费用中所占比重较大，如果职工薪酬计算错误，就会影响成本费用和利润的正确性。所以，审计人员仍应重视职工薪酬业务的审计，首先应该根据管理当局认定和审计总目标，确定应付职工薪酬的审计目标，再运用实质性测试程序对应付职工薪酬进行审计。

应付职工薪酬的审计目标一般包括：确定期末应付职工薪酬是否存在；确定期末应付职工薪酬是否为被审计单位应履行的支付义务；确定应付职工薪酬计提和支出依据是否合理、记录是否完整；确定应付职工薪酬期末余额是否正确；确定应付职工薪酬的披露是否恰当。

应付职工薪酬的实质性程序通常包括：

（1）获取或编制应付职工薪酬明细表，复核加计正确，并与报表数、总账数和明细账合计数核对是否相符，计提依据是否合理。

（2）对本期应付职工薪酬费用的发生情况进行分析性复核：

① 检查各月职工薪酬费用的发生额是否有异常波动，若有，则要求被审计单位予以解释。

② 将本期职工薪酬费用总额与上期进行比较，要求被审计单位解释其增减变动原因，或取得公司管理当局关于员工薪酬水平的决议。

③ 了解被审计单位本期平均职工人数，计算人均薪酬水平，与上期或同行业水平进行比较。

（3）检查本项目的核算内容是否包括工资、职工福利、社会保险费、住房公积金、工会经费、职工教育经费、解除职工劳动关系补偿、股份支付等明细项目。外商投资企业按规定从净利润中提取的职工奖励及福利基金，也应在本项目核算。

（4）检查职工薪酬的计提是否正确，分配方法是否与上期一致，并将"应付职工薪酬——工资"计提数与相关的成本、费用项目核对一致；同时结合"应付职工薪酬——工资"测试，检查按工资总额计提的"应付职工薪酬——职工福利"是否符合规定，计提金额是否正确。

（5）检查应付职工薪酬的计量和确认：

① 国家有规定计提基础和计提比例的，应当按照国家规定的标准计提，如医疗保险费、养老保险费、失业保险费、工伤保险费、生育保险费、住房公积金、工会经费以及职工教育经费等；国家没有规定计提基础和计提比例的，如职工福利费等，应据实列支。

② 被审计单位以其自身产品或外购商品作为非货币性福利发放给职工的，应根据受益对象，将该产品或商品的公允价值，计入相关的资产成本或当期损益，同时确认应付职工薪酬。

③ 被审计单位将其拥有的房屋等资产无偿提供给职工使用的，应当根据受益对象，将该住房每期应计提的折旧计入相关的资产成本或当期损益，同时确认应付职工薪酬。

④ 被审计单位租赁住房等资产供职工无偿使用的，应当根据受益对象，将每期

应付的租金计入相关的资产成本或当期损益，同时确认应付职工薪酬。

⑤ 对于外商投资企业，按税后利润的职工奖励及福利基金应以董事会决议为依据，并符合相关规定。

(6) 审阅应付职工薪酬明细账，抽查应付职工薪酬各明细项目的支付和使用情况，检查是否符合有关规定，是否履行审批程序。

(7) 如果被审计单位是实行工效挂钩的，应取得有关主管部门确认的效益工资发放额的认定证明，并复核有关合同文件和实际完成的指标，检查其计提额、发放额是否正确，是否需要进行纳税调整。如果被审计单位实行计税工资制，应取得被审计单位平均人数证明并进行复核，计算可准予税前列支的费用额，对超支部分的工资及附加费进行纳税调整，对计缴的工会经费，未能提供《工会经费拨缴款专用收据》的，应提出纳税调整建议。

(8) 检查应付职工薪酬期末余额中是否存在拖欠性质的职工薪酬，了解拖欠的原因，此外应检查被审计单位的辞退福利核算是否符合有关规定。

(9) 确定应付职工薪酬的披露是否恰当。特别注意关注年末"应付职工薪酬"余额有无异常变动，如"应付职工薪酬"年末余额过大，应审查被审单位是否通过多计工资调整"本年利润"，进而实现调整应交税金的目的。还应关注的是被审单位有无将"应付职工薪酬"并入其他账户如"其他应付款"账户的情况。

第四节 营业成本审计

营业成本审计是指直接材料、直接人工、制造费用、生产成本、库存商品、自制半成品、主营业务成本的审计。我们注意到，计算营业成本的过程是一系列相互衔接的过程，对营业成本实施审计时，也应该注意到这一特点，如果由不同人员分别实施审计时，应相互协作，避免不必要的重复性劳动，或者都以为其他的审计人员已经做了审计，自己不必在此"重复劳动"，而到头来忽略了非常重要的步骤，由此形成审计"死角"，造成无法挽回的审计风险。例如，作为执行资产负债表"存货"项目审计的人员，需要进行上述直接材料、直接人工、制造费用、生产成本等的审计，而作为执行利润表"主营业务成本"项目审计的人员，"生产成本"、"库存商品"等科目也是必审项目，如果双方各做各的审计，会产生很多重复劳动，既浪费时间，又浪费财力，而如果双方都以为对方会做相关审计，结果谁都未深入实施必要的审计测试，由此形成的审计"死角"的危害也许会很大。实务中的作法通常是一方审计人员采取"顺查法"，另一方人员采取"逆查法"，一方从"直接材料"入手；另一方从"主营业务成本"入手进行测试，直到两方"会合"。具体来讲，应包括以下程序：

一、直接材料成本的审计

直接材料成本的审计一般应从审阅"材料"和"生产成本"明细账入手，抽查有关的费用凭证，验证企业产品直接耗用材料的数量单价和材料费用分配是否真实、合理。其主要审计程序包括：

（1）进行分析性复核，分析比较同一产品前后各年度的直接材料成本，如有重大波动应查明原因；

（2）检查直接材料耗用数量的真实性，有无将非生产用材料计入直接材料费用；

（3）抽查材料发出及领用的原始凭证，检查领料单的签发是否经过授权，材料发出汇总表是否经过适当的人员复核，材料单成本计价方法是否适当，是否正确及时入账；

（4）抽查产品成本计算单，检查直接材料成本的计算是否正确，材料费用的分配标准与计算方法是否合理和适当，是否与材料费用分配汇总表中该产品分摊的直接材料费用相符；

（5）对采用定额成本或标准成本的企业，应检查直接材料成本差异的计算、分配与会计处理是否正确，并查明直接材料的定额成本、标准成本在本年度内有无重大变更。

二、直接人工成本的审计

直接人工审计一般应从审阅"生产成本"、"制造费用"明细账和工资分配表、工资汇总表等，抽查有关的费用凭证，验证直接人工成本归集和分配是否真实、合理。其主要审计程序包括：

（1）进行分析性复核，将本年度直接人工成本与前期进行比较，查明其异常波动的原因；分析比较本年度各个月份的人工费用发生额，如有异常波动，应查明原因。

（2）抽查产品成本计算单，检查直接人工成本的计算是否正确，人工费用的分配标准与计算方法是否合理和适当、是否与人工费用分配汇总表中该产品分摊的直接人工费用相符。

（3）结合应付职工薪酬的检查，抽查人工费用会计记录及会计处理是否正确。

（4）对采用标准成本法的企业，应抽查直接人工成本差异的计算、分配与会计处理是否正确，并查明直接人工的标准成本在本年内有无重大变更。

三、制造费用的审计

制造费用是指企业的车间管理部门为组织和管理生产所发生的各项费用。主要包括工资和福利费用、折旧费、机物料消耗、劳动保护费、水电费、办公费、差旅费、运输费、保险费、季节性和修理期间的停工损失等项内容。制造费用的审计要点包括：

（1）获取或编制制造费用汇总表，并与明细账、总账核对相符；分析制造费用汇总表，如有波动应予查明。

（2）审阅制造费用明细账，检查其核算内容、范围是否正确，应注意是否存在异常会计事项，如有，则应追查至记账凭证及原始凭证，重点查明企业有无将不应列入成本费用的支出计入制造费用，如投资支出、被没收的财物、支付的罚款、违约金、技术改造支出等。

（3）检查制造费用的分配是否合理。重点查明制造费用的分配方法是否符合企业自身的生产技术条件，是否体现受益原则，分配方法一经确定，是否在相当时期内保持稳定。有无随意变更的情况，分配率和分配额的计算是否正确，有无以人为估计数代替分配数的情况。

（4）对于采用标准成本法的企业，应抽查标准制造费用的确定是否合理，计入成本计算单的数额是否正确，制造费用的计算、分配与会计处理是否正确，并查明标准制造费用在本年度内有无重大变动。对按预定分配率分配费用的企业，还应查明计划与实际差异是否及时调整。

例 9 - 2　审计人员在审查 S 单位 2012 年 12 月"生产成本"明细账及有关账册凭证时，发现以下情况：

（1）与以前月份相比，产量虽未显著增加，12 月份"直接材料"成本耗用却异常的高，于是进行了相关账册的核对，首先与材料明细账、总账、材料费用分配表进行核对，接着又审查了车间原始记录和存货盘点表，得知领而未用的材料年末结存 80 万元；审计人员查知该年末完工产品占 90%，入库产成品已销售的占完工入库产品的 90%，又知材料在整个生产过程中是被平均的耗用。据此，可以算出该笔以领代耗减少本年利润 648 000 元（800 000 × 90% × 90%），若被审单位该年除此笔外应纳税所得额已为正值，则 S 单位因此少交所得税 162 000 元（648 000 × 25%）。

（2）该企业 2012 年 10 月份至 12 月份的工资费用较其他各月增长较多，而同期的"在建工程"账中只有支付的各种工程物资款项，没有发生工资费用。进一步核对工资表等有关资料和与有关财会人员询问得知，该单位将从事安装人员的工资计入了生产成本。具体审查该企业"在建工程"明细账时发现，该企业的"在建工程"主要是被审单位以自营方式购入了一条需要安装的生产线，生产线的安装任务由本企业技术人员和招聘的数名临时工人共同负责完成，这些人员的工资计 5 万元，应计入新上生产线的在建工程成本，而企业却将其工资费用全部计入了生产成本。

（3）审计人员在审查某单位"制造费用"明细账时，发现该单位 2012 年 12 月"制造费用"较以前月份金额过大，属异常现象，进一步审查有关账、凭证后，查明该单位为了使实现的利润总额控制在预算指标之内，就采用了虚增修理费用的作弊手段，虚领 10 万元材料记做修理费用，记入"制造费用"账户，月份终了分配计入产品成本，该企业当月完工产品为 80%，全部销完，仅此一项作弊行为，就使本期利润减少 8 万元。

针对上述情况，审计人员建议做以下调整分录：

（1）针对领而未用的材料，账务处理如下：

借：原材料　　　　　　　　　　　　　　　　　　　　800 000
　　贷：生产成本　　　　　　　　　　　　　　　　　　152 000
　　　　主营业务成本　　　　　　　　　　　　　　　　648 000

借：所得税   162 000
　　贷：应交税金——应交所得税   162 000
（2）针对新上生产线的在建工程工资费用，应从"生产成本"转入"在建工程"账户，账务处理如下：
借：在建工程   50 000
　　贷：生产成本   50 000
（3）针对制造费用虚列修理费用，调节成本利润的问题，应做以下调整分录：
借：原材料   100 000
　　贷：生产成本   20 000
　　　　主营业务成本   80 000

四、生产成本的审计

对直接材料、直接人工和制造费用审计的程序，都构成了"生产成本"审计的一部分内容，在对生产成本的料、工、费的归集进行审计后，"生产成本"账户还有一项重要的审计内容，那就是"生产成本"在在产品和产成品之间分配的审计，审计人员在对该账户进行审计时，应关注被审单位是否通过调整在产品和产成品成本，达到调整利润的目的。

例9-3　某制造公司采用逐步结转分步法计算产品成本，为了控制下年利润下降幅度，以便在当年产品成本的结转上做文章，采取少留在产品成本，多转完工产品成本的粉饰手段，以压低当年利润的实现数额。其具体做法是：厂部指令一车间往二车间多结转半成品成本80万元；指令二车间往三车间多转150万元半成品成本；指令三车间在产品加工、组装完毕后，多转完工产品成本250万元。完工产品入库后，按合同规定已全部发出，期末结转的产品销售成本多计250万元使当年少计利润250万元。

针对以上问题审计人员审阅了各车间的成本计算单，经查三个车间均有不按规定方法计算结转产品成本的情况。经询问有关人员，也证实了多转完工产品250万元的事实。审计人员又审查了产品销售成本明细账及有关账册凭证，发现产品销售成本的结转有疑点。经进一步检查，本期入库的产成品全部发给了用户，并按入库产成品的总成本如数结转了产品销售成本。期末"产品销售成本"账户全额转入"本年利润"账户，计入了当年亏损。查证人员询问了有关人员，得知公司这样做的目的是调减当年利润，以"改善"下年度经济效益下降的局面。

五、主营业务成本审计

主营业务成本核算企业因销售商品、提供劳务或让渡资产使用权等日常活动而发生的实际成本。它是由期初库存产品成本加上本期入库产品成本，再减去期末库存产品成本求得的。对产品销售成本粉饰的查证，应通过审阅主营业务成本明细账、库存商品明细账等记录，并核对有关的原始凭证和记账凭证进行。其审计要点包括：

（1）获取或编制主营业务成本明细表，与明细账和总账核对相符。

（2）编制生产成本及主营业务成本倒轧表，并与总账核对相符。

倒轧表的基本等式包括：

原材料期初余额＋本期购进额－原材料期末余额－其他发出额＝直接材料成本

直接材料成本＋直接人工成本＋制造费用＝本期生产成本

本期生产成本＋在产品期初余额－在产品期末余额＝本期完工产品成本

本期完工产品成本＋产成品期初余额－产成品期末余额＝本期产品销售成本

生产成本及主营业务成本倒轧表的参考格式见表 9 - 3。

表 9 - 3　　　　　　　　　生产成本及主营业务成本倒轧表

被审计单位名称：新立公司　　　　　编制者：　　　　日期：　　　　　　索引号：

会计期间或截止期：　　　　　　　　复核者：　　　　日期：

项　　目	说　　明	数据来源	未审数	调整数	审定数
原材料期初余额	1	总账"材料"期初数			
加:本期购入材料净额	2	"材料"账户借方额			
加:其他增加额	3	"材料"账户借方其他发生额			
减:期末材料余额	4	总账"材料"期末数			
减:其他发生额	5	"材料"账户贷方其他发生额			
直接材料成本	6 = 1 + 2 + 3 - 4 - 5	"生产成本"明细账			
直接人工成本	7	"生产成本"明细账			
制造费用	8	"生产成本"明细账			
其中:材料费用	9	"材料"转入"制造费用"借方数			
产品生产成本	10 = 7 + 8 + 9	"生产成本"借方发生额			
加:在产品期初余额	11	"生产成本"期初数			
减:在产品期末数	12	"生产成本"期末数			
产成品成本	13 = 11 + 12 - 13	"生产成本"转入"产成品"借方数			
加:产成品期初数	14	"产成品"期初数			
加:产成品盘盈数	15	盘点记录			
加:产成品退回	16	退货记录			
减:产成品期末数	17	"产成品"期末数			
减:产成品折价、盘亏等	18	有关记录			
产品销售成本	19 = 13 + 14 + 15 + 16 - 17 - 18				

审计说明

审计结论

（3）分析比较本年度与上年度主营业务成本总额，以及本年度各月份的主营业务成本金额，如有重大波动和异常情况，应查明原因。

例9-4 某公司通过人为调节结转产品到主营业务成本的数量，从而达到少转成本、调节利润的目的。该公司主要产品为钛白粉，2012年"主营业务收入——甲钛"120万元、"主营业务成本——甲钛"90万元。毛利率为25%，与行业毛利率23%差异不大。但经查，销售甲钛数量为450吨，而企业结转成本的数量为400吨，少转成本数量50吨从而调剂利润11.25万元。因此收入与成本的配比不仅要重视金额的配比而且要关注成本结转数量是否配比；同时注意加强异常产成品项目的盘点及收集销售、生产、入库、出库等相关原始资料及统计报表相互印证以分析是否存在异常现象。

（4）结合生产成本的检查，抽查主营业务成本结转数额的正确性，并检查其是否与销售收入相配比。

（5）检查主营业务成本账户中重大调整事项（如销售退回、委托代销商品）是否有其充分理由。

（6）确定主营业务成本是否已在利润表上恰当披露。

◎ 相关案例

严谨细致出成效　弄虚作假终被查

2006年7月，根据审计署和浙江省审计厅的统一部署，洞头县审计局对该县某局2005年度财务收支进行了审计。审计查出该局虚列支出、套取现金177.07万元，虚报冒领工程款24万元，私设小金库254万元等问题。

一份股东投资名单——查出虚列补偿款问题

2005年4月，根据《温州市洞头县某局新城某大楼的部分房产、土地（使用权）、设备及附属设施所有权转让合同》，该局将其新城某大楼部分产权转让给洞头县移动公司。产权转让前，该大楼一楼已租赁给A酒店经营，二楼租赁给B中心经营。审计人员在账上看到一笔支出89万元付给A酒店，另一笔支出14万元付给B中心，并注明是由于提前终止合同而支付的搬迁补偿费。初看，感觉这是一笔正常的业务。但在一次偶然的机会中，审计人员发现一份A酒店的股东投资名单上竟有该局领导和职工的名字。这份名单马上引起了审计人员的警觉，职业敏感告知这笔89万的赔偿款不同寻常。审计组于是兵分两路，一方面追查89万元资金的下落，一方面要求某提供89万元的具体赔偿明细清单。在审计人员强大的攻势下，A酒店法定代表人吴某某终于交代这89万元已按股份比例分给了参股的该局领导及职工等股东。而从其提供的装修赔偿明细及合同条款来看，其中有许多设备和费用是不能给予赔偿的，经审计核实及全体股东确认，虚列赔偿款支出共计33万元。此事的顺利突破使审计人员脑海里出现另一个念头：二楼的赔偿支出是否也存在类似猫腻？经查证发现这笔14万元资金结转到C安装队（后查实该单位为吴某某的挂靠单位），由于该单位是私人企业，限于手段较难取证，审计组询问了B中心的相关人员，在审计人员耐心而细致的利弊分析之下，他们交代并没拿到该笔赔偿款。在事实面前，该局领导不得不交代了虚列14

万元赔偿款支出，套取现金准备用于职工联建房的供配电支出，并从另外的保险箱里交出了该笔现金。

一个熟悉的名字——查出虚报冒领工程款问题

初战告捷，证实了审计组审前调查的结论：内控制度薄弱及财务管理的缺陷。为此，审计组将目光转向了基建装修工程，从2005年度账面审计情况看，该局通过C安装队和D公司支付给吴某某各项装修款共98万元，经查证未经招投标直接发包给吴某某个人。又是这个吴某某，审计人员眼前一亮，立马又警觉起来，通过逐个工程核对，发现了两处疑点：一项是综合楼修理工程3.74万元和其他工程装修存在重复列报。另一项是倪屿乡邮政所挡土墙修理工程4.53万元，为当年台风损毁修复工程，但审计人员知道当年的台风对洞头的影响并不严重，到现场勘查审核发现该挡土墙并无倒塌的痕迹。在确凿的证据面前，吴某某只得交代了虚开工程发票，套取现金的行为，套取的8.27万元现金已被领导用于账外接待和送礼等费用。至此，两笔虚开工程发票套取现金用于账外支出的违纪行为已真相大白。此外，在其他吴某某经手的工程中，因高估冒算，审计给予核减工程造价24万元，核减率占25%。

一个频繁发生的账户——查出虚列劳务工工资问题

在对2005年度资产项目的审计中，审计组注意到"其他应收款——陈某某"的账户往来特别频繁，而且金额很大，全年借方合计40余万元，虽然到2005年年底，该40余万元应收款也已全部冲平。初步核查后，财务人员解释是其下属营业公司主任陈某某以营业公司和个人的名义向该局财务借入现金作为资金周转调剂之用。审计人员总觉得此事并非如此简单，于是决定延伸审计营业公司，以追查资金的来龙去脉。经追查，发现该笔资金主要用于发放职工发展业务奖金（实际为发给客户的揽储奖）。既然款项已经支出，那么其冲账的资金又是从何而来呢？经审计人员再次询问，陈某某交代其中一项资金来源为每年按储蓄存款余额1%计提的业务费25余万元。当问到另外15万元的资金来源于何处时，陈某某就闪烁其词、答非所问了。在审计人员强大的政策攻心及大量的其他佐证事实面前，陈某某只得交代该15万元是从虚造的20个劳务工存折中提取。于是审计组立即对这20个存折进行了追溯和延伸，发现自2004年3月至2006年8月，该局伪造了20个劳务工的名字办理储蓄存折，并已从局财务账虚列劳务工工资共计65.8万元存入这20个账外存折，其中已支付给职工和大客户揽储奖51.8万元，发放年终奖和红包11万元，截止到审计日余额3万元还在存折上。至此，这起虚列劳务工工资套取现金用于发放职工奖金的违纪问题终于水落石出了。

资料来源：温州审计局网站，作者：洞头县审计局洪剑胜。

第五节 其他相关内容审计

生产与费用循环涉及的主要内容是存货的管理及生产成本的计算，这我们已经在前面的账户详细阐述，除此以外还有一些账户，虽然与生产和费用循环不直接相关，但这些账户的核算会影响到存货及其相关账户。实务中经常出现被审计单位利用这些账户调低或调高成本费用，从而达到其调整利润的目的。这些账户主要包括：管理费用、营业外收支、所得税等。

一、管理费用审计

管理费用核算企业为组织和管理企业生产经营所发生的管理费用，管理费用因其核算的内容繁多而成为审计的重点和难点。管理费用的审计目标包括确定管理费用的记录是否完整；确定管理费用的计算是否正确；确定管理费用的披露是否恰当。

管理费用的重点审计程序包括：

（1）取得或编制管理费用明细表，与报表数、总账及明细账合计数核对相符；

（2）检查其明细项目的设置是否符合规定的核算内容与范围；

（3）将本期、上期管理费用各明细项目做比较分析，必要时比较年期各月份管理费用，对有重大波动和异常情况的项目应查明原因，必要时做适当处理；

（4）选择管理费用中数额较大，以及本期与上期相比变化异常的项目追查至原始凭证；

（5）审查管理费用在报表上恰当披露的情况。特别注意大额管理费用开支是否报经批准；有无通过管理费用账户调节产品成本和存货期末余额的情况；有无通过管理费用账户调节利润和税收的情况。

二、营业外支出审计

对营业外支出的查证，应以营业外支出明细账为依据，结合相关的资产负债类账户，抽查有关会计凭证，验证营业外支出发生额、余额的真实性和正确性。营业外支出的审计要点包括：

（1）获取或编制营业外支出明细表，并与明细账和总账核对相符。

（2）检查营业外支出项目的设置是否符合会计制度的规定，有无与资本性支出、营业性支出相混淆的情况。

（3）抽查大额营业外支出，检查其原始凭证是否齐全，有无授权批准，会计处理是否正确。

（4）检查营业外支出期末结转的正确性。

（5）确定营业外支出是否已在利润表上恰当披露。

例9-5　审计人员在审查某企业2012年12月"营业外支出"明细账时，发现盘亏报损40 000元，因报损数额较大，审计人员决定进一步查证。审计人员审阅了2012年12月31日的记账凭证，凭证记载的会计分录如下：

借：营业外支出　　　　　　　　　　　　　　　　　　　　46 800

　　贷：库存商品　　　　　　　　　　　　　　　　　　　　40 000

　　　　应交税金——应交增值税（进项税额转出）　　　　　 6 800

该凭证所附原始凭证是一张由领导审批后的《存货盘盈盘亏报告单》和《存货盘亏报损单》，但审计人员认为报损理由不充分，经过广泛调查取证，确定被审计单位2012年11月将产成品以展销会方式售出，收取现金59 670元存入单位的"小金库",但未开销货发票和出库凭证,在年终盘点时将所售产成品的成本挤在盘亏损失中,被审单位领导承认是故意所为。被审计单位未完整的反映销售收入,而将销售商品所收款项存放账外,一方面,抵减了当期利润,少缴应纳所得税;另一方面,从仓库发出商品时未冲减"库存商品"账户并结转成本,而是将其作为盘亏损失处理,造成账实不符应减收益,虚增损失。

在问题查清后,审计人员针对该单位的具体情况,督促该公司交回了账外销售款,编制有关会计分录如下:

借:银行存款　　　　　　　　　　　　　　　　59 670
　　贷:主营业务收入　　　　　　　　　　　　　　　51 000
　　　　应交税金——应交增值税(销项税额)　　　　8 670
借:营业外支出　　　　　　　　　　　　　　　(46 800)
　　贷:库存商品　　　　　　　　　　　　　　　(40 000)
　　　　应交税金——应交增值税(进项税额转出)　(6 800)
(括号代表红字冲销)
借:主营业务成本　　　　　　　　　　　　　　40 000
　　贷:库存商品　　　　　　　　　　　　　　　40 000

三、所得税审计

所得税是国家对各类企事业单位的生产经营所得和与生产经营有关的其他所得征收的税种。对所得税的查证,应通过审阅"所得税"、"应交税费——应交所得税"、"递延税款"等账户,并对照其他有关账户,将纳税申报表与有关原始凭证进行核对,以查明所得税的计算是否正确。查证人员对企业所得税的查证,应把注意力主要集中在应纳税所得额上,必须严格按照企业所得税法及其实施细则的有关规定来执行,尤其是对成本费用和损失的检查。根据企业所得税法规定:企业的财务、会计处理办法同税法规定有抵触的,应当按照税法计算纳税,及时调整计算应纳税所得额。

所得税的审计要点包括:
(1)获取或编制所得税明细表,并与明细账和总账核对相符;
(2)审查所得税的计算依据是否合理,会计政策是否保持前后期一致;
(3)计算复核所得税的计提缴纳是否正确;
(4)审查所得税的披露是否恰当。

例9-6 在2012年税收稽查中,稽查人员审阅了S公司2011年商品销售,销售收入为3 000万元,实现利润150万元,销售利润率5%,2012年商品销售收入21 000万元,实现利润315万元,销售利润率1.5%,两年销售利润率差别较大,稽查人员带着疑问检查了利润的核算。根据公司的经营特点,从经营费用,管理费用这两个影响利润的主要因素入手,逐笔检查,进一步检查商品销售收入的核算与往来账,发现该公司2012年经营A商品利用往来账核算,实现利润630万元挂在往来账上,偷逃应上交的所得税。

处理意见：根据税收征管法规定，纳税人采取隐匿方法，在账簿上不列，少列收入，属偷税行为。因此，企业应补缴所得税 630×25% = 157.5 万元。由于企业偷税严重，稽查人员根据税收征管法的有关规定对企业处以罚款并给予领导一次行政处罚，因偷逃税款数额已构成偷税罪，还应追究负责人的刑事责任。

账务处理如下：

借：其他应付款　　　　　　　　　　　　　　　　　　　　6 300 000
　　贷：主营业务收入　　　　　　　　　　　　　　　　　　　　6 300 000
借：所得税　　　　　　　　　　　　　　　　　　　　　　1 575 000
　　贷：应交税费——应交所得税　　　　　　　　　　　　　　　1 575 000

本章小结

综合本章所述，可以明确以下几点：

首先，就生产与费用循环来讲，他不仅涉及资产负债表大部分项目的审计，而且涉及利润表项目的审计。可见，生产与费用循环构成整个业务循环的一个重要方面，它的审计与其他业务循环审计共同形成了会计报表审计工作。

其次，本章对生产与费用循环进行了控制测试和实质性测试，两者相互联系的程序和方法从根本上体现了审计工作抓重点和问题的主要方面的思路，这是审计工作提高效率的基本要求；同时，还必须从科学角度设计测试样本及其抽取、审查与评价方式，这又是提高审计工作质量、控制和防范审计风险的基本要求。生产与费用循环涉及的主要内容是存货的管理及生产成本的计算等，在资产负债产表中存货一项实际上包括很多账户，如材料采购、原材料、包装物、低值易耗品、材料成本差异、自制半成品、库存商品、委托加工商品、委托代销商品、受托代销商品、分期收款发出商品、生产成本、制造费用、产成品，等等，除此以外，该循环还包括资产负债表的项目有应付职工薪酬、待摊费用、预提费用等，同时还涉及利润表的主营业务成本项目等。这就意味着对这一环节审计程序的涉及必须考虑到这些账户的特点；同时，由于生产费用循环涉及大量计算和估算，如各种存货的本期发生额和期末余额的计算、各项费用的计提和分摊等，给审计工作也带来一定难度，所以审计人员必须充分考虑到审计风险。

最后，本章从生产循环的主要业务活动、生产与费用循环的目标和关键控制点、生产与费用循环的控制测试入手，重点阐述了存货项目、应付职工薪酬项目，以及与该生产费用循环相关的其他项目的审计程序，重点突出并编写了大量案例帮助理解本章内容。

■关键词汇

生产与费用循环（products and cost cycle）　　　存货审计（inventory audit）

存货监盘（supervision of inventory check）　　　应付职工薪酬审计（salaries and wages payable audit）

主营业务成本审计（main business cost audit）

小组讨论

　　我们知道，执行存货实地监盘是注册会计师审计财务报告的一个重要方面。那么，注册会计师执行存货监盘的主要目标是什么？注册会计师为什么在执行存货监盘过程中要记录存货数量的盘点测试？在利用外部专家的工作时，注册会计师是否应该在报告中予以说明？

本章推荐阅读资料

1. 中国注册会计师协会：《审计》，经济科学出版社最新版。

2. 李若山、刘大贤：《审计学——案例与教学》，经济科学出版社 2000 年版。

3. 查尔斯·P·库利南等著：《美国证监会审计案例精选》，中国人民大学出版社 2005 年版。

4. 扎比霍拉哈·瑞扎尹著，朱国泓译：《财务报表舞弊预防与发现》，中国人民大学出版社 2005 年版。

第10章

筹资与投资审计

学习提要与目标

　　企业内控机制是否有效是企业筹资、投资活动合法、有效进行的关键因素。本章就从筹资与投资的控制入手，阐述筹资和投资环节的内部控制的目标、关键控制点及其测试程序和方法，并在此基础上，阐述本环节涉及的主要报表项目测试的程序与方法。

　　通过本章的学习，应能够：

- 了解筹资与投资业务循环的关键控制点；
- 理解描述、测试和评价筹资与投资业务循环内部控制制度的方法；
- 掌握对借款、所有者权益、投资和其他相关项目进行实质性测试的方法。

第一节　筹资与投资的控制测试

筹资，就是按照有关法规的规定，运用一定的方式，从有关渠道取得一定数量的资金。筹资的目的有两类：一类是为了企业生存，即资本金的筹集；另一类是为了企业的发展。资金的来源是多方面的，可以来源于企业内部，即通过加强企业内部控制，节约资金，合理使用各项资金，确保资金的及时供应和尽快收回，从而减轻了企业资金需求的压力，使企业的资产负债率保持在较低水平，这是解决企业发展过程中资金问题的根本途径。资金也可以来源于企业外部，如贷款、发行债券、发行股票等。本章内容侧重于对来源于企业外部的资金筹集的审查监督。

投资就是运用一定的方式使用资金。投资活动，可以从广义和狭义两方面理解。前者是指企业在各类资源上形成的资金占用，既包括为对企业内部进行的投资，如存货及固定资产的购置等，也包括为获取利润、利息或其他利益，以债权或股权方式对企业外部进行的投资。需指出的是，这里的投资环节，其内容仅涉及对外投资。

筹资与投资控制测试就是根据内部控制及其审计的基本理论与方法，针对筹资与投资的业务特点，阐述、分析筹资与投资的内部控制的目标、关键控制点，在此基础上研究被审计单位筹资与投资的内部控制制度的程序与方法。

一、筹资与投资的内部控制的目标

企业建立健全筹资与投资内部控制，是有其具体目标的。审计人员需要对其予以了解，以便进一步调查、测试与评价内部控制制度。以下是筹资和投资内部控制的目标：

（1）企业所记录的各项借款、所有者权益以及对外投资确实存在，确为该企业所发生，确为该企业所拥有。

（2）企业所记录的各项借款、所有者权益及其利息和股利以及对外投资及其收益均全部入账，没有遗漏。

（3）企业各项借款、所有者权益及其利息和股利以及对外投资及其收益的确认和计量的正确，符合会计准则的规定。

（4）企业各项借款、所有者权益以及对外投资在会计报告中的披露恰当，符合报告披露的要求。

二、筹资与投资内部控制的关键控制点

被审计单位每个业务循环中的内部控制措施都体现在该业务循环的各个方面，但从控制的主要目的来看，存在着关键控制点。审计人员需要明确并了解被审计单位各个业务循环中所应存在的关键控制点，然后才能有目的地、从关键角度测试与评价整个与分项内部控制的有效性与健全性。如表 10－1 所示是筹资与投资内部控

制的关键控制点。

表 10-1   筹资与投资环节的关键控制点

序号	内容	有关说明
1	审批	有关部门（如董事会）审查可行性报告，并签字批准
2	执行	与有关单位签订合同或协议，并办理有关手续，收付资金
3	记录	会计核算和报告
4	保管	资产（有价证券）的保管

1. 申请审批控制

指筹资或投资申请需要有关部门审查后签字批准。筹资和投资活动是一个综合性的系统活动。为了保证其合法性和效益性，首先需要通过审批控制实现相互制约，即各级人员按照自己的职责权限办事，以形成各司其职的有序状态。根据不同的筹资和投资活动，审批人也有所不同。具体来讲，重大的理财活动，如借入大额债款、发行债券、发行股票、重大投资活动或投资的处置、收回，应由董事会做出决议或由最高管理当局审查方案和可行性报告，并签字批准，然后授权给经理人员执行或交财务会计人员执行；小规模的理财活动，如借入短期借款，利用闲置资金购入短期有价证券或出让有价证券，则可由财务部门负责人审查方案和可行性报告，并签字批准，交由具体财务人员办理。

◎ 相关案例

7.3 亿元对外投资均由董事长一人拍板，未提交董事会或股东大会审议

莱织华（600555）真可谓财大气粗，继 1.5 亿元委托理财资金挪用被曝光后，莱织华又补充公告了一批对外投资项目，涉及金额 7.3 亿元，这些投资均由董事长"一支笔"批准后进行，未提交董事会或股东大会审议。公司同时披露的募集资金使用情况显示，承诺使用的 10.45 亿元募集资金仅投入了 3.46 亿元。

本案例中，对外投资项目涉及金额 7.3 亿元，这些投资均由董事长"一支笔"批准后进行，未提交董事会或股东大会审议，这种做法就违背了申请审批控制的要求。重大投资活动应由董事会做出决议或由最高管理当局审查方案和可行性报告，并签字批准，然后授权给经理人员执行或交财务会计人员执行。

2. 业务执行控制

指筹资或投资方案经过审批后，通过职责分工控制业务执行过程。筹资和投资活动是一个综合性的系统活动，为了保证其合法性和效益性，不仅需要审批权限的职责分工，还要强调在与有关单位签订合同或协议并办理有关手续，收付资金等业务执行过程中的职责分工。如办理一项大额举债业务时，财会部门根据对资金的需求情况向董事会或最高管理当局提出大额借款请求；经董事会或最高管理当局审批后，财会部

门办理贷款的人员与金融机构商讨借款细节和签订借款合同；取得借款后，由财会部门有关会计人员负责登账记录和监督借款按用途使用；财会部门接到银行转来的结息单后，有关会计人员要核对借款合同并复核利息的计算，再交出纳员支付款项；出纳员支付利息款后，将凭证交有关会计人员记账；负责该项借款记账的会计人员定期与金融机构就借款的使用和余额进行核对，保证双方账目相符。

3. 会计记录控制

指筹资或投资活动发生后，通过凭证账簿实施对筹资和投资活动的记录控制，以保证会计核算的质量及会计报告所提供的信息真实、可靠。具体包括以下内容：有关筹资和投资业务的总账、明细账设置齐全，内容相互勾稽；对各项筹资和投资业务填制内容齐全、手续完备的原始凭证，以反映业务的过程；记账以能够充分、全面说明筹资和投资业务的原始情况，能够表明责任人的凭证资料为依据；除正式账簿外，对发行和销毁的债券、股票应设置辅助登记簿（备查簿），详细记录其名称、面值、证书编号、数量、发行日期、经纪人（证券商）、发放的利息和股利等内容，辅助登记簿也要与总账、明细账核对相符，等等。

4. 财产保管控制

指企业的对外证券性投资，在取得股票或债券资产后，对这些有价证券进行保管控制。根据不同的保管方式，采取不同的控制方法。由证券公司代为保管或租用银行保险箱的，由于保管机构拥有严密的财产保管制度和证券存取制度，一般不会发生资产的个人盗用，但应建立定期的核对制度；对存放在企业内部的有价证券，需由企业制定和实施严格的财产保管制度，进行定期的盘点，以保证投资资产的安全完整。具体讲包括以下内容：企业持有的所有股票、债券等有价证券，不论短期的还是长期的，都至少要由两名以上人员共同经办，不得由一个人单独接触证券；对于证券的存入、取出，要依有关负责人的批准文件办理，并将证券的名称、数量、金额及存取的时间记录于证券辅助登记簿内，有关经办人还应签字盖章，以防止证券被非法转移或发生各种名义的舞弊行为；定期和不定期地由企业内部审计人员、不参与投资业务和证券保管、记录的人员对企业拥有的证券进行盘点清查，以防止舞弊行为的发生，并将盘点记录与账面记录相互核对，以确认账实的一致性。

三、筹资与投资的内部控制测试

在明确与了解筹资与投资循环内部控制目标及关键控制点的基础上，审计人员应依照特定的程序与方法对该循环的内部控制的建立、健全情况进行测试与评价。

1. 了解和描述筹资与投资的内部控制制度

了解和描述筹资和投资内部控制是对被审计单位的筹资和投资内部控制进行调查了解，并将调查了解到的情况或结果通过一定方式反映出来。审计人员通过查阅被审计单位的会计凭证、审阅有关文件或询问有关人员等程序，了解被审计单位关于筹资和投资业务的各种规章制度、管理办法即了解被审计单位筹资和投资内部控制的情况。审计人员对了解到的情况应及时整理，通过调查表、文字描述或流程图等方式将其结果反映出来。对于不同的被审计单位，审计人员所设计和运用的筹资和投资内部控制调查表中的具体内容有所不同，所形成的流程图也不一样。下面介绍包括筹资和投资主要内控措施的调查表和流程图，如表 10－2 和图 10－1 所示。

表 10－2　　　　　　　　　　　**内部控制调查表**

被审计单位：　　　　　　审计人员：　　　　　　　　　编　　号：
调查内容：筹资和投资　　被调查人：　　　　　　　　　调查日期：

调查问题	调查结果				备注
	是	否	较弱	不适用	
一、申请审批的控制					
1. 借款是否经过授权批准程序？					
2. 发行股票是否经过授权批准程序？					
3. 短期投资业务是否经过授权审批？					
4. 长期投资业务是否经过授权审批？					
二、业务执行的控制					
1. 筹资业务的执行过程是否存在职责分工？					
2. 投资业务的执行过程是否存在职责分工？					
3. 是否签订借款合同或协议、债券契约、承销或包销协议等相关法律性文件？					
4. 投资单位是否签订合同、协议，并获取被投资单位出具的投资证明？					
5. 借款和投资合同或协议是否由专人保管？					
三、会计记录的控制					
1. 是否建立有相关的严密完善的账簿体系？					
2. 筹资和投资业务明细账与总账的登记职务是否分离？					
3. 有关筹资和投资的核算方法是否符合会计准则和会计制度的规定？					
4. 筹资和投资的披露是否符合会计准则和会计制度的要求？					
四、资产保管的控制					
1. 是否建立证券投资资产的保管制度？					
2. 证券的存取是否有详细的记录和签名？					
3. 内部审计人员或其他不参与投资业务的人员是否定期盘点证券投资资产？					

2. 测试筹资和投资内部控制

测试筹资和投资内部控制是在了解与描述的基础上，对其在实际业务中的执行与实施情况和过程进行检查和观察，以确定制定的内部控制与实际执行的是否相符与一致，所以称为控制测试。进行控制测试，应结合业务的关键控制点或控制环节进行。即包括申请审批内部控制的测试、业务执行内部控制的测试、会计记录内部控制的测试和投资资产的保管的测试。下面以会计记录内部控制的测试为例，说明内部控制测试的内容。通过抽查有关会计记录，检查反映在会计资料上的内部控制措施是否得到

```
        开始
          ↓
    资金使用部门
      申请表
          ↓
     财务部门
      汇总
          ↓
  NO  董事会/
      总经理审批
          ↓ Yes
     财务部门
      执行
          ↓
有价证券由        会计人员        出纳员根据
财务专人  →      记账      ←    有效单据
  保管                          收付款
                  ↓
```

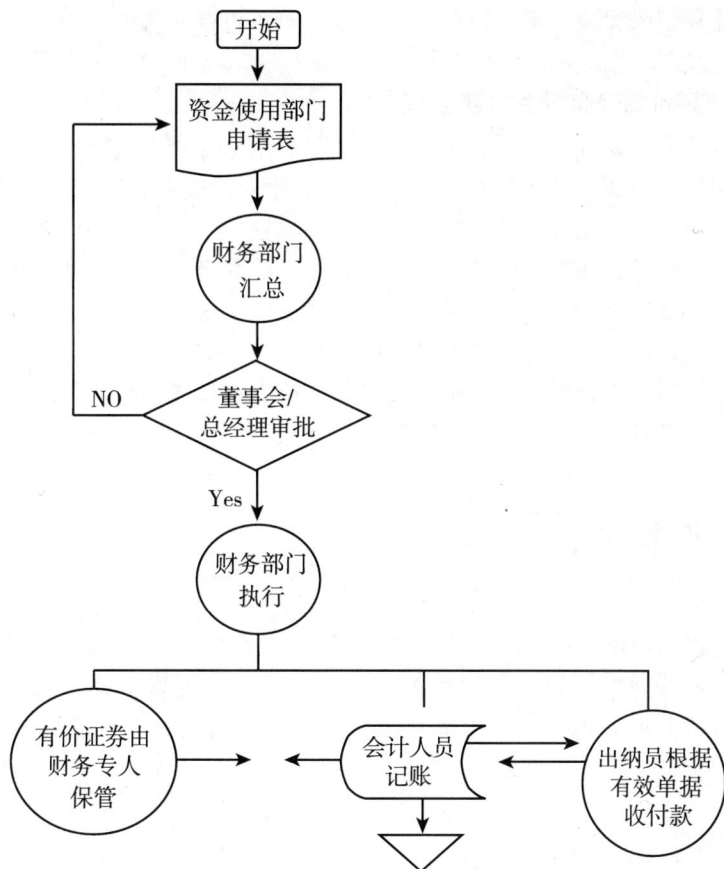

图 10－1　筹资与投资内部控制流程

执行。在筹资方面，一般来讲，这种抽查是从有关的明细账，如"短期借款"明细账、"应付债券"明细账、"股本"明细账等开始的。在明细账中，选择若干笔不同时期、不同内容、金额较大的业务，查看其记账凭证、原始凭证。对于记账凭证，应检查填写形式是否符合有关制度的规定，是否完整、清晰，是否具有填制人、审核人、会计主管的签字盖章。对于原始凭证，则应检查是否真实、齐备。此外，还需将记账凭证与明细账核对，将明细账与总账核对，将明细账、总账和对应账户的明细账、总账核对，检查账证是否相符，账账之间是否存在勾稽关系。上述原始凭证和记账凭证，可以说明被审计单位筹资业务的授权控制及业务执行控制的执行情况。在投资方面，抽查会计记录，可以从各投资业务的明细账开始，根据明细账的记录选择若干项业务，检查相关的记账凭证、原始凭证并将明细账与总账核对。抽查时，应检查原始凭证能否反映出该业务应有的授权控制和业务执行控制，记账凭证是否正确地进行了核算。如一项以货币资金直接对外投资的业务，应具备有关负责人批准拨款的原始凭证（并应能查找到能说明投资性质的投资双方的投资协议），具有业务执行人、会计部门负责人、出纳员等经手人签字盖章的领取款项的原始凭证，被投资单位收到款项的原始凭证，等等。该项投资业务的记账凭证，应运用正确的账户和金额，详细表现账务处理情况，特别应具有凭证填制人、审核人、会计主管的签字盖章。上述原始凭证和记账凭证，可以说明被审计单位对外投资业务的授权控制及业务执行控制的执行情况。

3. 评价筹资和投资内部控制

对筹资和投资内部控制进行评价，是为了对筹资和投资进行实质性测试前确定对筹资和投资内部控制确定可信赖程度。审计人员应考虑筹资和投资内部控制是否存在，是否完善，能否达到控制的目的，在哪些环节存在缺陷以及可能带来的影响。换言之，分析筹资和投资业务中认定可能发生哪些潜在的错报或漏报，哪些控制可以防止或者发现并更正这些错报或漏报。通过比较必要的控制和现有控制，评价计划依赖的筹资和投资业务内部控制的健全性与有效性。如果客户没有建立审计人员认为必要的内部控制，或者现有控制不足以防止或检查错报或漏报，那么审计人员应该考虑内部控制缺陷对审计的影响，确定是否扩大实质性测试的范围。

第二节 借款审计

在上述对筹资与投资进行控制测试的基础上，审计工作需更注重对筹资与投资业务进行实质性审查。借款是筹资活动中的重要组成部分，它主要包括短期借款、长期借款和应付债券等。下面介绍对有关借款的报表项目进行实质性测试的程序和方法。

一、银行借款的审计

对于银行借款，审计人员应采取以下主要审计程序和方法：

（1）索取或编制借款明细表并与有关会计资料核对相符，审阅借款的明细账。

（2）函证银行或其他债权人，以核实借款的实有额。

（3）查询贷款卡。为了解被审计单位的借款、抵押、担保、质押等事项，审计人员应去人民银行的当地分支机构查询被审计单位的贷款卡，当场打印贷款卡内所有信息，并要求银行盖章，回到审计现场后认真核对每一笔记录。

相关链接

贷款卡查询是审计的必需程序

根据中国人民银行发布的《银行信贷登记咨询管理办法（试行）》规定：银行信贷登记咨询是以银行信贷登记咨询系统为管理手段，通过对金融机构信贷业务和借款人信息登记，全面反映借款人资信情况，为金融机构提供借款人资信咨询服务，并对金融机构和借款人的信贷行为进行监控的金融监管服务制度。凡与金融机构发生信贷业务的借款人，应当向注册地中国人民银行申领贷款卡。贷款卡由借款人持有，金融机构对所办理的信贷业务，应及时、完整地在银行信贷登记咨询系统内登录有关要素、数据。目前，银行信贷登记咨询系统所采集的信息数据是全面完整的。任何一个借款人在国内任何地方发生的所有信贷业务，都将记录在银行信贷登记咨询系统中。商业银行在获得了企业信息之后，可以利用这些信息防范化解金融风险。审计师通过银行信贷登记查询系统，可以看到借款企业的所有信贷记录。贷款卡查询有以下一些技巧：

1. 由于通过贷款卡查询仅能得到截至查询日的数据，故对于大的重要的项目，可安排在 12 月 31 日或 1 月的最初几天查询，这样便于数据的核对。

2. 有些城市可以通过电话传真查询，按语音提示输入贷款卡卡号和密码后，能够自动传回相关的所有信息。

3. 最好能够亲自到当地人民银行查询，当场从系统里打印出所有信息并请银行盖章。如果实在无法实现，到客户的基本户所在银行查询。

4. 一定要亲自去查询和打印，打印出来后，务必要银行盖章，回到审计现场一定要认真核对每一笔记录。

当然，查询贷款卡不是万能的，贷款卡也有种种缺陷。如信息不完全、更新不及时，甚至存在与银行串通故意不入卡或伪造、编造贷款卡信息的情况。但是查询贷款卡是不可缺少的。当前中国一些上市公司财务造假手法并不高明，假账破绽百出，查询贷款卡的审计成本很低，也许审计师会很轻易从贷款卡查询中发现公司隐瞒银行借款的财务舞弊行为。当然，真实性好查，完整性难核，账外负债确实是审计的一大难题。贷款卡查询并不能发现所有的账外银行借款，银行借款审计还需要其他的审计程序配合。

资料来源：郑朝晖：《贷款卡查询是审计的必需程序》，载于《中国注册会计师》2006 年第 5 期。

（4）审查借款业务是否合理合法。审计人员通过审阅借款的有关账目、合同、可行性研究报告以及有关部门审批或授权的文件等资料，确定被审计单位借款是否必要、理由是否正当、手续是否齐全，等等。

（5）审查借款的使用和偿还是否合理与合法。审计人员应注意审查企业借款的使用是否符合借款合同的规定、偿还是否及时、有无未按合同如期偿还的问题。由于长期借款的使用关系到企业的生产经营规模和效益，审查时应重点关注企业是否按照合同约定使用长期借款。

（6）审查有关账务处理是否正确。审计人员要特别注意审查长期借款利息费用的处理是否合规。按照企业会计准则的有关规定，长期借款计算确定的利息费用，应当按照以下原则计入有关成本、费用：属于筹建期间的，计入管理费用；属于生产经营期间的，计入财务费用；属于发生的与固定资产购建有关的利息费用，在固定资产达到预定可使用状态前按规定应予以资本化，计入在建工程；固定资产达到预定可使用状态后所发生的利息费用以及按规定不能予以资本化的利息费用，计入财务费用。审计人员应着重审查长期借款利息的计算是否正确，应予资本化的利息费用是否进行了资本化，不应资本化的利息费用，是否正确地将其记入了有关期间费用账户。对此，应审阅、核对"长期借款"、"应付利息"、"固定资产"、"在建工程"、"财务费用"等账户和相应的会计凭证等会计资料，以查明问题。

例 10 - 1 审计人员在审查新兴公司 2012 年银行借款时，发现存在以下问题：

（1）短期借款—生产借款方面，该公司 2012 年 6 ~ 12 月平均贷款为 710 000 元，存货合计为 200 000 元，其他应收款为 330 000 元。审计人员分析认为：该公司其他应收款占用比重过大，可能有非法使用或占用短期借款行为。

（2）长期借款方面，发现 5 月 4 日从银行借入技术改造借款 1 000 000 元，但在"在建工程"账户中没有相应的增加支出数。审计人员怀疑其有挪用借款行为。针对上述问题，审计人员首先调阅了 6 月 1 日借入短期借款的 78# 记账凭证，其记录为：

借：银行存款 340 000
贷：短期借款——生产借款 340 000

后附"入账通知"和"借款合同"复印件两张原始凭证，借款期限为 5 个月。

根据上述情况，审计人员追踪调查存款的去向，在审阅银行存款日记账时，发现 6 月 25 日银付字 206# 凭证，减少银行存款 33 万元。调阅该凭证时，其记账凭证分录为：

借：其他应收款——李 × 330 000
贷：银行存款 330 000

其摘要为"汇给某公司货款"。经核实，以上凭证所记汇出款项，是该公司为职工垫付的购买 66 台跑步机的款项，李 × 是负责向职工收回垫付款的负责人，全部货款由本年 7 ~ 12 月陆续全部收回。该公司为职工垫付 66 台跑步机实际上是占用短期借款，不按借款用途使用借款，同时增加了企业的财务费用。此外，从 4 月和 5 月会计报表反映看，增加长期投资 900 000 元。查问资金来源时，该公司供认是从银行借入的技术改造借款。被查单位虚设技改项目，从银行套取现金用于投资，违反长期借款契约规定。审计人员向该公司提出上述问题时，该公司有关责任人员对此供认不讳。

二、财务费用的审计

对于财务费用，审计人员应采取以下主要审计程序和方法：

（1）审查财务费用列支的真实性。审计人员应通过审阅有关原始凭证，验证所列支的财务费用是否有合法、真实的凭据，有无虚列财务费用以调节利润的问题。

（2）审查财务费用列支的合法性。审计人员应通过审阅"财务费用"，对照有关会计凭证记录，检查财务费用的列入是否属于财务费用的性质，有无将其他费用或支出列入财务费用之内。

（3）审查财务费用的计算是否正确。审计人员应通过复核，检查利息、手续费等计算是否按照规定的方法进行，有无计算错误或舞弊的问题。

（4）审查企业发生的利息收入和汇兑收益是否按照规定冲减了财务费用，有无将其列作收入或挂在结算账户甚至不入账的问题。

三、应付债券的审计

对于应付债券，审计人员应采取以下主要审计程序和方法：

（1）审计人员应索取或编制应付债券明细表并与明细账及备查账簿核对相符，必要时，询证债权人及债券的承销人或包销人，以验证应付债券期末余额的正确性。

（2）审查企业债券业务是否真实与合法。审计人员应着重审查企业发行债券有无经过有关部门的批准，发行债券所形成的负债是否及时记录等。

（3）审查企业债券是否按期计提利息，溢价或折价发行债券，其实际收到的金额与债券票面金额的差额，是否在债券存续期间按照实际利率法分期摊销。

（4）审查企业在发行债券时，是否将待发行债券的票面金额、债券票面利率、还本期限与方式、发行总额、发行日期和编号、委托代售部门、转换股份等情况在备查簿中进行登记。企业债券到期结清时，是否在备查簿内逐笔注销。

例 10 - 2　审计人员在审查环宇公司 2012 年 4 月发行的债券时，其账户记录为发行价款 100 000 元，发行单位为本企业。在其明细账上除购买单位外，既无面值反映，也无折价和溢价记录。审计人员怀疑其非法发行。他们要求被审计单位提供发行债券的批文和章程时，对方以负责人出差为名推脱。审计人员与主管机关、人民银行核查时，并无被审计单位的申请和报告。后查明，被审计单位利用私人关系私自发行债券，筹集资金，违反了《债券管理条例》。

第三节　所有者权益审计

所有者权益是企业投资者对企业净资产的所有权，包括投入资本、资本公积、盈余公积和未分配利润等内容。所有者权益的审计就是审查与验证对这些内容的形成及其增减变化的真实性、正确性与合法性。下面分别介绍对有关所有者权益的报表项目进行实质性测试的程序和方法。

一、股本或实收资本审计

"实收资本"核算企业按照企业章程的规定，投资者投入企业的资本。股份有限公司的投资者投入的资本，用"股本"核算。对于实收资本或股本，审计人员应采取以下主要审计程序和方法：

1. 审查投入资本形成的真实性与合法性

（1）审查投入资本形成的真实性。被审计单位的资本形成应是真实的。对此，审计人员应通过对有关凭证、账簿记录的审阅核对，询证投资者了解实交资本额，鉴定有关财产和物资的实际价值，以验证投资者投入的资本是否已确实收到，是否确属投资者所有的财产，股份制企业发行的股票数量是否真实，股款或财产是否确实收到等，这包括审查已发行股票登记簿、募股清单、银行对账单等表明股票发行情况的原始凭证，还包括审查银行存款日记账与总账、股本明细账与总账等账簿。此外，要注意审查股票发行费用的会计处理是否符合有关规定。

例 10 - 3　审计人员在 2012 年 7 月审查新办利康公司时，发现该公司"银行存款"账上余额 1 000 000 元，实际生产经营中却现金周转困难，怀疑投资人以现金投人的资本未实际到位。于是，调阅了"实收资本"下的明细科目，其中"实收资本——甲公司"明细账上注明投入现金 800 000 元，向会计人员索要凭证银行存款回单，会计人员无法出示。与银行联系，银行告知并未收到一笔甲公司汇入该企业的 800 000 元款项，再与甲公司联系，甲公司承认并未将款项汇出。事实是，该企业已经运行（营业执照已签发）6 个月，而投资者仍未将认缴的份额缴足，致使生产经营出现困难，而且该企业会计人员核算不规范，随便记账。

（2）审查投入资本的入账依据和入账价值合法性。审计人员应注意审查以货币资金投资的，是否以实际收到或存入开户银行的金额和日期作为投资的记账依据和价值；以非现金资产投入的资本，是否按投资合同或协议约定价值确定非现金资产价值（但投资合同或协议约定价值不公允的除外）和在注册资本中应享有的份额。

（3）审查外币出资的实收资本折算。企业收到投资者以外币投入的资本，无论是否有合同约定汇率，均不得采用合同约定汇率和即期汇率的近似汇率折算，而是采用交易日即期汇率折算。这样，外币投入资本与相应的货币性项目的记账本位币相等，不产生外币资本折算差额。审计人员应当依据企业合同、投资协议，对照有关时期的外币汇价，检查被审计单位接受外币投资所选用的汇率是否正确。

2. 审查投入资本增减变化的真实性与合法性

（1）审查投入资本增加的真实性和合法性。企业的投入资本的增加应符合有关规定。如我国《证券法》规定："公司具备健全且运行良好的组织机构、具有持续盈利能力、财务状况良好、最近 3 年内无其他重大违法行为的，可以公开发行新股。"审计人员应通过审阅"股本"账户，审查有关文件和记录，分析被审计单位的有关财务状况和会计记录，验证其资本增加是否合法与真实。

（2）审查投入资本转让和减少的真实性与合法性。我国《公司法》规定：公司成立后，股东不得抽逃出资；有限责任公司的股东之间可以相互转让其全部或者部分股权，股东向股东以外的人转让股权，应当经其他股东过半数同意；股份有限公司的股东转让其股份，应当在依法设立的证券交易场所进行或者按照国务院规定的其他方式进行；发起人持有的本公司股份，自公司成立之日起 1 年内不得转让；公司需要减少注册资本时，应当自做出减少注册资本决议之日起 10 日内通知债权人，并于 30 日内在报纸上公告；公司减资后的注册资本不得低于法定的最低限额；等等。审计人员通过审阅"实收资本"账户发现有转让或减资记录后，应进一步审查有关会计及其他记录，询证有关投资者，验证其是否真实与合法。

（3）审查注册资本的变动是否合法。我国《公司法》规定：公司增加或者减少注册资本，应当依法向公司登记机关办理变更登记。审计人员应审阅变更注册资本、实收资本的验资证明是否载明以下内容：公司名称、公司类型、变更前后股东或者发起人的名称或者姓名、出资额和出资方式、出资时间、变更前后的注册资本及实收资本数额，并根据有关凭证，审查公司是否及时地向公司登记机关依法办理了变更登记。

3. 验证投入资本在报表上列示的正确性

即在资产负债表和所有者权益变动表上填列是否完整、正确。其中，所有者权益变动表反映了构成所有者权益各组成部分当期增减变动情况，应重点审查有关投入资本的"上年年末余额"、"所有者投入和减少资本"、"所有者权益内部结转"项目列示的正确性，关注报表披露与有关账簿记录是否一致。

二、资本公积审计

"资本公积"是企业收到投资者的超出其在企业注册资本（或股本）中所占份额的投资，以及直接计入所有者权益的利得和损失等。"资本公积"的核算包括资本溢价（或股本溢价）、其他资本公积和资本公积转增资本的核算等内容。对于资本公积，审计人员应采取以下主要审计程序和方法：

1. 审查资本公积形成的真实性与合法性

（1）审查资本溢价或股本溢价是否正确。企业在经营过程中，新投资者的出资额超出其认缴部分，即为资本溢价，做资本公积处理。股份公司发行股票时发行收入超出面值部分即为股本溢价，作资本公积处理。对此，审计人员应审阅"资本公积"账户，将其中疑点记录与有关会计资料进行核对，验证资本溢价和股本溢价的列入是否合法与真实，以及核算是否正确。如在溢价发行股票的情况下，对于发行股票相关的手续费、佣金等交易费用，是否从溢价中抵扣，冲减了资本公积（股本溢价），在无溢价发行股票或溢价金额不足以抵扣的，是否将不足抵扣的部分冲减了盈余公积和未分配利润。

（2）审查是否将不属于资本公积的内容错误地列入"资本公积"账内。审计人员应通过审阅该账户发现疑点，然后再核对有关凭证予以查明问题。

例 10 - 4　审计人员在 2012 年 4 月审查华星公司"资本公积"明细账时，发现其中一笔业务摘要为"接受捐赠 5 000 元"，记账凭证为 205#。调阅了 205#记账凭证，其会计分录为：

借：银行存款　　　　　　　　　　　　　　　　　5 000
　　贷：资本公积　　　　　　　　　　　　　　　　　　5 000

所附原始凭证，一为捐赠协议，一为银行存款回执，证明确为捐赠。会计人员把应作为营业外收入的捐赠未列入"营业外收入"账户，使利润虚减。对此，审计人员要求被审计单位作账务调整如下：

借：资本公积　　　　　　　　　　　　　　　　　5 000
　　贷：营业外收入　　　　　　　　　　　　　　　　　5 000

2. 审查资本公积使用的合法性与真实性

审计人员通过审阅"资本公积"账户和有关会计分录，查明被审计单位有无将资本公积挪作他用甚至用来营私舞弊的问题；审查以资本公积转增资本金时，是否经主管部门或股东大会批准，手续是否完备，企业审计转增的资本金与批准的数额是否一致等。

3. 验证资本公积在报表上列示的正确性

即在资产负债表和所有者权益变动表上填列是否完整、正确。资本公积的会计信息在资产负债表上是以"资本公积"项目反映的，该项目根据"资本公积"账户的期末余额填列。审计人员通过账表核对即可验证其是否正确。所有者权益变动表反映了构成所有者权益各组成部分当期增减变动情况，应重点审查有关资本公积的报表项目列示的正确性，关注报表披露与账簿记录是否一致。

三、盈余公积审计

"盈余公积"核算企业从净利润中提取的盈余公积。对于盈余公积，审计人员采取以下主要审计程序和方法：

1. 审查盈余公积形成的真实性和合法性

（1）验证盈余公积是否依照规定的基数和比例提取。按照《公司法》有关规定，公司制企业应当按照净利润（减弥补以前年度亏损）的 10% 提取法定盈余公积。法定盈余公积累计额已达注册资本的 50% 时可以不再提取。公司制企业可根据股东大会的决议提取任意盈余公积。审计人员一要审查提取比例是否合规；二要审查提取项目是否完整；三要审查提取基数是否正确。

（2）审查有无错列盈余公积。审计人员应通过审阅"盈余公积"账户，并将其与有关会计凭证相核对，验证是否将不属于盈余公积的内容错误地列入该账户。

2. 审查盈余公积使用的合规性和合理性

（1）审查盈余公积金的使用是否符合国家的有关规定。按规定，法定盈余公积金可用于：弥补亏损、转增资本等。应审查企业是否按规定用于上述范围，有无挪用。任意盈余公积应按董事会的决议使用，应审查任意盈余公积金的开支是否符合董事会决议规定的开支范围，有无未经董事会同意，任意开支的行为。

（2）审查盈余公积金的使用标准是否符合规定，手续是否完备。按规定，股份公司法定盈余公积金转增资本应经股东大会同意，并且转增资本后法定盈余公积金的余额不应少于注册资本的 25%；对任意盈余公积金的使用，如董事会有规定开支标准的应审查各项开支是否符合董事会规定的标准，审查任意盈余公积金的具体使用是否有必要的批准手续等。

（3）审查盈余公积金的使用是否节约、合理、有效。主要审查转增的资本有无适当的方向，投资方案是否经过可行性研究，项目建成后的效益如何等；审查任意盈余公积的各项支出是否节约、合理，是否能产生预期的效果等。可结合在建工程相关工程项目的审计进行。

3. 验证盈余公积在报表上列示的正确性

即在资产负债表和所有者权益变动表上填列是否完整、正确。盈余公积的会计信息在资产负债表上是以"盈余公积"项目反映的，该项目根据"盈余公积"账户的期末余额填列。审计人员通过账表核对即可验证其是否正确。所有者权益变动表反映了构成所有者权益各组成部分当期增减变动情况，应重点审查有关盈余公积的报表项目列示的正确性，关注报表披露与账簿记录是否一致。

四、未分配利润审计

未分配利润是企业截至年底，在经过各种形式的利润分配后所剩余的利润部分。

这部分净利润一是指没有分配给投资者；二是指尚未指定用途。对于未分配利润，审计人员也应作以下适当审查：

1. 审查未分配利润形成的合理与合法性

对利润的形成及其分配的审计，包含了对未分配利润的审计。因为利润形成及其分配是否合理与合法，直接影响着未分配利润的形成是否合理与合法。所以，审计人员应结合利润的形成及其分配的审计，查明未分配利润的形成是否合理与合法。

2. 验证未分配利润在报表上列示的正确性

未分配利润的会计信息在资产负债表上是以"未分配利润"项目反映的，它是根据"利润分配——未分配利润"账户的期末余额填列。审计人员通过账表核对即可验证其是否正确。所有者权益变动表反映了构成所有者权益各组成部分当期增减变动情况，应重点审查有关未分配利润的报表项目列示的正确性，关注报表披露与账簿记录是否一致。

第四节　投资审计

投资活动的安全和有效对企业生产经营活动有着重要影响。投资审计包括对企业交易性金融资产、持有至到期投资、可供出售金融资产和长期股权投资的审计。交易性金融资产主要是指企业为了近期内出售而持有的金融资产，如企业以赚取差价为目的从二级市场购入的股票、债券和基金等。持有至到期投资是指到期日固定、回收金额固定或可确定，且企业有明确意图和能力持有至到期的非衍生金融资产。可供出售金融资产是指初始确认时即被指定为可供出售的非衍生金融资产，以及没有被划分为以公允价值计量且其变动计入当期损益的金融资产或持有至到期投资的金融资产。2014 年的《企业会计准则第 2 号——长期股权投资》规定长期股权投资核算范围包括以下三类：一是企业持有的能够对被投资单位实施控制的权益性投资，即对子公司投资；二是企业持有的能够与其他合营方一同对被投资单位实施共同控制的权益性投资，即对合营企业投资；三是企业持有的能够对被投资单位施加重大影响的权益性投资，即对联营企业投资。不具有共同控制或者重大影响，且在活跃市场中没有报价、公允价值不能可靠计量的权益性投资不属于长期股权投资的核算范围。对投资进行审计，审计人员应采取以下主要审计程序和方法。

一、投资取得的审查

1. 交易性金融资产取得的审查

审查交易性金融资产的购入是否符合投资合同、协议的规定。重大投资项目，应查阅董事会有关决议并取证。在交易性金融资产取得时，是否按照该金融资产取得时的公允价值作为其初始确认金额，记入"交易性金融资产—成本"科目。取得交易性金融资产所支付的价款中包含了已宣告但尚未发放的现金股利或已到付息期但尚未领取的债券利息的，是否单独确认为应收项目，记入"应收股利"或"应收利息"

科目。审计人员还应注意审查企业取得交易性金融资产所发生的相关交易费用，包括支付给代理机构、咨询公司、券商等的手续费和佣金及其他必要支出是否在发生时计入投资收益。

2. 持有至到期投资取得的审查

审查企业取得持有至到期投资时，是否按该投资的面值记入"持有至到期投资——成本"科目。支付的价款中包含的已到付息期但尚未领取的利息，是否作为应收项目单独核算；实际支付的金额与上述项目的差额是否在"持有至到期投资——利息调整"科目中核算。

3. 可供出售金融资产取得的审查

审查企业取得可供出售金融资产时，是否按其公允价值和交易费用之和，计入可供出售金融资产的成本；企业取得的可供出售金融资产为债券投资的，是否按债券的面值计入可供出售金融资产的成本，按面值与实际支付的差额计入可供出售金融资产（利息调整）。此外，对于取得可供出售金融资产所支付的价款中包含了已宣告但尚未发放的现金股利或已到付息期但尚未领取的债券利息的，是否单独确认为应收项目，记入"应收股利"或"应收利息"科目。

4. 长期股权投资取得的审查

长期股权投资在取得时，应按初始投资成本入账。在投资企业能够对被投资企业实施控制的情况下，如果投资企业与被投资企业受同一控制人控制，合并方以支付现金、转让非现金资产或承担债务方式作为合并对价的，应当在合并日按照被合并方所有者权益在最终控制方合并财务报表中的账面价值的份额作为长期股权投资的初始成本。该成本与支付的现金、转让的非现金资产及所承担债务账面价值之间的差额，调整资本公积，资本公积不足冲减的，调整留存收益；合并方以发行权益性证券作为合并对价的，应当在合并日按照被合并方所有者权益在最终控制方合并财务报表中的账面价值的份额作为初始投资成本，该成本与所发行股份面值总额之间的差额，调整资本公积，资本公积不足冲减的，调整留存收益。在投资企业能够对被投资企业实施控制的情况下，如果投资企业与被投资企业不受同一控制人控制时，购买方应按照确定的企业合并成本作为初始投资成本。企业合并成本包括购买方付出的资产、发生或承担的负债、发行的权益性证券的公允价值之和。在投资方对合营企业和联营企业的长期股权投资的情况下，如支付现金取得的长期股权投资，应按照实际支付的购买价款作为初始投资成本，包括企业所发生的与取得长期股权投资直接相关的费用、税金及其他必要支出；如以发行权益性证券取得的长期股权投资，应当按照发行权益性证券的公允价值作为初始投资成本，与发行权益性证券直接相关的费用，不构成取得长期股权投资的成本，该部分费用应当按照《企业会计准则第37号—金融工具列报》的有关规定，从权益性证券的发行溢价中扣除，权益性证券的溢价不足冲减的，应冲减盈余公积和未分配利润。因此，审计人员应结合企业取得长期股权投资的方式，来审查其初始投资成本的正确性，并将"长期股权投资"账户与有关"银行存款"、"资本公积"等账户相互核对，来判明其入账的价值是否合规适当。审查时还应注意企业取得长期股权投资，实际支付的价款或对价中包含的已宣告但尚未发放的现金股利或利润，应作为应收项目处理，不构成长期股权投资成本。

二、投资股利或利息的审查

1. 交易性金融资产的现金股利和利息的审查

审查企业是否将持有交易性金融资产期间对于被投资单位宣告发放的现金股利或企业在资产负债表日按分期付息、一次还本债券投资的票面利率计算的利息收入，确认为应收项目，记入"应收股利"或"应收利息"科目，并增加投资收益。

2. 持有至到期投资和可供出售金融资产利息的审查

审查企业是否按以下要求对利息进行处理：对于分期付息、一次还本债券投资的，应按票面利率计算确定的应收未收利息，计入应收利息，按投资摊余成本和实际利率计算确定的利息收入，计入投资收益，按其差额，计入持有至到期投资或可供出售金融资产（利息调整）；对于一次还本付息债券投资的，应按票面利率计算确定的应收未收利息，计入持有至到期投资或可供出售金融资产（应计利息），按投资摊余成本和实际利率计算确定的利息收入，计入投资收益，按其差额，计入持有至到期投资或可供出售金融资产（利息调整）。实际收到的分期付息的债券投资利息，是否冲减已计提的应收利息；实际收到的一次还本付息的债券投资利息，是否冲减持有至到期投资或可供出售金融资产的账面价值。

3. 长期股权投资股利的审查

审计人员应根据具体情况，审查成本法和权益法下长期股权投资的股利或利润核算的正确性，企业是否存在将其相互混淆的情况。在成本法下，企业是否将长期股权投资持有期间被投资单位宣告发放的现金股利或利润，按应享有部分确认为投资收益；无论有关利润分配是属于对取得投资前还是投资后被投资单位实现净利润的分配。在权益法下，企业是否根据被投资单位实现的净利润计算应享有的份额，计入长期股权投资（损益调整）和投资收益；被投资单位以后宣告发放现金股利或利润时，是否按照规定冲减长期股权投资的账面价值。此外，审计人员应注意审查企业对于被投资单位宣告发放的股票股利，不应进行账务处理，但应在备查簿中进行了登记。

三、投资处置的审查

1. 交易性金融资产的处置的审查

审查企业是否在出售交易性金融资产时，将该金融资产出售时的公允价值与其初始入账金额之间的差额确认为投资收益。由于交易性金融资产在资产负债表日，应当按照公允价值计量，公允价值与账面余额之间的差额应计入公允价值变动损益，因此，特别注意审查企业是否同时将原计入该金融资产的公允价值变动损益转出，计入投资收益。

2. 持有至到期投资处置的审查

审查企业在出售持有至到期投资时，是否按所收到的出售收入与持有至到期投资账面余额的差额确认为当期投资损益。出售持有至到期投资时，是否同时结转已计提的减值准备。对于将持有至到期投资重分类为可供出售金融资产的，应注意审查重分类日可供出售金融资产的公允价值，与持有至到期投资账面余额的差额，是否计入资本公积。

3. 可供出售金融资产处置的审查

由于在资产负债表日，可供出售金融资产的公允价值与其账面余额的差额，计入资本公积，因此在审查企业出售可供出售的金融资产时，是否按所收到的出售收入与可供出售金融资产账面余额及应从所有者权益中转出的公允价值累计变动额的差额确认为当期投资损益。

4. 长期股权投资处置的审查

处置长期股权投资时，是否按所收到的处置收入与长期股权投资账面价值的差额确认为当期投资损益。处置长期股权投资时，是否同时结转已计提的减值准备。审计人员应特别注意审查在权益法下，处置长期股权投资时，企业是否按要求结转原计入资本公积的相关金额，计入投资收益。

四、投资减值准备的审查

1. 持有至到期投资减值准备的审查

审查企业是否在资产负债表日，按照持有至到期投资发生减值的金额，计提持有至到期投资减值准备，并计入当期损益。在已提减值准备的持有至到期投资价值以后又得以恢复，注意审查企业是否在原已计提的减值准备金额内，按恢复增加的金额，做相反的处理。

2. 可供出售金融资产减值准备的审查

审查企业对可供出售金融资产发生减值的，是否按照以下规定进行了处理：将减值金额计入资产减值损失，将其与所有者权益中转出原计入资本公积的累计损失金额的差额计入可供出售金融资产（公允价值变动）。对于已确认减值损失的可供出售金融资产，在随后会计期间内公允价值已上升且客观上与确认原减值损失事项有关的，是否按原确认的减值损失，计入可供出售金融资产（公允价值变动）和资产减值损失；可供出售金融资产为股票等权益工具投资的，是否计入可供出售金融资产（公允价值变动）和资本公积。

3. 长期股权投资减值准备的审查

在审查长期股权投资减值准备时，投资方应当关注长期股权投资的账面价值是否大于享有被投资单位所有者权益账面价值的份额等类似情况。出现类似情况时，投资方应当按照《企业会计准则第8号——资产减值》对长期股权投资进行减值测试，可收回金额低于长期股权投资账面价值的，应当计提减值准备。

五、成本法或权益法的审查

长期股权投资的核算方法有两种：一是成本法；二是权益法。成本法核算的长期股权投资的范围包括企业能够对被投资单位实施控制的长期股权投资。企业对联营企业和合营企业的长期股权投资应当采用权益法核算。审计人员应审查企业有哪些投资项目适合权益法或成本法核算，并通过询问管理当局或函证接受投资企业等方式，确认企业是否确实对接受投资企业具有控制、共同控制或重大影响等。将成本法转换为权益法或权益法转换为成本法时，审查其转换条件是否存在，会计核算是否正确。

权益法下，企业"长期股权投资"账户的金额要随接受投资企业的盈亏状况进行相应调整，以完整反映投资企业在被投资企业中的实际权益。审计人员应注意重点审查两个问题：一是接受投资企业盈亏状况增减变化数额是否真实、准确；二是投资企业投资额占被投资企业有表决权资本总额的比例、对被投资方的影响程度及分享的权益增减额是否真实、准确。如被投资企业是股票上市公司，其年度会计报表可以从公开渠道取得，否则，审计人员应与担任被投资企业审计工作的审计人员或与被投资企业联系，函证获得所需情况或数据。

例 10 - 5 审计人员在审查利民公司 2012 年对外投资业务时，发现该公司存在以下问题：

（1）该公司于 2012 年 4 月委托某证券公司从上海证券交易所购入上市公司红运公司的股票 50 000 股，并将其划分为交易性金融资产。每股面值为 1 元，每股购入价 1.2 元，实际支付金额为 62 000 元，其中包含已宣告发放，但未支付的股利 2 000 元。另支付相关交易费用金额是 240 元。该公司作以下分录：

借：交易性金融资产—成本 60 000
投资收益 2 240
贷：其他货币资金——存出投资款 62 240

（2）通过审查"长期股权投资"账簿及有关资料得知：2012 年 1 月，该公司用银行存款购入立升股份有限公司股票 3 000 000 股，每股面额为 10 元，共支付 30 000 000元，占立升公司股票总额的 30%。利民公司在取得对立升公司的股权后，派人参与了立升公司的生产经营决策。因能够对立升公司的生产经营决策施加重大影响，利民公司对该投资按照权益法核算。2012 年 12 月，立升公司营业一年新增税后利润 500 000元，并发放给利民公司股利 200 000 元，该公司所得股利已存入银行。该公司于 2012 年12 月 31 日资产负债表上所显示的"长期股权投资"项目数额为 29 800 000 元。

根据上述情况，审计人员认为该公司把本应作为"应收股利"的 2 000 元错入了"投资收益"账户。后查明，该企业为了少纳所得税，故意冲减投资收益。审计人员要求该公司对此做出相应调整，即借记应收股利 2 000 元，贷记投资收益 2 000 元。同时，审计人员认为用权益法对该公司长期股票投资进行核算适当，但具体的账务处理不正确，并要求该公司进行了相应调整。在权益法下，长期股权投资在 2012 年 12月 31 日的实有数是 30 000 000 + 500 000 × 30% - 200 000 = 29 950 000 元。投资收益项目 2012 年度应增加 500 000 × 30% = 150 000 元。

第五节 其他相关内容审计

对于筹资与投资审计，除以上介绍的会计报表项目外，还有其他应收款、其他应付款、长期应付款和应付股利等项目。这里分别介绍其审计的主要程序和方法。

一、其他应收款审计

"其他应收款"核算企业除应收票据、应收账款、预付账款等以外的其他各种应收、暂付款项，其主要内容包括应收的各种赔款、罚款，应向职工收取的各种垫付款项等。对于其他应收款，审计人员应采取以下主要审计程序和方法：

（1）审查其他应收款的真实性。审计人员应要求被审计单位编制并提供其他应收款明细表。审计人员将明细表与有关账户数加以核对，复核加计正确，并验证账账之间、账表之间是否一致。必要时向对方发出函证，以确定其他应收款的结算业务是否真实存在。在函证时应注意：应选择金额较大或异常的其他应收款项目，函证其余额是否正确，并根据回函情况编制函证结果汇总表；对回函不符、未回函及未发函证的其他应收款，应采用替代程序核实年末余额的正确性，如查核下期明细账，或追踪至其他应收款发生时的原始凭证，特别注意是否存在抽逃资金、隐藏费用的现象。

（2）审查其他应收款的账龄分析是否正确。审计人员可向被审计单位财会部门索取或自己编制其他应收款账龄分析表。分析明细账户，对于长期未能收回的项目，应查明原因，确定是否可能发生坏账损失。对于转作坏账损失项目，审查是否符合规定，并办妥审批手续。

（3）审查其他应收款的披露是否恰当。资产负债报表中"其他应收款"项目金额是"其他应收款"科目的期末余额，减去"坏账准备"科目中有关其他应收款计提的坏账准备期末余额后的金额。

二、其他应付款审计

"其他应付款"核算企业应付、暂收其他单位或个人的款项，主要包括应付租入包装物的租金、存入保证金等。它是企业流动负债的重要组成部分。对于其他应付款，审计人员应采取以下主要审计程序和方法：

（1）获取或编制其他应付款明细表，复核加计正确，并与报表数、总账数和明细账合计数核对是否相符。请被审计单位协助，在其他应付款明细表上标出截至审计日已支付的其他应付款项，抽查付款凭证、银行对账单等，并注意这些凭证发生日期的合理性。

（2）分析其他应付款的账龄，对于长期挂账的其他应付款，审计人员需查明原因，加以记录，必要时，提请被审计单位进行调整。判断选择一定金额以上和异常的明细余额，检查其原始凭证，并考虑向债权人函询。

（3）审查租入包装物的租金及存入保证金等业务的会计处理是否正确。

此外，审计人员注意审查对非记账本位币结算的其他应付款，检查其采用的折算汇率是否正确；检查其他应付款的披露是否恰当，等等。

三、长期应付款审计

"长期应付款"核算企业除长期借款和应付债券以外的其他各种长期应付款。包括应付融资租入固定资产的租赁费、以分期付款方式购入固定资产等发生的应付款项等。对于长期应付款，审计人员应采取以下主要审计程序和方法：

（1）审计人员应获取或编制长期应付款明细表，将明细表与有关账户数加以核对，复核加计正确，并验证账账之间、账表之间是否一致。如有必要，向债权人函证重大的长期应付款。

（2）对分期付款方式购入固定资产发生的应付款项，主要审查是否签订了协议或合同，是否按合同规定的期限和方式归还应付价款，有关账务处理是否正确，如是否按购买价款的现值，记入"固定资产"，按应支付的金额记入"长期应付款"，其差额记入"未确认融资费用"项目，等等。

（3）对融资租入固定资产的租赁费，主要审查融资租赁的授权批准手续是否齐全，并做适当记录。租赁费是否合理，合约规定的付款条件是否履行，实际支付的款项是否按合同规定的标准支付，有无经办人员为谋取个人私利，故意提高费用标准，多付租赁费的行为。融资租入的固定资产是否确属必要，主要审查经济上是否合理，租入的固定资产质量是否完好，是否按正常情况投入使用，设备利用率是否正常、合理、有效；融资租入固定资产发生的各项费用，如运杂费、包装费、安装调试费等是否真实、正确和合理等。

此外，注意审查各项长期应付款的会计处理是否正确，审查与长期应付款有关的汇兑损益是否按规定进行了会计处理。审查长期应付款的披露是否恰当，注意一年内到期的长期应付款应列入流动负债。

四、应付股利审计

"应付股利"核算企业经董事会或股东大会等确定分配的现金股利或利润。对于应付股利，审计人员应采取以下主要审计程序和方法：

（1）审查应付股利的计算是否正确。获取或编制应付股利明细表，审查应付股利的发生额，是否根据董事会或股东大会决定的利润分配方案，从税后可供分配利润中计算确定，并复核应付股利计算是否正确。

（2）审查应付股利的发放是否合理，程序是否完备。审阅公司章程、股东大会和董事会会议纪要中有关股利的规定，了解股利分配标准和发放方式是否符合有关规定并经法定程序批准。现金股利是否按公告规定的时间、金额予以发放结算。

（3）审查有关应付股利会计处理的正确性。注意企业董事会或类似机构通过的利润分配方案中拟分配的现金股利或利润，不做账务处理，不作为应付股利核算，但应在附注中进行披露。检查股利支付的原始凭证的内容和金额是否正确：股利宣布、结算、转账的会计处理是否正确、适当。

此外，审计人员还要注意审查应付股利的披露是否恰当。

五、无形资产审计

　　无形资产是指企业拥有或控制的没有实物形态的可辨认非货币性资产。"无形资产"核算企业持有的无形资产成本，包括专利权、非专利技术、商标权、著作权、土地使用权等。对于无形资产，审计人员应采取以下主要审计程序和方法：

　　（1）验证无形资产的存在性及其所有权归属。审计人员应通过审查核对"无形资产"明细账和被审计单位取得无形资产的原始凭证和文件，询证有关部门并索取无形资产存在并归属被审计单位所有的声明书等，以验证账面所记录的无形资产是否确实存在及其所有权是否确属被审计单位。验证无形资产在资产负债表上列示的正确性。

　　（2）审查无形资产增减业务的正确性。无形资产的增加，有外部购入和自行研究开发取得等；无形资产的减少，主要是转让形式。审计人员应通过审阅、核对和分析反映无形资产增减业务的有关会计资料，验证无形资产增减业务的真实性，计价的合理合法性，账务处理的正确性。

　　例10-6　审计人员在2012年7月审查红星公司无形资产业务时，了解该公司向外转让专有技术（所有权）一项，取得转让收入50 000元，该专有技术的成本为70 000元，已摊销金额为25 000元，该项无形资产已计提的减值准备为500元。为查明公司是否将此业务入账，审计人员审阅了有关明细账，并抽查有关会计凭证，进行账证核对，发现企业作以下账务处理：

借：银行存款　　　　　　　　　　　　　　　　　50 000
　　贷：其他业务收入　　　　　　　　　　　　　　　50 000
借：其他业务成本　　　　　　　　　　　　　　　45 000
　　累计摊销　　　　　　　　　　　　　　　　　25 000
　　贷：无形资产　　　　　　　　　　　　　　　　70 000

对此，审计人员应要求被审计单位作账务调整如下：

借：其他业务收入　　　　　　　　　　　　　　　50 000
　　无形资产减值准备　　　　　　　　　　　　　　500
　　贷：其他业务成本　　　　　　　　　　　　　　45 000
　　　　应交税费——应交营业税　　　　　　　　　2 500
　　　　营业外收入——处置非流动资产利得　　　　3 000

　　（3）审查无形资产摊销的正确性。企业应当于取得无形资产时分析判断其使用寿命。使用寿命有限的无形资产应自可供使用当月起开始摊销，处置当月不再摊销。使用寿命不确定的无形资产不应摊销。企业应当按月对无形资产进行摊销，企业自用的无形资产，其摊销金额计入管理费用；出租的无形资产，其摊销金额计入其他业务成本。审计人员应注意审查无形资产摊销的方法是否适当，摊销期限是否合法合理，账务处理是否正确等。审计人员可通过"累计摊销"账户审查无形资产摊销的正确性。

　　（4）审查无形资产减值准备的计提是否正确。无形资产在资产负债表日存在可能发生减值的迹象时，其可收回金额低于账面价值的，企业应将该无形资产的账面价值减记至可收回金额，减记的金额确认为减值损失，计入当期损益，同时计提相应的资产减值准备。无形资产减值损失一经确认，在以后会计期间不得转回。审计人员通过"资产减值损失"、"无形资产减值准备"账户审查无形资产减值准备的计提是否正确。

（5）审计人员应通过账表核对，验证表中"无形资产"项目是否反映企业各项无形资产的摊余价值。即"无形资产"账户的期末余额，减去"累计摊销"账户中有关无形资产累计摊销的期末余额，再减去"无形资产减值准备"账户中有关无形资产减值准备的期末余额后的金额填列。

六、长期待摊费用审计

"长期待摊费用"核算企业已经发生但应由本期和以后各期负担的分摊期限在 1 年以上的各项费用，如以经营租赁方式租入的固定资产发生的改良支出等。对于长期待摊费用，审计人员应采取以下主要审计程序和方法：

（1）取得或编制长期待摊费用明细表，与报表数、总账及明细账合计数核对相符。

（2）检查长期待摊费用计提的依据、方法是否合理，前后各期是否一致。

（3）审查长期待摊费用的计提和转销的计算及记录是否完整；确定长期待摊费用期末余额是否正确。

（4）审查长期待摊费用在报表上恰当披露的情况。

国际视野

美国世通公司的破产

世通这家全球电信业巨头、美国第二大长途电话公司为了弥补网络电线的不足，租用其他公司的网络电线。但租用其他电信公司的电话网络线的费用被计入了本公司的资本投资项目，"长期资本投资"项目的总金额达到 38 亿美元。根据美国会计规则，资本投资项目的性质不同于日常开支，是专门购买长期资产的财务项目，并规定日常开支必须立即从利润收益中扣除。日常开支项目属于费用支出，而资本投资却是能够带来效益的支出。从公布的情况看，世界通信公司将应该费用化的 38 亿美元资本化了，因此公司从巨额亏损变成盈利 15 亿美元。如果没有这个违规入账，"世通" 2001 财务年度和 2002 年第一财务季度应该为巨额亏损，而不是"世通"所公布的 2001 年利润为 14 亿美元和 2002 年第一季度的利润为 1.3 亿美元。这并不是不懂得美国的会计规则，而是为了虚报利润，粉饰财务报表，制造盈利的假象。

"世通"公司利用与会计公司安达信存在相互依存的利害关系，凭借雄厚财力，以支付审计费和高额咨询费为诱饵，千方百计收买会计公司安达信，同时安达信为了自身的经济利益及保持同行业间的竞争优势，为了争取与大企业保持长期的业务伙伴关系，在审计问题上对其账目采取睁一只眼闭一只眼的做法。真相暴露后，2002 年 7 月 21 日，世通宣布申请破产保护，成为美国最大的破产案，打破了安然半年前创下的纪录。

本章小结

综合本章所述，可以明确：审计产生与发展于所有权监督的需要的理论以及由此在审计监督活动中所产生并需规范的审计责任关系、审计风险要素及其理论模式等，构成了贯穿于本书的一条主线。筹资与投资循环构成整个业务循环的一个方面，是会计报表审计实务的重要组成部分，对该循环审计的内容与方法从其特定角度反映和体现了这一主线的基本要求和有关内容。这些内容和方法从大的方面分析，与其他业务循环一样，就是控制测试与实质性测试。控制测试和实质性测试两者相互联系的程序和方法从根本上体现了审计工作抓重点和问题的主要方面的思路，这是审计工作提高效率的基本要求；同时，还必须从科学角度设计测试样本及其抽取、审查与评价方式，这又是提高审计工作质量、控制和防范审计风险的基本要求。具体来讲，针对包括负债的发生、利息的支付、债款的偿还、所有者权益的形成等企业的筹资循环和包括资金的投出、收益的取得和投出资金的收回等企业的投资循环，对其内部控制制度的控制测试所采取的了解、测试和评价等程序和方法以及在此基础上所进行的实质性测试程序和方法，如对于筹资项目，审计人员获取各项负债明细表、函证负债额、审查负债的增减变动和逾期未办理的负债、复查负债利息和外币负债的折算、审查负债的会计报告反映、审查应付债券溢价、折价摊销的计算与会计处理，审计人员取得所有者权益项目明细表，审查所有者权益项目在资产负债表和所有者权益变动表上的披露；对于投资项目，审查投资的入账价值、投资的核算方法、投资收益，审查对外投资的报告披露，等等，这些都体现了提高筹资与投资循环审计工作效率和质量、控制与防范筹资与投资循环审计风险的基本要求。

■关键词汇

银行借款审计（audit of bank loan）　　　　　　应付债券审计（audit of bonds payable）

财务费用审计（audit of financial expense）　　　实收资本审计（audit of paid in capital）

资本公积审计（audit of capital reserve）　　　　盈余公积审计（audit of surplus reserve）

交易性金融资产审计（audit of held for trading financial assets）

持有至到期投资审计（audit of held-to-maturity investments）

可供出售金融资产审计（audit of available-for-sale financial assets）

长期股权投资审计（audit of long-term investment on stock）

其他应收款审计（audit of other receivable）　　　其他应付款审计（audit of other payable）

长期应付款审计（audit of long-term payable）　　应付股利审计（audit of dividend payable）

无形资产审计（audit of intangible assets）

长期待摊费用审计（audit of long-term prepaid and deferred expense）

管理费用审计（audit of general and administrative expense）

营业外支出审计（audit of nonoperating expense）

所得税费用审计（audit of income tax expense）

小组讨论

　　审计人员李丽在审查新兴公司时发现，该公司于 2012 年 2 月 1 日起，用银行借款开工建设一幢简易仓库，仓库于当年 3 月 18 日完工，达到预定可使用状态。此外，该公司向银行借入资金分别用于生产甲产品和乙产品，其中，甲产品的生产时间为 1 个月，乙产品的生产时间为 1 年 2 个月。该公司会计人员认为企业发生的借款费用，是直接用于资产的建造或生产，应该资本化。李丽却认为应该费用化。请讨论上述借款费用是资本化还是费用化。

本章推荐阅读资料

1. 中国注册会计师协会：《审计》，经济科学出版社最新版。

2. 朱荣恩：《筹资与投资业务循环审计》，中国时代经济出版社 2004 年版。

3. 李冬：《基于协同治理理论的政府投资项目审计模式研究》，载《会计研究》2012 年第 9 期。

4. 宋常：《投资项目绩效审计评价指标体系与框架设计研究》，载《审计研究》2011 年第 1 期。

特殊项目的考虑与审计

学习提要与目标

在审计工作中除了对具体的经济与会计业务内容实施审查外，还需要考虑与审计一些特殊项目，其中包括审计过程中与治理层的沟通，前后任注册会计师的沟通；审计过程中利用他人的工作；期初余额的审计，以及对会计估计、公允价值计量和披露、关联方与关联方交易、持续经营、衍生金融工具的审计等内容。本章讲解特殊项目的考虑与审计的内容和程序。

通过本章的学习，应能够：

- 了解特殊项目审计中管理层与注册会计师责任的划分；
- 理解与掌握特殊项目的审计程序；
- 掌握并思考重大错报风险下审计考虑的重点。

第一节　审计沟通

一、注册会计师与治理层的沟通

治理层是指对被审计单位战略方向以及管理层履行经营管理责任负有监督责任的人员或组织，治理层的责任包括对财务报告过程的监督。在某些被审计单位，治理层可能包括管理层成员。管理层是指对被审计单位经营活动的执行负有管理责任的人员。在某些被审计单位，管理层包括部分或全部的治理层成员。

（一）注册会计师与治理层沟通的作用

注册会计师与治理层有效的双向沟通，有助于注册会计师和治理层了解与审计相关的背景事项，并建立建设性的工作关系，在建立这种关系时，注册会计师需要保持独立性和客观性；有助于注册会计师向治理层获取与审计相关的信息。例如，治理层可以帮助注册会计师了解被审计单位及其环境，确定审计证据的适当来源，以及提供有关具体交易或事项的信息；有助于治理层履行其对财务报告过程的监督责任，从而降低财务报表重大错报风险。

（二）注册会计师与治理层沟通的目标

注册会计师与治理层沟通的目标是，就注册会计师与财务报表审计相关的责任、计划的审计范围和时间安排的总体情况，与治理层进行清晰的沟通；向治理层获取与审计相关的信息；及时向治理层通报审计中发现的与治理层监督财务报告过程的责任相关的重大事项；推动注册会计师和治理层之间有效的双向沟通。

（三）注册会计师与治理层沟通的内容与要求

1. 沟通的对象

注册会计师应当确定与被审计单位治理结构中的哪些人员适当进行沟通。如果注册会计师与治理层的下设组织（如审计委员会）或个人沟通，应当确定是否还需要与治理层整体进行沟通。

在某些情况下，治理层全部成员参与管理被审计单位，例如，在一家小企业中，仅有的一名业主管理该企业，并且没有其他人负有治理责任。此时，如果要求沟通的事项已与负有管理责任的人员沟通，且这些人员同时负有治理责任，注册会计师无需就这些事项再次与负有治理责任的相同人员沟通。然而，注册会计师应当确信与负有管理责任人员的沟通能够向所有负有治理责任的人员充分传递应予沟通的内容。

2. 沟通的事项

注册会计师应当与治理层沟通注册会计师与财务报表审计相关的责任，包括注册会计师负责对管理层在治理层监督下编制的财务报表形成和发表意见；财务报表审计并不减轻管理层或治理层的责任。

注册会计师应当与治理层沟通计划的审计范围和时间安排的总体情况。

注册会计师应当与治理层沟通审计工作中发现的下列问题：

（1）注册会计师对被审计单位会计实务（包括会计政策、会计估计和财务报表披露）重大方面的质量的看法。在适当的情况下，注册会计师应当向治理层解释为何某项在适用的财务报告编制基础下可以接受的重大会计实务，并不一定最适合被审计单位的具体情况。

（2）审计工作中遇到的重大困难。

（3）已与管理层讨论或需要书面沟通的、审计中出现的重大事项，以及注册会计师要求提供的书面声明，除非治理层全部成员参与管理被审计单位。

（4）审计中出现的、根据职业判断认为对监督财务报告过程重大的其他事项。

如果被审计单位是上市实体，注册会计师还应当与治理层沟通下列内容：

（1）就审计项目组成员、会计师事务所其他相关人员以及会计师事务所和网络事务所按照相关职业道德要求保持了独立性做出声明。

（2）根据职业判断，注册会计师认为会计师事务所、网络事务所与被审计单位之间存在的可能影响独立性的所有关系和其他事项，包括会计师事务所和网络事务所在财务报表涵盖期间为被审计单位和受被审计单位控制的组成部分提供审计、非审计服务的收费总额。这些收费应当分配到适当的业务类型中，以帮助治理层评估这些服务对注册会计师独立性的影响。

（3）为消除对独立性的不利影响或将其降至可接受的水平，已经采取的相关防范措施。

3. 沟通的过程

注册会计师应当就沟通的形式、时间安排和拟沟通的基本内容与治理层沟通。对于审计中的重大发现，如果根据职业判断认为采用口头形式沟通不适当，注册会计师应当以书面形式与治理层沟通。书面沟通不必包括审计过程中的所有事项。

注册会计师应当评价其与治理层之间的双向沟通对实现审计目的是否充分。如果认为双向沟通不充分，注册会计师应当评价其对重大错报风险评估以及获取充分、适当的审计证据的能力的影响，并采取适当措施。

二、后任注册会计师与前任注册会计师的沟通

（一）前后任注册会计师的界定

前任注册会计师，是指已对被审计单位上期财务报表进行审计，但被现任注册会计师接替的其他会计师事务所的注册会计师。接受委托但未完成审计工作，已经或可能与委托人解除业务约定的注册会计师，也视为前任注册会计师。后任注册会计师，是指正在考虑接受委托或已经接受委托，接替前任注册会计师对被审计单位本期财务报表进行审计的注册会计师。如果被审计单位委托注册会计师对已审计财务报表进行重新审计，正在考虑接受委托或已经接受委托的注册会计师也视为后任注册会计师。

（二）前后任注册会计师沟通的目标

前后任注册会计师沟通的目标是，在接受委托前，后任注册会计师与前任注册会计师就影响业务承接决策的事项进行必要沟通，以确定是否接受委托；在接受委托后，后任注册会计师在必要时与前任注册会计师就对审计有重大影响的事项进行沟通，以获取必要的审计证据；前任注册会计师在征得被审计单位书面同意后，对后任注册会计师提出的沟通要求予以必要的配合。

（三）前后任注册会计师沟通的要求与内容

前任注册会计师和后任注册会计师的沟通通常由后任注册会计师主动发起，但需征得被审计单位的同意。前任注册会计师和后任注册会计师的沟通可以采用书面或口头的方式。

1. 接受委托前的沟通

在接受委托前，后任注册会计师应当与前任注册会计师进行必要沟通，并对沟通结果进行评价，以确定是否接受委托。后任注册会计师应当提请被审计单位以书面方式同意前任注册会计师对其询问做出充分答复。如果被审计单位不同意前任注册会计师做出答复，或限制答复的范围，后任注册会计师应当向被审计单位询问原因，并考虑是否接受委托。

后任注册会计师向前任注册会计师询问的内容应当合理、具体，至少包括：

（1）是否发现被审计单位管理层存在正直和诚信方面的问题；

（2）前任注册会计师与管理层在重大会计、审计等问题上存在的意见分歧；

（3）前任注册会计师向被审计单位治理层通报的管理层舞弊、违反法律法规行为以及值得关注的内部控制缺陷；

（4）前任注册会计师认为导致被审计单位变更会计师事务所的原因。

在征得被审计单位书面同意后，前任注册会计师应当根据所了解的事实，对后任注册会计师的合理询问及时做出充分答复。如果受到被审计单位的限制或存在法律诉讼的顾虑，决定不向后任注册会计师做出充分答复，前任注册会计师应当向后任注册会计师表明其答复是有限的，并说明原因。

如果得到的答复是有限的，或未得到答复，后任注册会计师应当考虑是否接受委托。

2. 接受委托后的沟通

接受委托后，如果需要查阅前任注册会计师的工作底稿，后任注册会计师应当征得被审计单位同意，并与前任注册会计师进行沟通。在征得被审计单位同意后，前任注册会计师应当根据情况确定是否允许后任注册会计师查阅相关审计工作底稿以及查阅的内容。

在允许查阅工作底稿之前，前任注册会计师应当向后任注册会计师获取确认函，就审计工作底稿的使用目的、范围和责任等与后任注册会计师达成一致意见。

查阅前任注册会计师工作底稿获取的信息可能影响后任注册会计师实施审计程序的性质、时间安排和范围，但后任注册会计师应当对自身实施的审计程序和得出的审计结论负责。后任注册会计师不应在审计报告中表明，其审计意见全部或部分地依赖前任注册会计师的审计报告或工作。

3. 保密义务

前任注册会计师和后任注册会计师应当对沟通过程中获知的信息保密。即使未接受委托，后任注册会计师仍应履行保密义务。

相关链接

发现前任注册会计师审计的财务报表可能存在重大错报时的处理

根据《中国注册会计师审计准则第1153号——前任注册会计师和后任注册会计师的沟通》的规定，如果发现前任注册会计师审计的财务报表可能存在重大错报，后任注册会计师应当提请被审计单位告知前任注册会计师。必要时，后任注册会计师应当要求被审计单位安排三方会谈，以便采取措施进行妥善处理。

如果被审计单位拒绝告知前任注册会计师，或前任注册会计师拒绝参加三方会谈，或后任注册会计师对解决问题的方案不满意，后任注册会计师应当考虑对审计意见的影响或解除业务约定。

第二节　利用他人的工作

一、利用内部审计人员的工作

内部审计是指由被审计单位建立的或由外部机构以服务形式提供的一种评价活动，内部审计人员是指执行内部审计活动的人员。注册会计师在审计工作中根据需要可以利用内部审计人员的工作。

（一）利用内部审计人员工作的目标

在被审计单位设有内部审计，且注册会计师认为可能与其审计相关的情况下，注册会计师利用其工作的目标是，确定是否利用以及在多大程度上利用内部审计人员的特定工作，如果利用内部审计人员的特定工作，确定该项工作是否足以实现审计目的。

（二）利用内部审计人员工作的内容和要求

1. 确定是否利用以及在多大程度上利用内部审计人员的工作

注册会计师应当确定，内部审计人员的工作是否可能足以实现审计目的；如果可能足以实现审计目的，内部审计人员的工作对注册会计师审计程序的性质、时间安排和范围产生的预期影响。在确定内部审计人员的工作是否可能足以实现审计目的时，注册会计师应当评价：内部审计的客观性；内部审计人员的专业胜任能力；内部审计人员在执行工作时是否可能保持应有的职业关注；内部审计人员和注册会计师之间是否可能进行有效的沟通。

在确定内部审计人员的工作对注册会计师审计程序的性质、时间安排和范围产生的预期影响时，注册会计师应当考虑：内部审计人员已执行或拟执行的特定工作的性质和范围；针对特定的某类交易、账户余额和披露，评估的认定层次重大错报风险；在评价支持相关认定的审计证据时，内部审计人员的主观程度。

2. 利用内部审计人员的特定工作

如果拟利用内部审计人员的特定工作，注册会计师应当评价内部审计人员的特定工作并实施审计程序，以确定该项工作是否足以实现审计目的。在确定内部审计人员的特定工作是否足以实现审计目的时，注册会计师应当评价：内部审计工作是否由经过充分技术培训且精通业务的人员执行；内部审计人员的工作是否得到适当的监督、复核和记录；内部审计人员是否已经获取充分、适当的审计证据，使其能够得出合理的结论；内部审计人员得出的结论是否恰当，编制的报告是否与已执行工作的结果一致；内部审计人员披露的例外或异常事项是否得到恰当解决。

二、利用专家的工作

专家是指在会计或审计以外的某一领域具有专长的个人或组织，并且其工作被注册会计师利用，以协助注册会计师获取充分、适当的审计证据。专家既可能是会计师事务所内部专家（如会计师事务所或其网络事务所的合伙人或员工，包括临时员工），也可能是会计师事务所外部专家。注册会计师在审计工作中根据需要可以利用专家的工作。

（一）注册会计师利用专家工作的目标

注册会计师利用专家工作的目标是，确定是否利用专家的工作；如果利用专家的工作，确定专家的工作是否足以实现审计目的。

（二）注册会计师利用专家工作的内容和要求

1. 确定是否利用专家的工作

如果在会计或审计以外的某一领域的专长对获取充分、适当的审计证据是必要的，注册会计师应当确定是否利用专家的工作。

2. 审计程序的性质、时间安排和范围

在确定审计程序的性质、时间安排和范围时，注册会计师应当考虑下列事项：与专家工作相关的事项的性质；与专家工作相关的事项中存在的重大错报风险；专家的工作在审计中的重要程度；注册会计师对专家以前所做工作的了解，以及与之接触的经验；专家是否需要遵守会计师事务所的质量控制政策和程序。

3. 对专家的了解

注册会计师应当充分了解专家的专长领域，评价专家的工作是否足以实现注册会计师的目的，评价专家是否具有实现审计目的所必需的胜任能力、专业素质和客观性。在评价外部专家的客观性时，注册会计师应当询问可能对外部专家客观性产生不利影响的利益和关系。

4. 与专家达成一致意见

注册会计师应当与专家就下列事项达成一致意见，并根据需要形成书面协议：专家工作的性质、范围和目标；注册会计师和专家各自的角色和责任；注册会计师和专家之间沟通的性质、时间安排和范围，包括专家提供的报告的形式；对专家遵守保密规定的要求。

相关链接

在审计报告中提及专家

根据《中国注册会计师审计准则第 1153 号——前任注册会计师和后任注册会计师的沟通》的规定，注册会计师不应在无保留意见的审计报告中提及专家的工作。如果法律法规要求提及专家的工作，注册会计师应当在审计报告中指明，这种提及并不减轻注册会计师对审计意见承担的责任。如果注册会计师在审计报告中提及专家的工作，并且这种提及与理解审计报告中的非无保留意见相关，注册会计师应当在审计报告中指明，这种提及并不能减轻注册会计师对审计意见承担的责任。

第三节 期初余额审计

我国审计业随着市场经济体制的逐步建立，正不断扩大其业务领域和范围，尤其是注册会计师审计，首次接受委托进行财务报表审计的情况日益增多。在这种情况下，必然涉及对财务报表期初余额进行审计的问题。

一、期初余额及其审计目标

期初余额作为一项特殊的审计内容，首先应明确其含义，然后在此基础上，分析其审计的特性。在注册会计师审计活动中，期初余额是指注册会计师首次接受委托时，所审计会计期间期初已存在的余额。它以上期期末余额为基础，反映了前期交易、事项及其会计处理的结果，而所谓首次接受委托，是指会计师事务所在被审计单位上期财务报表未经审计，或由其他会计师事务所审计的情况下接受的审计委托。对于期初余额，应注意从以下几个方面理解：

（1）是所审计会计期间期初已存在的余额。期初余额包括被审计单位财务报表所有项目，而无论其金额大小。例如，某被审计单位上期财务报表的资产负债表项目中应收账款为零，但其仍属于期初余额的范围，在审计活动中应予关注。

（2）本期期初余额与上期期末余额是一个事物的两个方面。期初余额以上期期末余额为基础，但二者存在着不同，因为有时由于受上期期后事项、会计政策变更等诸因素的影响，上期期初余额结转至本期时，需要进行调整。例如，企业根据管理上需要或有关法律规章的要求，将上期期末有关报表项目进行重新分类整理，形成本期期初余额。

（3）强调会计师事务所首次接受审计委托的前提条件。被审计单位上期期末余额即使经过其他注册会计师审计，对据其形成的本期期初余额，新任注册会计师也应进行严格意义上的审计。如果本期间审计是注册会计师上期审计业务的延续，则注册会计师对期初余额只做一般性审计。

（4）期初余额是企业过去所有期间交易、事项及其会计处理的结果。所以注册会计师应关注过去所有期前的交易，但主要是所审财务报表前一会计期间的事项，因为它对期初余额的影响最大。

对首次接受委托业务，注册会计师应当获取充分、适当的审计证据以实现特定目标，即期初余额不存在对本期财务报表产生重大影响的错报，上期期末余额已正确结转至本期，或在适当的情况下已做出重新表述，被审计单位一贯运用恰当的会计政策，或对会计政策的变更做出正确的会计处理和恰当的列报。

二、期初余额审计程序

注册会计师在确定期初余额审计程序时，应当考虑上期财务报表是否经过其他会计师事务所审计，财务报表项目的性质及其在本期财务报表中被错报、漏报的风险，期初余额对本期财务报表的影响程度等因素。

（一）对期初余额审计程序的总体要求

在确定期初余额审计程序时，注册会计师应当考虑：被审计单位运用的会计政策；上期财务报表是否经过审计；如果经过审计，审计报告是否为非标准审计报告；账户的性质和本期财务报表中的重大错报风险；期初余额对于本期财务报表的重要程度。

财务报表审计主要是对本期财务报表发表审计意见并承担审计责任，如果被审计单位期初余额对本期财务报表不存在重大影响，即使期初余额存在重大错报、漏报，也并不妨碍注册会计师对本期财务报表发表正确的审计意见，在这种情形下，注册会计师便可考虑较松的期初余额审计程序。若被审计单位期初余额的任何错报、漏报将对本期财务报表的公允表达产生重要影响，此时注册会计师要特别关注被审计单位期初余额，相应扩大审计范围，确定各余额较低的重要性水平，实施严格的审计程序。

（二）被审计单位运用会计政策恰当性与一贯性的审计程序

注册会计师应当考虑期初余额是否反映上期运用恰当会计政策的结果，以及这些会计政策是否在本期财务报表中得到一贯运用。当会计政策发生变更时，应审查变更的理由是否满足规定的条件；被审计单位是否采用追溯法进行恰当的会计处理，或者在当期期初确定会计政策变更对以前各期累积影响数不切实可行时，是否采用了未来适用法进行恰当的会计处理；被审计单位是否在本期财务报表附注中披露了与会计政策变更有关的信息，如会计政策变更的性质、内容和原因，当期和各个列报前期财务报表中受影响的项目名称和调整金额，对无法进行追溯调整的，说明事实和原因以及开始应用变更后的会计政策的时点与具体应用情况等。

（三）上期财务报表由前任注册会计师审计情况下的审计程序

如果上期财务报表由前任注册会计师审计，注册会计师应当考虑通过查阅前任注册会计师的工作底稿获取有关期初余额的充分、适当的审计证据，考虑前任注册会计师的独立性和专业胜任能力，并与前任注册会计师进行沟通。

查阅前任注册会计师的工作底稿的重点是对本期审计产生重大影响的事项，如前任注册会计师对上期财务报表发表的审计意见类型和主要内容，针对上期财务报表的审计计划和审计总结，以及上一年度其他相关重要事项等。注册会计师能否通过查阅前任注册会计师的工作底稿获取有关期初余额的充分、适当的审计证据，在很大程度上依赖于注册会计师对前任注册会计师独立性和专业胜任能力的判断。后任注册会计师应评价前任注册会计师形式上与实质上的独立性，评价前任注册会计师的专门学识、职业经验、专业训练和业务能力。在与前任注册会计师沟通时，注册会计师应当遵守职业道德规范和《中国注册会计师审计准则第 1153 号——前任注册会计师和后任注册会计师的沟通》的规定。后任注册会计师在接任前任注册会计师的审计业务时不得蓄意侵害前任注册会计师的合法权益。在接受审计业务委托前，后任注册会计师应当向前任注册会计师询问审计客户变更会计师事务所的原因，并关注前任注册会计师与审计客户之间在重大会计、审计等问题上可能存在的意见分歧。后任注册会计师应当提请审计客户授权前任注册会计师对其询问做出充分的答复。前任注册会计师应当根据所了解的情况对后任注册会计师的询问做出及时、充分的答复。如果受到审计客户的限制或存在法律诉讼的顾虑，决定不向后任注册会计师做出充分答复时，前任注册会计师应当向后任注册会计师表明其答复是有限的。如果后任注册会计师发现前任注册会计师所审计的会计报表存在重大错报，应当提请审计客户告知前任注册会计师，并要求审计客户安排三方会谈，以便采取措施进行妥善处理。

（四）上期财务报表未经审计或审计结论不满意时的审计程序

如果上期财务报表未经审计，或上期财务报表虽经前任注册会计师审计，但在查阅前任注册会计师的审计工作底稿后未能获取有关期初余额的充分、适当的审计证据，未能对期初余额得出满意结论，注册会计师应当根据期初余额有关账户的不同性质，实施相应的审计程序。

对于流动资产和流动负债，注册会计师通常可以通过本期实施的审计程序获取部分审计证据，尤其是流动资产中的存货，注册会计师应当查阅前任注册会计师工作底稿、复核上期存货盘点记录及文件、检查上期存货交易记录、运用毛利百分比法等方法进行分析，以获取有关本期期初存货余额的充分、适当的审计证据。

对非流动资产和非流动负债，注册会计师通常检查形成期初余额的会计记录和其他信息。在某些情况下，注册会计师可向第三方函证期初余额，或实施追加的审计程序。

三、期初余额的审计结论及处理

如果实施相关审计程序后无法获取有关期初余额的充分、适当的审计证据，注册会计师应当出具保留意见或无法表示意见的审计报告。

如果期初余额存在对本期财务报表产生重大影响的错报，注册会计师应当告知管理层，如果上期财务报表由前任注册会计师审计，注册会计师还应当考虑提请管理层告知前任注册会计师；如果错报的影响未能得到正确的会计处理和恰当的列报，注册会计师应当出具保留意见或否定意见的审计报告。

如果与期初余额相关的会计政策未能在本期得到一贯运用，并且会计政策的变更未能得到正确的会计处理和恰当的列报，注册会计师应当出具保留意见或否定意见的审计报告。

如果前任注册会计师对上期财务报表出具了非标准审计报告，注册会计师应当考虑该审计报告对本期财务报表的影响。

如果导致出具非标准审计报告的事项对本期财务报表仍然有重大影响，注册会计师应当对本期财务报表出具非标准审计报告。

第四节　其他特殊项目审计

一、会计估计的审计

针对会计估计的重大错报风险实施的审计程序

会计估计通常是指企业对其结果不确定的交易或事项以最近可利用的信息为基础所做的判断，判断会具有一定的风险，审计人员同样会因判断依据、判断主体、判断客体等原因面临审计风险。

1. 实施风险评估程序

针对会计估计实施风险评估程序是注册会计师设计和实施进一步审计程序的基础，对于会计估计评估后的重大错报风险水平将直接影响进一步审计程序的性质、时间和范围。为此，注册会计师可以针对会计估计实施下列风险评估程序：

（1）了解适用的会计准则和相关会计制度中有关会计估计的要求。通过了解，可以帮助注册会计师确定适用会计准则和相关会计制度中是否规定了需要做出会计估计的具体情况，有关会计估计的计量方法以及披露要求，还为注册会计师就被审计单位如何运用适用会计准则和相关会计制度中有关会计估计的规定与管理层进行讨论提供了基础。

（2）了解管理层如何识别需要做出会计估计的交易、事项和情况。注册会计师可以询问管理层是否已考虑下列情况的变化：企业可能已从事需要做出会计估计的新型交易；需要做出会计估计的交易条款可能已改变；适用会计准则和相关会计制度中有关会计估计的要求可能已发生变化；法规或管理层无法控制的其他变化可能要求管理层修订或做出新的会计估计；需要做出会计估计的新情况或事项。

（3）了解管理层做出会计估计的过程。为此，注册会计师应考虑下列事项：与会计估计相关的账户或交易的类型；做出会计估计的人员的经验和能力；管理层如何确信做出会计估计依据的数据是完整、相关和准确的；是否存在做出特殊会计估计所需的一般公认的技术方法；做出会计估计依据的假设是否一致，并符合企业经营计划和外部环境，以及管理层如何确信会计估计是根据这些假设做出的；管理层是否已执行敏感性分析，确定做出会计估计依据的假设的变化对会计估计的影响；当敏感性分析表明可能有很多不同结果时，管理层如何确定会计估计；管理层是否监控前期做出的会计估计的实际结果；对做出会计估计过程实施的其他内部控制。

（4）复核会计估计的结果，或对其进行重新估计。执行这一程序有助于注册会计师获取有关管理层前期估计过程有效性的信息，注册会计师可以据此判断管理层本期估计过程的有效性。注册会计师还能获取需要在本期对前期做出的会计估计进行重新估计的审计证据，以及与需要在报表中披露的不相关确定性的审计证据。

2. 实施进一步审计程序

设计和实施进一步审计程序，是为了获取充分、适当的审计证据，以判断特定环境下的会计估计是否合理，必要时是否得以充分披露。在审计会计估计时，注册会计师应当采用下列一种或多种审计程序：

（1）复核和测试管理层做出会计估计的过程。在复核和测试管理层做出会计估计的过程时，注册会计师应当按照下列步骤实施审计程序：

① 评价会计估计依据的数据，考虑会计估计依据的假设。首先，注册会计师应当评价会计估计依据数据的准确性、完整性和相关性。数据的准确性是指做出会计估计依据的数据的准确性，如应收账款的账龄准确性。其次，注册会计师应当考虑从被审计单位外部获取与会计估计相关的审计证据。外部审计证据由于来源独立，可靠性更强，可以成为评价会计估计恰当与否的证据。再次，注册会计师应当评价被审计单位是否对收集的数据进行了恰当的分析，并将其作为确定会计估计的合理基础。例如，被审计单位是否对应收账款的账龄进行分析，是否根据消耗量的预测对存货供应天数进行推算。最后，在某些情况下，会计估计依据的主要假设是行业和政府的预测数据，如通货膨胀率、利率和汇率等；在另一些情况下，会计估计依据的主要假设是被审计单位特有的、内部编制的数据。注册会计师应当检查这些假设的来源，以评价其是否有合理的依据。对于涉及特殊技术的复杂会计估计过程，注册会计师应当考虑利用专家的工作。在很多情况下，被审计单位采用计算公式做出会计估计。例如，采

用直线法计算固定资产折旧，采用销售收入百分比法计算产品质量保证准备金。被审计单位通常定期检查公式的适当性，如重新估计固定资产的剩余使用年限、调整计算产品质量保证准备金的比例等。

当然，会计估计可能会涉及会计和审计之外其他领域的知识和技术。例如，探测某一矿产的蕴藏量，或是估算在建工程的完工程度，注册会计师应当根据具体情况考虑是否需要利用专家的工作。

② 测试会计估计的计算过程。注册会计师应当对管理层做出会计估计的计算过程实施审计程序。在实务中，实施审计程序的性质、时间和范围取决于下列因素：评估的重大错报风险；会计估计在财务报表中的重要性。

③ 将以前期间做出的会计估计与其实际结果进行比较。被审计单位的经营活动充满了风险和不确定性。会计估计是管理层运用专业判断进行估计和计算的结果，不可能完全精确。这些估计和计算在实际发生后，会反过来验证管理层事前估计的合理性和准确性。因此，注册会计师可以将被审计单位以前期间做出的会计估计与其实际结果进行比较。其目的是获取有关会计估计程序和方法总体可靠性的审计证据；考虑是否需要调整会计估计公式；评价会计估计与实际结果之间的差异是否已经量化，如有必要，是否已作适当调整或披露。

注册会计师在将被审计单位以前期间做出的会计估计与其实际结果进行比较时，应当将比较结果以数量的形式表现出来，即量化两者的差异。

例 11 – 1　被审计单位从 2010 年初起开始生产并销售某类产品，该类产品质量保证期为 3 年。2010 ~ 2012 年该产品的销售收入及实际发生的维修费用如表 11 – 1 所示。

表 11 – 1　　　　××产品的销售收入及实际发生的维修费用　　　　单位：万元

项目 \ 年份	2010	2011	2012
销售收入	1 000	1 500	1 200
当年度发生的维修费	(2010)8	(2011)18	(2013)18
第二年发生的维修费	(2011)11	(2012)20	(2014)尚未发生
第三年发生的维修费	(2012)9	(2013)尚未发生	(2015)尚未发生

假设被审计单位在以上 3 年年末分别按当年销售收入的 2% 计提产品质量保证金 20 万元、30 万元和 24 万元。在审计 2012 年度的财务报表时，注册会计师应当将 2010 年度 1 000 万元销售所对应的产品质量保证金 20 万元与这批产品 2010 ~ 2012 年三年内实际发生的 28 万元维修费用进行比较。通过比较可以发现，该产品计提的质量保证金不能弥补其质量保证期内所发生的维修费用。进一步分析可以发现，2010 ~ 2012 年的三年中，每年所销售的产品在当年度发生的维修费与销售收入的比例呈逐年上升趋势，且 2011 年销售的产品在当年及 2013 年两年内发生的维修费用已超过为这批产品所计提的质量保证金。在这种情况下，注册会计师应当提请被审计单位提高

对产品质量保证金的计提比例。

④ 考虑管理层对会计估计的批准程序。重要的会计估计通常需要取得管理层的复核和批准，这也是被审计单位内部控制制度的一部分。注册会计师应当考虑这种复核和批准是否由适当层次的管理层执行，并在支持做出会计估计的书面文件中留下证据。

（2）对包括独立估计在内的不同会计估计结果进行比较。独立估计是指独立于被审计单位之外的人员（包括注册会计师和专家等）对会计估计事项所做的估计。注册会计师可以自行做出独立估计或从其他渠道获取独立估计，并与管理层做出的会计估计进行比较。如果具备专业胜任能力，注册会计师可以自行做出独立估计。对于涉及特殊技术的复杂会计估计或某些不熟知的领域，如在建造合同中对已完成和未完成工作的计量、特定资产的估价和物质状况的测定等，注册会计师可以考虑从其他渠道获取独立估计。如果被审计单位未建立与会计估计相关的控制政策和程序，注册会计师无法通过复核和测试管理层做出会计估计的过程验证会计估计的合理性，也不存在能够印证会计估计的期后事项，注册会计师应当考虑运用独立估计与被审计单位做出的会计估计进行比较，以检验管理层做出的会计估计的合理性。如果复核和测试管理层做出会计估计的过程以及复核期后事项不足以为注册会计师审计会计估计提供充分、适当的审计证据，注册会计师也需要考虑运用独立估计。

在某些情况下，独立估计不仅能够印证被审计单位管理层所作的会计估计的合理性，同时也可提高审计效率。例如，根据对市场上具有相似规格和品质的某一产品的现在及未来销售情况的了解，注册会计师可以对被审计单位就该产品计提的存货跌价准备做出估计。

（3）利用期后事项复核会计估计的合理性。资产负债表日后至审计完成之前发生的交易或事项，可能为注册会计师审计会计估计提供审计证据。注册会计师对这些交易或事项的复核可能减少甚至取代对管理层形成会计估计过程的复核和实施其他审计程序，或取代在评估会计估计合理性时运用的独立估计。复核期后事项可能为会计估计提供结论性的审计证据，但在审计工作完成之前，并不一定会出现为会计估计提供进一步证据的事项。因此，该程序的使用范围较为有限。注册会计师在审计过程中，需要区分两类不同的期后事项。

第一类期后事项是指能够为被审计单位资产负债表日会计估计合理与否提供进一步证据的事项。如2012年12月31日，被审计单位应收某企业账款100万元，账龄在两年以上，被审计单位按照10%的比例提取坏账准备。次年2月10日，该企业因长期经营不善破产，被审计单位收回20万元。注册会计师在审计工作完成前获知此信息，该事项说明被审计单位对坏账准备的估计没有充分反映实际的损失风险，注册会计师应提请被审计单位调增资产负债表日的坏账准备70万元。又如，对资产负债表日存在的未决诉讼、未决索赔的估计金额，如果在审计工作完成前，相关事项已经做出判决或取得了新的证据，注册会计师应重新考虑资产负债表日会计估计的合理性，必要时应调整。

第二类期后事项是指被审计单位资产负债表日后至审计工作完成前发生的不影响被审计单位资产负债表日会计估计的事项。如上例中的债务人并非因经营不善破产而是发生火灾被迫破产，尽管清算后被审计单位仍然收回债权 20 万元，但该事项不能证明 2012 年 12 月 31 日被审计单位对该应收账款坏账准备的会计估计不合理。

二、公允价值计量和披露的审计

（一）了解公允价值计量和披露的程序以及相关控制活动并评估重大错报风险

公允价值是一种会计计量属性。在公允价值计量下，资产和负债按照在公平交易中，熟悉情况的交易双方自愿进行资产交换或者债务清偿的金额计量。

1. 了解被审计单位公允价值计量和披露的程序目的

公允价值计量和披露的程序及相关控制活动是保证公允价值计量适当性和披露充分性的重要基础，对公允价值计量和披露的程序（包括其复杂程度）及相关控制活动的充分了解，有助于注册会计师在认定层次识别和评估重大错报风险，并根据风险评估结果设计和实施进一步审计程序的性质、时间和范围。

公允价值计量和披露的程序的性质和内容取决于所涉及的资产和负债的性质和内容，因而在不同的被审计单位之间和同一被审计单位的不同计量对象之间（如公开交易证券和划分为可供出售金融资产的对非上市公司的股权投资）可能存在较大的差异。

在某些情况下，公允价值的计量和被审计单位管理层为此而建立的程序可能是简单和可靠的。例如，当被审计单位持有可在公开市场买卖的证券时，管理层可以参考已公布的市场报价来确定其公允价值，而不需要进行复杂的公允价值计量和披露的程序。但是，某些公允价值计量比较复杂。例如，针对被审计单位的可转换债券或某些衍生金融工具，由于涉及未来事件的发生及结果的不确定性，在计量过程中可能需要更多地运用主观判断，这时就需要建立更为广泛和严格的公允价值计量和披露程序。

被审计单位公允价值计量和披露的程序应涵盖其所有应当按公允价值计量和披露的资产和负债项目，并确保其具备能恰当运用公允价值计量方法的条件。此外，被审计单位应恰当地监控公允价值计量和披露的程序，主要包括识别某些异常和特别复杂的计量问题，以及由高层管理人员对其进行评价。

2. 了解相关控制活动时应考虑的事项

（1）从事公允价值计量的人员的专业知识和经验。例如，当对某些衍生金融工具进行计量时，从事公允价值计量的人员应当了解计量对象的性质和计量方法等，并具备相应的实践经验和专业知识。

（2）信息技术在计量过程中的作用。例如，被审计单位可能采用电子计算机技术来计算某些复合衍生工具，如互换和期权的公允价值。

（3）需要以公允价值计量或披露的账户或交易的类型。例如，定期或重复发生的交易形成的账户记录，或不定期的、异常的交易形成的账户记录等。

（4）依赖服务机构提供公允价值计量或支持计量数据的范围。公允价值计量和披露的多样性和复杂性，以及从事公允价值计量的人员的专业知识和经验的缺乏，可能致使被审计单位更多地依赖服务机构提供的公允价值计量或支持计量数据等服务。

（5）在确定公允价值计量和披露时，利用专家工作的程度。导致被审计单位更多地依赖服务机构提供公允价值计量或支持计量数据等服务的诸多因素，同样也可能致使被审计单位更多地利用专家工作。当被审计单位利用专家的工作时，注册会计师应遵循《中国注册会计师审计准则第 1421 号——利用专家的工作》的要求。

（6）在确定公允价值时，管理层做出的重大假设。这些重大假设可能显著地影响公允价值的计量结果。例如，在期权定价模型中关于标的股票价格波动率的假设对期权公允价值的确定具有显著的影响。

（7）支持管理层做出假设的记录。主要是对管理层在确定公允价值时所作假设的依据进行的记录，如对经济增长、利率或汇率等关键经济变量走向判断的记录。

（8）在形成和运用假设以及监控假设的变化时，管理层采用的方法。例如，相关市场信息的来源渠道和是否利用服务机构等。

（9）估值模型及相关信息系统（包括批准程序）的更改控制和安全性程序的完整性。估值模型及相关信息系统也应建立相应的安全性程序，防止其遭到破坏。在了解被审计单位公允价值计量和披露的程序时，注册会计师需要考虑这些更改控制和安全性程序的完整性。

（10）对估值模型中使用数据的一致性、及时性和可靠性的控制。例如，是否存在独立的部门或人员对数据的采集、录入或变更等环节进行控制。

3. 识别和评估重大错报风险

识别和评估认定层次的重大错报风险有利于注册会计师有针对性地确定进一步审计程序的性质、时间和范围。在了解被审计单位确定公允价值计量和披露的程序及相关控制活动后，注册会计师应当识别和评估与公允价值计量和披露相关的认定层次的重大错报风险，以确定进一步审计程序的性质、时间和范围。

4. 对特别风险的考虑

公允价值计量容易受到不同程度错报的影响。因此，实施进一步审计程序的性质、时间和范围，将取决于对公允价值计量易受错报影响的程度，以及公允价值计量过程的复杂程度。

公允价值计量与披露的复杂性，与其相关的重大错报风险很可能构成特别风险，需要引起注册会计师的高度重视。特别风险通常与重大的非常规交易和判断事项有关。在运用估值技术确定公允价值的过程中，可能涉及大量的估计和判断，因此与公允价值确定有关的错报风险可能构成特别风险。

5. 对控制固有局限性的考虑

由于内部控制存在固有局限性，因此无论如何设计和执行，只能对财务报告的可靠性提供合理的保证。公允价值的确定通常涉及管理层的主观判断，这可能影响能够被实施的控制活动的性质。公允价值计量易受错报影响的程度，也可能会因财务报表编报对公允价值计量的要求越来越复杂而增大。

（二）评价公允价值计量的适当性和披露的充分性

1. 了解被审计单位的业务和行业情况

评价被审计单位在适用的会计准则和相关会计制度的规定下对公允价值计量的适

当性和披露的充分性,尤其是在对资产和负债的估值方法非常复杂的情况下,将部分依赖于注册会计师对被审计单位所处行业、经营业务和性质的了解。例如,衍生金融工具可能非常复杂(如新型期权),存在着对如何确定公允价值的不同理解,这可能会导致不同结论的风险;对在企业合并中取得的"尚在进行中的研究和开发支出"或无形资产的公允价值计量,根据被审计单位适用的会计准则和相关会计制度的规定,可能需要对被审计单位性质及业务经营情况的影响予以特殊考虑等。因此,注册会计师对被审计单位业务活动的了解,可能有助于识别那些根据适用的会计准则和相关会计制度的规定应该采用公允价值计量来确认减值的资产。

2. 考虑被审计单位管理层采取特定行为的意图

在某些情况下,被审计单位管理层对一项资产或负债的意图将决定该项资产或负债的计量和披露,以及如何在财务报表中列报其公允价值的变动。因此,管理层的意图对确定公允价值计量的适当性非常重要。例如,对一项债券投资,如果管理层有明确意图和能力将其持有至到期,则应当运用摊余成本计量。但是管理层也可能出于资产负债比例管理的需要,将其指定为以公允价值计量且其变动计入当期损益的金融资产。如果管理层采取特定措施的意图与公允价值计量和披露相关,注册会计师应当就管理层的意图获取审计证据,并考虑管理层实施该意图的能力。

被审计单位管理层采取特定措施的意图通常具有高度的主观性。适用的会计准则和相关会计制度通常要求管理层记录其对特定资产或负债的计划采取的措施。例如,对于指定为以公允价值计量且其变动计入当期损益的金融资产或金融负债和可供出售金融资产,被审计单位管理层应当具有正式的书面文件,对风险管理或投资策略予以说明。针对管理层意图获取审计证据的范围属于职业判断,注册会计师实施的审计程序通常包括向管理层询问,并通过下列方式对管理层的答复予以印证:考虑管理层以前所述的对于资产和负债的意图的实际实施情况;复核包括预算、会议纪要等在内的书面计划和其他文件记录;考虑管理层选择特定措施的理由;考虑管理层在既定经济环境下实施特定措施的能力。

3. 评价公允价值计量方法的适当性

如果适用的会计准则和相关会计制度规定了可供选择的公允价值计量方法,或者对公允价值计量方法未做出规定,注册会计师应当评价被审计单位是否根据具体情况采用适当的计量方法。例如,对于公开上市交易的权益工具,采用现值技术而不是市场报价可能是不合适的。对于不存在活跃市场的金融工具,被审计单位可以采用的估值方法包括:参考熟悉情况并自愿交易的各方最近进行的市场交易中使用的价格;参照实质上相同的其他金融工具的当前公允价值;现金流量折现法和期权定价模型等。

在评价特定情况下采用的公允价值计量方法是否适当时,注册会计师应当运用职业判断。如果被审计单位从可供选择的方法中选用某一估值方法,注册会计师应当通过与管理层讨论,了解其选择该估值方法的理由,并考虑下列事项:如果适用的会计准则和相关会计制度规定了选用估值方法的标准,管理层是否充分评价和恰当运用这些标准,以支持其选用的方法;根据被估值资产或负债的性质以及适用的会计准则和相关会计制度的规定,采用的估值方法是否适当;根据被审计单位业务情况、行业状况和所处的环境,采用的估值方法是否适当。

使用不同估值方法对同一计量对象进行估值得出的结果可能相互印证，但也可能存在重大差异。因此，管理层可能已经确定的不同的估值方法将导致公允价值计量结果存在重大差异。在这种情况下，注册会计师应当评价被审计单位在确定公允价值的估值方法时如何调查产生这些差异的原因。当采用不同估值技术导致公允价值计量结果存在重大差异时，注册会计师应当调查所采用的重大假设是否存在错误或者是否存在估值模型的不恰当使用。需要注意的是，只要采用估值技术而不是根据市场报价来确定公允价值，作为估价风险组成部分的模型风险始终都会存在。

（三）针对重大错报风险实施的审计程序

注册会计师应当针对评估的与公允价值计量和披露相关的认定的重大错报风险，设计和实施进一步审计程序。

1. 设计和实施实质性程序应当考虑的因素

注册会计师对公允价值计量过程（包括其复杂程度）的了解，有助于确定其将要实施的审计程序的性质、时间和范围。在确定拟实施的审计程序时，注册会计师应当考虑的因素主要包括：

（1）当使用报价获取有关估值的审计证据时，可能需要了解报价形成的情况。例如，以投资为目的而持有的有公开市价的证券，如果持有的数量比较大或买卖受到一定限制，按照被审计单位适用的会计准则和相关会计制度以市场交易价格进行估值时，可能要做适当的调整。

（2）当使用第三方提供的审计证据时，需要考虑其可靠性。例如，获取的信息是第三方对询证函的回复时，为了能够确保审计证据的可靠性，注册会计师需要考虑负责回函人员的胜任能力、独立性、回函的权限、其对所函证事项的了解程度以及客观性。注册会计师将根据与公允价值计量相关的重大错报风险的评估结果，来确定实施审计程序的范围。

（3）如果获取支持公允价值计量的审计证据的日期（如独立评估师进行评估的日期）与适用的会计准则和相关会计制度要求被审计单位在其财务报表中对公允价值进行计量和披露的日期不一致，在这种情况下，注册会计师需要获取审计证据，以验证管理层是否已考虑了公允价值计量日与报告日之间发生的交易、事项和情况的变化对公允价值计量结果的影响。

（4）某些应当以公允价值计量或评估其是否发生减值的债券投资，经常存在设定抵押物。如果抵押物是计量债券投资的公允价值或评估其账面价值是否发生减值的重要因素，注册会计师需要对抵押物的存在性、价值、权利以及可取得或可转让性获取充分、适当的审计证据（包括考虑所有适当的留置权是否已向有关部门登记），并且需考虑被审计单位在适用的会计准则和相关会计制度下是否已对抵押物进行了适当的披露。

（5）在某些情况下，还可能需要执行追加的审计程序，以获取有关公允价值计量适当性的充分、适当的审计证据。例如，为取得与一项投资性房地产的公允价值相关的实物状况信息，可能需要对该项资产进行现场检查；或者对证券进行实物检查，可能会发现是否存在影响其价值的转让限制。

2. 实质性程序的主要类型

注册会计师实施的与公允价值计量和披露相关的实质性程序通常包括：测试管理层的重大假设、估值模型和基础数据；对公允价值进行独立估值，以印证其计量是否适当；考虑期后事项对公允价值计量和披露的影响。

（1）测试管理层的重大假设、估值模型和基础数据。

① 测试管理层的重大假设。假设是一些较为复杂的估值方法不可分割的组成部分。在对公允价值进行计量的过程中，被审计单位管理层需要做出一些假设，包括管理层决定依赖的以专家的工作为基础的假设，以及按照治理层的指引形成的假设。特定的假设将会因被估值资产或负债的不同特征、使用估值方法的不同而变化。假设可能对公允价值的计量产生重大影响。例如，当使用现金流量折现（为一种以收入为基础的方法）作为估值方法时，将需要对现金流量的水平、用于分析的时间跨度，以及折现率做出假设。这些假设尤其是关于折现率的假设将对公允价值的计量产生重大影响，这主要是因为折现率的微小变化将导致折现结果的重大变化。折现率的确定一般应以特定计量项目的市场利率为基础。当无法获取时，可以根据加权平均资本成本、增量借款利率或其他相关市场利率调整后确定，调整因素包括与期望现金流量相关的风险。

② 测试管理层的估值模型。对被审计单位使用估值模型进行公允价值计量的项目，注册会计师应当复核该估值模型，并评价该模型是否恰当以及使用的假设是否合理。例如，被审计单位对一家新设企业进行股权投资，当目前没有营业收入作为未来盈利或现金流量的预测基础时，采用未来现金流量折现法来衡量该项股权投资的价值可能是不恰当的。注册会计师在评价估值模型是否恰当时，应注意以下几点：如果某一估值模型为大多数的市场参与者用来对某一类资产或负债进行估价，那么企业也应当使用这一估值模型对该类资产或负债进行估价，除非有证据表明，存在更为成熟的估值模型可以得到更为精确的结果，否则企业不应随意改变所选用的估值模型；如果对某一类资产或负债的估价不存在为大多数市场参与者共同接受的估值模型，那么企业可以发展自己的估值模型；运用估值模型时，企业所使用的估计和假设应当与市场的参与者所使用的估计和假设相一致，例如，市场利率、外汇汇率、商品价格以及政府和行业的统计数据等；企业在选择现值技术计量公允价值的估值模型时，应确保该估值模型反映了所计量项目公允价值的下列要素：对未来现金流量的估计，或者在更复杂的情况下，一连串不同时间的未来现金流量；对这些现金流量金额或时间可能出现的差异的预期；以无风险利率表示的货币时间价值；包括资产或负债中内在不确定性的价格；包括非流动性和市场非完美性的其他因素，有时这些因素是不可确指的。

③ 测试管理层的基础数据。注册会计师应当针对形成公允价值计量和披露的数据实施审计程序，评价公允价值计量所依据的数据是否准确、完整和相关，以及公允价值是否依据这些数据和管理层的假设被予以适当计量。例如，注册会计师所执行的程序可能包括验证数据的来源、重新计算、复核数据的内在一致性等，包括与管理层意欲执行的特定措施是否一致。形成公允价值计量和披露的数据还包括利用专家的工作时专家所使用的数据。

（2）对公允价值进行独立估值。注册会计师可以对公允价值进行独立估值，以印证被审计单位的公允价值计量结果。独立估值的目的在于印证被审计单位的公允价值计量结果，而不在于重新确定特定项目的公允价值。注册会计师对公允价值进行独立估值包括使用注册会计师自己设定的估值模型，也可能包括利用专家或其他第三方的模型等。注册会计师可以利用自己开发的模型（也称为影子估值）进行独立估值。在进行独立估值时，注册会计师可以运用被审计单位管理层的假设，也可以运用自己的假设。注册会计师也可另行设定假设，而不使用管理层的假设。在这种情况下，注册会计师仍应了解管理层的假设，据此确定另行设定的估值模型是否已考虑管理层估值模型所含的重要变量，并与管理层的公允价值计量结果进行比较及评价重大差异。

（3）考虑期后事项。注册会计师应当考虑期后事项对财务报表中公允价值计量和披露的影响。在审计工作完成之前发生的期后事项，可以为管理层做出的公允价值计量和披露提供适当的审计证据。例如，在期后较短的时间内销售了一项投资性房地产，可以提供公允价值计量的相关审计证据。当然，期后的公允价值信息可能仅反映期后发生的事项，而不反映资产负债表日已经存在的情况。例如，在公开市场上交易活跃的有价证券，其在资产负债表日后的价格变化，通常不能为这些证券在财务报表日业已存在的价值提供适当审计证据。

三、关联方交易的审计

（一）关联方存在和披露的审计程序

根据《企业会计准则第36号——关联方披露》的规定，一方控制、共同控制另一方或对另一方施加重大影响，以及两方或两方以上同受一方控制、共同控制或重大影响的，构成关联方。根据《企业会计准则第36号——关联方披露》的规定，关联方交易是指关联方之间转移资源、劳务或义务的行为，而不论是否收取价款。关联方交易的类型通常包括：购买或销售商品，购买或销售商品以外的其他资产，提供或接受劳务，担保，提供资金（贷款或股权投资）、租赁、代理、研究与开发项目的转移，许可协议，代表企业或由企业代表另一方进行债务结算，关键管理人员薪酬等。

1. 识别关联方的存在

（1）复核以前年度工作底稿，确认已识别的关联方名称以前年度工作底稿中确认的关联方。本期如未发生变动，仍应将其视为关联方；以前年度工作底稿中做过记录、但未作为关联方的企业，也有可能在本期成为关联方。

（2）复核被审计单位识别关联方的程序。如果被审计单位识别关联方的程序存在问题，那么管理层向注册会计师提供的已知关联方的信息就可能不完整，在财务报表中披露的关联方和关联方交易也可能存在遗漏。为此，注册会计师应当收集相关资料，了解、评价被审计单位识别关联方的程序。

（3）询问治理层和关键管理人员是否与其他单位存在隶属关系。注册会计师应当向被审计单位的治理层和管理层询问有关关联方关系的信息，其中包括询问治理层和关键管理人员，了解被审计单位是否与其他单位存在隶属关系。注册会计师还可以向被审计单位内部可能了解关联方和关联方交易的其他人员进行询问，询问对象包括：组织、实施或记录重大交易或异常交易的人员，以及对这些人员进行监督的人员；内部审计人员；被审计单位从事法律事务的专业人员。

（4）复核投资者记录以确定主要投资者的名称。在适当情况下，从股权登记机构获取主要投资者的名单，注册会计师应当据其复核投资者记录，以确定主要投资者的名称。当有迹象表明被审计单位的投资者记录存在错误时，注册会计师应从股权登记机构获取主要投资者的名单。股权登记机构一般是工商登记机关，上市公司的股权登记机构是中国证券登记结算有限责任公司。

（5）查阅股东会和董事会的会议纪要以及其他相关的法定记录。通过查阅股东会和董事会的会议纪要以及其他相关的法定记录，注册会计师可以了解被审计单位主要股东、董事和高级管理人员的变动情况以及重大投资和资产重组方案等，从而识别被审计单位的关联方。

（6）询问其他注册会计师或前任注册会计师所知悉的其他关联方。其他注册会计师，是指除主审注册会计师以外的，负责对被审计单位组成部分财务信息出具审计报告的其他会计师事务所的注册会计师。注册会计师向其他注册会计师询问，可能获得其他注册会计师在审计过程中所了解的与被审计单位有关的其他关联方情况。前任注册会计师，是指代表会计师事务所对被审计单位最近期间财务报表出具了审计报告或接受委托但未完成审计工作，已经或可能与委托人解除业务约定的注册会计师。前任注册会计师熟悉被审计单位的历史情况，向其询问有关关联方信息，有助于发现管理层未识别的关联方。注册会计师应对通过其他注册会计师和前任注册会计师了解到的关联方信息进行复核，并与实施其他审计程序的结果相互验证。

（7）复核被审计单位向监管机构报送的所得税申报表和其他信息。注册会计师通过复核被审计单位向监管机构报送的所得税申报表，可以了解被审计单位是否存在从被投资方分得利润等情况，以识别被投资方是否为关联方。被审计单位如为上市公司，注册会计师还可以复核其向证券监管部门报备的有关资料。

2. 确定关联方关系披露是否充分

企业无论是否发生关联交易，均应当在附注中披露与母公司和子公司有关的下列信息：被审计单位母公司、子公司和最终控制方的名称；母公司和子公司的业务性质、注册地、注册资本（或实收资本、股本）及其变化；母公司对被审计单位或者被审计单位对子公司的持股比例和表决权比例。在与关联方发生关联方交易的情况下，应当在附注中披露关联方关系的性质。为此，注册会计师应：

（1）复核由治理层和管理层提供的关联方交易的信息。注册会计师应当复核由治理层和管理层提供的关联方交易的信息，并对其他重要的关联方交易保持警惕。注册会计师应当获取由被审计单位治理层和管理层提供的关联方交易的信息，并对其进行复核。如果被审计单位涉及重大的关联方交易，例如与关联方发生的重组或收购交易、售后回购、售后回租以及年末发生的重大交易，管理层可能更多地介入会计处理，注册会计师应当考虑该项交易是否会导致财务报表重大错报风险。

（2）了解被审计单位与关联方交易相关的内部控制。由于下列原因，管理层可能没有就关联方和关联方交易建立内部控制，或就关联方和关联方交易的内部控制设计不够合理、执行不够有效：管理层对识别和披露关联方和关联方交易的重视程度不够；缺乏治理层合理的监控；因披露关联方和关联方交易可能会泄露被审计单位的敏感信息，管理层会故意忽视相关的内部控制；管理层未能充分了解适用的会计准则和相关会计制度对关联方和关联方交易的披露要求；在了解被审计单位内部控制时，注册会计师应当考虑与关联方交易授权和记录相关的控制活动的适当性。

除授权和批准外，注册会计师还应当考虑被审计单位内部控制中与关联方交易相关的其他方面，包括：是否建立了针对关联方交易的行为守则，相关人员是否普遍了解并严格执行这些行为守则；是否存在相关的政策和程序，以及时识别和披露管理层和治理层在关联方交易中所得到的利益；有关识别、记录、汇总和披露关联方交易的责任是否进行了合理界定；针对重大的、非常规的关联方交易，管理层和治理层是否及时进行讨论，并予以披露；对于存在利益冲突的关联方交易，是否存在明确的指导方案和解决办法；在披露关联方和关联方交易时，如果碰到问题，管理层是否有积极寻求帮助的意识，例如向注册会计师或者法律专家咨询；针对关联方和关联方交易，是否存在预警性政策和程序。例如，治理层是否建立相关的政策和程序以减轻管理层凌驾于与关联方和关联方交易相关的内部控制之上的风险。

3. 对异常的交易保持警惕

在审计过程中，注册会计师应当对显得异常的交易保持警惕，考虑是否存在以前尚未识别出的关联方。这些交易主要包括以下几种类型：

（1）价格、利率、担保和付款等条件异常的交易。例如，交易价格明显高于或低于本行业平均水平；借款利率明显高于或低于同期银行贷款利率平均水平；单方面提供借款担保；付款日期、现金折扣等条件异常优厚的交易等。

（2）商业理由明显不合乎逻辑的交易。商业理由明显不合乎逻辑的交易通常包括，被审计单位与无正常业务关系的单位和个人发生的重大交易；采用预付货款的方式采购市场上并不紧缺的原材料或商品；大量购入并不需要的材料或滞销的商品；以低于市场的价格销售商品等

（3）实质与形式不符的交易。被审计单位可能利用形式上的公平交易来掩盖事实上的不公平交易，如收取大量的货款却迟迟不发货，进行"真融资、假销售"。

（4）处理方式异常的交易。处理方式异常的交易是指交易方式、程序等与一般惯例或制度规定不一致的交易，如未签订购销合同而进行的交易、易货交易、定期向第三方支付预付款的交易等。

（5）与某些顾客或供货商进行的大量或重大交易。在市场经济中，为了分散风险，企业一般采取多元化购销策略，而不会依赖于单一的供应商或客户。被审计单位与某些供应商和客户经常发生大额交易，如果不是由于客观环境的制约，而是出于主观自愿，那么这些供应商和客户与被审计单位是关联方的可能性就比较大。

（6）未予记录的交易。对于未予记录的交易，例如，无偿接受或提供劳务、主要股东承担公司费用等，被审计单位可能忽略、遗漏或隐瞒此类交易是关联方交易这一事实。

4. 实施进一步审计程序时对关联方交易的关注

在审计过程中，注册会计师实施的下列审计程序可能识别出关联方交易的存在：

（1）执行交易和余额的细节测试。注册会计师通过对重大交易和余额进行细节

测试，可能会发现异常交易，从而发现被审计单位未披露的关联方交易。

（2）查阅股东会和董事会的会议纪要。企业的重大交易事项一般需要得到授权，经股东会、董事会等决议通过，并形成会议纪要。注册会计师通过查阅股东会和董事会的会议纪要，可以了解重大交易的授权、批准等内部控制是否健全并有效执行，也有助于其识别对被审计单位有重大影响的关联方交易。

（3）复核大额或异常的交易、账户余额的会计记录，特别关注接近报告期末或在报告期末确认的交易。被审计单位为粉饰经营业绩，往往会在接近报告期期末的时候或在报告期期末确认重大交易，这些交易往往也是在关联方之间发生的。注册会计师通过复核大额或异常的交易、账户余额的会计记录，有助于发现被审计单位未披露的关联方交易。

（4）复核对债权债务关系的询证函回函以及来自银行的询证函回函，以发现担保关系和其他关联方交易。注册会计师通过复核债权债务关系的询证函回函以及有关存款、借款的询证函，有助于证实被审计单位对这些款项的记录的真实性，同时也可以识别被审计单位通过虚假的往来和银行账户与关联方进行商品购销、担保等关联方交易。

（5）复核投资交易。注册会计师通过查阅被审计单位的重大投资交易，例如，购买或出售子公司，有助于发现重大关联方交易。同时，注册会计师也需要格外关注交易的对方是否为被审计单位关联方。如果在审计过程中识别出以前没有识别的关联方交易，或者识别出治理层和管理层没有披露的关联方交易，注册会计师可以考虑实施以下追加程序：立即将这一情况传达给项目组的其他成员，使其确定该情况是否影响到已实施审计程序所得出的结果；要求管理层在最新识别的关联方的基础上识别与该关联方 的其他所有交易，以便于注册会计师进行进一步的评价；了解被审计单位对于关联方交易的控制，并调查被审计单位以前没有识别或没有披露关联方交易的原因；如果发现管理层有意不予识别或者不予披露关联方交易的情形，注册会计师应将这一情况通知被审计单位的治理层，并评价这一情况对审计工作其他方面的影响，尤其要考虑管理层提供的有关关联方信息完整性的声明是否可靠。

（二）检查已识别的关联方交易

1. 检查已识别出的关联方交易的审计程序

在检查已识别的关联方交易时，注册会计师应当获取充分、适当的审计证据，以确定这些交易是否已得到恰当记录和充分披露。注册会计师应当将测试被审计单位与关联方发生的重大交易作为审计工作重点，同时考虑关联方交易的类型、性质和范围及其对财务报表的影响。为了获得充分、适当的审计证据，注册会计师可以考虑实施下列审计程序：

（1）了解交易的商业目的；

（2）检查发票、合同和其他相关材料，例如，验收报告和货运单据；

（3）确定交易是否已得到管理层或治理层的批准；

（4）检查关联方交易在财务报表中的披露是否充分。被审计单位管理层只有在提供确凿证据的情况下，才能披露关联方交易是公平交易。管理层提供的证据通常包括：将与关联方交易的条款与一个或多个类似的非关联方交易的条款进行比较，聘请外部专家确定此类交易的市场价格，与公开市场上大量相似交易的条款进行比较。

注册会计师应当检查关联方交易披露的充分性，同时就关联方交易为公平交易的披露进行评价。在进行评价时，注册会计师可以考虑以下几点：

（1）管理层证明关联方交易是公平交易的方法的恰当性；

（2）验证支持管理层提供证据的内部或外部信息来源的准确性、完整性和相关性；

（3）当管理层提供的证据是建立在假设的基础上时，考虑管理层采用的假设与其证据的相关性。如果无法获取充分、适当的审计证据，以合理确信管理层关于关联方交易是公平交易的披露，注册会计师可以要求管理层撤销此披露。如果管理层不同意撤销，注册会计师应当考虑其对审计报告的影响。

2. 针对关联方交易证据有限实施的审计程序

关联方关系的性质可能导致与关联方交易有关的审计证据有限，例如，没有签订交易合同或协议，签订的合同或协议条款过于简单、付款方式随意等。此外，由于关联方交易的公允性难以判断，仅仅从被审计单位内部获取的证据说服力也不强。因此，关联方关系的性质可能导致与关联方交易有关的审计证据有限，注册会计师应当考虑实施下列审计程序：

（1）向关联方函证交易的条件和金额。交易条件包括交货时间、付款条件、担保条件等，交易金额包括已结算交易金额和未结算交易金额。通过向关联方函证交易的条件和金额，可以核实被审计单位有关资料的可靠性，判断这些交易是否得到恰当的记录。

（2）检查关联方拥有的信息。检查关联方拥有的信息可能获取一些在被审计单位内部无法获取的证据。注册会计师可以将该信息与对被审计单位实施审计程序获得的信息进行核对。如果一致，则增强证据的说服力，如果不一致，则有助于注册会计师发现其中存在的风险，采取进一步的措施。

（3）向与交易相关的人员和机构（如银行、律师、担保人或代理商等）函证或与之讨论相关信息。向与交易相关的人员和机构进行函证或与之讨论，有助于注册会计师了解更多的关联方交易的信息。例如，向银行函证有助于注册会计师了解关联方的财务状况和偿债能力。如果关联方偿债能力较弱，但被审计单位仍与之发生数额较大的商品购销活动，或为其提供担保，那么注册会计师就需要关注这种异常关系，检查关联方交易是否已得到恰当记录和充分披露。

◎ 相关案例

注重对关联方交易的审计判断

某会计师事务所 M 审计了 A 公司。在审计过程中，M 发现 A 公司将存货出售给了 B 公司，合同条款中付款期限是 90 天，是正常付款期限的 3 倍，且资金直接打入了 A 公司总裁的账户，而没有通过公司正常会计核算应走的程序。C 工业公司提供给 A 公司 40% 的原材料，其他供应商的份额都没有超过 5%。A 公司管理当局说之所以公司从 C 公司购买大量的原材料，是因为该公司提供了无条件的帮助。

A 公司的业务量在会计年度末的前一个月达到了最大，销售量占了全年销售量的 30%，有些年度这些情况出现在会计年度末的最后一周。A 公司在提供给 M 会计师事务所的管理当局声明书中不承认存在关联方交易。

对此，审计人员应慎重判断，应采取进一步的审计程序，确定 A 公司是否存在关联方交易及其是否正常。

四、持续经营的审计

（一）审计过程中考虑的重点

持续经营能力问题是一个重大不确定事项。不确定事项包括或有事项，但范围比或有事项大，主要是过去交易或事项形成的一种状况，其结果须通过未来事项的发生或不发生予以证实。任何不确定事项都包括两个方面：一是已经发生的事项；二是尚未发生的事项。例如，某单位向法院提起诉讼，要求某上市公司承担侵犯专利权造成的损失。截至财务报表批准报出日，法院尚未进行审理。该上市公司被起诉承担侵犯专利权造成的损失是已经发生的事项，而是否赔偿损失是尚未发生的事项。

1. 对持续经营假设适当性的考虑贯穿整个审计过程

在计划和实施审计程序以及评价其结果时，注册会计师应当考虑管理层在编制财务报表时运用持续经营假设的适当性。具体内容如下：

（1）在计划审计工作和实施风险评估程序时，注册会计师应当考虑是否存在可能导致对持续经营能力产生重大疑虑的事项或情况及相关的经营风险，评价管理层对持续经营能力做出的评估，并考虑已识别的事项或情况对重大错报风险评估的影响。

（2）注册会计师应当针对已识别出的可能导致对持续经营能力产生重大疑虑的事项或情况，实施进一步审计程序，以取得充分、适当的审计证据。

（3）在评价审计结果时，注册会计师需要确定导致对持续经营能力产生重大疑虑的事项或情况是否存在重大不确定性，并考虑对审计报告的影响。

2. 职业判断的考虑

管理层在编制财务报表时运用持续经营假设的适当性，注册会计师需要运用职业判断。例如，导致对持续经营假设产生重大疑虑的事项或情况可能很多，当存在一项或者多项事项或情况时，是否必然影响被审计单位持续经营能力；管理层依据对持续经营能力评估结果提出的应对计划是否可行，是否能够改善其持续经营能力等，这些都有赖于注册会计师做出职业判断。

需要注意的是，特殊情况下，注册会计师在连续几年的审计中，可能均对被审计单位在编制财务报表时运用持续经营假设的适当性存在重大疑虑，但被审计单位并没有终止经营，这并不意味着注册会计师的职业判断必然存在错误。

3. 不得对未来事项的可实现程度做出保证

由于管理层对持续经营能力的评估以及针对评估结果做出的应对计划，多是对某些事项或情况的未来结果做出的判断，因而具有较大的不确定性。注册会计师在执行财务报表审计业务时，不得对被审计单位是否具有持续经营能力和管理层做出应对计划的可实现程度做出保证。

（二）持续经营的审计程序

1. 了解被审计单位

了解被审计单位时，注册会计师应当考虑是否存在可能导致对持续经营能力产生重大疑虑的事项或情况以及相关经营风险。例如，被审计单位所处行业发展及其可能导致的被审计单位不具备足以应对行业变化的人力资源和业务专长等风险、本期及未来的融资条件及其可能导致的被审计单位由于无法满足融资条件而失去融资机会等风险。如果这些经营风险可能导致对持续经营能力产生重大疑虑，注册会计师应当予以充分考虑。

2. 复核初步评估

如果管理层已对持续经营能力做出初步评估，注册会计师应当复核该初步评估，以确定管理层是否识别出相关非持续经营事项或情况，并复核管理层提出的应对计划。如果管理层没有对持续经营能力做出初步评估，注册会计师应当与管理层讨论运用持续经营假设的理由，询问是否存在这些事项或情况，并提请管理层对持续经营能力做出评估。

3. 评估重大错报风险

注册会计师应当考虑在实施风险评估程序时识别出的事项或情况对重大错报风险评估的影响，及其对进一步审计程序的性质、时间和范围的影响。如果被审计单位存在资不抵债、无法偿还到期债务等事项或情况，这可能表明被审计单位存在因持续经营问题导致的重大错报风险，该项风险是与财务报表整体广泛相关，从而影响多项认定。因此，注册会计师应当针对评估的因持续经营问题导致的财务报表层次重大错报风险，确定总体应对措施，如向审计小组提供更多的督导，对拟实施的进一步审计程序的性质、时间和范围做出总体修改等。

4. 评价管理层对持续经营能力做出的评估

任何企业都可能面临终止经营的风险，因此，管理层应当定期对其持续经营能力做出分析和判断，确定以持续经营假设为基础编制财务报表的适当性。管理层对持续经营能力的评估是注册会计师考虑持续经营假设的一个重要组成部分。注册会计师应当评价管理层对持续经营能力做出的评估。

评估的内容应包括：

（1）注册会计师应当确定管理层评估持续经营能力涵盖的期间是否符合适用的会计准则和相关会计制度的规定。如果管理层评估持续经营能力涵盖的期间少于自资产负债表日起的12个月，注册会计师应当提请管理层将其延伸至自资产负债表日起的12个月。

对于超出管理层评估期间的事项或情况，注册会计师应当注意可能存在管理层现已知悉的、在评估期间以后将会发生的事项或情况，这些事项或情况可能对注册会计师考虑管理层运用持续经营假设编制财务报表的适当性产生重大影响。在考虑超出管理层评估期间的事项或情况时，注册会计师还应当确定这些事项或情况对持续经营能力的影响是否重大。如果影响重大，注册会计师应当考虑采取进一步措施，注册会计师应当考虑提请管理层确定这些事项或情况对评估持续经营能力的潜在影响。

客观上，超出评估期间的时间越长，其不确定性就越大。因此，只有当存在充分证据表明超出评估期间的有关事项或情况对被审计单位的持续经营能力具有重大影响时，注册会计师可以提请管理层对超出评估期间的有关事项或情况的潜在重大影响做出说明。

需要说明的是，注册会计师在实施风险评估程序以及针对期后事项的审计程序时，可能会注意到存在超出管理层评估期间的事项或情况。除实施询问程序外，注册会计师没有责任设计其他审计程序，以测试是否存在超出评估期间的、可能导致对持续经营能力产生重大疑虑的事项或情况以及相关经营风险。

（2）在评价管理层做出的评估时，注册会计师应当考虑管理层做出评估的过程、依据的假设以及应对计划。注册会计师应当考虑管理层做出的评估是否已考虑所有相关信息，其中包括注册会计师实施审计程序获取的信息。管理层的评估过程包括对可能导致对其持续经营能力产生重大疑虑的事项或情况的识别、对相关事项或情况结果的预测、对拟采取改善措施的考虑和计划以及最终的评估结论。在考虑管理层的评估过程时，注册会计师应当关注管理层是如何识别可能导致对其持续经营能力产生重大疑虑的事项或情况的，所识别的事项或情况是否完整，是否已经对注册会计师在实施审计程序的过程中发现的所有相关信息进行了充分考虑。

在考虑管理层做出的评估所依据的假设时，注册会计师应当考虑管理层对相关事项或情况结果的预测所依据的假设是否合理，并特别关注具有以下几类特征的假设：①对预测性信息具有重大影响的假设；②特别敏感的或容易发生变动的假设；③与历史趋势不一致的假设。注册会计师应当基于对被审计单位的了解，比较以前年度的预测与实际结果、本期的预测和截止目前的实际结果。如果发现某些因素的影响尚未反映在相关预测中，注册会计师应当与管理层讨论这些因素，必要时，要求管理层对相关预测所依据的假设做出修正。

◎ 相关案例

持续经营能力发生问题时的原因分析

PT 农垦商社于 1994 年上市，1997 年度开始出现亏损，1999 年度每股亏损 6.17 元，每股净资产 7.73 元。2000 年度每股亏损 1.06 元，每股净资产 8.79 元。

2001 年度 PT 农垦商社实现净利润 2 654 万元，每股收益高达 0.4068 元，每股净资产为 13.596 元。2001 年该公司财务状况和盈利水平发生如此大的变化，经过审计，确认为下列几方面的原因：

1. 母公司——上海农工商总公司代其全资子公司——上海绿野房地产开发公司偿还 PT 农垦商社的其他应收款 1.9 亿元，PT 农垦商社将这 1.9 亿元现金偿还债权人；母公司——上海农工商总公司代 PT 农垦商社偿还债务 3.7 亿元；债权人豁免 PT 农垦商社本息 4.1 亿元。

2. PT 农垦商社托管母公司上海农工商总公司的两家盈利能力较强的子公司——上海星光蔬菜有限公司、上海农工商集团商业总公司一年。托管期间属于上海农工商总公司的收益全部归 PT 农垦商社所有。

3. 重大资产置换。PT 农垦商属下 7 家盈利状况较差的公司资产（作价 17 031 万元）与母公司上海农工商总公司的优质资产（作价 15 094 万元）进行置换，差价部分由母公司以现金补足。

在这个案例中，农垦商社一度出现严重的经营困境，持续经营存在相当大的难度。但是，由于母公司代为清偿债务、部分债权人豁免本息、优质资产托管、置换进入优质资产等原因，农垦商社重新恢复了生机。

五、衍生金融工具的审计

（一）衍生金融工具审计对于注册会计师特殊的知识和技能要求

衍生金融工具，是指同时具备下列特征，并形成一个单位的金融资产及其他单位的金融负债或权益工具的合同。其特点包括：其价值随特定利率、金融工具价格、商品价格、汇率、价格指数、费率指数、信用等级、信用指数或其他类似变量的变动而变动；变量为非金融变量的，该变量与合同的任一方不存在特定关系；不要求初始净投资，或与对市场情况变化有类似反应的其他类型合同相比，要求很少的初始净投资；在未来某一日期结算。衍生金融工具包括金融远期合同、金融期货合同、金融互换和期权，以及具有金融远期合同、金融期货合同、金融互换和期权中一种或一种以上特征的工具。

在实施衍生金融工具审计时，注册会计师可能需要具备特殊的知识和技能，以计划和实施与衍生金融工具相关的特定认定的审计程序。这些特殊的知识和技能主要包括下列五个方面：

（1）了解被审计单位所处行业的经营特征和风险状况。

（2）了解被审计单位使用的衍生金融工具及其特征。例如，所使用的衍生金融工具的性质和风险特征（如信用风险、流动性风险或市场风险等风险）。

（3）了解被审计单位关于衍生金融工具的信息系统，包括服务机构提供的服务。例如，期货经纪公司或投资银行等提供的服务。当关于衍生金融工具的重要信息通过计算机系统形式被传递、处理、保存或获取时，注册会计师还可能需要具备与计算机应用相关的特别知识和技术。

（4）了解衍生金融工具的估值方法。估值方法主要包括：参考熟悉情况并自愿交易的各方最近进行的市场交易中使用的价格；参照实质上相同的其他金融工具的当前公允价值；采用估值模型计算衍生金融工具的价值，如现金流量折现法和期权定价模型（例如，布莱克—斯科尔斯—默顿模型）等。

（5）熟悉适用的会计准则和相关会计制度中有关衍生金融工具的规定。主要包括：熟悉满足分拆条件的嵌入衍生金融工具应当进行单独会计处理的规定；熟悉与衍生金融工具相关的利得或损失的会计处理规定；熟悉套期会计的应用条件、评价套期有效性的方法和不同类型套期的相应会计处理等。

需要提醒我们注意的是，注册会计师不是金融专家，也不是风险管理专家。为此，注册会计师应当考虑利用专家的工作，以提高审计效率和效果。当考虑利用专家的工作时，注册会计师应当了解专家使用的重大假设和估值方法，并基于对被审计单位情况的了解和实施其他审计程序的结果，考虑这些重大假设和估值方法是否适当、完整。

（二）衍生金融工具的审计程序

1. 了解可能影响衍生活动及其审计的因素

（1）经济环境。经济环境可能对被审计单位从事衍生活动的性质和范围产生影响。例如，当利率可能上升时，被审计单位可能会试图通过使用利率互换、远期利率合同和上限期权锁定借款利率。注册会计师应当了解经济环境对衍生活动的影响。这些经济环境因素主要包括：经济活动的总体水平；利率（包括利率的期限结构）和融资的可获得性；通货膨胀和币值调整；汇率和外汇管制；与被审计单位使用的衍生金融工具相关的市场特征，包括该市场的流动性和波动性。

（2）行业状况。被审计单位所处行业的经济状况可能影响其开展衍生活动。如果被审计单位所属行业为季节性或周期性行业，则精确地预测其面临的利率、汇率或偿债风险就可能较为困难。当被审计单位经营出现突然大幅度增长或下降时，也可能使得对一般经营活动水平以及衍生活动水平的预测变得更加困难。被审计单位所处行业状况主要包括：价格风险；市场和竞争；生产经营的季节性和周期性；经营业务的扩张或衰退；外币交易、折算或经济风险。

（3）被审计单位相关情况。为了对被审计单位衍生活动获得充分的了解，以识别和理解可能会对财务报表或审计报告产生重大影响的交易和事项，注册会计师应当了解被审计单位的相关情况对衍生活动的影响。被审计单位的相关情况主要包括：管理层、治理层的知识和经验；及时和可靠的管理信息的可获得性；利用衍生金融工具的目标等。

（4）与衍生活动相关的主要财务风险。注册会计师应当了解与衍生活动相关的主要财务风险。与衍生活动相关的主要财务风险包括：①市场风险。市场风险是指因权益工具价格、利率、汇率、商品价格 或其他市场因素的变动导致衍生金融工具公允价值的不利变动而引起损失的风险，包括价格风险、流动性风险、模型风险、基准风险等。②信用风险。信用风险是指客户或交易对方在到期时或之后期间内没有全额履行义务的风险。③结算风险。结算风险是指被审计单位已履行交易义务，但没有从客户或交易对方收到对价的风险。④偿债风险。偿债风险是指被审计单位在付款承诺到期时没有资金履行承诺的风险。⑤法律风险。法律风险是指某项法律法规或监管措施阻止被审计单位或交易对方执行合同条款或相关协议，或使其执行无效，从而给被审计单位带来损失的风险。

需要指出的是，上述五种风险并不是截然分开的，一种衍生金融工具可能要同时面临若干种风险，并且这些风险可能是相互影响的，因此难以有效地分解这些风险。

例如，复合衍生金融工具可能导致被审计单位可能同时面临信用风险、利率风险或汇率风险等，而这些风险的相互影响进一步增加了复合衍生金融工具估值的复杂性。

（5）与衍生金融工具认定相关的错报风险。注册会计师应当详细运用各类交易、账户余额、列报认定，将其作为评估重大错报风险以及设计与实施进一步审计程序的基础。针对衍生金融工具，认定主要包括：①存在。财务报表中列报和披露的衍生金融工具在资产负债表日是存在的。②发生。产生衍生金融工具的交易发生在财务报告期内，且与被审计单位有关。③权利和义务。被审计单位拥有与在财务报表中报告的衍生金融工具相关的权利和义务。④完整性。所有的衍生金融工具均通过列报或披露的方式在财务报表中报告。⑤计价。财务报表中报告的衍生金融工具的金额恰当，与衍生金融工具相关的利得或损失被分配至正确的财务报告期间。⑥列报与披露。财务报表中衍生金融工具的分类、描述和披露符合适用的会计准则和相关会计制度的规定。

了解与衍生金融工具认定相关的错报风险，注册会计师应当考虑下列七项因素：①衍生活动的经济和业务目的。②衍生金融工具的复杂性。③交易是否产生了涉及现金交换的衍生金融工具。④被审计单位在衍生金融工具方面的经验。⑤衍生金融工具是否嵌入在一项协议中。⑥外部因素是否影响认定。⑦衍生金融工具是在国内交易所交易还是跨国交易。

（6）了解持续经营。衍生金融工具的价值衍生性和高杠杆效应使得金融机构面临巨大的市场风险。因此，衍生金融工具潜在的损失可能足以引起对被审计单位持续经营能力的重大疑虑，注册会计师应当按照《中国注册会计师审计准则第 1324 号——持续经营》的规定，考虑被审计单位持续经营假设的合理性。

（7）会计处理方法。衍生金融工具利得或损失的会计处理，取决于衍生金融工具的计划用途及其结果。注册会计师应当了解被审计单位对衍生金融工具的会计处理方法，包括是否将衍生金融工具指定为套期工具并采用套期会计，以及套期关系是否高度有效。

（8）会计信息系统。注册会计师应当了解被审计单位会计信息系统的设计、变更及其运行。如果注册会计师认为会计信息系统或其中的某些方面较为薄弱，注册会计师应当考虑是否有必要修改审计方案。

2. 了解内部控制

（1）了解控制环境。其内容主要包括：①了解治理层和管理层对衍生活动的总体态度和关注程度。管理层是否通过清晰表述的既定政策，指导衍生金融工具的买进、卖出和持有。②衍生活动的交易、结算和记录的职责是否适当分离。此外，一些被审计单位还设置了风险控制环节，来专门报告和监督衍生活动。③总体控制环境是否已经影响负责衍生活动的人员。④对激励机制的考虑。如果被审计单位对涉及衍生活动的人员实施激励机制，注册会计师应当考虑被审计单位是否已经制定适当的规范、限额和控制，以确定执行的激励机制是否可能导致背离总体风险管理战略目标的交易。⑤对电子商务的考虑。如果被审计单位采用电子商务进行衍生金融工具交易，注册会计师应当按照《中国注册会计师审计准则第 1633 号——电子商务对财务报表审计的影响》的规定，考虑被审计单位如何处理与公共网络使用相关的安全和控制问题。

（2）了解控制活动。注册会计师应当了解与衍生金融工具相关的控制活动，包括充分的职责分离、风险管理监控、管理层的监督和其他为实现控制目标而设计的政策和程序。例如，分管衍生交易和风险控制的管理人员应适当分离，以及交易授权、会计处理和执行相互分离等。需要注意的是，许多针对衍生金融工具的控制活动可能是直接由高级管理人员实现的。在这种情况下，注册会计师应当对高级管理人员滥用或超越政策和程序的行为保持高度警觉。

（3）了解内部审计。注册会计师应当考虑内部审计活动及其可能对注册会计师审计程序的影响。考虑内部审计人员是否具备与审计衍生活动相适应的知识和技能，以及内部审计工作范围涵盖衍生活动的程度。

（4）服务机构。服务机构是指接受被审计单位委托，为被审计单位记录交易和处理相关数据，或为其执行交易并履行受托责任的机构。衍生金融工具的复杂性可能导致被审计单位在从事衍生活动时更多使用服务机构。注册会计师应当按照《中国注册会计师审计准则第 1212 号——对被审计单位使用服务机构的考虑》的规定，考虑使用服务机构对被审计单位内部控制的影响。如果服务机构担任被审计单位的投资顾问，注册会计师应当考虑与服务机构相关的风险。在评价该风险时，注册会计师应当考虑的因素包括：被审计单位如何监督服务机构提供的服务；用以保护信息完备性及保密性的程序；应急安排；如果服务机构是被审计单位的关联方，又同时作为交易对方与被审计单位进行衍生交易，将产生关联方交易的问题。

3. 控制测试

在了解相关内部控制后，如果预期控制运行是有效的，注册会计师应当实施控制测试，以获取支持重大错报风险评估结果的证据。如果认为仅实施实质性程序获取的审计证据无法将认定层次的重大错报风险降至可接受的低水平，注册会计师应当实施相关的控制测试，以获取控制运行有效性的审计证据。此外，注册会计师在进行控制测试时，还应当考虑被审计单位衍生活动发生的频率。例如，被审计单位可能在报告期内只进行了很少的衍生交易。

（1）控制测试的重点。控制测试的目的在于获取内部控制运行有效性的审计证据。注册会计师在实施控制测试时，应当选取适当规模的交易样本，重点对下列方面进行评价：①衍生金融工具是否根据既定的政策、操作规范并在授权范围之内使用。例如，董事会授权管理层出于套期目的而签订衍生合约，并定期收到有关衍生金融工具用途和套期有效性的报告。②适当的决策程序是否已得到运用，所选择交易的原因是否可以清楚的理解。例如，任何重大的交易或新的衍生产品业务都得到董事会或由董事会指定的高级管理人员的批准。③执行的交易是否符合衍生交易政策，包括条款、限额、跨境交易或关联方交易。例如，执行衍生交易时是否严格按照既定的分级授权和风险敞口管理制度。④交易对方是否具有适当的信用风险等级。例如，交易对方是否具有独立的法律地位和交易资格，以及是否符合已确定的资格和条件等。⑤衍生金融工具是否由独立于交易员的其他人员适当、及时地计量，并报告风险敞口。例如，由会计部门负责衍生交易的会计处理。⑥是否已将确认函给交易对方。⑦是否已对交易对方的确认回函进行适当比较、核对和调节。⑧衍生金融工具的提前终止或延期是否受到与新的衍生交易同样的控制。⑨投机或套期的指定及其变更是否经过适当授权。⑩是否适当地记录交易，并将其完整、准确地反映在会计信息系统中。

（2）控制测试的程序。主要包括：①阅读治理层的会议纪要，以获取被审计单位遵守既定政策、定期复核衍生活动和套期有效性的证据。例如，在测试衍生交易是否按照已确定的政策执行时，注册会计师可以通过阅读董事会或相关专业委员会（如财务委员会、公司治理委员会、资产负债管理委员会和风险管理委员会等）的会议纪要，并将其与实际发生的衍生交易相比较。通过阅读治理层的会议纪要，还可以了解到被审计单位是否建立了清晰且具有内在一致性的风险管理政策。②将衍生交易（包括已结算的衍生交易）与被审计单位政策相比较，以确定这些政策是否得到遵守。在确定衍生交易的政策是否得到遵守时，注册会计师应当考虑以下因素：测试交易是否依据被审计单位政策中的特定授权执行；测试买入前是否进行相关投资政策要求的敏感性分析；测试交易，以确定被审计单位是否获得了从事相关交易的批准以及是否仅使用了经授权的经纪商或交易对方；向管理层询问衍生金融工具及相关交易是否得到及时监控和报告，并阅读相关支持文件；测试已记录的衍生金融工具的买入交易，包括测试衍生金融工具的分类、价格以及相关分录；测试是否及时调查和解决调节的差异，测试是否由监督人员复核和批准调节事项。例如，衍生交易发生频繁地被审计单位可能要求每日进行调节和复核；测试与未记录交易相关的控制，包括检查被审计单位的第三方确认函，及其对确认函中例外事项的处理；测试与数据安全和备份相关的控制，并考虑被审计单位对电子化记录场所进行年度检查和维护的程序，以确保在发生灾难时能充分恢复。

4. 实质性程序

注册会计师应当在考虑重大错报风险的基础上，设计和实施实质性程序的性质、时间和范围，发现认定层次的重大错报，以将审计风险降至可接受的低水平。其具体程序如下：

（1）确定重要性水平。注册会计师在确定重要性时，除了考虑资产负债表金额外，还应当考虑衍生金融工具对财务报表中各类交易或账户余额的潜在影响。与那些杠杆作用小或较简单的衍生金融工具相比，杠杆作用很大，或更为复杂的衍生金融工具更有可能对财务报表产生重大影响。

（2）设计实质性程序时应当考虑的因素。①会计处理的适当性。实质性审计程序的主要目的是确定被审计单位对衍生金融工具会计处理的适当性。注册会计师应当考虑被审计单位是否按照适用的会计准则和相关会计制度的规定对衍生交易进行会计处理。②服务机构的参与程度。在计划衍生金融工具的实质性程序时，注册会计师应考虑是否由服务机构持有被审计单位的衍生金融工具，或为被审计单位的衍生活动提供服务（如定价），或者既持有其衍生金融工具也为其提供相关服务。如果认为服务机构的活动对被审计单位具有重大影响，并且与衍生金融工具的审计相关，注册会计师应当充分了解服务机构的活动对被审计单位及其环境的影响，以识别和评估重大错报风险，并针对评估的重大错报风险设计和实施进一步的审计程序。③期中实施的审计程序。在资产负债表日前执行实质性程序时，注册会计师应当考虑在中期测试日和资产负债表日之间的市场波动情况。一些衍生金融工具的价值可能会在相对较短的期间内发生大幅波动，甚至可能在正价值和负价值之间快速波动。当账户余额的金额、相对重要性或构成变得难以预测时，中期测试的意义就不大。④衍生交易是常规还是非常规交易。如果衍生交易属于非常规的、正常经营活动之外的交易，实质性程序可能是实现审计目标的最有效方法。⑤在财务报表其他领域实施的程序。在财务报表其他领域执行的程序可能为衍生交易的完整性提供证据。这些程序可能包括期后现金的收入和支出的测试，以及搜寻未记录的负债。

（3）分析程序。实施分析程序可能揭示关于被审计单位衍生活动的信息。此外，分析程序在评估关于衍生金融工具的特定风险管理政策和评估套期活动的有效性等方面可能是有用的。如果注册会计师获得了负责衍生活动人员对衍生活动结果分析的资料，注册会计师应当在评价其完整性和准确性以及分析人员的能力和经验的基础上，考虑利用这些资料，进一步了解被审计单位的衍生活动。此外，在适当的情况下，注册会计师可能使用计算机软件来执行分析程序。

（4）评价审计证据。由于存在下列原因，注册会计师在评价与衍生金融工具认定相关的审计证据时，需要运用较多的职业判断：①衍生金融工具的性质特殊。例如，为出售而持有的已发放住房抵押贷款在按照衍生金融工具进行会计处理时，可能需要注册会计师判断被审计单位发放抵押贷款的真实意图。②适用的会计政策和会计处理方法复杂。例如，套期会计处理十分复杂，且在套期有效性方面存在大量的主观判断。③相关认定尤其是计价认定依据高度主观的假设做出，或对基本假设的变化极其敏感。例如，计价认定可能是基于对未来事件的发生的假设，然而这些未来事件的发生或者不发生是难以预计的；或者计价是基于预期将存在很长时间的条件假设。因此，即使注册会计师均具有满足要求的特殊知识和技能，但不同的注册会计师关于公允价值的估计也可能得出不同的结论。

（5）存在和发生认定的审计。对衍生金融工具存在和发生认定实施的实质性程序通常包括：向衍生金融工具持有者或交易对方进行函证，以确定衍生金融工具是否发生或存在；检查支持报告金额的协议或其他支持文件，包括被审计单位收到的有关报告金额的书面或电子形式的确认函；检查报告期后实现或结算的支持文件；询问和观察。

（6）权利和义务认定的审计。注册会计师对衍生金融工具权利和义务认定实施的实质性程序通常包括：向衍生金融工具的持有者或交易对方函证重要的条款，以确定经济利益流入或流出的可能性；检查书面或电子形式的协议和其他支持文件。此外，注册会计师还可以考虑通过其他审计程序发现的结果，如复核董事会的会议记录、查阅合同和其他协议等，确定是否能为权利和义务认定提供审计证据。

（7）完整性认定。衍生金融工具没有初始净投资，或初始净投资相对较小，这可能导致完整性认定发生重大错报风险的可能性较高。注册会计师对衍生金融工具完整性认定实施的实质性程序通常包括：①向衍生金融工具的持有者或交易对方进行函证，要求其提供所有与被审计单位相关的衍生金融工具和交易的详细信息。在发出确认函时，注册会计师应判断交易对方的哪个部门会进行回复，以及回复者是否代表其经营的所有方面进行回复。②对余额为零的衍生金融工具账户，向可能的持有者或交易对方发出询证函。资产负债表日余额为零但报告期间发生频繁交易的账户，可能隐藏着一些重大问题，注册会计师应当予以关注。③复核经纪商的对账单，以测试是否存在被审计单位未记录的衍生交易和持有的头寸。④复核收到的但与交易记录不匹配的交易对方的询证函回函。⑤复核尚未解决的调节事项。⑥检查贷款或权益协议、销售合同等，以了解这些协议或合同是否包含嵌入衍生金融工具。⑦检查报告期后发生的活动的纸质或电子形式的支持文件。⑧询问和观察。⑨阅读治理层的会议纪要，以及治理层收到的与衍生活动相关的文件和报告等其他信息。如果存在一个或一个以上服务机构为被审计单位提供服务，且作为被审计单位与衍生活动相关的信息系统的一部分，在没有获取这些服务机构控制运行有效性的审计证据的情况下，注册会计师可能难以将与衍生金融工具完整性认定相关的审计风险降至可接受的低水平。

（8）计价认定。对衍生金融工具计价认定实施的实质性程序通常包括：①检查买入价格的支持文件；②向衍生金融工具的持有者或交易对方进行函证；③复核交易对方的信用状况；④对按照公允价值计量或披露的衍生金融工具，获取支持其公允价值的证据。

（9）列报认定。列报认定针对的是财务报表中衍生金融工具的分类、描述和披露是否符合适用的会计准则和相关会计制度的规定。注册会计师应当通过对下列事项的判断，评价衍生金融工具的列报（包括披露）是否符合适用的会计准则和相关会计制度的规定：①选用的会计政策和会计处理方法是否符合适用的会计准则和相关会计制度的规定；②会计政策和会计处理方法是否与具体情况相适应；③财务报表（包括相关附注）是否提供了可能影响其使用、理解和解释的事项的信息；④披露是否充分，以确保被审计单位完全遵守适用的会计准则和相关会计制度对披露的规定；⑤财务报表列报信息的分类和汇总是否合理；⑥财务报表是否在能够合理和可行地获取信息的范围内列报财务状况、经营成果和现金流量，从而反映相关的交易和事项。

本章小结

综合本章所述，可以明确以下几点。

首先，注册会计师在审计过程中需要就审计中发现或遇到的相关问题与治理层进行沟通，前后任注册会计师也需要就相关问题实施沟通，这种沟通有助于审计目标的实现。另外，在审计过程中，注册会计师可能需要利用内部审计人员的工作和专家的工作，以更好地完成审计工作，实现审计目标。注册会计师为了就被审计单位某期间或期末的会计信息发表恰当的审计意见，需要对被审计单位期初余额实施审计。期初余额的审计有其特殊的程序和内容。

其次，其他特殊项目的审计包括诸多内容。第一，会计估计通常是指企业对其结果不确定的交易或事项以最近可利用的信息为基础所做的判断。管理层应当对其做出的会计估计及相关披露负责。注册会计师的责任是获取充分、适当的审计证据，评价被审计单位做出的会计估计是否合理、披露是否充分。为此，注册会计师应针对会计估计实施重大错报风险评估程序，它是注册会计师设计和实施进一步审计程序的基础，它将直接影响进一步审计程序的性质、时间和范围。设计和实施进一步审计程序是为了获取充分、适当的审计证据，以判断特定环境下的会计估计是否合理，并在必要时是否得以充分披露。最后，注册会计师应当根据对被审计单位及其环境的了解，对会计估计的合理性以及会计估计是否与审计过程中获取的其他审计证据相一致做出最终评价。第二，公允价值是一种会计计量属性。其使用的估值方法多种多样，被审计单位管理层的主要责任包括建立公允价值计量、披露的政策和程序等多个方面。注册会计师的责任在于获取充分、适当的审计证据，以确定公允价值计量和披露是否符合适用的会计准则和相关会计制度的规定。其审计内容涉及，首先，了解被审计单位公允价值计量和披露的程序以及相关控制活动并评估重大错报风险。其次，评价公允价值计量的适当性和披露的充分性、计量方法的适当性、方法应用的一贯性、同时考虑利用专家的工作。最终实施的与公允价值计量和披露相关的实质性程序，测试管理层的重大假设、估值模型和基础数据；对公允价值进行独立估值，以印证其计量是否适当；考虑期后事项对公允价值计量和披露的影响。第三，在关联方及关联方交易审计中，管理层有责任识别、披露关联方和关联方交易。注册会计师应当实施审计程序，就管理层是否按照适用的会计准则和相关会计制度的规定识别、披露关联方和关联方交易，获取充分、适当的审计证据。为此，注册会计师应进行关联方存在和披露的审计程序，识别关联方的存在，确定关联方披露是否充分，警惕异常的交易，实施进一步审计程序，检查已识别的关联方交易，最终出具审计报告。第四，持续经营能力问题是一个重大不确定事项。不确定事项包括或有事项，但范围比或有事项大，主要是过去交易或事项形成的一种状况，其结果须通过未来事项的发生或不发生予以证实。注册会计师对持续经营假设适当性的考虑贯穿整个审计过程。管理层的责任是根据会计准则和相关会计制度的规定，对持续经营能力做出评估，考虑运用持续经营假设编制财务报表的合理性。注册会计师的责任是考虑管理层在编制财务报表时运用持续经营假设的适当性，并考虑是否存在需要在财务报表中披露的有关持续经营能力的重大不确定性。为此，注册会计师应实施包括了解被审计单位，复核初步评估等审计程序，直至最终实施进一步审计程序，得出审计结论。第五，衍生金融工具属于衍生工具的一种。按照适用的会计准则和相关会计制度的规定编制财务报表是被审计单位管理层的责任。注册会计师的责任是考虑管理层做出的与衍生金融工具相关的认定，是否使已编制的财务报表符合适用的会计准则和相关会计制度的规定。为此，注册会计师应实施包括了解相关的影响因素、了解内部控制，进行实质性审计程序等审计程序，来满足衍生工具审计要求。

■关键词汇

审计沟通（audit communication）

期初余额审计（beginning balance audit）

衍生金融工具（derivative financial instruments）

关联方与关联方交易（related party and related party transaction）

持续经营（sustainable management）

利用他人的工作（utilization work of others）

会计估计（accounting estimate）

公允价值（fair value）

小组讨论

某上市公司因流动资金严重短缺，多笔借款到期后无法归还而被银行提起诉讼，经营出现巨额亏损，持续经营能力存在重大不确定性。为帮助上市公司解决面临的财务困难，大股东与上市公司签订了财务支持协议，表明其将为上市公司提供财务支持，保持上市公司正常的经营运作。具体措施包括：

（1）预计未来每年可从上市公司分得的现金红利，通过银行以委托贷款的方式贷给上市公司，作为流动资金使用；

（2）为上市公司向银行借款提供担保。

大股东所做的财务支持协议能否作为持续经营能力的保障，并具有可行性，作为注册会计师，你应如何看待该问题，并实施进一步审计程序？

本章推荐阅读资料

1. 中国注册会计师协会：《审计》，经济科学出版社最新版。
2. 李若山、刘大贤：《审计学——案例与教学》，经济科学出版社 2000 年版。
3. 赵学贵：《会计估计审计初探》，载《审计与经济研究》2005 年第 1 期。

第12章

完成审计取证工作和
出具审计报告

学习提要与目标

审计报告是审计人员在审计终结阶段，对审计计划和任务的完成情况以及审计意见和审计结果用书面形式向审计授权者或委托者以及其他有关部门报送的总结性报告文件。审计报告是审计工作的最终产品，其形成有赖于审计人员在审计工作中搜集充分、可靠与恰当的审计证据，形成完善的审计工作底稿，并于工作结束后对其进行综合分析和整理。所以，在出具审计报告前，需要审计人员完成审计的整个取证工作。前述审计的实务工作是重要的取证工作，除此之外，审计人员还需要实施其他的相关审计取证工作，包括对或有事项和期后事项实施的审计工作以及向管理层获取声明书等。本章介绍完成审计取证工作的相关内容以及审计报告的内容、格式与出具工作。

通过本章的学习，应能够：
- 了解声明书的内容及获取要求；
- 理解或有事项或期后事项的特性及审计内容与方法；
- 掌握审计报告的内容结构及其编制方法。

第一节 完成审计取证工作

一、或有事项审计

或有事项是由于过去的交易或事项而形成的，是一种具有较大不确定性的经济事项，比如未决诉讼、债务担保、产品质量保证、票据贴现和背书转让等，其结果需要通过未来不确定事项的发生或不发生来证实。或有事项是审计的一项重要内容。

（一）或有事项的种类

为了有针对性审核或有事项，应首先分析其所表现的不同类型。根据其性质和内容分类，或有事项包括直接或有事项和间接或有事项。

1. 直接或有事项

直接或有事项是指被审计单位对外直接发生的或有事项，主要包括未决诉讼、未决索赔、税务纠纷、产品质量保证等。未决诉讼或未决仲裁或有事项是由于法庭或仲裁机构尚未做出最后裁决或仲裁的案件，被审计单位有可能由于败诉而承担赔偿责任所形成的或有事项；未决索赔或有事项是由于被审计单位有可能获得的一种赔偿所形成的或有事项；税务纠纷或有事项是由于被审计单位与税务部门对于应税额和纳税额等方面存在分歧意见所形成的或有事项；产品质量保证或有事项是由于企业对已售出产品或已提供劳务做出的保证所形成的或有事项。

2. 间接或有事项

间接或有事项是指由于被审计单位以外的第三者原因而形成的或有事项，主要包括商业票据贴现、应收账款抵借、通融票据背书和其他债务担保等。商业票据贴现或有事项是由于被审计单位以未到期商业票据向银行贴现，贴现的票据将来到期时若债务人因故不能付款，被审计单位作为票据的背书人所负有的代为偿付责任所形成的或有事项；应收账款抵借或有事项是由于被审计单位以应收账款作抵押向银行取得借款，一旦将来债务人因故无法还款，被审计单位对银行仍负有偿还的责任所形成的或有事项；通融票据或有事项是由于因开具票据的人信用差，而由他人背书作为担保人开具票据所形成的或有事项；其他债务担保或有事项是由于被审计单位对其他债务的担保负有连带偿还责任所形成的或有事项。

（二）或有事项的审计程序

或有事项对企业潜在的财务影响有多大，企业因此而承担的风险又有多大，都有必要通过企业的财务报表或财务报表附注予以反映，以帮助财务报表使用者进行正确的分析、判断。所以，审计人员应对被审计单位的或有事项进行适当审计。通过审计，以确定或有事项是否存在，其确认和计量是否符合规定，在财务报表中的披露是否恰当。对或有事项进行审计，一般依照下列程序：

（1）询问被审计单位管理当局。主要询问其确认、评价与控制或有负债的有关方针、政策和工作程序。这种程序一般不能发现被审计单位故意不反映或有事项的问题，但如果被审计单位管理当局忽略了某一或有事项，或者不知道对这类事项该做何种会计反映，这种询问程序就能发现问题。

（2）向被审计单位管理当局索取有关资料。这些资料主要包括：被审计单位管理当局就其是否已按照公认会计原则的有关规定，对其全部或有事项做了反映的书面声明；被审计单位现存的有关或有事项的全部文件和凭证；被审计单位与银行之间的用以查找有关应收账款抵借、通融背书和其他债务担保的往来函件；被审计单位的债务说明书。

（3）向被审计单位的法律顾问和律师进行函证。通过函证，获取法律顾问和律师对被审计单位资产负债表日业已存在的，以及资产负债表日至复函日止这一时期内存在的或有事项的确认证据，特别是有关未决诉讼、税务纠纷方面问题的证据。

（4）复核上期和审计期间税务机构的税收结算报告。通过复核，以发现有关纳税方面可能存在的争议。

（5）向与被审计单位有业务往来的银行进行函证。通过函证，以了解应收票据贴现和贷款担保等方面的情况。

（6）复核被审计单位董事会和股东大会会议记录。通过复核，确定是否存在有关未决诉讼或其他或有事项的情况。

（7）复核审计工作底稿。通过复核，以寻找任何可以说明潜在或有事项的各项资料。

（8）查询被审计单位对未来事项和协议的承诺的有关资料。通过查询，以了解被审计单位是否存在与之相关的或有事项。

二、期后事项审计

在审计报告阶段，审计人员的一项重要工作是进行期后事项的审核。期后事项很可能改变注册会计师出具审计报告的意见类型。因此，注册会计师必须对期后事项予以充分关注，并采取适当的程序和方法进行审计。

（一）期后事项的特性

期后事项，是指资产负债表日至审计报告日之间发生的事项以及审计报告日后发现的事实。注册会计师应当考虑期后事项对财务报表和审计报告的影响。两类期后事项可能对财务报表和审计报告产生影响：一类是资产负债表日后调整事项，是指对资产负债表日已经存在的情况提供了新补充证据的事项；另一类是资产负债表日后非调整事项，指表明资产负债表日后发生的情况的事项。

1. 能为资产负债表日已存在情况提供补充证据的事项

这些事项既为被审计单位管理当局确定资产负债表日账户余额提供信息，也为注册会计师核实这些余额提供补充资料。如果这类期后事项的金额重要，应提请被审计单位对年度财务报表及相关的账户余额进行调整。这类期后事项有很多，例如，被审计单位在资产负债表日前签发的支票因超支而被开户银行退回；被审计单位由于某种原因被起诉，法院于资产负债表日后做出判决，被审计单位应赔偿对方损失；资产负债表日被审计单位认为可以收回的大额应收款项，因资产负债表日后债务人突然破产而无法收回；被审计单位资产负债表日后月初有大批产成品经验收不合格；被审计单位资产负债表日前将未使用的设备以低于当期账面价值的价格做对外投资处理，而资产负债表日后双方签订的投资协议中该项设备的投资作价高于当期账面价值等。

2. 资产负债表日后发生的，对财务报表正确理解可能会造成影响的事项

这类事项是在资产负债表日后发生的，而不是审计年度发生的，因此，不需要调整被审计单位的年度财务报表，但如果被审计单位的财务报表容易因此而受到误解，就应在财务报表中以附注的形式披露。这类项目主要包括：被审计单位合并、应付债券的提前收回、所持用于短期投资和转卖的证券市价严重下跌、发行债券或权益性证券、由于政府禁止继续销售某种产品所造成的存货市价下跌、偶然性的大笔损失、自然灾害或意外事故造成损失、需要为新的养老金计划支付大笔现金。

审计人员应注意区分两类不同的期后事项，以保证对被审计单位财务报表的公允性表示适当的意见。正确区分两类不同的期后事项，关键在于正确确定期后事项主要情况发生的时间，凡主要情况出现在资产负债表日之前的事项，应提请被审计单位调整财务报表有关项目；凡主要情况出现在被审计单位资产负债表日之后的事项，只需建议被审计单位在审计年度财务报表的附注中加以说明即可。如假定在2012年2月1日被审计单位的主要客户破产，而被审计单位在2011年12月31日的财务报表预计该客户的应收账款可如数收回；审计人员审核期后事项后，若确定破产是由于该客户在资产负债表日已存在的恶化的财务状况恶化，那么，审计人员应要求被审计单位在2011年12月31日的财务报表上调整该项损失。如果审计人员确认破产是由资产负债表日后发生的火灾引起的，而资产负债表日的财务状况良好，那么，对此只需要在2011年12月31日的财务报表附注中加以披露即可。

（二）期后事项的审计程序与审计结论

1. 针对截至审计报告日发生事项的审计处理

注册会计师应当实施必要的审计程序，获取充分、适当的审计证据，以确定截至审计报告日发生的、需要在财务报表中调整或披露的事项是否均已得到识别。

注册会计师应当尽量在接近审计报告日时，实施旨在识别需要在财务报表中调整或披露事项的审计程序。这些程序包括：复核被审计单位管理层建立的用于确保识别期后事项的程序；查阅股东会、董事会及其专门委员会在资产负债表日后举行的会议的纪要，并在不能获取会议纪要时询问会议讨论的事项；查阅最近的中期财务报表；如认为必要和适当，还应当查阅预算、现金流量预测及其他相关管理报告；向被审计单位律师或法律顾问询问有关诉讼和索赔事项；向管理层询问是否发生可能影响财务报表的期后事项。

在向管理层询问可能影响财务报表的期后事项时，注册会计师询问的内容主要包括：根据初步或尚无定论的数据做出会计处理的项目的现状；是否发生新的担保、借款或承诺；是否出售或购进资产，或者计划出售或购进资产；是否已发行或计划发行新的股票或债券，是否已签订或计划签订合并或清算协议；资产是否被政府征用或因不可抗力而遭受损失；在风险领域和或有事项方面是否有新进展；是否已做出或考虑做出异常的会计调整；是否已发生或可能发生影响会计政策适当性的事项。

如果被审计单位的分支机构、子公司等组成部分的财务信息由其他注册会计师审计，注册会计师应当考虑其他注册会计师对资产负债表日后事项所实施的审计程序，并考虑是否需要向其告知计划的审计报告日。

如果知悉对财务报表有重大影响的期后事项，注册会计师应当考虑这些事项在财务报表中是否得到恰当的会计处理并予以充分披露。

2. 针对审计报告日后至财务报表报出日前发现事实的审计处理

在审计报告日后，注册会计师没有责任针对财务报表实施审计程序或进行专门查询。在审计报告日至财务报表报出日期间，管理层有责任告知注册会计师可能影响财务报表的事实。财务报表报出日，是指被审计单位对外披露已审计财务报表的日期。

在审计报告日后至财务报表报出日前，如果知悉可能对财务报表产生重大影响的事实，注册会计师应当考虑是否需要修改财务报表，并与管理层讨论，同时根据具体情况采取适当措施。

如果管理层修改了财务报表，注册会计师应当根据具体情况实施必要的审计程序，并针对修改后的财务报表出具新的审计报告。新的审计报告日期不应早于董事会或类似机构批准修改后的财务报表的日期。

如果注册会计师认为应当修改财务报表而管理层没有修改，并且审计报告尚未提交给被审计单位，注册会计师应当按照《中国注册会计师审计准则第 1502 号——非标准审计报告》的规定，出具保留意见或否定意见的审计报告。

如果注册会计师认为应当修改财务报表而管理层没有修改，并且审计报告已提交给被审计单位，注册会计师应当通知治理层不要将财务报表和审计报告向第三方报出。

如果财务报表仍被报出，注册会计师应当采取措施防止财务报表使用者信赖该审计报告；采取的措施取决于自身的权利和义务以及征询的法律意见。

3. 针对财务报表报出后发现事实的审计处理

在财务报表报出后，注册会计师没有义务针对财务报表做出查询。在财务报表报出后，如果知悉在审计报告日已存在的、可能导致修改审计报告的事实，注册会计师应当考虑是否需要修改财务报表，并与管理层讨论，同时根据具体情况采取适当措施。

如果管理层修改了财务报表，注册会计师应当根据具体情况实施必要的审计程序，复核管理层采取的措施能否确保所有收到原财务报表和审计报告的人士了解这一情况，并针对修改后的财务报表出具新的审计报告。

新的审计报告应当增加强调事项段，提请财务报表使用者注意财务报表附注中对修改原财务报表原因的详细说明，以及注册会计师出具的原审计报告。新的审计报告日期不应早于董事会或类似机构批准修改后的财务报表的日期。相应地，注册会计师应当将相应审计程序延伸至新的审计报告日。

如果管理层既没有采取必要措施确保所有收到原财务报表和审计报告的人士了解这一情况，又没有在注册会计师认为需要修改的情况下修改财务报表，注册会计师应当采取措施防止财务报表使用者信赖该审计报告，并将拟采取的措施通知治理层；采取的措施取决于自身的权利和义务以及征询的法律意见。

如果临近公布下一期财务报表，且能够在下一期财务报表中进行充分披露，注册会计师应当根据法律法规的规定确定是否仍有必要提请被审计单位修改财务报表，并出具新的审计报告。

◎ **相关案例**

随意调整会计差错

针对2004年年报披露工作，证券交易所特别强调，对重大会计差错更正必须按照证监会《公开发行证券的公司信息披露编报规则第19号——财务信息的更正及相关披露》的规定披露重大事项临时报告。根据该项要求，上市公司在本次年度报告中因重大会计差错更正对以前年度财务数据进行追溯调整的，应当按照中国证监会有关规定（即19号编报规则），在年度报告披露之前或于年度报告披露同时以临时公告的形式对重大会计差错更正的情况进行提示性披露。

在2003年年报中有200多家上市公司发生重大会计差错更正，但是没有一家做出重大事项临时报告。2005年年初，ST酒鬼的一则临时公告，披露了该公司因重大会计差错调整导致2004年中期及三季度业绩下滑。公司公告称，此前曾将2004年中期的坏账准备3 351万元直接冲减当期的管理费用，但公司于2004年11月底请示财政部，后者答复此事属于债务重组，转回的坏账准备应计入当期资本公积。此番会计差错调整后，公司2004年上半年净利润由调整前的盈利2 709.82万元变为亏损641.79万元，2004年前三个季度净利润也由盈利3 116.47万元变为亏损235.14万元。该公告正体现了交易所对于重大会计差错更正的新要求。

根据我国《企业会计准则——会计政策、会计估计变更和会计差错更正》的规定，如果发现前期财务报表存在重大会计差错更正，会计处理应采用追溯调整法，即调整财务报表期初留存收益和有关项目，并相应调整比较财务报表的有关项目和金额，而非直接计入当期损益及相关项目。避免将前期财务报表存在的重大会计差错直接计入发现当期的损益，这种方法有助于本年度收益的如实反映。但是应当引起注意，追溯调整法既不影响当期损益而又能够改变资产负债表结构的特点同样被一些上市公司操纵。在我国目前会计差错更正屡见于上市公司财务报告的现实情况下，关注会计差错更正问题无疑具有重要意义。

从上市公司的角度，操纵会计差错更正有以下目的：首先是避免亏损。为避免被特别处理或退市，上市公司通常表现为亏损年度的巨亏和扭亏年度的微利。利用会计差错更正的追溯调整，使亏损年度亏上加亏，扭亏年度轻装上阵，从而起到减少费用成本支出、增加利润的作用。

其次是为了保持再融资资格。由于再融资政策将3年平均净资产收益率作为刚性指标，利用会计差错更正的追溯调整法调减以前利润，可以减少前期净资产余额，因此具有提高三年平均净资产收益率的效果。有个别公司在刚刚完成再融资之后，立即进行重大会计差错调整，将之前为达到再融资指标而注入的虚假水分挤干，以前的利润一笔勾销，此举既夯实了资产，降低了被发现舞弊的风险，又为以后再次做利润开拓了空间。

上市公司围绕监管政策的刚性指标进行"盈余管理"将是一种常态，操纵会计差错更正也具有同样的动机，投资者应特别关注其中的玄妙之处，不要被短期的盈利指标数据所迷惑。当然，交易所对会计差错更正的临时公告要求，必将更有效地堵塞其中的漏洞。

资料来源：摘自《中国证券报》2005 年 1 月 6 日，作者：吉争雄。

三、获取书面声明

书面声明，是指管理层向注册会计师提供的书面陈述，用以确认某些事项或支持其他审计证据。书面声明不包括财务报表及其认定，以及支持性账簿和相关记录。

（一）注册会计师获取书面声明的目标

注册会计师获取书面声明的目标是：向管理层获取其认为自身已履行编制财务报表和向注册会计师提供完整信息的责任的书面声明；如果注册会计师认为有必要或其他审计准则有要求，通过书面声明支持与财务报表或具体认定相关的其他审计证据；恰当应对管理层提供的书面声明或管理层不提供注册会计师要求的书面声明的情况。

（二）注册会计师获取书面声明的内容和要求

1. 提供书面声明的管理层

注册会计师应当要求对财务报表承担相应责任并了解相关事项的管理层提供书面声明。

2. 针对管理层责任的书面声明

针对财务报表的编制，注册会计师应当要求管理层提供书面声明，确认其根据审计业务约定条款，履行了按照适用的财务报告编制基础编制财务报表并使其实现公允反映（如适用）的责任。

针对提供的信息和交易的完整性，注册会计师应当要求管理层就下列事项提供书面声明：

（1）按照审计业务约定条款，已向注册会计师提供所有相关信息，并允许注册会计师不受限制地接触所有相关信息以及被审计单位内部人员和其他相关人员。

（2）所有交易均已记录并反映在财务报表中。

注册会计师应当要求管理层按照审计业务约定条款中对管理层责任的描述方式，在《中国注册会计师审计准则第 1341 号——书面声明》第九条和第十条要求的书面声明中对管理层责任进行描述。

3. 其他书面声明

除本准则和其他审计准则要求的书面声明外，如果注册会计师认为有必要获取一项或多项其他书面声明，以支持与财务报表或者一项或多项具体认定相关的其他审计证据，注册会计师应当要求管理层提供这些书面声明。

4. 书面声明的日期和涵盖的期间

书面声明的日期应当尽量接近对财务报表出具审计报告的日期，但不得在审计报告日后。书面声明应当涵盖审计报告针对的所有财务报表和期间。

5. 书面声明的形式

书面声明应当以声明书的形式致送注册会计师。如果法律法规要求管理层就其责任做出书面公开陈述，并且注册会计师认为这些陈述提供了本准则第九条和第十条要求的部分或全部声明，则这些陈述所涵盖的相关事项不必包括在声明书中。

6. 对书面声明可靠性的疑虑以及管理层不提供要求的书面声明

如果对管理层的胜任能力、诚信、道德价值观或勤勉尽责存在疑虑，或者对管理层在这些方面的承诺或贯彻执行存在疑虑，注册会计师应当确定这些疑虑对书面或口头声明和审计证据总体的可靠性可能产生的影响。

如果书面声明与其他审计证据不一致，注册会计师应当实施审计程序以设法解决这些问题。如果问题仍未解决，注册会计师应当重新考虑对管理层的胜任能力、诚信、道德价值观或勤勉尽责的评估，或者重新考虑对管理层在这些方面的承诺或贯彻执行的评估，并确定书面声明与其他审计证据的不一致对书面或口头声明和审计证据总体的可靠性可能产生的影响。

如果认为书面声明不可靠，注册会计师应当采取适当措施，包括本准则第十九条所提及的按照《中国注册会计师审计准则第 1502 号——在审计报告中发表非无保留意见》的规定，确定其对审计意见可能产生的影响。

如果管理层不提供要求的一项或多项书面声明，注册会计师应当：

（1）与管理层讨论该事项；

（2）重新评价管理层的诚信，并评价该事项对书面或口头声明和审计证据总体的可靠性可能产生的影响；

（3）采取适当措施，包括本准则第十九条提及的按照《中国注册会计师审计准则第 1502 号——在审计报告中发表非无保留意见》的规定，确定该事项对审计意见可能产生的影响。

如果存在下列情形之一，注册会计师应当对财务报表发表无法表示意见：

（1）注册会计师对管理层的诚信产生重大疑虑，以至于认为其按照本准则第九条和第十条的要求做出的书面声明不可靠；

（2）管理层不提供本准则第九条和第十条要求的书面声明。

第二节　出具审计报告

完成审计取证工作后，审计人员则应着手编制审计报告。审计报告是审计工作质量的重要标志，审计工作成果的好坏、质量的高低集中反映在审计报告上。编制审计报告是审计人员完成约定审计事项的重要的步骤，是一项总结性的审计工作。

一、对财务报表形成审计意见

注册会计师应当就财务报表是否在所有重大方面按照适用的财务报告编制基础编

制并实现公允反映形成审计意见。为了形成审计意见，针对财务报表整体是否不存在由于舞弊或错误导致的重大错报，注册会计师应当得出结论，确定是否已就此获取合理保证。在得出结论时，注册会计师应当考虑下列方面：

（1）按照《中国注册会计师审计准则第 1231 号——针对评估的重大错报风险采取的应对措施》的规定，是否已获取充分、适当的审计证据；

（2）按照《中国注册会计师审计准则第 1251 号——评价审计过程中识别出的错报》的规定，未更正错报单独或汇总起来是否构成重大错报；

（3）评价财务报表是否在所有重大方面按照适用的财务报告编制基础编制。在评价时，注册会计师应当考虑被审计单位会计实务的质量，包括表明管理层的判断可能出现偏向的迹象。注册会计师应当依据适用的财务报告编制基础特别评价下列内容：①财务报表是否充分披露了选择和运用的重要会计政策；②选择和运用的会计政策是否符合适用的财务报告编制基础，并适合于被审计单位的具体情况；③管理层做出的会计估计是否合理；④财务报表列报的信息是否具有相关性、可靠性、可比性和可理解性；⑤财务报表是否做出充分披露，使财务报表预期使用者能够理解重大交易和事项对财务报表所传递的信息的影响；⑥财务报表使用的术语（包括每一财务报表的标题）是否适当。

注册会计师还要评价财务报表是否实现公允反映，评价时应当考虑下列内容：①财务报表的整体列报、结构和内容是否合理；②财务报表（包括相关附注）是否公允地反映了相关交易和事项。

另外，注册会计师应当评价财务报表是否恰当提及或说明适用的财务报告编制基础。

二、审计报告的类型

审计报告可以按照不同的标准，划分为不同的类型。按审计报告的使用目的可分为公布目的审计报告和非公布目的审计报告；按审计报告的详细程度可划分为简式审计报告和详式审计报告；按照审计主体可划分为国家审计报告、内部审计报告和独立审计报告；按审查财务报表的不同，分为年度审计报告、中期审计报告和清算查账报告；按审计内容和范围不同分为财政财务审计报告、经济效益审计报告、财经法纪审计报告；按审计工作性质和要求不同，可分为标准审计报告和非标准审计报告。

由于非公布目的，详式的审计报告主要根据审计约定书的要求编制，内容和形式各不相同，没有统一的要求，因此下面主要介绍简式的、用于公开目的的审计报告，这种审计报告主要是注册会计师审计报告。注册会计师审计报告包括标准审计报告和非标准审计报告。标准审计报告，是指不含有说明段、强调事项段、其他事项段或其他任何修饰性用语的无保留意见的审计报告。无保留意见，是指当注册会计师认为财务报表在所有重大方面按照适用的财务报告编制基础编制并实现公允反映时发表的审计意见，包含其他报告责任段，但不含有强调事项段或其他事项段的无保留意见的审计报告也被视为标准审计报告。

非标准审计报告，是指带强调事项段或其他事项段的无保留意见的审计报告和非无保留意见的审计报告，非无保留意见，是指保留意见、否定意见或无法表示意见。

相关链接

上市公司2012年年报审计的意见类型

中注协2013年5月16日发布了2012年年报审计情况的最后一期快报。纵观中注协2013年以来发布的所有14份2012年年报审计情况快报及其约谈事务所的相关内容，不难发现在年报的审计过程中，作为负责对注册会计师行业进行自律性管理的机构，中注协关注的重点集中在强化事务所整体和注册会计师两个层面的独立性监控。据中注协快报，2013年1～4月，47家证券资格会计师事务所共为2 471家上市公司出具了财务报表审计报告。其中，标准审计报告2 382份，非标准财务报表审计报告89份，占3.60%，分别是：带强调事项段的无保留意见审计报告71份，保留意见审计报告15份，无法表示意见的审计报告3份。报告称，2012年非标准报告的数量和比例都较2011年有所下降。

三、审计报告的基本内容

审计报告的基本内容包括：

1. 标题

审计报告的标题应当统一规范为"审计报告"。

2. 收件人

审计报告的收件人是指注册会计师按照业务约定书的要求致送审计报告的对象，一般是指审计业务的委托人。审计报告应当载明收件人的全称。

3. 引言段

审计报告的引言段应当包括下列方面：

（1）指出被审计单位的名称；

（2）说明财务报表已经审计；

（3）指出构成整套财务报表的每一财务报表的名称；

（4）提及财务报表附注，包括重要会计政策概要和其他解释性信息；

（5）指明构成整套财务报表的每一财务报表的日期或涵盖的期间。

4. 管理层对财务报表的责任段

审计报告应当包含标题为"管理层对财务报表的责任"的段落。管理层对财务报表的责任段描述被审计单位中负责编制财务报表的人员的责任。管理层对财务报表的责任段应当说明，编制财务报表是管理层的责任，这种责任包括：

（1）按照适用的财务报告编制基础编制财务报表，并使其实现公允反映。

（2）设计、执行和维护必要的内部控制，以使财务报表不存在由于舞弊或错误导致的重大错报。

5. 注册会计师的责任段

审计报告应当包含标题为"注册会计师的责任"的段落。注册会计师的责任段应当说明下列内容：

（1）注册会计师的责任是在执行审计工作的基础上对财务报表发表审计意见。

（2）注册会计师按照中国注册会计师审计准则的规定执行了审计工作。中国注册会计师审计准则要求注册会计师遵守中国注册会计师职业道德守则，计划和执行审计工作以对财务报表是否不存在重大错报获取合理保证。

（3）审计工作涉及实施审计程序，以获取有关财务报表金额和披露的审计证据。选择的审计程序取决于注册会计师的判断，包括对由于舞弊或错误导致的财务报表重大错报风险的评估。在进行风险评估时，注册会计师考虑与财务报表编制和公允列报相关的内部控制，以设计恰当的审计程序，但目的并非对内部控制的有效性发表意见。审计工作还包括评价管理层选用会计政策的恰当性和做出会计估计的合理性，以及评价财务报表的总体列报。

（4）注册会计师相信获取的审计证据是充分、适当的，为其发表审计意见提供了基础。如果结合财务报表审计对内部控制的有效性发表意见，注册会计师应当删除上述"但目的并非对内部控制的有效性发表意见"的措辞。

注册会计师在按照中国注册会计师审计准则执行审计工作时，还可能同时被要求按照其他国家或地区审计准则执行审计工作。在这种情况下，审计报告除了提及中国注册会计师审计准则外，还可能同时提及其他国家或地区审计准则。只有在同时符合下列条件时，注册会计师才应当同时提及：

（1）其他国家或地区审计准则与中国注册会计师审计准则不存在冲突，既不会导致注册会计师形成不同的审计意见，也不会导致在中国注册会计师审计准则要求增加强调事项段的情况下而其他国家或地区的审计准则不要求增加强调事项段。

（2）如果使用其他国家或地区审计准则规定的结构和措辞，审计报告至少应当包括中国注册会计师审计准则规定的每一要素，并且指明其他国家或地区审计准则。

如果审计报告同时提及中国注册会计师审计准则和其他国家或地区审计准则，审计报告应当指明审计准则所属的国家或地区。

6. 审计意见段

审计报告应当包含标题为"审计意见"的段落。如果对财务报表发表无保留意见，除非法律法规另有规定，审计意见应当使用"财务报表在所有重大方面按照（适用的财务报告编制基础，如企业会计准则等）编制，公允反映了……"的措辞。

如果在审计意见中提及的适用的财务报告编制基础不是企业会计准则，而是国际财务报告准则、国际公共部门会计准则或者其他国家或地区的财务报告准则，注册会计师应当在审计意见段中指明国际财务报告准则或国际公共部门会计准则，或者财务报告准则所属的国家或地区。

除审计准则规定的注册会计师对财务报表出具审计报告的责任外，相关法律法规可能对注册会计师设定了其他报告责任。如果注册会计师在对财务报表出具的审计报告中履行了其他报告责任，应当在审计报告中将其单独作为一部分，并以"按照相关法律法规的要求报告的事项"为标题。如果审计报告包含"按照相关法律法规的要求报告的事项"部分，审计报告应当区分为"对财务报表出具的审计报告"和"按照相关法律法规的要求报告的事项"两部分。

7. 注册会计师的签名和盖章

审计报告应当由注册会计师签名并盖章。

8. 会计师事务所的名称、地址及盖章

审计报告应当载明会计师事务所的名称和地址，并加盖会计师事务所公章。

9. 报告日期

审计报告应当注明报告日期。审计报告的日期不应早于注册会计师获取充分、适当的审计证据，并在此基础上对财务报表形成审计意见的日期。在确定审计报告日期时，注册会计师应当确信已获取下列两方面的审计证据：

（1）构成整套财务报表的所有报表（包括相关附注）已编制完成。

（2）被审计单位的董事会、管理层或类似机构已经认可其对财务报表负责。

国际视野

IAASB 就审计报告格式发布新准则

为提高全球范围内审计报告的透明度与可比性，国际会计师联合会（IFAC）下设的国际审计与鉴证准则理事会（IAASB），2004年12月28日发布了一项旨在规范审计报告新格式的国际审计准则。修订的《国际审计准则700号——针对一套完整的一般目的财务报表出具的审计报告》，在各国具体的审计报告要求基础上，建立了一套符合国际审计准则的审计报告框架。

四、标准审计报告

（一）出具标准审计报告的条件

如果认为财务报表在所有重大方面按照适用的财务报告编制基础编制并实现公允反映，注册会计师应当发表无保留意见。

（二）无保留意见审计报告的常用术语

注册会计师在编制无保留意见报告时，应以"我们认为"作为意见段的开头，以表明本段内容为注册会计师发表的意见，并表示承担对该审计报告的责任，不能使用"我们保证"字样。在发表审计意见时，应使用"在所有重要方面"、"公允反映了"等专业术语，不能使用"完全正确"、"绝对真实"等字样，也不能使用"大致反映"、"基本反映"等模糊不清的字样。

（三）标准审计报告的参考格式

标准审计报告的参考格式，如下所示。

参考格式 12 – 1　对按照企业会计准则编制的财务报表出具的标准审计报告。

审计报告

ABC 股份有限公司全体股东：

一、对财务报表出具的审计报告（如果审计报告中不包括"按照相关法律法规的要求报告的事项"部分，则不需此标题）

我们审计了后附的 ABC 股份有限公司（以下简称 ABC 公司）财务报表，包括 20×1 年 12 月 31 日的资产负债表，20×1 年度的利润表、股东权益变动表和现金流量表以及财务报表附注。

（一）管理层对财务报表的责任

编制和公允列报财务报表是 ABC 公司管理层的责任，这种责任包括：（1）按照企业会计准则的规定编制财务报表，并使其实现公允反映；（2）设计、执行和维护必要的内部控制，以使财务报表不存在由于舞弊或错误导致的重大错报。

（二）注册会计师的责任

我们的责任是在实施审计工作的基础上对财务报表发表审计意见。我们按照中国注册会计师审计准则的规定执行了审计工作。中国注册会计师审计准则要求我们遵守职业道德规范，计划和实施审计工作以对财务报表是否不存在重大错报获取合理保证。

审计工作涉及实施审计程序，以获取有关财务报表金额和披露的审计证据。选择的审计程序取决于注册会计师的判断，包括对由于舞弊或错误导致的财务报表重大错报风险的评估。在进行风险评估时，我们考虑与财务报表编制相关的内部控制，以设计恰当的审计程序，但目的并非对内部控制的有效性发表意见。审计工作还包括评价管理层选用会计政策的恰当性和做出会计估计的合理性，以及评价财务报表的总体列报。

我们相信，我们获取的审计证据是充分、适当的，为发表审计意见提供了基础。

（三）审计意见

我们认为，ABC 公司财务报表在所有重大方面按照企业会计准则的规定编制，公允反映了 ABC 公司 20×1 年 12 月 31 日的财务状况以及 20×1 年度的经营成果和现金流量。

二、按照相关法律法规的要求报告的事项

（本部分报告的格式和内容，取决于相关法律法规对其他报告责任的规定。）

<table>
<tr><td>　　××会计师事务所</td><td>中国注册会计师：×××</td></tr>
<tr><td>　　　　（盖章）</td><td>（签名并盖章）</td></tr>
<tr><td></td><td>中国注册会计师：×××</td></tr>
<tr><td></td><td>（签名并盖章）</td></tr>
<tr><td>　中国·××市</td><td>二○×二年×月十×日</td></tr>
</table>

五、非标准审计报告

上已述及，非标准审计报告是指带强调事项段或其他事项段的无保留意见的审计报告和非无保留意见的审计报告。

（一）非无保留意见的审计报告

1. 发表非无保留意见的情形

当存在下列情形之一时，注册会计师应当在审计报告中发表非无保留意见：

（1）根据获取的审计证据，得出财务报表整体存在重大错报的结论；

（2）无法获取充分、适当的审计证据，不能得出财务报表整体不存在重大错报的结论。

2. 非无保留意见类型的确定

注册会计师确定恰当的非无保留意见类型，取决于下列事项：导致非无保留意见的事项的性质，是财务报表存在重大错报，还是在无法获取充分、适当的审计证据的情况下，财务报表可能存在重大错报；注册会计师就导致非无保留意见的事项对财务报表产生或可能产生影响的广泛性做出的判断。

广泛性，是描述错报影响的术语，用以说明错报对财务报表的影响，或者由于无法获取充分、适当的审计证据而未发现的错报（如存在）对财务报表可能产生的影响。根据注册会计师的判断，对财务报表的影响具有广泛性的情形包括：不限于对财务报表的特定要素、账户或项目产生影响；虽然仅对财务报表的特定要素、账户或项目产生影响，但这些要素、账户或项目是或可能是财务报表的主要组成部分；当与披露相关时，产生的影响对财务报表使用者理解财务报表至关重要。

（1）发表保留意见。当存在下列情形之一时，注册会计师应当发表保留意见：在获取充分、适当的审计证据后，注册会计师认为错报单独或累计起来对财务报表影响重大，但不具有广泛性；注册会计师无法获取充分、适当的审计证据以作为形成审计意见的基础，但认为未发现的错报（如存在）对财务报表可能产生的影响重大，但不具有广泛性。

（2）发表否定意见。在获取充分、适当的审计证据后，如果认为错报单独或累计起来对财务报表的影响重大且具有广泛性，注册会计师应当发表否定意见。

（3）发表无法表示意见。如果无法获取充分、适当的审计证据以作为形成审计意见的基础，但认为未发现的错报（如存在）对财务报表可能产生的影响重大且具有广泛性，注册会计师应当发表无法表示意见。

在极其特殊的情况下，可能存在多个不确定事项。尽管注册会计师对每个单独的不确定事项获取了充分、适当的审计证据，但由于不确定事项之间可能存在相互影响，以及可能对财务报表产生累积影响，注册会计师不可能对财务报表形成审计意见。在这种情况下，注册会计师应当发表无法表示意见。

在确定非无保留意见类型时还需要注意两点：

一是在承接审计业务后，如果注意到管理层对审计范围施加了限制，且认为这些限制可能导致对财务报表发表保留意见或无法表示意见，注册会计师应当要求管理层消除这些限制。如果管理层拒绝消除限制，除非治理层全部成员参与管理被审计单位，注册会计师应当就此事项与治理层沟通，并确定能否实施替代程序以获取充分、适当的审计证据。如果无法获取充分、适当的审计证据，注册会计师应当通过下列方式确定其影响：如果未发现的错报（如存在）可能对财务报表产生的影响重大，但不具有广泛性，注册会计师应当发表保留意见；如果未发现的错报（如存在）可能对财务报表产生的影响重大且具有广泛性，以至于发表保留意见不足以反映情况的严重性，注册会计师应当在可行时解除业务约定（除非法律法规禁止）；如果在出具审计报告之前解除业务约定被禁止或不可行，应当发表无法表示意见。

　　二是如果认为有必要对财务报表整体发表否定意见或无法表示意见，注册会计师不应在同一审计报告中对按照相同财务报告编制基础编制的单一财务报表或者财务报表特定要素、账户或项目发表无保留意见。在同一审计报告中包含无保留意见，将会与对财务报表整体发表的否定意见或无法表示意见相矛盾。

3. 非无保留意见的审计报告的格式和内容

　　（1）导致非无保留意见的事项段。如果对财务报表发表非无保留意见，除在审计报告中包含《中国注册会计师审计准则第 1501 号——对财务报表形成审计意见和出具审计报告》规定的审计报告要素外，注册会计师还应当增加一个段落，说明导致发表非无保留意见的事项。

　　注册会计师应当直接在审计意见段之前增加该段落，并使用恰当的标题，如"导致保留意见的事项"、"导致否定意见的事项"或"导致无法表示意见的事项"。

　　如果财务报表中存在与具体金额（包括定量披露）相关的重大错报，注册会计师应当在导致非无保留意见的事项段中说明并量化该错报的财务影响。如果无法量化财务影响，注册会计师应当在导致非无保留意见的事项段中说明这一情况。

　　如果财务报表中存在与叙述性披露相关的重大错报，注册会计师应当在导致非无保留意见的事项段中解释该错报错在何处。

　　如果财务报表中存在与应披露而未披露信息相关的重大错报，注册会计师应当：与治理层讨论未披露信息的情况；在导致非无保留意见的事项段中描述未披露信息的性质；如果可行并且已针对未披露信息获取了充分、适当的审计证据，在导致非无保留意见的事项段中包含对未披露信息的披露，除非法律禁止。

　　如果无法获取充分、适当的审计证据而导致发表非无保留意见，注册会计师应当在导致非无保留意见的事项段中说明无法获取审计证据的原因。

　　即使发表了否定意见或无法表示意见，注册会计师也应当在导致非无保留意见的事项段中说明注意到的、将导致发表非无保留意见的所有其他事项及其影响。

　　（2）审计意见段。在发表非无保留意见时，注册会计师应当对审计意见段使用恰当的标题，如"保留意见"、"否定意见"或"无法表示意见"。

　　当由于财务报表存在重大错报而发表保留意见时，注册会计师应当根据适用的财务报告编制基础在审计意见段中说明：注册会计师认为，除了导致保留意见的事项段所述事项产生的影响外，财务报表在所有重大方面按照适用的财务报告编制基础编制，并实现公允反映。

　　当无法获取充分、适当的审计证据而导致发表保留意见时，注册会计师应当在审计意见段中使用"除……可能产生的影响外"等措辞。

　　当发表否定意见时，注册会计师应当根据适用的财务报告框架在审计意见段中说明：注册会计师认为，由于导致否定意见的事项段所述事项的重要性，财务报表没有在所有重大方面按照适用的财务报告框架编制，未能实现公允反映。

　　当由于无法获取充分、适当的审计证据而发表无法表示意见时，注册会计师应当在审计意见段中说明，由于导致无法表示意见的事项段所述事项的重要性，注册会计师无法获取充分、适当的审计证据为发表审计意见提供基础，因此，注册会计师不对这些财务报表发表审计意见。

（3）非无保留意见对审计报告要素内容的修改。当发表保留意见或否定意见时，注册会计师应当修改对注册会计师责任的描述，可以说明：注册会计师相信，注册会计师已获取的审计证据是充分、适当的，为发表非无保留意见提供了基础。

当由于无法获取充分、适当的审计证据而发表无法表示意见时，注册会计师应当修改审计报告的引言段，说明注册会计师接受委托审计财务报表。

注册会计师还应当修改对注册会计师责任和审计范围的描述，并仅能做出如下说明："我们的责任是在按照中国注册会计师审计准则的规定执行审计工作的基础上对财务报表发表审计意见。但由于导致无法表示意见的事项段中所述的事项，我们无法获取充分、适当的审计证据为发表审计意见提供基础。"

审计报告中的强调事项段，是指审计报告中含有的一个段落，该段落提及未在财务报表中列报或披露的事项，根据注册会计师的职业判断，该事项对财务报表使用者理解财务报表至关重要；其他事项段，是指审计报告中含有的一个段落，该段落提及未在财务报表中列报或披露的事项，根据注册会计师的职业判断，该事项与财务报表使用者理解审计工作、注册会计师的责任或审计报告相关。

（二）审计报告中的强调事项段和其他事项段

1. 审计报告中的强调事项段

如果认为有必要提醒财务报表使用者关注已在财务报表中列报或披露，且根据职业判断认为对财务报表使用者理解财务报表至关重要的事项，注册会计师在已获取充分、适当的审计证据证明该事项在财务报表中不存在重大错报的条件下，应当在审计报告中增加强调事项段。如异常诉讼或监管行动的未来结果存在不确定性、在允许的情况下提前应用对财务报表有广泛影响的会计准则、存在已经或持续对被审计单位财务状况产生重大影响的特大灾难等。强调事项段应当仅提及已在财务报表中列报或披露的信息。

如果在审计报告中增加强调事项段，注册会计师应当采取下列措施：

（1）将强调事项段紧接在审计意见段之后；

（2）使用"强调事项"或其他适当标题；

（3）明确提及被强调事项以及相关披露的位置，以便能够在财务报表中找到对该事项的详细描述；

（4）指出审计意见没有因该强调事项而改变。

2. 审计报告中的其他事项段

对于未在财务报表中列报或披露，但根据职业判断认为与财务报表使用者理解审计工作、注册会计师的责任或审计报告相关且未被法律法规禁止的事项，如果认为有必要沟通，注册会计师应当在审计报告中增加其他事项段，并使用"其他事项"或其他适当标题。注册会计师应当将其他事项段紧接在审计意见段和强调事项段（如有）之后。如果其他事项段的内容与其他报告责任部分相关，这一段落也可以置于审计报告的其他位置。

（三）非标准审计报告的参考格式

以下列示了非标准审计报告的几种参考格式。

参考格式 12 - 2　由于财务报表存在重大错报而出具保留意见的审计报告。

审计报告

ABC 股份有限公司全体股东：

一、对财务报表出具的审计报告

我们审计了后附的 ABC 股份有限公司（以下简称 ABC 公司）财务报表，包括 20×1 年 12 月 31 日的资产负债表，20×1 年度的利润表、现金流量表和所有者权益变动表以及财务报表附注。

（一）管理层对财务报表的责任

编制和公允列报财务报表是 ABC 公司管理层的责任，这种责任包括：（1）按照企业会计准则的规定编制财务报表，并使其实现公允反映；（2）设计、执行和维护必要的内部控制，以使财务报表不存在由于舞弊或错误导致的重大错报。

（二）注册会计师的责任

我们的责任是在执行审计工作的基础上对财务报表发表审计意见。我们按照中国注册会计师审计准则的规定执行了审计工作。中国注册会计师审计准则要求我们遵守中国注册会计师职业道德守则，计划和执行审计工作以对财务报表是否不存在重大错报获取合理保证。

审计工作涉及实施审计程序，以获取有关财务报表金额和披露的审计证据。选择的审计程序取决于注册会计师的判断，包括对由于舞弊或错误导致的财务报表重大错报风险的评估。在进行风险评估时，注册会计师考虑与财务报表编制和公允列报相关的内部控制，以设计恰当的审计程序，但目的并非对内部控制的有效性发表意见。审计工作还包括评价管理层选用会计政策的恰当性和做出会计估计的合理性，以及评价财务报表的总体列报。

我们相信我们获取的审计证据是充分、适当的，为发表保留意见提供了基础。

（三）导致保留意见的事项

ABC 公司 20×1 年 12 月 31 日资产负债表中存货的列示金额为×元。管理层根据成本对存货进行计量，而没有根据成本与可变现净值孰低的原则进行计量，这不符合企业会计准则的规定。公司的会计记录显示，如果管理层以成本与可变现净值孰低来计量存货，存货列示金额将减少×元。相应地，资产减值损失将增加×元，所得税、净利润和所有者权益将分别减少×元、×元和×元。

（四）保留意见

我们认为，除"（三）导致保留意见的事项"段所述事项产生的影响外，ABC 公司财务报表在所有重大方面按照企业会计准则的规定编制，公允反映了 ABC 公司 20×1 年 12 月 31 日的财务状况以及 20×1 年度的经营成果和现金流量。

二、按照相关法律法规的要求报告的事项

（本部分报告的格式和内容取决于相关法律法规对其他报告责任的规定。）

××会计师事务所	中国注册会计师：×××
（盖章）	（签名并盖章）
	中国注册会计师：×××
	（签名并盖章）
中国·××市	二○×二年×月十×日

参考格式 12 - 3　由于财务报表存在重大错报而出具否定意见的审计报告。

审计报告

ABC 股份有限公司全体股东：

一、对合并财务报表出具的审计报告

我们审计了后附的 ABC 股份有限公司（以下简称 ABC 公司）的合并财务报表，包括 20×1 年 12 月 31 日的合并资产负债表，20×1 年度的合并利润表、合并现金流量表和合并所有者权益变动表以及财务报表附注。

（一）管理层对合并财务报表的责任

编制和公允列报合并财务报表是管理层的责任。这种责任包括：（1）按照企业会计准则的规定编制合并财务报表，并使其实现公允反映；（2）设计、执行和维护必要的内部控制，以使合并财务报表不存在由于舞弊或错误而导致的重大错报。

（二）注册会计师的责任

我们的责任是在实施审计工作的基础上对合并财务报表发表审计意见。我们按照中国注册会计师审计准则的规定执行了审计工作。中国注册会计师审计准则要求我们遵守职业道德规范，计划和实施审计工作以对合并财务报表是否不存在重大错报获取合理保证。

审计工作涉及实施审计程序，以获取有关合并财务报表金额和披露的审计证据。选择的审计程序取决于注册会计师的判断，包括对由于舞弊或错误导致的合并财务报表重大错报风险的评估。在进行风险评估时，我们考虑与合并财务报表编制相关的内部控制，以设计恰当的审计程序，但目的并非对内部控制的有效性发表意见。审计工作还包括评价管理层选用会计政策的恰当性和做出会计估计的合理性，以及评价合并财务报表的总体列报。

我们相信，我们获取的审计证据是充分、适当的，为发表审计意见提供了基础。

（三）导致否定意见的事项

如财务报表附注×所述，20×1 年 ABC 公司通过非同一控制下的企业合并获得对 XYZ 公司的控制权，因未能取得购买日 XYZ 公司某些重要资产和负债的公允价值，故未将 XYZ 公司纳入合并财务报表的范围，而是按成本法核算对 XYZ 公司的股权投资。ABC 公司的这项会计处理不符合企业会计准则的规定。如果将 XYZ 公司纳入合并财务报表的范围，ABC 公司合并财务报表的多个报表项目将受到重大影响。但我们无法确定未将 XYZ 公司纳入合并范围对财务报表产生的影响。

（四）审计意见

我们认为，由于"（三）导致否定意见的事项"段所述事项的重要性，ABC 公司合并财务报表在所有重大方面按照企业会计准则的规定编制，未能公允反映 ABC 公司 20×1 年 12 月 31 日的财务状况以及 20×1 年度的经营成果和现金流量。

二、按照相关法律法规的要求报告的事项

（本部分报告的格式和内容，取决于相关法律法规对其他报告责任的规定。）

××会计师事务所	中国注册会计师：×××
（盖章）	（签名并盖章）
	中国注册会计师：×××
	（签名并盖章）
中国·××市	二○×二年×月十×日

参考格式 12 - 4　由于注册会计师无法获取充分、恰当的审计证据而出具保留意见的审计报告。

审计报告

ABC 股份有限公司全体股东：

一、对财务报表出具的审计报告

我们审计了后附的 ABC 股份有限公司（以下简称 ABC 公司）财务报表，包括 20×1 年 12 月 31 日的资产负债表，20×1 年度的利润表、现金流量表和所有者权益变动表以及财务报表附注。

（一）管理层对财务报表的责任

编制和公允列报财务报表是 ABC 公司管理层的责任。这种责任包括：（1）按照企业会计准则的规定编制财务报表，并使其实现公允反映；（2）设计、执行和维护必要的内部控制，以使财务报表不存在由于舞弊或错误而导致的重大错报。

（二）注册会计师的责任

我们的责任是在执行审计工作的基础上对财务报表发表审计意见。我们按照中国注册会计师审计准则的规定执行了审计工作。中国注册会计师审计准则要求我们遵守中国注册会计师职业道德守则，计划和执行审计工作以对财务报表是否不存在重大错报获取合理保证。

审计工作涉及实施审计程序，以获取有关财务报表金额和披露的审计证据。选择的审计程序取决于注册会计师的判断，包括对由于舞弊或错误导致的财务报表重大错报风险的评估。在进行风险评估时，注册会计师考虑与财务报表编制和公允列报相关的内部控制，以设计恰当的审计程序，但目的并非对内部控制的有效性发表意见。审计工作还包括评价管理层选用会计政策的恰当性和做出会计估计的合理性，以及评价财务报表的总体列报。

我们相信，我们获取的审计证据是充分、适当的，为发表审计意见提供了基础。

（三）导致保留意见的事项

如财务报表附注×所述，ABC 公司于 20×1 年取得了 XYZ 公司 30% 的股权，因能够对 XYZ 公司施加重大影响，故采用权益法核算该项股权投资，于 20×1 年度确认对 XYZ 公司的投资收益×元，截至 20×1 年 12 月 31 日该项股权投资的账面价值为×元。由于我们未被允许接触 XYZ 公司的财务信息、管理层和执行 XYZ 公司审计的注册会计师，我们无法就该项股权投资的账面价值以及 ABC 公司确认的 20×1 年度对 XYZ 公司的投资收益获取充分、恰当的审计证据，也无法确定是否有必要对这些金额进行调整。

（四）保留意见

我们认为，除"（三）导致保留意见的事项"段所述事项产生的影响外，ABC 公司财务报表在所有重大方面按照企业会计准则的规定编制，公允反映了 ABC 公司 20×1 年 12 月 31 日的财务状况以及 20×1 年度的经营成果和现金流量。

二、按照相关法律法规的要求报告的事项

（本部分报告的格式和内容，取决于相关法律法规对其他报告责任的规定。）

<table>
<tr><td>××会计师事务所</td><td>中国注册会计师：×××</td></tr>
<tr><td>（盖章）</td><td>（签名并盖章）</td></tr>
<tr><td></td><td>中国注册会计师：×××</td></tr>
<tr><td></td><td>（签名并盖章）</td></tr>
<tr><td>中国·××市</td><td>二○×二年×月十×日</td></tr>
</table>

参考格式 12 - 5 由于无法对财务报表多个要素获取充分、适当的审计证据而发表无法表示意见的审计报告。

审计报告

ABC 股份有限公司全体股东：

一、对合并财务报表出具的审计报告

我们审计了后附的 ABC 股份有限公司（以下简称 ABC 公司）财务报表，包括 20×1 年 12 月 31 日的资产负债表，20×1 年度的利润表、现金流量表和所有者权益变动表以及财务报表附注。

（一）管理层对财务报表的责任

编制和公允列报财务报表是 ABC 公司管理层的责任，这种责任包括：（1）按照×国财务报告准则的规定编制财务报表，并使其实现公允反映；（2）设计、执行和维护必要的内部控制，以使财务报表不存在由于舞弊或错误导致的重大错报。

（二）注册会计师的责任

我们的责任是在按照中国注册会计师审计准则的规定执行审计工作的基础上对财务报表发表审计意见。但由于"（三）导致无法发表意见的事项"段中所述的事项，我们无法获取充分、适当的审计证据以为发表审计意见提供基础。

（三）导致无法表示意见的事项

我们于 20×2 年 1 月接受 ABC 公司的审计委托，因而未能对 ABC 公司 20×1 年年初金额为×元的存货和年末金额为×元的存货实施监盘程序。此外，我们也无法实施替代审计程序获取充分、适当的审计证据。并且，ABC 公司于 20×1 年 9 月采用新的应收账款电算化系统，由于存在系统缺陷导致应收账款出现大量错误。截至审计报告日，管理层仍在纠正系统缺陷并更正错误，我们也无法实施替代审计程序，以对截至 20×1 年 12 月 31 日的应收账款总额×元获取充分、适当的审计证据。因此，我们无法确定是否有必要对存货、应收账款以及财务报表其他项目做出调整，也无法确定应调整的金额。

（四）无法表示意见

由于"（三）导致无法表示意见的事项"段所述事项的重要性，我们无法获取充分、适当的审计证据以为发表审计意见提供基础，因此，我们不对 ABC 公司财务报表发表审计意见。

二、按照相关法律法规的要求报告的事项

（本部分报告的格式和内容，取决于相关法律法规对其他报告责任的规定。）

××会计师事务所	中国注册会计师：×××
（盖章）	（签名并盖章）
	中国注册会计师：×××
	（签名并盖章）
中国·××市	二○×二年×月十×日

参考格式 12 - 6 带强调事项段的保留意见的审计报告。

审计报告

ABC 股份有限公司全体股东：

一、对财务报表出具的审计报告

我们审计了后附的 ABC 股份有限公司（以下简称 ABC 公司）财务报表，包括 20×1 年 12 月

31 日的资产负债表，20×1 年度的利润表、现金流量表和所有者权益变动表以及财务报表附注。

（一）管理层对财务报表的责任

编制和公允列报财务报表是 ABC 公司管理层的责任，这种责任包括：（1）按照企业会计准则的规定编制财务报表，并使其实现公允反映；（2）设计、执行和维护必要的内部控制，以使财务报表不存在由于舞弊或错误而导致的重大错报。

（二）注册会计师的责任

我们的责任是在执行审计工作的基础上对财务报表发表审计意见。我们按照中国注册会计师审计准则的规定执行了审计工作。中国注册会计师审计准则要求我们遵守中国注册会计师职业道德守则，计划和执行审计工作以对财务报表是否不存在重大错报获取合理保证。

审计工作涉及实施审计程序，以获取有关财务报表金额和披露的审计证据。选择的审计程序取决于注册会计师的判断，包括对由于舞弊或错误导致的财务报表重大错报风险的评估。在进行风险评估时，注册会计师考虑与财务报表编制和公允列报相关的内部控制，以设计恰当的审计程序，但目的并非对内部控制的有效性发表意见。审计工作还包括评价管理层选用会计政策的恰当性和做出会计估计的合理性，以及评价财务报表的总体列报。

我们相信，我们获取的审计证据是充分、适当的，为发表保留审计意见提供了基础。

（三）导致保留意见的事项

ABC 公司于 20×1 年 12 月 31 日资产负债表中反映的交易性金融资产为×元，ABC 公司管理层对这些交易性金融资产未按照公允价值进行后续计量，而是按照其历史成本进行计量，这不符合企业会计准则的规定。如果按照公允价值进行后续计量，ABC 公司 20×1 年度利润表中公允价值变动损失将增加×元，20×1 年 12 月 31 日资产负债表中交易性金融资产将减少×元，相应的所得税、净利润和所有者权益将分别减少×元、×元和×元。

（四）保留意见

我们认为，除"（三）导致保留意见的事项"段所述事项产生的影响外，ABC 公司财务报表在所有重大方面按照企业会计准则的规定编制，公允反映了 ABC 公司 20×1 年 12 月 31 日的财务状况以及 20×1 年度的经营成果和现金流量。

（五）强调事项

我们提醒财务报表使用者关注，如财务报表附注×所述，截至财务报表批准日，XYZ 公司对 ABC 公司提出的诉讼尚在审理当中，其结果具有不确定性。本段内容不影响已发表的审计意见。

二、按照相关法律法规的要求报告的事项

（本部分报告的格式和内容取决于相关法律法规对其他报告责任的规定。）

××会计师事务所　　　　　　　　　　　中国注册会计师：×××

　（盖章）　　　　　　　　　　　　　　　　（签名并盖章）

　　　　　　　　　　　　　　　　　　　中国注册会计师：×××

　　　　　　　　　　　　　　　　　　　　　（签名并盖章）

中国·××市　　　　　　　　　　　　　二○×二年×月十×日

六、审计报告的编制

编制审计报告，审计人员首先应做好编制前的准备工作，然后依照规定的步骤进行编制。编制审计报告前的准备工作，其实很多属于审计人员于审计实施阶段应随时注意做好的工作，只不过在审计报告阶段需对其进行综合整理和分析。下面以注册会计师审计为例，说明审计报告的编制。

（一）审计报告编制前的准备

1. 调整审计差异

注册会计师发现的被审计单位财务报表的整体反映或个别项目在余额、分类、表达、披露等方面与会计制度不一致，就是审计差异。审计差异按其性质可分为核算差异和重分类差异：核算差异是因企业对经济业务进行了不正确的会计核算而形成的差异，运用重要性进行判断，对其又可以分为建议调整的核算差异和不建议调整的核算差异（即未调整核算差异）；重分类差异是因为企业未按有关规定进行会计处理而形成的差异。如在应付账款项目中反映预付账款等。

对于核算差异和重分类差异，在审计工作底稿中需要以会计分录的形式进行反映，而且是分别将其汇总在一起，形成"调整核算差异汇总表"、"未调整核算差异汇总表"和"重分类差异汇总表"，其格式见表12-1、表12-2和表12-3。

表 12-1 　　　　　　　　　调整核算差异汇总表

客　　户：　　　　　　　　编制：　　　　日期：　　　　　　索引号：
会计期间：　　　　　　　　复核：　　　　日期：　　　　　　页　次：

序号	调整内容及项目	调整金额		影响利润数 +（-）
		借方	贷方	

表 12-2 　　　　　　　　　未调整核算差异汇总表

客　　户：　　　　　　　　编制：　　　　日期：　　　　　　索引号：
会计期间：　　　　　　　　复核：　　　　日期：　　　　　　页　次：

序号	未调整内容及说明	未调整金额		备注
		借方	贷方	

表 12-3 　　　　　　　　　重分类差异汇总表

客　　户：　　　　　　　　编制：　　　　日期：　　　　　　索引号：
会计期间：　　　　　　　　复核：　　　　日期：　　　　　　页　次：

序号	重分类内容及项目	重分类金额		备注
		借方	贷方	

注册会计师计入"调整核算差异汇总表"中的审计差异，需要与被审计单位进行讨论后确定。就注册会计师而言，除非有明显的迹象表明审计差异并不重要，否则，一般均需予以调整。在确定哪些审计差异应当调整时，注册会计师应当考虑以下因素：

（1）审计差异金额是否超过重要性标准；

（2）审计差异是否影响财务报表的公允表达与披露；

（3）审计差异的性质是否涉及非法业务及舞弊行为，并注意其对审计意见的潜在影响；

（4）审计差异产生的原因由于一时疏忽所造成，还是由于内部控制本身的固有限制所造成。对于后一种情况，还应考虑是否有必要采用追加审计程序，以保证审计结果的可靠性，或者向被审计单位管理当局提交管理建议书；

（5）衡量审计差异的精确度；

（6）其他可能影响审计结论的重要因素。

对于未调整核算差异，注册会计师应根据被调整事项的重要程度，确定是否在审计报告中予以反映，以及决定出具何种意见的审计报告。

2. 编制试算平衡表

试算平衡表是注册会计师在被审计单位提供的未审财务报表的基础上，考虑调整核算差异和重分类差异等内容，确定已审数与报表披露数的审计工作底稿。有关资产负债表、利润及利润分配表的试算平衡表的参考格式见表 12 – 4、表 12 – 5 和表12 –6。

试算平衡表中"审计前金额"栏的数字应根据被审计单位提供的未审计财务报表填列。对不同审计差异调整中出现的相同项目应进行汇总，然后分别计入"调整金额"和"重分类调整"栏内。在编制完试算平衡表后，应注意核对相应的勾稽关系。如资产负债表试算平衡表左边的"审计前金额"、"审定金额"、"报表反映数"各栏合计数应分别等于其右边相应各栏合计数。资产负债表试算平衡表左边的"调整金额"栏中的借方合计数与贷方合计数之差应等于右边的"调整金额"栏中的借方合计数与贷方合计数之差；资产负债表试算平衡表左边的"重分类调整"栏中的借方合计数与贷方合计数之差应等于右边的"重分类调整"栏中的借方合计数与贷方合计数之差，等等。

3. 复核审计工作底稿

编制审计报告前，注册会计师需要复核审计工作底稿。首先应对财务报表进行总体性复核，分析其是否还可能存在其他异常情况，以确定是否追加实施额外的审计程序。然后，对具体的审计工作底稿进行复核。这时的复核是指部门经理对经过项目经理复核（第一层次）过的审计工作底稿进行的第二层次复核，以及在此基础上由会计师事务所主任会计师进行的最终复核（第三层次），以便发现和解决有关问题。

表 12-4

客　户:
会计期间:

资产负债表试算平衡表

编制人:　　　　日期:
复核人:　　　　日期:

索引号:
页　次:

项目	审计前金额借方	调整金额借方	调整金额贷方	审定金额借方	重分类调整借方	重分类调整贷方	报表反映数借方
流动资产:							
货币资金							
交易性金融资产							
应收票据							
应收账款							
预付款项							
应收利息							
应收股利							
其他应收款							
存货							
一年内到期的非流动资产							
其他流动资产							
流动资产合计							
非流动资产:							
可供出售金融资产							
持有至到期投资							
长期应收款							

项目	审计前金额贷方	调整金额借方	调整金额贷方	审定金额贷方	重分类调整借方	重分类调整贷方	报表反映数贷方
流动负债:							
短期借款							
交易性金融负债							
应付票据							
应付账款							
预收账款							
应付职工薪酬							
应交税费							
应付利息							
应付股利							
其他应付款							
一年内到期的非流动负债							
其他流动负债							
流动负债合计							
非流动负债:							
长期借款							
应付债券							

续表

项目	审计前金额借方	调整金额		审定金额借方	重分类调整		报表反映数借方
		借方	贷方		借方	贷方	
长期股权投资							
投资性房地产							
固定资产							
在建工程							
工程物资							
固定资产清理							
生产性生物资产							
油气资产							
无形资产							
开发支出							
商誉							
长期待摊费用							
递延所得税资产							
其他非流动资产							
非流动资产合计							
资产总计							

项目	审计前金额贷方	调整金额		审定金额贷方	重分类调整		报表反映数贷方
		借方	贷方		借方	贷方	
长期应付款							
专项应付款							
预计负债							
递延所得税负债							
其他非流动负债							
非流动负债合计							
负债合计							
所有者权益（或股东权益）							
实收资本（或股本）							
资本公积							
减：库存股							
盈余公积							
未分配利润							
所有者权益（或股东权益）合计							
负债和所有者权益（或股东权益）总计							

表 12 - 5   **利润表试算平衡表**

客　　户：　　　　　　编制人：　　　日期：　　　　索引号：
会计期间：　　　　　　复核人：　　　日期：　　　　页　次：

项　　　目	审计前金额	调整金额		审定金额
		借方	贷方	
一、营业收入				
减:营业成本				
营业税金及附加				
销售费用				
管理费用				
财务费用				
资产减值损失				
加:公允价值变动收益(损失以" -"号填列)				
投资收益(损失以" -"号填列)				
其中:对联营企业和合营企业的投资收益				
二、营业利润(亏损以" -"号填列)				
加:营业外收入				
减:营业外支出				
其中:非流动资产处置损失				
三、利润总额(亏损总额以" -"号填列)				
减:所得税费用				
四、净利润(净亏损以" -"号填列)				
五、每股收益				
(一)基本每股收益				
(二)稀释每股收益				

表 12 - 6

所有者权益变动表试算平衡表

编制单位：　　　　　　　　　　　年度　　　　　　　　　　　　　　　　　　　　　　　　　　　单位：元

项目	审计前金额						调整金额												审计后金额					
	实收资本（或股本）	资本公积	减：库存股	盈余公积	未分配利润	所有者权益合计	实收资本（或股本）		资本公积		减：库存股		盈余公积		未分配利润		所有者权益合计		实收资本（或股本）	资本公积	减：库存股	盈余公积	未分配利润	所有者权益合计
							借	贷	借	贷	借	贷	借	贷	借	贷	借	贷						
一、上年末余额																								
加：会计政策变更																								
前期差错更正																								
二、本年年初余额																								
三、本年增减变动金额（减少以"—"号填列）																								
（一）净利润																								
（二）直接计入所有者权益的利得和损失																								
1. 可供出售金融资产公允价值变动净额																								
2. 权益法下被投资单位其他所有者权益变动的影响																								
3. 与计入所有者权益项目相关的所得税影响																								
4. 其他																								
上述（一）和（二）小计																								

续表

项　目	审计前金额						调整金额																	审计后金额					
	实收资本（或股本）	资本公积	减：库存股	盈余公积	未分配利润	所有者权益合计	实收资本（或股本）		资本公积		减：库存股		盈余公积		未分配利润		所有者权益合计		实收资本（或股本）	资本公积	减：库存股	盈余公积	未分配利润	所有者权益合计
							借	贷	借	贷	借	贷	借	贷	借	贷	借	贷						
（三）所有者投入和减少资本																								
1. 所有者投入资本																								
2. 股份支付计入所有者权益的金额																								
3. 其他																								
（四）利润分配																								
1. 提取盈余公积																								
2. 对所有者（或股东）的分配																								
3. 其他																								
（五）所有者权益内部结转																								
1. 资本公积转增资本（或股本）																								
2. 盈余公积转增资本（或股本）																								
3. 盈余公积弥补亏损																								
4. 其他																								
四、本年年末余额																								

4. 对重要性和审计风险进行最终评价

对重要性和审计风险进行最终评价，是注册会计师确定发表何种类型审计意见的必要手段和过程。该过程可通过以下两个步骤来完成：

（1）按财务报表项目确定可能的审计差异即可能是错报金额。按财务报表项目确定的可能的错报金额由三部分组成：一是通过交易和财务报表项目的实质性测试所确认的未更正错报，即"已知错报"。这部分"已知错报"既包含注册会计师考虑报表项目层次重要性水平而未建议被审计单位予以调整的未调整核算差异，也包括被审计单位拒绝按注册会计师的建议进行调整而形成的未调整核算差异。二是通过运用审计抽样技术所估计的未更正预计错报。三是通过运用分析性复核程序发现和运用其他审计程序所量化的其他估计错报。

（2）确定各财务报表项目可能的错报金额的汇总数（即可能错报总额）对财务报表层次重要性水平和其他与这些错报有关的财务报表总额（比如，流动资产或流动负债）的影响程度。这里应当注意两点：一是这里的财务报表层次的重要性水平是指审计计划阶段确定的重要性水平，如果该重要性水平在审计过程中已作过修正，则应按修正后的财务报表层次重要性水平进行比较。二是这里的可能错报总额一般是指各财务报表项目可能的错报金额的汇总数，但也可能包括上一期间的任何未更正可能错报对本期财务报表的影响。如果注册会计师将上一期间的未更正的可能错报包括进来，可能会导致本期财务报表被严重错报的风险高到无法接受的程度，则注册会计师估计本期的可能错报总和时，应该包括上一期间的未更正的可能错报。

注册会计师在审计计划阶段已确定了审计风险的可接受水平。随着可能错报总和的增加，财务报表可能被严重错报的风险也会增加。如果注册会计师得出结论，审计风险处在一个可接受水平，那么则可以直接提出意见；如果注册会计师认为审计风险不能接受，那么他应追加实施额外的实质性测试程序，或要求被审计单位做必要调整，以使重要错报的风险降低至可接受水平，并进而得出恰当的审计意见。

（二）审计报告的编制步骤

审计人员编制审计报告应当以审计工作底稿为依据，并对照国家法律、法规、财务会计制度的规定和有关协议、合同、章程的要求。编制审计报告的步骤包括整理和分析审计工作底稿、客户财务报表的调整、确定审计意见的类型和措辞、编制和出具审计报告等。

本章小结

综合本章所述，可以明确以下几点。

首先，审计机构和人员接受审计委托，按照审计职业规范的要求对被审计单位进行审计，然后，将审计结果通过审计报告的形式报告给委托者。审计报告是反映审计结果，表明审计意见的重要形式，是委托者以及有关利益相关者了解被审计单位财务报表所反映财务会计信息是否真实、合法、公允以及会计处理方法是否一致的重要途径，也是委托者了解审计者审计责任履行情况及结果的一种形式。审计报告是审计工作的最终结果，这一结果的形成有赖于审计人员准备阶段的准备工作和实施阶段的取证工作，也有赖于在报告阶段需要进行或继续进行的或有事项和期后事项的必要审核工作，以及对审计证据和审计工作底稿的综合与整理工作。本章内容的安排既考虑了审计结果形成的需要，也考虑了审计内容与审计过程相结合的需要。所有这些，都集中体现了审计产生发展于所有权监督的需要的基本理论。

其次，审计工作需要提高其效率和质量，控制与防范审计风险，明确与解除审计责任，审计报告中特定内容和表述形式在一定程度上体现和反映了这一要求，如审计报告范围段中会计责任与审计责任的表述、说明段所说明的事项、审计意见类型、审计报告日期、注册会计师签章等都从特定角度体现了审计责任的确立与履行情况。另外，审计报告作为一项重要的审计工作底稿也为将来审计人员可能遇到的审计纠纷或诉讼提供确立或解除特定意义上的审计责任重要证据。

最后，审计产生与发展于所有权监督的需要的理论以及由此在审计监督活动中所产生并需规范的审计责任关系、审计风险要素及其理论模式等，构成了贯穿于本书的一条主线。审计报告从形式和内容上反映和体现了这一主线的有关根本要求。

■关键词汇

或有事项审计（contingent item audit）　　期后事项审计（subsequent event audit）

公布目的审计报告（audit report of publication date）

非公布目的审计报告（audit report of non-publication date）

简式报告（short form audit report）　　详式审计报告（long form audit report）

国家审计报告（state audit report）　　内部审计报告（internal audit report）

独立审计报告（independent audit report）　　年度审计报告（annual audit report）

清算查账报告（the liquidation audit report）　　中期审计报告（interim audit report）

财政财务审计报告（financial audit report）　　经济效益审计报告（economic benefit audit report）

财经法纪审计报告（audit report of finance and economic discipline）

标准审计报告（standard audit report）　　非标准审计报告（non-standard audit report）

无保留意见（unqualified opinion）　　保留意见（qualified opinion）

否定意见（adverse opinion）　　无法表示意见（disclaimer of opinion）

审计差异（audit difference）　　核算差异（accounting differences）

重分类差异（reclassification differences）　　声明书（declaration）

小组讨论

我们已经知道，审计意见包括无保留意见、保留意见、否定意见和无法表示意见四种。在理论上，对其不难界定与区分，但在实际工作中，有时则不易做到。如保留意见和否定意见的审计报告中，都揭示了被审计单位财务报表中存在的错报漏报，但区别是这种错报漏报是否为"特别重大"，而做到这种区分有时是不易的。

请分析与讨论：

（1）在界定与确定审计意见类型时，如何恰当运用审计重要性的概念？

（2）在界定与确定审计意见类型时，注册会计师还应考虑哪些因素？

本章推荐阅读资料

1. 中国注册会计师协会：《审计》，经济科学出版社最新版。
2. 香港会计师公会：《高级审计实务》，经济科学出版社 1998 年版。
3. 李晓慧：《审计报告的沿革及其运用研究》，载《审计研究》2005 年第 3 期。

其他鉴证业务与相关服务

学习提要与目标

本章讨论的其他鉴证业务及相关服务主要包括验资、财务报表审阅、预测性财务信息审核、对财务信息执行商定程序、代编财务信息等业务内容。其中，其他鉴证业务是指我国注册会计师所从事的财务报表审计之外的三项重要鉴证业务，即验资、财务报表审阅和预测性财务信息审核业务。这三项业务与财务报表审计同属于注册会计师的鉴证业务，但它们在目标、内容、范围、程序、方法、提供的保证程度、提出结论的方式和提交的报告类型上都具有特殊性。此外，本章还将讨论注册会计师提供的两项相关服务，即对财务信息执行商定程序与代编财务信息业务。尽管注册会计师在实施上述六项鉴证与非鉴证业务时皆需要针对财务信息签订业务约定书，编制计划和执行必要的程序，但它们在业务的性质、所涉及的关系人、业务依据的标准、业务关注财务信息的焦点与类型、对独立性的要求、保证程度、运用的程序与方法、业务结论的提出方式以及报告的编制等方面均存在着差异，这些也是本章研讨的重点内容。

通过本章的学习，应能够：

• 熟悉验资、审阅与预测性财务信息审核业务的性质、目标、类型、范围、程序和内容；

• 掌握验资、审阅与预测性财务信息审核业务的相关概念、方法和报告的构成要素与编制；

• 熟悉对财务信息执行商定程序、代编财务信息业务的性质、计划、实施程序与记录内容；

• 掌握对财务信息执行商定程序、代编财务信息业务的相关概念和报告的构成要素与编制。

第一节　验资

验资业务属于特殊目的的审计业务，注册会计师在执行验资业务时，除需要遵守《中国注册会计师鉴证业务基本准则》的一般要求外，还应符合《中国注册会计师审计准则第 1602 号——验资》的特定要求。

一、验资业务概述

验资是指注册会计师依法接受委托，对被审验单位注册资本的实收情况或注册资本及实收资本的变更情况加以审验，并出具验资报告的过程。由验资的定义出发，可明确以下相关内容。

（一）验资业务的性质

验资是注册会计师的法定业务。《中华人民共和国注册会计师法》第十四条明确规定，"验证企业资本，出具验资报告"是注册会计师的法定业务之一，其他法律法规也有对注册会计师承办验资业务做出规定的，如《中华人民共和国公司法》（2013年 12 月 28 日第十二届全国人民代表大会常务委员会第六次会议通过修订，将于2014 年 3 月 1 日起施行）等也有相关规定。

验资是一项鉴证业务。注册会计师的审验意见旨在提高被审验单位的注册资本实收情况或注册资本及实收资本变更情况的可信赖程度，满足公司登记机关登记注册资本和实收资本及被审验单位向出资者签发出资证明的需要。

验资是一种受托业务。注册会计师必须接受委托人的委托，由其所在会计师事务所与委托人签订业务约定书，方可执行验资业务。

（二）验资业务的对象与内容

验资业务的对象是被审验单位。被审验单位是指在中华人民共和国境内拟设立或已设立的，依法应当接受验资的有限责任公司和股份有限公司。其中：（1）拟设立公司是指处于筹备阶段中，已经向公司登记机关办理了公司名称预先核准，或已办理了审批手续（对法律、行政法规规定设立公司必须报经批准的）正准备向公司登记机关申请设立登记的公司。（2）已设立公司是指已经办理了公司登记，领取了营业执照，正式成立的公司。（3）依法接受验资是指拟设立或已设立公司应当根据《公司法》、《证券法》、《商业银行法》、《保险法》、《中外合资经营企业法》、《外资企业法》、《公司登记管理条例》、《企业法人登记管理条例》、《公司注册资本登记管理规定》等法律法规的规定，接受注册会计师对其注册资本的实收情况或注册资本及实收资本的变更情况进行审验。

验资业务的内容包括对被审验单位注册资本的实收情况或注册资本及实收资本的变更情况进行审验。被审验单位注册资本的实收情况是指被审验单位实际收到出资者缴纳注册资本的情况。被审验单位注册资本及实收资本的变更情况是指被审验单位注册资本和实收资本的增减变动情况。

（三）注册资本与实收资本

1. 注册资本

注册资本是指被审验单位在公司登记机关依法登记的全体出资者的出资额。因公司组织形式不同，其注册资本的含义也不同，公司法对有限责任公司和股份有限公司的注册资本分别做出了下列规定：（1）有限责任公司的注册资本为在公司登记机关依法登记的全体股东认缴的出资额；（2）股份有限公司的注册资本：采取发起设立方式设立的股份有限公司，其注册资本为在公司登记机关依法登记的全体发起人认购的股本总额；采取募集设立方式设立的股份有限公司，其注册资本为在公司登记机关依法登记的实收股本总额。

2. 实收资本

实收资本是被审验单位全体股东或者发起人实际交付并经公司登记机关依法登记的出资额或者股本总额。

（四）设立验资与变更验资

验资业务分为设立验资和变更验资两种类型。

1. 设立验资

设立验资是指注册会计师对被审验单位申请设立登记时的注册资本实收情况进行的审验。通常，在以下两种情况下需要注册会计师进行设立验资：（1）在被审验单位向公司登记机关申请设立登记时全体股东的一次性全部出资和分次出资的首次出资情况；（2）公司新设合并、分立，或企业改制时以部分资产进行重组设立新的公司，新设立的公司向公司登记机关申请设立登记。

2. 变更验资

变更验资是指注册会计师对被审验单位申请变更登记时的注册资本及实收资本的变更情况进行的审验。通常，下列几种情况需要注册会计师进行变更验资：（1）被审验单位出资者（包括原出资者和新出资者）新投入资本，增加注册资本及实收资本；（2）分次出资的非首次出资，增加实收资本，但注册资本不变；（3）符合规定的出资者将其对被审验单位的债权转为股权；（4）被审验单位以资本公积、盈余公积、未分配利润转增注册资本及实收资本；（5）被审验单位因吸收合并增加注册资本及实收资本；（6）被审验单位因派生分立、注销股份或依法收购股东的股权等减少注册资本及实收资本；（7）被审验单位整体改制，包括由非公司制企业改为公司制企业、有限责任公司变更为股份有限公司时，以净资产折合实收资本。需要指出的是，公司因出资者、出资比例等发生变化，注册资本及实收资本金额不变，需要按照有关规定向公司登记机关申请办理变更登记，但不需要进行变更验资。

验资是注册会计师的法定业务。验资过程中注册会计师须注意辨析虚报注册资本、虚假增资和抽逃出资等违法行为。三种行为都属于主观方面故意构成的，即故意未交付货币、实物或者未转移财产权而虚报注册资本、虚假增资或抽逃出资扰乱市场经济秩序的行为。但三种违法行为的时间不同。虚报注册资本是违法公司向登记机关登记之时，虚报不真实的注册资本，其行为发生在登记时；虚假增资是违法的股东和发起人不真实地向公司缴纳出资或未真实地将非货币出资在规定时间内办理财产所有权转移过户手续，或者转移过户的出资未达到公司章程规定的注册资本数额，该行为发生在股东和发起人向公司做出虚假的已缴纳出资的表示之时，或者应当转移非货币出资所有权的期限届满之日；抽逃出资是公司成立后，股东或发起人将资金抽回，发生在公司成立以后。

◎ 相关案例

出资人是虚报注册资本、虚假增资还是抽逃出资？

（一）背景资料

某投资管理公司有杨某（法人）、李某、詹某、金某四位股东。20×1 年 12 月，公司增加注册资本 880 万元，实际出资情况为：金某按公司章程约定完成出资 88 万元，杨某、李某、詹某按该公司章程约定的出资比例共出资 92 万元。但后 3 位股东未到位的资金由杨某于 20×1 年 12 月 13 日与某经济咨询公司签订口头借款协议，以投资管理公司的名义为杨某、李某、詹某 3 位股东支付 7% 的借款利息向该经济咨询公司借款 700 万元。20×1 年 12 月 14 日，700 万元借款存入该投资管理公司账户内。在会计师事务所完成变更验资后，该投资管理公司又于 20×1 年 12 月 15 日从本公司账户内以现金方式提出 700 万元，还给借款公司。

（二）案情分析

对于本案，有不同的理解。观点一：该投资管理公司采取欺诈手段（将借来的资金作为自己的出资）取得公司登记，涉嫌构成《公司法》所指的虚报注册资本行为。观点二：该投资管理公司杨某、李某、詹某三位股东在完成增资验资后，第二天即从公司账户内抽逃 700 万元用于还款的行为涉嫌违反《公司法》的规定，构成了抽逃出资行为。

从本案事实看，首先，杨某、李某、詹某 3 人已将属于公司注册资本的资金抽回，挪作还款之用。其次，虽然杨某、李某、詹某具有合意，但没有证据表明全体股东均有合意，不能认定全体股东均明知或应知存在此违法行为。因此，将杨某等 3 位股东从公司的基本账户内抽回出资用于还款的行为认定为虚报注册资本行为欠妥。再次，本案中违法行为的发生时间在公司成立后，而且杨某所抽逃的出资是从公司的基本账户内抽回的，符合股东抽逃注册资本的特征。

我国《公司法》对虚报注册资本、抽逃出资两种行为都做了规定，但不是很明确。从本案当事人的行为来看，其行为既符合采取欺诈手段、虚报注册资本骗取公司登记的特征，又符合公司发起人、股东在公司成立后又抽逃其出资的特征。当事人的行为既侵犯了公司登记管理制度，又侵犯了关于公司出资的相关法律规定。

资料来源：根据中国财经网相关资料整理。

（五）验资业务的三方责任

验资业务的三方责任人是出资者、被审验单位和注册会计师。其中按照法律法规以及协议、合同、章程的要求出资，提供真实、合法、完整的验资资料，保护资产的安全、完整，是出资者和被审验单位的责任。注册会计师的责任是指对被审验单位注册资本的实收情况或注册资本及实收资本的变更情况进行审验，出具验资报告。注册会计师的责任不能减轻出资者和被审验单位的责任。

（六）验资截止日与验资报告

验资截止日是指注册会计师所验证的注册资本实收情况或注册资本及实收资本变更情况的截止日期，是注册会计师审验结论成立的一个特定时点。完成审验工作后，注册会计师应对被审验单位注册资本的实收情况或注册资本及实收资本的变更情况发表审验意见，出具验资报告。

二、验资计划安排

注册会计师执行验资业务，应当编制验资计划，获取相关资料，对验资工作做出合理安排。

（一）验资计划的种类

验资计划包括总体验资计划和具体验资计划。总体验资计划是注册会计师对验资业务总体做出的计划安排；具体验资计划是注册会计师对拟实施审验程序的性质、时间和范围做出的具体安排。计划验资工作并非验资业务的一个孤立阶段，而是一个持续的、不断修正的过程，贯穿于整个验资业务的始终。由于未预期事项、条件的变化或在实施审验程序中获取的审验证据等原因，注册会计师可以在验资过程中对总体验资计划和具体验资计划做出必要的更新和修改。

（二）验资计划的内容

1. 总体验资计划的内容

总体验资计划通常包括下列主要内容：验资类型、委托目的和审验范围；以往的验资和审计情况；重点审验领域；验资风险评估；对专家工作的利用；验资工作进度及时间、收费预算；验资小组组成及人员分工；质量控制安排。

2. 具体验资计划的内容

具体验资计划通常包括各审验项目的下列主要内容：审验目标；审验程序；执行人及完成工作日期。具体验资计划一般通过编制各审验项目的审验程序表完成。

（三）获取注册资本实收情况明细表或注册资本、实收资本变更情况明细表

注册会计师应当向被审验单位获取注册资本实收情况明细表或注册资本、实收资本变更情况明细表。注册会计师在验资过程中获取的由被审验单位签章的"注册资本实收情况明细表"或"注册资本、实收资本变更情况明细表"，是被审验单位出资者出资情况的总括反映，经被审验单位签章确认后，代表了被审验单位对其出资者出资情况的认定，也是被审验单位的一种书面声明，是注册会计师应当获取的重要证据

之一。获取这一证据有助于分清被审验单位和注册会计师各自的责任。

（四）确定设立验资与变更验资的审验范围

设立验资的审验范围一般限于与被审验单位注册资本实收情况有关的事项，包括出资者、出资币种、出资金额、出资时间、出资方式和出资比例等；变更验资的审验范围一般限于与被审验单位注册资本及实收资本增减变动情况有关的事项。增加注册资本及实收资本时，审验范围包括与增资相关的出资者、出资币种、出资金额、出资时间、出资方式、出资比例和相关会计处理，以及增资后的出资者、出资金额和出资比例等。减少注册资本及实收资本时，审验范围包括与减资相关的减资者、减资币种、减资金额、减资时间、减资方式、债务清偿或债务担保情况、相关会计处理，以及减资后的出资者、出资金额和出资比例等。

（五）获取验资事项声明

注册会计师应当向出资者和被审验单位获取与验资业务有关的重大事项的书面声明。与验资业务有关的重大事项的书面声明一般包括：出资者及被审验单位的责任；非货币财产的评估和价值确认情况；出资者对出资财产在出资前拥有的权利，且未设定担保及已办理财产权转移手续情况；净资产折合实收资本情况及相关手续办理情况；验资报告使用；其他对验资产生重大影响的事项。验资事项声明书标明的日期通常与验资报告日一致。

（六）利用专家工作的安排

注册会计师在计划阶段应当对审验过程中利用专家的工作做出安排。在执行验资业务时，注册会计师利用专家工作的领域主要包括：对出资的房屋、建筑物、机器设备等实物资产，知识产权，土地使用权等非货币财产及工艺品、宝石等特殊资产的估价及该类资产评估报告价值的审查；对特定资产的数量和实物状况的测定；需用特殊技术或方法的金额测算；未完成合同中已完成和未完成工作的计量，如按建造合同进行计量的资产出资时，在未完工状态下的价值确认等。注册会计师需要考虑专家的专业胜任能力和客观性，并对利用专家工作结果所形成的审验结论负责。

三、审验方法

验资业务主要分为设立验资和变更验资两类。注册会计师对验资业务实施审计所运用的审验方法也分为两大类，以下将分设立验资审验方法和变更验资审验方法加以阐述。

（一）设立验资的审验方法

1. 货币出资的审验方法

货币出资的审验目标是审验出资者是否按照协议或合同章程的规定将其认缴或认购的货币资金如期、足额存入被审验单位在其所在地银行开设的账户。

以货币出资的，应当在检查被审验单位开户银行出具的收款凭证、对账单及银行询证函回函等的基础上，审验出资者的实际出资金额和货币出资比例是否符合规定。对于股份有限公司向社会公开募集的股本，还应当检查证券公司承销协议、募股清单和股票发行费用清单等。注册会计师发出的设立验资银行询证函的参考格式如下：

银行询证函

编号：××

××（银行）：

本公司（筹）聘请的××会计师事务所正在对本公司（筹）的注册资本实收情况进行审验。按照国家有关法规的规定和中国注册会计师审计准则的要求，应当询证本公司（筹）出资者（股东）向贵行缴存的出资额。下列数据及事项如与贵行记录相符，请在本函下端"数据及事项证明无误"处签章证明；如有不符，请在"列明不符事项"处列明不符事项。有关询证费用可直接从本公司（筹）××存款账户中收取。回函请直接寄至××会计师事务所。

回函地址：××

邮编：××   电话：××   传真：××   联系人：××

截至20×1年×月×日，本公司（筹）出资者（股东）缴入的出资额列示如下：

缴款人	缴入日期	银行账号	币种	金额	款项用途	备注
××	××	××	××	××	××	××
合计金额（大写）××						

××公司（筹）

法定代表或委托代理人：（签名并盖章）××

20×1年 ×月 ×日

结论1. 数据及事项证明无误。

20×1年 ×月×日   经办人：××   银行签章：××

---

2. 如果不符，请列明不符事项。

××

20×1年 ×月×日   经办人：××   银行签章：××

在设立验资中注册会计师运用的具体审验方法如下：检查货币出资清单的出资者、出资币种、出资金额、出资时间、出资方式和出资比例等内容是否符合协议或合同章程的规定；检查入资账户的户名、账号等是否为被审验单位在银行开设的账户。

在设立验资中，注册会计师除审验上述内容外，还应检查收款凭证的金额、币种、日期等内容是否与货币出资清单一致；检查收款凭证是否加盖银行收讫章或转讫章；检查收款凭证的收款人是否为被审验单位，付款人是否为出资者；检查收款凭证中是否注明该款项为投资款；检查截至验资报告日的银行对账单或具有同等证明效力的文件的收款金额、币种、日期等是否与收款凭证一致并关注其中资金往来有无明显异常情况；向银行函证，检查出资者是否按公司章程的规定缴存货币资金，金额是否与收款凭证一致；核对货币出资清单与注册资本实收情况明细表是否相符。

2. 实物出资的审验方法

实物出资的审验目标是审验出资者是否按照协议或合同章程的规定将其认缴或认购的实物出资如期、足额投入被审验单位，并已办理有关财产权转移手续的证明文件。

以实物出资的，注册会计师应当观察、检查实物，审验其权属转移情况，并按照国家有关规定在资产评估的基础上审验其价值。具体审验方法主要包括以下内容：

检查实物出资清单填列的实物品名、数量、作价、出资日期等内容是否符合协议或合同章程的规定；检查实物资产出资是否按国家规定进行资产评估，查阅其评估报告，了解评估目的、评估范围与对象、评估基准日、评估假设等有关限定条件是否满足验资的要求，关注评估报告的特别事项说明、评估基准日至验资报告日期间发生的重大事项是否对验资结论产生影响；检查实物资产作价是否存在显著高估或低估；检查投入实物资产的价值是否经各出资者认可；观察、检查实物数量并关注其状况，验证其是否与实物出资清单一致；检查房屋、建筑物的平面图、位置图，验证其名称、坐落地点、建筑结构、竣工时间、已使用年限及作价依据等是否符合协议或合同章程的规定；检查机器设备、运输设备、材料等实物的购货发票、货物运输单、保险单等单证，验证其权属及作价依据；检查实物是否办理交接手续，交接清单是否得到出资者及被审验单位的确认，实物的交付方式、交付时间、交付地点是否符合协议或合同章程的规定；检查须办理财产权转移手续的房屋、车辆等出资财产，是否已办理财产权转移手续的证明文件，验证其出资前是否归属出资者，出资后是否归属被审验单位；获取出资者及被审验单位签署的与验资业务有关的重大事项的声明书，检查相关文件确认出资的实物是否设定担保；核对实物出资清单与注册资本实收情况明细表是否相符。

3. 无形资产出资的审验方法

无形资产出资的审验目标是审验出资者是否按照协议或合同章程的规定将其认缴的知识产权、土地使用权等无形资产如期、足额投入被审验单位，并办理有关财产权转移手续。

以知识产权、土地使用权等无形资产出资的，注册会计师应当验证其权属转移情况，并按照国家有关规定在资产评估的基础上审验其价值。具体审验方法主要包括以下内容：

检查知识产权、土地使用权等无形资产出资清单中的资产名称、有效状况、作价依据等内容是否符合协议或合同章程的规定；检查知识产权、土地使用权等无形资产出资是否按国家规定进行资产评估，查阅其评估报告，了解评估目的、评估范围与对象、评估基准日、评估假设等有关限定条件是否满足验资的要求；关注评估报告的特别事项说明和评估基准日至验资报告日发生的重大事项是否对验资结论产生影响；检查无形资产作价是否存在显著高估或低估；检查投入资产的价值是否经各出资者认可；以专利权出资的，如专利权人为全民所有制单位，专利权转让是否经过上级主管部门批准；以商标权出资须经商标主管部门审批的，检查是否经其审查同意；检查各项出资的知识产权是否以其整体作价出资；检查土地使用权证和平面位置图，并现场察看，以审验土地使用权证载明的有关内容是否真实，土地使用权的作价依据是否合理；检查知识产权、土地使用权等无形资产是否办理交接手续，交接清单是否得到出资者及被审验单位的确认；检查须办理财产权转移手续的知识产权、土地使用权等出资财产，是否已办理财产权转移手续的证明文件，验证其出资前是否归属出资者，出资后是否归属被审验单位；获取出资者及被审验单位签署的与验资业务有关的重大事项的声明书，检查相关文件确认出资的知识产权、土地使用权等无形资产是否设定担保；核对无形资产出资清单与注册资本实收情况明细表是否相符。

4. 以净资产折合实收资本的审验方法

以净资产折合实收资本的审验目标是审验出资者是否按照协议或合同章程的规定将以净资产折合实收资本相关的资产和负债如期、足额转入被审验单位，并办理有关财产权的转移手续。

以净资产折合实收资本的，注册会计师应当在审计的基础上按照国家有关规定审验其价值。具体审验方法主要包括以下内容：

检查以净资产折合实收资本的数额是否符合协议或合同章程的规定；审计以净资产折合实收资本相关的资产、负债，以验证净资产折合实收资本的数额是否准确；检查以净资产折合实收资本相关的资产、负债是否按国家规定进行资产评估，查阅评估报告，了解其评估目的、评估范围与对象、评估基准日、评估假设等有关限定条件是否满足验资的要求；关注评估报告的特别事项说明和评估基准日至验资报告日期间发生的重大事项对验资结论产生的影响；检查净资产作价是否存在显著高估或低估；检查以净资产折合实收资本的数额是否经各出资者认可；检查以净资产折合实收资本相关的资产、负债的交接清单；检查以净资产折合实收资本相关的资产和负债的转移方式、期限是否符合协议或合同章程的规定；检查新设合并的合并各方是否按照国家有关规定及时通知债权人，发布公告，进行债务清偿或提供债务担保；检查国有企业以净资产折股数额是否与政府有关部门的批准文件的规定一致，未折股部分的处理是否符合国家有关规定；检查评估基准日至以净资产折合实收资本日期间的净资产变动情况，并检查是否对其进行了适当的会计处理；检查以净资产折合实收资本的数额是否与注册资本实收情况明细表一致。

5. 外商投资企业设立验资的特殊审验方法

（1）以货币出资的，注册会计师除运用本节上述货币出资的审验方法外，还需要补充运用下列审验方法：检查外方出资者是否以从境外汇入的外币出资；检查外商投资企业的外汇登记证，以确定外币是否汇入经外汇管理部门核准的资本金账户，并向该账户开户银行进行函证；外方出资者用其从中国境内举办的其他外商投资企业获得的人民币利润和因清算、股权转让、先行收回投资、减资等所得的货币资金在境内再投资的，检查该外商投资企业有关的已审计财务报表和审计报告、董事会有关利润分配的决议、利润等相关再投资的货币资金获取地外汇管理部门的批准文件和"国家外汇管理局资本项目外汇业务核准件"原件以及主管税务机关出具的完税证明，以确定其行为是否与外汇管理部门核准的相一致；当出资的币种与注册资本的币种、记账本位币不一致时，检查实收资本的折算汇率是否按收到出资当日汇率折算；出资者将出资款直接汇入被审验单位在境外开立的银行账户的，检查被审验单位注册地外汇管理部门的批准文件。

（2）以进口实物出资的，除运用本节上述实物出资的审验方法外，注册会计师还需要运用下列审验方法：按照国家规定须办理价值鉴定手续的，查阅各地出入境检验检疫局或经国家质量监督检验检疫总局和财政部授予资格的其他价值鉴定机构出具的外商投资财产价值鉴定证书；检查财产价值鉴定证书所列的实物是否与购货发票、货物运输清单、货物提单、进口货物报关单、海关查验放行清单、保险单据、实物出资清单及验收清单等一致；检查实物是否来源于境外；观察、检查实物，验证其品名、规格、数量、价值等是否与财产价值鉴定证书的有关内容一致；当实物出资的币种与注册资本的币种、记账本位币不一致时，检查实收资本的折算汇率是否按收到出资当日汇率折算。

外方以货币、实物出资的，注册会计师应当按照国家有关规定向企业注册地外汇管理部门发出外方出资情况询证函，并根据外方出资者的出资方式附送银行询证函回函、国家外汇管理局资本项目外汇业务核准件及进口货物报关单等文件的复印件，以询证上述文件内容的真实性、合规性。

（3）以无形资产出资的，注册会计师除运用本节上述以无形资产出资的审验方法外，还需要运用下列审验方法：当无形资产出资的币种与注册资本的币种、记账本位币不一致时，注册会计师还需要检查实收资本的折算汇率是否按收到出资当日汇率折算。

此外，以实物、知识产权、土地使用权等非货币财产作价出资的，须办理财产权转移手续的，注册会计师应当检查有关财产权的转移手续是否办理完毕；注册会计师还需要检查与注册资本实收情况相关的会计处理是否正确，需要关注被审验单位注册资本与投资总额的比例、出资期限、外方出资者的出资比例是否符合有关协议、合同、章程、审批机关的批准文件及国家相关法规的规定。

6. 设立验资需要关注的其他事项

注册会计师执行设立验资业务，除按上述以货币、实物等不同出资方式运用相关的审验方法外，还需要关注下列事项：

被审验单位为有限责任公司或以发起设立方式设立股份有限公司的，股东或发起人是否书面认足公司章程规定其认购的股份，并按照公司章程规定缴纳出资。以非货币财产出资的，是否依法办理其财产权的转移手续。募集设立的股份有限公司，发起人认购的股份是否不少于公司股份总数的35%；出资者是否以自己的名义出资；出资的实物、知识产权、土地使用权等非货币财产是否可以用货币估价并可以依法转让；以货币、实物、知识产权、土地使用权以外的其他财产出资的，是否符合国家工商行政管理总局会同国务院有关部门制定的有关规定；被审验单位为一人有限责任公司的，其出资者是否存在重复设置一人有限责任公司的情况。

（二）变更验资的审验方法

1. 变更验资的一般审验方法

变更验资的审验目标是审验被审验单位变更注册资本、实收资本是否符合法定程序，注册资本、实收资本或股本的增减变动是否真实，相关会计处理是否正确。

变更验资的一般审验方法包括：查阅董事会、股东会或股东大会关于注册资本、实收资本增加或减少的决议，检查注册资本、实收资本变更情况明细表中所列内容是否与有关决议及修改后的协议或合同章程一致；变更注册资本、实收资本须经政府有关部门审批的，检查是否获得批准；国家规定须办理有关财产权转移手续的出资财产，检查是否依法办理；股份有限公司发行新股（含配股）的或上市公司以非公开方式发行新股的，如果委托证券承销机构办理，还应当检查委托承销协议、承销报告、募股清单、股款划转凭据、股票发行费用清单、证券登记机构出具的有关证明；如果委托人要求对增资后累计的注册资本实收情况进行审验，注册会计师应当实施必要的审计程序；因合并、分立变更注册资本、实收资本，或因注销股份等其他原因减少注册资本、实收资本的，检查被审验单位是否按规定通知债权人，在报纸上发布公告，进行债务清偿或提供债务担保，并得到债权人的认可；检查增加或减少注册资本后的出资者、出资金额、出资比例是否符合协议或合同章程及董事会、股东会或股东大会决议的有关规定；检查与增加或减少注册资本、实收资本相关的会计处理是否正确；实施以下程序关注前期注册资本实收情况和增资前的净资产状况：查阅前期验资报告；检查前期出资的实物、知识产权、土地使用权是否依法办理了有关财产权转移手续；关注被审验单位与其关联方的有关往来款项有无明显异常情况；查阅近期财务报表和审计报告，关注被审验单位是否存在由于严重亏损而导致增资前的净资产小于注册资本、实收资本的情况。

2. 变更验资的特殊审验方法

（1）以资本公积、盈余公积、未分配利润转增注册资本及实收资本的，除运用上述变更验资的一般审验方法外，注册会计师还需要补充下列审验方法：对用于转增注册资本及实收资本的资本公积、盈余公积、未分配利润进行审计，以验证其金额是否准确；检查用于转增注册资本及实收资本的资本公积项目是否符合国家有关规定；检查被审验单位用于转增注册资本的盈余公积、未分配利润是否符合国家有关规定；检查留存的法定盈余公积是否不少于转增前公司注册资本的25%；检查转增注册资本及实收资本前后各出资者的出资比例是否一致。

（2）出资者以其债权转增注册资本及实收资本的，除运用上述变更验资的一般审验方法外，注册会计师还需要运用下列审验方法：检查以债权转增注册资本是否符合国家有关规定，是否符合董事会、股东会或股东大会的有关决议及出资者与被审验单位签署的有关协议等；检查被审验单位转作注册资本及实收资本的负债发生的时间、原因及有关的原始凭证和会计记录，确定该项负债是否确属被审验单位应当偿还的义务，金额是否准确，确定该项负债所对应的债权人是否变为出资者；检查以债权转增注册资本及实收资本的出资者与被审验单位是否还存在其他债务关系。

（3）因吸收合并而变更注册资本的，注册会计师除运用上述变更验资的一般审验方法外，还需要运用下列审验方法：审计合并各方的资产负债表，验证被审验单位合并日的净资产数额；检查以净资产折合实收资本或股本的比例是否符合合并协议及国家有关规定。

（4）因派生分立而减少注册资本的，注册会计师需要补充以下审验方法：审计被审验单位分立前后的资产负债表，验证被审验单位分立日的净资产数额；检查财产分割及以净资产折合实收资本或股本的比例是否符合分立协议及国家有关规定。

（5）因注销股份而减少注册资本的，注册会计师还需要补充以下审验方法：检查与减资有关的会计凭证，以验证减资者、减资方式、减资金额是否真实；审计减资基准日的资产负债表，以验证减资后的注册资本、实收资本或股本是否真实。

（6）企业整体改组、改制须进行变更登记的，包括非公司企业按公司法改制为公司、有限责任公司变更为股份有限公司，注册会计师还需要补充以下审验方法：检查用于折合实收资本或股本的净资产额的确认依据及折合的实收股本总额是否不高于净资产额。对非公司企业按公司法改制为公司、有限责任公司变更为股份有限公司的，需要检查其是否以变更日经审计或评估的净资产额为依据折合为股份有限公司的股份。

四、验资报告

（一）验资报告的构成要素

验资报告应当包括下列要素：标题、收件人、范围段、意见段、说明段、附件、注册会计师的签名和盖章、会计师事务所的名称与地址及盖章、报告日期。

下附验资报告参考范式（适用于拟设立有限责任公司股东一次全部出资）。

验 资 报 告

××有限责任公司（筹）：

我们接受委托，审验了贵公司（筹）截至××年×月×日止申请设立登记的注册资本实收情况。按照法律法规以及协议、章程的要求出资，提供真实、合法、完整的验资资料，保护资产的安全、完整是全体股东及贵公司（筹）的责任。我们的责任是对贵公司（筹）注册资本的实收情况发表审验意见。我们的审验是依据《中国注册会计师审计准则第 1602 号——验资》进行的。在审验过程中，我们结合贵公司（筹）的实际情况，实施了检查等必要的审验程序。

根据协议、章程的规定，贵公司（筹）申请登记的注册资本为人民币××元，由全体股东于××年×月×日之前一次缴足。经我们审验，截至××年×月×日止，贵公司（筹）已收到全体股东缴纳的注册资本（实收资本），合计人民币××元（大写）。各股东以货币出资××元，实物出资××元。

［如果存在需要说明的重大事项增加说明段］

……

本验资报告供贵公司（筹）申请办理设立登记及据以向全体股东签发出资证明时使用，不应被视为是对贵公司（筹）验资报告日后资本保全、偿债能力和持续经营能力等的保证。因使用不当造成的后果，与执行本验资业务的注册会计师及本会计师事务所无关。

　　附件：1. 注册资本实收情况明细表

　　　　　2. 验资事项说明

××会计师事务所　　　　　　　　　　　　中国注册会计师：×××

　　（盖章）　　　　　　　　　　　　　（主任会计师/副主任会计师）

　　　　　　　　　　　　　　　　　　　　　　（签名并盖章）

　　　　　　　　　　　　　　　　　　中国注册会计师：×××

　　　　　　　　　　　　　　　　　　　　　　（签名并盖章）

中国××市　　　　　　　　　　　　　20×1 年 × 月 × 日

（二）拒绝出具验资报告并解除业务约定情形

　　注册会计师在审验过程中，遇有下列情形之一时，应当拒绝出具验资报告并解除业务约定：

　　（1）被审验单位或出资者不提供真实、合法、完整的验资资料的；

　　（2）被审验单位或出资者对注册会计师应当实施的审验程序不予合作，甚至阻挠审验的；

　　（3）被审验单位或其出资者坚持要求注册会计师做不实证明的。

第二节　财务报表审阅

　　在国内外，财务报表审阅业务通常是注册会计师针对上市公司的中期财务报告所执行的一项特殊目的的鉴证业务。目前投资者的投资决策受中期财务报告披露业绩的影响较大，中期财务报告已成为投资者获取决策信息的主要来源。尽管经审阅，注册会计师对中期财务报告信息仅提供有限程度的保证，但该保证水平是一种有意义的保证水平，它能够在一定程度上增强投资者和其他信息使用者对鉴证对象中期财务报告信息的信任程度。

国际视野

美国中期财务报告审核要求的缘起

　　早在 1910 年美国纽约证交所就已经开始鼓励上市公司公布中期财务报告，1964 年以法律的形式赋予美国证券交易委员会强制要求上市公司公布中期财务报告的权力。1999 年 2 月在证券交易委员会全力支持下成立的蓝带委员会发布了《蓝带委员会关于提高审计委员会效果的报告和建议》，即蓝带报告。这份报告的第十条提出，证券交易委员会应要求上市公司的外部审计师根据《审计准则 71 号——中期报表的审核》的要求对中期财务报告进行审核。美国证券交易委员会采纳这一建议，开始实施中期报表的审核。

　　　　　　　　　　　　　　　　　资料来源：根据《第一财经日报》相关资料整理。

一、财务报表审阅概述

（一）审阅的目标与范围

　　财务报表审阅的目标是注册会计师在实施审阅程序的基础上，说明是否注意到某些事项，使其相信财务报表没有按照适用的会计准则和相关会计制度的规定编制，未能在所有重大方面公允反映被审阅单位的财务状况、经营成果和现金流量。

　　在财务报表审阅业务中，要求注册会计师将审阅风险降至该业务环境下可接受的水平，它高于财务报表审计中可接受的低水平，对审阅后的财务报表提供低于高水平的保证即有限保证，在审阅报告中对财务报表采用消极方式提出结论。

　　审阅范围是指为实现财务报表审阅目标，注册会计师根据《注册会计师审阅准则第 2101 号——财务报表审阅》和职业判断实施的恰当的审阅程序的总和。必要时，还应当考虑业务约定条款的要求。

相关链接

我国中期财务报告审计要求的提出背景

　　我国于 1991 年开始要求上市公司编制半年度财务报告，1993 年国务院又分别发布了《股票发行与交易管理暂行条例》和《公开发行股票公司信息披露实施细则（试行）》，要求上市公司必须披露半年度报告。虽然上市公司必须披露中期财务报告，但中期财务报告并非都需要进行审计。

　　中期财务报告强制审计的要求主要来自中国证监会和证券交易所。近 10 年来，对中期财务报告的特定审计要求不断变化和提高，且主要围绕上市公司的再融资动机、利润分配、异常状况（包括特别处理和暂停上市）等方面展开。大体来说，在 1997 年以前，我国上市公司的中期财务报告无须经过会计师事务所审计，从 1998 年起，中国证监会开始对部分上市公司的中期财务报告提出强制审计要求，从 2000 年以后，中国证监会渐渐对部分上市公司的中期财务报告的强制审计要求进行规范。

　　中国证监会和证券交易所有关中期财务报告审计的规定如下："我国上市公司的中期财务报告可以不经过审计，但下列情形除外：（1）已经暂停上市但经批准给予宽限期的公司中期财务报告必须审计；（2）最近三年财务会计报告被注册会计师出具非标准无保留意见审计报告，且配股、增发或可转换债券发行申请于下半年提出或虽然发行申请于上半年提出但预计发行时间在下半年的上市公司其中期财务报告必须审计；（3）在中期拟订分红预案、公积金转增股本预案或弥补累计亏损预案，并将在下半年实施的上市公司中期财务报告必须审计；（4）中国证监会或证券交易所确认应当进行审计的其他情形。"

　　目前，我国注册会计师须遵循《中国注册会计师审计准则第 2101 号——财务报表审阅》从事中期财务报告审阅业务。

资料来源：根据财经网相关资料整理。

（二）审阅提供的保证程度

在财务报表审阅业务中，注册会计师提供的保证水平低于在财务报表审计业务中提供的保证水平。因此，与审计相比，审阅在证据收集程序的性质、时间、范围等方面是有意识地加以限制的。注册会计师通常无须执行在审计业务中执行的某些程序，例如对内部控制进行测试，对存货进行监盘，对应收款项实施函证等，注册会计师只是对财务报表实施以询问和分析程序为主的程序，这就决定了所获取的审阅证据无论在数量和质量上通常都不如审计证据。但注册会计师实施的证据收集程序至少应当足以获取有意义的保证水平，作为以消极方式提出结论的基础。通常只有在有理由相信财务报表可能存在重大错报的情况下，注册会计师才会实施追加的或更为广泛的程序。

鉴于注册会计师所从事的财务报表审计与审阅业务容易混淆，以下将通过表13-1对审计和审阅两类鉴证业务的主要区别做出比较分析。

表13-1 审计与审阅业务比较分析表

区别 \ 业务类型	财务报表审计	财务报表审阅
执业准则与目标	1. 中国注册会计师审计准则 2. 在可接受的低审计风险下，以积极方式对财务报表整体发表审计意见，出具合理保证的审计报告	1. 中国注册会计师审阅准则 2. 在可接受的审阅风险下，以消极方式对财务报表整体发表审阅意见，提供低于审计业务的水平的保证
业务性质	合理保证的鉴证业务	有限保证的鉴证业务
证据收集的程序、数量与风险	1. 证据收集的程序系统、全面、深入包括：检查记录或文件、检查有形资产、观察、询问、函证、重新计算、重新执行、分析程序等 2. 所需证据的数量较多 3. 检查风险与鉴证风险较低	1. 证据收集的程序受到有意识的限制，仅以询问和分析程序为主，只有当有理由相信所审阅的财务报表可能存在重大错报时才追加其他程序 2. 所需证据的数量较少 3. 检查风险与鉴证风险较高
提供的保证方式与程度	1. 积极方式 2. 合理保证	1. 消极方式 2. 有限保证
提交的报告与结论类型	1. 提交审计报告 2. 结论类型包括：无保留意见、保留意见、否定意见和无法表示意见4种（包括带强调事项段的无保留意见）	1. 提交审阅报告 2. 结论类型包括：无保留结论、保留结论、否定结论、无法提供任何程度的保证结论4种

二、审阅业务程序

(一) 确定审阅程序的性质、时间和范围时应考虑的因素

注册会计师在确定审阅程序的性质、时间和范围时，应当考虑下列因素：以前期间执行财务报表审计或审阅所了解的情况；对被审阅单位及其环境的了解，包括适用的会计准则和相关会计制度、行业惯例；会计信息系统；管理层的判断对特定项目的影响程度；各类交易和账户余额的重要性。对重要性水平的考虑与审计业务类似，在执行审阅业务时也需要考虑重要性水平问题。在考虑重要性水平时，注册会计师应当采用与执行财务报表审计业务相同的标准。尽管由于审阅程序有限，保证程度较低，未能发现重大错报的风险大于审计业务中的同类风险，但对于重要性水平，注册会计师判断的依据是错报是否影响到信息使用者根据财务报表所做出的决策，而不是所提供的保证程度。因此，在财务报表审阅中注册会计师采用的重要性水平应当与对财务报表执行审计业务时相同。

(二) 审阅业务流程

财务报表审阅业务流程通常包括：

1. 了解被审阅单位及其环境

注册会计师在审阅业务中应当了解被审阅单位及其环境的情况主要包括：市场供求与竞争；经营的周期性或季节性；产品生产技术的变化；经营风险；行业的现状及发展趋势；行业的关键指标及统计数据；环保要求及问题；行业适用的法律法规；行业特定会计惯例及问题；行业其他特殊惯例等。

2. 执行询问程序

(1) 必要的询问事项。包括询问被审阅单位采用的会计准则和相关会计制度、行业惯例；询问被审阅单位对交易和事项的确认、计量、记录和报告的程序；询问财务报表中所有重要的认定；询问股东会、董事会以及其他类似机构决定采取的可能对财务报表产生影响的措施。

(2) 特别的询问事项。首先，注册会计师应当向负责财务会计事项的人员询问下列事项：所有交易是否均已记录；财务报表是否按照指明的编制基础编制；被审阅单位业务活动、会计政策和行业惯例的变化；实施审阅程序时所发现的问题。必要时，注册会计师应当获取管理层书面声明。其次，注册会计师应当询问在资产负债表日后发生的、可能需要在财务报表中调整或披露的期后事项。注册会计师没有责任实施程序以识别审阅报告日后发生的事项。

3. 实施分析程序，以识别异常关系和异常项目

分析程序是指注册会计师通过研究不同财务数据之间以及财务数据与非财务数据之间的内在关系，对财务信息做出评价。分析程序还包括调查识别出的、与其他相关信息不一致或与预期数据严重偏离的波动和关系。

4. 阅读财务报表，以考虑是否遵循指明的编制基础

财务报表的编制基础通常需要在报表附注中披露。注册会计师应当关注财务报表

的实际编制基础与被审阅单位在财务报表附注中披露的编制基础是否一致。

5. 获取其他注册会计师对被审阅单位组成部分财务报表出具的审计报告或审阅报告

被审阅单位的组成部分，是指被审阅单位的部门、分支机构、子公司、合营企业和联营企业等，其会计信息包含于主审注册会计师所审阅的财务报表中。注册会计师在作为主审注册会计师时，应当获取其他注册会计师为被审阅单位组成部分出具的审计报告或审阅报告，关注这些报告的意见类型及其对所审阅财务报表的影响，以决定审阅报告的结论类型。

（三）实施追加程序和更为广泛程序的情况

如果有理由相信所审阅的财务报表可能存在重大错报，注册会计师应当实施追加的或更为广泛的程序，以便能够以消极方式提出结论或确定是否出具非无保留结论的报告。

在实施审阅程序后，如果获悉在审阅过程中所获取的信息有不正确、不完整或在其他方面不能令人满意的情况，注册会计师应当实施其认为必要的更为广泛的程序。

在扩大询问范围和获取额外解释之后，如果仍然存在重大疑问，且该疑问可能显示财务报表存在重大错报，注册会计师应当实施其认为必要的追加程序，以便能够以消极方式提出结论或确定是否出具非无保留结论的报告。由于财务报表审阅业务提供的保证程度较低，注册会计师实施的追加程序应当限于形成审阅结论所必需的程序。

三、审阅报告

（一）审阅报告的构成要素

审阅报告包括标题、收件人、引言段、范围段、结论段、注册会计师的签名和盖章、会计师事务所的名称与地址及盖章、报告日期等。审阅报告的范例如下。

审 阅 报 告

ABC 股份有限公司全体股东：

我们审阅了后附的 ABC 股份有限公司（以下简称 ABC 公司）财务报表，包括 20×1 年 12 月 31 日的资产负债表，20×1 年度的利润表、股东权益变动表和现金流量表以及财务报表附注。这些财务报表的编制是 ABC 公司管理层的责任，我们的责任是在实施审阅工作的基础上对这些财务报表出具审阅报告。

我们按照《中国注册会计师审阅准则第 2101 号——财务报表审阅》的规定执行了审阅业务。该准则要求我们计划和实施审阅工作，以对财务报表是否不存在重大错报获取有限保证。审阅主要限于询问公司有关人员和对财务数据实施分析程序，提供的保证程度低于审计。我们没有实施审计，因而不发表审计意见。

根据我们的审阅，我们没有注意到任何事项使我们相信财务报表没有按照企业会计准则和《××会计制度》的规定编制，未能在所有重大方面公允反映被审阅单位的财务状况、经营成果和现金流量。

　　　　××会计师事务所　　　　　　　　　　　　中国注册会计师：×××
　　　　　　（盖章）　　　　　　　　　　　　　（主任会计师/副主任会计师）
　　　　　　　　　　　　　　　　　　　　　　　　　　　（签名并盖章）
　　　　　　　　　　　　　　　　　　　　　　中国注册会计师：×××
　　　　　　　　　　　　　　　　　　　　　　　　　　　（签名并盖章）
　　　　中国××市　　　　　　　　　　　　　　20×2年×月×日

（二）审阅结论的类型及其适用条件

　　注册会计师应当根据实施审阅程序的情况，在审阅报告的结论段中提出下列之一的结论。

1. 无保留结论

　　注册会计师对所审阅财务报表提出无保留结论，应当同时满足以下条件：（1）注册会计师没有注意到任何事项使其相信财务报表没有按照适用的会计准则和相关会计制度的规定编制，未能在所有重大方面公允反映被审阅单位的财务状况、经营成果和现金流量；（2）注册会计师已经按照本准则的规定计划和实施审阅工作，在审阅过程中未受到限制。

2. 保留结论

　　注册会计师对所审阅财务报表提出保留结论适用于以下两种情况：（1）注册会计师注意到某些事项使其相信财务报表没有按照适用的会计准则和相关会计制度的规定编制，未能在所有重大方面公允反映被审阅单位的财务状况、经营成果和现金流量。这些事项虽然影响重大，但其影响尚未达到"非常重大和广泛"的程度，尚不足以导致注册会计师提出否定结论；（2）注册会计师的审阅存在重大的范围限制。该范围限制虽然影响重大，但其影响尚未达到"非常重大和广泛"的程度，尚不足以导致注册会计师无法提供任何保证。

　　在上述第（2）种情况下，注册会计师还需要在审阅报告的范围段中提及审阅范围受限制的情况，典型的措辞如："除下段所述事项外，我们按照《中国注册会计师审阅准则第 2101 号——财务报表审阅》的规定执行了审阅业务"。在提出保留结论的情况下，审阅报告的结论段中需使用"除了上述……所造成的影响外"等术语。

3. 否定结论

　　如果注册会计师注意到某些事项使其相信财务报表没有按照适用的会计准则和相关会计制度的规定编制，未能在所有重大方面公允反映被审阅单位的财务状况、经营成果和现金流量，且这些事项对财务报表的影响非常重大和广泛，以至于注册会计师认为仅提出保留结论不足以揭示财务报表的误导性或错报的严重程度，注册会计师应当对财务报表提出否定结论，即财务报表没有按照适用的会计准则和相关会计制度的规定编制，未能在所有重大方面公允反映被审阅单位的财务状况、经营成果和现金流量。

　　可见，导致注册会计师提出否定结论的事项，就其类型而言与前述保留结论的第（1）种情况是类似的，但是根据注册会计师的职业判断，认为其影响的程度和范围较导致提出保留结论的事项更为重大和广泛，以至于所审阅财务报表整体已经不再符合适用的会计准则和相关会计制度，仅提出保留结论不足以表明所审阅财务报表的误导性和错报的严重程度。在提出否定结论时，注册会计师应使用"由于受到前段所述事项的重大影响"、"财务报表未能按照企业会计准则和《××会计制度》的规定编制"等术语。

4. 无法提供任何保证

如果存在重大的范围限制，且该范围限制的影响非常重大和广泛，以至于注册会计师认为不能提供任何程度的保证时，不应提供任何保证。可见，导致注册会计师无法提供任何保证的事项，就其类型而言与前述保留结论的第（2）种情况是类似的，但是根据注册会计师的职业判断，认为其影响的程度和范围较导致提出保留结论的事项更为重大和广泛，以至于注册会计师认为不能提供任何程度的保证。在无法提供任何保证的审阅报告中，注册会计师应当删除引言段中对于注册会计师责任的表述，删除范围段，在说明段中说明审阅范围受限的情况，并在结论段中使用"由于受到前段所述事项的重大影响"、"我们无法对财务报表提供任何保证"等术语。下附无保留结论的审阅报告的参考格式。

第三节　预测性财务信息的审核

预测性财务信息是证券市场的各方参与者了解上市公司财务预测信息，确定股票走势，做出合理有效决策的重要依据，它对提高证券市场的有效性具有积极作用。因此，需要注册会计师对其进行客观、公正的审核。预测性财务信息审核业务属于注册会计师从事的财务报表审计以外的其他鉴证业务。注册会计师在执行预测性财务信息审核业务时，除需要遵守《中国注册会计师鉴证业务基本准则》的一般要求外，还应符合《中国注册会计师其他鉴证业务准则第 3111 号——预测性财务信息审核》的特定要求。

相关链接

美国对预测性信息披露规制的变迁

美国对预测性信息披露的立法规制经历了一个漫长而又艰难的变迁过程。20 世纪 40 年代以来，美国证券交易委员会（SEC）是禁止披露预测性信息的，因为它们认为这种信息在本质上是不可信赖的。而且容易促使无经验的投资者在做出投资决策时不恰当地依赖这种信息。1973 年，SEC 明确改变监管政策方向，准许上市公司自愿性地披露预测性财务报表。1978 年，SEC 专门制定颁布了《揭示预测经营业绩的指南》和《保护预测安全港规则》等有关规定，以鼓励预测性信息的披露。1995 年国会又通过了《私人证券诉讼改革法》（简称 PSLRA），在一定程度上采用了判例法上的"预先警示原则"，对安全港规则进行了修正，以减轻预测性信息披露者的潜在诉讼风险。为保证 PSLRA 的贯彻实施，1998 年国会又通过了《证券诉讼统一标准法》（简称 SLUSA），进一步完善了对善意地做出合理预测性信息披露的发行人的保护。

在对预测性信息披露的规制上，除了 SEC 以外，美国执业会计师协会（AICPA）也做出了诸多努力。1975～1985 年的 10 年间，AICPA 先后发布了《财务预测编制制度指南》、《财务预测揭示与说明——立场声明》、《财务预测检查指南》、《财务预测可行性研究报告》等四份指导性文件。目前，预测性信息披露不但受到鼓励，而且善意地做出合理的预测性信息披露，尤其是经注册会计师审核后的预测性信息还被认为有助于保障投资者的权益并且符合公众利益。

资料来源：根据证券时报相关资料整理。

一、预测性财务信息及审核概述

预测性财务信息是指被审核单位依据对未来可能发生的事项或采取的行动的假设而编制的前瞻性财务信息。预测性财务信息可能包括财务报表整体即包含资产负债表、利润表、股东权益变动表和现金流量表以及财务报表附注在内的一套完整的财务报表或财务报表的一项或多项要素，例如，其中的某一张财务报表，或者某一张财务报表中的一个或者多个项目等。对于那些以一套完整的财务报表形式出现的预测性财务信息，通常称为预测性财务报表。在列报预测性财务报表时，一般需要在附注中提供编制该预测性财务报表所依据的重要假设和会计政策。预测性财务信息所涵盖的期间可以有一部分是历史期间，例如，在 20×1 年 3 月编制 20×1 年全年的预测性财务报表时，其中 1～2 月的数据是已实现数，但不能全部是历史期间，必须至少有一部分属于未来期间。

由于预测性财务信息所涉及的是截至目前尚未发生的事项，因此不可避免地带有高度的主观性，并且在编制过程中需要做出大量的估计和判断。这是预测性财务信息的一项重要特征。

（一）预测性财务信息依据的假设

编制预测性财务信息所依据的假设可以分为最佳估计假设和推测性假设两类。

1. 最佳估计假设

最佳估计假设是指截至编制预测性财务信息日，管理层对预期未来发生的事项和采取的行动做出的假设。

2. 推测性假设

推测性假设是指管理层对未来事项和采取的行动做出的假设，该事项或行动预期在未来未必发生。例如，企业尚处于营业初期，未来经营状况的不确定性较大；或者管理层正在考虑进行重大的业务转型，而该转型的效果尚有较大的不确定性等。

由上可见，最佳估计假设和推测性假设的主要区别在于管理层对于假设的事项或行动在未来发生的可能性的判断不同。最佳估计假设或推测性假设直接决定了以之为基础的预测性财务信息的分类，也决定了注册会计师评价假设时采用的审核程序以及是否需要获取支持性的证据。

（二）预测性财务信息的表现形式

预测性财务信息可以表现为预测、规划或两者的结合。预测是指管理层在最佳估计假设的基础上编制的预测性财务信息。盈利预测是一种最典型的预测，是指被审核单位如证券发行人的管理层在对未来经营业绩所做最佳估计假设的基础上编制的预测性财务信息。

规划是指管理层基于推测性假设，或同时基于推测性假设和最佳估计假设编制的预测性财务信息。规划信息多见于"如果……那么……"的分析中，即在给定的推测性假设下估算相关财务指标的可能结果。例如，假定市场占有率分别为50%和60%，在此基础上分别推算两种情况下可能获得的净利润。这时，假定的市场占有率数据属于推测性假设，所预测的财务信息属于规划。

（三）预测性财务信息审核的总体要求

注册会计师应当在了解被审核单位的情况以及预测性财务信息涵盖期间的基础上，实施相应的审核程序，获取充分、适当的审核证据，作为形成审核结论和发表审核意见的基础。

在执行预测性财务信息审核业务时，注册会计师应当就下列事项获取充分、适当的证据：（1）管理层编制预测性财务信息所依据的最佳估计假设并非不合理；在依据推测性假设的情况下，推测性假设与信息的编制目的是相适应的；（2）预测性财务信息是在假设的基础上恰当编制的；（3）预测性财务信息已恰当列报，所有重大假设已充分披露，包括说明采用的是推测性假设还是最佳估计假设；（4）预测性财务信息的编制基础与历史财务报表一致，并选用了恰当的会计政策。

（四）保证与不提供保证的事项

注册会计师在预测性财务信息审核业务中，仅对特定事项提供保证，并且对不同事项提供的保证程度也有所不同。

1. 对管理层采用假设的合理性提供有限保证

鉴证业务的保证程度分为合理保证和有限保证，有限保证的保证程度低于合理保证。注册会计师在对预测性财务信息所依据假设的合理性进行评价时，由于根据所能获取的支持性证据不能从正面断定假设的合理性，而只能判断有无任何证据表明假设不合理。因此，本准则第六条明确规定，当对管理层采用的假设的合理性发表意见时，注册会计师仅提供有限保证。

2. 对预测性财务信息的编制和列报提供合理保证

在预测性财务信息审核业务中，注册会计师需要对预测性财务信息是否依据假设恰当编制，并按照适用的会计准则和相关会计制度的规定进行列报发表意见。对这一事项，注册会计师通常提供合理保证。因此，在同一份预测性财务信息审核报告中往往会出现两种保证共存的情况，即对于假设的合理性提供有限保证，同时对预测性财务信息的编制与假设的一致性，以及是否按照适用的会计准则和相关会计制度的规定进行列报提供合理保证。注册会计师应当注意区分不同性质的保证及其各自的适用范围。

3. 不对预测性财务信息的结果能否实现提供保证

预测性财务信息是被审核单位管理层对未来所做的预计和测算，很大程度上受到主观判断的影响，所涉及的事项和行动通常并非如预期的那样发生，并且变动可能重大，实际结果可能与预测性财务信息存在差异。所以，注册会计师不应对预测性财务信息的结果能否实现发表意见或提供保证。

二、了解被审核单位与编制预测性财务信息相关的情况

注册会计师应当了解被审核单位的情况，包括管理层是否识别出编制预测性财务信息所要求的全部重要假设、预测性财务信息的编制过程、编制预测性财务信息时对历史财务信息的依赖。

（一）了解管理层是否识别出编制预测性财务信息所要求的全部重要假设

注册会计师应当充分了解被审核单位情况，以评价管理层是否识别出编制预测性财务信息所要求的全部重要假设。如果注册会计师同时向被审核单位提供审计或审阅服务，或者在以前年度向被审核单位提供过预测性财务信息的审核服务，也可以参考执行这些业务时获得的对被审核单位情况的了解。但需要注意的是，在审计或审阅业务中，注册会计师的了解偏重于历史情况，预测性财务信息审核业务则偏重于与预测性财务信息相关的未来发展趋势，因此，对于审计、审阅业务而言已属足够的了解，对预测性财务信息的审核而言可能尚不充分，还需就某些方面作进一步的了解。例如，在盈利预测审核业务中，注册会计师需要重点了解的事项包括：能否获得开展经营活动所需的资源，包括原材料、劳动力、短期和长期融资、固定资产、无形资产等，以及获取这些资源所需付出的成本；被审核单位提供的产品或劳务的销售状况和市场状况。如果被审核单位并不直接面向最终消费者销售其产品或劳务，还应了解最终消费市场的有关情况；与被审核单位所处行业有关的特定风险因素。例如，行业竞争状况、对宏观经济形势变化的敏感程度、特殊的会计政策和会计实务惯例、特殊的监管要求、技术进步情况等；有关被审核单位过去的经营业绩的情况，或与被审核单位具有可比性的其他企业的过去经营业绩的情况。例如收入和成本的变化趋势、资产周转状况、固定资产的产能及其实际利用情况和管理政策等。

（二）了解预测性财务信息的编制过程

在了解被审核单位与预测性财务信息相关的基本情况的基础上，对被审核单位编制预测性财务信息的过程，注册会计师也应通过下列事项进行了解。

1. 内部控制和编制人的技能与经验

注册会计师需要了解与编制预测性财务信息相关的内部控制，以及负责编制预测性财务信息的人员的专业技能和经验。与编制预测性财务信息相关的内部控制主要包括：（1）有关支持预测性财务信息假设所依据的原始信息的收集、筛选制度及其可靠性的甄别制度；（2）预测性财务信息所依据假设的编制、复核、归类和审核制度；（3）依据假设编制和列报预测性财务信息的操作流程，以及相关的内部复核、审核和督导制度。负责编制预测性财务信息的人员的专业技能和经验也会直接影响预测性财务信息的可靠性以及列报的合规性。对此，注册会计师应当关注这些人员以前有无在被审核单位及其所处行业工作的相关经验，是否能深入理解被审核单位的计划和预测性财务信息的编制流程等。

2. 支持管理层做出假设文件的性质

支持管理层做出假设的文件，主要是指管理层据以做出假设的支持性证据的信息来源，包括被审核单位的相关内部文档、行业分析报告、有关的外部公开资料等。这些文件的性质决定假设的性质及其合理性。

3. 运用统计、数学方法及计算机辅助技术的程度

注册会计师应当了解这些方法和技术，如有可能，获取管理层对这些方法的描述和说明。如果这些方法或技术较为复杂，注册会计师应当考虑是否需要利用相关领域专家的工作。

4. 形成和运用假设时使用的方法

形成和运用假设时使用的方法指被审核单位将假设所依据的支持性证据转换为假设并将其表述出来的方法，以及依据这些假设编制预测性财务信息的方法。

5. 以前编制预测性财务信息的准确性及与实际出现重大差异的原因

如果被审核单位以前编制过预测性财务信息，注册会计师应当考虑将过去编制的预测性财务信息与其所预测期间内的历史财务信息相比较，并对差异原因进行分析。此外，还应当考虑管理层是否已根据差异原因的分析结果，对编制预测性财务信息的流程和程序做出相应修正和完善。例如，如果发现该差异是由原先未识别出的影响因素导致的，注册会计师在以后编制类似的预测性财务信息时应考虑该因素可能的影响。

三、预测性财务信息的审核程序

注册会计师在预测性财务信息审核中实施的审核程序，包括确定审核程序时考虑的因素、评价假设、评价预测性财务信息是否依据假设进行恰当编制、关注敏感领域、在某些特殊情况下如何实施审核程序、获取管理层书面声明。

1. 确定审核程序的性质、时间和范围时应考虑的因素

实施审核程序的目标是获取充分、适当的审核证据，出具审核报告，增强所审核的预测性财务信息的可信赖程度。注册会计师应当通过确定和实施恰当的审核程序来实现这一目标。在确定审核程序的性质、时间和范围时，注册会计师应当考虑下列因素：重大错报的可能性；以前期间执行业务所了解的情况；管理层编制预测

性财务信息的能力；预测性财务信息受管理层判断影响的程度；基础数据的恰当性和可靠性。

2. 评估最佳估计假设

注册会计师应当评估支持管理层做出最佳估计假设的证据的来源和可靠性。注册会计师可以从内部或外部来源获取支持这些假设的充分、适当的证据。这里所说的内部来源包括预算、劳动合同、专利许可使用协议、已签订但尚未履行的购销合同、债务协议和董事会拟订的公司战略计划等；外部来源可能包括政府公报、专业机构的研究报告、行业出版物、宏观经济预测、相关法律法规包括正处于立法进程中的新法律法规，以及关于技术进步问题的报告等。注册会计师应当评估形成假设信息的可靠性，包括根据历史财务信息考虑这些假设，以及评价这些假设是否依据被审核单位有能力实现的计划。

3. 评估推测性假设

当使用推测性假设时，注册会计师应当确定这些假设的所有重要影响是否已得到考虑。例如，预期未来销售量将超过被审核单位现有设备的生产能力，则预测性财务信息就需要考虑新增设备投资的影响，或者为达到预期销售量可采取的其他方法例如将部分生产环节外包对成本的影响。对推测性假设，注册会计师不需要获取支持性的证据，但应当确定这些假设与编制预测性财务信息的目的相适应，并且没有理由相信这些假设明显不切合实际。

4. 评价假设时应重点关注的对象

注册会计师在评价编制预测性财务信息所依据的假设时，应当重点关注具有以下特征的假设：对预测性财务信息具有重大影响的假设；对内外部因素的变化特别敏感的假设；与历史模式或趋势不相符的假设；存在重大不确定性的假设。

5. 评价预测性财务信息是否依据管理层确定的假设恰当编制

注册会计师应当通过检查数据计算准确性和内在一致性等，确定预测性财务信息是否依据管理层确定的假设恰当编制。这里所说的计算准确性是指预测性财务信息编制过程中不存在数据计算错误、誊抄错误等机械性错误。内在一致性是指管理层拟采取的各项行动相互之间不存在矛盾，确定的金额之间不存在不一致。

6. 关注敏感领域对预测性财务信息的影响

注册会计师应当关注对变化特别敏感的领域，并考虑该领域影响预测性财务信息的程度。

7. 审核预测性财务信息的一项或多项要素时的考虑

当接受委托审核预测性财务信息的一项或多项要素时，注册会计师应当考虑该要素与财务信息其他要素之间的关联关系。

8. 预测性财务信息包含本期部分历史信息时的考虑

当预测性财务信息包括本期部分历史信息时，注册会计师应当考虑对历史信息需要实施的程序的范围。

9. 假设的有效性取决于信息使用者的行动时的考虑

在某些情况下，预测性财务信息依据的某项重要假设与该预测性财务信息的使用者未来将采取的行动直接相关。例如，某项假设可能涉及股票或者债券发行后公司的财务状况、经营业绩，而编制该预测性财务信息本身就是为了此次募集资金；又如，某项假设可能涉及某项议案被股东大会通过后公司的有关状况，而编制该项预测性财务信息就是供股东在股东大会上对该议案投票的决策依据之一。在此情况下，注册会计师可能难以获取关于该项假设的支持性证据。

10. 获取管理层书面声明

注册会计师应当就下列事项向管理层获取书面声明：预测性财务信息的预定用途；管理层做出的重大假设的完整性；管理层认可对预测性财务信息的责任等。

四、审核报告

（一）审核报告的构成要素

注册会计师对预测性财务信息出具的审核报告应当包括下列内容：

（1）标题。标题一般统一规范为"审核报告"。

（2）收件人。收件人是注册会计师致送审核报告的对象。一般为审核业务约定书中的委托人，也可能是审核业务约定书中指明的其他致送对象。审核报告应当载明收件人的全称。

（3）指出所审核的预测性财务信息。即对预测性财务信息做出的界定与描述。应特别注意的是，审核报告中提及的预测性财务信息的各项识别特征如报表或者所涉及项目的名称、日期、涵盖期间等应与后附的管理层签署的预测性财务信息一致。

（4）提及审核预测性财务信息时依据的准则。

（5）说明管理层对预测性财务信息负责。

（6）适当时，提及预测性财务信息的使用目的和分发限制。指明预测性财务信息仅限于已经明确识别的特定主体使用，或者仅限用于在业务约定书中明确的用途。

（7）以消极方式说明假设是否为预测性财务信息提供合理基础。

（8）对预测性财务信息是否依据假设恰当编制，并按照适用的会计准则和相关会计制度的规定进行列报发表意见。

（9）对预测性财务信息的可实现程度做出适当警示。典型的措辞如："由于预期事项通常并非如预期那样发生，并且变动可能重大，实际结果可能与预测性财务信息存在差异"。该警示表明注册会计师不对该预测性财务信息未来的可实现程度做出保证。

（10）注册会计师的签名及盖章。

（11）会计师事务所的名称、地址及盖章。

（12）报告日期。报告日期应为完成审核工作的日期。报告日期不应早于被审核单位管理层批准和签署预测性财务信息的日期。

（二）审核报告中应提出的结论

注册会计师在预测性财务信息的审核报告中应提出的结论主要包括：

（1）根据对支持假设的证据的检查，注册会计师是否注意到任何事项，导致其认为这些假设不能为预测性财务信息提供合理基础。此项结论应采用消极方式表述。

（2）对预测性财务信息是否依据这些假设恰当编制，并按照适用的会计准则和相关会计制度的规定进行列报发表意见。此项结论应当采用积极方式表述。

（三）对信息使用者的警示

为了防止对审核报告和经审核的预测性财务信息的不恰当依赖和不恰当使用，注册会计师在审核报告中应当对信息使用者做出警示。

（1）由于预期事项通常并非如预期那样发生，并且变动可能重大，实际结果可能与预测性财务信息存在差异；同样，当预测性财务信息以区间形式表述时，对实际结果是否处于该区间内不提供任何保证。

（2）在审核规划的情况下，编制预测性财务信息是为了特定目的（需列明具体目的）。在编制过程中运用了一整套假设，包括有关未来事项和管理层行动的推测性假设，而这些事项和行动预期在未来未必发生。因此，提醒信息使用者注意，预测性财务信息不得用于该特定目的以外的其他目的。

（四）预测性财务信息的列报不恰当时的处理

如果认为预测性财务信息的列报不恰当，注册会计师应当对预测性财务信息出具保留或否定意见的审核报告，或解除业务约定。该情形的一个典型例子是，预测性财务信息依据的一项或者多项假设对内外部因素的变化相当敏感，且可能对预测性财务信息产生重大影响。对于这一事实，预测性财务信息中并未予以披露。

（五）假设不能为预测性财务信息提供合理基础时的处理

当假设不能为预测性财务信息提供合理基础时，注册会计师如何进行处理。由于注册会计师对两类预测性财务信息发表的意见不同，因此注册会计师所需考虑的问题也相应地有所不同。

（1）在预测性财务信息属于预测的情况下

如果认为一项或者多项重大假设不能为依据最佳估计假设编制的预测性财务信息提供合理基础，注册会计师应当对预测性财务信息出具否定意见的审核报告，或解除业务约定。

（2）在预测性财务信息属于规划的情况下

通常并不能验证推测性假设是否为规划提供一个合理的基础，但注册会计师应当考虑除推测性假设以外的其他重要假设是否能在推测性假设成立的前提下为规划提供合理的基础。在给定的推测性假设下，如果认为一项或者多项重大假设不能为依据推测性假设编制的预测性财务信息提供合理基础，注册会计师应当对预测性财务信息出具否定意见的审核报告，或解除业务约定。

（六）审核范围受到限制时的处理

如果审核范围受到限制，导致无法实施必要的审核程序，注册会计师应当解除业务约定，或出具无法表示意见的审核报告，并在报告中说明审核范围受到限制的情况。

注册会计师的审核范围受到限制可能是由于以下两方面的原因：

（1）被审核单位施加的限制，导致一项或多项必要的审核程序无法实施；

（2）外部环境因素导致的限制，例如，难以获取适当的支持性证据以评价假设的合理性。

以预测为基础的无保留意见审核报告的参考格式如下：

审核报告

ABC 股份有限公司：

我们审核了后附的 ABC 股份有限公司（以下简称 ABC 公司）编制的预测（列明预测涵盖的期间和预测的名称）。我们的审核依据是《中国注册会计师其他鉴证业务准则第 3111 号——预测性财务信息的审核》。ABC 公司管理层对该预测及其所依据的各项假设负责。这些假设已在附注 × 中披露。

根据我们对支持这些假设的证据的审核，我们没有注意到任何事项使我们认为这些假设没有为预测提供合理基础。而且，我们认为，该预测是在这些假设的基础上恰当编制的，并按照 × × 编制基础的规定进行了列报。

由于预期事项通常并非如预期那样发生，并且变动可能重大，实际结果可能与预测性财务信息存在差异。

× × 会计师事务所	中国注册会计师：× × ×
	（签名并盖章）
	中国注册会计师：× × ×
（盖章）	（签名并盖章）
中国 × × 市	20 × 1 年 × 月 × 日

第四节　对财务信息执行商定程序

对财务信息执行商定程序是指注册会计师对特定财务数据的单一财务报表或整套财务报表等财务信息执行与特定主体商定的具有审计性质的程序并就执行的商定程序及其结果出具报告。其中，特定主体是指委托人和业务约定书中指明的报告致送对象。注册会计师执行商定程序业务，仅报告执行的商定程序及其结果，并不提出鉴证结论。报告使用者自行对注册会计师执行的商定程序及其结果做出评价并根据注册会计师的工作得出自己的结论。对财务信息执行商定程序属于注册会计师执行的非鉴证业务，须符合《中国注册会计师相关服务准则第 4101 号——对财务信息执行商定程序》的特定要求。虽然对财务信息执行商定程序与财务报表审计均针对被审计单位的财务信息，但两类业务的性质不同，它们的主要区别如表 13 - 2 所示。

表 13 – 2　　　　　　　　　执行商定程序与审计业务的主要区别

区　别 ＼ 业务类型	执行商定程序	财务报表审计
执业准则	中国注册会计师相关服务准则第 4101 号——对财务信息执行商定程序	中国注册会计师审计准则
实现的目标	对特定财务数据、单一财务报表或整套财务报表等财务信息执行与特定主体商定的具有审计性质的程序，并就执行的商定程序及其结果出具报告	在可接受的低审计风险下，以积极方式对财务报表整体发表审计意见，出具合理保证的审计报告
业务性质	相关服务（非鉴证业务）	合理保证的鉴证业务
证据收集的程序和方法	视商定程序的委托目的和对象而定，可能全部或部分使用检查记录或文件、检查有形资产、观察、询问、函证、重新计算、重新执行、分析程序、比较与核对等方法	证据收集的程序系统、全面、深入包括：检查记录或文件、检查有形资产、观察、询问、函证、重新计算、重新执行、分析程序等方法
提供的保证程度	不提供任何保证	以积极方式提供合理保证
报告标题	不要求统一标题	统一为"审计报告"
结论类型	只要求详细说明执行商定程序发现的错误、例外事项和结果，不要求提出鉴定结论	结论类型包括：无保留意见、保留意见、否定意见和无法表示意见四种（包括带强调事项段的无保留意见）

一、执行商定程序的计划、实施与记录

1. 合理制定工作计划

执行商定程序业务与执行审计业务一样也应编制工作计划。注册会计师可以参照相关审计准则的要求，对工作做出合理安排，以有效执行商定程序。

2. 执行商定程序业务运用的程序

注册会计师执行的商定程序与审计程序基本相同。但需要注意的是，实际执行商定程序业务时，可能仅执行上述程序中的一种或几种或某种程序中的一部分，究竟执行哪些程序取决于注册会计师与特定主体商定的结果。另外，由于商定程序具有灵活性，注册会计师可执行的程序也不一定限于上述五种程序，可能会因特定主体的特殊需要执行上述程序以外的其他程序。注册会计师只有按照业务约定书的要求，全部完成商定的程序后，才能就执行商定程序的结果出具报告。如果应当执行的程序没有执行或执行不充分，报告的结果就会缺少合理的依据。虽然注册会计师执行商定程序的性质、时间和范围取决于与特定主体商定的结果，但在与特定主体协商时，注册会计师不应同意执行过于主观并可能因此产生多种理解的程序。

当执行商定程序受到客观条件的限制时，注册会计师应当征得特定主体的同意来修改程序。如果得不到特定主体的同意（例如，程序是监管机构规定的，不能修改），注册会计师应在报告中说明执行程序所受到的限制，或者解除业务约定。

3. 执行商定程序中的证据与工作底稿

证据是支持注册会计师报告的基础。注册会计师只有通过执行商定的程序，获取适当的证据，才能据以得出恰当的工作结果。但是，注册会计师不需要为了获取额外的证据，在委托范围之外执行额外的程序。工作底稿是注册会计师收集的证据和工作记录的载体。注册会计师在执行商定程序业务时，应当将与其工作过程和结果有关的所有重要事项记录于工作底稿。工作底稿可以为注册会计师出具报告提供支持证据，可以为注册会计师的工作是按照本准则和业务约定书的要求执行的提供证明。

二、执行商定程序业务的报告内容框架

（一）编制报告的基本要求

1. 详细说明业务目的和商定的程序

商定程序业务报告应当详细说明业务的目的和商定的程序，以便使用者了解所执行工作的性质和范围。这就要求注册会计师在其报告中具体说明所执行的业务的目的，并详细列示所执行的具体程序。

2. 恰当报告得出的结果

在实施了商定的程序，取得适当的证据后，注册会计师应当以获取的证据为依据，恰当地报告执行程序得出的结果。对此，注册会计师应注意以下几个方面：（1）注册会计师应当仅报告对特定财务信息执行商定程序的结果及发现的问题，而不应对该财务信息发表鉴证意见或者提供可信性保证；（2）注册会计师应当报告其执行程序所发现的一切问题。执行商定程序业务一般不使用重要性原则，除非与特定主体商定了重要性水平的范围。如果运用了重要性原则，注册会计师应当在报告中说明所商定的重要性水平；（3）注册会计师应当避免在报告中使用模棱两可的词语。

（二）报告的基本内容

商定程序业务报告应当包括下列内容：（1）标题；（2）收件人；（3）说明执行商定程序的财务信息；（4）说明执行的商定程序是与特定主体协商确定的；（5）说明已按照本准则的规定和业务约定书的要求执行了商定程序；（6）当注册会计师不具有独立性时，说明这一事实；（7）说明执行商定程序的目的；（8）列出所执行的具体程序；（9）说明执行商定程序的结果，包括详细说明发现的错误和例外事项；（10）说明所执行的商定程序并不构成审计或审阅，注册会计师不提出鉴证结论；（11）说明如果执行商定程序以外的程序，或执行审计或审阅，注册会计师可能得出其他对应报告的结果；（12）说明报告仅限于特定主体使用；（13）在适用的情况下，说明报告仅与执行商定程序的特定财务数据有关，不得扩展到财务报表整体；（14）注册会计师的签名和盖章；（15）会计师事务所的名称、地址及盖章；（16）报告日期。

上述 16 项基本内容构成了商定程序业务报告的内容,注册会计师编制报告时应当予以充分关注。以下几点需要特别注意:

(1)标题。与审计报告不同,它并未要求商定程序业务的报告必须统一标题。这是因为商定程序业务的委托目的多种多样,报告的标题也不宜强求统一。注册会计师在出具商定程序业务报告时,可以根据实际需要自行确定报告的标题,如"对××执行商定程序的报告"。

(2)收件人。商定程序业务报告的收件人应当是特定主体,一般是委托人,也可以包括业务约定书中指明的其他的报告致送对象。

(3)强调说明事项。在对特定财务数据执行商定程序业务时,须强调说明报告仅与执行商定程序的特定财务数据有关,不得扩展到财务报表整体。

(4)报告日期。注册会计师完成商定程序的日期。

对应收账款明细表执行商定程序的报告

ABC 公司:

我们接受委托,对 Y 公司 20×1 年 12 月 31 日的应收账款明细表执行了与贵公司商定的程序。这些程序经贵公司同意,其充分性和适当性由贵公司负责。我们的责任是按照《中国注册会计师相关服务准则第 4101 号——对财务信息执行商定程序》和业务约定书的要求执行商定程序,并报告执行程序的结果。本业务的目的仅是为了协助贵公司评价 Y 公司应收账款记录的正确性。现将执行的程序及得出的结果报告如下:

一、执行的程序

1. 取得 Y 公司编制的 20×1 年 12 月 31 日的应收账款明细表,验算合计数,并与总分类账核对是否相符。

2. 从应收账款明细表中抽取 50 家客户,检查对应的销售发票与主营业务收入明细账是否相符。抽取方法是从第 10 家客户开始,每隔 20 家抽取 1 家。

3. 对应收账款明细表中余额较大的前 200 家客户进行函证。

4. 对未回函的客户,检查销售发票、发运凭证和订货单是否相符。

5. 对回函金额不符的客户,取得 Y 公司编制的差异调节表,并检查差异调节是否适当。

二、执行程序的结果

1. 执行第 1 项程序,我们发现应收账款明细表合计数正确,并与总分类账核对相符。

2. 执行第 2 项程序,我们发现销售发票与主营业务收入明细账相符,抽取余额占应收账款明细表合计数的 10.5%。

3. 执行第 3 项程序,我们对应收账款明细表中余额较大的前 200 家客户发出询证函,函证余额占应收账款明细表合计数的比例为 80%。收到 180 家客户的回函,回函金额××元,差异××元,(其中正差××元,负差××元),其余 20 家客户未回函。

4. 执行第 4 项程序,我们发现未回函的 20 家客户的销售发票、发运凭证和订货单相符。

5. 执行第 5 项程序,我们发现除以下回函金额不符外,其他差异通过差异调节表调节消失(列出回函金额不符的应收账款)。

上述已执行的商定程序并不构成审计或审阅,因此我们不对上述应收账款明细表发表审计或审阅意见。如果执行商定程序以外的程序、或执行审计或审阅,我们可能得出其他应报告的结果。

本报告仅供贵公司用于第一段所述目的,不应用于其他目的及分发给其他单位或个人。本报告仅与上述特定财务数据有关,不应将其扩大到 Y 公司财务报表整体。

××会计师事务所   中国注册会计师：×××
（盖章）   （签名并盖章）
                                                    中国注册会计师：×××
                                                    （签名并盖章）
中国××市   20×1年×月×日

第五节　代编财务信息

代编财务信息业务是注册会计师运用会计而非审计的专业知识和技能，代客户编制一套完整或非完整的财务报表，或代为收集、分类和汇总其他财务信息。需要指出，注册会计师执行代编业务使用的程序并不旨在，也不能对财务信息提出任何鉴证结论。因此，代编业务既非审计业务也非审阅业务，不包含任何保证成分，因此不属于鉴证业务。代编财务信息属于注册会计师执行的相关服务，受《中国注册会计师相关服务准则第4111号——代编财务信息》的规范。

国际视野

国外的代编财务信息业务

在国外，注册会计师代编财务信息业务又称"财务信息编制业务"、"代理记账"、"会计服务"或"编表服务"等。国际会计师联合会的"国际审计实务委员会"发布了《国际审计准则930——财务信息编制业务》，以指导注册会计师执行代编财务信息业务。《国际审计准则930》第5条规定，"职业会计师应当遵守国际会计师联合会发布的《职业会计师道德规范》。统驭和指导职业会计师执行财务信息编制业务的道德原则有：公正；客观；专业胜任能力与应有的谨慎；保密；专业行为；技术准则。对编表业务，不作独立性要求，但如果职业会计师不独立，则应在其报告中予以指明。"美国注册会计师协会的"会计与复核服务委员会"也专门发布了《会计与复核服务准则说明书》（SSARSs），以规范注册会计师的代编财务信息业务。

资料来源：根据经济观察报相关资料整理。

一、代编业务计划、程序与记录

1. 代编业务计划

注册会计师应当制定代编业务计划，以有效执行代编业务。注册会计师在与客户签订业务约定书之后，应当制定代编业务计划，详细计划代编业务的程序、时间和人员安排等事项，以便能够将资源合理分配到代编业务的重要领域，有效率地完成代编业务。代编业务计划随着委托项目的规模、复杂程度、注册会计师与客户的交往经验以及对客户业务的熟悉程度的不同而不同。

2. 了解客户

首先，注册会计师应当从行业层面了解客户。即了解客户的业务和经营情况，熟悉其所处行业的会计政策和惯例，以及与具体情况相适应的财务信息的形式和内容。其次，注册会计师应当具体了解客户。即了解客户业务交易的性质、会计记录的形式和财务信息的编制基础等相关信息。最后是注册会计师了解客户的方法。注册会计师通常利用以前经验、查阅文件记录或询问客户的相关人员，获取对这些事项的了解。

3. 代编业务程序

除前述章节规定的审计程序外，注册会计师通常不需要执行下列程序：询问客户管理层，以评价所提供信息的可靠性和完整性；评价内部控制；验证任何事项；验证任何解释。如果注册会计师注意到管理层提供的信息不正确、不完整或在其他方面不令人满意，注册会计师应当考虑要求管理层提供补充信息。如果管理层拒绝提供补充信息，注册会计师应当解除该项业务约定，并告知客户解除业务约定的原因。

4. 重大错报及其处理

注册会计师应当阅读代编的财务信息，并考虑形式是否恰当，是否不存在明显的重大错报。例如，错误运用编制基础、未披露所采用的编制基础和获知的重大背离等重大事项。注册会计师在执行代编业务时，可能由于计算或文字错误、运用编制基础不恰当、疏忽等原因导致代编财务信息存在重大错报。因此，注册会计师在完成财务信息的代编工作之后，应当把代编的财务信息与客户选定的编制基础、提供的信息进行对比。如果注意到存在重大错报，注册会计师应当尽可能与客户就如何恰当地更正错报达成一致意见。如果重大错报仍未得到更正，并且认为财务信息存在误导，注册会计师应当解除该项业务约定。

5. 管理层声明

注册会计师应当从管理层获取其承担恰当编制财务信息和批准财务信息的责任的书面声明。该声明还应当包括管理层对会计数据的真实性和完整性负责，以及已向注册会计师完整提供所有重要且相关的信息。

管理层声明书

××会计师事务所：

根据本公司与贵所于20×2年×月×日签订的代编业务约定书，公司管理层批准按照企业会计准则和《××会计制度》编制的20×1年12月31日的资产负债表、20×1年度的利润表、股东权益变动表和现金流量表以及财务报表附注。我们确认，上述财务报表，包括如财务报表附注第×条所述的编制基础是恰当的，我们对上述财务报表以及所提供用于编制上述财务报表的信息的真实性和完整性承担责任。

ABC公司（加盖公章）

总经理（签名并盖章）

财务总监（签名并盖章）

20×2年×月×日

6. 工作记录

注册会计师应当记录重大事项，以证明其已按照本准则的规定和业务约定书的要求执行代编业务。这些重大事项通常包括：业务约定书；代编业务计划；执行的代编程序；发现的重大错报；客户管理层声明书；代编财务信息的最终成果；出具的代编业务报告（如果适用）。

二、代编业务报告

1. 代编业务报告的基本内容

（1）标题；

（2）收件人；

（3）说明注册会计师已按照本准则的规定执行代编业务；

（4）当注册会计师不具有独立性时，说明这一事实；

（5）指出财务信息是在管理层提供信息的基础上代编的，并说明代编财务信息的名称、日期或涵盖的期间；

（6）说明管理层对注册会计师代编的财务信息负责；

（7）说明执行的业务既非审计，也非审阅，因此不对代编的财务信息提出鉴证结论；

（8）必要时，应当增加一个段落（提醒注意代编财务信息对采用的编制基础的重大背离）；

（9）注册会计师的签名及盖章；

（10）会计师事务所的名称、地址及盖章；

（11）报告日期。

2. 代编业务报告的特别要求

注册会计师应当在代编财务信息的每页或一套完整的财务报表的首页明确标示"未经审计或审阅"、"与代编业务报告一并阅读"等字样。这条规定可以让信息使用者知晓注册会计师提供的是会计专业知识和技能的服务，明确告知使用者，注册会计师在代编服务中不提出任何鉴证结论。

本章小结

综合本章所述，可以明确：本章中的其他鉴证业务及相关服务内容主要包括验资、财务报表审阅、预测性财务信息审核、对财务信息执行商定程序、代编财务信息等业务内容。其中，验资、财务报表审阅和预测性财务信息审核业务与财务报表审计均属于注册会计师的鉴证业务，它们具有共同的性质，比如：涉及注册会计师、责任方和预期使用者三方关系人；会计师事务所与委托人在签订业务约定书之前，需要了解鉴证对象的基本情况、初步评估鉴证风险；在执业时，均应具有形式上和实质上的独立性，恪守职业道德，保持应有的职业谨慎，做出详细计划，采取防范风险的措施，获取充分、适当的证据；在报告中，注册会计师需要对由责任方负责的鉴证对象或鉴证对象信息提出结论，以增强责任方之外的信息使用者对鉴证对象信息的信赖程度等。

在共性之外，验资、财务报表审阅和预测性财务信息审核业务又有各自的特性、目的、作用、范围、内容、方法、程序、要求以及不同的报告表达和书写形式，验资是注册会计师依法接受委托，对被审验单位注册资本的实收情况或注册资本及实收资本的变更情况加以审验，并出具验资报告的过程。财务报表审阅是注册会计师在实施审阅程序的基础上，对财务报表以消极形式提出有限保证的鉴证业务。审阅与预测性财务信息审核业务对提高证券市场的有效性具有积极作用，它是投资者决定是否长期持有股票的重要依据，因此，应当由具有独立性的注册会计师对其进行客观、公正的审阅与审核评价。

此外，本章还探讨了注册会计师提供的两项相关服务（非鉴证业务），即对财务信息执行商定程序与代编财务信息业务。对财务信息执行商定程序是指注册会计师对特定财务数据的单一财务报表或整套财务报表等财务信息执行与特定主体商定的具有审计性质的程序并就执行的商定程序及其结果出具报告。鉴于商定程序业务的特点，在接受业务委托前，注册会计师应当与特定主体就拟执行的程序、相关责任等业务约定事项进行沟通，协商拟执行程序的性质、时间和范围等，确保双方都已经清楚地了解拟执行的商定程序。代编财务信息业务是注册会计师运用会计而非审计的专业知识和技能，代客户编制一套完整或非完整的财务报表，或代为收集、分类和汇总其他财务信息。注册会计师对财务信息执行商定程序和代编财务信息业务使用的程序并不旨在、也不能对财务信息提出任何鉴证结论。这些有别于注册会计师鉴证业务的内容，已在本章内做出重点探讨。由于会计师事务所实施的验资、财务报表审阅、预测性财务信息审核、对财务信息执行商定程序、代编财务信息等业务，符合现阶段我国市场经济下，委托者和其他信息使用者的特定需要，因而，正越来越多地受到社会各界的关注。

■关键词汇

验资（capital verification） 验资计划（verification plan）

验资报告（capital verification report） 设立验资（set up the capital verification）

变更验资（changes to capital verification） 验资方法（capital verification method）

验资风险（risk of capital verification） 审阅（check and approve）

审阅报告（check and approve report） 审阅计划（check and approve plan）

审阅业务流程（review the business process） 有限保证（limited assurance）

预测性财务信息（predictive financial information） 预测（forecast）

规划（programming） 审核程序（review procedure）

预测性财务信息审核报告（predictive financial information audit report）

商定程序（agreed-upon prcedures） 代编财务信息（outsourcing financial information）

小组讨论一

　　S 公司是 XYZ 企业的子公司，XYZ 企业准备扩大对 S 公司的投资，将原有的 50 万元投入资本，增加到 200 万元。S 公司的负责人通过熟人关系，找到了当时 GR 会计师事务所的负责人，要求进行变更验资。按照常规，这位事务所的负责人要求委托单位提供进行变更验资的所有证明文件。于是，S 公司提供了企业法人申请开业的注册登记报告、关于变更经营范围和注册资金的申请报告以及 20×1 年 1 月 31 日的资产负债表一份。这位事务所负责人，在未对 S 公司实施任何实质性程序的情况下，仅凭上述资料和自行填写的一份简单的验资工作底稿，即出具验资报告。在验资报告中证实，截至 20×1 年 1 月 31 日，S 公司已收到 XYZ 企业新增注册资本 200 万人民币。而在上述的资产负债表中，S 公司的所有者权益合计金额只有 120 万元。请讨论：

1. GR 会计师事务所出具的验资报告是否真实？为什么？
2. 此案例中，引发重大错报验资风险的因素是什么？
3. 注册会计师承办验资业务的风险有哪些？如何防范？

小组讨论二

20×1 年 1 月，李某、张某、王某、郝某、付某及张某六股东共同出资筹办 ABC 有限责任公司，当时除李某外其他五股东均未按公司章程规定足额交纳股金，而是以 ABC 公司名义存入 M 市某银行房地产信贷部 96 580 元，该信贷部却为 ABC 公司出具了 50 万元的存款证明。在此基础上，F 会计师事务所为 ABC 公司出具了注册资金为 50 万元的验资报告。随后，ABC 公司领取了企业法人营业执照，经营范围为金融信息咨询服务。20×3 年 2 月 ABC 公司因未按规定参加工商年检而被工商行政管理机关吊销营业执照。

ABC 公司经营期间与宋某签订了"投资协议"，为其代理期货交易，为此宋某先后向 ABC 公司投入资金 50 万元，协议期满后 ABC 公司未履行协议，宋某遂以 ABC 公司出资不实、拒不履行协议及虚假验资为由，将 F 会计师事务所、ABC 公司六股东告上法庭，要求偿还原告本息 633 800 元。

根据上述案例资料，请讨论：

1. 对 ABC 有限责任公司出资不实的股东，根据我国《公司法》的有关规定，应受到何种处罚，承担哪些责任？
2. M 市某银行对虚假出资应承担哪些责任？
3. F 会计师事务所在法庭上应如何抗辩以维护自身的合法权益？

小组讨论三

E 公司委托 H 会计师事务所承办 20×1 年度盈利预测审核业务。项目经理在项目小组的审前会议中详细给项目组的成员讲解了盈利预测审核业务的要点及其应当关注的风险，并要求项目组就以下问题展开讨论：

1. 盈利预测审核与前期进行的财务报表审计有哪些区别？
2. 如果对被审核单位所选用的会计政策及编制基础进行审核，注册会计师需要实施的程序和了解的事项应如何确定？
3. 为判断被审核单位盈利预测所依据的假设是否合理，注册会计师应特别关注和审核哪些假设？

本章推荐阅读资料

1. 中国注册会计师协会:《审计》,经济科学出版社最新版。

2. 梁海林、何永达:《上市公司预测性财务信息披露制度研究》,载《财会研究》2011 年第 4 期。

3. 范锦娟、赵刚:《浅论银行办理验资业务的操作风险》,载《经营管理者》2012 年第 2 期。

4. 刘仕英、代传明:《注册会计师虚假验资行为及其法律规制》,载《法制与社会》2012 年第 35 期。

5. 张和梅:《关于实物出资进行验资的探讨》,载《时代金融》2013 年第 2 期。

审计学(第 4 版)

习 题 集

赵保卿 主编

经济科学出版社

编 写 说 明

本书是与北京工商大学会计系列教材《审计学》（第4版）主教材配套的辅助教材，根据《会计习题集》（经济科学出版社，2008年版）中审计部分修编而成。

本书内容包括两部分：第一部分是各章综合练习题，具体题型有不定项选择题、判断题、名词解释、简答与论述题和分析题；第二部分是各章综合练习题参考答案。

本书由赵保卿教授主持修编，具体修编情况是：第1、2、3、7、11、12章由赵保卿教授修编，第4、9、13章由王欣冬副教授修编，第5、6、8、10章由刘晓嫱副教授修编。

欢迎各位同学和广大读者提出宝贵意见和建议。

编　者

2014年11月

目　　录

第一部分　各章综合练习题

第1章　审计的基本性质

一、不定项选择题

1. 审计产生与发展的客观基础是（　　　）。
   - A. 所有权监督的需要
   - B. 生产发展的需要
   - C. 会计发展的需要
   - D. 管理的现代化
2. 两权分离是指（　　　）分离。
   - A. 管理权和经营权
   - B. 所有权和经管权
   - C. 所有权和管理权
   - D. 所有权和监督权
3. 审计按审计主体可分为（　　　）。
   - A. 国家审计
   - B. 内部审计
   - C. 财务审计
   - D. 民间审计
4. 民间审计的主要职能是（　　　）。
   - A. 评价
   - B. 鉴证
   - C. 监察
   - D. 审查
5. 以下属于独立型的国家审计机关设置形式有（　　　）。
   - A. 立法式
   - B. 行政式
   - C. 司法式
   - D. 独立式
6. 民间审计的业务范围不包括（　　　）。
   - A. 验资
   - B. 审计业务
   - C. 会计咨询业务
   - D. 会计监督
7. 民间审计也称为（　　　）。
   - A. 注册会计师审计
   - B. 部门审计
   - C. 单位审计
   - D. 社会审计
8. 内部审计机构应当接受（　　　）的业务指导和监督。
   - A. 国家
   - B. 社会
   - C. 国家审计机关
   - D. 民间审计组织
9. 国家审计机关的基本职责是（　　　）。
   - A. 管理内部审计机构
   - B. 领导民间审计组织
   - C. 审计监督国家财政收支
   - D. 了解内部审计动态
10. 审计属于（　　　）监督范畴。
    - A. 经济
    - B. 行政
    - C. 司法
    - D. 社会

11. （　　）是审计概念的最邻近的种概念。

    A. 监督 　　　　　　　　　　　　　　 B. 经济监督

    C. 独立性 　　　　　　　　　　　　　 D. 所有权监督

12. 审计机构的设置应遵循的依据包括（　　）。

    A. 理论依据 　　　　　　　　　　　　 B. 独立性依据

    C. 法制依据 　　　　　　　　　　　　 D. 权威性依据

13. 内部审计机构包括（　　）。

    A. 部门内部审计机构 　　　　　　　　 B. 单位内部审计机构

    C. 监事内部审计机构 　　　　　　　　 D. 政府派出内部审计机构

14. 会计师事务所在组织模式上可以采取（　　）形式。

    A. 合伙制 　　　　　　　　　　　　　 B. 公司制

    C. 独资式 　　　　　　　　　　　　　 D. 有限责任合伙制

15. 在我国，国家审计机关是依据（　　）设立的。

    A. 中华人民共和国审计法 　　　　　　 B. 中华人民共和国注册会计师法

    C. 中华人民共和国宪法 　　　　　　　 D. 审计署关于内部审计的规定

16. 审计客体是指审计所监督的（　　）。

    A. 对象 　　　　　　　　　　　　　　 B. 内容

    C. 内容及其范围 　　　　　　　　　　 D. 经济活动

17. 审计的基本职能是（　　）。

    A. 经济监督 　　　　　　　　　　　　 B. 经济司法

    C. 经济建设 　　　　　　　　　　　　 D. 经济评价

18. 按照审计的范围可以将审计划分为（　　）。

    A. 全部审计 　　　　　　　　　　　　 B. 详细审计

    C. 局部审计 　　　　　　　　　　　　 D. 抽样审计

19. 按审计地点分类，可以分为（　　）。

    A. 民间审计 　　　　　　　　　　　　 B. 部分审计

    C. 送达审计 　　　　　　　　　　　　 D. 就地审计

20. 按审计内容分类，可以分为（　　）。

    A. 财务审计 　　　　　　　　　　　　 B. 法纪审计

    C. 送达审计 　　　　　　　　　　　　 D. 效益审计

二、判断题

1. 研究审计产生与发展的客观基础，就是要明确审计是在什么环境和条件下基于什么要求或需要而产生和发展的。　　　　　　　　　　　　　　　　　　　　　（　　）

2. 审计的产生和发展与经济要素有着密切的联系，经济越发展，审计监督越重要。（　　）

3. 如果所有权与经管权合二为一，则所有权监督就没有存在的必要。　　　　　（　　）

4. 独立性是审计的基本特征，独立审计的独立性要强于国家审计和内部审计，我国国家审计由于采取行政式，与内部审计没有本质区别，所以，其独立性是一样的。　　　　　（　　）

5. 审计可以依据不同标准和角度进行不同的分类，进行审计分类是审计理论研究的需要，便于从不同方面认识其特征和性质。　　　　　　　　　　　　　　　　　　（　　）

6. 审计主体是审计活动的执行者，可以将其分为审计组织和审计人员，但二者是一体的，

审计人员寓于审计组织中。 （ ）

7. 审计具有监督、监察、鉴证和评价的职能，监督是基本职能，独立审计侧重监察职能，国家审计侧重鉴证职能，内部审计侧重评价职能。 （ ）

8. 审计的地位是指审计在我国整个社会监督体系中的位置或环节。 （ ）

9. 审计理论研究的逻辑起点是指研究审计从哪个方面或环节开始或着眼，以达到最佳的研究效果或结果。 （ ）

10. 由于审计监督的独立性强、权威性高，理论界一直公认审计监督具有地位上的高层次性，可以对其他经管权监督部门进行再监督。 （ ）

11. 就监督的对象而言，审计监督是分层的，而经管权监督是不分层的。 （ ）

12. 按照审计的时间分析，可以将审计分为全面审计、局部审计和专项审计。 （ ）

13. 审计人员是审计业务的具体执行者，其应隶属于审计组织，未设置审计机构的，审计人员应是专职人员。 （ ）

14. 国家审计、内部审计和民间审计三者相互联系，形成有机的组织体系。 （ ）

15. 审计的职能是指审计本身所固有的内在功能，它回答审计能做和应做什么。审计具有什么职能，不是由人们的主观意愿决定的，而是由审计形成的客观基础所决定，它反映了社会经济对审计的客观需要。 （ ）

16. 关于国家审计，近年来，有一种代表性观点是"审计是国家社会经济运行的免疫系统"。尽管"免疫系统论"是针对国家审计的，但对内部审计和民间审计也是适用的，即也具有预防、揭示与抵御的职能。 （ ）

17. 审计的地位是审计在经济监督系统中所处的位置或环节。在经济监督系统中，审计监督与其他经济监督形式是相互监督的。 （ ）

18. 由于审计监督的独立性强、权威性高，理论界一直公认审计监督具有地位上的高层次性，可以对其他经管权监督部门进行再监督。 （ ）

19. 在审计组织体系中，由于国家审计的特殊性，决定了其比内部审计和民间审计的地位具有特殊性。 （ ）

20. 审计作为独立的经济监督形式，随之社会经济的发展，其地位也会表现出不同的变化特征。 （ ）

三、名词解释

审计　　国家审计　　所有权监督　　行政式　　财务审计　　鉴证

四、简答与论述题

1. 何谓"两权分离"，其主要内容包括哪些？
2. 为什么说审计监督具有所有权监督的特征？
3. 国家审计机关的设置形式有几种？其主要特点是什么？
4. 内部审计机构设置的组织形式有几种？它们之间的关系是什么？
5. 简述审计的职能。

五、分析题

2013 年 6 月，某省 7 名注册会计师欲发起设立有限合伙会计师事务所，由全体合伙人共同签署的合伙协议约定，其中 5 名注册会计师属于对会计师事务所的债务承担无限连带责任，2 名属于对会计师事务所的债务仅以出资额为限承担有限责任的有限合伙人。该省财政部门受理并审核该7名注册会计师的设立申请及其合伙协议等材料后认为，根据现行《中华人民共和国注册会计师法》的规定，会计师事务所可以采取合伙制或有限责任公司制组织模式，并没有规定可以采取有限合伙会计师事务所的组织形式，因此，该7名注册会计师的申请没有法律依据。于是，财政部门在受到设立申请之日起的30日内作出了不予批准的决定。

该7名注册会计师受到省财政部门的不予批准的决定后，认为省财政部门做出的决定没有法律依据，侵犯了当事人审理有限合伙会计师事务所的权益，遂向人民法院提起行政诉讼，请求法院判定该省财政部门的不予批准决定违法。

在审理该案件过程中，有两种不同观点：一种是设立有限责任合伙制会计师事务所符合《注册会计师法》；另一种是不符合《注册会计师法》。

要求：

根据上述背景材料，请分析：我国有关法规对会计师事务所组织模式的规定是怎样的？上述两种观点，你同意哪一种？为什么？

第2章　审计责任

一、不定项选择题

1. 下列各项关于"专业胜任能力与技术规范"的表述中，正确的是（　　）。
   A. 注册会计师应当在维护社会公众利益的前提下，竭诚为客户服务
   B. 注册会计师应当维护职业形象，不得有可能损害职业形象的行为
   C. 注册会计师执行业务时，应当妥善规划，并对助理人员的工作进行指导、监督和检查
   D. 注册会计师不得兼营或兼任与其执行的审计或其他鉴证业务不相容的其他业务和职务

2. 下列各情况中，不影响会计师事务所和注册会计师独立性的是（　　）。
   A. 会计师事务所的办公用房系向某委托单位租用的
   B. 会计师事务所为某委托单位代记账，同时承揽其会计报表审计业务
   C. 注册会计师的姐姐，是委托单位的董事
   D. 注册会计师的父亲，拥有委托单位 1 000 股股票

3. 下列各项中，（　　）是注册会计师在审计中必须执行的。
   A. 在审计中运用统计抽样方法
   B. 在计划阶段作控制测试
   C. 在报告阶段实施分析性复核
   D. 出具管理建议书

4. 按照审计准则的有关要求，注册会计师应根据（　　）确定实质性测试的性质、时间和范围。
   A. 符合性测试的结果
   B. 对内部控制制度的研究和评价
   C. 对控制风险的再评价
   D. 审计业务约定书以及审计计划

5. 以下关于会计师事务所和注册会计师独立性的表达，正确的是（　　）。
   A. 有义务识别和评价可能对独立性产生威胁的各种环境和关系，并采取适当行动消除这些威胁或运用防范措施将其降至可接受水平
   B. 对于向审计客户提供的鉴证业务，要求会计师事务所和注册会计师独立于客户
   C. 对于向非审计客户提供的鉴证业务，如果报告没有明确限定于指定的使用者使用，要求会计师事务所和注册会计师独立于客户
   D. 对于向非审计客户提供的鉴证业务，如果报告明确限定于指定的使用者使用，要求会计师事务所和注册会计师独立于客户

6. 关于注册会计师质量控制，下列说法不正确的是（　　）。
   A. 注册会计师质量控制准则包括会计师事务所的全面质量控制和审计项目的质量控制
   B. 会计师事务所的全面质量控制和审计项目的质量控制都强调了指导、监督和复核
   C. 会计师事务所的全面质量控制政策与程序，对审计项目的质量控制有重大影响
   D. 注册会计师质量控制准则是每个注册会计师都必须遵守的技术标准

7. 下列各条要求中，（　　）不属于审计基本准则中外勤准则的要求。

A. 可以运用检查程序获取充分、适当的审计证据

B. 将审计过程中需要加以判断的重要事项记录于审计工作底稿

C. 保守审计过程中知悉的被审计单位有关商业秘密

D. 对被审计单位的期初余额等重要事项予以必要的关注

8. 以下关于利用专家工作的表达，正确的是（　　）。

A. 如果注册会计师不能胜任某一专业服务，可以向其他注册会计师、律师、精算师、工程师、地质专家、评估师等专家寻求技术建议

B. 在利用专家工作时，虽然注册会计师信赖专家的技术能力，但要对专业服务负最终责任

C. 当利用其他注册会计师以外的专家时，注册会计师应当采取措施确保这些专家了解相应的道德要求

D. 如果注册会计师某一业务需要利用专家工作时，当注册会计师了解到专家不遵守注册会计师职业道德时，不应承接业务或应终止该业务

9. 会计师事务所和注册会计师的下列行为中，不违反职业道德规范的是（　　）。

A. 承接了自己代记账客户的会计报表的审计业务

B. 按审计业务工作量的大小进行收费

C. 以注册会计师个人名义承接会计报表的审计业务

D. 对自己的能力进行广告宣传

10. 审计规范的特征包括（　　）。

A. 层次性　　　　　　　　　　B. 系统性

C. 强制性　　　　　　　　　　D. 指导性

11. 下列（　　）情况，注册会计师的行为不违背保密原则。

A. 同业检查中，注册会计师向检查者提供了客户的信息

B. 未经客户授权，前任注册会计师向后任注册会计师沟通了客户报表中的舞弊事项

C. 注册会计师收到传票或法庭传唤，要求其接受法律诉讼或出庭作证时，注册会计师向法庭提供了客户的一些信息

D. 注册会计师没有出于个人或第三方的利益使用或被合理认为使用了执业过程中获得的信息

12. 对同行的责任是指会计师事务所、注册会计师在处理与其他会计师事务所、注册会计师相互关系中所应遵循的道德标准，包括（　　）。

A. 注册会计师应当与同行保持良好的工作关系，配合同行工作

B. 注册会计师不得诋毁同行，不得损害同行利益

C. 会计师事务所不得雇用正在其他会计师事务所执业的注册会计师，注册会计师不得以个人名义同时在两家或两家以上的会计师事务所执业

D. 会计师事务所不得以不正当手段与同行争揽业务

13. 会计师事务所在确定收费时，应当考虑以下因素，以客观反映为客户提供专业服务的价值（　　）。

A. 专业服务所需的知识和技能

B. 所需专业人员的水平和经验

C. 每一专业人员提供服务所需的时间

D. 提供专业服务所需承担的责任

14. 下列提法中，正确的是（　　）。
   A. 如果会计师事务所的收费报价明显低于前任，则说明该事务所以降低收费的方式招揽业务
   B. 会计师事务所的高级管理人员不得担任鉴证客户的独立董事
   C. 会计师事务所的高级管理人员可以担任鉴证客户的独立董事
   D. 注册会计师至少应口头承诺对在执行业务过程中知悉的客户信息保密
15. 注册会计师在执业中应遵循的技术规范包括（　　）。
   A. 应当遵循独立审计准则等职业规范
   B. 应合理运用会计准则及国家其他相关技术规范
   C. 不得对未来事项可实现程度做出保证
   D. 不得从事不能胜任的业务
16. 法律责任的形式包括（　　）。
   A. 行政责任
   B. 刑事责任
   C. 民事责任
   D. 赔偿责任
17. 会计师事务所对无法胜任或不能按时完成的业务，应（　　）。
   A. 聘请其他专业人员帮助
   B. 转包给其他会计师事务所
   C. 减少业务收费
   D. 拒绝接受委托
18. 会计师事务所承接审计业务时，应考虑的因素主要包括（　　）。
   A. 独立性
   B. 专业胜任能力
   C. 公正性
   D. 被审计单位管理当局的品行
19. 按照审计标准衡量的对象可以分为（　　）。
   A. 财务审计标准
   B. 经济效益审计标准
   C. 正式审计标准
   D. 非正式审计标准
20. 在接受委托前，如果被审计单位不同意前任注册会计师对后任注册会计师的询问做出答复，则后任注册会计师应当（　　）。
   A. 考虑是否接受委托
   B. 解除业务约定
   C. 向被审计单位询问原因
   D. 出具无法表示意见的审计报告

二、判断题

1. 会计师事务所和注册会计师应当识别和评价可能对会计师事务所和注册会计师独立性产生威胁的各种环境和关系，不包括审计项目组以外的人员与客户之间的关系。（　　）
2. 为了保持应有的职业谨慎，审计人员在审计过程中必须对每一报表项目进行详细审计。（　　）
3. 中国注册会计师执业准则体系所规范的所有内容都属于法定要求，注册会计师执行审计业务，出具审计报告，必须遵照执行。（　　）
4. 审计准则和会计准则都是在审计工作中必须遵循的工作准则。（　　）
5. 注册会计师在执行非审计业务时，可以参照执行审计准则。（　　）
6. 注册会计师在执行审计业务时，对外出具审计报告只需遵照执行审计准则。（　　）
7. 审计质量控制准则的颁布是为了规范注册会计师的执业行为，保证审计工作质量。（　　）
8. 注册会计师的审计责任是指对其出具的审计报告的真实性、合法性，会计数据的公允性

负责。　　　　　　　　　　　　　　　　　　　　　　　　　　　　　　　　（　　）

9. 注册会计师不得代行委托单位管理决策职能，这一规定实质上是为了对管理责任和报告责任加以区分。　　　　　　　　　　　　　　　　　　　　　　　　　　　　（　　）

10. 注册会计师在执业过程中发现他无法胜任此项工作，那么应出示无法表示意见的审计报告。　　　　　　　　　　　　　　　　　　　　　　　　　　　　　　　　　（　　）

11. 审计规范是指指导和规范审计人员科学、合理执行审计业务的标准，是衡量和制约审计工作效率和质量的依据。　　　　　　　　　　　　　　　　　　　　　　　　（　　）

12. 规则层面的审计规范是指由相关执业组织或机关颁布实施指导审计工作具体操作的相关技术规范，审计人员必须遵守。　　　　　　　　　　　　　　　　　　　　　（　　）

13. 会计信息质量的高低直接影响着国家宏观经济决策的正确性和社会资源配置的有效性，审计行业是保证会计信息质量的重要环节，诚信是审计行业的立身之本。　　　（　　）

14. 职业谨慎要求注册会计师履行专业职责时应具备一丝不苟的责任感并保持应有的慎重态度。　　　　　　　　　　　　　　　　　　　　　　　　　　　　　　　　　　（　　）

15. 我国《注册会计师法》规定，会计师事务所和注册会计师不得进行广告宣传以招揽业务。　　　　　　　　　　　　　　　　　　　　　　　　　　　　　　　　　　　（　　）

16. 注册会计师基于自身的预期、判断和个人经验对鉴证对象进行的评价和计量，不构成适当的标准。　　　　　　　　　　　　　　　　　　　　　　　　　　　　　　　　（　　）

17. 判断注册会计师应否承担法律责任以及承担的具体形式，应从两个层面的结合点上考虑问题，一个层面是审计的结果，另一个是审计的过程。每一个层面又由具有递进关系的不同具体情形所构成。　　　　　　　　　　　　　　　　　　　　　　　　　　　　　（　　）

18. 审计人员可以依照相关规定和规范，规避、防范和转嫁自己所应承担的法律责任。
　　　　　　　　　　　　　　　　　　　　　　　　　　　　　　　　　　　　（　　）

19. 会计师事务所无论承办何种业务，都要按照业务约定书准则的要求与委托人签订约定书，以尽量减少在发生法律诉讼时双方的口舌之争。

20. 过错责任归责原则是指以存在主观过错为必要条件、以"无过错，即无责任"为基本出发点的认定和归结法律责任的原则。　　　　　　　　　　　　　　　　　　　（　　）

三、名词解释

审计规范　　审计准则　　审计职业道德　　审计标准　　注册会计师执业准则
鉴证业务准则　　相关服务准则　　质量控制准则　　应有的职业谨慎
审计法律责任的归责原则　　过错责任归责原则　　无过错责任归责原则
过错推定归责原则

四、简答与论述题

1. 审计规范的特征包括哪些？
2. 怎样理解注册会计师的专业胜任能力？
3. 审计标准的内容及分类是怎样的？
4. 应有的职业谨慎在审计业务中有哪些体现？
5. 审计人员法律责任的特性是怎样的？
6. 审计人员如何做好审计法律责任的防范？

五、分析题

1. TCL 会计师事务所首次接受委托，承办 A 公司 2013 年度财务报表审计业务。于 2014 年年初该会计师事务所与 A 公司签订审计业务约定书。假定存在以下情况：

（1）在签订审计业务约定书后，TCL 会计师事务所的 H 注册会计师受聘担任 A 公司独立董事。按照原定审计计划，H 注册会计师为该审计项目的外勤负责人。为保持独立性，TCL 会计师事务所在执行该审计业务前，将 H 注册会计师调离审计项目组。

（2）TCL 会计师事务所聘用律师协助开展工作，要求该律师书面承诺按照中国注册会计师职业道德规范的要求提供服务。

（3）TCL 会计师事务所的 K 注册会计师的妻子一直在 A 公司担任主要财务人员。

（4）审计项目组负责人 F 注册会计师把执业过程中知悉的商业秘密告诉了好朋友以指导其购买股票，但没有为自己谋取利益。

（5）前任注册会计师对 A 公司 2012 年财务报表出具了标准无保留意见审计报告，TCL 会计师事务所在审计过程中发现该财务报表可能存在重大错报，因认为事实已经非常清楚，所以决定不再提请 A 公司与前任注册会计师联系。

（6）A 公司在某国设有分支机构，该国允许会计师事务所通过广告承揽业务，因此，TCL 会计师事务所委托该分支机构在该国媒体进行广告宣传，以招揽该国在中国设立企业的审计业务。相关广告费用已由 TCL 会计师事务所支付。

（7）TCL 会计师事务所向 A 公司和其他机构散发了印有宣传 TCL 会计师事务所具备证券期货业务审计资格、业务能力、人员能力等方面的精美的小册子。

（8）根据公司章程的规定，TCL 会计师事务所的前合伙人 W 注册会计师退休后继续享受该事务所的福利待遇。W 注册会计师目前担任 A 公司的常年会计顾问。

要求：

请分别根据上述情况，判断 TCL 会计师事务所是否符合中国注册会计师职业道德规范和相关准则的要求，并分析说明理由。

2. 万通公司是一家国有大型企业。2012 年 12 月，公司总经理针对公司效益下滑、面临亏损的情况，电话请示正在外地出差的董事长。董事长指示把财务会计报告做得漂亮一些，总经理把这项工作交给公司总会计师，要求按董事长意见办。总会计师按公司领导意图，对当年度的财务会计报告进行了技术处理，虚拟了若干笔无交易的销售收入，从而使公司报表由亏变盈。经诚信会计师事务所审计后，公司财务会计报告对外报出。

在对《会计法》执行情况的检查中，当地财政部门发现该公司存在重大会计作假行为，依据《会计法》及相关法律、法规、制度，拟对该公司董事长、总经理、总会计师等相关人员进行行政处罚，并分别下达了行政处罚告知书。万通公司相关人员接到行政处罚告知书后，均要求举行听证会。

在听证会上，公司董事长称："我前一段时间出差在外，对公司情况不太了解，虽然在财务会计报告上签名并盖章，但只是履行会计手续，我不负任何责任。具体情况可由公司总经理予以说明"；公司总经理称："我是搞技术出身的，主要抓公司的生产经营，对会计我是门外汉，我虽在财务会计报告上签名并盖章，那也只是履行程序而已。以前也是这样做的，我不应承担责任。有关财务会计报告情况应由公司总会计师解释"；公司总会计师称："公司对外报出的财务会计报告是经过诚信会计师事务所审计的，他们出具了无保留意见的审计报告。诚信会计师事务所应对本公司财务会计报告的真实性、完整性负责，承担由此带来的一切责任。"

要求：

请根据我国会计法律、法规、制度规定，分析公司董事长、总经理、总会计师及诚信会计师事务应否承担相应的法律责任？

3. 甲会计师事务所具有执行证券、期货业务资格，乙会计师事务所于一年前设立，不具有证券、期货业务许可证，其主任会计师两年前曾担任 A 公司财务总监，乙会计师事务所与 A 公司签署了相关协议，协议内容包括：A 公司的年度财务报表审计业务由乙会计师事务所负责审计；乙会计师事务所向 A 公司租用 100 平方米的办公场所，3 年内免收租金。1 年后，A 公司改组上市成立了股份有限公司，其财务报表审计业务需改聘甲事务所。因此乙事务所与甲事务所签订了一份《业务合作协议》，并已按协议约定履行相关条款。该协议中部分条款如下：

（1）甲事务所与乙事务所建立长期业务合作关系，双方可分别以对方名义招揽、承接业务。相互介绍业务成功后，承接方应向介绍方支付该项业务净收入 20% 的介绍费。

（2）已将审计业务变更至甲事务所的 A 公司，在 3 年内仍由乙事务所审计，由甲事务所负责相关复核，并以甲事务所名义出具审计报告，审计收费甲事务所占 40%，乙事务所占 60%，乙事务所不再收取业务介绍费。

（3）由于乙事务所没有能力对其已承接的 B 企业集团编制的合并财务报表实施审计，甲事务所应委派一名合伙人对参与审计的人员无偿进行合并财务报表业务的专项培训，并予以必要的指导和复核。

（4）乙事务所两名通过考试取得执行证券、期货业务资格的注册会计师的执业资格放在甲事务所，但仍在乙事务所工作。

要求：

请针对上述资料，简要回答乙事务所与 A 公司签署的相关协议，以及与甲事务所签订的《业务合作协议》的内容在哪些方面违反了相关规定，并说明理由。

第3章　审计目标、审计计划与重要性

一、不定项选择题

1. 我国注册会计师在发表审计意见时是围绕被审计单位会计信息的（　　）展开的。
   - A. 一致性
   - B. 合法性
   - C. 公允性
   - D. 真实性

2. 审计具体目标应根据（　　）来确定。
   - A. 被审计单位管理当局的认定
   - B. 审计总目标
   - C. 客户的类型
   - D. 被审计单位的内部控制

3. "截止"一般目标与管理当局的（　　）认定相关。
   - A. 存在与发生
   - B. 表达与披露
   - C. 估价与分摊
   - D. 完整性

4. "权利与义务"认定只与（　　）的组成要素有关。
   - A. 资产负债表
   - B. 利润表
   - C. 现金流量表
   - D. 会计报表

5. 下列各项中，被审计单位（　　）违反了权利和义务认定。
   - A. 未对使用受限制的存货进行披露
   - B. 将下年度的销售收入提前到本年度确认
   - C. 将应予费用化的借款费用资本化
   - D. 未计提坏账准备

6. "存在或发生"认定和"完整性"认定，分别主要与（　　）有关。
   - A. 会计报表要素的低估和高估
   - B. 会计报表要素的高估和低估
   - C. 会计报表要素的缩小错误和夸大错误
   - D. 会计报表要素的错误、舞弊和不法行为

7. 被审计单位对应收账款"估价或分摊"认定包括下列的内容有（　　）。
   - A. 应收账款总额
   - B. 坏账准备金额
   - C. 应收账款总额与明细账的一致性
   - D. 坏账准备估价的合理性

8. 在完成审计业务前，如果被审计单位要求注册会计师将审计业务变更为保证程度较低的鉴证业务或相关服务，注册会计师应当考虑变更业务的适当性。导致被审计单位要求变更业务的情况包括（　　）。
   - A. 情况变化对审计服务的需求产生影响
   - B. 对原来要求的审计业务的性质存在误解
   - C. 由于审计范围存在限制，将审计业务变更为执行商定程序业务
   - D. 注册会计师拟出具否定意见审计报告

9. 计划审计工作有助于注册会计师（　　）。
   - A. 关注重点审计领域
   - B. 及时发现和解决潜在问题及恰当地组织和管理审计工作

C. 帮助注册会计师对项目组成员进行恰当的分工与监督

D. 协调其他注册会计师和专家的工作

10. 在审计活动中，审计业务约定书的作用体现在（　　）。

A. 有利于增强双方的相互了解

B. 可作为签约双方检查审计工作完成情况的依据

C. 一旦涉及法律诉讼，是确定双方应负责任的主要依据

D. 是制定总体审计策略和具体审计计划的依据

E. 是分配审计人员工作的指南

11. 在计划某项审计工作时，审计人员应分（　　）两个层次来评价其重要性。

A. 总账层和明细账层　　　　　　　　B. 资产负债表层和利润表层

C. 会计报表层和账户余额层　　　　　D. 记账凭证层和原始凭证层

12. 如果注册会计师认为利润表可接受的重要性水平为 60 000 元，而资产负债可接受的重要性水平为 110 000 元，则会计报表层的重要性水平为（　　）。

A. 110 000 元　　　　　　　　　　　B. 60 000 元

C. 80 000 元　　　　　　　　　　　　D. 40 000 元

13. 总体审计策略的内容包括（　　）。

A. 向具体审计领域调配的资源　　　　B. 向具体审计领域分配资源的数量

C. 何时调配资源　　　　　　　　　　D. 与前任注册会计师的沟通问题

E. 如何管理、指导、监督资源的利用

14. 有关对"重要性"的理解，以下正确的有（　　）。

A. 通常情况下，金额大的错报比金额小的错报更重要

B. 重要性水平在理论上和实际工作中都只能接近

C. 重要性概念从总体上是针对财务报表而言的

D. 不同的注册会计师在确定同一被审计单位的重要性时，得出的结果可能不同

E. 对于某些财务报表披露的错报，从金额上难以判断其是否重要，应从性质上进行考虑

15. 注册会计师在确定计划的重要性时水平时，应当考虑的影响要素包括（　　）。

A. 被审计单位及其环境

B. 审计的目标

C. 财务报表各项目的性质及其相互关系

D. 财务报表项目的金额及其波动幅度

E. 审计项目的难易程度

16. 注册会计师在确定各账户层次的重要性水平时，应考虑的因素包括（　　）。

A. 各账户性质

B. 各账户错报、漏报的可能性

C. 各账户审计成本

D. 账户层次的重要性和报表层次重要性水平的关系

E. 审计计划

17. 注册会计师在汇总尚未更正的错报时，应当包括（　　）。

A. 已识别的对事实的错报

B. 通过测试样本推断出的估计错报

C. 考虑期后事项和或有事项是否已进行适当处理

  D. 已识别的对主观决策的错报

  E. 通过分析程序推断出的估计错报

  18. 在评价审计结果时，如果被审计单位尚未调整的错报或漏报的汇总数接近重要性水平，注册会计师应当采取的措施包括（　　）。

  A. 扩大实质性测试的范围   B. 提高重要性水平

  C. 提请被审计单位调整会计报表   D. 可以发表保留意见

  E. 可以发表无保留意见

  19. 有关重要性、审计风险和审计证据，以下说法正确的有（　　）。

  A. 重要性水平越高，审计风险越低

  B. 重要性水平越高，审计风险越高

  C. 重要性水平越高，所需的审计证据越少

  D. 重要性水平越高，所需的审计证据越多

  20. 无论是连续审计，还是首次接受委托，注册会计师都应充分考虑相关事项，以确保保持客户关系和具体审计业务结论的恰当与正确。应充分考虑的相关事项包括（　　）。

  A. 被审计单位的主要股东、关键管理人员和治理层是否诚信

  B. 被审计单位的内部控制是否健全、有效

  C. 项目组是否具备执行审计业务的专业胜任能力及必要的时间和资源

  D. 被审计单位财务状况是否存在进一步恶化的现象

  E. 会计师事务所和项目组能否遵守职业道德规范

二、判断题

  1. 尽管审计形式经历了由弊端审计向财务审计，又由财务审计向效益审计的转变，但其审计对象都离不开反映财务状况、经营成果和现金流量情况的财务报表，其审计总目标也总是围绕财务报表审计而界定的。   （　　）

  2. 注册会计师可以与被审计单位治理层整体进行沟通，且无须在业务约定书条款中明确该项权利。   （　　）

  3. 为保证审计质量，无论是连续审计还是首次接受委托，在制定质量控制程序时，会计师事务所均应同等对待。   （　　）

  4. 计划审计工作是由项目负责人利用其经验和见解来执行的。   （　　）

  5. 针对保持客户关系和具体审计业务实施相应的质量控制程序与评价遵守职业道德规范的情况是一项连续性的工作，应将其贯穿于整个审计工作中。   （　　）

  6. 如果负责集团财务报表审计的注册会计师同时负责组成部分财务报表的审计，注册会计师应当与各个组成部分单独签订审计业务约定书。   （　　）

  7. 总体审计策略一经制定，注册会计师应当针对总体审计策略中所识别的不同事项，制定具体审计计划，并考虑通过有效利用审计资源以实现审计目标。   （　　）

  8. 计划审计工作是一个阶段性的工作，总体审计策略和具体审计计划一经确定，则不能更改。   （　　）

  9. 一般而言，注册会计师在将财务报表层次的重要性水平分配到各类交易、账户余额与列报层次时，可以只选择主要财务报表中的一张报表作为分配的载体。 （　　）

  10. 如果财务报表中存在不影响出具无保留意见的审计报告的未更正错报，注册会计师就可以直接出具无保留意见的审计报告。   （　　）

11. 项目审计目标是按每个项目分别确定的目标，它需根据一般审计目标来进行确定。
（　　）

12. 如果不能实现总体目标，注册会计师应当按照审计准则的规定出具否定意见的审计报告，或者在法律法规允许的情况下解除业务约定。
（　　）

13. 项目负责人和项目组其他关键成员应当参与计划审计工作，利用其经验和见解，以提高计划过程的效率和效果。
（　　）

14. 在审计活动中，审计业务约定书有利于增强双方的相互了解，可作为签约双方检查审计工作完成情况的依据，一旦涉及法律诉讼，审计业务约定书是确定双方应负责任的主要依据。
（　　）

15. 如果认为变更业务具有合理的理由，并且按照审计准则的规定已实施的审计工作也适用于变更后的业务，注册会计师可以根据修改后的业务约定条款出具报告。
（　　）

16. 总体审计策略一经制定，注册会计师应当针对总体审计策略中所识别的不同事项，制定具体审计目标，并考虑通过有效利用审计资源以实现审计目标。
（　　）

17. 为了足够识别和评估财务报表重大错报风险，注册会计师应计划实施风险评估程序的性质、时间和范围。在审计计划阶段，注册会计师还需要实施其他准则规定的、针对特定项目应执行的程序。
（　　）

18. 审计计划属于审计机密，注册会计师对计划审计工作的基本情况不应向被审计单位治理层和管理层透露。
（　　）

19. 由于环境可能发生变化，并且在审计过程中可能会获得有关客户的额外信息，因此，计划的重要性最终可能不同于审计终结阶段审计发现结果时所用的重要性。
（　　）

20. 如果识别出由于舞弊或错误而导致的重大错报，注册会计师应当将其与管理层和治理层沟通。除了那些明显不重要的细微错报外，注册会计师应就其发现的所有已识别错报和推断误差与被审计单位管理层和治理层进行沟通，讨论其原因和影响。对于已识别的错报，不论其金额大小，注册会计师都应当要求管理层更正。
（　　）

三、名词解释

审计总目标　　审计具体目标　　认定　　审计计划　　总体审计策略
审计业务约定书　　重要性

四、简答与论述题

1. 被审计单位管理当局对财务报表的认定包括哪些内容？
2. 审计业务约定书的内容包括哪些？
3. 总体审计策略的内容包括哪些？
4. 我国注册会计师审计准则对重要性是怎样界定的？
5. 确定计划的重要性时应考虑什么因素？
6. 如何利用重要性概念评价尚未更正的错报汇总数的影响？

五、分析题

1. XYZ 公司是一家专营商品零售的股份公司。ABC 会计师事务所在接受其审计委托后，委派 L 注册会计师担任该审计的项目外勤负责人，并将签署审计报告。经过审计预备调查，L 注册会计师确定存货项目为重点审计领域，同时决定根据会计报表认定确定存货项目的具体审计目标，并选择相应的具体审计程序以保证审计目标的实现。

要求：

下列第一张表格中的具体审计目标已经被 L 注册会计师选定，请分析 L 注册会计师应当确定的与各具体审计程序分别是什么？（根据表后列示的会计报表认定及审计程序，分别选择一项，并将选择结果的编号填入第二张表格中。对每项会计报表认定和审计程序，可以选一次、多次或不选）

会计报表认定	审计程序
（1）完整性 （2）存在或发生 （3）表达和披露 （4）权利和义务 （5）估价或分摊	（6）检查现行销售价目表 （7）审阅会计报表 （8）在监盘存货时，选择一定样本，确定其是否包括在盘点表内 （9）选择一定样本量的存货会计记录，检查支持记录的购货合同和发票 （10）在监盘存货时，选择盘点表内一定样本量的存货记录，确定存货是否在库 （11）测试直接人工费用的合理性

会计报表认定	具体审计目标	审计程序序号
	公司对存货均拥有所有权	
	记录的存货数量包括了公司所有的在库存货	
	已按成本与可变现净值孰低法调整期末存货价值	
	存货成本计算准确	
	存货的主要类别和计价基础已在会计报表恰当披露	

2. A 和 B 注册会计师对 XYZ 股份有限公司 2013 年度会计报表进行审计，其未经审计的有关会计报表项目金额如下（单位：人民币万元）：

会计报表项目名称	金额
资产总计	18 000
股东权益合计	88 000
营业收入	240 000
利润总额	36 000
净利润	24 120

要求：

（1）如果以资产总额、净资产（股东权益）、营业收入和净利润作为判断基础，采用固定比率法，并假定资产总额、净资产、营业收入和净利润的固定百分比数值分别为 0.5%、1%、0.5% 和 5%，请代 A 和 B 注册会计师计算确定 XYZ 股份有限公司 2013 年度会计报表层次的重要性水平（请列示计算过程）。

（2）简要说明重要性水平与审计风险之间的关系。

（3）简要说明重要性水平与审计证据之间的关系。

3. 王学民是一家公司的承包经营负责人，在承包经营期结束之后，他请了当地一家会计师事务所对其经营期内的财务报表进行了审计。该会计事务所经过审计，出具了无保留意见的审计报告，即认为该公司在承包经营期内的财务报表已公允地反映其财务状况。不久，检察机关接到举报，有人反映王学民在承包经营期内，勾结财务经理与出纳，暗自收受回扣，侵吞国家财产。为此，检察机关传讯了王学民，王学民到了检察机关后，手持会计师事务所的审计报告，振振有词地说："会计师事务所已出具了审计报告，证明我没有经济问题。如果不信，你们可以去问注册会计师。"

要求：

（1）王学民的话是否有道理，如果有错，错在哪里？

（2）如果你是上述会计师事务所的负责人，你将如何回答这一问题？

4. 隆兴公司自开业以来，营业额剧增。为筹措资金，公司决定向银行贷款。但银行希望其出具审计后的财务报表，以作出是否给其贷款的决定。于是，隆兴公司决定聘请宝信会计师事务所进行审计。隆兴公司以前从未进行过审计。

审计开始就不太顺利，王玲注册会计师刚到隆兴公司就发现，该公司会计账册不齐，而且账也未轧平。于是王玲花费一个星期的时间帮助公司会计整理账簿等。但公司会计人员却向财务经理抱怨，认为注册会计师王玲太苛刻，妨碍其正常工作。

第二周，当王玲向会计人员索要客户有关资料以便对应收账款询证时，会计人员以这些资料系公司机密为由，加以拒绝。接着，王玲又要求，公司在年末这一天，停止生产，以便对存货进行盘点。但隆兴公司又以生产任务忙为由，也加以拒绝。

王玲无奈之下，只得向事务所的合伙人汇报。合伙人张明立即与隆兴公司总经理进行接洽，告知如果无法进行询证或盘点，将迫使注册会计师无法对财务报表表示意见。总经理闻言之后，非常生气。他说，我情愿向朋友借钱，也不要你们的审计报告。不但命令注册会计师马上离开隆兴公司，而且拒绝支付注册会计师前两周的审计费用。合伙人张明也很生气，他严肃地告诉总经理，除非付清所有的审计费用，否则，前期由王玲代编的会计账册将不予归还。

要求：

该会计师事务所的做法是否妥当？如果不妥当？你有什么建议？

5. 综合练习。

（1）练习目标。

审计约定书签订后，注册会计师应当计划审计工作，使审计业务以有效的方式得到执行。计划审计工作包括针对审计业务制定总体审计策略和具体审计计划，以将审计风险降至可接受的低水平。项目负责人和项目组其他关键成员应当参与计划审计工作，利用其经验和见解，以提高计划过程的效率和效果。

本练习的内容包括：总体审计策略在确定前对有关问题和情况的考虑；总体审计策略内容确定、编制与变更；具体审计计划的内容要素与编制的有关问题。

通过本练习，学生可以掌握总体审计策略的编制方法和过程，了解具体审计计划的有关内容。

（2）背景材料。

① 基本情况。计划审计工作是一个持续的过程。如果是连续审计，通常注册会计师在前一期审计工作结束后即开始本期的审计计划工作，直到本期审计工作结束。永正会计师事务所是首次接受委托，所以，计划审计工作于审计业务约定书签署即开始了；本审计项目组的构成情况是：

项目负责人：李永

项目经理：郭力严

注册会计师：杨宝生、王兵

会计师：张至勇、李改营、何奇志

审计助理人员：孙为东、赵戴辉、杨臣、岳之红

达臣会计师事务所注册会计师：王宾

中标咨询公司工程师：赵贺彬

项目负责人和项目组其他关键成员参与了计划审计工作。

② 确定审计工作范围需要考虑的问题：

A. 方圆公司已于 2012 年 5 月 10 日发行了新股，应遵守《中国证券监督管理委员会令第 1 号——上市公司新股发行管理办法》。

B. 方圆公司对所披露的有关信息应遵守中国证监会发布的《上市公司信息披露管理办法》。

C. 达臣会计师事务所王宾注册会计师在监盘方圆公司存货时，其范围是 A 类原材料和 B 种产成品。

D. 方圆公司对新能源采取分步法进行成本核算，在对在产品和产成品进行费用分配时对在产品进行约当产量计算。由于新能源生产技术是方圆的专利，其生产过程直接影响产品成本的核算，所以，要求永正会计师事务所有专门对相关能源有所了解的注册会计师参与该审计项目。

E. 方圆公司于董事会下设置了审计委员会，公司设置了审计部，审计部隶属于审计委员会和总经理，对审计委员会和总经理负责并报告工作。该公司的内部审计机构和制度比较健全，内部审计工作涉及财务审计、绩效审计和内部控制测试与评价等，较有特色和成效。内部审计工作具有较高的可信赖性。

F. 永正会计师事务所在审计工作中，充分利用信息技术，安装使用用友有限公司开发的有关审计软件，精通财务会计实务中有关财务会计软件。审计工作可以较易取得有关审计数据。

G. 方圆公司计划于 2012 年 12 月 31 日进行存货盘点，永正会计师事务所计划同时进行存货监盘，预期的监盘工作可以顺利进行，方圆公司能给予全面配合。

③ 重要性及其确定时应考虑的问题：

A. 确定财务报表层次的重要性水平。确定的参考标准是：净利润的 5%，或总收入的 0.5%，或总资产的 0.2%。

B. 确定各类交易、账户余额、列报认定层次的重要性水平。根据方圆公司及有关方面的各种情况，确定的重要的组成部分及其重要性水平是：

货币资金：500 元

存货：5 000 元

应收账款：2 000 元

固定资产：4 000 元

长期股权投资：1 000 元

应付职工薪酬：600 元

应付股利：1 000 元

所有者权益：1 200 元

其他有关内容的重要性水平，需要根据有关具体情况做出判断。

④ 确定报告目标、时间安排及沟通时所需考虑的问题：

A. 方圆公司对外提交财务报告的时间为 2013 年 3 月 23 日。

B. 总体审计策略与具体审计计划的编制于审计约定书签署日即开始，直至审计工作结束。

C. 在审计过程中，计划就审计工作的性质、范围和时间等情况与治理层和管理层举行 2 次专门会议，具体时间和内容待制定具体审计计划时确定。

D. 与治理层等沟通函的出具时间为 2013 年 3 月 2 日，审计报告提交时间为 2013 年 3 月 20 日。

E. 项目组预备会议于 2013 年 1 月 12 日召开，审计总结会议 2013 年 3 月 22 日召开。

F. 在审计过程中，根据工作需要，项目组中永正会计师事务所成员随时与达臣会计师事务所注册会计师王宾和中标咨询公司工程师赵贺彬沟通有关工作和事项。

G. 计划于 2013 年 1 月 15 日和 3 月 12 日与前任注册会计师会计师进行沟通。

⑤ 人员安排时需考虑的问题：

项目负责人的主要职责是负责项目的全面工作，项目经理负责项目的日常管理和内部协调，注册会计师负责审计的具体实施工作，会计师和审计助理人员协助注册会计师完成审计取证工作，达臣会计师事务所注册会计师王宾和中标咨询公司工程师赵贺彬根据协议完成相关工作。

该项目由永正会计师事务所部门经理齐震注册会计师进行质量复核，复核的范围主要是：计划审计工作情况，审计证据的充分性与适当性，审计结论的恰当性，审计档案的建立情况等。

⑥ 对专家或有关人士工作利用时应考虑的问题：

A. 对内部审计工作的利用。方圆公司内部审计部门每年对存货盘点一次，项目组通过了解其盘点步骤，认定合理有效，可以依次缩小注册会计师的监盘范围；内部审计部门所进行的内部控制测试与评价程序合理，记录完整，结论恰当，注册会计师在进行控制测试时可以利用之；内部审计部门对公司财务报表进行的年度审计，其中成本与费用审计部分的审计程序与方法较为科学、合理与合规，所作的审计工作底稿较完整与健全，结论有一定的可信度，注册会计师可以利用之。

B. 对其他注册会计师工作的利用。监盘方圆公司新能源时，在综合测试与评价的基础上利用达臣会计师事务所王宾注册会计师的工作。对方圆公司存放于专有仓库和车间的 GQI 新型能源材料，由达臣会计师事务所王宾注册会计师进行监盘。

C. 对专家工作的利用。在在建工程发生额方面充分利用中标咨询公司技术专家赵贺彬工程师的工作。方圆公司的在建工程，由于所涉及工程进度标准的技术限制，需由专门技术人员测定其发生额，此项工作由中标咨询公司技术专家赵贺彬工程师进行。

D. 对方圆公司使用服务机构的考虑。盛得信托投资公司为方圆公司的职工养老金提供记录交易和处理数据的服务。注册会计师使用的盛得信托投资公司注册会计师的报告为内部控制设计、执行和运行有效性的报告。报告的意见是：对内部控制的描述准确；为实现既定目标，内部控制的设计合理，内部控制已得到执行；根据控制测试结果，内部控制的运行有效。报告日期为 2013 年 1 月 10 日。

要求：

（1）练习编制《方圆股份有限公司 2012 年度总体审计策略》；

（2）查找相关规定与资料以了解具体审计计划的内容与格式是怎样的；

（3）分析总体审计策略与具体审计计划的编制的关系。

附：总体审计策略记录模式范例

总体审计策略记录模式范例

客户名称	财务报表期间	工作底稿索引号

编制人及复核人员签字：

编制人：［如项目经理］	日期：
复核人：［如项目负责人］	日期：
项目质量控制复核人（如适用）：	日期：

目录
1. 审计工作范围
2. 重要性
3. 报告目标、时间安排及所需沟通
4. 人员安排
5. 对专家或有关人士工作的利用（如适用）

1. 审计工作范围

报告要求	
适用的财务报告准则	
适用的审计准则	
与财务报告相关的行业特别规定	［如监管机构发布的有关信息披露法规、特定行业主管部门发布的与财务报告相关的法规等］
需审计的集团内组成部分的数量及所在地点	
需要阅读的含有已审计财务报表的文件中的其他信息	［上市公司年报］
制定审计策略需考虑的其他事项	［如单独出具报告的子公司范围等］

2. 重要性

重要性	确定性
按照《中国注册会计师审计准则第1221号——重要性》确定	

3. 报告目标、时间安排及所需沟通
计划的报告报送及审计工作时间安排如下：

对外报告	时　间

执行审计时间安排	时间
［期中审计，包括：	
——制定总体审计策略及具体审计计划	
——……］	
［期末审计，包括：	
——监盘	
——……］	

所需沟通	时间
［与管理层及治理层的会议］	
［项目组会议（包括预备会和总结会）］	
［与专家或有关人士的沟通］	
［与其他注册会计师沟通］	
［与前任注册会计师沟通］	
［……］	

4. 人员安排

4.1 项目组主要成员的责任

项目组主要成员的职位、姓名及其主要职责如下：

［在分配职责时可以根据被审计单位的不同情况按会计科目划分，或按交易类别划分］

职　位	姓　名	主要责任

4.2 与项目质量控制复核人员的沟通（如适用）

项目质量复核人员复核的范围、沟通内容及相关时间如下：

复核的范围：

沟通内容	负责沟通的项目组成员	计划沟通时间
［风险评估、对审计计划的讨论］ ［对财务报表的复核］ ［……］		

5. 对专家或有关人士工作的利用（如适用）

［如项目组计划利用专家或有关人士的工作，需记录其工作的范围和涉及的主要会计科目等。另外，项目组还应按照相关审计准则的要求对专家或有关人士的能力、客观性及其工作等进行考虑及评估。］

5.1 对内部审计工作的利用

主要会计科目	拟利用的内部审计工作	工作底稿索引号
[存货]	[内部审计部门对各仓库的存货每半年至少盘点一次。在中期审计时，项目组已经对内部审计部门盘点步骤进行观察，其结果满意，因此项目组将审阅其年底的盘点结果，并缩小存货监盘的范围。]	
[……]		

5.2 对其他注册会计师工作的利用

其他注册会计师名称	利用其工作范围及程度	工作底稿索引号

5.3 对专家工作的利用

主要会计科目	专家名称	主要职责及工作范围	利用专家工作的原因	工作底稿索引号

5.4 对被审计单位使用服务机构的考虑

主要会计科目	服务机构名称	服务机构提供的相关服务及其注册会计师出具的审计报告意见及日期	工作底稿索引号

第4章　内部控制与审计风险

一、不定项选择题

1. 在会计凭证的下列内容中起到内部控制作用的有（　　　）。
   A. 有关人员的签章　　　　　　　　　　B. 制证日期
   C. 编号　　　　　　　　　　　　　　　D. 经济业务内容摘要

2. 在记账凭证中，必须有（　　　）的签章。
   A. 会计主管人员　　　　　　　　　　　B. 稽核人员
   C. 记账人员　　　　　　　　　　　　　D. 经办人员

3. 下列（　　　）事项表明被审计单位可能存在重大错报风险。
   A. 复杂的联营或合资　　　　　　　　　B. 在高度波动的市场开展业务
   C. 发生金额大的常规交易　　　　　　　D. 重大的关联方交易

4. 在对控制进行初步评价及风险评估后，注册会计师可能得出控制是无效的情况有（　　　）。
   A. 控制与相关认定相关　　　　　　　　B. 控制本身设计不合理
   C. 拟进行控制测试　　　　　　　　　　D. 控制没有得到执行

5. 内部控制系统是体现在（　　　）中的。
   A. 财务部门　　　　　　　　　　　　　B. 业务部门
   C. 部门或单位内各有关环节　　　　　　D. A和B

6. 下列会计凭证必须盖有公章的有（　　　）。
   A. 记账凭证　　　　　　　　　　　　　B. 从外单位取得的原始凭证
   C. 转账凭证　　　　　　　　　　　　　D. 付款凭证

7. 一般会计人员办理会计交接手续时，要由（　　　）监交。
   A. 会计主管人员　　　　　　　　　　　B. 单位领导人
   C. 上级派人员监交　　　　　　　　　　D. B和C

8. 下列业务属于不相容职务的有（　　　）。
   A. 记录总账和记录明细账
   B. 保管某项财物和进行财物的账实核对
   C. 授权进行某项经济业务和执行该项经济业务
   D. 收付管现金和登记现金日记账

9. 下列凭证必须由出纳人员签章的有（　　　）。
   A. 收款凭证　　　　　　　　　　　　　B. 转账凭证
   C. 付款凭证　　　　　　　　　　　　　D. 记账凭证

10. 注册会计师在执行了解内部控制的程序时，一般不包括的具体审计程序有（　　　）。
    A. 观察　　　　　　　　　　　　　　　B. 检查
    C. 穿行测试　　　　　　　　　　　　　D. 重新执行

11. 财务报表层次的重大错报风险很可能源于薄弱的（　　　）。
    A. 监控　　　　　　　　　　　　　　　B. 控制活动
    C. 风险评估　　　　　　　　　　　　　D. 控制环境

12. 下列业务必须有验收证明的是（　　）。
    A. 销售商品
    B. 收入现金
    C. 支付费用
    D. 购买实物

13. 销货退回业务，应以（　　）为原始凭证。
    A. 退货红字发票
    B. 购货方的收款收据
    C. A 和 B
    D. 退货发票

14. 内部控制调查记录的方法主要有（　　）。
    A. 流程图
    B. 调查表
    C. 核对表
    D. 文字表述

15. 内部控制的控制环境要素包括（　　）。
    A. 经营风格
    B. 组织机构
    C. 业绩评价
    D. 信息处理

16. 下列各项中，属于内部控制要素的内容是（　　）。
    A. 风险评估
    B. 控制测试
    C. 控制活动
    D. 监控

17. 注册会计师实施的实质性程序一般包括（　　）。
    A. 检查
    B. 监盘
    C. 实质性分析程序
    D. 细节测试

18. 下列会计账簿必须采用订本式的有（　　）。
    A. 总账
    B. 明细账
    C. 日记账
    D. 银行存款日记账和现金日记账

19. 在了解被审计单位及其环境时，注册会计师实施的风险评估程序一般不包括（　　）。
    A. 询问
    B. 观察
    C. 重新执行
    D. 分析程序

20. 在确定特别风险时，注册会计师应考虑的事项包括（　　）。
    A. 财务信息计量的客观程度
    B. 风险是否属于舞弊风险
    C. 交易的复杂程度
    D. 风险是否涉及重大交易

二、判断题

1. 了解被审计单位及其环境的程序一般在注册会计师业务承接时实施。（　　）
2. 内部控制仅需要设置于会计和财务领域。（　　）
3. 特别风险通常与重大的非常规交易和判断事项有关。（　　）
4. 企业内部控制系统是其内部审计的重要组成部分。（　　）
5. 控制测试的目的在于测试企业内部控制是否得到执行。（　　）
6. 由于内部控制存在固有的局限性，注册会计师只能对财务报告的可靠性提供合理保证。（　　）
7. 在评估认定层次重大错报风险时，如果预期控制的运行是有效的，则注册会计师不必实施实质性程序，只需实施控制测试。（　　）
8. 一般而言，注册会计师可通过实施控制测试，直接为认定层次获取充分、适当的审计证据，进而得出审计结论。（　　）
9. 注册会计师实施风险评估程序，可以确定重大错报风险的实际水平。（　　）

10. 注册会计师如拟信赖内部控制，应实施分析程序，以将检查风险控制在可接受的低水平。　　（　　）

11. 注册会计师通常在审计计划和审计报告阶段可以使用分析性程序，而在审计测试阶段则由实质性测试程序代替分析性程序。　　（　　）

12. 相关内部控制的有效性越高，注册会计师对相关数据的依赖程度就越高，且分析性程序的结果就越可信赖。　　（　　）

13. 如果控制测试证明内部控制是有效的，则注册会计师无须再进行分析性复核。　　（　　）

14. 固有风险与控制风险的综合水平，决定着注册会计师可接受的检查风险水平。　　（　　）

15. 检查风险不仅影响注册会计师所实施的实质性程序的性质、时间和范围，而且影响注册会计师所发表审计意见的类型。　　（　　）

16. 在控制测试中可能用到的审计程序包括检查、观察、询问、函证和重新执行。　　（　　）

17. 注册会计师执行了解程序的主要目的是为了确定被审计单位内部控制制度设计是否合理，运行是否有效。　　（　　）

18. 无论固有风险和控制风险的评估结果如何，注册会计师均应对相关的内部控制进行了解，并对各重要账户或交易类别实施实质性程序。　　（　　）

19. 注册会计师如打算对某类交易的内部控制进行控制测试，则不应在初步评价中将控制风险评价为高水平。　　（　　）

20. 对控制执行测试所要解决的问题是，被审计单位的控制政策和程序是否设计适当。　　（　　）

三、名词解释

控制环境　　风险评估　　　控制活动　信息与沟通　　　对控制的监督
审计风险　　重大错报风险　　特别风险　　检查风险　　　　总体应对措施
进一步审计程序　　控制测试　　实质性程序　　账项基础审计　　制度基础审计
风险导向审计　　审计风险模型　　审计风险要素矩阵　预防性控制　　检查性控制

四、简答与论述题

1. 如何理解内部控制的目标？
2. 试述内部控制与审计模式的演进关系。
3. 试述描述内部控制的主要方法？每种方法的优缺点及其相互关系？
4. 试述控制测试实施的前提条件。
5. 说明了解内部控制与控制测试两项程序的关系。
6. 说明注册会计师在设计实质性分析程序时需要考虑哪些因素？
7. 试述控制测试与实质性程序结果的相互影响力。
8. 对识别出的报表层次的重大错报风险，注册会计师应采取的总体应对措施有哪些？

五、分析题

1. 目的：练习不相容职务分离原理的应用。
要求：
根据内部控制系统的控制原理，指出下列职务哪些是不相容的：
（1）授权进行某项经济业务　　　　　（2）审查某项经济业务

（3）保管某项财物　　　　　　（4）记录明细账

（5）登记日记账　　　　　　　（6）登记总账

（7）进行账实核对　　　　　　（8）执行某项经济业务

（9）记录某项经济业务　　　　（10）记录某项财物的明细账

2. 目的：练习职责分离程序的应用。

要求：

某企业有三位会计人员甲、乙、丙，请根据内部控制系统的要求将下列工作合理地分配给他们。

（1）收、付、管现金并签发支票　　（2）登记总账

（3）登记明细账　　　　　　　　　（4）登记现金日记账和银行存款日记账

（5）签发拒付通知书　　　　　　　（6）保管签发支票时所需用的印鉴

（7）编制财务报表　　　　　　　　（8）复核和审核有关会计事项

3. 目的：练习控制活动要素中各内部控制程序的应用。

资料：WERT 剧场的出纳员在距剧场入口处 60 米的售票室负责售票收款工作。他通过售票机售票并且自动连续编号。顾客买票后须将入场券交给守门人才能进入剧场。守门人将入场券撕成两半，正券交还顾客，副券则投入加锁的票箱中。

要求：

（1）本例中在现金收入方面采取了哪些内部控制措施？

（2）假设售票员与守门人串通窃取现金收入，他们将采取哪些行动？

（3）剧场经理可采取哪些措施使 WERT 剧场的现金内部控制达到最佳效果？

4. 目的：练习审计风险模型的运用。

要求：

请将下表填写完整，并分析哪种情况应获取较多的审计证据。

风险类别	情况一	情况二	情况三	情况四
可接受的审计风险	4%	（　　）	6.3%	3.2%
重大错报风险	80%	45%	（　　）	（　　）
检查风险	（　　）	10%	20%	40%

第5章　审计证据与审计工作底稿

一、不定项选择题

1. 注册会计师执行会计报表审计业务获取的下列审计证据中，可靠性最强的证据是（　　）。
    A. 购货发票　　　　　　　　　　　　B. 销货发票
    C. 采购订货单副本　　　　　　　　　D. 应收账款函证回函

2. 注册会计师对被审计单位重要的比率或趋势进行分析，以获取审计证据的方法，称为（　　）。
    A. 计算　　　　　　　　　　　　　　B. 检查
    C. 分析性复核　　　　　　　　　　　D. 比较

3. 注册会计师实施分析性复核程序，并不能帮助其（　　）。
    A. 发现异常变动的项目　　　　　　　B. 印证各项目的审计结果
    C. 了解被审计单位的财务状况　　　　D. 确定抽样审计应有的样本量

4. 在接受审计业务委托前，后任注册会计师应向前任了解（　　）。
    A. 审计重要性水平　　　　　　　　　B. 函证回函情况
    C. 存货盘点计划　　　　　　　　　　D. 企业管理当局"品行"

5. 审计人员收集的有关被审计单位管理人员的素质、内部控制情况、内部管理水平的证据，属于（　　）。
    A. 实物证据　　　　　　　　　　　　B. 书面证据
    C. 口头证据　　　　　　　　　　　　D. 环境证据

6. 在核实了被审计单位具有健全而有效的发货及货运控制制度后，为了核实被审计单位是否在发货后不给顾客开具销售发票的现象，在下列四种做法中，注册会计师最好应当采取（　　）。
    A. 逐一检查所有销售发票存根
    B. 逐一检查所有发货凭证
    C. 从销售发票存根中选取样本与发货凭证逐一核对
    D. 从发货凭证中选取样本与销售发票存根逐一核对

7. 购货发票属于（　　）。
    A. 实物证据　　　　　　　　　　　　B. 内部证据
    C. 口头证据　　　　　　　　　　　　D. 外部证据

8. 实物证据对证明（　　）认定具有很强的说服力。
    A. 存在性　　　　　　　　　　　　　B. 完整性
    C. 所有权　　　　　　　　　　　　　D. 权利与义务

9. 当期档案，会计师事务所应当自审计报告签发之日起，至少保存（　　）。
    A. 10 年　　　　　　　　　　　　　　B. 5 年
    C. 15 年　　　　　　　　　　　　　　D. 永远保存

10. 有关审计证据可靠性的下列表述中，注册会计师认同的是（　　）。
    A. 书面证据与实物证据相比是一种辅助证据，可靠性较弱
    B. 内部证据在外流转并获得其他单位的承认，则具有较强的可靠性

C. 被审计单位管理当局声明书有助于审计结论的形成，具有较强的可靠性

D. 环境证据比口头证据重要，属于基本证据，可靠性较强

11. 审计证据的适当性是指审计证据的相关性和可靠性，相关性是指证据应与（　　　）相关。

A. 审计目标　　　　　　　　　　　　　B. 会计报表

C. 审计范围　　　　　　　　　　　　　D. 客观事实

12. 有关审计证据的下列表述中，不正确的是（　　　）。

A. 注册会计师获取的环境证据一般属于基本证据

B. 注册会计师自行获取的审计证据通常比被审计单位提供的审计证据可靠

C. 注册会计师运用观察、查询及函证、监盘、计算、检查和分析性复核等方法，均可以获取书面证据

D. 注册会计师运用观察、查询及函证、监盘、计算、检查和分析性复核等方法，均可以获取与内部控制相关的审计证据

13. 下列属于外部证据的有（　　　）。

A. 购货发票　　　　　　　　　　　　　B. 客户盘点表

C. 客户律师对审计询问的回函　　　　　D. 董事会会议记录

14. 注册会计师运用专业判断确定已获取的审计证据是否充分、适当时，应考虑的主要因素包括（　　　）。

A. 审计证据的客观性　　　　　　　　　B. 审计风险

C. 审计经验　　　　　　　　　　　　　D. 审计证据的类型与获取途径

15. 下列各项审计证据中，属于内部证据的有（　　　）。

A. 被审计单位对外报送的会计报表　　　B. 被审计单位提供的销货合同

C. 被审计单位供应商开具的发票　　　　D. 被审计单位管理当局声明书

16. 下列审计程序所收集的审计证据属于基本证据的是（　　　）。

A. 审计人员盘点现金所获取的证据

B. 被审计单位的有关人员对审计人员的提问所做的口头答复记录

C. 对被审计单位管理人员素质的评价

D. 应收账款函证的回函

17. 实物证据有时无法证明（　　　）。

A. 被审计单位是否对实物资产拥有所有权　　B. 实物资产的价值情况

C. 实物资产是否存在　　　　　　　　　　　D. 实物资产是否存在抵押情况

18. 在办理有关手续后，事务所的审计档案在（　　　）情况下可以查阅。

A. 注册会计师协会检查执业情况　　　　B. 法院因工作需要

C. 被审计单位更换会计师事务所　　　　D. 联合审计

19. 下列审计程序能够得到书面证据的是（　　　）。

A. 监盘　　　　　　　　　　　　　　　B. 分析性复核

C. 检查　　　　　　　　　　　　　　　D. 观察

20. 下列属于综合类审计工作底稿的是（　　　）。

A. 生产成本审定表　　　　　　　　　　B. 审计计划

C. 被审计单位的重要经济合同　　　　　D. 管理建议书

二、判断题

1. 被审计单位内部控制较好时提供的内部证据,比被审计单位内部控制较差时所提供的内部证据可靠。 （　　）

2. 注册会计师获取审计证据时,不论是重要的还是一般的审计证据,均应考虑成本与效益原则。 （　　）

3. 审计程序同审计证据存在相互对应关系,通常一种审计程序可产生一种审计证据。
（　　）

4. 注册会计师将从被审计单位或其他第三者获取的资料形成审计工作底稿时,除应注明资料来源外,还应实施必要的审计程序,形成相应的审计记录。 （　　）

5. 工作底稿的所有权属于会计师事务所。 （　　）

6. 有些情况下,某些测试可为多项认定提供证据。 （　　）

7. 一般而言,函证同监盘程序一样,都是无可替代的。 （　　）

8. 对于重要的审计项目,注册会计师不应将审计成本的高低或获取审计证据的难易程度作为减少必要审计程序的理由。 （　　）

9. 会计师事务所在任何情况下都不得外泄审计档案中涉及的商业秘密及有关内容。 （　　）

10. 检查程序既可用来进行符合性测试,又可以进行实质性测试。 （　　）

11. 分析程序是指注册会计师通过研究财务数据之间以及财务数据与非财务数据之间的内在关系,对财务信息做出评价,但不包括调查识别出的信息与其他相关信息的不一致。 （　　）

12. 风险评估程序本身并不足以为注册会计师发表审计意见提供充分、适当的审计证据,注册会计师还应当实施进一步审计程序,包括实施控制测试程序以及实质性程序。 （　　）

13. 审计工作底稿的归档期限是签约后六十天内。 （　　）

14. 在主营业务收入大幅增长的情况下,销售费用不升反降,注册会计师应将销售费用项目作为审计重点。 （　　）

15. 项目组内复核时必须做到不同人员交叉复核。 （　　）

16. 注册会计师在审查应收账款业务时,尽管通过对相关内部控制的测试,但仍然不足以形成对应收账款的审计结论。 （　　）

17. 注册会计师需要在每一张审计工作底稿上记录执行人、复核人和项目控制复核人及他们完成工作的时间。 （　　）

18. 在完成最终审计档案的归整工作后,注册会计师不得修改或增加审计工作底稿。 （　　）

19. 在对被审计单位连续编号的订购单进行测试时,注册会计师可以以订购单的编号作为所测试订购单的识别特征。 （　　）

20. 注册会计师在检查期末发生的一笔大额赊销时,要求被审计单位提供由购货单位签收的收货单,被审计单位因此提供了收货单复印件。注册会计师在将品名、数量和收货日期等内容与账面记录逐一核对相符后,将获取的收货单复印件作为审计证据纳入审计工作底稿,并据以确认该笔销售"未见异常"。 （　　）

三、名词解释

审计证据　　审计工作底稿　　三级复核制　　综合类底稿　　业务类底稿　　备查类底稿
实物证据　　书面证据　　环境证据　　口头证据　　内部证据　　外部证据

四、简答与论述题

1. 审计证据的特征有哪些?

2. 外部证据通常包括哪三类?

3. 影响审计证据充分性的因素有哪些?

4. 审计证据与审计工作底稿的关系是怎样的?

5. 审计工作底稿的作用是什么?

6. 试述工作底稿的编制要求。

7. 试述审计工作底稿的三级复核制。

8. 审计工作底稿的保管要求有哪些?

五、分析题

1. 甲注册会计师对 H 公司 2013 年会计报表审计时,可采用不同的审计方法获取充分、适当的审计证据。

要求:

(1) 请问甲注册会计师获取审计证据的审计方法有哪些?

(2) 请问审计证据按外形特征可分为哪几类?

(3) 请将不同的审计方法所获取的不同外形特征的审计证据填入答题卷相应的表格中。

2. 注册会计师对某客户审计过程中,收集到下列几组审计证据:

(1) 银行存款日记账与银行对账单。

(2) 销货发票副本与购货发票。

(3) 审计助理人员盘点存货的记录与客户自编的存货盘点表。

(4) 审计人员收回的应收账款函证回函与询问客户应收账款负责人的记录。

要求:

请分别说明每组审计证据中的哪项审计证据更为可靠? 为什么?

3. 甲注册会计师对 H 公司 2013 年度财务报表出具审计报告的日期为 2014 年 2 月 15 日,H 公司对外报出财务报表的日期为 2014 年 2 月 20 日。在完成审计档案的归整工作后,有下面几种情况发生:

(1) 2014 年 5 月 5 日,H 公司发生火灾,烧毁一个生产车间,导致生产全部停工。

(2) 2014 年 5 月 10 日,法院对 H 公司涉讼的专利侵权案做出最终判决,H 公司赔偿原告 1 000 万元。2013 年 12 月 31 日,该案件尚在审理过程中,由于无法合理估计赔偿金额,H 公司在 2013 年度财务报表中对这一事项作了充分披露,未确认预计负债。

(3) 2014 年 5 月 15 日,甲注册会计师知悉 H 公司 2013 年 12 月 31 日已存在的、可能导致修改审计报告的舞弊行为。

要求:

请分别说明上述三种情况下,在完成审计档案的归整工作后,是否可以变动审计工作底稿? 为什么?

第6章 审计抽样

一、不定项选择题

1. 现代审计的一个重要特征就是在评审被审计单位内部控制制度的基础上实行（　　）。
   - A. 逆查法
   - B. 抽样审计
   - C. 详查法
   - D. 审阅法
   - E. 顺查法

2. （　　）是在既定的可信赖程度下，在假定误差以既定的误差率存在于总体之中的情况下，至少查出一个误差的抽样方法。
   - A. 停—走抽样
   - B. 发现抽样
   - C. 比率估计抽样
   - D. 差额估计抽样
   - E. 固定样本量抽样

3. 如果样本的可靠程度为90%，则样本的风险为（　　）。
   - A. 95%
   - B. 100%
   - C. 5%
   - D. 90%
   - E. 10%

4. 从100张发票中抽取5张进行审查，采用系统抽样法，则每隔（　　）张选择一张作为审计样本。
   - A. 5
   - B. 10
   - C. 15
   - D. 20
   - E. 19

5. 变量抽样主要有（　　）等多种形式。
   - A. 可靠性估计
   - B. 精确度估计
   - C. 平均值估计
   - D. 差额估计
   - E. 比率估计

6. （　　）一般会导致审计人员执行额外的审计程序，降低审计效率，但效果一般能保证。
   - A. 误受风险
   - B. 误拒风险
   - C. 信赖不足风险
   - D. 信赖过度风险

7. 常用的随机抽样方法有（　　）。
   - A. 判断抽样法
   - B. 分层抽样法
   - C. 随机数表法
   - D. 系统抽样法
   - E. 整群抽样法

8. 采用统计抽样技术的优势是这一技术（　　）。
   - A. 用数学化方法计量风险
   - B. 不必采用判断性的决定
   - C. 为提供令人满意的审计结果而制定准确性和可依赖性原则
   - D. 适用于任何场合

9. 注册会计师运用分层抽样方法的主要目的是（　　）。

A. 减少样本的非抽样风险

B. 决定审计对象总体特征的发生率

C. 审计可能有较大错误的项目，并减少样本量

D. 无偏见地选取样本项目

10. 下列各项风险中，对审计工作的效率和效果都产生影响的是（　　）。

A. 信赖过度风险　　　　　　　　　　B. 信赖不足风险

C. 误受风险　　　　　　　　　　　　D. 非抽样风险

11. 在进行控制测试时，注册会计师如果认为抽样结果无法达到预期信赖程度，则应当（　　）。

A. 增加样本量或执行替代审计程序

B. 增加样本量或执行追加审计程序

C. 增加样本量，扩大测试范围

D. 增加样本量或修改实质性测试程序

12. 注册会计师将统计抽样运用于下列（　　）项目，属于变量抽样。

A. 未经批准而赊销的金额　　　　　　B. 赊销是否经过严格审批

C. 赊销单上是否均有主管人员的签字　D. 收款环节的职责分工是否合理

13. 以下关于审计风险的说法中，正确的是（　　）。

A. 审计风险 = 抽样风险 + 非抽样风险

B. 抽样风险 = 符合性测试中的抽样风险 + 实质性测试中的抽样风险

C. 符合性测试中的抽样风险 = 信赖不足风险 + 信赖过度风险

D. 实质性测试中的抽样风险 = 误受风险 + 误拒风险

14. 固定样本量抽样、停—走抽样、发现抽样均为属性抽样的方法，它们的主要区别在于
（　　）。

A. 是否需要定义误差　　　　　　　　B. 怎样设定预期总体误差

C. 是否评价抽样结果　　　　　　　　D. 是否对选取样本进行审查

15. 审计抽样既可以用于符合性测试，又可用于实质性测试。具体而言，在以下项目中，适
宜采用审计抽样的是（　　）。

A. 分析性复核　　　　　　　　　　　B. 交易、余额的测试

C. 询问与观察　　　　　　　　　　　D. 双重目的的测试程序

16. 传统变量抽样方法主要包括（　　）。

A. 单位平均估计抽样　　　　　　　　B. 比率估计抽样

C. 固定样本量抽样　　　　　　　　　D. 差额估计抽样

E. 发现抽样

17. 在编制审计计划时，需考虑影响样本量大小的有关事项，对审计抽样工作进行规划。以
下各项表述中，正确的有（　　）。

A. 可信赖程度要求越高，需选取的样本量越大

B. 划分的层数总体越多，需选取的样本量越大

C. 可容忍误差越小，需选取的样本量越大

D. 可信赖程度要求越高，需选取的样本量越小

E. 可容忍误差越小，需选取的样本量越小

18. 审计抽样法从发展历程看，包括（　　）。

A. 任意抽样法　　　　　　　　　　　B. 计算抽样法

    C. 判断抽样法   D. 统计抽样法

    E. 随机抽样法

19. 抽样审计的采用是（　　）

    A. 提高了审计效率，降低了审计风险

    B. 提高了审计效率，增大了审计风险

    C. 减低了审计效率，降低了审计风险

    D. 降低了审计效率，增大了审计风险

20. 审计的符合性测试一般采用（　　）。

    A. 属性抽样   B. 变量抽样

    C. 任意抽样   D. 判断抽样

二、判断题

1. 统计抽样法有很多优点，并解决了判断抽样法难以解决的问题，因此，统计抽样法的产生意味着判断抽样法的消亡。（　　）

2. 属性抽样与变量抽样是各自独立的统计抽样方法，所以它们之间没有联系。（　　）

3. 随机抽取样本，就是按照随机数表抽取样本。（　　）

4. 审计结论要求的精确度越高，所需样本规模越大。（　　）

5. 审计结论的可靠程度与审计抽样风险存在内在的必然联系。（　　）

6. 在属性抽样中，倘若样本差错率小于预计差错率，应扩大样本规模。（　　）

7. 在审计实务中，抽样风险仅与实质性测试相关。（　　）

8. 信赖过度风险一般会导致审计人员执行额外的审计程序，降低审计效率，但其效果一般都能保证。（　　）

9. 无论采取统计抽样还是非统计抽样，都可以通过扩大样本规模来降低审计风险。（　　）

10. 统计抽样的适用性没有判断抽样的适用性广。（　　）

11. 由于抽样风险可以量化，注册会计师可以控制，但非抽样风险是由人为错误造成的，不能量化，所以注册会计师无法控制非抽样风险。（　　）

12. PPS抽样方法下，项目金额越大，其被选中的概率就越小。（　　）

13. PPS抽样适用于交易发生额或账户余额存在高估的情况。（　　）

14. PPS抽样是一种运用属性抽样原理对货币金额而不是对发生率得出结论的统计抽样方法。（　　）

15. 如果对全部应收账款进行抽样函证结果表明没有审计差异，则注册会计师可以合理地推论，全部应收账款总体是正确的。（　　）

16. 分层是指将一个总体划分为多个子总体的过程，每个子总体由一组具有相同特征的抽样单元组成。（　　）

17. 抽样风险与样本量成反比，样本量越大，抽样风险越低。（　　）

18. PPS抽样一般比传统变量抽样难以使用。（　　）

19. 在控制测试中，注册会计师对偏差的性质和原因进行定性分析时，采用统计抽样比采用非统计抽样更为有效。（　　）

20. 当预计总体错报金额增加时，PPS抽样所需的样本规模也会增加。（　　）

三、名词解释

统计抽样　　　　属性抽样　　　　变量抽样　　　　抽样风险
信赖不足风险　　信赖过度风险　　误拒风险　　　　误受风险

四、简答与论述题

1. 什么是审计抽样法？为什么要采用审计抽样法？
2. 统计抽样法的利弊是什么？
3. 抽样风险对审计工作的效率和效果有什么影响？
4. 举例说明在应用固定样本量抽样方法时，应考虑哪些基本步骤？
5. 试述单位平均估计抽样方法的操作过程。
6. 属性抽样包括哪些方法？
7. 变量抽样包括哪些方法？
8. 在 PPS 抽样中，决定样本规模的因素有哪些？

五、分析题

1. 资料：审计人员对红星公司 2013 年第四季度编号为 001－100 的应收账款进行审计，决定从中抽取 5 张进行函证。

要求：

（1）采用随机数表抽样法（从随机数表第 1 栏第 1 行自上而下查，选用后 3 位数），抽取 5 张作为函证对象。

（2）采取等距抽样法（选取第一个随机起点为 5）抽取 5 张为样本进行函证。

随机数表（部分）

行＼栏	1	2	3	4	5	6
1	32 044	69037	29 655	92 114	81 034	40 582
2	23 821	96 070	82 592	81 642	08 971	07 411
3	82 383	94 987	66 441	28 677	95 961	78 346
4	68 310	21 792	71 635	86 089	38 157	95 620
5	94 856	76 940	22 165	01 414	01 413	37 231
6	95 000	61 958	83 430	98 250	70 030	05 436
7	20 764	64 638	11 359	32 556	89 822	02 713
8	71 401	17 964	50 940	95 753	34 905	93 566
9	38 464	75 707	16 750	61 371	01 523	69 205
10	59 442	59 247	74 955	82 835	98 378	83 513

2. 资料：审计人员在审计某公司的产成品账户时，发现该公司 2012 年共生产了 2 000 批产品，入账成本为 5 900 000 元。审计人员选取了 200 批样本，账面价值共计 600 000 元。经与有关凭证及

附件核对，发现 200 批中共有 52 批成本错误。经将错误调整后，样本的确定价值为 582 000 元。

要求：

运用下列方法，估算产品的总成本。

（1）比率估计法；

（2）差额估计法。

3. 注册会计师负责对甲公司 2013 年度财务报表进行审计。在针对应收账款实施函证程序时，注册会计师决定采用 PPS 抽样方法实施抽样。甲公司的应收账款包含 300 笔明细账户，账面总金额为 3 000 000 元。注册会计师确定的可接受误受风险为 5%。假设可容忍错报是 120 000 元，预计总体错报是 50 000 元。注册会计师在对样本进行测试后发现两个错报，一个是账面金额为 100 元，已审价值是 40 元；另一个是账面金额为 2 000 元，已审价值是 500 元。在误受风险为 5% 的情况下，泊松分布的 MFx 分别为：MF0 = 3.00，MF1 = 4.75，MF2 = 6.30（扩张系数为1.6）。

要求：

（1）确定样本规模；

（2）计算总体错报的上限；

（3）对总体进行评价。

第7章 购货与付款审计

一、不定项选择题

1. 购货与付款循环交易进行实质性测试时，注册会计师从验收单追查至采购明细账，从卖方发票追查至采购明细账，目的是为测试已发生的购货业务的（ ）。

    A. 存在性   B. 完整性

    C. 分类   D. 估价与分摊

2. 购货与付款循环中（ ）目标的实质性测试，与卖方发票无关。

    A. 存在或发生   B. 完整性

    C. 及时性   D. 过账和汇总

3. 为了证实审计工作底稿对企业存货内部控制的描述是否完整和正确，注册会计师可通过（ ）加以验证。

    A. 穿行测试   B. 符合性测试

    C. 现场观察存货的流动与控制   D. 询问内部控制相关人员

4. 下列（ ），对应付账款通常不进行函证。

    A. 控制风险高   B. 财务状况不佳

    C. 应付账款金额大   D. 存在大量小金额的欠款

5. 注册会计师在审计固定资产减少的业务时，其主要目的是（ ）。

    A. 固定资产账务处理的完整性

    B. 固定资产减少时是否经过授权批准

    C. 业已减少的固定资产是否已作出相应的会计处理

    D. 本期新增加的固定资产是否直接存在

6. 固定资产折旧审计的主要目标不应包括（ ）。

    A. 确定固定资产的增加，减少是否符合预算和经过授权批准

    B. 确定折旧政策和方法是否符合国家有关财会法规的规定

    C. 确定适当的折旧政策和方法是否得到一贯遵守

    D. 确定折旧额的计算是否正确

7. 下列各项目，不属于固定资产内部控制的是（ ）。

    A. 区分资本性支出和收益性支出   B. 保险制度

    C. 处置制度   D. 定期盘点制度

8. 下列各审计程序中，验证应付账款完整性最无效的是（ ）。

    A. 查找未入账的应付账款

    B. 取得应付账款明细表，并将其与总账核对

    C. 执行购货业务的截止测试

    D. 函证应付账款

9. 注册会计师在对应付账款进行函证时，应采用的方式一般为（ ）。

    A. 肯定式   B. 否定式

    C. 肯定式和否定式的结合   D. 肯定式或否定式均可

10. 下列分析性复核比率中，可能发现已减少固定资产未在账户上注销问题的是（　　）。

    A. 本年各月间和本年度与以前各年度间的修理及维护费用之比较

    B. 固定资产总成本/全年产品产量

    C. 本年与以前各年度的固定资产增减之比较

    D. 本年计提折旧额/固定资产总成本

11. 资产类审计与负债类审计的最大区别是（　　）。

    A. 前者侧重于审查所有权，后者侧重于审查义务

    B. 前者侧重于应收账款，后者侧重于应付账款

    C. 前者侧重于防高估和虚列，后者侧重于防低估和漏列

    D. 前者与损益无关，后者与损益有关

12. 下列属于固定资产内部控制符合性测试的有（　　）。

    A. 固定资产的取得是否与预算相符

    B. 固定资产折旧是否与磨损程度相符

    C. 资本性支出与收益性支出的区分是否与企业有关规定相符

    D. 购入固定资产的入账价值是否与相关原始凭证记录相符

13. 下列审计程序中，属于固定资产减少审计程序的是（　　）。

    A. 审查出售的固定资产的净损益

    B. 分析"营业外收支"账户

    C. 追查停产产品的专用设备的处理

    D. 审核固定资产的验收报告

14. 注册会计师收集适当的审计证据以核实应付账款时，应了解（　　）证据的相对可靠性。

    A. 销货方发票　　　　　　　　　　　B. 购货方对账单

    C. 债权人对账单　　　　　　　　　　D. 应付账款询证函

15. 下列分析性复核比率中，不可能发现累计折旧有关错误的有（　　）。

    A. 累计折旧/固定资产总成本

    B. 本期计提折旧额/固定资产总成本

    C. 比较本期各月之间、本期与以前各期之间的修理及维护费用

    D. 计算固定资产原值与本期产品产量的比率并与以前期间比较

16. 下列属于购货与付款业务不相容岗位的是（　　）。

    A. 请购与审批　　　　　　　　　　　B. 询价与确定供应商

    C. 赊销批准与销售　　　　　　　　　D. 付款审批与付款执行

17. 被审计单位购货与付款循环中涉及的主要业务活动包括（　　）。

    A. 处理订货单　　　　　　　　　　　B. 验收商品和劳务

    C. 确认债务　　　　　　　　　　　　D. 处理和记录现金支出

18. 下列各项中，属于注册会计师复核本期折旧费用的计提是否正确的内容有（　　）。

    A. 检查折旧费用的分配是否合理

    B. 检查已计提减值准备的固定资产，计提的折旧额是否正确

    C. 检查未使用和不需用的固定资产是否停止计提折旧

    D. 检查已全额计提减值准备的固定资产，是否已停止计提折旧

19. 注册会计师实施固定资产符合性测试的重点应包括（　　）。

A. 编制固定资产内部控制调查表

B. 固定资产的预算制度

C. 固定资产的取得和处置是否确实经过授权批准

D. 评价固定资产内部控制的执行情况

20. 对于融资租入的固定资产，主要应审核检查（　　　）。

A. 租赁协议 　　　　　　　　　　　　　　B. 会计记录

C. 采购发票 　　　　　　　　　　　　　　D. 产权证明

二、判断题

1. 对大规模企业而言，企业内部各个部分都可填列请购单。为了加强控制，企业的请购单位应当连续编号。　（　　）

2. 注册会计师审计固定资产减少的主要目的在于查实被审计单位已减少的固定资产是否已作正确的会计处理。　（　　）

3. 注册会计师实地观察固定资产的重点应放在净值较高的固定资产。　（　　）

4. 注册会计师应结合销售业务对应付账款进行审计。　（　　）

5. 对良好的内部控制来说，采购部门应负责批准请购。　（　　）

6. 注册会计师对已计提减值准备的固定资产，应当检查是否按照固定资产的账面价值以及尚可使用寿命重新计算折旧率和折旧额。　（　　）

7. 被审计单位明确的职责分工制度，有利于降低注册会计师的检查风险。　（　　）

8. 注册会计师通常通过审查有关负债项目即可查实受留置权限制的固定资产的所有权，但应同时查明这些固定资产是否存在。　（　　）

9. 同函证应付账款一样，函证应付票据只能获得被审计单位资产负债表列示数据是否准确的审计证据。　（　　）

10. 应付账款通常不需函证，如函证，最好采用否定式函证。　（　　）

11. 购货与付款业务中不相容职务分离可以发挥重要的控制作用，但有关人员如果串通舞弊则会削弱这种控制作用。　（　　）

12. 购货部门在正式填制购货订单前，必须向不同的供应商（通常要求两家以上）索取供应物品的价格、质量指标、折扣和付款条件以及交货时间等资料，比较不同供应商所提供的资料，选择最有利于企业生产和成本最低的供应商，与供应商签订合同。　（　　）

13. 验收部门在货运单上签字之前，应通过计数、过磅或测量等方法来证明货运单上所列到的数量，并要求一个收货人在收货报告单上签字。　（　　）

14. 审计人员应从客户处取得或自己编制应付账款明细表，并进行复核有关数字的正确性，与报表数、总账数和明细账合计数进行核对，检查其是否一致，如果出现差异，应查明原因，并做出相应的调整。　（　　）

15. 审计人员应审阅应付账款明细账中所有记录的摘要、日期、金额等内容，核对其是否与购货发票、订货单、验收报告等原始单据以及现金日记账、银行存款日记账的有关项目相符。

（　　）

16. 审计人员应审阅产权证书、财产保险单、财产税单、抵押贷款的还款收据等合法书面文件，以确定所审查的固定资产是否确实为企业所拥有的合法财产。　（　　）

17. 固定资产折旧的审查，是为了确定固定资产折旧的计算、提取和分配是否合法与公允。

（　　）

18. 预付账款是企业的一种流动资产，但由于它是企业在购货环节中产生的，因此，预付账款的审计应结合销货与收款循环的审计进行。　　　　　　　　　　　　　　（　　）

19. 对于应付银行的重要票据，应结合银行存款余额一起函证。凡是当年度与客户单位有往来的银行均应成为函证的对象，因为可能某一银行的存款虽已结清，但客户开给的应付票据仍未销案。　　　　　　　　　　　　　　　　　　　　　　　　　　　　　　（　　）

20. 审计人员应实地观察在建工程的实际情况以确定在建工程是否存在，了解工程项目的实际完工进度，对在建工程累计发生额进行技术测定，并将其与账内数进行核对，检查其是否差距较大，判断其有无多计、虚计或少计、漏记工程费用的问题。　　　　　　　　　　（　　）

三、名词解释

购货与付款审计　　控制测试　　不相容职务　　购货与付款内部控制
应付账款审计　　固定资产审计　　实质性测试

四、简答与论述题

1. 购货与付款内部控制的目标是什么？
2. 购货与付款内部控制的关键控制点包括哪些？
3. 怎样对购货与付款内部控制进行评价？
4. 怎样确定应付账款的函证范围？
5. 怎样验证固定资产的所有权？

五、分析题

1. 某审计项目组对中英股份有限公司 2013 年度的会计报表进行了审计，在对该公司的固定资产有关业务进行分析性复核时，了解到下列情况和数据：该公司是一家从事钢铁生产与销售的上市公司，该行业是资本密集型行业，固定资产所占比重较大，往往达到实收资本的 70% 以上，相关的报表资料如下表所示。

中英股份有限公司主要财务指标　　　　　　　　单位：万元

项目 ＼ 年度	2012	2013
固定资产总额	7 000	7 240
本年折旧额	400	300
累计折旧额	2 000	2 300
固定资产减值准备	100	0
在建工程	0	400
全年总产量（万吨）	1 000	1 200
净利润	350 000	500 000
固定资产修理费用	50	10
营业外收入	0	200
资本公积	100	100

注：2011 年累计折旧额为 1 500 万元。

要求：

请根据上述资料，思考和分析下列问题：

（1）对固定资产的分析性复核应从哪些方面进行？

（2）根据分析性复核的结果，推断该公司在固定资产方面可能存在哪些问题？

2. A公司2013年度发生的相关交易和事项及其会计处理如下：

（1）2013年年末，该公司全面清理往来款，判断无法支付的应付款项为130万元（其中B公司50万元，C公司80万元），虽尚未经董事会批准，仍做了借记"应付账款"130万元、贷记"营业外收入"130万元的会计处理。2014年3月，董事会决议同意冲销对B公司的应付账款，但认为对应付C公司账款的冲销理由不充分，应予以保留。A公司据此在2007年的会计作了借记"营业外收入"80万元，贷记"应付账款"80万元的会计处理。

（2）A公司会计政策规定，采取平均年限法计提固定资产折旧，每年年终了对固定资产进行逐项检查，考虑是否计提固定资产减值准备。A公司的办公大楼于2012年1月启用，原值4 000万元，预计使用年限为20年，预计净残值为400万元。2012年12月31日经审计的该项固定资产的净值为3 835万元，该项固定资产的减值准备余额为458万元。由于自2013年1月起该项固定资产因故停用，A公司因此未计提其2013年度的折旧，但已按规定计提了该项固定资产2011年度的减值准备并做了相应的会计处理。

（3）A公司2013年12月31日应付账款账户余额为贷方余额800万元，其明细组成如下：

应付账款——B公司	500万元
应付账款——C公司	350万元
应付账款——D公司	－150万元
应付账款——E公司	100万元
合计	800万元

（4）在建工程中有房屋建筑物2 000万元，2013年6月已完工交付使用，但A公司未结转固定资产（该公司房屋建筑物的残值率为3%，使用年限30年）。

要求：

如果×会计师事务所的注册会计师于2014年3月对A公司2013年度的会计报表进行审计，并出具审计报告，假定不考虑A公司会计报表层次的重要性水平，针对上述交易事项，注册会计师应按年度分别提出何种审计处理建议？若应当建议作出审计调整的，请按年度直接列示全部相应的审计调整分录（包括重分类调整分录）。在编制审计调整分录时，不考虑调整分录对所得税和期末结转损益的影响。

第8章 销售与收款审计

一、不定项选择题

1. 下列（　　）属于销售与收款循环的关键控制点。
   A. 对赊销信用额度的授权审批
   B. 出库单的预先编号
   C. 定期向客户寄送对账单
   D. 销售开票与发货的分离
   E. 保证销售业务会计信息的真实可靠

2. 销售与收款要求实现的控制目标有（　　）。
   A. 保证库存商品安全完整
   B. 保证企业货币资金的安全与完整
   C. 保证销售业务顺畅有序地进行
   D. 保证会计信息真实可靠
   E. 保证折旧政策按规定执行

3. 不属于销售与收款内部控制调查表内容的是（　　）。
   A. 每次发货是否编制发货凭证
   B. 销售退回是否经过审批
   C. 是否存在白条抵库
   D. 采购人员与验收人员是否职务分离

4. 实施销售与收款循环内部控制测试时应进行的程序有（　　）。
   A. 抽取一定数量的发票样本进行检查
   B. 抽取一定数量的货运文件进行检查
   C. 抽查一定数量的销售明细记录
   D. 抽查一定数量的应收账款明细账进行检查
   E. 抽查存货的账簿记录进行检查

5. 对大额逾期应收账款如果无法获取询证函回函，则注册会计师应（　　）。
   A. 审查所审计期间应收账款的回收情况
   B. 了解大额应收账款客户的信用情况
   C. 审查与销货有关的订单、发票、发运凭证等文件
   D. 提请被审计单位提高坏账准备提取比例
   E. 直接去被函证单位索函

6. 对通过函证而无法证实的应收账款，注册会计师应当执行的最有效的审计程序是（　　）。
   A. 审查与应收账款相关的销货凭证
   B. 重新测试相关的内部控制
   C. 审查资产负债表日后的收款情况
   D. 进行分析性复核

7. 在销售收入内部控制制度的测试中，审计人员最为关心的主要环节的适当授权包括（　　）。
   A. 信用部门的信用授权
   B. 货物发出的授权
   C. 销售价格、销售折扣的授权
   D. 销售业务记录授权
   E. 促销的授权

8. 以下关于银行存款实质性测试程序不正确的提法有（　　）。
   A. 年末银行存款的余额为零，也有可能需要函证
   B. 在被审计单位内部控制薄弱的情况下，通过向银行函证的方式可以获得更加直接、可靠的证据
   C. 银行询证函既可以用来查证银行存款，也可以查证银行借款

D. 函证程序可以取代对银行存款余额调节表的审核

9. 下列情况下，可以采用否定式函证的有（　　）。

    A. 账龄较长的债务人　　　　　　　　　　B. 欠款金额较大的债务人

    C. 有争议的债务人　　　　　　　　　　　D. 欠款金额较小的债务人

10. 为了证实已发生的销售业务是否均已登记入账，有效的做法是（　　）。

    A. 只审查销售日记账　　　　　　　　　　B. 由日记账追查有关原始凭证

    C. 只审查有关原始凭证　　　　　　　　　D. 由有关原始凭证追查销售日记账

11. 应收账款函证的回函应当（　　）。

    A. 直接寄给客户

    B. 直接寄给会计师事务所

    C. 直接寄给客户和会计师事务所

    D. 直接寄给客户，由客户转交会计师事务所

12. 下列各项审计程序中，一般情况下，效率最高而成本最低的审计程序是（　　）。

    A. 监盘　　　　　　　　　　　　　　　　B. 分析性复核

    C. 计算　　　　　　　　　　　　　　　　D. 询问

13. 下列审计程序中属于实质性测试程序的有（　　）。

    A. 监盘库存现金

    B. 抽查大额现金和银行存款收支

    C. 随机抽取数月的银行存款余额调节表，查验其是否按月正确编制且复核无误

    D. 询问对货币资金的接触是否有必要的安全防范措施

    E. 对银行存款余额进行分析性复核

14. 函证银行存款余额，注册会计师可以证实（　　）。

    A. 银行存款是否存在

    B. 银行存款金额

    C. 是否存在企业未记录的银行存款

    D. 银行借款和银行存款登记串户的情况

    E. 银行存款内部控制有效性

15. 注册会计师在确定企业应收账款询证函发送的样本量时，应考虑（　　）。

    A. 函证方式　　　　　　　　　　　　　　B. 以前年度函证的结果

    C. 函证发送时间　　　　　　　　　　　　D. 全部应收账款占资产比重

    E. 应收账款各账户余额大小

16. 分期收款销售时，企业确认销售收入应按照（　　）。

    A. 发货的时间　　　　　　　　　　　　　B. 对方付清货款的时间

    C. 开发票的时间　　　　　　　　　　　　D. 合同约定的收款日期

17. 关于现金内部控制正确的有（　　）。

    A. 他人未经授权不得接近现金

    B. 及时将收到的支票送存银行

    C. 不得以收抵支

    D. 支票的签发和保管应由同一人负责

    E. 支票应根据签发时间另行编号

18. 在对 M 公司 2013 年度会计报表进行审计时，A 注册会计师负责实施函证程序。在确定

函证对象后，如果 M 公司不同意对某函证对象进行函证，以下方案中不应选取的是（　　）。

　　A. 如果 M 公司的要求合理，则应当实施替代审计程序

　　B. 如果 M 公司的要求合理，且无法实施替代审计程序，则应视为审计范围受到限制

　　C. 如果 M 公司的要求不合理，可以不实施替代审计程序，并将其视为审计范围受到限制

　　D. 如果 M 公司要求不合理，且无法实施替代审计程序，则应视为审计范围受到限制

19. 由于 M 公司与应收账款相关的内部控制并不能令注册会计师信赖，则注册会计师应将应收账款的函证时间安排在（　　）。

　　A. 资产负债表日后，但与之接近的日期　　　B. 财务报告中期

　　C. 预审的日期　　　　　　　　　　　　　　D. 审计工作结束日

20. 注册会计师为了审查被审计单位是否有提前确认收入的情况，所采取的最有效的审计程序是（　　）。

　　A. 以账簿记录为起点做销售业务的截止测试

　　B. 以销售发票为起点做销售业务的截止测试

　　C. 以发运凭证为起点做销售业务的截止测试

　　D. 向债务人函证

二、判断题

1. 函证银行存款的同时应该函证银行贷款。　　　　　　　　　　　　　　（　　）

2. 现金盘点表属于综合类底稿。　　　　　　　　　　　　　　　　　　（　　）

3. 函证应收账款主要为证实应收款金额是否少计。　　　　　　　　　　（　　）

4. 肯定式询证函主要适用账户余额较小的函证对象。　　　　　　　　　（　　）

5. 在现金盘点表中可以根据现金实存数直接估计出 12 月 31 日的应存数。（　　）

6. 函证银行存款一般适用否定式询证函。　　　　　　　　　　　　　　（　　）

7. 通过应收账款的实质性测试程序可以核实主营业务收入是否有高估金额的存在。（　　）

8. 对坏账准备实施分析性复核程序不属于实质性测试程序。　　　　　　（　　）

9. 审查销售退回是否真实主要应查找红字销售发票和商品入库单。　　　（　　）

10. 对内控比较健全有效的单位可以由对方提供应收款账龄分析表。　　（　　）

11. 销售部门应当负责应收账款的催收，财会部门应当督促销售部门加紧催收。（　　）

12. 办理退货验收的工作人员要同时完成退货记账工作。　　　　　　　（　　）

13. 签发销售单是整个销售与收款循环的起点。　　　　　　　　　　　（　　）

14. 应收账款可回收程度与账龄成正比。　　　　　　　　　　　　　　（　　）

15. 银行存款中如果存在一年以上定期存款，不应放在流动资产货币资金中填列报表项目，而应放在"其他非流动资产"中填列。　　　　　　　　　　　　　　　（　　）

16. 注册会计师检查发运凭证是否连续编号的审计程序和应收账款的完整性审计目标相关。

（　　）

17. 注册会计师对应收账款进行函证时，如果函证结果表明存在审计差异，必须进一步扩大函证范围。　　　　　　　　　　　　　　　　　　　　　　（　　）

18. 被审计单位将销售的商品结转主营业务成本的同时，将其相应的存货跌价准备转到了资产减值损失科目中，注册会计师予以认同。　　　　　　　　　　（　　）

19. 审计人员要向被审计单位在本年度内存过款的所有银行发出函证，包括企业存款账户已结清的银行。　　　　　　　　　　　　　　　　　　　　　　（　　）

20. 如果被审计单位某一应收账款明细账的余额在贷方，此时其性质不是应收债权，而是预付款项，在报表上应作重分类调整。（　　）

三、名词解释

肯定式函证　　否定式函证

四、简答与论述题

1. 销售与收款内部控制目标有哪些？
2. 试述销售与收款循环的关键控制点。
3. 现金折扣和商业折扣有什么区别？在会计核算上的处理有什么不同？
4. 实施应收账款的分析性复核应主要从哪些指标入手？
5. 贷项通知单的用途是什么？
6. 影响应收账款函证数量的因素有哪些？
7. 肯定式询证函与否定式询证函有何区别？各自适用的范围有何区别？
8. 你认为对企业的营业税金及附加应从哪几方面进行审查？

五、分析题

1. 注册会计师张同在预备调查阶段，通过问卷形式对 B 公司的销售与收款循环进行了解，并将其记入"销售与收款循环备忘录"，见下表。

销售与收获循环备忘录

被审计单位名称：B 公司　　　编制者：张同　　　日期：2014/2/15　　页次：

会计截止日期：2013/12/31　　复核者：李名　　　日期：2014/2/15　　索引号：X6－1

对销售与收款循环的描述	可能存在的缺陷	建议改进措施
1. 销售部门收到顾客的订单后，由销售部经理就品种、规格、数量、价格、付款条件、结算方式等详加审核，在顾客订单上签章，然后交仓库办理发货手续		
2. 仓库发运任何商品出库，均必须由管理员李治根据经批准的订单，填制一式四联的销货单。在各联上签章后，第一联代包装发运单，由工作人员依单配货、包装，随货交顾客；第二联送会计部；第三联送应收账款专管员王华；第四联则由李治按编号顺序连同订单一并归档，长期保存，作为盘存的依据		
3. 会计科收到销货单后，根据销货单所列的资料，开具一式两联的销货发票，其中第一联寄送顾客，第二联交王华，作为记账和收款的凭证		
4. 应收账款专管员王华收到销货发票第二联后，将其与销货单第三联核对，如果无错误，即据以登记销货客户明细账，然后将两者一并按顾客姓名顺序归档，长期保存		

要求：

（1）根据上述情况，指出可能存在的缺陷与改进措施（将你的回答填入上表）。

（2）张雷是否需要对 B 公司销售与收款循环进行符合性测试，并说明理由。

2. 应收票据审计。

注册会计师甲在审计电子公司截至 12 月 31 日应收票据项目时，通过审阅公司财务提供的应收票据备查簿，发现：

（1）存有 A 公司开具的于 11 月 20 日已到期的带息商业承兑汇票 300 万元，电子公司不仅未按规定将未到期的应收票据转入应收账款，并且于年度终了时按票面利率计提应收利息。

（2）存有 B 公司开具的带息银行承兑汇票 500 万元，票面利率月息 3‰，出票日期为 7 月 20 日，到期日为次年的 2 月 20 日。电子公司年终未按规定计提应收利息。

要求：

分析该案例，针对可能的情况做出处理。

3. 应交税费审计。

线索一：注册会计师乙审计新新开发公司 2013 年度会计报表时，发现该公司于当年 6 月与 A 公司签订的无形资产使用权转让协议书，将公司的专利技术使用权作价 1 000 万元转让给 A 公司使用；协议规定 A 公司于当年的 6 月 30 日前向新新公司付款 500 万元，余款于次年的年底前付清。无形资产转让手续分两次办理：第一次手续于当年的 11 月 30 日办理完毕；第二次手续目前正在办理中。新新公司所作的账务处理为：

借：银行存款   5 000 000
    贷：其他业务收入   5 000 000

线索二：注册会计师吴文在审计大力公司的应交税费时，用应税"产成品"明细账账户的贷方发生额转出数量合计，减去分期发出商品数量，计算出应税产品应销量，对照应销量与应税产品"产品销售收入"明细账户的已销量，发现应销量大于已销量。

线索三：注册会计师吴文在审计大力公司销货退回、折让、折扣是否同时冲减应交税费时，查阅了相关的记账凭证，发现大力公司销售给 A 公司的钢材不含税金额为 20 000 元，代垫运费 1 000 元，已向银行办妥收款手续，但 8 月因质量不符合要求，A 公司要求退货，大力公司收到"拒付理由书"、"拒收商品通知单"后，做出的会计处理为：

借：产品销售收入   20 000
    经营费用   1 000
    贷：银行存款   21 000

于是，注册会计师吴文提请大力公司作相应的会计调整：

借：应交税费——应交增值税（销项税额）   3 400
    贷：银行存款   3 400

要求：

根据线索，分析可能出现的问题以及处理。

4. 应收账款的审计。

审计人员李家审查某电吹风厂 2014 年应收账款账户时，发现有两个明细账户有异常情况。其中：

（1）明珠商场明细账，2013 年 12 月 31 日借方余额 100 000 元，本年无发生额。经查，此款是 2010 年宏达商场向该吹风机购电吹风发生的货款。

（2）市水泥厂明细账，2013 年 12 月 31 日贷方余额 50 000 元，本年无发生额。经查，2012 年 12 月 31 日仍为贷方余额 50 000 元。

要求：

（1）明珠商场明细账中可能存在什么问题，并提出相应的处理意见。

（2）市水泥厂明细账中可能存在什么问题，如何进一步审查此款的真实性？

（3）市水泥厂明细账中如果存在舞弊，如何审查并进行账项调整？

5. 应收账款的函证。

天天公司于 2014 年 12 月 1 日委托中正会计师事务所对公司 2014 年度的会计报表进行审计。注册会计师张云任该项目的负责人，决定在决算日前实施某些审计程序，包括对截至 2014 年 11 月 30 日的应收账款进行函证。复函中有 6 户顾客提出了以下意见：（1）本公司资料处理系统无法复核贵公司的对账单。（2）所欠余额 50 000 元于 2014 年 11 月 10 日付讫。（3）大体一致。（4）经查贵公司 11 月 30 日的第 2222 号发票（金额为 25 000 元）系目的地交货，本公司收货日期为 12 月 7 日，因此询证函所称 11 月 30 日欠贵公司账款之事与事实不符。（5）本公司曾于 10 月预付货款 5 000 元，足以抵付对账单中所列两张发票的金额 4 000 元。（6）所购货物从未收到。

要求：

注册会计师针对顾客复函中提出的意见，应当采取何种步骤进行处理？

第9章　生产与费用审计

一、不定项选择题

1. 以下不属于存货实质性测试程序的有（　　）。
   A. 完整性测试
   B. 审查受托代销商品
   C. 审查受托代购商品
   D. 审查分期付款购入商品
2. 存货项目的审计目标应当包括（　　）。
   A. 存货被正确分类
   B. 确定存货是否确实存在
   C. 确定存货是否归被审计单位所有
   D. 确定存货计价方法是否恰当
3. 注册会计师对被审计单位存货业务进行年底截止测试的方法有（　　）。
   A. 实地观察与抽查存货
   B. 抽查存货盘点日前后的购货发票与验收报告
   C. 查阅验收部门的业务记录
   D. 了解购货的保险情况和存货保护措施
4. 对制造企业来说，只有两类主要账户受生产循环的影响，它们是（　　）。
   A. 应收账款和应付账款
   B. 存货和主营业务成本
   C. 固定资产和无形资产
   D. 财务费用和银行借款
5. 注册会计师在进行抽点时，抽点样本一般不低于（　　）。
   A. 存货总量的10%
   B. 存货总量的20%
   C. 存货总量的30%
   D. 存货总量的15%
6. 盘点是管理当局的责任，盘点规划应由（　　）负责制订。
   A. 注册会计师
   B. 被审计单位管理当局
   C. 注册会计师同被审计单位管理当局
   D. 以上均正确
7. 存货监盘决策涉及（　　）环节。
   A. 监盘时间
   B. 实施简易抽查
   C. 监盘样本量
   D. 项目选取
8. 决定测试存货所费时间多少的最重要的因素是有关（　　）的可靠性，存货的总金额及种类，重要存货位置和数量，以及以前年度发现的误差性质和程度的内部控制等。
   A. 存货的计价
   B. 永续记录
   C. 存货质量
   D. 实地盘点
9. 对存货计价测试一般从（　　）几个方面进行。
   A. 测试样本的选择
   B. 计价方法的确认
   C. 存货是否完整
   D. 存货账户审计
10. 注册会计师在企业存货盘点之前进行的问卷调查中，所提的（　　）问题与财务报表中有关存货的分类目标关系最为密切。
    A. 不同品种的产品是否摆放有序
    B. 是否将外单位寄存于本企业的存货分开摆放
    C. 新产品与旧产品是否分开摆放

D. 废品与毁损物品是否分开摆放

11. 在生产循环审计中，注册会计师常通过前后各期、本年各月的存货余额及其构成的简单比较来确定期末存货余额及其构成的（　　）方面。

　　A. 总体合理性　　　　　　　　　　　　B. 真实性

　　C. 完整性　　　　　　　　　　　　　　D. 估价的合理性

12. 工业制造企业计算主营业务成本的计价方法由加权平均法改为后进先出法，又没有在财务报表中陈述理由，这种做法违反了（　　）；审计人员应提请被审计单位加以调整。

　　A. 配比原则　　　　　　　　　　　　　B. 稳健性原则

　　C. 可比性原则　　　　　　　　　　　　D. 一贯性原则

13. 注册会计师对被审计单位存货内部控制制度实施控制测试时，应关注（　　）等方面的重要事项。

　　A. 大额存货采购是否签订购货合同，有无审批制度

　　B. 被审计单位是否建立定期盘点制度，发生存货盘盈、盘亏、毁损、报废是否及时按规定审批处理

　　C. 比较验收报告、卖方发票和货物验收单数量、价格、规格等是否一致

　　D. 追查各项购入金额和品种至明细分类账

14. 在对生产循环中成本会计的（　　）等几个目标进行实质性测试程序时，往往需要实施分析性程序。

　　A. 存在或发生　　　　　　　　　　　　B. 完整性

　　C. 估价或分摊　　　　　　　　　　　　D. 授权批准

15. 甲注册会计师对某公司20×1年度会计报表进行审计时，实施存货截止测试程序可能查明（　　）。

　　A. 少计20×1年度的存货和应付账款　　B. 多计20×1年度的存货和应付账款

　　C. 虚增20×1年度的成本费用　　　　　D. 虚增20×1年度的利润

16. 毛利率的波动可能意味着被审计单位存在（　　）。

　　A. 毛利率计算有误　　　　　　　　　　B. 销售价格发生变动

　　C. 销售产品总体结构发生变动　　　　　D. 单位产品成本发生变动

17. 注册会计师在对存货实施监盘和截止测试时，为了证实被审计单位管理当局对存货的存在或发生认定而无须重点审查的情况是（　　）。

　　A. 购货发票和验收报告的日期均在被审计年度之内

　　B. 购货发票的日期在被审计年度，而验收报告日期在次年

　　C. 购货发票和验收报告的日期均在被审计年度之后

　　D. 验收报告日期在被审计年度，而购货发票的日期在次年

18. 一般来说，（　　）与生产循环有关，而与其他任何循环无关。

　　A. 采购材料和储存材料　　　　　　　　B. 购置加工设备和维护加工设备

　　C. 预付保险费和理赔　　　　　　　　　D. 加工产品和储存完工产品

19. 注册会计师在进行控制测试时，可以运用询问、观察的程序。在关于工薪内部控制的控制测试中，询问、观察程序可以用来证实（　　）目标。

　　A. 工薪账项均经正确的批准

　　B. 人事、考勤、工薪发放及记录之间相互分离

　　C. 所有已发生的支出均已作了适当的记录

D. 记录的工薪为实际发生而非虚构的

20. 由于存货种类繁多、收发频繁、价值差异较大，因此从抽样的角度来看，对存货的审计应采用（　　）的方法。

　　A. 系统抽样　　　　　　　　　　　　　B. 随机抽样

　　C. 判断抽样　　　　　　　　　　　　　D. 分层抽样

二、判断题

1. 注册会计师进行存货监盘的主要目的是确定被审计单位对存货的监盘程序和方法是否符合盘点计划和指令的要求。（　　）

2. 注册会计师实施的存货监盘既是一项控制程序，又是一项独立活动，它的效用主要依赖对会计处理的控制效果。（　　）

3. 注册会计师通过对存货实施监盘程序只能对存货结存数量的真实性予以确认，并不能据此验证财务报表上存货余额的真实性。（　　）

4. 虽然对存货盘点是被审计单位的责任，但注册会计师对存货进行的监盘是存货审计必不可少的一项审计程序。（　　）

5. 对于企业存放于公共仓库或由其他单位代保管的存货，可直接向公共仓库或外部单位进行函证。（　　）

6. 存货周转率的波动可能意味着被审计单位存在"销售产品总体结构发生变动"等情况。（　　）

7. 有关存货"准确性"与"存在性"的认定不可用监盘程序予以证实。（　　）

8. 存货计价审计的样本应重点选择结存余额不大，价格变动不大的存货项目。（　　）

9. 存货截止测试的主要方法是检查存货盘点日前后的购货发票与入库单，确定每张发票均有入库单。（　　）

10. 对生产通知单进行连续编号的控制活动能够降低营业成本完整性认定的错报风险。（　　）

11. 采购业务应由独立的采购部门负责。（　　）

12. 购入的货物，应由存储部门负责验收。（　　）

13. 通常情况下由生产部门确定并下达生产通知单。（　　）

14. 存货价值流转记录主要由会计部门执行。（　　）

15. 在进行控制测试之前，注册会计师实施简易抽查是为了检查内部控制制度是否可靠。（　　）

16. 存货盘点是注册会计师的责任，因此，注册会计师应亲自制订盘点计划。（　　）

17. 购货交易正确截止是要求将 12 月 31 日前购入的存货，无论其是否已验收入库，都必须纳入存货盘点范围。（　　）

18. 注册会计师对存货实施监盘程序主要是获取审计证据证实存货的"计价"认定。（　　）

19. 对存货跌价损失的审计目标是确定存货跌价损失的用途、性质和数额是否正确、合理、完整；确定存货跌价损失的归属和会计处理是否正确；确定存货跌价损失的披露是否恰当。（　　）

20. 存货计价方法如果发生变更，应在财务报表中予以说明。（　　）

三、名词解释

生产与费用审计　　存货审计　　存货监盘　　存货跌价准备审计
应付职工薪酬审计　　主营业务成本审计　　制造费用审计　　营业外支出审计
生产与费用循环　　管理费用审计　　存货监盘计划　　存货监盘程序

四、简答与论述题

1. 试说明生产与费用循环的关键控制点。
2. 试分析如何测试生产与费用循环的内部控制？
3. 试说明在存货审计中如何运用分析性复核程序？
4. 试述存货监盘程序中控制测试与实质性程序两种方法的运用。
5. 试分析如果存货中存在不良资产应如何审计？
6. 试述在执行存货监盘程序时，应特别关注哪些情况？
7. 试述如何检查应付职工薪酬的确认与计量？
8. 试述制造费用的审计要点。

五、分析题

1. 目的：练习存货监盘结果对审计意见的影响。

资料：甲会计师事务所已于 12 月 8 日接受某家具制造公司的委托，对其年度财务报表进行审计。公司总经理介绍说，公司已于 11 月 20 日对存货进行了全面盘点，但因历年从事该公司年度审计的 K 会计师事务所的注册会计师陈某辞职，因而 11 月 20 日的存货盘点未经注册会计师现场观察，陈某辞职也是公司变更委托甲事务所的主要原因。公司总经理不同意再度停工盘点存货，理由是产品的交货期临近，但 11 月 20 日盘点时的所有资料均可提供复核。甲事务所的审计人员深入研究了存货内部控制制度，认为是比较健全有效的；详细检查了该公司的盘点资料，并于 12 月 31 日抽点了约占存货总价值 10%的项目，抽点的项目经追查永续盘存记录，未发现重大差异。12 月 31 日公司总资产 1 900 万元中存货达 900 万元。

要求：

假定财务报表中其他项目的审计均为满意，请问注册会计师能否签发无保留意见的审计报告？试分析说明理由。

2. 目的：练习管理费用与营业外支出项目的审计。

资料：审计人员接受委托对宏达公司 20×1 年会计报表进行审计，发现下列事项：

（1）宏达公司某职工反映公司领导只抓利润忽视安全，该公司 20×1 年木工车间失火，损失巨大。经查公司为修复厂房及核销火灾损失共付 105 000 元，该公司将该项支出列入"管理费用——其他管理费用"。

（2）该公司技术科 20×1 年租入试验设备 3 台，按合同规定每月支付租金 30 000 元，并按 3 台设备的原价 6 000 000 元逐月计提折旧，折旧率为 5%，共计 300 000 元，两项共计 660 000 元，已计入管理费用。

（3）20×1 全年银行存款利息收入 25 000 元未做账务处理。

要求：

指出并分析上列事项中存在的问题，并提出审计意见。

3. 目的：练习存货中的在产品及完工产品审计。

资料：审计人员审计某单位20×1年度的财务报表时，抽查12月的生产成本资料，发现生产的甲产品已完工600件，月末在产品300件，原材料在生产时一次投入，月末完工产品与在产品之间的费用，按约当产量比例进行分配，在产品完工程度按平均50%计算。甲产品的成本计算资料如下：

项目	月初在产品	本期费用	完工产品成本	月末在产品
直接材料	16 000	119 000	108 000	27 000
直接人工	5 800	48 200	43 200	10 800
制造费用	2 350	16 400	15 000	3 750
合计	24 150	183 600	166 200	41 550

要求：

（1）指出资料中所计算的成本是否正确，重新计算甲产品完工产品总成本和单位成本，月末在产品总成本，列出计算过程。

（2）针对上述情况指出并分析存在的问题及其处理方法。

4. 目的：练习生产与费用循环的内部控制审计。

资料：被审计单位甲企业的材料采购需要经授权批准后方可进行。采购部根据生产情况开具请购单，经批准后发出订购单。货物运达后，验收部根据订购单的要求验收货物，并编制一式多联的未连续编号的验收单。仓库根据验收单验收货物，在验收单上签字后，将货物移入仓库加以保管。验收单上有数量、品名、单价等要素。验收单一联交采购部登记材料采购明细账和编制付款凭证，付款凭证经批准后，月末交会计部。会计部审核付款凭证后，支付采购款项并登记材料明细账；一联由仓库保管并登记材料明细账。会计部根据已附验收单的付款凭证登记有关账簿。

甲企业对于那些大批量生产的产品的材料领用采用限额领料单制度，每张限额领料单的限额由有关部门核定签章后，一联交领料单位作为领料凭证，一联交发货仓库作为发料的依据。若领料单位需要材料时，只要在限额范围内，任何人都可凭限额领料单向仓库领取材料。如果超过限额领料单，要另行填制领料单并经有关部门审核后方可领用。月份终了，为了简化手续，对那些领而未用的材料，可以留在领用部门，下月接着使用。

要求：

请指出和分析甲企业内部控制在设计与运行方面的缺陷，并提出改进建议。

第 10 章　筹资与投资审计

一、不定项选择题

1. 长期负债在筹建期间的利息，除为购建固定资产发生的长期负债利息外，应记入（　　）。
   A. 当期损益
   B. 资本金
   C. 财务费用
   D. 管理费用

2. 企业发行债券筹集的资金，如果是用于购建固定资产，则应付债券的应付利息、溢价和折价的摊销，以及债券代理发行手续费及印刷费，在资产尚未达到可使用状态前计入（　　）的成本。
   A. 在建工程
   B. 在产品
   C. 制造费用
   D. 产成品

3. 企业实收资本比原注册资本数增加或减少超过（　　）时，应持验资证明向原登记机关申请变更登记。
   A. 10%
   B. 20%
   C. 30%
   D. 40%

4. 有限责任公司注册资本的最低限额为人民币（　　）万元。
   A. 10
   B. 5
   C. 3
   D. 6

5. 对资本公积审计的内容主要包括（　　）的形成、使用等方面的审查。
   A. 资本溢价
   B. 外币资本折算差额
   C. 固定资产盘亏价值
   D. 捐赠资产价值

6. 投入资本审计的依据主要包括（　　）。
   A. 企业合同、章程
   B. 企业批准证书和营业执照
   C. 董事会有关文件
   D. 所得税法

7. 审查应付债券时，应审查（　　）。
   A. 企业债券发行的合法性
   B. 函证企业债券账面余额
   C. 企业债券业务会计记录的完整性
   D. 应付债券在资产负债表列示的恰当性

8. 其他应付款审计的主要内容有（　　）。
   A. 应付经营租赁固定资产和包装物租金
   B. 存入保证金
   C. 应付购入原材料款
   D. 应付融资租赁固定资产租赁费

9. 甲注册会计师审计 B 公司"长期借款"业务时，为确定"长期借款"账户余额的真实性，可以进行函证。函证的对象应当是（　　）。
   A. B 公司的律师
   B. 金融监管机关
   C. 银行或其他有关债权人
   D. 公司的主要股东

10. 如果被审计单位的投资证券是委托某些专门机构代为保管的，为证实这些投资证券的真实存在，注册会计师应（　　）。

    A. 实地盘点投资证券

    B. 获取被审计单位管理当局声明

    C. 向代保管机构发函询证

    D. 逐笔检查被审计单位相关会计记录

11. 在对股票的发行、回购等交易活动进行审计时，注册会计师应当审查的原始凭证包括（　　）。

    A. 发行股票的登记簿、募股清单　　　　B. 向外界回购的募股清单

    C. 银行存款收付款凭证　　　　　　　　D. 银行存款对账单

12. 注册会计师为了验证被审计单位在资产负债表日所列示的长期投资确实归被审计单位所有，而应实施的最佳审计程序是（　　）。

    A. 将交易及会议记录进行核对，确定所有交易均经批准或授权

    B. 抽查投资交易原始凭证，证实有关凭证是否已预先编号

    C. 函证资产负债表日被托管的所有有价证券

    D. 将明细账与总账进行核对

13. 基于筹资与投资循环业务数量较少、金额通常都很大的特点，在审计时，注册会计师应采用（　　）。

    A. 较低的控制风险估计水平法的初步审计策略

    B. 抽样审查的方法

    C. 较大范围的控制测试的方法

    D. 主要证实法的初步审计策略

14. 注册会计师检查一年内到期的长期负债或长期投资是否列示于流动负债类或流动资产类下，是为了验证筹资与投资循环中的（　　）目标。

    A. 完整性　　　　　　　　　　　　　　B. 存在或发生

    C. 表达与披露　　　　　　　　　　　　D. 权利与义务

15. 任何情况下，在关于短期借款的下列实质性测试程序中，注册会计师都必须实施的是（　　）。

    A. 函证短期借款的实有数　　　　　　　B. 检查短期借款的增加

    C. 复核短期借款的利息　　　　　　　　D. 查明是否办理延期还款手续

16. 核实股本账户的期末余额，首先是确定资产负债表日流通在外的股票数量，假定对被审计单位的股票发行记录以及其与代理发行机构签订的相关协议已经进行了必要的审计和检查，为了证实这部分股票的真实性，注册会计师应当（　　）。

    A. 查阅发行记录　　　　　　　　　　　B. 查阅股东登记簿

    C. 向股东发函询证　　　　　　　　　　D. 向代理机构函证

17. 在注册会计师来看，如果企业拥有较大的股票和债券投资资产，最好委托独立的外部机构，如委托银行、证券公司、信托投资公司等，进行专门保管。其主要原因是（　　）。

    A. 这些机构拥有专门的保护和防护措施，可以防止证券及单据的失窃或毁损

    B. 可以使投资业务的会计记录与实物保管工作完全分离，从而大大降低错误和舞弊的可能性

    C. 能够产生关于投资业务的完整的会计记录，特别是有助于对投资业务及其投资收益的

详尽记录

    D. 在外部机构保管的情况下，被审计单位只需定期核对，而无须进行盘点，可以大大减少工作量

18. 注册会计师审查股票发行费用的会计处理时，若股票溢价发行，应查实被审计单位按规定将各种发行费用（　　　）。

    A. 先从溢价中抵销　　　　　　　　　　B. 作为长期待摊费用

    C. 作为递延资产　　　　　　　　　　　D. 作为当期管理费用

19. 在对 H 公司 2013 年度会计报表进行审计时，某注册会计师负责筹资与投资循环的审计。该注册会计师拟对 H 公司与借款活动相关的内部控制进行测试，下列程序中不属于控制测试程序的是（　　　）。

    A. 索取借款的授权批准文件，检查批准的权限是否恰当、手续是否齐全

    B. 观察借款业务的职责分工，并将职责分工的有关情况记录于审计工作底稿中

    C. 计算短期借款、长期借款在各个月份的平均余额，选取适用的利率匡算利息支出总额，并与财务费用等项目的相关记录核对

    D. 抽取借款明细账的部分会计记录，按原始凭证到明细账再到总账的顺序核对有关会计处理过程，以判断其是否合规

20. 在对外投资业务处理过程中，下面属于不相容岗位的有（　　　）。

    A. 对外投资预算的编制与审批

    B. 编制对外投资的记账凭证和登记相关会计记录

    C. 对外投资处置的审批与执行

    D. 对外投资业务的执行与相关会计记录

二、判断题

1. 对有价证券在资产负债表日后进行盘点，审计人员应根据盘点结果和资产负债表日至外勤审计工作完成日之间证券增减变动业务，倒推资产负债表日的有价证券金额。（　　　）

2. 如果企业的长期投资证券是委托某专门机构代为保管的，审计人员应向保管机构进行函证，以证实投资证券的存在。（　　　）

3. 长期借款计算确定的利息费用应计入财务费用或在建工程成本。（　　　）

4. 非货币资产最高出资比例不得高于注册资本的 70%。（　　　）

5. 在审查所有者投入资金项目真实性时，审计人员只需验证实收资本账户。（　　　）

6. 接受捐赠资产增加资本公积，对外捐赠资产则减少资本公积。（　　　）

7. 用盈余公积转增实收资本不影响所有者权益的变化，但会使企业的净资产减少。（　　　）

8. 资本公积和盈余公积经一定的授权和批准，都可以用于弥补亏损，转增资本。（　　　）

9. 所有者权益等于企业营运资金净额。（　　　）

10. 股份有限公司可以根据生产经营情况，自主决定提取任意盈余公积。（　　　）

11. 不具有共同控制或者重大影响，且在活跃市场中没有报价、公允价值不能可靠计量的权益性投资不属于长期股权投资的核算范围。（　　　）

12. 在筹资与投资循环的审计中，穿行测试是测试有关内部控制的方法。（　　　）

13. 筹资和投资活动只涉及企业的财务部门。（　　　）

14. 由于有价证券的特殊性，企业在对投资进行定期盘点时，应由内部审计人员单独进行。（　　　）

15. 在成本法下，企业应将长期股权投资持有期间被投资单位宣告发放的现金股利或利润，按应享有部分确认为投资收益，无论有关利润分配是属于对取得投资前还是投资后被投资单位实现净利润的分配。　　　　　　　　　　　　　　　　　　　　　　　　　　　　　（　　）

16. 为确定"应付债券"账户期末余额的合法性，注册会计师应直接向债权人及债券的承销人或包销人进行函证。　　　　　　　　　　　　　　　　　　　　　　　　　　　（　　）

17. 在进行筹资与投资控制测试时，注册会计师应结合业务的关键控制点或控制环节进行。　　　　　　　　　　　　　　　　　　　　　　　　　　　　　　　　　　　　　　（　　）

18. 在审查长期借款业务时，如发现有预期未偿还的长期借款，注册会计师首先应当实施的审计程序是核实该公司是否办理了延期还款手续。　　　　　　　　　　　　　　　　　　（　　）

19 在短期借款审计中，"所有应当记录的短期借款均已记录"的审计目标和财务报表的"列报"认定相对应。　　　　　　　　　　　　　　　　　　　　　　　　　　　　　　　　（　　）

20. 长期股权投资的账面价值如果大于享有被投资单位所有者权益账面价值的份额，应计提减值准备，但确认的长期股权投资减值损失，可在以后会计期间转回。　　　　　（　　）

三、名词解释

成本法　　权益法

四、简答与论述题

1. 筹资与投资内部控制目标有哪些？

2. 你认为对企业的盈余公积应从哪几方面进行审查？

3. 某被审计单位出售一项不再用于经营的设备，取得现金 70 万元。总经理打算将这笔现金投资于有价证券，等待时机再出售证券，购买新设备。请提出关于有价证券投资的内部控制制度。

4. 对银行借款进行实质性测试的主要审计程序是什么？

5. 审计人员如何结合公允价值审查交易性金融资产的取得和处置？

6. 长期股权投资核算方法有几种？审计人员在审查核算方法的应用时，重点关注哪些方面？

7. 审查实收资本的真实存在，有必要审阅哪些账簿资料？审阅这些账簿，各为了解决哪些问题？

8. 试述筹资与投资循环的关键控制点。

五、分析题

1. 资料：审计人员于 2013 年 10 月在对某企业负债业务进行审查时，发现该企业于 2013 年 7 月 1 日向工商银行取得流动资金借款 100 000 元，为期 3 个月，以补充自由流动资金不足。借款月利率为 5.8‰，该企业的会计处理为：

（1）取得借款时的会计分录：

借：银行存款　　　　　　　　　　　　　　　　　　　　　　　　　　100 000

　　贷：短期借款　　　　　　　　　　　　　　　　　　　　　　　　　　　100 000

（2）7、8、9 月底预提利息的会计分录：

借：营业外支出　　　　　　　　　　　　　　　　　　　　　　　　　　580

　　贷：短期借款　　　　　　　　　　　　　　　　　　　　　　　　　　　580

（3）9 月底归还借款的会计分录：

借：短期借款　　　　　　　　　　　　　　　　　　　　　　101 740
　　贷：银行存款　　　　　　　　　　　　　　　　　　　　　　　101 740

要求：

指出该企业会计处理的不当之处。分析该企业对这项业务的不当处理是否会影响年度的损益状况，并进行相应的账项调整。

2. 资料：审计人员依据审计工作的安排，在对某企业应付债券业务进行审查时，了解到该企业于 2013 年 1 月 1 日以 115 万元的价格发行面值为 100 万元的三年期债券（一次还本付息），票面利率为 11%。该企业年底计提利息费用的会计分录为：

借：财务费用　　　　　　　　　　　　　　　　　　　　　　110 000
　　贷：应付债券——应计利息　　　　　　　　　　　　　　　　　110 000

假设按实际利率法 2013 年摊销溢价为 48 500 元。

要求：

指出该项业务存在的问题，并进行相应的账项调整。

3. 资料：审计人员对某企业长期股权投资业务进行审查时，发现该企业 3 月 17 日购入大华公司股票 100 000 股，实际买价为 800 000 元，其中买价中包含已宣告但尚未支付的股利 20 000 元，另支付印花税 6 400 元，经纪人佣金 1 000 元，企业将所支付的 807 400 元全部计入"长期股权投资"账户，4 月 8 日大华公司发放红利，该企业将所得红利记入"其他业务收入"账户。

要求：

根据上述资料，指出存在的问题，并提出审计意见。

4. 资料：审计人员在对某企业无形资产进行审查时，了解该企业向外转让专利（所有权）一项，取得转让收入 10 万元，营业税率 5%，该项专利入账价值为 8 万元，摊销期限为 20 年，已摊销 5 年（假设不考虑减值），企业作如下账务处理：

借：银行存款　　　　　　　　　　　　　　　　　　　　　　100 000
　　贷：其他业务收入　　　　　　　　　　　　　　　　　　　　　100 000
借：其他业务成本　　　　　　　　　　　　　　　　　　　　　80 000
　　贷：无形资产　　　　　　　　　　　　　　　　　　　　　　　80 000

要求：

指出上述业务中存在的问题，做出相应的调整分录。

5. 资料：审计人员在对某企业实收资本进行审计时，发现该企业对盘亏的固定资产 300 000 元，先后作了如下账务处理（假设不考虑折旧等因素）：

借：待处理财产损溢——待处理固定资产损溢　　　　　　　　300 000
　　贷：固定资产　　　　　　　　　　　　　　　　　　　　　　　300 000
借：实收资本　　　　　　　　　　　　　　　　　　　　　　300 000
　　贷：待处理财产损溢——待处理固定资产损溢　　　　　　　　　300 000

要求：

指出该项业务存在的问题，并加以调整。

第11章　特殊项目的考虑与审计

一、不定项选择题

1. 被审计单位在编制财务报表时，假定其经营活动在可预见的将来会继续下去，不拟也不必终止经营或破产清算，可以在正常的经营过程中变现资产、清偿债务，下列关于持续经营审计的观点正确的包括（　　）。

   A. 根据适当的会计准则和相关会计制度的规定评估被审计单位的持续经营能力是管理层的责任

   B. 被审计单位在财务、经营以及其他方面存在的某些事项或情况可能导致经营风险，这些事项或情况单独或连同其他事项或情况可能导致对持续经营假设产生重大疑惑

   C. 只在计划以及评价其结果时，注册会计师应当考虑管理层在编制财务报表时运用持续经营假设的适当性

   D. 注册会计师的责任是考虑管理层在编制财务报表时运用持续经营假设的适当性，并考虑是否需要在财务报表中披露的有关持续经营能力的重大不确定性

2. 管理层对持续经营能力的评估是注册会计师考虑持续经营能力假设的一个重要组成部分。注册会计师应当评价管理层对持续经营能力做出的评估。下列关于评价管理层对持续经营能力做出的评估叙述正确的是（　　）。

   A. 注册会计师应当确定管理层评估持续经营能力涵盖的期间是否符合适用的会计准则和相关会计制度的规定

   B. 如果管理层评估持续经营能力涵盖的期间少于自资产负债表起的12个月，注册会计师应提请管理层将其延伸至自审计报告起的12个月

   C. 在评价管理层做出的评估时，注册会计师应当考虑管理层做出评估的过程、依据的假设以及应对计划

   D. 注册会计师应当考虑管理层做出的评估是否已考虑所有相关信息，其中包括注册会计师实施审计程序获取的信息

3. 当识别出可能导致对持续经营能力产生重大疑虑的事项或情况时，注册会计师应当实施进一步审计程序的是（　　）。

   A. 复核管理层依据持续经营能力评估结果提出的应对计划

   B. 通过实施必要的审计程序，包括考虑管理层提出的应对计划和其他缓解措施的效果，获取充分、适当的审计证据，以确认是否存在与此类事项或情况相关的重大不确定性

   C. 向管理层获取有关应对计划的书面声明

   D. 出具无保留意见的审计报告，并在审计意见段之后增加强调事项段，强调可能导致对持续经营能力产生重大疑虑的事项或情况存在重大不确定性的事实，并提醒财务报表使用者注意财务报表附注中对有关事项的披露

4. 注册会计师应当根据获取的审计证据，确定可能导致对持续经营能力产生重大疑虑的事项或情况是否存在重大不确定性，以确定审计结论并出具审计报告。下列叙述正确的是（　　）。

   A. 如果财务报表已做出充分披露可能导致对持续经营能力产生重大疑虑的事项或情况，注册会计师应当出具无保留意见的审计报告，并在审计意见段之后增加强调事项段

B. 在极端情况下，如同时存在多项重大不确定性，注册会计师应当考虑出具保留意见的审计报告，并在审计意见段之后增加强调事项段

C. 如果财务报表未能做出充分披露，注册会计师应当出具保留意见或否定意见的审计报告

D. 审计报告应当具体提及可能导致对持续经营能力产生重大疑虑的事项或情况存在重大不确定性的事实，并指明财务报表未对该事实做出披露

5. 注册会计师应当通过实施风险评估程序，控制测试（必要时或决定测试时）和实质性程序，获取充分、适当的审计证据，得出合理的审计结论，当存在下列（　　）情形之一时，控制测试是必要的。

A. 在评估认定层次重大错报风险时，预期控制的运行是有效的，注册会计师应当实施控制测试以支持有效的评估结果

B. 在评估认定层次重大错报风险时，预期控制的运行是无效的，注册会计师应当实施控制测试以支持有效的评估结果

C. 仅实施实质性程序不足以提供认定层次充分、适当的审计证据，注册会计师应当实施控制测试，以获取内部控制运行有效性的审计证据

D. 仅实施实质性程序不足以提供认定层次充分、适当的审计证据，注册会计师应当实施实质性测试，以获取内部控制运行有效性的审计证据

6. 注册会计师应当评估在审计过程中已识别但尚未更正错报的汇总数是否重大。如果认为尚未更正错报的汇总数可能是重大的，注册会计师应当考虑（　　），以降低审计风险。

A. 通过扩大审计程序的范围

B. 要求被审计单位管理层调整财务报表

C. 出具保留意见审计报告

D. 出具否定意见审计报告

7. 注册会计师应当针对评估的认定层次重大错报风险设计和实施进一步审计程序，包括审计程序的性质、时间和范围。进一步审计程序是指注册会计师针对估计的各类交易、账户余额、列报（包括披露）认定层次重大错报风险实施的审计程序，包括（　　）。

A. 控制测试程序　　　　　　　　　　B. 实质性程序

C. 分析程序　　　　　　　　　　　　D. 综合性程序

8. 按照《企业会计准则会计政策、会计估计变更和会计查错更正》的规定，被审计单位应在发生以下（　　）变更时采用未来适用法，不调整期初留存收益和其他相关项目。

A. 将按固定资产的预计使用年限计提折旧由 50 年改按 30 年

B. 将长期股权投资的核算方法由原成本法改为权益法

C. 将原按应收账款余额百分比法计提坏账准备改为账龄分析法

D. 将存货发出的计价方法由先进先出法改为加权平均法

9. 以下各条中，关于会计政策、会计估计变更和会计差错更正的审计目的的说法中，正确的是（　　）。

A. 确定会计估计变更的会计处理是否正确

B. 确定会计差错更正是否合法

C. 确定会计政策变更是否合理

D. 确定会计差错更正的金额与上期是否一致

10. 如果注册会计师决定就持续经营假设出具无法表示意见的审计报告，应当提请管理当局

在会计报表中适当披露（　　）。

    A. 导致对被审计单位持续经营能力产生重大疑虑的主要事项或情况，以及管理当局拟采取的改善措施

    B. 有关法律、法规或政策的变化可能造成重大不利影响

    C. 被审计单位持续经营能力存在的重大不确定性，可能无法在正常的经营过程中变现资产、清偿债务

    D. 投资者未履行协议、合同、章程规定的义务，并有可能造成重大不利影响

11. 如果注册会计师认为被审计单位存在对其持续经营能力产生重大疑虑的事项或情况，则其所发表的审计意见的类型可能受到（　　）的影响。

    A. 被审计单位对应予披露的事项或情况进行披露的适当性

    B. 注册会计师能否确定编制会计报表所依据的持续经营假设是否合理

    C. 被审计单位编制会计报表所依据的基本假设

    D. 相关事项对被审计单位持续经营能力的影响是否重大

12. 注册会计师应当与治理层沟通审计工作中发现的问题，主要包括（　　）。

    A. 注册会计师对被审计单位会计实务（包括会计政策、会计估计和财务报表披露）重大方面的质量的看法。在适当的情况下，注册会计师应当向治理层解释为何某项在适用的财务报告编制基础下可以接受的重大会计实务，并不一定最适合被审计单位的具体情况

    B. 审计工作中遇到的重大困难

    C. 已与管理层讨论或需要书面沟通的、审计中出现的重大事项，以及注册会计师要求提供的书面声明，除非治理层全部成员参与管理被审计单位

    D. 审计中出现的、根据职业判断认为对监督财务报告过程重大的其他事项

13. 后任注册会计师向前任注册会计师询问的内容应当合理、具体，包括的内容主要有（　　）。

    A. 是否发现被审计单位管理层存在正直和诚信方面的问题

    B. 前任注册会计师与管理层在重大会计、审计等问题上存在的意见分歧

    C. 前任注册会计师向被审计单位治理层通报的管理层舞弊、违反法律法规行为以及值得关注的内部控制缺陷

    D. 前任注册会计师认为导致被审计单位变更会计师事务所的原因

14. 注册会计师应当与专家就相关事项达成一致意见，并根据需要形成书面协议这些事项包括（　　）。

    A. 专家工作的性质、范围和目标

    B. 注册会计师和专家各自的角色和责任

    C. 注册会计师和专家之间沟通的性质、时间安排和范围，包括专家提供的报告的形式

    D. 对专家遵守保密规定的要求

15. 对于期初余额，应注意以下（　　）的理解。

    A. 所审计会计期间期初已存在的余额

    B. 本期期初余额与上期期末余额是一个事物的两个方面

    C. 强调会计师事务所首次接受审计委托的前提条件

    D. 期初余额是企业过去所有期间交易、事项及其会计处理的结果

二、判断题

1. 注册会计师对特殊目的审计业务出具的审计报告也只能为特定使用者用于特定用途。为了避免审计报告被用于非特定目的，注册会计师可以在审计报告的审计意见段之前，增加说明出具审计报告的目的，以及在分发和使用上的限制。　　　　　　　　　（　　）

2. 对会计政策变更，除非变更的累计影响数不能合理确定，注册会计师不应认可被审计单位对其采用未来适用法。　　　　　　　　　　　　　　　　　　　　　　（　　）

3. 如果被审计单位无法偿还即将到期且难以展期的借款，或无法继续履行重大借款合同中的有关条款，注册会计师应当怀疑被审计单位存在经营方面的导致持续经营能力产生疑虑的事项。　　　　　　　　　　　　　　　　　　　　　　　　　　　　　　　　（　　）

4. 如果被审计单位存在对其持续经营能力产生重大影响的情况，但管理当局计划采取相应的改善措施，且能够消除注册会计师的疑虑，如果注册会计师提请被审计单位在会计报表中披露改善措施，但被审计单位拒绝披露，则注册会计师应当在审计报告意见段之后增加强调事项段。　　　　　　　　　　　　　　　　　　　　　　　　　　　　　　　　（　　）

5. 为判断被审计单位是否利用与关联方企业的存货交易虚构业务交易、调节利润，注册会计师应将被审计单位与关联方企业发生的存货交易的频率、规模、价格和账款结算条件，与非关联企业对比。　　　　　　　　　　　　　　　　　　　　　　　　　　　（　　）

6. 注册会计师应当确定与被审计单位治理结构中的哪些适当人员进行沟通。如果注册会计师与治理层的下设组织（如审计委员会）或个人沟通，应当确定是否还需要与治理层整体进行沟通。　　　　　　　　　　　　　　　　　　　　　　　　　　　　　　（　　）

7. 注册会计师应当评价其与治理层之间的双向沟通对实现审计目的是否充分。如果认为双向沟通不充分，注册会计师应当评价其对重大错报风险评估以及获取充分、适当的审计证据的能力的影响，并采取适当措施。　　　　　　　　　　　　　　　　　　　　（　　）

8. 如果被审计单位委托注册会计师对已审计财务报表进行重新审计，正在考虑接受委托或已经接受委托的注册会计师不能视为后任注册会计师。　　　　　　　　　　（　　）

9. 后任注册会计师应当提请被审计单位以书面方式同意前任注册会计师对其询问做出充分答复。如果被审计单位不同意前任注册会计师做出答复，或限制答复的范围，后任注册会计师应当向被审计单位询问原因，并考虑是否接受委托。　　　　　　　　　　（　　）

10. 专家既可能是会计师事务所内部专家（如会计师事务所或其网络事务所的合伙人或员工，包括临时员工），也可能是会计师事务所外部专家。注册会计师在审计工作中必须利用专家的工作。　　　　　　　　　　　　　　　　　　　　　　　　　　　　　　（　　）

三、名词解释

审计沟通　　前后任注册会计师　　专家的工作　　期初余额审计　　会计估计的审计
公允价值计量和披露的审计　　关联方交易的审计　　持续经营的审计
衍生金融工具的审计

四、简答与论述题

1 注册会计师与治理层沟通的作用和目标是什么？
2. 利用内部审计人员工作的内容和要求是什么？
3. 怎样得出期初余额的审计结论？

4. 针对评估的与公允价值计量和披露相关的认定的重大错报风险，在设计和实施实质性程序时应当考虑的因素包括哪些？

5. 怎样识别关联方的存在？

6. 对于衍生金融工具审计，实质性程序是怎样的？

五、分析题

注册会计师肖勇审计 A 公司的固定资产时，经询问有关人员获悉 A 公司有一账面原值为 500 万元的办公楼为甲企业提供了贷款担保，甲企业由于这项担保，从银行获取贷款 400 万元。为进一步查证，肖勇通过检查 A 公司董事会会议纪要、担保合同及其相关的文书，了解到甲企业是 A 公司董事长儿子开办的。肖勇认为这一事项属于 A 公司没有提供的关联交易（肖勇在关注关联方及其交易时，已获取了 A 公司提供的关联方清单，清单尚没有包括甲企业），应提请 A 公司在会计报表附注中给予充分的披露。

要求：

为什么注册会计师肖勇判定该交易属于关联方交易事项，那么，下一步，注册会计师应当实施的审计程序包括哪些内容？当注册会计师实施以上程序证实关联方及其交易存在和被审计单位披露情况不一致后，应考虑哪些事项？

第12章　完成审计取证工作与出具审计报告

一、不定项选择题

1. 编制和使用审计报告的要求是（　　）。
   A. 责任界限要分明　　　　　　　　　B. 内容要全面完整
   C. 审计证据要确凿充分　　　　　　　D. 审计报告的使用要恰当

2. 下列专用术语（　　），表示的是保留意见。
   A. 由于上述问题造成的重大影响　　　B. 除上述问题造成的影响以外
   C. 除存在上述问题以外　　　　　　　D. 由于无法获取必要的审计证据

3. 审计报告的正确性取决于（　　）。
   A. 审计程序的规范性　　　　　　　　B. 审计证据的充分与可靠
   C. 审计结论或意见的适当表述　　　　D. 审计复核的及时性

4. 如果审计报告意见段中出现（　　），说明该审计报告是否定意见审计报告。
   A. 由于上述问题造成的影响　　　　　B. 未能公允反映该年度的财务状况
   C. 不符合会计准则的规定　　　　　　D. 除了上述问题造成的重要影响

5. 审计报告的范围段应当说明的内容包括（　　）。
   A. 已审会计报表的名称及反映的日期　B. 会计责任与审计责任
   C. 审计依据　　　　　　　　　　　　D. 实施的主要审计程序

6. 当注册会计师出具（　　）的审计报告时，应当在意见段之前增加说明段，以说明所持意见的理由。
   A. 带说明段的无保留意见　　　　　　B. 保留意见
   C. 否定意见　　　　　　　　　　　　D. 无法表示意见

7. （　　），注册会计师可以出具带说明段的无保留意见。
   A. 重大不确定事项或一贯性的例外事项
   B. 注册会计师同意偏离已颁布的会计准则
   C. 强调某一事项
   D. 涉及其他注册会计师工作

8. 注册会计师签发的审计报告，主要具有（　　）三方面的作用。
   A. 保护　　　　　　　　　　　　　　B. 鉴证
   C. 证明　　　　　　　　　　　　　　D. 监督

9. 出具保留意见审计报告是因为保留事项的存在，这些保留事项主要有（　　）。
   A. 未调整事项　　　　　　　　　　　B. 审计范围受到局部重要限制
   C. 不符合一贯性原则的事项　　　　　D. 未确定事项

10. 主审注册会计师如果决定在审计报告中提及其他注册会计师的工作，应当指明（　　）。
    A. 双方的审计范围
    B. 双方的责任
    C. 双方执行的主要审计程序
    D. 由其他注册会计师审计的资产总额、营业收入等占被审计单位会计报表整体各该项

目的比例

11. 在终结审计之前，对于控制风险的最终评估水平，如与初步评估的结论不一致，注册会计师应当（　　）。

    A. 重新了解内部控制　　　　　　　　　　B. 重新执行符合性测试

    C. 重新确定重要性水平和接受审计风险水平　　D. 考虑是否追加相应的审计程序

12. A注册会计师于2014年3月25日完成对Y公司2013年度会计报表的外勤审计工作，2014年3月26日取得被审计单位管理当局声明书，2014年3月28日编写完成审计报告，2014年3月30日将审计报告送交被审计单位。被审计单位管理当局声明书的日期通常应当是（　　）。

    A. 2014年3月25日　　　　　　　　　　B. 2014年3月26日

    C. 2014年3月28日　　　　　　　　　　D. 2014年3月30日

13. 在被审计单位年度会计报表公布日后，如获知审计报告日已经存在但尚未发现的期后事项，导致需要修改已审会计报表，而被审计单位拒绝修改，注册会计师应（　　）。

    A. 向被审计单位的主管部门通报

    B. 要求被审计单位撤回已公布的年度会计报表

    C. 向政府有关部门报告修改后的年度会计报表

    D. 考虑是否修改审计报告

14. 在对会计报表组成部分出具审计报告时，为避免会计报表使用者产生误解，注册会计师应当提请被审计单位不应在会计报表组成部分的审计报告后附送（　　）。

    A. 合并会计报表　　　　　　　　　　　　B. 汇总会计报表

    C. 组成部分的会计报表　　　　　　　　　D. 整体会计报表

15. 如果律师声明书暗示拒绝提供信息，则不能出具的报告是（　　）。

    A. 无保留意见　　　　　　　　　　　　　B. 无法表示意见

    C. 保留意见　　　　　　　　　　　　　　D. 保留或无法表示意见

16. 注册会计师在对×公司2013年度会计报表进行审计时，下列情况中，注册会计师应出具带强调事项段无保留意见审计报告的是（　　）。

    A. 2013年10月转入不需用设备一台，未计提折旧金额为2万元（假定累计折旧重要性水平为10万元）×公司未调整

    B. 资产负债表日的一项未决诉讼，律师认为胜负难料，一旦败诉对企业将产生重大影响，被审计单位已在会计报表附注中进行披露

    C. 资产负债表日的一项未决诉讼，律师认为胜负难料，一旦败诉对企业将产生重大影响，被审计单位拒绝在会计报表附注中进行披露

    D. ×公司将出售给子公司商品1 000万元全部确认为当期收入，该商品的市价为780万元，被审计单位拒绝调整，但已在会计报表附注中作为关联方交易予以披露

17. 注册会计师首次接受委托对被审计单位会计报表涉及的期初余额进行了审计，下列情况中能够发表无保留审计意见的是（　　）。

    A. 期初余额对本期会计报表存在重大影响，但无法从中获取充分、适当的审计证据

    B. 期初余额存在严重影响本期会计报表的错报或漏报，但被审计单位拒绝接受注册会计师的调整建议

    C. 上期期末余额已经正确结转至本期，且采用的会计政策恰当、一贯遵守

    D. 前任会计师出具了非标准无保留意见的审计报告，且相关事项的影响在本期尚未消除

18. 或有负债的审计程序不包括（　　）。
    A. 获取律师声明书
    B. 获取管理当局声明书
    C. 向与被审计单位有业务往来的银行函证
    D. 向债务人函证

19. 注册会计师专为发现、审计年度必须弄清的期后事项而向被审计单位管理当局询问的内容不包括（　　）。
    A. 财务状况是否已发生或预计将发生重大变化
    B. 被审计单位资产负债表日后编制的内部报表
    C. 是否发生了非常项目
    D. 会计政策是否发生或预计将发生重大变化

20. 审计报告的日期，应当是（　　）。
    A. 签署审计业务约定书的日期
    B. 合伙人或注册会计师签署审计报告的日期
    C. 外勤审计结束的日期
    D. 审计报告对外报送的日期

二、判断题

1. 审计报告是注册会计师对被审计单位与会计报表有关的所有方面发表审计意见。（　　）

2. 如果注册会计师无法取得充分且适当的审计证据，则可视情况发表保留意见，否定意见或无法表示意见。（　　）

3. 如果专家工作结果导致注册会计师出具带说明段的审计报告，注册会计师可以考虑在说明段提及专家的工作，包括专家的身份与参与程度及其应承担的责任。（　　）

4. 审计报告应当包含标题为"管理层对财务报表的责任"的段落。管理层对财务报表的责任段描述被审计单位中负责编制财务报表的人员的责任。（　　）

5. 审计报告可以对审计工作质量和注册会计师的审计责任起证明作用。（　　）

6. 注册会计师在审计报告经财政部门或审计机关审定后方能提交给委托人。（　　）

7. 委托人将会计报表与审计报告一同提交给使用人可以减少编报单位对会计报表的真实性、合法性所负的责任。（　　）

8. 审计报告的签署日期为完稿日期或会计报表截止日。（　　）

9. 标准无保留意见审计报告，是注册会计师对被审计单位会计报表发表不带说明段的无保留意见审计报告。（　　）

10. 简式审计报告一般适用于公布目的，具有标准审计报告的特点。（　　）

11. 期后事项很可能改变注册会计师出具审计报告的意见类型。因此，注册会计师必须对期后事项予以充分关注，并采取适当的程序和方法进行审计。（　　）

12. 如果被审计单位的分支机构、子公司等组成部分的财务信息由其他注册会计师审计，注册会计师应当考虑其他注册会计师对资产负债表日后事项所实施的审计程序，并考虑是否需要向其告知计划的审计报告日。（　　）

13. 对于财务报表报出后发现的期后事项，注册会计师有义务针对财务报表作出查询。（　　）

14. 书面声明的日期可以接近对财务报表出具审计报告的日期，也可以在审计报告日后。书

面声明应当涵盖审计报告针对的所有财务报表和期间。 （　　）

15. 为了形成审计意见，针对财务报表整体是否不存在由于舞弊或错误导致的重大错报，注册会计师应当得出结论，确定是否已就此获取合理保证。 （　　）

三、名词解释

审计报告　　或有事项审计　　期后事项审计　　书面声明　　标准意见
非标准意见　无保留意见　保留意见　否定意见　无法表示意见　管理层声明

四、简答与论述题

1. 或有事项的审计程序是怎样的？
2. 针对审计报告日后至财务报表报出日前发现事实的审计处理是怎样的？
3. 注册会计师获取书面声明的目标是什么？
4. 审计报告的基本内容包括哪些？
5. 对于审计报告中的强调事项，注册会计师应注意当采取什么措施？
6. 审计报告的编制步骤是怎样的？

五、分析题

1. 岳华会计事务所在石油龙昌（600772）2003年年报审计报告中，出具了解释性说明。报告指出，公司购买的绿洲广场1.58亿元房产截至报告日相关房产过户手续正在办理中，该部分房产武汉绿洲企业（集团）有限公司未能按约装修完工，依合同规定已计收违约金。此外报告提示，公司持股10%的中油管道实业投资开发有限公司欠付公司款项合计4917万元，公司尚对其提供借款担保1530万元。

截至2005年2月，武汉绿洲持有石油龙昌8.9%的股份，为公司第三大股东。石油龙昌董事会在年报中表示，公司正积极督促武汉绿洲尽快办理绿洲广场房产过户手续，并已按协议规定向其收取违约金1136万元。2004年上半年，公司又向其收取违约金568万元。此外，中油管道实业投资开发有限公司对公司的欠款已制定了还款计划，按计划2004年4月5日该公司已归还欠款2000万元。

石油龙昌2005年2月3日的年报更正公告称，岳华会计事务所已经对原审计报告进行了修改，修改后的审计报告为标准无保留意见。公告强调，上述修改对公司2003年度报告中的其他内容并无影响。（摘自《中国证券报》2005年2月3日，作者：万宁）

要求：

请根据上述背景材料思考和分析下列问题：

（1）石油龙昌年报审计意见改变的依据是什么？
（2）这种改变是否为审计失败？
（3）上述修改对公司2003年度报告中的其他内容有无影响？

2. 北京ABC会计事务所的A和B注册会计师对XYZ股份有限公司2013年度的会计报表进行审计，确定的会计报表层次重要性水平为30万元。审计外勤工作结束日是2014年3月15日，并于2014年3月25日递交审计报告。XYZ股份有限公司2013年度审计前会计报表反映的资产总额8000万元，股东权益总额为2400万元，利润总额为300万元。

A和B注册会计师经审计发现该公司存在以下5个事项：

（1）2012年末和2013年末应收账款余额分别为1200万元和1800万元，公司的坏账核算方法一直采用备抵法，但将其坏账准备比例由 2012 年的 5‰变更为 2013 年的 3%。

（2）2013 年 5 月 1 日，公司为增加营运资金按面值发行 2 年期，面值为 4 200 万元，票面利率为年利率 10% 的企业债券，当日筹足资金并按规定作了相应的会计处理（债券发行费用忽略不计）。但当年未计提债券利息。

（3）2013 年 10 月 31 日，公司清查盘点成品仓库，发现 y 产品短缺 40 万元，作了借记"待处理财产损益"科目 40 万元，贷记"产成品"科目 40 万元的会计处理。2014 年 5 月查清短缺原因，其原因属于一般经营损失部分为 35 万元，属于非常损失部分为 5 万元，由于结账时间在前，公司未在 2013 年度会计报表中包含对这一经济业务相应的会计处理。

（4）2013 年 1 月，公司购买价格为 24 万元的管理部门用轿车 1 辆并入账，当月启用，但当年未计提折旧。公司采用平均年限法核算固定资产折旧，该类固定资产预计使用年限为 5 年，预计净残值率为 5%。

（5）2014 年 1 月 10 日，公司原材料仓库因火灾造成 Z 原材料毁损 250 万元，公司于当月按规定进行了相应的会计处理。

要求：

（1）假定不考虑审计重要性水平因素，分别针对审计发现的上述 5 个事项，A 和 B 注册会计师应提出何种处理建议？若需提出调整建议，应列示审计调整分录（不考虑审计调整分录对税费、期末结转损益及利润分配的影响）。

（2）如果 XYZ 股份有限公司拒绝接受 A 和 B 注册会计师针对审计发现的上述 5 个事项所提出的相应的处理建议，A 和 B 注册会计师应当出具何种意见类型的审计报告？并简要说明理由。

（3）如果 XYZ 股份有限公司只存在上述第 4 和第 5 这 2 个事项，并且接受 A 和 B 注册会计师对第 5 个事项提出的相应处理建议，但拒绝接受对第 4 个事项提出的相应处理建议，A 和 B 注册会计师应当出具何种意见类型的审计报告？并简要说明理由。

（4）如果 XYZ 股份有限公司只存在上述第 3、第 4、第 5 这 3 个事项，并且接受 A 和 B 注册会计师对第 5 个事项提出的相应处理建议，但拒绝接受对第 3 和第 4 这 2 个事项提出的相应处理建议，请代 A 和 B 注册会计师编制一份审计报告。

3. 北京东方会计师事务所注册会计师王豪、李民在对 ABC 股份有限公司（上市公司）2013 年度会计报表进行审计的过程中，获取的该公司 2013 年 12 月 31 日的相关会计记录资料整理如下：

项目名称	金额
银行存款	6 000
短期投资	600
应收票据	22 000
应收账款（净额）	95 000
其他应收款	24 000
存货	84 000
固定资产（净值）	99 800
在建工程	26 800
应付账款	84 000
银行借款（抵押借款部分）	56 800

项目名称	金额
实收股本	48 000
资本公积	48 950
主营业务收入净额	695 000
主营业务利润	69 898
利息支出	5 464

要求：

请根据上述资料回答下列问题：

（1）上述项目中适用函证程序的有哪些？

（2）接受函证的对象有哪些？

（3）函证的主要内容是什么？

（4）可选用的函证方式是什么？

第 13 章 其他鉴证业务与相关服务

一、不定项选择题

1. 注册会计师在出具验资报告时，应同时附送已审验并经被审验单位签章的（ ）。
   A. 验资事项说明   B. 注册资本实收情况明细表
   C. 资产负债表   D. 所有者权益变动表

2. 变更验资的审验范围主要包括（ ）。
   A. 被审验单位的实收资本
   B. 被审验单位实收资本的增、减变动情况
   C. 被审验单位的注册资本
   D. 被审验单位注册资本的增、减变动情况

3. 下列关于财务报表审阅的提法不正确的有（ ）。
   A. 对财务报表提供高水平的保证
   B. 审阅业务是基于责任方认定业务
   C. 审阅报告中对财务报表采用消极方式提出结论
   D. 审阅业务有不同的结论类型

4. 下列审验程序中属于变更验资一般审验程序的是（ ）。
   A. 检查外方出资者是否以从境外汇入的外币出资
   B. 检查增加或减少注册资本后的出资者、出资金额、出资比例是否符合协议或合同章程及董事会、股东会或股东大会决议的有关规定
   C. 出资者将出资款直接汇入被审验单位在境外开立的银行账户的，检查被审验单位注册地外汇管理部门的批准文件
   D. 股份有限公司发行新股（含配股）的，注册会计师还应当取得股款划转凭据、股票发行费用清单。如果委托证券承销机构办理，还应当取得委托承销协议、承销报告、募股清单、证券登记机构出具的有关证明

5. 总体验资计划包括的内容有（ ）。
   A. 审验程序安排   B. 验资风险评估
   C. 收费预算   D. 对专家工作的利用

6. 验资报告中不包括的结论类型有（ ）。
   A. 否定结论   B. 有限保证结论
   C. 无保留结论   D. 保留结论

7. 以进口实物出资的，注册会计师应当实施（ ）审验程序。
   A. 按照国家规定须办理价值鉴定手续的，查阅各地出入境检验检疫局或经国家质量监督检验检疫总局和资产评估机构出具的外商投资财产价值鉴定证书
   B. 当实物出资的币种与记账本位币不一致时，检查实收资本的折算汇率是否按发出实物的当日汇率折算
   C. 观察、检查实物，验证其品名、规格、数量、价值等是否与财产价值鉴定证书的有关内容一致

    D. 检查财产价值鉴定证书所列的实物是否与购货发票、货物运输清单、货物提单、进口货物报关单、海关查验放行清单、保险单据、实物出资清单及验收清单等一致

8. 在下列验资工作底稿中属于综合类验资工作底稿的是（   ）。
    A. 总体验资计划
    B. 实物出资审验程序表
    C. 验资业务约定书
    D. 被审验单位住所和经营场所使用证明

9. 注册会计师在财务报表审阅业务中实施的主要程序有（   ）。
    A. 询问   B. 控制测试
    C. 函询   D. 分析程序

10. 注册会计师对所审阅财务报表提出无保留结论，应同时满足的条件有（   ）。
    A. 我们没有注意到任何事项使我们相信财务报表没有按照适用的会计准则和相关会计制度的规定编制，未能在所有重大方面公允反映被审阅单位的财务状况、经营成果和现金流量
    B. 审阅主要限于询问和实施分析程序，提供的保证程度低于审计
    C. 在实施审阅工作中，未受到限制
    D. 已按审阅准则的规定计划和实施了审阅工作

11. 在评价编制预测性财务信息所依据的假设时，注册会计师应重点关注的假设有（   ）。
    A. 对预测性财务信息具有重大影响的假设
    B. 对内外部因素的变化不敏感的假设
    C. 与历史模式或趋势不相符的假设
    D. 存在重大不确定性的假设

12. 如果认为重大假设不能为依据推测性假设编制的预测性财务信息提供合理基础，注册会计师应当对预测性财务信息（   ）。
    A. 解除业务约定   B. 出具保留意见的审核报告
    C. 出具否定意见的审核报告   D. 出具无法表示意见的审核报告

13. 注册会计师审核预测性财务信息所采用的会计政策，应当关注其是否与（   ）一致。
    A. 已审计年度使用的会计政策   B. 行业规定的会计政策
    C. 预测年度使用的会计政策   D. 国家允许的会计政策

14. 编制预测性财务信息所依据的假设包括（   ）。
    A. 最佳预期假设   B. 最佳估计假设
    C. 推测性假设   D. 推断性假设

15. 预测性财务信息可表现为下列（   ）形式。
    A. 规划   B. 预测
    C. 预算   D. B 和 C

16. 对财务信息执行商定程序的对象包括（   ）。
    A. 出现在财务报表或附注中的特定财务数据   B. 单一的财务报表
    C. 整套财务报表   D. 分析、汇总的财务数据

17. （   ）属于代编业务约定书中的内容。
    A. 说明不能依赖代编业务揭示可能存在的错误、舞弊以及违反法规行为
    B. 客户提供的信息的性质

C. 说明客户管理层应当对所提供信息的真实性和完整性负责，以保证代编财务信息的真实性和完整性
D. 指出财务信息的编制基础，并说明将在代编财务信息和出具的代编业务报告中对该编制基础以及任何重大背离予以披露

18. 以下关于代编业务的编制基础的陈述正确的是（　　）。
A. 编制基础可以是法定的，也可以是非法定的
B. 编制基础将在代编的财务信息中进行披露
C. 编制基础也将在代编报告中披露
D. 如果客户要求代编财务信息与选定的编制基础背离，注册会计师应当中断代编业务委托

19. 商定程序业务报告应当详细说明业务的目的和商定的程序，以便使用者了解所执行工作的性质和范围。商定程序业务报告应当包括下列（　　）内容。
A. 说明已按照本准则的规定和业务约定书的要求执行了商定程序
B. 当注册会计师不具有独立性时，说明这一事实
C. 说明所执行的商定程序并不构成审计或审阅，注册会计师不提出鉴证结论
D. 说明报告仅限于特定主体使用

20. 注册会计师执行代编业务应当了解客户业务交易的性质、会计记录的形式和财务信息的编制基础。注册会计师通常不需要执行（　　）的程序。
A. 询问管理层，以评价所提供信息的可靠性和完整性
B. 评价内部控制
C. 验证任何事项
D. 利用以前经验、查阅文件记录或询问客户的相关人员，获取对这些事项的了解

二、判断题

1. 验资属于特殊目的的审计业务，注册会计师在出具验资报告时，应遵循中国注册会计师审计准则的一般要求。　　（　　）

2. 在执业过程中，如果被审验单位不提供真实、合法、完整的验资资料，注册会计师应出具否定意见的验资报告。　　（　　）

3. 验资是指注册会计师接受委托，对被审验单位注册资本的实收情况或注册资本及实收资本的变更情况进行审验，并出具验资报告的过程。　　（　　）

4. 评估验资风险，确定重点审验领域属于具体验资计划的内容。　　（　　）

5. 出资者以货币出资的，注册会计师应以获取的被审验单位的收款凭证、银行对账单和银行询证函的回函等为验资依据。　　（　　）

6. 设立验资时，对出资者以实物、知识产权、土地使用权等非货币财产出资的，注册会计师应当检查上述出资财产办理财产权转移手续的证明文件，验证其出资前是否归属于出资者，出资后是否归属于被审验单位，而变更验资则不需要。　　（　　）

7. 如果被审验单位坚持要求注册会计师作不实证明的，注册会计师应出具无法表示意见的验资报告。　　（　　）

8. 在审验过程中，如果利用专家协助工作，注册会计师应当考虑其专业胜任能力并对专家的工作结果负责。　　（　　）

9. 注册会计师有责任实施程序以识别审阅报告日后发生的，可能对会计报表产生影响的期

后事项。　　　　　　　　　　　　　　　　　　　　　　　　　　　　　（　　）

10. 由于财务报表审阅仅需要获取支持有限保证的证据，所以注册会计师在搜集证据时无须使用函证、监盘等程序。　　　　　　　　　　　　　　　　　　　　　（　　）

11. 注册会计师应重点审核预测性财务信息所涵盖的期间是否属于未来期间。（　　）

12. 如果被审核单位存在对变化特别敏感的领域，注册会计师应考虑该领域对预测性财务信息的影响程度。　　　　　　　　　　　　　　　　　　　　　　　　　（　　）

13. 在预测性财务信息审核时，注册会计师没有必要了解与其相关的内部控制。（　　）

14. 一般而言，注册会计师仅对管理层采取假设的合理性提供合理保证。　（　　）

15. 某被审核单位销售额的80%是由20%的客户购买的，且其所处行业内各企业争夺客户的竞争相当激烈，在编制预测性财务信息时，被审核单位依据的假设是能够在预测期间留住现有的所有重要客户。在这种情况下，注册会计师应当提请被审核单位在预测性财务信息中充分披露该领域的有关情况。　　　　　　　　　　　　　　　　　　　　　　　（　　）

16. 如果被审核单位拥有一处不动产，其全部业务就是该不动产的出租，签订的租约都是长期合同，那么，将预测性财务信息的涵盖期间设定为一个较长的期间也是合理的。（　　）

17. 对推测性假设，注册会计师不需要获取支持性的证据，但应当确定这些假设与编制预测性财务信息的目的相适应，并且没有理由相信这些假设明显不切合实际。　（　　）

18. 注册会计师执行商定程序业务，应当遵守相关职业道德规范，恪守独立、客观、公正的原则，保持专业胜任能力和应有的关注，并对职业过程中获知的信息保密。　（　　）

19. 由于注册会计师执行商定程序业务，仅报告执行的商定程序及其结果，并不提出鉴证结论，所以，报告使用者自行对注册会计师执行的商定程序及其结果做出评价，并根据注册会计师的工作得出自己的结论。　　　　　　　　　　　　　　　　　　　　　　（　　）

20. 注册会计师必须在业务承接前明确地向客户指明代编业务的性质，即代编业务既非审计也非审阅，代编业务的程序一般不用于或只可部分用来对代编的财务信息提出鉴证结论。
　　　　　　　　　　　　　　　　　　　　　　　　　　　　　　　（　　）

三、名词解释

验资　验资计划　验资报告　设立验资　变更验资　验资业务约定书
验资方法　验资风险　审阅　审阅报告　审阅计划　审阅业务流程
有限保证　审阅业务约定书　无保留结论　保留结论　否定结论
预测性财务信息　预测　规划　最佳估计假设　推测性假设
审核程序　商定程序　代编业务　预测性财务信息审核报告

四、简答与论述题

1. 在什么情况下，注册会计师应提交保留结论的审阅报告？
2. 注册会计师在预测性财务信息审核报告中应当对信息使用者提出哪些警示？
3. 试述注册会计师对无形资产出资的主要审验方法。
4. 试分析财务报表审计业务与审阅业务的异同之处。
5. 在设立验资中，注册会计师对实物出资应如何审验？
6. 试分析注册会计师所实施的财务信息商定程序的主要特点。
7. 试述需要注册会计师进行变更验资的情形。
8. 试述注册会计师预测性财务信息审核业务的流程。

五、分析题

1. 目的：掌握会计师事务所审阅业务的特性。

资料：MGA 会计师事务所 20×2 年 2 月 20 日接受 N 上市股份有限公司的委托，对其 20×1 年 12 月 31 日的资产负债表、利润表、所有者权益变动表和现金流量表进行审阅，并发表审阅意见。MGA 会计师事务所委派李强注册会计师任具体项目负责人。由于审阅业务并非审计业务，对独立性不做特别要求，故此 MGA 会计师事务所负责人没有安排前期初步业务活动的事务所与审阅项目组成员的独立性检查。

要求：

（1）指出 MGA 会计师事务所开展上述审阅业务的缺陷，该项业务是哪种类型的鉴证业务，其保证程度如何？

（2）该项审阅业务的风险高低如何？并分析理由。

2. 目的：练习注册资本实收情况明细表与验资报告的编制。

资料：汇通有限责任公司，经批准由 A 公司和 B 公司共同出资组建，其中，根据经批准的公司章程，汇通有限责任公司注册资本为人民币 7 000 万元，于 20×1 年 12 月 31 日前一次缴足，其中，A 公司应出资 5 000 万元，具体包括：货币 500 万元，厂房 2 500 万元，土地使用权 2 000 万元；B 公司应出资 2 000 万元，具体包括：货币 600 万元，机器设备 1 400 万元。

20×1 年 11 月 20 日，A 公司以货币出资 500 万元，厂房账面价值 2 500 万元，经评估价值为 2 700 万元，土地使用权账面价值 1 700 万元，评估价值为 2 100 万元。厂房和土地使用权的评估价值得到投资双方的确认。20×1 年 11 月 28 日，B 公司以货币出资 600 万元，机器设备出资经评估价值为 1 500 万元。

此外，经双方协议，并报经批准，双方实际出资额超出认缴部分的作为其他应付款处理；汇通有限责任公司于 20×2 年 1 月 10 日委托华信会计师事务所进行验资，注册会计师李仁、王竹于 1 月 26 日完成了审验工作。

要求：

假如你是注册会计师李仁或王竹，试完成汇通有限责任公司注册资本实收情况明细表的编制工作，并草拟一份验资报告。

3. 目的：练习审阅报告的编制。

资料：锦诚会计师事务所于 20×2 年 1 月 15 日接受委托对华达股份有限公司 20×1 年度会计报表进行审阅，注册会计师方靖、李强于 20×2 年 2 月 16 日完成审阅工作，2 月 25 日出具了下列审阅报告。

审阅报告

华达股份有限公司：

我们接受委托审计了贵公司 20×1 年 12 月 31 日的资产负债表、20×1 年度的利润表、股东权益变动表和现金流量表及其财务报表附注。

我们按照《中国注册会计师执业准则》的规定执行了审计工作。《中国注册会计师执业准则》要求我们遵守职业道德规范，计划和实施审计工作。在审计过程中，我们结合贵公司的实际情况，实施了包括抽查会计记录等我们认为必要的审计程序。

我们相信，我们获取的审计证据是充分、适当的，为发表审计意见提供了基础。

我们认为，华达股份有限公司的财务报表已经按照企业会计准则的规定编制，在所有重大方面公允反映了该公司的财务状况、经营成果和现金流量。

锦诚会计师事务所（盖章）　　　　　　　　　中国注册会计师：方靖（盖章）
　　　　　　　　　　　　　　　　　　　　　中国注册会计师：李强（盖章）
　　中国××市　　　　　　　　　　　　　　　　　20×2年2月25日
要求：
分析上述审阅报告存在的问题，编制正确的审阅报告。

4. 目的：练习预测性财务信息审核报告的编制。

资料：方正会计师事务所的注册会计师李祥和吴祺对海兴股份有限公司20×1年度财务信息的预测进行审核，在审核过程中发现海兴公司未在该预测中披露债务重组对公司利润的影响，注册会计师建议其披露，但海兴公司拒绝注册会计师的意见。该审核报告编写完成的日期是20×1年1月29日，完成审核工作的日期是1月22日。下面是注册会计师出具的审核报告。

审核报告

海兴股份有限公司全体股东：

我们审核了后附的海兴股份有限公司（以下简称海兴公司）编制的预测（列明预测涵盖的期间和预测的名称）。我们的审核依据是《中国注册会计师审计准则第3101号——历史财务信息审计或审阅以外的鉴证业务》。海兴公司编制预测的假设已在附注×中披露。

根据我们对支持这些假设的证据的审核，我们没有注意到任何事项使我们认为这些假设没有为预测提供合理基础。而且，我们认为，该预测是在这些假设的基础上恰当编制的，并按照××编制基础的规定进行了列报。

由于预期事项通常并非如预期那样发生，并且变动可能重大，实际结果可能与预测性财务信息存在差异。

　　方正会计师事务所　　　　　　　　　　　中国注册会计师：李祥
　　　（盖章）　　　　　　　　　　　　　　　（签名并盖章）
　　中国××市　　　　　　　　　　　　　　　20×1年1月29日
要求：
分析预测性财务信息审核报告中需要改进之处，并加以完善。

第二部分　各章综合练习题参考答案

第1章　审计的基本性质

部分题型参考答案

一、不定项选择题

1. A	2. B	3. ABD	4. B	5. ACD
6. D	7. AD	8. C	9. C	10. A
11. B	12. AC	13. ABC	14. ABCD	15. AC
16. AC	17. AD	18. AC	19. CE	20. ABD

二、判断题

1. √	2. √	3. √	4. ×	5. ×
6. √	7. ×	8. ×	9. √	10. ×
11. ×	12. √	13. √	14. √	15. √
16. √	17. ×	18. √	19. √	20. √

四、简答与论述题

1. 答：两权分离有广义和狭义两种含义，通常所说的两权分离是指企业财产所有权与经管权的分离，这是狭义的理解。广义地说，只要所有者拥有的财产不是自己保存和运用，而是委托他人经管，那么，就产生了财产所有者拥有的所有权与财产经管者拥有的经管权的分离。我们所说的两权分离是从广义而言的。

伴随两权分离过程，两权分离的内容也不断扩展和延伸。从整体上看，两权分离包括四个层次：

（1）终极所有权与投资权益或资本经管权的分离。

（2）终极所有权与通常所说的经管权益或资产经管权的分离。

（3）终极所有权与法人所有权的分离。

（4）法人所有权与部分资产的经管权的分离。

综上所述，两权分离的结果是终极出资人将财产交托给资本经营者（或投资公司），资本经营者又将其交托给资产经营者，资产经营者作为法定代表人再将其交托给作为部分资产经营管理者的分公司、分店和分厂的责任者。这里形成了一个资产的委托受托经营关系链。

2. 答：两权分离后便形成了委托受托责任关系，出现了所有权监督和经管权监督，在维系或解除委托受托责任关系时，审计更多的是从维护所有者利益的角度出发，或者直接说，审计产生和发展于所有权监督的需要。这种观点是有着理论和历史依据的。

审计监督具有所有权监督的特征，而与经管权监督的特征不一致，表现在：

（1）经管权监督是整个管理控制的有机环节。离开了管理活动，经管权监督也就不复存在，而没有经管权监督，管理活动就难以彻底进行，决策目标难以最终贯彻。与此不同，审计监督是一种独立的经济监督活动，它存在的基本条件就是不能参与任何经营管理活动，这就决定了审计监督不可能是经管权监督，而只能属于所有权监督的范畴。

（2）经管权监督形成于管理职能与执行职能的分离。这种分离包括两种意义：一是在分层管理的条件下，高层管理者制定管理决策与下一层执行管理决策的职能相分离；二是管理职能与生产经营的分离。这种分离使得上一层管理机构（人）必须监督下一层管理机构（人），基层管理机构（人）要监督生产经营的执行机构（人），从而形成一个经管权监督链。这里监督者也成为被监督者（下层管理机构或人相对上层管理机构或人）。但是，作为所有权监督的审计没有分层进行的特征。

（3）经管权监督是一种从上至下的监督。这样，在管理阶层体系的最高层——企事业单位是经营者（厂长、经理等）、政府职能部门是最高负责人，经管权监督不能涉及。但是，由于审计产生于两权分离所引起的经济监督需要，它接受财产所有者的委托，正是要对经营者或最高负责人进行监督。这种审计监督被称为高层次监督，这是经管权监督所不能具有的。

（4）经管权监督是直接服务于管理者自身的。审计监督从来都不是为自身服务，它服务于委托（委派）者——财产所有人。当然，不可否认，在审计发展的历史进程中，审计结论不仅仅为财产所有者—委派（委托）审计方所使用，而且还广泛地被银行、税务等职能管理部门所使用，这并不否认审计的目的是为作为委派（委托）审计方的财产所有者提供审计结论。

3. 答：在世界范围内，有四种国家审计机关的设置形式，并形成了相应的内部关系。

（1）立法式。这种模式的基本特征是国家审计机关隶属于立法机构，在立法机构的领导下开展工作，并向立法机构报告工作。在世界上，有相当多的国家都采用这种模式。但最早采用的是英国。在这种模式下，国家审计的中央组织和地方组织没有领导和被领导的关系，它们之间是相对独立的。

（2）司法式。这种模式的基本特征是国家审计机关建立在司法系统中，具有司法权。首先采用这种模式的是法国。这种模式下的中央审计组织和地方审计组织是没有领导和被领导关系的。

（3）独立式。这种模式的基本特征是国家审计机关既不隶属于立法机关，也不隶属于行政系统和司法系统，具有超然独立性。日本采用这种模式。独立模式下中央审计组织和地方审计组织没有领导和被领导的关系。

（4）行政式。这种模式的基本特征是国家审计机关隶属于政府行政系统，是国家行政机构的组成部分，对政府及所属各部门、各单位实施审计监督。这种模式的国家审计，其独立性和权威性要差于立法模式的国家审计。世界上一些社会主义国家大多采用这种模式。我国国家审计也采用了行政模式。在这种模式下，国家审计的中央组织和地方组织一般是有领导和被领导关系的。

综合而言，上述四种模式中的前三种属于独立型的，后一种属于半独立型的。独立型的国家审计机关较为符合审计的三者关系，即委托者、审计者和被审计者的三者关系，在这些模式下，审计的所有权监督理论可以得到最为直接的体现，尤其是独立模式，其独立性和权威性最强。行政模式之所以叫做半独立型，因为在这种模式下，委托者和被审计者有时是合二为一的，审计的三者关系不尽明确，其独立性和权威性是不如独立型的。

4. 答：内部审计结构的设置形式主要有以下几种：

（1）监事审计机构。这种形式的内部审计机构即监事会或其下设的专门履行审计职责的机构。监事审计机构代表出资者所有权，站在保护股东权益的立场上，对董事会和企业经理人员所负责的财产经管责任的履行情况进行监督和评价，就内部审计而言，具有很强的独立性和权威性。

（2）部门或单位内部审计机构。这种形式的内部审计机构即在企业董事会下或最高管理当局下设立的审计机构。

① 部门内部审计机构。在我国，部门内部审计有两种形式：一是国家各行政部门所设立的内部审计。它代表国家所有者，凭借国家所有权对所属使用国有财产的部门、单位进行监督，所以，也把它称为国家审计机关驻某部门审计机构。从这个意义讲这种部门内部审计机构，实质是国家审计机关的一个组成部分。这种形式的内部审计机构直接隶属于部门最高领导者。二是集团公司、母公司或投资公司所设立的内部审计。这种形式的内部审计机构是产生于某一所有者集团的终极所有权与资产经营权相分离的需要，它也是凭借所有权进行的一种经济监督。

② 单位内部审计机构。这种形式的内部审计机构是在基层企业事业单位内部设置的审计机构。

部门内部审计机构中的第二种形式和单位内部审计机构，在隶属关系上既可以隶属于董事会，也可以隶属于单位最高管理当局，还可以在董事会和管理当局设置两种形式的单位内部审计机构。在董事会下设置的内部审计机构，一般是审计委员会；在管理当局中设置的内部审计机构，一般是审计部。这两种形式的内部审计机构，都是代表法人所有权进行的监督。但是，如果二者都存在的话，它们存在一个层次问题。如果说，监事内部审计机构属于第一层次的话，那么，审计委员会属于第二层次，审计部属于第三层次。在这种情况下，监事内部审计机构负责监督和评价董事会经管责任的履行情况，审计委员会负责监督和评价总经理人员经管责任的履行情况，审计部负责监督和评价基层管理人员经管责任的履行情况。

5. 答：从整体上讲审计的职能是监督，而由于不同审计形式代表的所有权不同以及审计内容的着重点的差异，其审计职能也有所差异。

（1）监督职能：监察职能是指计主体对被审计主体在保存和运用财产过程中的违法行为所进行的查证和处理。审计的监督职能就是代表所有者行使的经济监督职能。经济监督是审计的共有职能或基本职能，而这一职能又通过监察、鉴证和评价三个具体职能得以体现和实现。

（2）监察职能：监察职能是指审计主体对被审主体在保存和运用财产过程中的违法行为所进行的查证和处理。通过监察职能的作用，揭发贪污舞弊、弄虚作假、严重损失浪费等行为，依法追究责任、执行经济裁决或提请给予行政处分或刑事处罚，以保证国家的法律法规和方针政策的贯彻实行、维护财经法纪和各项规章制度。最终达到保护财产安全完整，提高财产运用效率的目的。国家审计更侧重于监察职能。

（3）鉴证职能：鉴证职能是指鉴定和证明。审计的鉴证职能是指审计主体对被审计主体的会计资料和相关经济资料及其所反映的财务收支和相关经济活动的真实、正确以至合法性所作的审查核实。以此，确定其可信赖程度，作出书面证明，以取得审计委托（委派）人的信任。鉴证职能是民间审计的主要职能。

（4）评价职能：评价职能就是通过审查分析，确定被审计主体的计划、预算、决策方案的先进性和可行性，经济活动的效益性，内部控制系统的健全、有效性等，以便有针对性地提出意见和建议，促使其改善经营管理，提高经济效益。可见，评价职能不是一种预防和制约性功能，而是一种建设性功能。从理论和实践看，评价职能与内部审计的关系更为密切。

整体上讲，审计的职能是监督，国家审计侧重于监督的监察方面，民间审计侧重于监督的鉴证方面，内部审计侧重于监督的评价。三种审计形式又都具备这三种职能。国家审计可以向国家所有者提供审计报告，鉴证国家所有的项目，企业提供的会计报表和保存的财产的真实性和合理性，评价其项目和企业的经营活动的绩效性。民间审计也可以受托依法查处被审计主体的违法行为，评价被审计主体的经济活动的效益性。内部审计可以代表最高管理当局查处被审计主体的违法行为，并就所属被审计主体提供的会计报表的真实性进行鉴证。

第2章 审计责任

部分题型参考答案

一、不定项选择题

1. C	2. B	3. B	4. C	5. ABC
6. D	7. C	8. BCD	9. B	10. ABCD
11. ACD	12. ABCD	13. ABCD	14. B	15. ABC
16. ABC	17. D	18. ABD	19. AB	20. AC

二、判断题

1. ×	2. ×	3. ×	4. ×	5. √
6. ×	7. ×	8. ×	9. √	10. ×
11. √	12. ×	13. √	14. √	15. ×
16. √	17. √	18. ×	19. √	20. √

四、简答与论述题

1. 答：我国审计规范从整体上分析，具有以下两个方面的特征：

（1）层次性与系统性。根据上述分析，我国审计规范包括法律层面、规章层面、准则层面和指南层面四个层次的审计规范，可见，层次分明并呈"金字塔"式结构，上层属于统驭层，下层属于被统驭层，因为这些规范是由不同的权威机构制定的，它们的权利范围以及订立规范的目的决定了不同层次审计规范具有不同属性。另外，由于审计规范基于多种不同目的产生，并由不同的权威机构制定，这些以不同形式出现的审计规范，具有内在的一致性和结构上的完整性。每一种审计规范，既要保持与其他规范的有机衔接，避免发生相互矛盾，又要保持该规范本身的严密性和全面性，以防止人为地留下漏洞，所以，形成了审计规范系统。这种层次性与系统性从不同监督体现了审计规范的内在特征。

（2）强制性与指导性。审计规范与其他许多社会规范一样，有些是靠外界强制力保证实施的。《宪法》中有关审计规范、《审计法》与《注册会计师法》所规定的内容是依靠法律保护予以推行的，审计行政规章、审计准则以及相关审计规则（如审计执业道德规范等）主要靠行政强权予以推行；而审计实务操作指南则是为审计人员提供实务操作指导意见，不具有强制性，仅提供参考性意见。审计规范既包括需要审计机构和审计人员强制实行的行为准则，也包括给审计机关和审计人员提供参考意见的指导性规范。这种特征体现了审计规范广泛的作用空间。

2. 答：注册会计师要向社会公众提供高质量的专业服务，除必须具备良好的职业品德外，还必须保持和提高专业胜任能力，遵守审计准则等执业规范，合理运用会计准则及国家其他相关技术规范。因此，专业胜任能力是注册会计师职业道德的一项重要内容。

注册会计师应当具有专业知识、技能或经验，能够胜任承接的工作。专业胜任能力既要求注册会计师具有专业知识、技能或经验，又要求其经济、有效地完成客户委托的业务。把专业胜任能力提高到职业道德的层次是因为注册会计师如果不能保持和提高专业胜任能力，就难以完成客户委托的业务。尽管注册会计师依法取得了执业证书，表明在该领域具备了一定的知识；但一个合格的注册会计师不仅应充分认识自己的能力，还必须清醒地认识到自己在专业胜任能力方面的不足，不承接自己不能胜任的业务。如果注册会计师不能认识到这一点，承接了难以胜任的业务，就可能给客户乃至社会公众带来危害。

3. 答：经济业务的复杂性决定了审计标准的多样性。在不同的审计目标下，审计标准也不一样。审计标准包括国家法律、法规、政策、规章制度、预算、计划、经济合同、业务规范、技术经济标准、会计制度和会计准则等。

审计标准有不同的分类方法，按照审计标准的来源可以分为正式的审计标准和非正式的审计标准，按照审计标准衡量的对象可以分为财务审计标准和经济效益审计标准。

审计标准可以是正式的规定，如编制财务报表所使用的会计准则和相关会计制度；也可以是某些非正式的规定，如单位内部制定的行为准则或确定的绩效水平。

财务审计是注册会计师对鉴证对象信息提出结论，以增强除责任方之外的预期使用者对鉴证对象信息信任程度的业务。财务审计标准主要是国家相关的法律法规、会计准则和制度等。

经济效益审计标准是衡量、考核、评价审计对象绩效高低、优劣的尺度。经济效益审计的目标是评价被审计对象经济活动的有效性，在内容上主要包括历史数据、预算、技术指标、同行业先进水平等。

4. 答：注册会计师应有的职业谨慎体现在审计执业的整个过程中，并有诸多表现形式。

（1）应有的职业谨慎与保持高度的责任感和风险意识。注册会计师在整个审计过程中应时刻想到，工作稍有不慎或不公正，就可能发生审计过失，就可能被推向被告席并承担特定形式的法律责任。为此，必须保持高度的责任感和风险意识，培养职业谨慎者所应具备的品质，严格遵循专业标准和职业道德，谨慎、认真而又警惕地处理审计过程中的每一步骤及其具体业务，以保持应有的职业谨慎。

（2）应有的职业谨慎与制定并实施周密的审计工作方案。在进驻被审计单位前，审计人员应根据审计项目，制订审计计划；进驻后，应根据审计计划制定详细的审计工作方案，并在审计的实施阶段针对具体情况对其进行适当修正，以保证审计工作的有序性与有效性，体现应有的职业谨慎的精神。

（3）应有的职业谨慎与制度基础审计。制度基础审计是现代审计的重要标志之一，它可以在一定程度上使注册会计师确定审查的范围和重点，即确定注册会计师对审计对象在多大范围及哪些重点内容上予以职业谨慎。注册会计师"应对内部控制进行适当的研究和评价，以作为信赖内部控制的基础，并据以确定测试范围和由此而用的审计程序"，"审计对内部控制进行检查是为了提供确定检查范围和提出改善该系统的建设性建议的依据"。"这些目的均可被认为是应有审计关注概念的应用"。

（4）应有的职业谨慎与对期后事项的关注。期后事项是被审计单位资产负债表日至审计外勤工作结束日期间所发生的影响被审计单位审计期间的财务状况、经营成果和资金变动情况的有关事项。期后事项很可能会改变注册会计师对被审计单位财务报表公允性的意见，而这类事项往往会被注册会计师所疏忽，所以，注册会计师注重对期后事项的审查是应有的职业谨慎的要求。

（5）应有的职业谨慎与提出审计报告。审计报告是审计工作的结果。应有的职业谨慎要求审计报告中的审计意见类型是恰当的、审计范围界定是清楚的、会计责任和审计责任是明确的、文字表达是准确的。

5. 答：从法律的角度界定注册会计师审计法律责任的意义在于协调双方的期望差异。在公众期望和业界期望中，公众期望是需求性的，是注册会计师为之奋斗的最终目标，随着公众对注册会计师行业了解的深入，公众期望会有缓慢下调的趋势；业界期望是约束性的，随着审计技术的不断发展，以及注册会计师行业抗风险能力的提高，这一期望有上升的趋势。这两种趋势使得审计期望差异有自发弥合的趋势。但是，这种趋势是一个缓慢的趋势，由于信息不对称问题总存在于被审计单位、注册会计师和委托者之间，审计期望差异不可能完全弥合。界定注册会计师审计的法律责任，应关注以下几个要点：

（1）法律对注册会计师审计法律责任的规定应以公众期望为上限、以业界期望为下限的区间内寻求最佳风险分担点。对法律责任这种折中性的界定，实际上体现了注册会计师和信息使用者对风险的分摊：注册会计师执行审计业务时必须承担检查风险，而因被审计单位企业经营不善、内部控制不利而产生的风险则主要应由信息使用者承担。

（2）注册会计师所应承担的法律责任呈不断增强之势。这主要基于两方面原因：其一，满足公众期望是注册会计师为之努力的方向，对注册会计师法律责任起着指导性作用，而公众期望的下调趋势是十分缓慢的，在现实中是相对稳定的；业界期望由于上述原因是不断上升的。因此，审计责任总体上呈不断上升之势。其二，界定注册会计师法律责任的不断上升也是技术性的策略。注册会计师行业的发展和抗风险能力的提高是一个渐进的过程，在注册会计师行业发展的初期，考虑到维护行业发展的需要，在界定法律责任时应主要考虑业界期望的约束。随着行业的发展和注册会计师抗风险能力的提高，对法律责任的界定应不断向公众期望倾斜。

（3）民事责任应逐渐成为主要的法律责任形式。随着审计市场的不断完善，注册会计师与信息使用者之间的民事关系将不断明确，因此更多地用民事责任来规范民事关系将成为必然的趋势。审计责任的渐进增强主要源于民事责任的增加，而行政责任和刑事责任具有相对稳定性。

6. 答：随着社会主义市场经济的发展，审计人员在经济生活中发挥的作用愈发重要，因此，强化审计人员的责任意识、严格审计人员的法律责任，以保证其职业道德和执业质量，其意义就显得愈加重大。要避免和减轻注册会计师承担的法律责任，必须通过政府、法律界、审计行业、企业界以及社会公众的共同努力，建立一个健全、良好的审计环境。而审计职业界应该采取积极的态度，勇于承担责任，寻求有效的措施，减轻自己所面临的法律责任风险，尽量避免法律诉讼的发生。注册会计师要避免法律诉讼，就必须在执行审计业务时尽量减少过失行为，防止欺诈行为。从注册会计师自身而言，防范法律诉讼的具体措施，可以概括为以下几点：严格遵循职业道德和专业标准的要求；建立、健全会计师事务所质量控制制度；委托人签订业务约定书；谨慎选择被审计单位；深入了解被审计单位的业务；投保充分的职业责任保险。

第3章　审计目标、审计计划与重要性

部分题型参考答案

一、不定项选择题

1. BC	2. AB	3. C	4. A	5. A
6. B	7. ABCD	8. ABC	9. ABCD	10. ABC
11. C	12. B	13. ABCE	14. ACDE	15. ABCD
16. ABCD	17. ABCDE	18. AC	19. AC	20. ACE

二、判断题

1. √	2. ×	3. ×	4. ×	5. √
6. ×	7. √	8. ×	9. √	10. ×
11. √	12. ×	13. √	14. √	15. √
16. ×	17. √	18. ×	19. √	20. √

四、简答与论述题

1. 答：被审计单位管理当局对财务报表的认定有五类：

（1）存在或发生。存在的认定是指包含在资产负债表内的资产、负债和所有者权益在资产负债表日确实存在；发生的认定是指在利润表中记录的各项收入和费用在会计期间内实际发生。"存在或发生"的认定主要与财务报表要素的高估有关。

（2）完整性。完整性的认定是指应在财务报表中表达的所有业务或事项均已包括在内。完整性认定与存在或发生认定处理的是相反的事项。它主要与财务报表要素的低估有关。

（3）权利与义务。权利与业务的认定是指在某一特定日期，各项资产确属被审计单位的权利，各项负债确属被审计单位的义务。权利与义务认定只与资产负债表的构成要素有关。

（4）估价或分摊。估价或分摊的认定是指各项资产、负债、所有者权益、收入和费用要素均以恰当的金额列示于财务报表中。

（5）表达与披露。表达与披露的认定是指财务报表上特定项目被适当地加以分类、说明和披露。

2. 答：审计业务约定书的具体内容可能因被审计单位的不同而存在差异，但应当包括下列主要方面：

（1）财务报表审计的目标；

（2）管理层对财务报表的责任；

（3）管理层编制财务报表采用的会计准则和相关会计制度；

（4）审计范围，包括指明在执行财务报表审计业务时遵守的中国注册会计师审计准则（以下简称审计准则）；

（5）执行审计工作的安排，包括出具审计报告的时间要求；

（6）审计报告格式和对审计结果的其他沟通形式；

（7）由于测试的性质和审计的其他固有限制，以及内部控制的固有局限性，不可避免地存在着某些重大错报可能仍然未被发现的风险；

（8）管理层为注册会计师提供必要的工作条件和协助；

（9）注册会计师不受限制地接触任何与审计有关的记录、文件和所需要的其他信息；

（10）管理层对其做出的与审计有关的声明予以书面确认；

（11）注册会计师对执业过程中获知的信息保密；

（12）审计收费，包括收费的计算基础和收费安排；

（13）违约责任；

（14）解决争议的方法；

（15）签约双方法定代表人或其授权代表的签字盖章，以及签约双方加盖的公章。

如果情况需要，注册会计师应当考虑在审计业务约定书中列明下列内容：

（1）在某些方面对利用其他注册会计师和专家工作的安排；

（2）与审计涉及的内部注册会计师和被审计单位其他员工工作的协调；

（3）预期向被审计单位提交的其他函件或报告；

（4）与治理层整体直接沟通；

（5）在首次接受审计委托时，对与前任注册会计师沟通的安排；

（6）注册会计师与被审计单位之间需要达成进一步协议的事项。

如果负责集团财务报表审计的注册会计师同时负责组成部分财务报表的审计，注册会计师应当考虑下列因素，决定是否与各个组成部分单独签订审计业务约定书：

（1）组成部分注册会计师的委托人；

（2）是否对组成部分单独出具审计报告；

（3）法律法规的规定；

（4）母公司、总公司或总部占组成部分的所有权份额；

（5）组成部分管理层的独立程度。

3. 答：总体审计策略的内容包括：向具体审计领域调配的资源，包括向高风险领域分派有适当经验的项目组成员，就复杂的问题利用专家工作等；向具体审计领域分配资源的数量，包括安排到重要存货存放地观察存货盘点的项目组成员的数量，对其他注册会计师工作的复核范围，对高风险领域安排的审计时间预算等；何时调配这些资源，包括是在期中审计阶段还是在关键的截止日期调配资源等；如何管理、指导、监督这些资源的利用，包括预期何时召开项目组预备会和总结会，预期项目负责人和经理如何进行复核，是否需要实施项目质量控制复核等。

4. 答：《中国注册会计师审计准则第 1221 号——计划和执行审计工作时的重要性》规定：重要性是指注册会计师确定的低于财务报表整体的重要性的一个或多个金额，旨在将未更正和未发现错报的汇总数超过财务报表整体的重要性的可能性降至适当的低水平。如果适用，实际执行的重要性还指注册会计师确定的低于特定类别的交易、账户余额或披露的重要性水平的一个或多个金额。

该准则进一步规定：财务报告编制基础可能以不同的术语解释重要性，但通常而言，重要性概念可从下列方面进行理解：

（1）如果合理预期错报（包括漏报）单独或汇总起来可能影响财务报表使用者依据财务报表做出的经济决策，则通常认为错报是重大的；

（2）对重要性的判断是根据具体环境做出的，并受错报的金额或性质的影响，或受两者共同作用的影响；

（3）判断某事项对财务报表使用者是否重大，是在考虑财务报表使用者整体共同的财务信息需求的基础上做出的。由于不同财务报表使用者对财务信息的需求可能差异很大，因此，不考虑错报对个别财务报表使用者可能产生的影响。

5. 答：注册会计师在确定计划的重要性水平时，应当考虑各种影响要素。

（1）被审计单位及其环境。被审计单位及其环境影响注册会计师对计划重要性的确定，被审计单位及其环境具体包括：被审计单位的行业状况、法律环境与监管环境，被审计单位的业务性质，对会计政策的选择和运用，被审计单位的目标、战略及相关经营风险，被审计单位的内部控制状况等。

（2）审计的目标。审计目标是根据信息使用者的要求确定的，而信息使用者的要求影响注册会计师对重要性的确定。

（3）财务报表各项目的性质及其相互关系。财务报表使用者对不同的报表项目的关注程度有所不同。一般来说，如果认为流动性较高的项目，较小金额的错报就会影响报表使用者的决策，那么，注册会计师就应当从严确定重要性水平。由于报表各项目之间是相互关联的，注册会计师在确定重要性时应考虑这种相互关系。

（4）财务报表项目的金额及其波动幅度。财务报表项目的金额及其波动幅度可能促使财务报表使用者做出不同的反应，注册会计师在确定重要性时应考虑这些项目的金额及其波动幅度。

6. 答：注册会计师应当评估尚未更正错报单独或累积的影响是否重大，从特定的某类交易、账户余额及列报认定层次和财务报表层次考虑这些错报的金额和性质，以及这些错报发生的特定环境。注册会计师应当分别考虑每项错报对相关交易、账户余额及列报所设定的较之财务报表层次重要性水平更低的可容忍错报。如果某项错报由（或可能）舞弊造成，无论其金额大小，注册会计师均应考虑其对整个财务报表审计的影响。考虑到某些错报发生的环境，即使其金额低于计划的重要性水平，注册会计师仍可能认为单独或连同其他错报从性质角度分析是重大的。

注册会计师评估尚未更正的错报是否重大时，需要考虑每项错报对财务报表的单独影响，还需要考虑所有错报对财务报表的累积影响及其形成原因，尤其是一些金额较小的错报。虽然单个错报看起来并不重大，但是其累积数可能对财务报表产生重大影响。

注册会计师应将尚未更正的错报与财务报表层次的重要性水平相比较，以评价审计结果和确定审计报告中的意见类型。

（1）如果尚未更正的错报汇总数超过重要性水平，对财务报表的影响可能是重大的，注册会计师应考虑扩大实质性测试范围或提请被管理层调整财务报表，以降低审计风险。无论何种情况，注册会计师都应当要求管理层就已识别的错报进行财务报表的调整。如果管理层拒绝调整财务报表，并且扩大实质性测试范围后的结果不能使注册会计师认为尚未更正的错报汇总数不重大，注册会计师应当出具非无保留意见的审计报告。一般来说，如果尚未更正的错报的汇总数可能影响到某个财务报表使用者的决策，但财务报表的反映就其整体而言是公允的，此时应当发表保留意见。如果尚未更正的错报非常重要，可能影响到大多数甚至全部财务报表使用者的决策时，应当发表否定意见。

（2）如果尚未更正的错报的汇总数接近重要性水平，注册会计师应当考虑该汇总数连同尚未发现的错报可能超过重要性水平，注册会计师应当实施追加审计程序，或提请管理层调整财务报表，以降低审计风险。如果管理层拒绝调整财务报表，应当发表保留意见的审计报告。

（3）如果尚未更正的错报的汇总数低于重要性水平（并且特定项目的尚未更正错报也低于考虑其性质所设定的更低的重要性水平），这时的错报对财务报表的影响不重大，注册会计师可以不扩大审计测试，对财务报表出具无保留意见的审计报告。

第4章　内部控制与审计风险

部分题型参考答案

一、不定项选择题

1. ABCD	2. ABCD	3. ABCD	4. D	5. C
6. B	7. AB	8. ABC	9. AC	10. D
11. D	12. D	13. C	14. ABD	15. AB
16. ACD	17. CD	18. D	19. C	20. BC

二、判断题

1. ×	2. ×	3. √	4. ×	5. ×
6. ×	7. ×	8. ×	9. ×	10. ×
11. ×	12. √	13. ×	14. √	15. √
16. ×	17. ×	18. √	19. ×	20. ×

四、简答与论述题

1. 答：内部控制的目标是对企业财务报告的三项核心内容作出合理保证。一是财务报告的可靠性，这一目标与治理层和管理层履行财务报告编制责任密切相关；二是经营的效率和效果，即经济有效地使用企业资源，以最优方式实现企业的目标；三是在经营活动中不违反法律法规的要求，即在法律法规的框架下经营。从这几方面的目标来看，内部控制是企业风险管理的一部分。设计和实施内部控制的责任主体是治理层、管理层和其他人员。组织中的每一个人都对内部控制负有责任。实现内部控制目标的手段是设计和执行控制政策和程序。

2. 答：将内部控制与审计的发展进程综合考察，会发现内部控制最初的表现形式是20世纪40年代之前的内部牵制，在内部牵制阶段，与之相应的审计模式是账项基础审计。20世纪40年代至70年代是内部会计控制和内部管理控制阶段，这一时期随着市场竞争的加剧，内部控制与审计进一步融合，产生了制度基础审计模式。制度基础审计是在调查、测试和评价内部控制制度的基础上，实施实质性审查。它以健全有效的内部控制为前提，依赖内部控制的评价。80年代初至今是内部控制结构和内部控制整体框架阶段，与之相应的审计模式是风险基础审计或风险导向审计模式。它要求注册会计师全程关注财务报表的重大错报风险，并将风险评估作为整个审计工作的基础和先导。

3. 答：描述内部控制的主要方法有三种，即文字表述法、调查表法和流程图法。文字表述方法的优点是比较灵活，可以对被审计单位内部控制制度的各个环节作出比较深入和具体的描述，不受任何限制。但文字表述也有其缺点：对内部控制制度的描述，有时很难用简明易懂的语言来详细说明各个细节，因而有时使文字表述显得比较冗赘，不利于为有效地进行内部控制评估和控制风险评估提供直接的依据。文字表述法主要适用于内部控制制度不甚健全的企业或内部控制程序比较简单，比较容易描述的小型企业。

调查表法的最大优点：一是简便易行，即使没有较高的专业知识和专业技能的人员也能操作；二是能对所调查的对象提供一个概括的说明，有利于注册会计师作进一步分析评估；三是编制调查表省时省力，可在审计项目初期就较快地编制完成，可以节省注册会计师的工作量；四是调查表"否"栏集中反映内部控制制度存在的问题，能引起注册会计师的高度重视。但是，调查表法也有一定的缺陷，主要是对被审计单位某一环节的内部控制制度只能按所提问题分别考查，而难以提供一个完整的、系统的、全面的分析评估；由于调查表格式固定，缺乏弹性，因而对于不同行业的被审计单位或特殊情况，往往"不适用"栏填得太多，而使调查表法失去了适用性；此外，调查人员机械地照表提问，往往会使被调查人员漫不经心，易流于形式，也会失去调查表的实际意义。

用流程图法描述内部控制制度，其主要优点有：流程图从整体的角度，以简明的形式描绘内部控制制度的实际情况，便于较快地检查出内部控制制度逻辑上的薄弱环节，也便于评审；流程图便于表达内部控制制度的特征，同时便于修改，在下次评审时，只要根据修改后的内部控制制度实际情况，稍微变动几根线条、几个符号，就能更新整个流程图。当然，像任何其他方法一样，流程图法也有其不足之处：编制流程图需要具备较娴熟的技术和较丰富的工作经验，同时颇费时间；流程图法不能将内部控制制度中的控制弱点，明显地标示出来，故评估时，往往需要与其他两种方法相结合。

描述内部控制制度的三种方法并不相互排斥，而是相互依赖和相互补充的。在描述某一单位内部控制制度时，可对不同业务环节使用不同的方法，也可同时结合使用两种或三种方法，三者结合使用，往往比采用某一种方法效果更好。

4. 答：当存在下列情形之一时，注册会计师应当实施控制测试：①在评估认定层次重大错报风险时，预期控制的运行是有效的。如果在评估认定层次重大错报风险时预期控制的运行是有效的，注册会计师应当实施控制测试，就控制在相关期间或时点的运行有效性获取充分、适当的审计证据。这时选择控制测试主要是出于成本效益的考虑，其前提是注册会计师通过了解内部控制后认为某项控制存在着被信赖和利用的可能。只有认为控制设计合理、能够防止或发现和纠正认定层次的重大错报，注册会计师才有必要对控制运行的有效性实施测试。②仅实施实质性程序不足以提供认定层次充分、适当的审计证据。如果认为仅实施实质性程序获取的审计证据无法将认定层次重大错报风险降至可接受的低水平，注册会计师应当实施相关的控制测试，以获取控制运行有效性的审计证据。

5. 答：了解内部控制与控制测试的区别主要表现在：其一，目的不同。注册会计师了解内部控制的目的在于确定内部控制是否存在，而控制测试的目的在于测试控制运行的有效性。其二，证据证实的内容不同。注册会计师测试控制运行的有效性与确定控制是否存在所需获取的审计证据或审计证据需要证实的内容是不同的。了解内部控制旨在确定某项控制是否存在，是否正在使用，而控制测试程序需要证实的是控制能否在不同时点按照既定设计得以一贯执行，为此注册会计师需要抽取足够数量的交易进行检查或对多个不同时点进行观察，而了解控制的程序只需要抽取少量的交易加以检查或观察，可见，由于证据证实的内容不同，两项程序所需要收集的证据数量和审计工作量也有所不同。其三，审计程序的类型不同。控制测试与了解内部控制所采用的审计程序的类型有所不同。两者相同的审计程序，包括询问、观察、检查和穿行测试等程序，除此而外，控制测试还包括重新执行程序。尽管了解内部控制与控制测试是两项不同的审计程序，但它们都是针对内部控制实施的程序，注册会计师可以在了解内部控制的同时，测试控制运行的有效性，以提高审计效率。

6. 答：注册会计师在设计实质性分析程序时应当考虑以下因素：（1）对特定认定使用实质性分析程序的适当性；（2）对已记录的金额或比率做出预期时，所依据的内部或外部数据的可靠性；（3）做出预期的准确程度是否足以在计划的保证水平上识别重大错报；（4）已记录金额与预期值之间可接受的差异额。此外，当实施实质性分析程序时，如果使用被审计单位编制的信息，注册会计师应当考虑测试与信息编制相关的控制，以及这些信息是否在本期或前期经过审计，以增强数据及分析的可靠性。

7. 答：控制测试与实质性程序结果的相互影响力。控制测试与实质性程序结果具有相互影响力。一方面，控制测试的结果不理想，注册会计师需要调整实质性程序的性质，延长和扩大实质性程序的时间和范围，反之亦然；另一方面实施实质性程序的结果对控制测试结果也具有影响力。尽管通过实施实质性程序未发现某项认定存在错报，这本身并不能说明与该认定有关的控制是有效运行的，但如果通过实施实质性程序发现某项认定存在错报，注册会计师应当考虑实施实质性程序发现的错报对评估相关控制运行有效性的影响，如降低对相关控制的信赖程度、调整实质性程序的性质、扩大实质性程序的范围等；如果实施实质性程序注册会计师发现被审计单位没有识别出的重大错报，通常表明内部控制存在重大缺陷，注册会计师应当就这些缺陷与管理层和治理层进行沟通。

8. 答：针对财务报表层次的重大错报风险的识别与评估可采取以下总体应对措施：（1）向项目组强调在收集和评估审计证据过程中保持职业怀疑态度的必要性；（2）分派更有经验或具有特殊技能的注册会计师，或利用专家的工作；（3）提供更多的督导，对于重大错报风险较高的项目，项目组经验丰富的人员要对其他成员提供更及时、详细的指导与监督并加强项目质量复核；（4）在选择进一步审计程序时，应当注意某些程序不能被管理当局预见或事先了解；（5）对拟实施审计程序的性质、时间和范围做出总体修订。

第5章　审计证据与审计工作底稿

部分题型参考答案

一、不定项选择题

1. D	2. D	3. D	4. D	5. D
6. D	7. D	8. A	9. A	10. B
11. A	12. ACD	13. AC	14. BCD	15. ABD
16. AD	17. ABD	18. ABCD	19. BC	20. BD

二、判断题

1. √	2. ×	3. ×	4. √	5. √
6. √	7. ×	8. √	9. ×	10. √
11. ×	12. ×	13. ×	14. √	15. ×
16. √	17. ×	18. ×	19. √	20. ×

四、简答与论述题

1. 答：充分和适当是审计证据的两大特性。

2. 答：一是不经被审计单位人员之手而直接寄交审计人员的证据，如应收账款的函证回函。二是由被审计单位以外的机构或人士编制，但为被审计单位持有并留存的书面证据，如购货发票。三是审计人员自行编制的审计证据，如审计人员通过分析性复核后所做的各种计算表和分析表等。

3. 答：影响审计证据充分性的因素有：审计风险；具体审计项目的重要性程度；审计人员的审计经验；审计证据的类型和来源；审计过程中是否发现错误或舞弊；成本与效益原则。此外，在确定审计证据的数量规模时，还应遵从审计抽样技术确定的样本规模。

4. 答：审计人员实现审计目标，形成审计结论和意见，必须收集和评价审计证据。审计人员通过编制审计工作底稿，将收集到的审计证据和其他相关资料进行分析和整理最终形成审计意见并出具审计报告。审计过程就是收集和整理审计证据的过程，而审计工作底稿是审计证据的载体。两者是构成审计工作的重要部分。同时，审计工作底稿也是审计人员是否作为与尽责的一种证据。

5. 答：审计工作底稿的作用体现在以下方面：（1）审计工作底稿是联结全部审计工作的纽带。（2）审计工作底稿是评价审计责任、专业胜任能力和工作业绩的依据。（3）审计工作底稿为审计质量控制与质量检查提供了基础依据。（4）审计工作底稿具有参考价值。

6. 答：审计工作底稿的编制应符合以下要求：（1）内容完整。（2）格式规范。（3）标识一致。（4）记录清晰。（5）结论明确。

7. 答：项目经理（或项目负责人）复核是三级复核制度中的第一级复核，称为详细复核或全面复核。一般在审计现场完成。它要求项目经理对下属审计助理人员形成的审计工作底稿含所附审计证据、依据逐张复核，主要复核所取得资料是否齐备、主要审计程序是否执行，及时发现问题并指出，督促审计人及时修改完善。部门经理（或签字注册会计师）是三级复核制度中的第二级复核，称为一般复核。部门经理主要复核以下内容：重点项目的审计证据是否充分、恰当；审计检查范围是否充分；计划确定的重要审计程序是否适当，是否已良好执行且实现了审计目标；审计调整事项和未调整审计差异的处理是否恰当；工作底稿的重要钩稽关系是否正确；已注意到审计中发现的问题及其对会计报表和审计报告的影响，除尚待研究处理问题外，其余所有问题是否均已作恰当处理；已审会计报表的总体性复核是否合理、可信。部门经理复核既是对项目经理复核的一种再监督，也是对重要审计事项的重点把关。合伙人复核是三级复核中的最后一级复核，又称重点复核。它是对审计过程中的重大会计审计问题、重大审计调整事项及重要的审计工作底稿所进行的最终原则性复核。合伙人复核主要复核以下内容：重要审计程序的制定实施是否恰当，审计目的是否已经达到；重要审计证据是否充分、恰当；重要审计领域的测试是否充分；重要调整事项和未调整审计差异事项的处理是否恰当；已审会计报表总体复核是否发现明显不合理之处，是否已做处理。复查中发现的问题是否已妥善处理；关联事项、或有事项、期后事项及其他重要事项是否已适当处理；审计结论和采用的报告类型是否恰当，审计报告及所附会计报表及其附注的表述是否规范等。合伙人复核既是对前面两级复核的再监督，也是对整个审计工作的计划、进度和质量的重点把关。

8. 答：会计师事务所必须对审计工作底稿妥善保管，一是要安全，注意防火、防水、防潮、防霉，即使几年后取出来也能看得清；二是要便于查阅，在大量的底稿中能很快地取出需要查阅的底稿。对审计工作底稿进行分类整理，形成审计档案。当期档案自审计报告签发之日起至少保存 10 年，永久性档案应长期保管。会计师事务需要建立审计工作底稿保密制度；对审计工作底稿严加保密。审计工作底稿允许有关部门查阅。查阅前有关双方应认真协商，在所有重大方面达成一致意见，才能进行查阅。

第6章 审计抽样

部分题型参考答案

一、不定项选择题

1. B	2. B	3. E	4. E	5. CDE
6. BC	7. BCDE	8. ABC	9. C	10. D
11. D	12. A	13. ABCD	14. B	15. BD
16. ABD	17. AC	18. ACD	19. B	20. A

二、判断题

1. ×	2. ×	3. ×	4. √	5. √
6. ×	7. ×	8. ×	9. √	10. √
11. ×	12. ×	13. √	14. √	15. √
16. √	17. √	18. ×	19. ×	20. √

四、简答与论述题

1. 答：在审计工作中，用样本的抽查来评价总体的方法。抽样方法在审计工作中的应用，在保证审计质量相对可靠的前提下，大大提高了审计工作效率，从而满足了社会经济发展对审计工作提出的要求。

2. 答：统计抽样法的主要优点表现在：能够科学地确定抽样规模，做到抽查适度的样本数量，防止主观的判断，便于实现审计工作规范化；花费较少的时间，取得较好的效果，提高了审计工作效率；审计结果更加客观和可靠等。尽管统计抽样法有上述优点，但其运用难度大，要求审计人员有较高的数学水平；而且它不是任何场合都适用，即对资料残缺不全的被审计单位以及揭露贪污舞弊的财经法纪审计来说，不适宜采用统计抽样法。

3. 答：信赖不足风险与误拒风险一般会导致审计人员执行额外的审计程序，降低审计效率，但其效果一般都能保证。信赖过度风险与误受风险很可能导致审计人员形成不正确的审计结论，因此，对于审计人员来说，是最危险的风险，因为它使审计无法达到预期的效果。

4. 答：确定审计目的；定义误差；定义审计对象总体；确定样本选取方法；确定样本量；选取样本并进行审查；评价抽样结果。

5. 答：确定审计目的；确定审计对象总体；确定样本量；确定样本选取方法；选取样本并进行审计；评价抽样结果。

6. 答：属性抽样主要有固定样本量抽样、停—走抽样、发现抽样三种抽样方法。

7. 答：在实质性测试中采用的审计抽样通常称为变量抽样。它包括传统变量抽样和PPS抽样。其中，传统变量抽样主要有单位平均估计抽样、比率估计抽样和差额估计抽样。

8. 答：总体账面价值、风险系数、可容忍错报、预计总体错报和扩张系数。

第7章　购货与付款审计

部分题型参考答案

一、不定项选择题

1. B	2. A	3. A	4. D	5. C
6. A	7. B	8. D	9. A	10. B
11. C	12. AC	13. ABC	14. ACD	15. CD
16. ABD	17. ABCD	18. BD	19. BC	20. AB

二、判断题

1. ×	2. √	3. ×	4. ×	5. ×
6. √	7. ×	8. √	9. ×	10. ×
11. √	12. √	13. ×	14. √	15. ×
16. √	17. √	18. ×	19. √	20. √

四、简答与论述题

1. 答：企业建立健全购货与付款内部控制，是有其具体目标的。审计人员需要对其予以了解，以便进一步调查、测试与评价内部控制制度。一般而言，购货与付款内部控制的目标包括以下几个方面：

（1）保证购进货物与生产、销售的要求相一致。购进原料、商品的品种、数量、质量和价格在某种程度上决定了企业未来生产和销售的成败与盈亏。购货环节内部控制应使购货活动与生产和销售的要求相一致，防止不恰当购进和舞弊行为的发生。

（2）保证资金支付后获得相应的货物或劳务。购进环节中资金支付应以获得相应的原料、物品、商品或劳务为条件。内部控制应保证一切购进活动在这一条件下进行，防止错计和被篡改实物或劳务的数量和金额，保证账面记录的数字与实际获得的物品或劳务相一致。

（3）保证应付账款的真实与合理。购货与付款内部控制应防止交易活动发生后，应付账款被少计或漏列，避免企业财务实力的虚假增大。

（4）合理揭示企业所享有的折扣、折让。供应商提供的折扣是整个买卖交易活动的一个组成部分，购货与付款内部控制应合理地揭示企业已享有的各种折扣和折让，合理地冲销相应的应付账款，防止有人将企业享有的折扣或折让隐匿起来。

（5）保证应计负债的合理计算。购货与付款内部控制应将应计负债的确定依据合理化，监督在各会计期间企业许诺并可合理确定的费用计算是否合理，保证其及时记录在应计账款账户上，保证应计负债的冲减是在款项偿还后成立。

（6）保证代理债务的处理符合法规的规定。国家要求企业向其顾客代扣或代收税款是一种强制性的规定，企业应依照法规规定进行处理。购货与付款内部控制应保证向国家缴纳的各种代扣和代收款项及时取得并被合理记录在有关账户上，保证代扣款计算正确，缴纳及时。

2. 答：被审计单位每个业务循环中的内部控制措施都体现在该业务循环的各个方面，但从控制的主要角度与主要目的方面讲，又都存在着关键控制点。审计人员需要明确并了解被审计单位各个业务循环中所应存在的关键控制点，然后才能有目的地、从关键角度测试与评价整个及分项内部控制的有效性与健全性。购货与付款内部控制的关键控制点主要有以下几个方面：

　　（1）购货与付款业务中不相容职务的分离；

　　（2）货物和劳务的请购；

　　（3）订货控制；

　　（4）购入货物的验收；

　　（5）应付账款的控制；

　　（6）付款控制。

　　3. 答：对购货与付款内部控制进行评价，是为了对购货与付款业务进行实质性程序前确定对购货与付款内部控制确定可依赖程度。审计人员在评价时应注意分析购货与付款业务中认定可能发生哪些潜在的错报或漏报，哪些控制可以防止或者发现并更正这些错报或漏报。通过比较必要的控制和现有控制，评价计划依赖的购货与付款业务内部控制的健全性与有效性。如果客户没有建立审计人员认为必要的内部控制，或者现有控制不足以防止或检查错报或漏报，那么审计人员应该考虑内部控制缺陷对审计的影响，确定是否扩大实质性程序的范围。

　　4. 答：审计人员对年度内有大额购货交易的应付账款，不论其在报表日有无余额，都应进行函证。此外，还应向未寄对账单的供应商、异常交易账户、母子公司和资产担保负债的债权人发函询证，以确定其是否存在未入账的应付账款，对期末账面余额为零的重要供应商也要直接询证，这是揭示漏列负债的有效方法。函证应付账款是审查应付账款的程序和方法之一，但并不像函证应收账款那样重要，因为复核负债的最大目的存在于发现业已存在但未曾入账的债务，而函证已经入账的负债，并不能证明是否存在未曾列入账的债务。另外，与应收账款相比，委托人有卖方发票、对账单等外来证据，可以用来核实应付账款，而对应收账款，则没有类似的凭证予以证明。还有，决算日已经入账的大多数负债在下年度审计人员完成审核时已告付讫，付款行为进一步证实了已入账债务的可靠性。所以，一般情况下，应付账款不需要函证。但如果被审计该环节内部控制可信赖程度较低，发生重大错报可能性较大，某些应付账款明细账户金额较大或客户单位处于经济困难阶段，则应对这些应付账款进行函证。

　　5. 答：审计人员应审阅产权证书、财产保险单、财产税单、抵押贷款的还款收据等合法书面文件，以确定所审查的固定资产是否确实为企业所拥有的合法财产。必要时，还可向保险公司、税收机构、银行等进行询证，以及从客户的律师处获得可信的证据，确定固定资产的所有权归属。针对不同固定资产类别，应侧重不同的审计程序：对各类固定资产，审计人员应获取、汇集不同的证据以确定其是否确实归客户单位所有；对外购的机器设备等固定资产，通常经审核采购发票、购货合同等即可确定；对于房地产类固定资产，尚需查阅有关的合同、产权证明、财产税单、抵押贷款的还款凭据、保险单等书面文件；对融资租入的固定资产，应验证有关租赁合同，证实其并非经营租赁；对汽车等运输设备，则应验证有关执照等；对受留置权限制的固定资产的审查，通常审核客户单位的有关负债项目即可证实，但注册会计师在验证固定资产所有权时，仍需查明是否确实存在此类固定资产。

　　在初次审计情况下，审计人员要获取客户财产的产权证书副本。但要知道拥有所有权证书不一定就能证明固定资产的所有权（如卖主可能持有已出售固定资产的旧产权证书），所以应进一步审计有关合同、发票，付款凭证，并与财产税单进行核对。财产税单上抬头名称应为被审计单位，关于财产的地点和描述应当与客户所拥有的财产吻合。此外，有没有租金支出项目、其他证明文件（如汽车的行驶执照）或律师的产权意见等也可提供所有权的证据。

第8章　销售与收款审计

部分题型参考答案

一、不定项选择题

1. ABCD	2. ABC	3. D	4. ABCD	5. ABC
6. C	7. ACDE	8. D	9. D	10. D
11. B	12. B	13. ABE	14. ABCD	15. ABDE
16. D	17. ABC	18. C	19. A	20. A

二、判断题

1. √	2. ×	3. ×	4. ×	5. ×
6. ×	7. √	8. ×	9. √	10. √
11. √	12. ×	13. ×	14. ×	15. √
16. √	17. ×	18. ×	19. √	20. ×

四、简答与论述题

1. 答：销售交易的内部控制目标：登记入账的销售交易确系已经发货给真实的客户；所有销售交易均已登记入账；登记入账的销售数量系已发货的数量，已正确开具账单并登记入账；销售交易的分类恰当；销售交易的记录及时；销售交易已经正确地记入明细账，并经正确汇总。收款交易的内部控制目标：登记入账的现金收入确实为企业已经实际收到的现金；收到的现金收入已全部登记入账；每月核对实际收到的现金和登记入账的现金是否相符；现金收入在资产负债表中的披露正确。

2. 答：适当的授权审批；适当的职责分离；凭证的预先编号；充分的凭证和记录；定期核对并向客户寄出对账单；现金的盘点制度；银行存款的核对制度。

3. 答：商业折扣是为了促销，和会计处理没有关系，会计记录只按商品定价扣除商业折扣后的净额入账。现金折扣和会计处理有关系，是鼓励客户提早付款而给予的价格上的优惠，实际发生的现金折扣作为财务费用。

4. 答：应收账款的分析性复核可以通过有关的财务比率来进行，一般常用的财务比率有：应收账款周转率（销售净额/平均应收账款）；应收账款与流动资产之比（应收账款/流动资产总额）；应收账款平均余额。审计人员将本期的应收账款平均余额与上年数进行比较，看其波动情况，或将某一财务比率与预期结果或行业数据比较，如果没有发现重大波动，则提供了支持应收账款余额总体合理性的证据。相反，如果发现有重大波动，则需要做进一步的调查。

5. 答：销售过程中出现的退货，一般通过贷项通知单冲减应收款的记录。审计人员应检查贷项通知单是否根据退回商品验收单填制，是否记录有原销售发票和发货单号，有无主管人员的核准，顺序编号是否完整。若存在缺号现象，应追查贷项通知单的去向，以便发现捏造退货、退款等舞弊行为。

6. 答：执行应收账款的函证程序时，为了提高审计效率，一般不需对所有债务人进行函证，应结合应收账款在全部资产中的重要程度、被审计单位内部控制的强弱、以前年度的函证结果及函证方式等因素考虑函证数量。

7. 答：肯定式函证是指债权人向债务人发出询证函，要求债务人直接向注册会计师证实所函证的欠款是否正确，无论对错都要求回复的一种方式。否定式函证是指债权人向债务人发出询证函后，若所函证的款项相符时，就不必回函，只有在所函证的款项不符时，才要求债务人向注册会计师复函。当债务人符合下列两种情况时，选择肯定式函证较好。即：个别账户的欠款金额较大；有理由相信欠款可能会存在争议、差错或问题。因为否定式函证将不回函都视同于对方默认正确，这种函证方式风险较高，采用否定式函证，债务人要符合以下所有条件：相关的内部控制是有效的；预计差错率较低；欠款余额小的债务人数量很多；个别账户的欠款金额较小；注册会计师有理由确信大多数被函证对象会认真对待询证函，并对不正确的情况做出积极反映。在实际运用时，这两种函证方式结合起来可能更为恰当。对大金额的账项，采用肯定式证函；对小金额的账项，采用否定式证函。函证结果可能更理想。

8. 答：对营业税金及附加的审计最好与应交增值税的审计结合起来，因营业税金及附加的计税基数绝大多数为本期应交的增值税，根据增值税审定表来计算核定企业营业税金及附加是否正确。审查营业税金及附加的税基、税率及有关计算和会计核算是否正确。对重要的纳税政策批文应索取复印件，作为审计工作底稿。

第9章 生产与费用审计

部分题型参考答案

一、不定项选择题

1. BC	2. BCD	3. BC	4. B	5. A
6. C	7. ACD	8. BD	9. AB	10. D
11. A	12. D	13. AB	14. ABC	15. ABD
16. BCD	17. A	18. D	19. B	20. D

二、判断题

1. ×	2. ×	3. √	4. √	5. √
6. ×	7. ×	8. ×	9. √	10. √
11. √	12. ×	13. ×	14. √	15. ×
16. ×	17. ×	18. ×	19. √	20. √

四、简答与论述题

1. 答：（1）关键环节的交易授权。（2）存货的采购、验收、保管、运输、付款、记录等关键环节的职责划分。（3）凭证与记录控制，生产通知单、领发料凭证等凭证应顺序编号。企业应建立库存明细账、总账、存货保管账，仓库保管人员要及时记录、并定期与会计部门核对。（4）资产接触与记录使用。对生产与费用循环产生的所有凭证和记录进行实物安全保护等。（5）独立稽核。对这一循环涉及的各种票证及账册应建立独立的稽核制度，定期和不定期稽核购销发票、领料单、生产成本计算单、工资计算单以及存货汇总表等凭证和记录的正确性等。（6）定期盘点制度。企业应对各种存货建立定期盘点制度，对发生的盘盈、盘亏、毁损、报废、退回应及时按规定审批处理。

2. 答：（1）检查存货的领用是否有授权批准手续，是否严格按照授权批准手续发货；检查存货入库是否有严格的验收手续，是否就名称、规格、型号、数量和价格与合同、原始单证进行核对；检查存货的发出是否按规定办理，有无不按规定发出存货的情况；（2）询问和观察存货的盘点过程；（3）询问和观察存货的保管程序，观察是否只有经过授权批准的人员才能接近原材料和产成品等存货；（4）抽查记账凭证所附的原始凭证是否齐备，是否顺序编号；（5）检查已经发生的存货购进、领用、发出的业务是否全部入账，有无没有入账的原始凭证；（6）选取样本测试各费用项目的归集和分配以及成本核算是否按企业确定的成本核算流程和账务处理流程进行核算和账务处理；（7）检查有关成本核算的记账凭证是否附有领发料凭证、产量工时记录、人工费用分配表、材料费用分配表、制造费用分配表等原始凭证，有无未附原始单证的记账凭证；（8）检查是否所有已发生的料、工、费的耗费均已及时准确计入生产成本中，有无未入账的原始凭证；（9）选取样本测试各种费用的归集和分配以及成本的计算是否按规定执行，料、工、费是否采用恰当方法进行记录，生产成本是否在完工产品和在产品之间恰当分配，核算方法是否前后期一致，完工产品发出后是否及时结转成本，核算方法是否前后期一致；（10）检查员工人事档案、工时卡是否由经授权的有关人员进行管理；员工人事档案、工时卡是否及时准确记录有关工资、薪金或佣金、代扣款项等内容；（11）检查记录的工薪是否为实际发生而非虚构的；（12）检查当期实际已发生的工薪支出是否全部计入成本；工资分配表、工资汇总表是否完整反映实际已发生的工薪支出；（13）选取样本测试工资费用的归集和分配是否按规定流程执行；（14）询问和观察人事、考勤、工薪发放、记录等职务是否相互分离，各项职责的执行情况。

3. 答：（1）比较前后各期及本年度各个月份存货余额及其构成、存货成本差异率、生产成本总额及单位生产成本、直接材料成本、工资费用的发生额、制造费用、主营业务成本总额及单位销售成本等，以评价其总体合理性。（2）将存货余额与现有的订单、资产负债表日后各期的销售额和下一年度的预测销售额进行比较，以评估存货滞销和跌价的可能性。（3）将存货跌价损失准备与本年度存货处理损失的金额相比较，判断被审计单位是否计提足额的跌价损失准备。（4）将与关联企业发生存货交易的频率、规模、价格和账款结算条件，与非关联企业对比，判断被审计单位是否利用关联企业的存货交易虚构业务交易，调节利润。

4. 答：存货监盘程序主要包括控制测试与实质性程序两种方式。注册会计师需要确定存货监盘程序以控制测试为主还是以实质性程序为主，哪种方式更加有效。如果只有少数项目构成了存货的主要部分，注册会计师以实质性程序为主的审计方式获取与认定相关的证据更为有效。这时对于单位价值较高的存货项目，应实施100%的实质性程序，对于其他存货则视情况进行抽查。但在大多数审计业务中，注册会计师会发现以控制测试为主的审计方式更加有效。如果注册会计师采用以控制测试为主的审计方式，并准备依赖被审计单位存货盘点的控制措施与程序，则绝大部分的审计程序将限于询问、观察以及抽查。

5. 答：对于存货中存在的不良资产，审计人员首先要对存货进行盘点，确定存货的短缺、霉变、毁损数量及金额；其次，对存货的账面价值与市价进行比较，以确定存货账面价值高于实际价值的金额，对于其中人为高估利润而造成产成品、自制半成品、生产成本等存货的虚增，应与正常的市价下跌引起的存货减值加以区分，以确定问题性质，分清责任；最后，审查分期收款发出商品合同，检查货款回收情况，对未执行合同而长期挂账的分期收款发出商品，应通过查询及函证，对其可收回性进行评估，以确认其中包含的不良资产数额。

6. 答：（1）存货移动情况。在对存货进行盘点时，如果被审计单位的生产经营持续进行，注册会计师应通过实施必要的检查程序，确定被审计单位是否已经对此设置了相应的控制程序，确保在适当的期间对存货进行了准确记录，没有遗漏或重复盘点。（2）存货的状况。注册会计师应当特别关注存货的状况，观察被审计单位是否已经恰当区分所有毁损、陈旧、过时及残次的存货，并追查这些存货的处置情况。（3）存货的截止。注册会计师应当获取盘点日前后存货收发及移动的凭证，即获取存货验收入库、装运出库以及内部转移截止等信息，以检查库存记录与会计记录期末截止是否正确。注册会计师可通过观察存货的验收入库地点和装运出库地点来执行截止测试，在存货入库和装运过程中采用连续编号的凭证时，应当关注截止日期前的最后编号，若没有使用连续编号的凭证，则应当列出截止日期以前的最后几笔装运和入库记录。（4）对特殊类型存货的监盘。对某些特殊类型的存货而言，被审计单位通常使用的盘点方法和控制程序并不完全适用。这些存货通常或者没有标签，或者其数量难以估计，或者其质量难以确定，或者盘点人员无法对其移动实施控制。在这些情况下，注册会计师需要运用职业判断，根据存货的实际情况，设计恰当的审计程序，对存货的数量和状况获取审计证据。

7. 答：（1）国家有规定计提基础和计提比例的，应当按照国家规定的标准计提，如医疗保险费、养老保险费、失业保险费、工伤保险费、生育保险费、住房公积金、工会经费以及职工教育经费等；国家没有规定计提基础和计提比例的，如职工福利费等，应据实列支。（2）被审计单位以其自身产品或外购商品作为非货币性福利发放给职工的，应根据受益对象，将该产品或商品的公允价值，计入相关的资产成本或当期损益，同时确认应付职工薪酬。（3）被审计单位将其拥有的房屋等资产无偿提供给职工使用的，应当根据受益对象，将该住房每期应计提的折旧计入相关的资产成本或当期损益，同时确认应付职工薪酬。（4）被审计单位租赁住房等资产供职工无偿使用的，应当根据受益对象，将每期应付的租金计入相关的资产成本或当期损益，同时确认应付职工薪酬。（5）对于外商投资企业，按税后利润的职工奖励及福利基金应以董事会决议为依据，并符合相关规定。

8. 答：（1）获取或编制制造费用汇总表，并与明细账、总账核对相符；分析制造费用汇总表，如有波动应予查明；（2）审阅制造费用明细账，检查其核算内容、范围是否正确，应注意是否存在异常会计事项，如有，则应追查至记账凭证及原始凭证，重点查明企业有无将不应列入成本费用的支出计入制造费用，如投资支出、被没收的财物、支付的罚款、违约金、技术改造支出等；（3）检查制造费用的分配是否合理。重点查明制造费用的分配方法是否符合企业自身的生产技术条件，是否体现受益原则，分配方法一经确定，是否在相当时期内保持稳定。有无随意变更的情况，分配率和分配额的计算是否正确，有无以人为估计数代替分配数的情况；（4）对于采用标准成本法的企业，应抽查标准制造费用的确定是否合理，计入成本计算单的数额是否正确，制造费用的计算、分配与会计处理是否正确，并查明标准制造费用在本年度内有无重大变动。对按预定分配率分配费用的企业，还应查明计划与实际差异是否及时调整。

第 10 章　筹资与投资审计

部分题型参考答案

一、不定项选择题

1. D	2. A	3. B	4. C	5. A
6. ABC	7. ABCD	8. AB	9. C	10. C
11. ABD	12. C	13. D	14. C	15. BC
16. D	17. B	18. A	19. C	20. B

二、判断题

1. ×	2. √	3. ×	4. √	5. ×
6. ×	7. ×	8. ×	9. ×	10. √
11. √	12. ×	13. ×	14. ×	15. √
16. ×	17. √	18. √	19. ×	20. ×

四、简答与论述题

1. 答：（1）企业所记录的各项借款、所有者权益以及对外投资确实存在，确为该企业所发生，确为该企业所拥有。（2）企业所记录的各项借款、所有者权益及其利息和股利以及对外投资及其收益均全部入账，没有遗漏。（3）企业各项借款、所有者权益及其利息和股利以及对外投资及其收益的确认和计量的正确，符合会计准则的规定。（4）企业各项借款、所有者权益以及对外投资在会计报告中的披露恰当，符合报告披露的要求。

2. 答：盈余公积核算企业从净利润中提取的盈余公积。对于盈余公积，审计人员审查以下方面：盈余公积形成的真实性和合法性；盈余公积使用的合规性和合理性；盈余公积在报表上列示的正确性。

3. 答：合理的职责分工、健全的实物保管、完善的清查盘点等。

4. 答：索取或编制借款明细表并与有关会计资料核对相符，审阅借款的明细账；函证银行或其他债权人，以核实借款的实有额；查询贷款卡；审查借款业务是否合理合法；审查借款的使用和偿还是否合理与合法；审查有关账务处理是否正确。

5. 答：交易性金融资产取得时，是否按照该金融资产取得时的公允价值作为其初始确认金额，记入"交易性金融资产——成本"科目。审查企业是否在出售交易性金融资产时，将该金融资产出售时的公允价值与其初始入账金额之间的差额确认为投资收益。由于交易性金融资产在资产负债表日，应当按照公允价值计量，公允价值与账面余额之间的差额应计入公允价值变动损益，因此，特别注意审查企业是否同时将原计入该金融资产的公允价值变动损益转出，计入投资收益。

6. 答：长期股权投资的核算方法有两种：一是成本法；二是权益法。成本法核算的长期股权投资的范围包括企业能够对被投资单位实施控制的长期股权投资。企业对联营企业和合营企业的长期股权投资应当采用权益法核算。审计人员应审查企业有哪些投资项目适合权益法或成本法核算，并通过询问管理当局或函证接受投资企业等方式，确认企业是否确实对接受投资企业具有控制、共同控制或重大影响等。将成本法转换为权益法或权益法转换为成本法时，审查其转换条件是否存在，会计核算是否正确。

7. 答：审计人员通过审阅银行存款、固定资产、无形资产等账簿，发现有无贷记与出资者投资一致的资金的记录；通过对固定资产等实物资产的盘查，对收到这些财产的验收手续、法律文书的审阅，确定实收资本的合法性和真实存在。对于发生增减变动的实收资本，则应检查是否有补充合同、股东会决议、协议及有关法律为依据，等等。

8. 答：申请审批控制；业务执行控制；会计记录控制；财产保管控制。

第11章　特殊项目的考虑与审计

部分题型参考答案

一、不定项选择题

1. ABD	2. ACD	3. ABC	4. ACD	5. AC
6. AB	7. AB	8. AC	9. AC	10. AC
11. ABC	12. ABCD	13. ABCD	14. ABCD	15. ABCD

二、判断题

1. ×	2. ×	3. ×	4. ×	5. √
6. √	7. √	8. ×	9. √	10. ×

四、简答与论述题

1. 答：注册会计师与治理层有效的双向沟通，有助于注册会计师和治理层了解与审计相关的背景事项，并建立建设性的工作关系，在建立这种关系时，注册会计师需要保持独立性和客观性；有助于注册会计师向治理层获取与审计相关的信息，例如，治理层可以帮助注册会计师了解被审计单位及其环境，确定审计证据的适当来源，以及提供有关具体交易或事项的信息；有助于治理层履行其对财务报告过程的监督责任，从而降低财务报表重大错报风险。

注册会计师与治理层沟通的目标是，就注册会计师与财务报表审计相关的责任、计划的审计范围和时间安排的总体情况，与治理层进行清晰的沟通；向治理层获取与审计相关的信息；及时向治理层通报审计中发现的与治理层监督财务报告过程的责任相关的重大事项；推动注册会计师和治理层之间有效的双向沟通。

2. 答：注册会计师应当确定，内部审计人员的工作是否可能足以实现审计目的；如果可能足以实现审计目的，内部审计人员的工作对注册会计师审计程序的性质、时间安排和范围产生的预期影响。在确定内部审计人员的工作是否可能足以实现审计目的时，注册会计师应当评价：内部审计的客观性；内部审计人员的专业胜任能力；内部审计人员在执行工作时是否可能保持应有的职业关注；内部审计人员和注册会计师之间是否可能进行有效的沟通。

在确定内部审计人员的工作对注册会计师审计程序的性质、时间安排和范围产生的预期影响时，注册会计师应当考虑：内部审计人员已执行或拟执行的特定工作的性质和范围；针对特定的某类交易、账户余额和披露，评估的认定层次重大错报风险；在评价支持相关认定的审计证据时，内部审计人员的主观程度。

如果拟利用内部审计人员的特定工作，注册会计师应当评价内部审计人员的特定工作并实施审计程序，以确定该项工作是否足以实现审计目的。在确定内部审计人员的特定工作是否足以实现审计目的时，注册会计师应当评价：内部审计工作是否由经过充分技术培训且精通业务的人员执行；内部审计人员的工作是否得到适当的监督、复核和记录；内部审计人员是否已经获取充分、适当的审计证据，使其能够得出合理的结论；内部审计人员得出的结论是否恰当，编制的报告是否与已执行工作的结果一致；内部审计人员披露的例外或异常事项是否得到恰当解决。

3. 答：如果实施相关审计程序后无法获取有关期初余额的充分、适当的审计证据，注册会计师应当出具保留意见或无法表示意见的审计报告。

如果期初余额存在对本期财务报表产生重大影响的错报，注册会计师应当告知管理层，如果上期财务报表由前任注册会计师审计，注册会计师还应当考虑提请管理层告知前任注册会计师；如果错报的影响未能得到正确的会计处理和恰当的列报，注册会计师应当出具保留意见或否定意见的审计报告。

如果与期初余额相关的会计政策未能在本期得到一贯运用，并且会计政策的变更未能得到正确的会计处理和恰当的列报，注册会计师应当出具保留意见或否定意见的审计报告。

如果前任注册会计师对上期财务报表出具了非标准审计报告，注册会计师应当考虑该审计报告对本期财务报表的影响。

如果导致出具非标准审计报告的事项对本期财务报表仍然有重大影响，注册会计师应当对本期财务报表出具非标准审计报告。

4. 答：注册会计师对公允价值计量过程（包括其复杂程度）的了解，有助于确定其将要实施的审计程序的性质、时间安排和范围。在确定拟实施的审计程序时，注册会计师应当考虑的因素主要包括：

（1）当使用报价获取有关估值的审计证据时，可能需要了解报价形成的情况。例如，以投资为目的而持有的有公开市价的证券，如果持有的数量比较大或买卖受到一定限制，按照被审计单位适用的会计准则和相关会计制度以市场交易价格进行估值时，可能要作适当的调整。

（2）当使用第三方提供的审计证据时，需要考虑其可靠性。例如，获取的信息是第三方对询证函的回复时，为了能够确保审计证据的可靠性，注册会计师需要考虑负责回函人员的胜任能力、独立性、回函的权限、其对所函证事项的了解程度以及客观性。注册会计师将根据与公允价值计量相关的重大错报风险的评估结果，来确定实施审计程序的范围。

（3）如果获取支持公允价值计量的审计证据的日期（如独立评估师进行评估的日期）与适用的会计准则和相关会计制度要求被审计单位在其财务报表中对公允价值进行计量和披露的日期不一致，在这种情况下，注册会计师需要获取审计证据，以验证管理层是否已考虑了公允价值计量日与报告日之间发生的交易、事项和情况的变化对公允价值计量结果的影响。

（4）某些应当以公允价值计量或评估其是否发生减值的债券投资，经常存在设定抵押物。如果抵押物是计量债券投资的公允价值或评估其账面价值是否发生减值的重要因素，注册会计师需要对抵押物的存在性、价值、权利以及可取得或可转让性获取充分、适当的审计证据（包括考虑所有适当的留置权是否已向有关部门登记），并且需考虑被审计单位在适用的会计准则和相关会计制度下是否已对抵押物进行了适当的披露。

（5）在某些情况下，还可能需要执行追加的审计程序，以获取有关公允价值计量适当性的充分、适当的审计证据。例如，为取得与一项投资性房地产的公允价值相关的实物状况信息，可能需要对该项资产进行现场检查；或者对证券进行实物检查，可能会发现是否存在影响其价值的转让限制。

5. 答：（1）复核以前年度工作底稿，确认以及以前年度工作底稿中确认的关联方。本期如未发生变动，仍应将其视为关联方；以前年度工作底稿中做过记录、但未作为关联方的企业，也有可能在本期成为关联方。

（2）复核被审计单位识别关联方的程序。如果被审计单位识别关联方的程序存在问题，那么管理层向注册会计师提供的已知关联方的信息就可能不完整，在财务报表中披露的关联方和关联方交易也可能存在遗漏。为此，注册会计师应当收集相关资料，了解、评价被审计单位识别关联方的程序。

（3）询问治理层和关键管理人员是否与其他单位存在隶属关系。注册会计师应当向被审计单位的治理层和管理层询问有关关联方关系的信息，其中包括询问治理层和关键管理人员，了解被审计单位是否与其他单位存在隶属关系。注册会计师还可以向被审计单位内部可能了解关联方和关联方交易的其他人员进行询问，询问对象包括：组织、实施或记录重大交易或异常交易的人员，以及对这些人员进行监督的人员；内部审计人员；被审计单位从事法律事务的专业人员。

（4）复核投资者记录以确定主要投资者的名称。在适当情况下，从股权登记机构获取主要投资者的名单，注册会计师应当据其复核投资者记录，以确定主要投资者的名称。当有迹象表明被审计单位的投资者记录存在错误时，注册会计师应从股权登记机构获取主要投资者的名单。股权登记机构一般是工商登记机关，上市公司的股权登记机构是中国证券登记结算有限责任公司。

（5）查阅股东会和董事会的会议纪要以及其他相关的法定记录。通过查阅股东会和董事会的会议纪要以及其他相关的法定记录，注册会计师可以了解被审计单位主要股东、董事和高级管理人员的变动情况以及重大投资和资产重组方案等，从而识别被审计单位的关联方。

（6）询问其他注册会计师或前任注册会计师所知悉的其他关联方。其他注册会计师，是指除主审注册会计师以外的，负责对被审计单位组成部分财务信息出具审计报告的其他会计师事务所的注册会计师。注册会计师向其他注册会计师询问，可能获得其他注册会计师在审计过程中所了解的与被审计单位有关的其他关联方情况。前任注册会计师，是指代表会计师事务所对被审计单位最近期间财务报表出具审计报告或接受委托但未完成审计工作，已经或可能与委托人解除业务约定的注册会计师。前任注册会计师熟悉被审计单位的历史情况，向其询问有关关联方信息，有助于发现管理层未识别的关联方。注册会计师应对通过其他注册会计师和前任注册会计师了解到的关联方信息进行复核，并与实施其他审计程序的结果相互验证。

（7）复核被审计单位向监管机构报送的所得税申报表和其他信息。注册会计师通过复核被审计单位向监管机构报送的所得税申报表，可以了解被审计单位是否存在从被投资方分得利润等情况，以识别被投资方是否为关联方。被审计单位如为上市公司，注册会计师还可以复核其向证券监管部门报备的有关资料。

6. 答：注册会计师应当在考虑重大错报风险的基础上，设计和实施实质性程序的性质、时间安排和范围，发现认定层次的重大错报，以将审计风险降至可接受的低水平。其具体程序如下：

（1）确定重要性水平。注册会计师在确定重要性时，除了考虑资产负债表金额外，还应当考虑衍生金融工具对财务报表中各类交易或账户余额的潜在影响。与那些杠杆作用小或较简单的衍生金融工具相比，杠杆作用很高，或更为复杂的衍生金融工具更有可能对财务报表产生重大影响。

（2）设计实质性程序时应当考虑的因素。①会计处理的适当性。②服务机构的参与程度。③期中实施的审计程序。④衍生交易是常规还是非常规交易。⑤在财务报表其他领域实施的程序。

（3）分析程序。实施分析程序可能揭示关于被审计单位衍生活动的信息。此外，分析程序在评估关于衍生金融工具的特定风险管理政策和评估套期活动的有效性等方面可能是有用的。

（4）评价审计证据。

（5）存在和发生认定的审计。对衍生金融工具存在和发生认定实施的实质性程序通常包括：向衍生金融工具持有者或交易对方进行函证，以确定衍生金融工具是否发生或存在；检查支持报告金额的协议或其他支持文件，包括被审计单位收到的有关报告金额的书面或电子形式的确认函；检查报告期后实现或结算的支持文件；询问和观察。

（6）权利和义务认定的审计。注册会计师对衍生金融工具权利和义务认定实施的实质性程序通常包括：向衍生金融工具的持有者或交易对方函证重要的条款，以确定经济利益流入或流出的可能性；检查书面或电子形式的协议和其他支持文件。

（7）完整性认定。衍生金融工具没有初始净投资，或初始净投资相对较小，这可能导致完整性认定发生重大错报风险的可能性较高。

第12章　完成审计取证工作与出具审计报告

部分题型参考答案

一、不定项选择题

1. ABCD	2. BC	3. BC	4. ABC	5. BCD
6. BCD	7. ABCD	8. ABC	9. ABC	10. AD
11. D	12. A	13. D	14. D	15. A
16. B	17. C	18. D	19. B	20. C

二、判断题

1. ×	2. ×	3. ×	4. √	5. √
6. ×	7. ×	8. ×	9. √	10. √
11. √	12. √	13. ×	14. ×	15. √

四、简答与论述题

1. 答：对或有事项进行审计，一般依照下列程序：

（1）询问被审计单位管理当局。主要询问其确认、评价与控制或有负债的有关方针、政策和工作程序。这种程序一般不能发现被审计单位故意不反映或有事项的问题，但如果被审计单位管理当局忽略了某一或有事项，或者不知道对这类事项该做何种会计反映，这种询问程序就能发现问题。

（2）向被审计单位管理当局索取有关资料。这些资料主要包括：被审计单位管理当局就其是否已按照公认会计原则的有关规定，对其全部或有事项做了反映的书面声明；被审计单位现存的有关或有事项的全部文件和凭证；被审计单位与银行之间的用以查找有关应收账款抵借、通融背书和其他债务担保的往来函件；被审计单位的债务说明书。

（3）向被审计单位的法律顾问和律师进行函证。通过函证，获取法律顾问和律师对被审计单位资产负债表日业已存在的，以及资产负债表日至复函日止这一时期内存在的或有事项的确认证据，特别是有关未决诉讼、税务纠纷方面问题的证据。

（4）复核上期和审计期间税务机构的税收结算报告。通过复核，以发现有关纳税方面可能存在的争议。

（5）向与被审计单位有业务往来的银行进行函证。通过函证，以了解应收票据贴现和贷款担保等方面的情况。

（6）复核被审计单位董事会和股东大会会议记录。通过复核，确定是否存在有关未决诉讼或其他或有事项的情况。

（7）复核审计工作底稿。通过复核，以寻找任何可以说明潜在或有事项的各项资料。

（8）查询被审计单位对未来事项和协议的承诺的有关资料。通过查询，以了解被审计单位是否存在与之相关的或有事项。

2. 答：在审计报告日后，注册会计师没有责任针对财务报表实施审计程序或进行专门查询。在审计报告日至财务报表报出日期间，管理层有责任告知注册会计师可能影响财务报表的事实。财务报表报出日，是指被审计单位对外披露已审计财务报表的日期。

在审计报告日后至财务报表报出日前，如果知悉可能对财务报表产生重大影响的事实，注册会计师应当考虑是否需要修改财务报表，并与管理层讨论，同时根据具体情况采取适当措施。

如果管理层修改了财务报表，注册会计师应当根据具体情况实施必要的审计程序，并针对修改后的财务报表出具新的审计报告。新的审计报告日期不应早于董事会或类似机构批准修改后的财务报表的日期。

如果注册会计师认为应当修改财务报表而管理层没有修改，并且审计报告尚未提交给被审计单位，注册会计师应当按照《中国注册会计师审计准则第1502号——非标准审计报告》的规定，出具保留意见或否定意见的审计报告。

如果注册会计师认为应当修改财务报表而管理层没有修改，并且审计报告已提交给被审计单位，注册会计师应当通知治理层不要将财务报表和审计报告向第三方报出。

如果财务报表仍被报出，注册会计师应当采取措施防止财务报表使用者信赖该审计报告，采取的措施取决于自身的权利和义务以及征询的法律意见。

3. 答：注册会计师获取书面声明的目标是：向管理层获取其认为自身已履行编制财务报表和向注册会计师提供完整信息的责任的书面声明；如果注册会计师认为有必要或其他审计准则有要求，通过书面声明支持与财务报表或具体认定相关的其他审计证据；恰当应对管理层提供的书面声明或管理层不提供注册会计师要求的书面声明的情况。

4. 答：审计报告的基本内容包括：

（1）标题。审计报告的标题应当统一规范为"审计报告"。

（2）收件人。审计报告的收件人是指注册会计师按照业务约定书的要求致送审计报告的对象，一般是指审计业务的委托人。审计报告应当载明收件人的全称。

（3）引言段。审计报告的引言段应当包括下列方面：指出被审计单位的名称；说明财务报表已经审计；指出构成整套财务报表的每一财务报表的名称；提及财务报表附注，包括重要会计政策概要和其他解释性信息；指明构成整套财务报表的每一财务报表的日期或涵盖的期间。

（4）管理层对财务报表的责任段。管理层对财务报表的责任段描述被审计单位中负责编制财务报表的人员的责任。

（5）注册会计师的责任段。注册会计师的责任段应当说明下列内容：注册会计师的责任是在执行审计工作的基础上对财务报表发表审计意见；注册会计师按照中国注册会计师审计准则的规定执行了审计工作；审计工作涉及实施审计程序，以获取有关财务报表金额和披露的审计证据；注册会计师相信获取的审计证据是充分、适当的，为其发表审计意见提供了基础。

（6）审计意见段。

（7）注册会计师的签名和盖章。审计报告应当由注册会计师签名并盖章。

（8）会计师事务所的名称、地址及盖章。审计报告应当载明会计师事务所的名称和地址，并加盖会计师事务所公章。

（9）报告日期。审计报告应当注明报告日期。审计报告的日期不应早于注册会计师获取充分、适当的审计证据，并在此基础上对财务报表形成审计意见的日期。

5. 答：（1）将强调事项段紧接在审计意见段之后；

（2）使用"强调事项"或其他适当标题；

（3）明确提及被强调事项以及相关披露的位置，以便能够在财务报表中找到对该事项的详细描述；

（4）指出审计意见没有因该强调事项而改变。

6. 答：审计人员编制审计报告应当以审计工作底稿为依据，并对照国家法律、法规、财务会计制度的规定和有关协议、合同、章程的要求。编制审计报告的步骤包括整理和分析审计工作底稿、客户财务报表的调整、确定审计意见的类型和措辞、编制和出具审计报告等。

第13章　其他鉴证业务与相关服务

部分题型参考答案

一、不定项选择题

1. AB	2. D	3. A	4. BD	5. BCD
6. B	7. CD	8. AC	9. AD	10. ACD
11. B	12. D	13. A	14. BC	15. AB
16. ABCD	17. ABCD	18. ABC	19. ABCD	20. ABC

二、判断题

1. √	2. ×	3. ×	4. ×	5. ×
6. ×	7. ×	8. ×	9. ×	10. ×
11. ×	12. √	13. ×	14. ×	15. √
16. √	17. √	18. √	19. √	20. ×

四、简答与论述题

1. 答：注册会计师对所审阅财务报表提出保留结论适用于以下两种情况：（1）注册会计师注意到某些事项使其相信财务报表没有按照适用的会计准则和相关会计制度的规定编制，未能在所有重大方面公允反映被审阅单位的财务状况、经营成果和现金流量。这些事项虽然影响重大，但其影响尚未达到"非常重大和广泛"的程度，尚不足以导致注册会计师提出否定结论；（2）注册会计师的审阅存在重大的范围限制。该范围限制虽然影响重大，但其影响尚未达到"非常重大和广泛"的程度，尚不足以导致注册会计师无法提供任何保证。在第（2）种情况下，注册会计师还需要在审阅报告的范围段中提及审阅范围受限制的情况，典型的措辞如："除下段所述事项外，我们按照《中国注册会计师审阅准则第2101号——财务报表审阅》的规定执行了审阅业务"。在提出保留结论的情况下，审阅报告的结论段中需使用"除了上述……所造成的影响外"等术语。

2. 答：注册会计师在预测性财务信息审核报告中应当对信息使用者提出以下警示：

其一，由于预期事项通常并非如预期那样发生，并且变动可能重大，实际结果可能与预测性财务信息存在差异；同样，当预测性财务信息以区间形式表述时，对实际结果是否处于该区间内不提供任何保证。

其二，在审核规划的情况下，编制预测性财务信息是为了特定目的（需列明具体目的）。在编制过程中运用了一整套假设，包括有关未来事项和管理层行动的推测性假设，而这些事项和行动预期在未来未必发生。因此，提醒信息使用者注意，预测性财务信息不得用于该特定目的以外的其他目的。

3. 答：检查知识产权、土地使用权等无形资产出资清单中的资产名称、有效状况、作价依据等内容是否符合协议或合同章程的规定；检查知识产权、土地使用权等无形资产出资是否按国家规定进行资产评估；查阅其评估报告，了解评估目的、评估范围与对象、评估基准日、评估假设等有关限定条件是否满足验资的要求；关注评估报告的特别事项说明和评估基准日至验资报告日发生的重大事项是否对验资结论产生影响；检查无形资产作价是否存在显著高估或低估；检查投入资产的价值是否经各出资者认可；以专利权出资的，如专利权人为全民所有制单位，专利权转让是否经过上级主管部门批准；以商标权出资须经商标主管部门审批的，检查是否经其审查同意；检查各项出资的知识产权是否以其整体作价出资；检查土地使用权证和平面位置图，并现场察看，以审验土地使用权证载明的有关内容是否真实，土地使用权的作价依据是否合理；检查知识产权、土地使用权等无形资产是否办理交接手续，交接清单是否得到出资者及被审验单位的确认；检查须办理财产权转移手续的知识产权、土地使用权等出资财产，是否已办理财产权转移手续的证明文件，验证其出资前是否归属出资者，出资后是否归属被审验单位；获取出资者及被审验单位签署的与验资业务有关的重大事项的声明书，检查相关文件确认出资的知识产权、土地使用权等无形资产是否设定担保；核对无形资产出资清单与注册资本实收情况明细表是否相符。

4. 答：（1）财务报表审计业务。①目标：注册会计师通过执行审计工作，对财务报表的两大方面发表审计意见：其一，财务报表是否按照适用的会计准则和相关会计制度的规定编制；其二，财务报表是否在所有重大方面公允反映被审计单位的财务状况、经营成果和现金流量。②业务性质：合理保证的鉴证业务。③执业标准：中国注册会计师审计准则。④对注册会计师独立性的要求：作为鉴证业务，注册会计师在执行审计业务时必须具有形式上和实质上的独立性。⑤所使用的程序和方法：审计程序的实施范围较广，程度较深，种类较多，包括检查记录或文件、检查有形资产、观察、询问、函证、重新计算、重新执行、分析程序等。⑥注册会计师提供的保证程度：以积极方式提供合理保证。⑦结论的类型：无保留意见、保留意见、无法表示意见、否定意见4种，其中无保留意见和保留意见可以加强调事项段。

（2）财务报表审阅业务。①目标：注册会计师在实施审阅程序的基础上，说明是否注意到某些事项，使其相信财务报表没有按照适用的会计准则和相关会计制度的规定编制，未能在所有重大方面公允反映被审阅单位的财务状况、经营成果和现金流量。②业务性质：有限保证的鉴证业务。③执业标准：《中国注册会计师审阅准则第2101号——财务报表审阅》。④对注册会计师独立性的要求：作为鉴证业务，注册会计师在执行审阅业务时必须具有形式上和实质上的独立性。⑤所使用的程序和方法：以询问和分析程序为主，只有当有理由相信所审阅的财务报表可能存在重大错报时才需要追加其他程序。⑥注册会计师提供的保证程度：以消极方式提供有限保证。⑦结论的类型：无保留意见、保留意见、无法提供任何程度的保证、否定意见4种。

5. 答：检查实物出资清单填列的实物品名、数量、作价、出资日期等内容是否符合协议或合同章程的规定；检查实物资产出资是否按国家规定进行资产评估，查阅其评估报告，了解评估目的、评估范围与对象、评估基准日、评估假设等有关限定条件是否满足验资的要求，关注评估报告的特别事项说明、评估基准日至验资报告日期间发生的重大事项是否对验资结论产生影响；检查实物资产作价是否存在显著高估或低估；检查投入实物资产的价值是否经各出资者认可；观察、检查实物数量并关注其状况，验证其是否与实物出资清单一致；检查房屋、建筑物的平面图、位置图，验证其名称、坐落地点、建筑结构、竣工时间、已使用年限及作价依据等是否符合协议或合同章程的规定；检查机器设备、运输设备、材料等实物的购货发票、货物运输单、保险单等单证，验证其权属及作价依据；检查实物是否办理交接手续，交接清单是否得到出资者及被审验单位的确认，实物的交付方式、交付时间、交付地点是否符合协议或合同章程的规定；检查须办理财产权转移手续的房屋、车辆等出资财产，是否已办理财产权转移手续的证明文件，验证其出资前是否归属出资者，出资后是否归属被审验单位；获取出资者及被审验单位签署的与验资业务有关的重大事项的声明书，检查相关文件确认出资的实物是否设定担保；核对实物出资清单与注册资本实收情况明细表是否相符。

6. 答：（1）目标：注册会计师对特定财务数据、单一财务报表或整套财务报表等财务信息执行与特定主体商定的具有审计性质的程序，并就执行的商定程序及其结果出具报告。（2）业务性质：相关服务（非鉴证业务）。（3）执业标准：《中国注册会计师相关服务准则第4101号——对财务信息执行商定程序》。（4）对注册会计师独立性的要求：不对商定程序业务提出独立性要求，但如果业务约定书或委托目的对注册会计师的独立性提出要求，注册会计师应当从其规定。如果注册会计师不具有独立性，应当在商定程序业务报告中说明这一事实。（5）所使用的程序和方法：视执行商定程序的对象和委托目的而定，可能使用询问和分析，重新计算、比较和其他核对方法、观察、检查、函证等方法中的全部或者一部分。（6）注册会计师提供的保证程度：不提供任何保证。（7）结论的类型：只要求在报告中说明执行商定程序的结果，包括详细说明发现的错误和例外事项，不要求提出鉴证结论。

7. 答：（1）被审验单位出资者（包括原出资者和新出资者）新投入资本，增加注册资本及实收资本；（2）分次出资的非首次出资，增加实收资本，但注册资本不变；（3）符合规定的出资者将其对被审验单位的债权转为股权；（4）被审验单位以资本公积、盈余公积、未分配利润转增注册资本及实收资本；（5）被审验单位因吸收合并增加注册资本及实收资本；（6）被审验单位因派生分立、注销股份或依法收购股东的股权等减少注册资本及实收资本；（7）被审验单位整体改制，包括由非公司制企业改为公司制企业、有限责任公司变更为股份有限公司时，以净资产折合实收资本。

8. 答：（1）确定审核程序的性质、时间安排和范围；（2）评估最佳估计假设；（3）评估推测性假设；（4）评价假设时应重点关注的对象；（5）评价预测性财务信息是否依据管理层确定的假设恰当编制；（6）关注敏感领域对预测性财务信息的影响；（7）审核预测性财务信息的一项或多项要素时要考虑该因素与财务信息其他因素之间的关联关系；（8）预测性财务信息包含本期部分历史信息时应当考虑对历史信息需要实施的审核程序的范围；（9）考虑预测性财务信息依据的某项重要假设与该预测性财务信息的使用者未来将采取的行动是否直接相关；（10）获取管理层书面声明。